GRUNDRISSE DES RECHTS

Abbo Junker · Internationales Privatrecht

Internationales Privatrecht

von

DR. ABBO JUNKER

o. Professor
an der Georg-August-Universität Göttingen

C. H. BECK'SCHE VERLAGSBUCHHANDLUNG
MÜNCHEN 1998

Die Deutsche Bibliothek – CIP-Einheitsaufnahme

Junker, Abbo:
Internationales Privatrecht / von Abbo Junker. –
München : Beck, 1998
(Grundrisse des Rechts)
ISBN 3 406 44314 1

ISBN 3 406 44314 1

Satz und Druck: C. H. Beck'sche Buchdruckerei, Nördlingen
Gedruckt auf säurefreiem, alterungsbeständigem Papier
(hergestellt aus chlorfrei gebleichtem Zellstoff)

Vorwort

Europa wächst zusammen, ohne daß die Einheit des Privatrechts erreicht ist. Menschen aus vielen Ländern leben und arbeiten in Deutschland. Eine zunehmende internationale Verflechtung der Wirtschaft ist zu beobachten. Vor diesem Hintergrund bleibt die Frage aktuell, welchen Staates Privatrecht anzuwenden ist. Dieser Grundriß versucht, den Stoff des Internationalen Privatrechts so konzentriert wie möglich darzustellen, ohne auf anschauliches Fallmaterial zu verzichten. Der Reihe „Grundrisse" entsprechend, dienen die Zwischenüberschriften im Besonderen Teil zugleich als eine Art Checkliste bei der Fallbearbeitung und geben einen Hinweis auf die Prüfungsreihenfolge. Das Buch kann seinen didaktischen Zweck nur erfüllen, wenn der Leser die Ausgangsfälle selbst durchdenkt und die zitierten Vorschriften nachliest. Der Text ist auf dem Stand vom 1. Juli 1998. Aktuelle Informationen zu examensrelevanten Entwicklungen und Entscheidungen finden sich auf meiner Homepage unter der Adresse http://www.gwdg.de/~ajunker.

Der vorliegende Grundriß ist aus meinen IPR-Vorlesungen an der Georg-August-Universität Göttingen entstanden. Dank gebührt den Mitarbeiterinnen Dr. Martina Benecke, Dr. Heike Wegner, Dr. Julia Wichmann, Maren Charisius und Natalie Kretschmer, die meinen Text diskutiert und Verbesserungsvorschläge gemacht haben. Vor allem danke ich Frau Sebode-Majora, die das Manuskript zuverlässig und umsichtig betreut hat.

Göttingen, 1. August 1998 Abbo Junker

Inhaltsübersicht

Inhaltsverzeichnis

Seite Rdnr.

Zweiter Teil. Allgemeiner Teil

Dritter Teil. Besonderer Teil

Abkürzungsverzeichnis

a. A.	anderer Ansicht
a. a. O.	am angegebenen Ort
ABGB	Allgemeines Bürgerliches Gesetzbuch (Österreich)
ABlEG	Amtsblatt der Europäischen Gemeinschaften
Abschn.	Abschnitt
AcP	Archiv für die civilistische Praxis
a. E.	am Ende
a. F.	alte Fassung
AfP	Archiv für Presserecht
AG	Amtsgericht, Aktiengesellschaft
AGB	Allgemeine Geschäftsbedingungen
AGBG	Gesetz zur Regelung der Allgemeinen Geschäftsbedingungen
ägypt.	ägyptisch
AktG	Aktiengesetz
Am. J. Comp. L.	American Journal of Comparative Law
Anm.	Anmerkung
ArbG	Arbeitsgericht
Art.	Artikel
Aufl.	Auflage
Aufs.	Aufsatz
AuslG	Ausländergesetz
AWD	Außenwirtschaftsdienst des Betriebs-Beraters
BAG	Bundesarbeitsgericht
BAGE	Entscheidungen des Bundesarbeitsgerichts
BayObLG	Bayerisches Oberstes Landesgericht
BayObLGZ	Entscheidungen des Bayerischen Obersten Landesgerichts in Zivilsachen
BB	Betriebs-Berater
Bd.	Band
BegrRegE	Begründung des Regierungsentwurfs
belg.	belgisch
BerDGesVR	Berichte der Deutschen Gesellschaft für Völkerrecht
betr.	betreffend
BetrVG	Betriebsverfassungsgesetz
BG	Bundesgericht (Schweiz)
BGB	Bürgerliches Gesetzbuch
BGBl.	Bundesgesetzblatt
BGE	Entscheidungen des Schweizerischen Bundesgerichts
BGH	Bundesgerichtshof

BGHZ .... Entscheidungen des Bundesgerichtshofs in Zivilsachen
BörsenG.................. Börsengesetz
BRAGO .... Bundesgebührenordnung für Rechtsanwälte
BT-Drucks.............. Bundestags-Drucksache
BVerfG .... Bundesverfassungsgericht
BVerfGE .... Entscheidungen des Bundesverfassungsgerichts
BVFG .... Bundesgesetz über die Rechtsstellung der Vertriebenen und Flüchtlinge
BW .... Burgerlijk Wetboek (Niederlande)
bzw........................ beziehungsweise

Cass........................ Cour de Cassation
Cass. civ. .... Cour de Cassation, Chambre civile
Cass. req................. Cour de Cassation, Chambre des Requêtes
CIEC .... Commission Internationale de l'Etat Civile
CIM........................ Règles uniformes concernant le contrat de transport international ferroviaire des marchandises
Cir. .... Circuit
CISG .... Convention on the International Sale of Goods
CIV......................... Règles uniformes concernant le transport international ferroviaire des voyageurs et des bagages
Clunet..................... Journal du Droit International, begründet von Clunet
CMR...................... Convention relative au Contrat de transport international des marchandises par route
COTIF .... Convention relative aux transports internationaux ferroviaires

DAR....................... Deutsches Autorecht
DB .... Der Betrieb
D. C. .... District of Columbia
DDR .... Deutsche Demokratische Republik
DJ .... Deutsche Justiz
DNotZ.................... Deutsche Notar-Zeitschrift
D. P. .... Dalloz Périodique
DtZ......................... Deutsch-Deutsche Rechtszeitung

EAG....................... Einheitliches Gesetz über den Abschluß von internationalen Kaufverträgen über bewegliche Sachen
EFTA...................... European Free Trade Association
EG .... Europäische Gemeinschaft
EGBGB .... Einführungsgesetz zum Bürgerlichen Gesetzbuch
EGV....................... Vertrag zur Gründung der Europäischen Gemeinschaft
EGVVG .... Einführungsgesetz zu dem Gesetz über den Versicherungsvertrag
EheG .... Ehegesetz
Einl. .... Einleitung

EKG .... Einheitliches Gesetz über den internationalen Kauf beweglicher Sachen
engl. .... englisch
EU .... Europäische Union
EuGH .... Gerichtshof der Europäischen Gemeinschaften
EuGVÜ .... Europäisches Gerichtsstands- und Vollstreckungsübereinkommen
EuZW .... Europäische Zeitschrift für Wirtschaftsrecht
EVÜ .... Europäisches (Schuld-) Vertragsübereinkommen
EWG .... Europäische Wirtschaftsgemeinschaft
EWR .... Europäischer Wirtschaftsraum

FamRÄndG .... Familienrechtsänderungsgesetz
FamRZ .... Zeitschrift für das gesamte Familienrecht
FGG .... Gesetz über die freiwillige Gerichtsbarkeit
franz. .... französisch
F.Supp. .... Federal Supplement (USA)
FuR .... Familie und Recht
F. 2d .... Federal Reporter, Second Series (USA)

German Yb. Int. L. ... German Yearbook of International Law
GG .... Grundgesetz für die Bundesrepublik Deutschland
GmbH .... Gesellschaft mit beschränkter Haftung
GmbHG .... Gesetz betreffend die Gesellschaften mit beschränkter Haftung
GoA .... Geschäftsführung ohne Auftrag
griech. .... griechisch
GWB .... Gesetz gegen Wettbewerbsbeschränkungen

Halbs. .... Halbsatz
HaustürWG .... Gesetz über den Widerruf von Haustürgeschäften und ähnlichen Geschäften
HBÜ .... Haager Beweisaufnahmeübereinkommen
HEntfÜ .... Haager Kindesentführungsübereinkommen
HGB .... Handelsgesetzbuch
h. M. .... herrschende Meinung
Hrsg. .... Herausgeber
HTestÜ .... Haager Testamentsformübereinkommen
HUntÜ .... Haager Unterhaltsübereinkommen
HZÜ .... Haager Zustellungsübereinkommen

IATA .... International Air Transport Association
i. d. F. .... in der Fassung
i. d. R. .... in der Regel
i. e. S. .... im engeren Sinne
Int. .... International

Int. Comp. L. Q. .... International and Comparative Law Quarterly
IPR .... Internationales Privatrecht
IPRax .... Praxis des internationalen Privat- und Verfahrensrechts
IPRG .... Bundesgesetz über das internationale Privatrecht (Österreich, Schweiz)
IPRspr .... Die deutsche Rechtsprechung auf dem Gebiet des internationalen Privatrechts
i. S. d. .... im Sinne des
ital. .... italienisch
IÜS .... Internationales Übereinkommen zur einheitlichen Feststellung von Regeln über die Hilfeleistung und Bergung in Seenot
IÜZ .... Brüsseler Übereinkommen zur einheitlichen Feststellung von Regeln über den Zusammenstoß von Schiffen
i. V. m. .... in Verbindung mit
i. w. S. .... im weiteren Sinne
IZPR .... Internationales Zivilprozeßrecht
IZVR .... Internationales Zivilverfahrensrecht

JherJb .... Jherings Jahrbücher für die Dogmatik des bürgerlichen Rechts
Jura .... Juristische Ausbildung
JuS .... Juristische Schulung
JZ .... Juristenzeitung

Kap. .... Kapitel
K. B. .... King's Bench Division
KG .... Kammergericht (Berlin), Kommanditgesellschaft
krit. .... kritisch

LAG .... Landesarbeitsgericht
LAGE .... Entscheidungen der Landesarbeitsgerichte
LG .... Landgericht
lit. .... littera (Buchstabe)
LuftVG .... Luftverkehrsgesetz
LugÜ .... Luganer Übereinkommen

m. Anm. .... mit Anmerkung
m. Aufs. .... mit Aufsatz
MDR .... Monatsschrift für Deutsches Recht
m. w. N. .... mit weiteren Nachweisen
MSA .... Haager Minderjährigenschutzabkommen
MünchKomm .... Münchener Kommentar zum Bürgerlichen Gesetzbuch
MünchKomm-HGB Münchener Kommentar zum Handelsgesetzbuch

Nachw. .... Nachweis(e)
NÄG .... Namensänderungsgesetz

n. F. .... neue Fassung
NILR........................ Netherlands International Law Review
NJW .... Neue Juristische Wochenschrift
NJW-RR.................. Neue Juristische Wochenschrift – Rechtsprechungsreport
NVwZ .... Neue Zeitschrift für Verwaltungsrecht
NZA......................... Neue Zeitschrift für Arbeitsrecht

OGH .... Oberster Gerichtshof (Österreich)
OLG .... Oberlandesgericht
OR .... Obligationenrecht (Schweiz)
öst. .... österreichisch

PflVG........................ Pflichtversicherungsgesetz

RabelsZ .... Rabels Zeitschrift für ausländisches und internationales Privatrecht
RdA.......................... Recht der Arbeit
Rdnr. .... Randnummer
Rdnrn. .... Randnummern
Rec. des Cours........ Académie de Droit International de la Haye, Recueil des Cours
Rev. crit. d. i. p. ..... Revue critique de droit international privé
Rev. int. dr. comp... Revue internationale de droit comparé
RG .... Reichsgericht
RGBl. .... Reichsgesetzblatt
RGZ......................... Entscheidungen des Reichsgerichts in Zivilsachen
RIW .... Recht der Internationalen Wirtschaft
Rpfleger.................. Der Deutsche Rechtspfleger
RuStaG.................... Reichs- und Staatsangehörigkeitsgesetz

s. .... siehe
S. .... Seite
SAE.......................... Sammlung Arbeitsrechtlicher Entscheidungen
ScheckG.................. Scheckgesetz
schweiz. .... schweizerisch
Schw. Jb. Int. R. ..... Schweizerisches Jahrbuch für Internationales Recht
Sec. .... Section
SGB .... Sozialgesetzbuch
Slg. .... Sammlung der Rechtsprechung des Gerichtshofes der Europäischen Gemeinschaften
StARegG .... Gesetz zur Regelung von Fragen der Staatsangehörigkeit
StAZ........................ Das Standesamt (Zeitschrift)
str. .... streitig
Süddt. JZ................ Süddeutsche Juristenzeitung

TranspR.................. Transport- und Speditionsrecht
türk........................ türkisch
Tz.......................... Textziffer
TzWrG.................... Teilzeit-Wohnrechtegesetz

u. a......................... und andere, unter anderem
UFITA..................... Archiv für Urheber-, Film-, Funk- und Theaterrecht
UNCITRAL............. United Nations Commission für International Trade Law
U. S......................... United States Reports
u. U........................ unter Umständen
UWG...................... Gesetz gegen den unlauteren Wettbewerb

VerschG.................. Verschollenheitsgesetz
VersR...................... Versicherungsrecht
vgl.......................... vergleiche
VVG....................... Gesetz über den Versicherungsvertrag
VwGO.................... Verwaltungsgerichtsordnung

WA......................... Warschauer Abkommen
WechselG............... Wechselgesetz
W. L. R................... Weekly Law Reports
WM....................... Wertpapier-Mitteilungen
WÜK..................... Wiener Übereinkommen über konsularische Beziehungen

ZAG....................... Zusatzabkommen von Guadalajara (zum Warschauer Abkommen)
ZaöRV.................... Zeitschrift für ausländisches öffentliches Recht und Völkerrecht
z. B.......................... zum Beispiel
ZEuP...................... Zeitschrift für Europäisches Privatrecht
ZfA......................... Zeitschrift für Arbeitsrecht
ZfRV...................... Zeitschrift für Rechtsvergleichung (Österreich)
ZGB....................... Zivilgesetzbuch
ZHR....................... Zeitschrift für das gesamte Handels- und Wirtschaftsrecht
ZIP......................... Zeitschrift für Wirtschaftsrecht
ZIR........................ Zeitschrift für Internationales Privat- und Strafrecht
zit........................... zitiert
ZLW...................... Zeitschrift für Luftrecht und Weltraumrechtsfragen
ZPO....................... Zivilprozeßordnung
ZRP....................... Zeitschrift für Rechtspolitik
ZUM...................... Zeitschrift für Urheber- und Medienrecht
ZVersWiss............... Zeitschrift für die gesamte Versicherungswissenschaft
ZVglRWiss.............. Zeitschrift für Vergleichende Rechtswissenschaft
ZZP....................... Zeitschrift für Zivilprozeß

Literaturverzeichnis

von Bar, Christian, Internationales Privatrecht, Erster Band, Allgemeine Lehren, 1987 (zitiert: *von Bar* I)

von Bar, Christian, Internationales Privatrecht, Zweiter Band, Besonderer Teil, 1991 (zitiert: *von Bar* II)

Batiffol/Lagarde, Traité de Droit International Privé, Band I, 8. Aufl. 1993 (zitiert: *Batiffol/Lagarde* I)

Batiffol/Lagarde, Traité de Droit International Privé, Band II, 7. Aufl. 1983 (zitiert: *Batiffol/Lagarde* II)

Cheshire/North, Private International Law, 12. Aufl. 1992

Dicey/Morris, The Conflict of Laws, 2 Bände, 12. Aufl. 1993

Dölle, Internationales Privatrecht, Eine Einführung in seine Grundlagen, 2. Aufl. 1972

Erman, Handkommentar zum Bürgerlichen Gesetzbuch, 2 Bände, 9. Aufl. 1993 (zitiert: *Erman/Bearbeiter*)

Ferid, Internationales Privatrecht, Ein Leitfaden für Praxis und Ausbildung, 2. Aufl. 1982

Firsching/von Hoffmann, Internationales Privatrecht, 5. Aufl. 1997

Henrich, Internationales Familienrecht, 1989 (zitiert: *Henrich,* IntFamR)

Henrich, Internationales Scheidungsrecht, 6. Aufl. 1992 (zitiert: *Henrich,* Int. ScheidungsR)

Jayme/Hausmann, Internationales Privat- und Verfahrensrecht, Textausgabe, 9. Aufl. 1998

Kegel, Internationales Privatrecht, 7. Aufl. 1995

Keller/Siehr, Allgemeine Lehren des internationalen Privatrechts, 1986

Kropholler, Internationales Privatrecht, 3. Aufl. 1997

Koch/Magnus/Winkler von Mohrenfels, IPR und Rechtsvergleichung, 2. Aufl. 1996

Lewald, Das deutsche internationale Privatrecht auf Grundlage der Rechtsprechung, 1931

Lüderitz, Internationales Privatrecht, 2. Aufl. 1992

Makarov, Grundriß des Internationalen Privatrechts, 1970

Melchior, Die Grundlagen des deutschen internationalen Privatrechts, 1932

Münchener Kommentar zum Bürgerlichen Gesetzbuch, Band 10, Einführungsgesetz, Internationales Privatrecht, 3. Aufl. 1998 (zitiert: MünchKomm-*Bearbeiter*)

Münchener Kommentar zum Handelsgesetzbuch, Band 7, Handelsgeschäfte, Transportrecht, 1997 (zitiert: MünchKomm-HGB-*Bearbeiter*)

Neuhaus, Die Grundbegriffe des internationalen Privatrechts, 2. Aufl. 1976

Nußbaum, Deutsches Internationales Privatrecht, 1932 (zitiert: *Nußbaum,* IPR)

Nußbaum, Grundzüge des internationalen Privatrechts, 1952 (zitiert: *Nußbaum,* Grundzüge)

Palandt, Bürgerliches Gesetzbuch, Kurz-Kommentar, 57. Aufl. 1998 (zitiert: *Palandt-Bearbeiter*)

Raape, Internationales Privatrecht, 5. Aufl. 1961

Raape/Sturm, Internationales Privatrecht, Band I, Allgemeine Lehren, 6. Aufl. 1977

Rabel, The Conflict of Laws, Band I, 2. Aufl. 1958 (zitiert: *Rabel* I)

Rabel, The Conflict of Laws, Band II, 2. Aufl. 1960 (zitiert: *Rabel* II)

Riering, IPR-Gesetze in Europa, Textausgabe in Originalsprachen mit deutschen Übersetzungen, 1997 (zitiert: *Riering*, IPR-Gesetze)

Reithmann/Martiny, Internationales Vertragsrecht, Das Internationale Privatrecht der Schuldverträge, 5. Aufl. 1996

von Savigny, System des heutigen römischen Rechts, Band VIII, 1849 (zitiert: *Savigny*, System)

Schack, Höchstrichterliche Rechtsprechung zum Internationalen Privat- und Verfahrensrecht, 1993 (zitiert: *Schack*, Rechtsprechung)

Schack, Internationales Zivilverfahrensrecht, 2. Aufl. 1996 (zitiert: *Schack*, IZVR)

Schnitzer, Handbuch des Internationalen Privatrechts, Band I, 1957 (zitiert: *Schnitzer* I)

Schnitzer, Handbuch des Internationalen Privatrechts, Band II, 1958 (zitiert: *Schnitzer* II)

Soergel, Bürgerliches Gesetzbuch, Band 10, Einführungsgesetz, 12. Aufl. 1996 (zitiert: *Soergel/Bearbeiter*)

Staudinger, Kommentar zum Bürgerlichen Gesetzbuch, 13. Bearbeitung 1993 ff. (zitiert: *Staudinger/Bearbeiter*)

Walker, Internationales Privatrecht, 5. Aufl. 1934

Wolff, Martin, Das Internationale Privatrecht Deutschlands, 3. Aufl. 1954 (zitiert: *Wolff*, IPR)

Zweigert/Kötz, Einführung in die Rechtsvergleichung auf dem Gebiete des Privatrechts, 3. Aufl. 1996

Erster Teil. Einführung in das IPR

§ 1. Grundlagen des Internationalen Privatrechts

Literatur (allgemeine Literatur zum IPR oben S. XIX): *E. Lorenz*, Zur Struktur des internationalen Privatrechts (1977); *Schurig*, Kollisionsnorm und Sachrecht – Zu Struktur, Standort und Methode des internationalen Privatrechts (1981); *Siehr*, Scherz und Ernst im Internationalen Privatrecht, Festschrift Zajtay (1982), S. 409; *Steindorff*, Sachnormen im Internationalen Privatrecht (1958). Vergleichend: *Jayme*, Identité culturelle et intégration: Le droit international privé postmoderne, Rec. des Cours 251 (1995), 9–267; *Kegel*, The Crisis of Conflicts of Laws, Rec. des Cours 11 (1964), 95–236. **1**

Haben Sie schon einmal darüber nachgedacht, warum Sie auf einen Rechtsfall das deutsche Privatrecht anwenden und nicht das Privatrecht eines anderen Staates? Diese Frage stellt sich häufiger, als man auf den ersten Blick meint. Zwar gilt auch im Zeitalter der globalen Wirtschaft, der weltumspannenden Kommunikation und der grenzüberschreitenden Begegnung der Menschen: In vielen Fällen, die deutsche Gerichte zu entscheiden haben, ist es offensichtlich, daß deutsches Recht anzuwenden ist, weil der Rechtsfall keinen Auslandsbezug aufweist. Aber immer öfter begegnen uns Sachverhalte, in denen die Anwendung des deutschen Privatrechts nicht mehr selbstverständlich ist: In jeder zehnten Ehe, die in Deutschland geschlossen wird, besitzt mindestens einer der Ehepartner eine ausländische Staatsangehörigkeit. Nicht wenige Deutsche haben Ferienhäuser oder -wohnungen im Ausland, bei denen, wenn sie einmal vererbt werden, ausländisches Recht ins Spiel kommen kann. Mit der grenzüberschreitenden Mobilität steigt das Risiko, in einen Verkehrsunfall oder ein anderes Delikt im Ausland verwickelt zu werden. Das Internet schafft den globalen Markt auch für Verbraucher. Deutsche Unternehmen schließen Verträge mit ausländischen Abnehmern oder Lieferanten; Versicherer geben Deckungszusagen für Risiken, die irgendwo auf der Welt belegen sind. In allen diesen Fällen spielt das Internationale Privatrecht

(IPR) eine Rolle. Es kommt in der praktischen Rechtsanwendung immer dann zum Zuge, wenn der Rechtsfall ein ausländisches Element aufweist. Das IPR löst den Rechtsfall nicht; es sagt uns aber, nach welchem Recht der Fall zu lösen ist.

I. Aufgabe des IPR (Art. 3 I 1 EGBGB)

2 **Literatur:** *Kegel*, The Conflict-of-Laws-Machine – Zusammenhang im Allgemeinen Teil des IPR, IPRax 1996, 309; *Lüderitz*, Internationales Privatrecht im Übergang – Theoretische und praktische Aspekte der deutschen Reform, Festschrift Kegel (1987), S. 343; *Stoll*, Bemerkungen zu den Vorschriften über den „Allgemeinen Teil" im Gesetzentwurf der Bundesregierung zur Neuregelung des IPR (Art. 3–9, 11–12), IPRax 1984, 1.

Fälle:

a) Ein deutscher Automobilhersteller hat mit einem ungarischen Partner in der Nähe von Budapest ein Gemeinschaftsunternehmen (joint venture) zur Teilefertigung in Betrieb genommen. Der deutsche Werksleiter beklagt sich, daß er mit seinem ungarischen Kollegen oft über Rechtsfragen streite, die er spontan nach deutschem Privatrecht, der Ungar dagegen nach ungarischem Privatrecht beurteile. Man möge ihm doch einen Text des Internationalen Privatrechts zur Verfügung stellen, damit die streitigen Rechtsfragen nach Internationalem Privatrecht gelöst werden könnten (Fall nach *Ferid* Rdnr. 1–2).

b) Ein Mann aus Aachen kauft bei einem Händler in Düren einen gebrauchten Volkswagen zum Preis von 4000 DM. Bei der ersten Fahrt reißt der Kühler. Der Mann möchte den Wagen zurückgeben und das bezahlte Entgelt zurückhaben. Rechtsreferendar R, der die Rechtslage begutachten soll, formuliert als ersten Prüfungspunkt „Anwendbares Recht". Richtig oder falsch? Wie ist es, wenn der Käufer die türkische Staatsangehörigkeit hat? Wie ist es, wenn der Wagen nicht in Düren, sondern in Maastricht gekauft wurde?

Art. 3 I 1 EGBGB lautet: „Bei Sachverhalten mit einer Verbindung zum Recht eines ausländischen Staates bestimmen die folgenden Vorschriften, welche Rechtsordnungen anzuwenden sind (Internationales Privatrecht)." Dieser Definitionsnorm läßt sich zweierlei entnehmen: IPR ist *Rechtsanwendungsrecht*, d.h. Recht, das darüber entscheidet, welche Rechtsordnungen anzuwenden sind („Recht über Recht", dazu 1). Zweitens setzt das IPR nach dem Wortlaut des Art. 3 I 1 EGBGB eine *Auslandsberührung* des Sachverhalts voraus (dazu 2).

1. Bestimmung des anzuwendenden Rechts

3 Nach Art. 3 I 1 EGBGB „bestimmen die folgenden Vorschriften, welche Rechtsordnungen anzuwenden sind". Diese Formulierung ist in zweifacher Hinsicht ungenau: Das Internationale *Privat*recht bestimmt nicht, welche Rechtsordnungen (unter Einschluß des öffentlichen Rechts) anzuwenden sind, sondern welche *Privat*rechtsordnungen zur Anwendung kommen. Diese Ungenauigkeit des Wortlauts mag man mit der systematischen Stellung des Art. 3 I 1 im EG*BGB* erklären (*Kegel* § 1 II); man muß sich aber darüber im klaren sein, daß es im Internationalen Privatrecht um Rechtsanwendungsnormen für Privatrecht geht. Für das öffentliche Recht gelten andere Grundsätze: Ansprüche, die sich aus dem öffentlichen Recht eines Staates ergeben, können vor ausländischen Gerichten grundsätzlich nicht durchgesetzt werden (BGHZ 31, 367, 371). Das IPR gehört zu denjenigen Rechtsmaterien, in denen sich die Unterscheidung von Privat- und öffentlichem Recht auch heute noch deutlich zeigt.

Zweitens heißt es in Art. 3 I 1 EGBGB, „*die folgenden Vorschriften* bestimmen, welche Rechtsordnungen anzuwenden sind (Internationales Privatrecht)". Das deutsche IPR ist jedoch nicht nur im EGBGB normiert. Vielmehr enthalten zahlreiche *Staatsverträge* IPR-Vorschriften. Wenn diese Staatsverträge – wie beispielsweise das *Haager Unterhaltsübereinkommen* (unten Rdnr. 541) – in Deutschland unmittelbar anwendbares innerstaatliches Recht geworden sind, gehen ihre IPR-Normen den EGBGB-Regeln vor (Art. 3 II 1 EGBGB). Ferner kennt das deutsche Recht Vorschriften des IPR in Spezialgesetzen, beispielsweise in § 12 AGB-Gesetz. Die Definition des Art. 3 I 1 EGBGB läßt sich daher wie folgt verbessern: Das Internationale Privatrecht ist die Gesamtheit der staatlichen Rechtssätze, die durch Verweisung auf die inländische oder eine ausländische Privatrechtsordnung bestimmen, welchen Staates Privatrecht anzuwenden ist (*Stoll*, IPRax 1984, 1).

a) IPR als staatliches Recht

4 Das Internationale Privatrecht ist *staatliches* Recht. Wenn man Staat und Nation gleichsetzt, kann man es auch als *nationales* Recht bezeichnen. Das Adjektiv *international* bezieht sich also nicht auf die Rechtsquelle, sondern auf die Aufgabe des IPR: Das IPR bestimmt als zwischenstaatliches *Kollisionsrecht* bei der „Kollision" staatlicher Privatrechtsordnungen, welches *materielle Recht*, bestehend aus Sachnormen, anzuwenden ist.

(1) Auch IPR-Vorschriften, die in *völkerrechtlichen Übereinkommen* (Staatsverträgen) enthalten sind, sind als staatliches (nationales) Recht anzuwenden. Rechtsvorschriften in völkerrechtlichen Verträgen stellen in den Vertragsstaaten noch kein unmittelbar anwendbares Recht dar; sie müssen vielmehr noch in staatliches Recht transformiert oder adoptiert werden (dazu *Seidl-Hohenveldern*, Völkerrecht, 9. Aufl. 1997, Rdnrn. 564–575). In Deutschland haben völkerrechtliche Verträge, die gemäß Art. 59 II 1 GG aufgrund eines Zustimmungsgesetzes in Kraft getreten sind, den Rang einfacher Gesetze; die in solchen völkerrechtlichen Verträgen enthaltenen IPR-Normen sind Bestandteil des deutschen innerstaatlichen Rechts.

(2) Da IPR staatliches Recht ist, hat jeder Staat sein eigenes IPR. Es gibt also nicht „das" Internationale Privatrecht, sondern beispielsweise das deutsche, das französische oder das spanische IPR. Soweit ein Staat nicht durch völkerrechtliche Vereinbarungen gebunden ist, ist er inhaltlich frei, eigene IPR-Vorschriften zu entwickeln. *Beispiel:* Die gesetzliche Vertretung eines Minderjährigen (vgl. § 1629 BGB) ist eine Frage der Eltern-Kind-Beziehungen, die nicht in den Bereich der „Maßnahmen zum Schutz der Person und des Vermögens des Minderjährigen" gehört; sie fällt deshalb nicht in den Anwendungsbereich des *Haager Minderjährigenschutzabkommens* (MSA) vom 5. 10. 1961 (BGBl. 1971 II, 219, abgedruckt bei *Jayme/Hausmann* Nr. 35). In Deutschland ist daher die IPR-Vorschrift des Art. 21 EGBGB anzuwenden: „Das Rechtsverhältnis zwischen einem Kind und seinen Eltern unterliegt dem Recht des Staates, in dem das Kind seinen *gewöhnlichen Aufenthalt* hat." In Spanien bestimmt dagegen Art. 9 IV Código civil: „Die Rechtsvorschriften zwischen Eltern und Kindern richten sich nach der *Staatsangehörigkeit* des Kindes." Die Kollisionsnormen der Staaten müssen also nicht identisch sein und sind es häufig auch

nicht. In dem weiten Bereich, der nicht durch völkerrechtliche Verträge abgedeckt wird, ist jeder Staat frei, den Inhalt seiner IPR-Vorschriften autonom zu bestimmen.

In *Fall a* ist das Begehren des deutschen Werksleiters schon deshalb verfehlt, weil es „das" Internationale Privatrecht nicht gibt. Vielmehr wendet der deutsche Richter das deutsche IPR an, während der ungarische Richter das ungarische IPR heranzieht. Wenn für eine Streitigkeit zwischen dem deutschen und dem ungarischen Partner des joint venture ein Gerichtsstand in Ungarn begründet ist, entnimmt der ungarische Richter der *Ungarischen Gesetzesverordnung vom 31. 5. 1979 über das Internationale Privatrecht* (abgedruckt bei *Riering*, IPR-Gesetze Nr. 12), welches Recht den Streit entscheidet. Haben sich die Parteien, was in internationalen Verträgen häufig vorkommt, auf ein privates Schiedsgericht geeinigt, ist der Parteivereinbarung zu entnehmen, welches Recht das Schiedsgericht anwenden soll (vgl. § 1051 I 1 ZPO).

b) IPR als Verweisungsrecht

5 Wenn die Legaldefinition in Art. 3 I 1 EGBGB auch in mehrfacher Hinsicht ungenau ist (dazu oben Rdnr. 3), bringt sie doch das Wichtigste zutreffend zum Ausdruck: Es ist nicht Aufgabe des IPR, den zu beurteilenden Sachverhalt in der Sache selbst zu entscheiden. Vielmehr geht es allein darum, diejenige staatliche Rechtsordnung zu ermitteln, die auf diesen Sachverhalt anzuwenden ist. In *Fall a* wird daher die Erwartung des Werksleiters enttäuscht, im Internationalen Privatrecht – sei es im ungarischen IPR, sei es im deutschen IPR – eine Lösung der Streitfragen zu finden, die ihn mit seinem ungarischen Kollegen entzweien. Das Internationale Privatrecht entscheidet den Rechtsstreit nicht, sondern verweist auf eine Rechtsordnung, die den Streit entscheidet. Wir können das IPR daher nicht nur als *Rechtsanwendungsrecht* (dazu oben Rdnr. 2) und *Kollisionsrecht* (dazu oben Rdnr. 4), sondern auch als *Verweisungsrecht* bezeichnen. Das Internationale Privatrecht bewegt sich auf einer höheren Abstraktionsebene als das materielle Privatrecht, weil es den Rechtsfall erst einmal einer Privatrechtsordnung zuteilt: „Das IPR erweist sich als ein Archimedischer Satellit, von dem aus alle anfallenden Fälle auf die (Privat-) Rechtsordnungen der Erde verteilt werden." (*E. Lorenz*, Festschrift Kegel, 1987, S. 303, 310)

6 Der Name *Internationales Privatrecht* ist nach alledem unpräzise, weil es sich der Rechtsquelle nach nicht um internationales, sondern um nationales (staatliches) Recht handelt, und weil es nicht um materielles Privatrecht geht, sondern um Kollisionsrecht. Der Name *Internationales Privatrecht* hat sich aber durchgesetzt, weil andere Bezeichnungen nicht besser sind: Unter *Rechtsanwendungsrecht* oder *Verweisungsrecht* kann sich der Laie wenig vorstellen, und der Begriff *Kollisionsrecht* könnte leicht mit Verkehrsunfällen („Kollisionen") in Verbindung gebracht werden. Vom „Internationalen Privatrecht" ist die Rede, nachdem der US-Amerikaner *Joseph Story* im Jahre 1834 erstmals von *private international law* („privatem Internationalrecht") gesprochen hatte. Der Franzose *J.-J. Foelix* übersetzte 1840 die Bezeichnung mit *droit international privé* (also ebenfalls „privates Internationalrecht"). Der Deutsche *Wilhelm Schaeffner* wählte dagegen 1841 in seinem für die Namensgebung des IPR bahnbrechenden Werk die Bezeichnung *Internationales Privatrecht*. Die Wortstellung war mehr zufällig, weil man damals zwar von „Privatrecht", nicht aber von „privatem Recht" zu sprechen gewohnt war (*Zitelmann*, ZIR 27 [1918], 177, 180). Wird – wie in diesem Buch – *Internationales Privatrecht* mit großem Anfangsbuchstaben geschrieben, so soll dadurch zum Ausdruck gebracht werden, daß es sich dabei – anders als bei *interlokalem* oder *intertemporalem Recht* – nicht um eine Bezeichnung für eine Gattung von Rechtsnormen handelt, sondern um einen feststehenden, „technischen" Begriff.

In Kontinentaleuropa hat sich die Bezeichnung „Internationales Privatrecht" (*droit international privé, diritto internazionale privato, derecho internacional privado, etc.*) durchgesetzt. In den Vereinigten Staaten sind dagegen die Ausdrücke *conflict of laws* und *choice of law* verbreitet. „Conflict of laws" soll zum Ausdruck bringen, daß die materiellen Rechte der verschiedenen Staaten um Anwendung ringen. „Choice of law" ist zweideutig, weil der Ausdruck sowohl für die Bestimmung des anzuwendenden Rechts allgemein als auch speziell für die Rechtswahl durch die Beteiligten verwendet wird (zur Rechtswahl unten Rdnrn. 144–149). Im Vereinigten Königreich sind die Begriffe „Conflict of Laws" (so der Titel des Handbuches von *Dicey/Morris*) und „Private International Law" (so der Teil des Lehrbuches von *Cheshire/North*) gleichermaßen verbreitet.

c) Verweisung auf staatliches Recht

7 Das Internationale Privatrecht ist nicht nur selbst staatliches Recht; es bezieht sich auch nur auf staatliches Recht: Es sagt, welchen *Staates* Privatrecht anzuwenden ist (*Kegel* § 1 IV 2). Berufen Kollisionsnormen das Recht eines einzigen Staates zur Anwendung, handelt es sich um *einseitige Kollisionsnormen*; sie verweisen fast immer auf die eigene Rechtsordnung. So hieß es in Art. 24 I EGBGB i. d. F. von 1896 (abgedruckt bei *Jayme/Hausmann* Nr. 2): „Ein Deutscher wird, auch wenn er seinen Wohnsitz im Auslande hatte, nach den deutschen Gesetzen beerbt." Kann dagegen das Recht irgendeines Staates zum Zuge kommen, liegt eine *allseitige Kollisionsnorm* vor. Ein Beispiel ist Art. 25 I EGBGB i. d. F. von 1986: „Die Rechtsnachfolge von Todes wegen unterliegt dem Recht des Staates, dem der Erblasser im Zeitpunkt seines Todes angehörte."

Die Methode, mit der das IPR eine Verbindung zwischen einem Rechtsverhältnis und dem Recht eines Staates herstellt, ist die Methode der *Anknüpfung*: Eine Rechtsordnung wird an ein Element des konkreten Sachverhalts „angeknüpft", in Art. 25 I EGBGB n. F. beispielsweise an die Staatsangehörigkeit des Erblassers. IPR-Normen lassen sich daher auch als Anknüpfungsnormen bezeichnen.

2. Sachverhalt mit Auslandsberührung

8 Nach der Legaldefinition in Art. 3 I 1 EGBGB bestimmt das IPR „bei Sachverhalten mit einer Verbindung zum Recht eines ausländischen Staates", welche Rechtsordnungen anzuwenden sind. Manche verstehen die Eingangsformel des Art. 3 I 1 EGBGB als *dogmatische Eingrenzung* des IPR: Bei der rechtlichen Beurteilung eines Falles in Deutschland sei zunächst von der Anwendung der in Deutschland geltenden Sachnormen auszugehen. Nur in Fällen, in denen eine Auslandsberührung bestehe, sei die Frage aufzuwerfen, ob der Sachverhalt möglicherweise einem ausländischen Recht unterliege. Diese Frage sei dann anhand des IPR zu beantworten (*E. Lorenz*, ZRP 1982, 148, 149). Gegen diese Ansicht bestehen Bedenken: Zum einen verleitet sie dazu, deutsches materielles Recht höher zu bewerten als ausländisches Recht. Zum anderen verliert man sich in unfruchtbaren Überlegungen, welcher

Art die Auslandsberührung sein soll, die dem IPR vorgeschaltet ist: Reicht es schon aus, daß eine Vertragspartei einen *Berner Sennenhund* besitzt?

9 Nach zutreffender Ansicht ist das Internationale Privatrecht jedem Fall, also auch dem reinen Inlandsfall (*Fall b*, erste Variante) vorgeschaltet. *Kegel* (§ 1 III) stellt fest: „IPR ist nicht bloß notwendig da, es greift auch notwendig ein, so oft ein Privatrechtssatz angewandt wird. Es ergreift also auch reine Inlandstatbestände. Natürlich fragt hier niemand, welches Recht anwendbar ist. Denn die Antwort versteht sich von selbst: Es gilt deutsches Recht. Aber daß ein Rechtssatz nicht bewußt wird, heißt nicht, daß er fehlt." Danach weist der Eingangssatz in Art. 3 I 1 EGBGB nur auf eine *praktische Einschränkung* des IPR hin. Er ist entbehrlich, weil in der Praxis kaum jemand auf den Gedanken kommt, ohne zureichenden Anlaß die Rechtsanwendungsfrage zu stellen.

Ein Gutachten sollte möglichst nicht mit der Formel eingeleitet werden: „Es handelt sich um einen Fall mit Auslandsberührung. Daher ist Internationales Privatrecht anzuwenden." Kein vernünftiger Bearbeiter würde auf die Idee kommen, ein sachenrechtliches Gutachten mit der Formulierung zu beginnen: „Es handelt sich um einen Fall mit Bodenberührung. Daher ist das Grundstücksrecht heranzuziehen." Ebenso wie sachenrechtliche Normen ohne Vorrede zu prüfen sind, wenn eine solche Prüfung erforderlich ist, sind auch IPR-Normen ohne Vorrede immer dann – und nur dann – heranzuziehen, wenn es auf sie ankommt (zutreffend *Lüderitz*, Festschrift Kegel, 1987, S. 343, 346). Ob Anlaß zu einer kollisionsrechtlichen Prüfung besteht, kann der Bearbeiter nicht mit einer festen Regel, sondern nur aufgrund seiner Kenntnisse und Erfahrungen entscheiden.

In *Fall b* (erste Variante) besteht kein Anlaß, über die Anwendung des deutschen Rechts nachzudenken; falsch ist es, darüber etwas niederzuschreiben. In der zweiten Variante (türkische Staatsangehörigkeit des Käufers) mag man einen Gedanken auf das IPR verwenden, doch sagt uns ein zutreffendes Judiz, daß allein dieses Merkmal nicht zur Anwendung des türkischen Kaufrechts in Deutschland führen kann; die Niederschrift eines entsprechenden Prüfungspunktes in der Lösung eines Falles ist daher überflüssig und deshalb falsch. In der dritten Variante (Kauf von einem Gebrauchtwagenhändler in Maastricht) besteht dagegen Anlaß, das Rechtsgutachten mit dem Prüfungspunkt „Anwendbares Recht" einzuleiten. Da die Parteien nach dem Sachverhalt keine Rechtswahl gemäß Art. 27 EGBGB getroffen haben, wird der Bearbeiter zu dem Ergebnis kommen, daß auf das Begehren des Käufers gemäß Art. 28 II 2 EGBGB das niederländische Recht anzuwenden ist, weil der Verkäufer als Erbringer der charakteristischen Leistung in den Niederlanden ansässig ist (dazu unten Rdnrn. 361–364).

II. Rechtsgrundlagen des deutschen IPR

10 **Literatur:** *Basedow*, Die Neuregelung des Internationalen Privat- und Prozeßrechts, NJW 1986, 2971; *Hohloch*, Erste Erfahrungen mit der Neuregelung des Internationalen Privatrechts in der Bundesrepublik Deutschland, JuS 1989, 81; *Jayme*, Das neue IPR-Gesetz – Brennpunkte der Reform, IPRax 1986, 265; *Kropholler*, Der Einfluß der Haager Übereinkommen auf die deutsche IPR-Kodifikation, RabelsZ 57 (1993), 207.

Das deutsche Internationale Privatrecht besteht aus zwei Gruppen von Rechtsgrundlagen: den – von der Rechtsquelle her – nationalen Kollisionsnormen (dazu 1) und den Kollisionsnormen in denjenigen internationalen Übereinkommen, die in Deutschland unmittelbar anwendbares innerstaatliches Recht geworden sind (dazu 2). Die wichtigsten Rechtsgrundlagen finden sich in der Textsammlung von *Jayme/Hausmann*.

1. Autonomes Kollisionsrecht

11 Die Normen des IPR, die nicht in unmittelbar anwendbaren internationalen Übereinkommen enthalten sind, werden als „autonomes" – von der Bundesrepublik Deutschland selbst geschaffenes – Kollisionsrecht bezeichnet. Im Vordergrund steht die Kodifikation des deutschen IPR in Artt. 3ff. EGBGB; wichtige Bereiche sind aber auch durch Spezialgesetze sowie durch Gewohnheits- und Richterrecht geprägt.

a) Artt. 3ff. EGBGB

Gemeinsam mit dem BGB traten am 1. 1. 1900 die Kollisionsnormen der Artt. 3–31 EGBGB i.d.F. von 1896 in Kraft. Sie waren das Ergebnis einer Kontroverse zwischen Juristen und Diplomaten: Die „Juristen" – namentlich die Kommissionen zur Vorbereitung des BGB und federführend der badische Ministerialrat *Gebhard* – wollten allseitige Kollisionsnormen in das BGB aufnehmen. Die „Diplomaten" – *Bismarck* und das Auswärtige Amt – waren gegen kodifizierte Anknüpfungsregeln. Sie hatten die wunderliche Vorstellung, durch Staatsverträge die Anwendung deutschen Rechts im Ausland gegen die Anwendung ausländischen Rechts in Deutschland einhandeln zu müssen; darin wollten sie sich nicht durch eine deutsche IPR-Kodifikation stören lassen. Der Kompromiß war: Die IPR-Vorschriften kamen in das EGBGB; sie regelten als einseitige Kollisionsnormen nur die Anwendung des deutschen Rechts (aufschlußreich *Hartwieg/Korkisch*, Die geheimen Materialien zur Kodifikation des deutschen IPR 1881–1896, 1973).

Die Rechtsprechung baute die Artt. 3–31 EGBGB a. F. soweit wie möglich zu allseitigen Kollisionsregeln aus (dazu unten Rdnr. 110). Damit hätte es sein Bewenden haben können, wenn nicht familienrechtliche Anknüpfungen gegen das Gleichberechtigungsgebot des Art. 3 II GG verstoßen hätten (BVerfGE 63, 181; BVerfGE 68, 384, dazu unten Rdnrn. 490, 520); ferner war eine Reihe von Materien – insbesondere das Internationale Vertragsrecht – im EGBGB a. F. ungeregelt geblieben. Im Jahre 1954 wurde der *Deutsche Rat für Internationales Privatrecht* gegründet, der eine IPR-Reform vorbereiten sollte (dazu *Kegel* § 4 I 2). Auf der Grundlage der „Vorschläge und Gutachten" des Deutschen Rates erstellte *Kühne* 1980 einen Gesetzentwurf. Es folgte ein Regierungsentwurf vom 20. 10. 1983 (Materialien: BegrRegE, BT-Drucks. 10/504), den der Rechtsausschuß des Bundestages nur in einigen wenigen Punkten veränderte (Materialien: Bericht des Rechtsausschusses, BT-Drucks. 10/5632).

12 Am 25. 7. 1986 wurde das *Gesetz zur Neuregelung des Internationalen Privatrechts* verkündet (BGBl. 1986 I, 1142). Es ist am 1. 9. 1986 in Kraft getreten. Die neuen Artt. 3–38 EGBGB gliedern sich in fünf Abschnitte:

– Erster Abschnitt. Verweisung, Artt. 3–6 EGBGB (dieser Abschnitt enthält bruchstückhaft den Allgemeinen Teil des IPR),
– Zweiter Abschnitt. Recht der natürlichen Personen und der Rechtsgeschäfte (Artt. 7–12 EGBGB),

- Dritter Abschnitt. Familienrecht (Artt. 13–24 EGBGB),
- Vierter Abschnitt. Erbrecht (Artt. 25, 26 EGBGB) und
- Fünfter Abschnitt. Schuldrecht (Artt. 27–38 EGBGB).

Der Abschnitt über das Schuldrecht ist untergliedert in den *Ersten Unterabschnitt. Vertragliche Schuldverhältnisse* (Artt. 27–37 EGBGB) und in den *Zweiten Unterabschnitt. Außervertragliche Schuldverhältnisse*, der nur aus einer einzigen Vorschrift besteht (Art. 38 EGBGB), die aus dem alten Recht übernommen wurde. Sie enthält eine Vorbehaltsklausel, die zugunsten deutscher Staatsangehöriger die Anwendung ausländischer Deliktsnormen begrenzt (dazu unten Rdnrn. 53, 460).

b) Spezialgesetze

13 Außerhalb des EGBGB ist das deutsche Internationale Privatrecht in einigen Spezialvorschriften geregelt, beispielsweise in Artt. 91–98 WechselG, in Artt. 60–66 ScheckG oder in § 61 BörsenG (Übersicht bei *Staudinger/Sturm/Sturm*, Einl. zum IPR Rdnrn. 388–399). Das am 1. 1. 1998 in Kraft getretene Gesetz zur Neuregelung des Schiedsverfahrensrechts trifft in § 1051 ZPO Bestimmungen darüber, nach welchem Recht ein Schiedsgericht zu entscheiden hat. Das Gesetz beruht auf einem Modellgesetz der Kommission für Internationales Handelsrecht der Vereinten Nationen (UNCITRAL) und ist anzuwenden, wenn der Ort des schiedsrichterlichen Verfahrens in Deutschland liegt (§§ 1025 I, 1043 I ZPO). Stark im Vordringen sind heute spezielle Kollisionsnormen aufgrund von Richtlinien der Europäischen Gemeinschaft:

- Artt. 7–15 EGVVG regeln das Kollisionsrecht derjenigen Versicherungsverträge, die Risiken decken, die im Geltungsbereich des EWG-Vertrages oder des EWR-Abkommens belegen sind (vgl. Art. 37 Nr. 4 EGBGB). Sie setzen versicherungsrechtliche EG-Richtlinien in das deutsche Recht um (dazu unten Rdnrn. 421–424).
- § 12 AGB-Gesetz in der Fassung von 1996 transformiert eine Norm der EG-Richtlinie über mißbräuchliche Klauseln in Verbraucherverträgen vom 5. 4. 1993 (ABlEG 1993 L 95/29) in das deutsche Recht (dazu unten Rdnrn. 402–403).

– § 8 Teilzeit-Wohnrechtegesetz überträgt eine Vorschrift der Time-Sharing-Richtlinie der EG vom 26. 10. 1994 (AblEG 1994 L 280/83) in das deutsche Recht (dazu unten Rdnrn. 404–405).

Die genannten Kollisionsnormen sind keine Anwendungsfälle des Art. 3 II 2 EGBGB („Regelungen in Rechtsakten der EG bleiben unberührt"). Die Vorschrift meint nur IPR-Normen, die im unmittelbar anwendbaren EG-Recht – etwa *Verordnungen* – enthalten sind, nicht aber harmonisiertes nationales Recht, das auf *Richtlinien* der EG beruht: Richtlinien haben grundsätzlich keine unmittelbare Geltung in den Mitgliedstaaten, sondern bedürfen der Umsetzung in nationales Recht und wirken gegenüber dem Einzelnen als nationales Recht.

c) Ungeschriebene Regeln

14 Gesetzlich nicht oder nur in Randbereichen geregelt sind das IPR der außervertraglichen Schuldverhältnisse, das Internationale Sachenrecht und das Internationale Gesellschaftsrecht. In diesen Bereichen hat die Rechtsprechung Kollisionsregeln entwickelt, von denen sich einige sogar zu Gewohnheitsrecht verfestigt haben (etwa die Geltung der *lex rei sitae* im Grundstücksrecht). Das Internationale Gesellschaftsrecht soll nach dem EG-Vertrag vereinheitlicht werden; entsprechende Bemühungen sind jedoch bisher gescheitert (dazu unten Rdnr. 58).

Seit dem 1. 1. 1993 gibt es einen Referentenentwurf eines Gesetzes zur Ergänzung des Internationalen Privatrechts (abgedruckt unten im Anhang, S. 517), wonach im *Fünften Abschnitt. Schuldrecht* (Artt. 27–38 EGBGB) der bisherige Art. 38 EGBGB gestrichen werden soll. Der *Zweite Unterabschnitt. Außervertragliche Schuldverhältnisse* soll Kollisionsnormen für ungerechtfertigte Bereicherung, Geschäftsführung ohne Auftrag und unerlaubte Handlungen enthalten (Artt. 38–42 des Referentenentwurfs). Ferner sieht der Referentenentwurf einen *Sechsten Abschnitt. Sachenrecht* (Artt. 43–45 EGBGB) vor, der das Internationale Sachenrecht kodifizieren soll. Ob der Referentenentwurf Gesetz wird, ist nicht abzusehen. Seine Kollisionsnormen geben im wesentlichen die geltende, von der Rechtsprechung entwickelte Rechtslage wieder.

2. Staatsverträge (Art. 3 II 1 EGBGB)

15 Das autonome Kollisionsrecht konkurriert mit staatsvertraglichen Kollisionsnormen. Das Konkurrenzverhältnis ist Gegenstand des Art. 3 II 1 EGBGB: Regelungen in völkerrechtlichen Vereinbarungen gehen, soweit sie unmittelbar anwendbares innerstaatliches Recht geworden sind, dem autonomen deutschen Kollisionsrecht vor. Die Vorrangregel bezieht sich zwar ausdrücklich nur auf die Artt. 3ff. EGBGB (Art. 3 II 1 EGBGB: „... gehen den Vorschriften dieses Gesetzes vor"); sie gilt aber für das gesamte autonome Kollisionsrecht. Bevor eine Norm des EGBGB, eine spezialgesetzliche Anknüpfungsregel oder ein Gewohnheitsrechtssatz des deutschen IPR angewendet wird, ist also stets zu prüfen, ob nicht ein internationales Übereinkommen einschlägig und damit vorrangig ist (dazu unten Rdnrn. 47–50). Dabei besteht die Besonderheit, daß drei wichtige Übereinkommen bei der IPR-Reform von 1986 in das EGBGB eingearbeitet wurden, wobei die Technik der Einarbeitung verschieden ist:

a) Das *Europäische Übereinkommen über das auf vertragliche Schuldverhältnisse anzuwendende Recht* (Europäisches [Schuld-] Vertragsübereinkommen, EVÜ) vom 19. 6. 1980 (AblEG 1980 L 266/1 = BGBl. 1986 II, 810, abgedruckt bei *Jayme/Hausmann* Nr. 43) hat der deutsche Gesetzgeber in Artt. 27–37 EGBGB und einigen anderen über das EGBGB verstreuten Normen übernommen („inkorporiert"). Das Zustimmungsgesetz zum EVÜ (BGBl. 1986 II, 809) legt fest, daß die Kollisionsnormen des EVÜ innerstaatlich nicht unmittelbar anzuwenden sind. Das EVÜ ist also kein Staatsvertrag i.S.d. Art. 3 II 1 EGBGB; anzuwenden sind nur die Artt. 27ff. EGBGB. Die Vorschriften des EVÜ haben für den deutschen Rechtsanwender aber mittelbar Bedeutung, weil die Artt. 27ff. EGBGB mit Blick auf das EVÜ auszulegen sind (einheitliche europäische Auslegung, Art. 36 EGBGB).

b) Das *Haager Übereinkommen über das auf Unterhaltspflichten anzuwendende Recht* (Haager Unterhaltsübereinkommen, HUntÜ) vom 2. 10. 1973 (BGBl. 1986 II, 837, abgedruckt bei *Jayme/Hausmann* Nr. 29) ist dagegen unmittelbar anwendbares innerstaatliches

Recht. Um das Internationale Familienrecht im EGBGB vollständig zu regeln und auf das HUntÜ aufmerksam zu machen, gibt Art. 18 EGBGB die Vorschriften des Übereinkommens in leicht verändertem Wortlaut wieder.

c) Das *Haager Übereinkommen über das auf die Form letztwilliger Verfügungen anzuwendende Recht* (Haager Testamentsformübereinkommen, HTestÜ) vom 5. 10. 1961 (BGBl. 1965 II, 1145, abgedruckt bei *Jayme/Hausmann* Nr. 39) wurde in Art. 26 I–III EGBGB eingearbeitet. Auch dieses Übereinkommen ist in Deutschland innerstaatlich unmittelbar anzuwenden; seine Bestimmungen werden in Art. 26 I–III EGBGB wiederholt, um das Internationale Erbrecht umfassend und übersichtlich zu kodifizieren.

Bei der Lösung eines Rechtsfalles sind strenggenommen nur die Vorschriften des HUntÜ und des HTestÜ anzuwenden. Es ist aber auch akzeptabel, die Artt. 18 und 26 I–III EGBGB heranzuziehen, wenn auf die staatsvertragliche Herkunft der Normen hingewiesen und die Normen bei Auslegungszweifeln übereinkommenskonform ausgelegt und angewandt werden.

III. Nachbargebiete des IPR

16 **Literatur:** *Dörner*, Das deutsche Interlokale Privatrecht nach dem Einigungsvertrag, Festschrift W. Lorenz (1991), S. 321; *Heß*, Intertemporales Privatrecht (1998); *von Hoffmann*, IPR im Einigungsvertrag, IPRax 1991, 1; *Jayme* u. a. (Hrsg.), Der Weg zur deutschen Rechtseinheit (1991); *Mansel*, Perspektiven eines deutschen interlokalen Privat- und Verfahrensrechts nach der Wiedervereinigung, IPRax 1990, 283. **Zum IZVR:** *Geimer/Schütze*, Europäisches Zivilverfahrensrecht (1997); *Kropholler*, Europäisches Zivilprozeßrecht (5. Aufl. 1996); *Schack*, Internationales Zivilverfahrensrecht (2. Aufl. 1996).

Fälle:

a) Am 14. 4. 1989 starb in Cottbus (damals DDR) eine Mutter von zwei Söhnen, die im Jahre 1956 in die Bundesrepublik gegangen waren. Welches Erbrecht ist auf den Nachlaß anzuwenden?

b) Ein Inder, der zur Religionsgemeinschaft der Hindu gehört und in Deutschland lebt, möchte in Dortmund eine Deutsche heiraten. Welches Recht entscheidet über die Ehefähigkeit des Inders?

c) Zwei 1979 in New York eingestellte und seit 1983 im innerdeutschen Berlinflugverkehr der Pan American World Airways, Inc. eingesetzte Piloten erhielten 1991 in Berlin die Kündigung. Nach welchen Normen ist das anwendbare Recht zu bestimmen?

Das Internationale Privatrecht besteht aus Kollisionsnormen, die den Rechtsfall den Privatrechtsnormen eines souveränen Staates zuweisen. Es ist verwandt mit Kollisionsrechten, die das anwendbare Recht bezeichnen, wenn das Recht nicht nach Staaten, sondern – innerhalb eines souveränen Staates – nach Gebieten, Personengruppen oder Zeitabschnitten verschieden ist (dazu 1). Enge Beziehungen bestehen ferner zwischen dem IPR und dem Internationalen Zivilverfahrensrecht (IZVR): Im IPR geht es darum, welchen Staates Rechtssätze entscheiden; im IZVR geht es unter anderem darum, welchen Staates Gerichte entscheiden. Das IZVR ist insoweit dem IPR vorgelagert (dazu 2).

1. Andere Kollisionsrechte

17 Wenn innerhalb eines Staates das Privatrecht nach Gebieten, Personengruppen oder Zeitabschnitten verschieden ist, bestimmt interlokales, interpersonales oder intertemporales Privatrecht das anwendbare Recht.

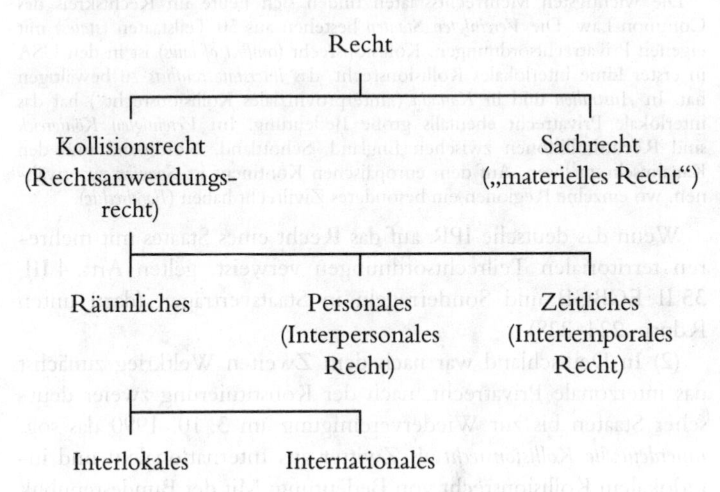

a) Interlokales Recht

Das interlokale Privatrecht regelt die räumliche Kollision von Privatrechtsordnungen innerhalb eines souveränen Staates. Interlokales und Internationales Privatrecht haben gemeinsam, daß sie auf der Verschiedenheit des Privatrechts im Raum beruhen (*räumliches Kollisionsrecht*): IPR bestimmt, welchen Staates Privatrecht anzuwenden ist. Interlokales Privatrecht entscheidet, welchen Gebietes Privatrecht anzuwenden ist, und hat innerhalb eines Staates die Aufgabe, die das IPR im Verhältnis zwischen den einzelnen Staaten erfüllt.

(1) Das interlokale Privatrecht – verstanden als Oberbegriff für interprovinzielles, interkantonales und interregionales Privatrecht – spielt überall dort eine Rolle, wo in einem Staat verschiedene territoriale Teilrechtsordnungen existieren. Das war im *Deutschen Reich* bis zum 31. 12. 1899 der Fall; am 1. 1. 1900 stellte das BGB in fast allen Bereichen des bürgerlichen Rechts Rechtseinheit her. In der *Schweiz* schuf das ZGB von 1907 weitgehende Rechtseinheit im Zivilrecht, so daß ab diesem Jahr *interkantonale* Rechtskollisionen an Bedeutung verloren.

Die wichtigsten Mehrrechtsstaaten finden sich heute im Rechtskreis des Common Law: Die *Vereinigten Staaten* bestehen aus 50 Teilstaaten (*states*) mit eigenen Privatrechtsordnungen. Kollisionsrecht (*conflict of laws*) ist in den USA in erster Linie interlokales Kollisionsrecht, das *interstate conflicts* zu bewältigen hat. In *Australien* und in *Kanada* („interprovinziales Kollisionsrecht") hat das interlokale Privatrecht ebenfalls große Bedeutung. Im *Vereinigten Königreich* sind Rechtskollisionen zwischen England, Schottland, Nordirland und den Kanalinseln zu lösen. Auf dem europäischen Kontinent ist *Spanien* zu erwähnen, wo einzelne Regionen ein besonderes Zivilrecht haben (*Foralrechte*).

Wenn das deutsche IPR auf das Recht eines Staates mit mehreren territorialen Teilrechtsordnungen verweist, gelten Artt. 4 III, 35 II EGBGB und Sonderregeln in Staatsverträgen (dazu unten Rdnrn. 224–228).

18 (2) In Deutschland war nach dem Zweiten Weltkrieg zunächst das interzonale Privatrecht, nach der Konstituierung zweier deutscher Staaten bis zur Wiedervereinigung am 3. 10. 1990 das sog. *innerdeutsche Kollisionsrecht* als Zwitter aus Internationalem und interlokalem Kollisionsrecht von Bedeutung: Mit der Bundesrepublik

Deutschland und der DDR standen sich zwei souveräne Staaten gegenüber (daher kein *interlokales* Privatrecht). Die Regeln des IPR konnten aber in der Bundesrepublik auch nicht ohne weiteres angewandt werden, weil die wichtige Anknüpfung an die Staatsangehörigkeit versagte. Denn das BVerfG ging von einer einheitlichen deutschen Staatsangehörigkeit aus (vgl. Art. 116 I GG): Wer kraft Gesetzes oder durch Einbürgerung die Staatsbürgerschaft der DDR erwarb, war Deutscher im Sinne des Grundgesetzes (BVerfGE 77, 137, 147–153; dazu *Blumenwitz*, JuS 1988, 607; *Silagi*, StAZ 1988, 64). Im innerdeutschen Kollisionsrecht waren die Regeln des Internationalen Privatrechts mit der Maßgabe entsprechend anzuwenden, daß an die Stelle der (innerdeutsch versagenden) Anknüpfung an die Staatsangehörigkeit die Anknüpfung an den gewöhnlichen Aufenthalt trat (BGHZ 91, 186 = IPRax 1985, 37m. Aufs. *von Bar* [18]).

Nach der Wiedervereinigung bestehen noch einige Unterschiede zwischen den privatrechtlichen Regelungen in den alten und den neuen Bundesländern, insbesondere auf den Gebieten des Familien-, Erb- und Sachenrechts. Insoweit gilt nunmehr interlokales Kollisionsrecht. Die wichtigsten Kollisionsnormen wurden durch den *Einigungsvertrag* vom 31. 8. 1990 (BGBl. 1990 II, 885) in Artt. 230ff. EGBGB eingefügt.

In *Fall a* ist der Erbfall vor der Wiedervereinigung eingetreten. Welches Recht auf den Nachlaß anzuwenden ist, richtet sich nach dem innerdeutschen Kollisionsrecht der Bundesrepublik Deutschland. Dessen Regeln entsprechen den Artt. 3ff. EGBGB, allerdings mit dem Unterschied, daß in deutsch-deutschen Fällen nicht auf die Staatsangehörigkeit, sondern auf den gewöhnlichen Aufenthalt der Anknüpfungsperson abzustellen ist. Wendet man mit dieser Maßgabe Art. 25 I EGBGB analog an, unterliegt die Rechtsnachfolge von Todes wegen derjenigen Rechtsordnung, in deren Geltungsbereich die Erblasserin im Zeitpunkt ihres Todes ihren gewöhnlichen Aufenthalt hatte. Anzuwenden ist daher das Erbrecht der ehemaligen DDR (Fall nach BGHZ 124, 270, 272–273 = DtZ 1995, 250).

b) Interpersonales Recht

19 In manchen Staaten gilt für verschiedene Personengruppen verschiedenes Recht. In afrikanischen Staaten, etwa in der *Republik Südafrika* oder in *Nigeria*, wird für einzelne Privatrechtsmaterien nach der Stammeszugehörigkeit differenziert (vgl. OLG München NJW-RR 1993, 1350 = StAZ 1993, 151 m. Aufs. *Bungert* [140]). In anderen Staaten – namentlich in den islamischen und den südostasiatischen Ländern sowie in Israel – gibt es religiöses Privatrecht, das nur auf die Angehörigen der betreffenden Religionsgemeinschaft anzuwenden ist. In allen diesen Fällen ist dem interpersonalen Privatrecht – verstanden als Oberbegriff für interpersonales und interreligiöses Privatrecht – zu entnehmen, ob das Recht der einen oder der anderen Personengruppe angewendet wird. Verweist das deutsche IPR auf das Recht eines Staates mit mehreren personalen Teilrechtsordnungen, gelten Artt. 4 III, 35 II EGBGB und staatsvertragliche Sonderregeln (dazu unten Rdnr. 229).

In *Fall b* beurteilt sich die Ehefähigkeit des Inders nach dem Recht des Staates, dem er angehört (Art. 13 I EGBGB). In Indien, auf dessen Rechtsordnung Art. 13 I EGBGB verweist, gilt nach Religionen verschiedenes Recht. Gemäß Art. 4 III 1 EGBGB bestimmt das Recht Indiens, welche religiöse Teilrechtsordnung anzuwenden ist. Für Hindus verweist das interreligiöse Kollisionsrecht Indiens auf den *Hindu Marriage Act 1955*, dem die Voraussetzungen der Ehefähigkeit zu entnehmen sind (Fall nach OLG Hamm IPRspr 1985 Nr. 58).

c) Intertemporales Recht

20 Zeitliches Kollisionsrecht kommt zum Zuge, wenn Recht geändert wird. Dann bestimmen Übergangsregeln (intertemporale Kollisionsregeln) auf welche Sachverhalte das alte und auf welche Sachverhalte das neue Recht anzuwenden ist. Intertemporale Kollisionsnormen gibt es nicht nur für das materielle Recht, beispielsweise für die am 1. 1. 1900 in Kraft getretenen Vorschriften des BGB in Artt. 153–218 EGBGB. Es gibt sie auch für das Internationale Privatrecht. Die Übergangsvorschriften für die IPR-Reform von 1986 finden sich in Art. 220 EGBGB (zu Art. 220 III EGBGB betreffend die güterrechtlichen Wirkungen der Ehe unten Rdnrn. 520–522).

(1) Nach Art. 220 I EGBGB bleibt auf *Vorgänge*, die vor dem 1. 9. 1986 abgeschlossen waren, das bisherige Internationale Privatrecht anwendbar. *Abgeschlossen* ist ein Vorgang, der einen Wechsel

bewirkt, indem er ein Recht oder eine Rechtsstellung entstehen, sich ändern, über- oder untergehen läßt (s. im einzelnen *Hepting*, StAZ 1987, 188). *Beispiel:* Wenn der Tod eines Menschen vor dem 1. 9. 1986 eingetreten ist, wird der Erbfall „unwandelbar" nach altem IPR angeknüpft (BegrRegE, BT-Drucks. 10/504, S. 85).

Im Internationalen Vertragsrecht (Artt. 27–37 EGBGB) entstehen Zweifelsfragen, weil nach Art. 36 EGBGB (einheitliche europäische Auslegung) die Übergangsvorschrift des Art. 17 EVÜ zu berücksichtigen ist. Sie spricht nicht von „abgeschlossenen Vorgängen", sondern stellt auf den Zeitpunkt des Vertragsschlusses ab. Aus dem Gebot der einheitlichen europäischen Auslegung zieht ein Teil der Literatur den Schluß, daß auch bei Dauerschuldverhältnissen – beispielsweise Arbeitsverhältnissen – unwandelbar der Zeitpunkt des Vertragsschlusses maßgebend sei (*Junker*, IPRax 1990, 303, 305; *Palandt/Heldrich*, Art. 220 EGBGB Rdnr. 4). Danach wäre in *Fall c* – Vertragsschluß 1979 – das alte IPR anzuwenden, das noch keine geschriebene Kollisionsnorm für Arbeitsverhältnisse und insbesondere keinen Günstigkeitsvergleich zwischen gewähltem und objektiv anwendbarem Recht kannte (dazu unten Rdnrn. 355, 385). Das *BAG* stellt demgegenüber den Wortlaut des Art. 220 I EGBGB (nicht Vertragsschluß, sondern „abgeschlossener Vorgang") in den Vordergrund mit der unausgesprochenen Erwägung, es könne dem Gedanken der Europäischen Integration nur förderlich sein, wenn die Kollisionsnormen des EVÜ (= Artt. 27ff. EGBGB) auch auf Altverträge angewendet werden. Der maßgebliche Vorgang ist danach in *Fall c* die Kündigung im Jahre 1990, so daß das anwendbare Recht nach Art. 30 EGBGB n. F. zu bestimmen ist (Fall nach BAG NZA 1993, 743 = SAE 1994, 28 m. Anm. *Junker*).

21 (2) Art. 220 II EGBGB unterscheidet zwischen der *Begründung* familienrechtlicher Rechtsverhältnisse (z. B. einer Ehe oder eines Verwandtschaftsverhältnisses) und deren Wirkungen: Die *Wirkungen* familienrechtlicher Rechtsverhältnisse unterliegen seit dem 1. 9. 1986 den Vorschriften des neuen IPR. Auch wenn eine Ehe vor dem 1. 9. 1986 geschlossen wurde, werden die allgemeinen Ehewirkungen seit diesem Datum nach Art. 14 EGBGB n. F. angeknüpft.

2. Internationales Zivilverfahrensrecht

22 Enge Verbindungen bestehen zwischen dem Internationalen Privatrecht und dem Internationalen Zivilverfahrensrecht (grundlegend *Schack*, IZVR). Einen Schwerpunkt des Internationalen Zivil*verfahrens*rechts (IZVR) bildet das Internationale Zivil*prozeß*recht;

ferner befaßt sich das IZVR mit grenzüberschreitenden Fragen der freiwilligen Gerichtsbarkeit (dazu unten Rdnrn. 294, 592–594), des Insolvenzrechts und der Schiedsgerichtsbarkeit (§§ 1025–1066 ZPO). Im Internationalen Zivilprozeßrecht (IZPR) steht die internationale Zuständigkeit deutscher Gerichte sowie die Anerkennung und Vollstreckung ausländischer Entscheidungen im Vordergrund; ferner behandelt das IZPR beispielsweise auslandsbezogene Fragen der Zustellung (dazu unten Rdnr. 530 a. E.) und der Beweisaufnahme sowie die Anwendung ausländischen Rechts im Zivilprozeß (dazu unten Rdnrn. 251–255).

a) Eine wichtige Schnittstelle von IPR und IZPR ist die *internationale Zuständigkeit.* Sie bestimmt, ob inländische Gerichte für die Entscheidung des Rechtsstreits zuständig sind. Die bedeutendste Rechtsquelle ist das *Europäische Übereinkommen über die gerichtliche Zuständigkeit und die Vollstreckung gerichtlicher Entscheidungen in Zivil- und Handelssachen* (EuGVÜ) vom 27. 9. 1968 (AblEG 1972 L 299/32 = BGBl. 1972 II, 774) in der Fassung des 3. Beitrittsübereinkommens vom 26. 5. 1989 (BGBl. 1994 II, 519, abgedruckt bei *Jayme/Hausmann* Nr. 72). Es wird ergänzt durch das zwischen den (damals) zwölf EuGVÜ-Staaten und den (damals) sechs EFTA-Staaten (Finnland, Island, Norwegen, Österreich, Schweden und der Schweiz) geschlossene *Luganer Übereinkommen über die gerichtliche Zuständigkeit und die Vollstreckung gerichtlicher Entscheidungen in Zivil- und Handelssachen* (LugÜ) vom 16. 9. 1988 (AblEG 1988 L 319/6 = BGBl. 1994 II, 2660, abgedruckt bei *Jayme/Hausmann* Nr. 77). Diese Übereinkommen gelten zwischen den verschiedenen Mitgliedstaaten in unterschiedlichen Fassungen (umfangreiche Übersicht bei *Schack*, IZVR, Tabelle zu Rdnr. 82). Soweit die Übereinkommen nicht anwendbar sind, beurteilt sich die internationale Zuständigkeit deutscher Gerichte entsprechend den Regeln der §§ 12ff. ZPO über die örtliche Zuständigkeit (*Schack*, IZVR Rdnr. 190). Wechselwirkungen zwischen der internationalen Zuständigkeit und dem anwendbaren Recht ergeben sich aus mehreren Faktoren:

(1) Zum einen hat jeder Richter die Kollisionsnormen „seines Rechts“ (der *lex fori*) heranzuziehen: Ausgangspunkt der kollisi-

onsrechtlichen Überlegungen des deutschen Richters ist stets das deutsche IPR, sei es staatsvertraglichen (Art. 3 II 1 EGBGB), sei es autonomen Ursprungs. Solange das IPR nur in Teilbereichen international vereinheitlicht ist, stellt die Bejahung der internationalen Zuständigkeit oft die Weiche für den Gewinn oder Verlust des Rechtsstreits (*Schack*, IZVR Rdnr. 215). Wird ein Rechtsverhältnis – beispielsweise das Eltern-Kind-Verhältnis (dazu oben Rdnr. 4) – nach deutschem IPR an den gewöhnlichen Aufenthalt, nach spanischem IPR dagegen an die Staatsangehörigkeit des Kindes angeknüpft, und lebt ein 14jähriger Spanier in Deutschland, bestimmt der Gerichtsstand das anwendbare Recht: Der deutsche Richter wendet deutsches Sachrecht an, der spanische Richter spanisches Sachrecht. Wenn sowohl deutsche als auch spanische Gerichte nach ihrem IZPR international zuständig sind, wird der Kläger dazu verleitet, den Gerichtsstand mit Rücksicht auf das gewünschte Ergebnis auszuwählen (*forum shopping*).

23 (2) Zum anderen kann sogar ein *Gleichlauf* von internationaler Zuständigkeit und anwendbarem Recht bestehen, und zwar in beiden Richtungen. Nach dem *Haager Minderjährigenschutzabkommen* (dazu unten Rdnrn. 551–558) folgt das anwendbare Recht aus der internationalen Zuständigkeit: Gerichte, die nach Art. 1 MSA international zuständig sind, haben nach Art. 2 MSA ihr innerstaatliches Recht – die *lex fori* – anzuwenden. In *Nachlaßsachen* (dazu unten Rdnrn. 592–594) folgt nach der deutschen Rechtsprechung die internationale Zuständigkeit aus dem anwendbaren Recht: Wenn und soweit nach den Regeln des deutschen IPR deutsches Erbrecht anzuwenden ist, ist in Deutschland auch ein Gerichtsstand – ein *forum legis* – gegeben.

24 b) Noch enger wäre der Zusammenhang zwischen dem Gerichtsstand und dem anwendbaren Recht, wenn sich im Internationalen Privatrecht eine Ansicht durchsetzen würde, die unter dem Stichwort *fakultatives Kollisionsrecht* diskutiert wird. Die verschiedenen Spielarten dieser Lehre gehen von dem Befund aus, daß ein Richter das ausländische Recht nicht „gelernt" hat und sich deshalb Gutachten anvertrauen muß, die den Prozeß verlängern und verteuern. Zudem häufen sich bei der Anwendung fremden

Rechts die Fehlerquellen; auch sieht der Richter das fremde Recht „durch seine Brille" und verzerrt es möglicherweise (*Staudinger/Sturm/Sturm*, Einl. zum IPR Rdnr. 175). Manche schlagen deshalb vor, in Bagatellsachen stets unmittelbar zur *lex fori* zu greifen und auch im übrigen fremdes Recht nur heranzuziehen, wenn eine der Parteien sich ausdrücklich auf fremdes Recht beruft (grundlegend *Flessner*, RabelsZ 34 [1970], 547; ablehnend BegrRegE, BT-Drucks. 10/504, S. 26). Die deutsche Rechtsprechung hat solchen Vorschlägen bisher stets eine Absage erteilt: Der deutsche Richter hat das deutsche Internationale Privatrecht von Amts wegen zu beachten und anzuwenden (BGH NJW 1993, 2305, 2306; BGH NJW 1995, 2097; BGH NJW 1996, 54 = JuS 1996, 267 [*Hohloch*]; rechtsvergleichend *de Boer*, Rec. de cours 257 [1997], 223–448). Die Lehre vom fakultativen Kollisionsrecht läßt sich zum einen nicht mit § 293 ZPO in Einklang bringen (Ermittlung fremden Rechts von Amts wegen); zum anderen haben die IPR-Normen einen spezifischen Gerechtigkeitsgehalt, der nicht zur Disposition der Parteien steht (dazu unten Rdnrn. 90–95).

IV. IPR und Rechtsvergleichung

25 **Literatur:** *Großfeld*, Macht und Ohnmacht der Rechtsvergleichung (1984); *Junker*, Rechtsvergleichung als Grundlagenfach, JZ 1994, 921; *Koch*, Rechtsvergleichung im Internationalen Privatrecht, RabelsZ 61 (1997), 623; *Makarov*, Internationales Privatrecht und Rechtsvergleichung (1949); *Sacco*, Introduzione al Diritto Comparato (5. Aufl. 1992); *Schwenzer/Müller-Chen*, Rechtsvergleichung – Fälle und Materialien (1996); *Zweigert/Kötz*, Einführung in die Rechtsvergleichung auf dem Gebiete des Privatrechts (3. Aufl. 1996). Bibliographie zum Auslandsrecht: *von Bar*, Ausländisches Privat- und Privatverfahrensrecht in deutscher Sprache (4. Aufl. 1998).

Fälle:

a) Ein italienisches Ehepaar, das in Deutschland lebt, beantragt beim zuständigen deutschen Familiengericht, durch Urteil eine „Trennung von Tisch und Bett" gemäß Art. 158 Codice civile auszusprechen. Kann das Familiengericht diesem Antrag entsprechen?

b) Ein Argentinier, der ein beträchtliches Vermögen in Deutschland und seinen letzten Wohnsitz in Hamburg hatte, ist gestorben, ohne eine Verfügung von Todes wegen errichtet zu haben. Nach welchem Recht bestimmt sich die gesetzliche Erbfolge?

Internationales Privatrecht und Rechtsvergleichung sind auf der einen Seite grundverschieden: Das IPR ist ein Rechtsgebiet wie z.B. das Familienrecht. Die Rechtsvergleichung ist eine Methode. Sie setzt das Recht eines oder mehrerer fremder Staaten in Bezug zu dem Recht anderer fremder Staaten oder des eigenen Staates. Auf der anderen Seite sind IPR und Rechtsvergleichung aufeinander angewiesen: Internationales Privatrecht existiert, weil es unterschiedliche Rechtsordnungen gibt. Um die Bedeutung des IPR einschätzen zu können, muß man beispielsweise wissen, daß nach manchen Rechtsordnungen ein gutgläubiger Erwerb gestohlener Sachen möglich ist (anders § 935 I BGB), daß in einigen Rechtsordnungen eine Ehe durch Aufhebungsvertrag geschieden werden kann (anders § 1564 Satz 1 BGB), und daß das Erbrecht etlicher Staaten die Gesamtrechtsnachfolge nicht kennt (anders § 1922 I BGB). Die verschiedenen Rechtsordnungen sind der „Rohstoff" des IPR, den uns die Rechtsvergleichung verschafft: „Die Wissenschaft des IPR ohne Rechtsvergleichung wird leicht zum Arbeiten im luftleeren Raum. Man muß sehen, wie und wo die Dinge sich auf der Erde stoßen, nur dann kann man sie richtig ordnen." (*Raape* 10).

1. Methode der Rechtsvergleichung

26 Vergleichen gehört zu der täglichen Arbeit des Juristen: Wer einen Rechtsfall löst, setzt Rechtsnormen zueinander in Beziehung; er „vergleicht" Voraussetzungen und Rechtsfolgen der verschiedenen Normen. Die Rechtsvergleichung als Zweig der Rechtswissenschaft ist gegenüber diesem alltäglichen Vergleichen etwas besonderes, das durch „das Übernationale" (*Zweigert/Kötz* § 1 I) gekennzeichnet ist. Ähnlich wie die Rechtsgeschichte begnügt sich die Rechtsvergleichung nicht mit positivistischer Normenbetrachtung, sondern beachtet das Umfeld: Von dem bloßen Studium ausländischer Rechte – der Auslandsrechtskunde – unterscheidet sich die Rechtsvergleichung dadurch, daß sie auch die geschichtlichen Hintergründe und die sonstigen Verhältnisse einbezieht, auf denen die Regeln des fremden Rechts beruhen (*Kegel* § 1 IX 1). Die Rechtsvergleichung dient dem besseren Verständnis der Rechtsordnungen, fördert die Fortentwicklung des eigenen Rechts, bereitet die Rechtsvereinheitlichung vor und befreit aus der geistigen Enge des nationalen Rechtspositivismus (*Kropholler* § 10 I 2). Rechtsvergleichung kann in zwei Formen betrieben werden:

a) Die *Makrovergleichung* erschließt den Geist und Stil verschiedener Rechtsordnungen und die in ihnen gebräuchlichen Denkansätze und Verfahren. Sie vergleicht nicht nur die „stilprägenden" Rechtsinstitute (z.B. Vertragsschluß, Eigentumsübergang, Eheschließung), sondern auch die Methoden des Umgangs mit dem Rechtsstoff, die Verfahren der Streitentscheidung und die geschichtlichen, sozialen und wirtschaftlichen Hintergründe der Rechtsordnungen (*Zweigert/Kötz* § 1 II). So gelingt es, die zahlreichen Rechtsordnungen zu Rechtsfamilien (Rechtskreisen) zusammenzustellen.

27 b) Die *Mikrovergleichung* behandelt einzelne Rechtsinstitute oder Rechtsprobleme. Sie löst sich vom System der eigenen Rechtsordnung und fragt nach der Funktion eines Rechtsinstituts, indem sie nicht von Rechtsnormen, sondern von einem Rechtsproblem – einem Rechtsverhältnis – ausgeht (*funktionale Methode*). Die Frage lautet z.B. nicht: Wie ist der Pflichtteilsanspruch (§§ 2303ff. BGB) im französischen Recht geregelt? Gefragt wird vielmehr: Wie werden im Erbfall die Interessen der Angehörigen des Erblassers geschützt? So kommt man darauf, daß das französische Recht keine Pflichtteilsansprüche kennt, sondern der Erblasser von vornherein nur über einen Teil seines Vermögens verfügen kann (*quotité disponible*, Artt. 913ff. Code civil).

Die Vergleichung des *materiellen Rechts* spielt im Rahmen des IPR insbesondere eine Rolle bei der Qualifikation ausländischer Rechtsinstitute (unten Rdnrn. 150–169), bei der Anpassung (unten Rdnrn. 264–267) und bei der Anwendung des ordre public (unten Rdnrn. 270–289). Wer im Jurastudium das Wahlfach „IPR und Rechtsvergleichung" gewählt hat, muß im Fach Rechtsvergleichung in erster Linie die Grundstrukturen der Rechtsfamilien erfassen, das methodische Vorgehen erlernen und eine Vorstellung entwickeln, wie man eine Recherche im ausländischen Recht angeht. Punktuelle Spezialkenntnisse im ausländischen Recht sind demgegenüber von geringerer Bedeutung: „Die Fähigkeit, sich einzuarbeiten, ist wichtiger als halbes Wissen." (*Kegel* § 1 IX 1).

In *Fall a* stellt sich die Frage, ob die begehrte „Trennung von Tisch und Bett" als eine Ehescheidung i. S. d. Art. 17 I, II EGBGB zu qualifizieren ist. Die Rechtsprechung verwendet eine funktionale Methode der Qualifikation, die der rechtsvergleichenden Methode sehr nahe kommt (dazu unten Rdnrn. 162–164). Betrachtet man die Funktion der Trennung von Tisch und Bett im Lichte des italienischen Rechts, so handelt es sich um eine Vorstufe zur Scheidung, die nach Art. 17 I EGBGB anzuknüpfen ist (dazu unten Rdnr. 528, Einzelheiten bei *Staudinger/von Bar/Mankowski*, Art. 17 EGBGB Rdnrn. 456–477). Artt. 17 I 1, 14 I Nr. 1 EGBGB verweisen auf das italienische Recht; entsprechend Art. 17 II EGBGB ist die Trennung durch Urteil auszusprechen.

2. Ausländische Kollisionsrechte

28 Die Vergleichung des *Kollisionsrechts* unterstützt nicht nur den nationalen Gesetzgeber bei der Aufgabe, das autonome IPR fortzuentwickeln; auch staatsvertragliches IPR basiert meistens auf rechtsvergleichenden Vorarbeiten:

– Bei der *Reform des deutschen IPR* haben sich wichtige Impulse aus benachbarten Rechtsordnungen ergeben. Die Materialien zur deutschen IPR-Reform von 1986 nehmen Bezug auf das österreichische IPR-Gesetz von 1978 und auf den schweizerischen IPR-Gesetzentwurf von 1982. Sie stellen die Gemeinsamkeiten der drei Rechtsordnungen ebenso heraus wie die Unterschiede, die auf andersartige österreichische und schweizerische Rechtstraditionen zurückzuführen sind (BegrRegE, BT-Drucks. 10/504, S. 26–27).
– Die *Vereinheitlichung des IPR* durch internationale Übereinkommen wird ebenfalls rechtsvergleichend vorbereitet. Zum Europäischen Schuldvertragsübereinkommen von 1980 gibt es den Bericht *Giuliano/Lagarde* (BT-Drucks. 10/503, S. 33–82), zum Haager Unterhaltsübereinkommen von 1973 den Bericht *Ver-*

wilghen (BT-Drucks. 10/258, S. 29–72) und zum Haager Kindesentführungsübereinkommen von 1980 den Bericht *Pérez-Vera* (BT-Drucks. 11/5314, S. 38–61), die rechtsvergleichend angelegt sind.

29 Für den Rechtsanwender ist es wichtig, sich mit ausländischem Kollisionsrecht zu befassen, weil die Kollisionsnormen des deutschen IPR grundsätzlich zunächst auf ausländisches Internationales Privatrecht verweisen (Gesamtverweisung, Art. 4 I 1 EGBGB).

In *Fall b* unterliegt die Erbfolge dem argentinischen Recht als dem Recht des Staates, dem der Erblasser im Zeitpunkt seines Todes angehörte (Art. 25 I EGBGB). Wir dürfen aber nicht sogleich *argentinisches Erbrecht* heranziehen: Wird auf das Recht eines anderen Staates verwiesen, ist nach Art. 4 I 1 EGBGB grundsätzlich zuerst dessen Internationales Privatrecht anzuwenden. Es muß daher das *argentinische IPR* ermittelt werden (Länderberichte bei *Staudinger/Hausmann*, Anhang zu Art. 4 EGBGB Rdnrn. 5–550). Art. 3283 des argentinischen Código civil knüpft die Erbfolge an den Wohnsitz des Erblassers im Zeitpunkt seines Todes an (dazu *A. Tiedemann*, Int. Erbrecht in Deutschland und Lateinamerika, 1993, S. 142ff.). Das argentinische IPR verweist also auf das deutsche Recht zurück, das die Rückverweisung nach Art. 4 I 2 EGBGB akzeptiert. Die Erbfolge bestimmt sich nach §§ 1922ff. BGB.

Im folgenden können nur einige ausländische Internationale Privatrechte erwähnt werden, die aus deutscher Sicht von größerer Bedeutung sind (umfangreichere Übersicht bei *Staudinger/Sturm/Sturm*, Einl. zum IPR Rdnrn. 414–501).

a) Europäische Staaten

30 **Literatur:** Gesetzestexte: *Riering* (Hrsg.), IPR-Gesetze in Europa (1997). – Überblick: *Schnitzer/Chatelain*, Die Kodifikationen des IPR, ZfRV 25 (1984), 276. – **Österreich**: *Beitzke*, Neues österreichisches Kollisionsrecht, RabelsZ 43 (1979), 245; *Schwimann*, Kommentar zum IPRG, in: *Rummel* (Hrsg.), Kommentar zum ABGB, Bd. II (2. Aufl. 1992); *Schwind*, Internationales Privatrecht (1990). – **Schweiz**: *Heini/Keller/Siehr/Vischer/Volken*, IPRG Kommentar (1993); *von Overbeck*, Das neue schweizerische Bundesgesetz über das IPR, IPRax 1988, 329; *Schnyder*, Das neue IPR-Gesetz (2. Aufl. 1990). – **Türkei**: *Ansay/Schneider*, The New Private International Law of Turkey, NILR 1990, 139; *Krüger*, Das türkische IPR-Gesetz von 1982, IPRax 1982, 252; *Tekinalp*, Das türkische Gesetz über internationales Privatrecht und Zivilverfahrensrecht von 1982, RabelsZ 47 (1983), 73, 131. – **Frankreich**: *Batiffol/Lagarde*, Droit international privé, Bd. 1 (8. Aufl. 1993), Bd. 2 (7. Aufl. 1983); *Loussouarn/Bourel*, Droit international privé (5. Aufl. 1996). – **England**: *Cheshire/North*, Private International Law (12. Aufl. 1992); *Dicey/Morris*, The

Conflict of Laws, 2 Bände (12. Aufl. 1993 mit jährlichen Ergänzungsbänden). – **Italien**: *Kindler*, Das neue italienische IPR-Gesetz, RabelsZ 61 (1997), 227; *Pocar*, Das neue italienische Internationale Privatrecht, IPRax 1997, 145. – **Niederlande**: *Boele-Woelki*, Kodifikation des niederländischen Internationalen Privat- und Verfahrensrechts, IPRax 1995, 264; *van Rooij/Polak*, Private International Law in the Netherlands (1987 mit Supplement 1995). – **Spanien**: *Cremades/Maceda*, Das neue spanische IPR, RIW/AWD 1975, 375; *Gonzáles-Beilfuss*, Zur Reform des spanischen internationalen und interregionalen Privatrechts, IPRax 1992, 396; *von Hoffmann/Ortiz-Arce*, Das neue spanische IPR, RabelsZ 39 (1975), 647. – **Portugal**: *Moura Ramos*, Aspects récents du droit international privé au Portugal, Rev. crit. d.i.p. 77 (1988), 473; *Neuhaus/Rau*, Das IPR im neuen portugiesischen ZGB, RabelsZ 32 (1968), 500.

In Europa sind aus deutscher Sicht Österreich und die Schweiz besonders interessant, weil in diesen Ländern seit 1978 bzw. 1988 IPR-Gesetze in deutscher Sprache vorliegen und ein reger Gedankenaustausch gepflegt wird. Das türkische Recht spielt in der Praxis deutscher Gerichte eine große Rolle.

- In *Österreich* gibt es das IPR-Gesetz vom 15. 6. 1978 (öst. BGBl. 1978 Nr. 304 = *Riering*, IPR-Gesetze Nr. 4), das am 1. 1. 1979 in Kraft getreten ist und im Internationalen Personen-, Familien- und Erbrecht vom Staatsangehörigkeitsprinzip beherrscht wird.
- In der *Schweiz* gilt das IPR-Gesetz vom 12.12. 1988 (BBl. 1988 I 5 = *Riering*, IPR-Gesetze Nr. 8), das am 1. 1. 1989 in Kraft getreten ist und – schweizerischer Tradition entsprechend – im Internationalen Personen-, Familien- und Erbrecht der Wohnsitzanknüpfung folgt.
- In der *Türkei* hat das Gesetz Nr. 2675 vom 20. 5. 1982 (übersetzt bei *Riering*, IPR-Gesetze Nr. 11) das Internationale Privat- und Verfahrensrecht umfassend neu geregelt; zentrales Anknüpfungsmerkmal ist die Staatsangehörigkeit.
- **31** In *Frankreich* existiert keine umfassende IPR-Kodifikation. Die vereinzelten Kollisionsnormen des Code civil hat die *Cour de cassation* zu einem System ausgebaut. Art. 3 III Code civil knüpft an die Staatsangehörigkeit an; der Wohnsitz und der gewöhnliche Aufenthalt spielen aber auch eine wichtige Rolle. Mit der Rezeption des Code civil bekam in anderen Staaten auch das französische IPR Bedeutung. Das gilt insbesondere für Belgien

und Luxemburg (zum belgischen IPR *van Houtte*, IPRax 1997, 192). Auch die Staaten des frankophonen Afrika orientieren sich am französischen Vorbild (*Kropholler* § 10 III 3).

– In *England* bildet das Common Law die Grundlage des Kollisionsrechts. Ein anschauliches Beispiel für die Denkweise englischer Richter im IPR ist der deliktsrechtliche Fall *Boys v. Chaplin* ([1969] 2 All England Reports 1085 = *Schack*, Rechtsprechung Nr. 22). Das überragende Anknüpfungskriterium des englischen IPR ist das *domicile* (dazu unten Rdnrn. 131, 132). Seit den siebziger Jahren wächst die Gesetzgebung (*statute law*) für Teilbereiche des Internationalen Privat- und Verfahrensrechts, vor allem beeinflußt durch die Haager Übereinkommen und durch die Rechtsakte in der Europäischen Union. So wurde beispielsweise durch den *Contracts (Applicable Law) Act 1990* das Europäische Schuldvertragsübereinkommen in das englische Recht übernommen (grundlegend *Kaye*, The New Private International Law of Contract of the European Community, 1993).

32 – In *Italien* sind am 1. 9. 1995 die Kollisionsregeln des Gesetzes Nr. 218 vom 31. 5. 1995 zur Reform des italienischen Systems des IPR in Kraft getreten (übersetzt in RabelsZ 61 [1997], 344–362 und bei *Riering*, IPR-Gesetze Nr. 3b); es knüpft im Internationalen Personen-, Familien- und Erbrecht primär an die Staatsangehörigkeit an.

– In den *Niederlanden* war das autonome IPR bis zu Beginn der neunziger Jahre weitestgehend durch richterliche Rechtsfortbildung geprägt; nunmehr sind in neueren Gesetzen geschriebene Kollisionsregeln für die Ehescheidung, die Eheschließung, den Familiennamen, das Ehegüterrecht und die Ehewirkungen enthalten. Diese Regeln gehen, wie schon zuvor die Rechtsprechung, grundsätzlich vom Staatsangehörigkeitsprinzip aus. Eine Kodifikation des niederländischen IPR ist seit längerem in Arbeit (*Boele-Woelki*, IPRax 1995, 264).

– In *Spanien* wurde der einleitende Abschnitt des ZGB von 1889 (Titulo preliminar del Código civil), der die Vorschriften des IPR enthält, durch Gesetzesdekret Nr. 1836 vom 31. 5. 1974 umgestaltet (übersetzt bei *Riering*, IPR-Gesetze Nr. 9). Die Kollisionsregeln des Personen-, Familien- und Erbrechts knüpfen an die Staatsangehörigkeit an. Die gleichberechtigungswidrigen Anknüpfungen an das Heimatrecht des Ehemannes bzw. des Vaters wurden beseitigt durch Gesetz vom 15. 10. 1990 (übersetzt in RabelsZ 55 [1992], 153).

– In *Portugal* ist das IPR in Artt. 14–65 des ZGB vom 25. 11. 1966 geregelt (übersetzt bei *Riering*, IPR-Gesetze Nr. 6). Das Personalstatut wird grundsätzlich durch die Staatsangehörigkeit bestimmt.

b) Vereinigte Staaten

33 **Literatur:** *Cramton/Currie/Kay/Kramer*, Conflict of Laws (5. Aufl. 1993); *Reese/Rosenberg*, Cases and Materials on Conflicts of Laws (8. Aufl. 1984); *Scoles/Hay*, Conflict of Laws (2. Aufl. 1992).

Zwischen Europa und den Vereinigten Staaten bestehen fundamentale Unterschiede: Während in Kontinentaleuropa systematische Gesamtkodifikationen des IPR vorherrschen, dominiert in den USA das Abwägen der Anknüpfungspunkte im Einzelfall, wobei materiellrechtliche Wertungen in die Entscheidung einfließen. Es existiert kein bundeseinheitliches IPR: Jeder Einzelstaat besitzt sein eigenes Kollisionsrecht. Eine Sonderstellung nimmt der Staat *Louisiana* ein, der in den Artt. 3515–3539 des Civil Code von 1992 Kollisionsregeln erlassen hat (näher *Symeonides*, RabelsZ 57 [1993], 460). In den USA gibt es neben den Gerichten der Einzelstaaten noch Bundesgerichte mit einem eigenen Instanzenzug (dazu *Junker*, ZZP 101 [1988], 241). Nach der *Erie-Doktrin* (*Erie Railroad Co. v. Tompkins*, 304 U.S. 64, 78 [1938]) müssen erstinstanzliche Bundesgerichte – *U.S. District Courts* – das Common Law desjenigen Einzelstaates anwenden, in welchem sie ihren Sitz haben; das gilt nicht nur für das materielle Recht, sondern auch für das Kollisionsrecht (*Klaxon Co. v. Stentor Electric Mfg. Co.*, 313 U.S. 487 [1941]).

34 Das *American Law Institute*, eine private Institution mit dem Ziel, die Regeln des Common Law in sog. Restatements aufzuzeichnen, veröffentlichte 1934 das *Restatement of the Law of Conflict of Laws*, das von *Joseph Beale* erarbeitet wurde. Die strengen Kollisionsregeln hatten in der Praxis wenig Erfolg. Nach der „Revolution" des US-amerikanischen Kollisionsrechts (dazu unten Rdnrn. 71–75) entstand 1971 das *Restatement (Second) of the Law of Conflict of Laws* unter maßgeblicher Mitwirkung von *Willis Reese*, das anstelle von festen Anknüpfungsregeln von sog. „choice of law principles" ausgeht und dem Richter anheimstellt, nicht nach vorformulierten Regeln vorzugehen, sondern verschiedene Methoden („approaches") anzuwenden. Einige wenige Einzelstaaten folgen noch dem Ersten Restatement (z.B. Alaska, Georgia oder Maryland), während Gerichte in anderen Einzelstaaten vom Zweiten Restatement ausgehen (z.B. in Arizona, Illinois oder Washington). Großen Einfluß haben Leitentscheidungen, die über die im akademischen Unterricht verwendeten *casebooks* schon die Studierenden beschäftigen; ein vieldiskutierter Fall ist z.B. *Babcock v. Jackson* (191 North Eastern Reporter 2nd 279 [1963] = *Schack*, Rechtsprechung Nr. 21).

c) Weitere Rechtsordnungen

35 **Literatur: Australien**: *Nygh*, Reform of Private International Law in Australia, RabelsZ 57 (1994), 465. – **Kanada**: *Castel*, Canadian Conflicts of Laws (3. Aufl. 1993). – **Südafrika**: *Forsyth*, Private International Law (1990); *Sanders*, The Internal Conflict of Laws in South Africa (1990). – **Brasilien**: *Valladao*, Direito internacional privado, Bd. I (5. Aufl. 1980), Bd. II (2. Aufl. 1977), Bd. III (1978). – **Japan**: *Kawakami*, Die Entwicklung des Internationalen Privat- und Prozeßrechts in Japan nach dem zweiten Weltkrieg, RabelsZ 33 (1969), 498; *Yamauchi*, Zur Änderung des Internationalen Ehe- und Kindschaftsrechts in Japan, IPRax 1990, 268.

Die Rechtsvergleichung teilt die Rechtsordnungen der Welt in Rechtskreise ein, beispielsweise in den romanischen, den deutschen, den anglo-amerikanischen und den nordischen Rechtskreis sowie das Recht im Fernen Osten und die religiösen Rechte (*Zweigert/Kötz* §§ 5–23). Diese Einteilung, die schon für das materielle Recht umstritten ist, hilft im IPR nicht weiter, da infolge eines weltweiten Gedankenaustauschs die erstaunlichsten Querverbindungen zwischen verschiedenen Rechtsordnungen bestehen. So spielt beispielsweise die Unterscheidung zwischen dem deutschen und dem romanischen Rechtskreis für das IPR in Europa keine Rolle, denn das deutsche IPR steht etwa dem schweizerischen IPR nicht näher als dem französischen (*Kropholler* § 10 II). Auch von einem anglo-amerikanischen Rechtskreis kann man im IPR nicht sprechen. Das IPR Großbritanniens weist heute mehr Übereinstimmungen mit der Rechtslage in Kontinentaleuropa auf als mit derjenigen in den Vereinigten Staaten. Auch die Vorbildfunktion einzelner Kollisionsrechtsordnungen nimmt ab: Das japanische Gesetz von 1898 betreffend die Anwendung der Gesetze orientiert sich noch ganz am deutschen EGBGB von 1896. Die japanische IPR-Reform von 1990 fand ihre Vorbilder gleichermaßen im reformierten deutschen EGBGB und in anderen europäischen IPR-Gesetzen (übersetzt in RabelsZ 54 [1990], 579).

V. Völkerrecht und IPR

36 **Literatur:** *Bleckmann*, Die völkerrechtlichen Grundlagen des internationalen Kollisionsrechts (1992); *Heini*, Jurisdiktion und Jurisdiktionsgrenzen im Internationalen Privatrecht, Schw. Jb. Int. R. 41 (1985), 93; *Neuhaus*, Der Beitrag des Völkerrechts zum IPR, German Yb. Int. L. 21 (1978), 60–73; *Rigaux*, Le droit international privé face au droit international, Rev. crit. d.i.p. 65 (1976), 261; *Stoll*, Völkerrechtliche Vorfragen bei der Anwendung ausländischen Rechts, BerDGesVR 4 (1961), 131.

Fälle:

a) Die US-amerikanische Botschaft in Berlin möchte ihr deutsches Personal verringern und erklärt gegenüber einem Hausmeister und einer Angestellten der Visa-Abteilung die Kündigung. Beide erheben Kündigungsschutzklage vor dem ArbG Berlin.

b) In der japanischen Botschaft in Lima (Peru) halten Geiselnehmer das Botschaftspersonal für mehrere Monate gefangen. Nach welchem Recht würde sich ein deliktischer Schadensersatzanspruch eines Opfers gegen einen Täter richten?

Das Internationale Privatrecht ist staatliches Recht (dazu oben Rdnr. 4): Auch Kollisionsnormen in völkerrechtlichen Verträgen sind erst anzuwenden, wenn sie unmittelbar anwendbares innerstaatliches Recht geworden sind (Art. 3 II 1 EGBGB). Während jedoch Staatsverträge über einheitliches Kollisionsrecht als unmittelbar anwendbares innerstaatliches Recht erhebliche Bedeutung haben (dazu unten Rdnrn. 42–45), steht aus der Sicht des IPR das

Völkergewohnheitsrecht eher im Hintergrund. Es kann zum einen als Vorfrage eine Rolle spielen (dazu 1); zum anderen wird erörtert, ob sich aus dem Völkergewohnheitsrecht Bindungen des IPR ergeben (dazu 2).

1. Völkerrecht als Vorfrage des IPR

37 Das Völkerrecht kann bei der Lösung eines IPR-Falles an verschiedenen Stellen bedeutsam werden. Bereits bei der Prüfung, ob eine Klage zulässig ist, kann sich die Frage ergeben, ob ein ausländischer Staat oder ein ausländisches Staatsunternehmen der deutschen Gerichtsbarkeit (*facultas iurisdictionis*) unterliegt. Nach allgemeinen Grundsätzen des Völkerrechts, die gemäß Art. 25 GG Bestandteil des Bundesrechts sind, genießt ein Staat Immunität bei hoheitlichem Handeln (*acta iure imperii*), nicht aber bei nichthoheitlichen Tätigkeiten (*acta iure gestionis*). Für die Abgrenzung zwischen hoheitlicher und nichthoheitlicher Tätigkeit ist auf die Natur der staatlichen Handlung oder des entscheidenden Rechtsverhältnisses abzustellen (BVerfGE 16, 27, 61).

In *Fall a* besteht für die Klage des Hausmeisters der US-amerikanischen Botschaft die deutsche Gerichtsbarkeit, denn das Arbeitsverhältnis weist keine notwendige Verknüpfung mit staatlichen Aufgaben auf (LAG Köln LAGE Art. 30 EGBGB Nr. 1). Anders ist es bei einer Angestellten, die mit der Visabearbeitung befaßt ist: Es besteht keine deutsche Gerichtsbarkeit, weil die Arbeitnehmerin Aufgaben zu erfüllen hat, die zur Betätigung der auswärtigen Gewalt der USA zählen (BAG NZA 1996, 1229, 1230). Die Arbeitnehmerin müßte in den USA klagen, was allerdings wenig Aussicht auf Erfolg verspricht.

Weiterhin können sich völkerrechtliche Vorfragen stellen, wenn das IPR territoriale Anknüpfungen verwendet. So sind Delikte in Botschaftsgebäuden im Lande des Empfangsstaates begangen; das Botschaftsgelände gehört nach völkerrechtlichen Grundsätzen nicht zum Territorium des Entsendestaates (BGHZ 82, 34, 44). In *Fall b* – Geiselnahme in der japanischen Botschaft in Lima (Peru) – ist nach der Tatortregel des deutschen Internationalen Deliktsrechts (*lex loci delicti commissi*, unten Rdnr. 438) peruanisches Deliktsrecht anzuwenden, da die Tat auf peruanischem Staatsgebiet begangen wurde. Dem Völkerrecht ist zu entnehmen, welche Teile des

Meeres zur hohen See gehören und damit in staatsfreiem Raum liegen, so daß die Anknüpfung nach der Tatortregel nicht ohne weiteres zum Recht eines Staates führt (dazu unten Rdnr. 442). Das Völkerrecht muß z.B. auch sagen, zu welchem Staat die Republik Nord-Zypern gehört (BGH VersR 1989, 948, 949).

38 Im übrigen ist jedoch der Beitrag des Völkerrechts zur kollisionsrechtlichen Anknüpfung gering (*Kropholler* § 8 II):

a) Für den Begriff des *Staates* im Sinne des Internationalen Privatrechts (z.B. in Art. 3 I 1 EGBGB: „... Recht eines ausländischen Staates ...") ist es nicht entscheidend, daß es sich um einen Staat im Sinne des Völkerrechts handelt; es genügt, daß eine tatsächlich wirksame Rechtsordnung existiert (umfassend *von Bar* I Rdnrn. 158–164). So entschied das KG (IPRspr 1932 Nr. 21): „Die völkerrechtliche Anerkennung der Sowjetrepublik ist für die Wirksamkeit einer nach den dortigen Formvorschriften geschlossenen Ehe bedeutungslos."

b) Die *Staatsangehörigkeit* im Sinne des Internationalen Privatrechts ist ebenfalls nicht immer mit dem völkerrechtlichen Begriff der Staatsangehörigkeit identisch: In Kriegs- und Übergangszeiten darf der Zivilrichter die Zugehörigkeit eines Menschen zu einem umstrittenen Gebiet für die Zwecke des IPR einer Staatsangehörigkeit gleichstellen (*Kropholler* § 8 II 3). Allerdings werden deutsche Gerichte durch Art. 25 GG daran gehindert, ihrer Entscheidung ausländisches Staatsangehörigkeitsrecht zugrunde zu legen, das allgemeine Regeln des Völkerrechts verletzt (z.B. Zwangseinbürgerung; umfassend *Staudinger/Blumenwitz*, Art. 5 EGBGB Rdnrn. 40–54).

c) Das anzuwendende *Recht* im Sinne des Internationalen Privatrechts (z.B. gemäß Art. 7 I 1 EGBGB: „... unterliegen dem Recht ...") kann auch das Recht eines völkerrechtlich nicht anerkannten Staates sein, wenn es nur in einem bestimmten Gebiet effektiv durchgesetzt wird (im einzelnen str., wie hier MünchKomm-*Sonnenberger*, Einl. zum IPR Rdnr. 118). Verstößt der Inhalt des ausländischen Rechts gegen Völkerrecht, kann gemäß Art. 6 EGBGB der deutsche ordre public verletzt sein (dazu unten Rdnr. 40).

2. Völkerrechtliche Bindungen des IPR

39 *Otto von Bismarck* (1815–1898), mehr Politiker als Jurist, meinte noch, „daß Bestimmungen über das Internationale Privatrecht ... nicht in ein Gesetzbuch hineingehören, sondern dem Völkerrecht und seiner fortlaufenden Entwicklung zu überlassen sind" (zit. nach *von Bar* I Rdnr. 131). Dergleichen wird heute nicht mehr vertreten. Diskutiert wird jedoch über die – zu trennenden – Fragen, ob sich das IPR völkerrechtlich begründen läßt (dazu a), ob das Völkerrecht bestimmte IPR-Regeln vorschreibt (dazu b) und inwieweit das Völkerrecht der extraterritorialen Anwendung inländischen Rechts Grenzen setzt (dazu c).

a) Ableitung des IPR aus dem Völkerrecht

In neuerer Zeit hat *Bleckmann* (Die völkerrechtlichen Grundlagen des int. Kollisionsrechts, 1992, S. 42, 59) die These aufgestellt, das gesamte IPR der Staaten beruhe auf dem völkerrechtlichen Grundsatz, daß die Staaten nur im Rahmen der ihnen vom Völkerrecht verliehenen Kompetenzen handeln; in den Anknüpfungsregeln des IPR konkretisierten die als Sachwalter der Völkerrechtsgemeinschaft tätigen Staaten die Zuständigkeitsregeln des Völkerrechts. Solche Überlegungen sind nicht neu: Schon Ende des 19. Jahrhunderts versuchte *Zitelmann* (Int. Privatrecht I, 1897, S. 71, 122), das IPR auf Völkerrecht zu gründen; die Probleme des IPR seien gelöst, wenn man die Reichweite der Personal- und Gebietshoheit der Staaten bestimmt und abgegrenzt habe (kritisch *von Bar* I Rdnrn. 135–137).

Solche Modelle bilden schon deshalb nicht die Wirklichkeit ab, weil sich das IPR unabhängig vom Völkerrecht entwickelt hat. Das Völkerrecht entscheidet über Interessen von Staaten, das IPR entscheidet über Interessen von Privaten (*Kegel* § 1 IV 1 b). Die Kollisionsnormen des IPR sind sachverhaltsorientiert: „Territorialitäts- und Souveränitätsvorstellungen treten für das kollisionsrechtliche Verständnis zurück" (BGH NJW 1977, 496, 497). Wenn das deutsche IPR etwa nach Art. 14 I Nr. 2 EGBGB ausländisches Recht zur Anwendung beruft, geschieht das deshalb, weil es z. B.

die Ehe eines in Frankreich lebenden Deutschen mit einer Französin „als ein Geschehen gesehen wissen will, das sich ohne Beteiligung der Staaten vollzieht und eben deshalb deren Hoheit überhaupt nicht tangiert" (*von Bar* I Rdnr. 136).

b) Anforderungen an Kollisionsnormen

40 Es fragt sich, ob das ungeschriebene Völkerrecht wenigstens Sätze enthält, die den Staaten bestimmte IPR-Regeln vorschreiben. Soweit solche Völkerrechtssätze formuliert werden, lassen sich drei Gruppen unterscheiden: Die *erste Gruppe* bleibt im Wolkenreich des Unverbindlichen („Ein Staat ist nicht völlig frei in der Entscheidung, welche Inlandsverknüpfung er für ausreichend hält"). Eine *zweite Gruppe* ist zu wenig differenziert („Die Staaten sind völkerrechtlich verpflichtet, auf die Form eines Rechtsgeschäfts das Recht des Abschlußortes anzuwenden" – zu notwendigen Differenzierungen unten Rdnr. 323). Eine *dritte Gruppe* ist für die Praxis bedeutungslos („Kein Staat darf die Anwendung ausländischen Privatrechts auf zwischenstaatliche Rechtsverhältnisse grundsätzlich ausschließen"; alle Zitate nach *von Bar* I Rdnr. 139).

Weil es einen reichen Fundus von Anknüpfungsmöglichkeiten und -variationen gibt, sind alle Versuche zum Scheitern verurteilt, die erforderliche Inlandsverknüpfung des Sachverhalts mit völkerrechtlicher Verbindlichkeit zu konkretisieren. Es verwundert daher nicht, daß für die behaupteten völkerrechtlichen Schranken des IPR in der Rechtsprechung staatlicher und internationaler Gerichte kaum Anschauungsmaterial existiert. Zusammenfassend stellt *Kegel* (§ 1 IV 1 b) fest: „Die Ernte an ungeschriebenen Sätzen des Völkerrechts für staatliches internationales Privatrecht ist ganz gering. Auch beschwert sich nur höchst selten ein Staat über angeblich völkerrechtswidriges IPR eines anderen Staats. Privatrecht interessiert die Staaten wenig, und deswegen hat sich hier auch kein faßbares Völkerrecht ausgebildet."

c) Extraterritoriale Rechtsanwendung

41 Größere Bedeutung gewinnt das Völkerrecht dort, wo ein Staat „von hoher Hand" in private Rechtsverhältnisse eingreift, wo – in der Terminologie des IPR – *Eingriffsnormen* die allseitigen Kollisionsregeln des IPR verdrängen (MünchKomm-*Sonnenberger*, Einl. zum IPR Rdnrn. 103–105, 121). *Beispiele* sind US-amerikanische Verbotsgesetze, die Lieferungen in bestimmte Länder (Kuba, Libyen) untersagen und entgegenstehende Verträge mit der Nichtigkeitsfolge sanktionieren. Wenn sich solche Verbote auch an ausländische Unternehmen richten, stellt sich die völkerrechtliche Frage, ob noch eine hinreichende Beziehung (*genuine link*) zwischen dem sanktionierten Verhalten und dem verbietenden Staat besteht. Ein *genuine link* kann z.B. zu bejahen sein, wenn das ausländische Unternehmen Tochtergesellschaft oder Lizenznehmerin eines US-Unternehmens ist (zum Ganzen *Großfeld/Junker*, Das CoCom im Internationalen Wirtschaftsrecht, 1991, S. 70–83).

VI. Internationales Einheitsrecht

42 **Literatur:** *Jayme*, Staatsverträge zum Internationalen Privatrecht, BerDGesVR 16 (1975), S. 7; *Kötz*, Rechtsvereinheitlichung – Nutzen, Kosten, Methoden, Ziele, RabelsZ 50 (1986), 1; *Kropholler*, Der Einfluß der Haager Übereinkommen auf die deutsche IPR-Kodifikation, RabelsZ 57 (1993), 207; *Lemhöfer*, Die Beschränkung der Rechtsvereinheitlichung auf internationale Sachverhalte, RabelsZ 25 (1960), 401; *Majoros*, Zur Krise der internationalen Kodifikationspolitik, ZRP 1973, 65.

Fälle:

a) Ein englisches Ehepaar, das mit den beiden minderjährigen Kindern James und William in Münster lebt, trennt sich. Die Ehefrau beantragt beim AG Münster – Familiengericht –, ihr die elterliche Sorge allein zu übertragen. Welches Recht ist anzuwenden?

b) Ein Fischgroßhändler aus Paris-Rungis beliefert ein Feinschmeckerlokal in Eltville (Hessen) zweimal wöchentlich mit Meeresfrüchten. Welche Vorschriften wird das LG Wiesbaden in einem Rechtsstreit über Mängel der Ware anwenden?

Während das *Völkergewohnheitsrecht* für das IPR eine geringe Rolle spielt (dazu soeben Rdnrn. 38–41), hat das *Völkervertragsrecht* in Sachverhalten mit Auslandsberührung nach dem Zweiten Weltkrieg stark an Bedeutung gewonnen. Völkerrechtliche Verträge können einheitliches Kollisionsrecht schaffen (dazu 1); sie können aber auch einheitliches materielles Recht enthalten, dessen Anwendungsbereich sie unabhängig von den Anknüpfungsregeln des nationalen IPR festlegen (dazu 2).

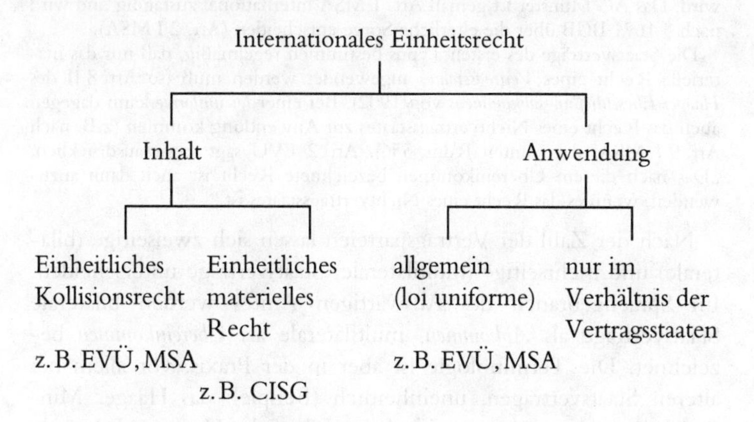

1. Einheitliches Kollisionsrecht

43 Die Staatsverträge über einheitliches Kollisionsrecht lassen sich nach ihrem Anwendungsbereich zwei Grundtypen zuordnen: Der erste Typus soll das IPR nur im Verhältnis der Vertragsstaaten ändern, indem sich die Vertragsstaaten verpflichten, das einheitliche IPR auf ihre Staatsangehörigen anzuwenden. Ein Beispiel ist das *Haager Eheschließungsabkommen* von 1902 (dazu unten Rdnr. 492); es findet nach seinem Art. 8 I nur auf solche Ehen Anwendung, an denen mindestens ein Staatsangehöriger eines Vertragsstaates beteiligt ist. Heute dominiert der zweite Typus: die *loi uniforme*. Sie verpflichtet die Vertragsstaaten, ihr IPR allgemein zu ändern, also nicht nur, wenn ihre Staatsangehörigen betroffen sind. Ein Beispiel ist das *Haager Minderjährigenschutzabkommen* von 1961 (dazu unten Rdnrn. 551–558); es stellt grundsätzlich nicht darauf ab, daß ein Minderjähriger einem Vertragsstaat angehört.

In *Fall a* ist das MSA anwendbar, weil die Kinder ihren gewöhnlichen Aufenthalt in Deutschland haben (Art. 13 I MSA). Es spielt keine Rolle, daß ihr Heimatstaat – das Vereinigte Königreich – nicht zu den Vertragsstaaten des

MSA zählt. Nach Art. 13 III MSA kann sich zwar jeder Vertragsstaat vorbehalten, das Abkommen nur auf Minderjährige anzuwenden, die einem der Vertragsstaaten angehören. Einen solchen Vorbehalt hat die Bundesrepublik aber nicht erklärt, sodaß das MSA in Deutschland als *loi uniforme* angewendet wird. Das AG Münster ist gemäß Art. 1 MSA international zuständig und wird nach § 1671 BGB über die elterliche Sorge entscheiden (Art. 2 I MSA).

Die Staatsverträge des ersten Typus bestimmen regelmäßig, daß nur das materielle Recht eines *Vertragsstaates* angewendet werden muß (so Art. 8 II des *Haager Eheschließungsabkommens* von 1902). Bei einer *loi uniforme* kann dagegen auch das Recht eines Nichtvertragsstaates zur Anwendung kommen (z. B. nach Art. 9 I MSA, dazu unten Rdnr. 556). Art. 2 EVÜ sagt sogar ausdrücklich: „Das nach diesem Übereinkommen bezeichnete Recht ist auch dann anzuwenden, wenn es das Recht eines Nichtvertragsstaates ist."

Nach der Zahl der Vertragsparteien lassen sich zweiseitige (bilaterale) und mehrseitige (multilaterale) Staatsverträge unterscheiden. Im Sprachgebrauch des Auswärtigen Amtes werden bilaterale Staatsverträge als *Abkommen*, multilaterale als *Übereinkommen* bezeichnet. Die Terminologie ist aber in der Praxis, vor allem bei älteren Staatsverträgen, uneinheitlich (Beispiel: das Haager Minderjährigenschutz*abkommen* ist ein multilateraler Vertrag). Bilaterale Staatsverträge spielen im Internationalen Zivilprozeßrecht eine größere Rolle; im IPR sind sie die Ausnahme. Eines der seltenen Beispiele eines bilateralen IPR-Vertrages ist das *Deutsch-iranische Niederlassungsabkommen* (dazu unten Rdnr. 540). Einheitliches IPR beruht ganz überwiegend auf multilateralen Staatsverträgen; zahlreiche Konventionen wurden von der Haager Konferenz ausgearbeitet (zur Europäischen Union unten Rdnrn. 58, 59).

a) Haager Konferenz für IPR

44 Auf Initiative des späteren Friedensnobelpreisträgers *Asser* berief die Regierung der Niederlande im Jahre 1893 die *Haager Konferenz für Internationales Privatrecht* ein; sie hatte das Ziel, auf die Vereinheitlichung des Internationalen Privat- und Prozeßrechts hinzuwirken (einführend *Kropholler* § 9 I). Eine erste Blütezeit erlebte die Haager Konferenz mit den ersten vier Tagungen, die 1893, 1894, 1900 und 1904 stattfanden. Die beiden Tagungen der Zwischenkriegszeit (1925 und 1928) verliefen ohne bleibenden Ertrag. Die zweite Blütezeit begann 1951 mit der 7. Tagung. Die 18. Tagung fand 1996 statt; der Konferenz gehören inzwischen 40 Staaten an (umfangreiche Nachw. zu allen Tagungen und Übereinkommen bei *Kegel* § 4 II 2). Die Konferenz erarbeitet Übereinkommensentwürfe, die der Unterzeichnung und der Ratifikation durch die Teilnehmerstaaten bedürfen; ein Übereinkommen erhält das Datum der ersten Unterzeichnung. Wertvolle Hinweise zu den Übereinkommen enthalten die als *Actes et Documents* veröffentlichten Tagungsbände.

In der ersten Blütezeit der Konferenz wurden – neben den beiden *Haager Zivilprozeßabkommen* von 1896 und 1905 – fünf Übereinkommen zum Internationalen Familienrecht ausgearbeitet. Sie traten in Deutschland alle in Kraft, wurden aber zum Teil wieder gekündigt, zum Teil durch neuere Konventionen abgelöst und zum Teil nach der Suspendierung durch den Zweiten Weltkrieg nicht wieder angewandt (zum Einfluß von Kriegen auf Staatsverträge *Soergel/Kegel*, vor Art. 3 EGBGB Rdnrn. 53–60). Eine geringe Bedeutung haben noch das *Haager Eheschließungsabkommen* von 1902 (dazu unten Rdnr. 492) und das *Haager Vormundschaftsabkommen* von 1902 (dazu unten Rdnr. 573).

Die seit 1951 geschaffenen Haager Übereinkommen auf dem Gebiet des Internationalen Privatrechts hatten – gemessen an der Zahl der Vertragsstaaten – unterschiedlichen Erfolg: Das Spektrum reicht vom *Haager Testamentsformübereinkommen* von 1961 mit fast 40 Vertragsstaaten bis zum *Haager Übereinkommen über das auf den Eigentumserwerb bei internationalen Käufen beweglicher Sachen anwendbare Recht* vom 15. 4. 1958 (abgedruckt in RabelsZ 24 [1959], 145–148), zu dessen Zeichnung sich nur Griechenland und Italien entschließen konnten. Ratifiziert wurde es nur von Italien; da drei Ratifikationen erforderlich sind, ist es nicht in Kraft getreten (zu den Gründen des Mißerfolgs *Staudinger/Stoll*, IntSachenR Rdnr. 105).

In Deutschland sind drei wichtige Haager Übereinkommen auf den Gebieten des Internationalen Familien- und Erbrechts in Kraft: das *Haager Unterhaltsübereinkommen* von 1973 (dazu unten Rdnrn. 540–549), das *Haager Minderjährigenschutzabkommen* von 1961 (dazu unten Rdnrn. 551–558) und das *Haager Testamentsformübereinkommen* von 1961 (dazu unten Rdnrn. 589, 590). Das *Haager Kindesentführungsabkommen* von 1980 gehört strenggenommen in den Bereich der Internationalen Rechtshilfe, hängt aber auch mit dem IPR des Kindschaftsrechts zusammen (dazu unten Rdnrn. 560–562). Relativ erfolgreiche IPR-Übereinkommen ohne Beteiligung Deutschlands sind die *Haager Übereinkommen über das auf Straßenverkehrsunfälle anzuwendende Recht* von 1971 (dazu unten Rdnr. 457) und *über das auf die Produkthaftung anzuwendende*

Recht von 1973 (dazu unten Rdnr. 458); weniger erfolgreiche IPR-Konventionen ohne deutsche Beteiligung sind u. a. die *Haager Übereinkommen über das auf die Stellvertretung anwendbare Recht* von 1977 (dazu unten Rdnr. 336) und *über das auf den trust anzuwendende Recht* von 1984 (dazu unten Rdnr. 476). Im Internationalen Zivilprozeßrecht existieren bedeutende Übereinkommen mit Beteiligung Deutschlands; hervorzuheben sind das *Haager Zustellungsübereinkommen* von 1965 und das *Haager Beweisübereinkommen* von 1970 (umfassend *Schack*, RabelsZ 57 [1993], 224).

b) Weitere Einheitsbestrebungen

45 Neben den Bemühungen der Haager Konferenz gibt es im globalen und im regionalen Rahmen weitere Bestrebungen, das IPR zu vereinheitlichen (zur Europäischen Union unten Rdnrn. 58, 59). Aus dem Bereich der *Vereinten Nationen* stammen beispielsweise das *Genfer Übereinkommen über die internationale Anerkennung von Rechten an Luftfahrzeugen* von 1948 (dazu unten Rdnr. 487) oder das *Modellgesetz über die internationale Handelsschiedsgerichtsbarkeit* von 1985, das den IPR-Normen des § 1051 ZPO als Vorbild gedient hat. Der *Europarat* schuf u. a. das *Europäische Sorgerechtsübereinkommen* von 1980 (dazu unten Rdnr. 563). Die Internationale Kommission für das Zivilstandswesen (Commision Internationale de l'Etat Civile, CIEC), der westeuropäische Staaten und die Türkei angehören, will durch Übereinkommen, die das IPR ergänzen, die Technik des Standesamtswesens verbessern (dazu unten Rdnrn. 305, 309, 492).

Eine regionale IPR-Vereinheitlichung, an der die Bundesrepublik nicht beteiligt ist, betrifft zum einen die *nordischen Staaten*, die durch Konventionen im Verhältnis zueinander Teile des Kollisionsrechts harmonisiert haben (dazu *Philip*, Rec. des Cours 96 [1956 I], 241). Zum anderen haben *südamerikanische Staaten* Teilbereiche des IPR vereinheitlicht, und zwar durch die *Verträge von Montevideo* von 1889 und den *Código Bustamante* von 1928, benannt nach einem kubanischen Rechtslehrer (s. im einzelnen *Samtleben*, IPR in Lateinamerika, 1979).

c) Rechtspolitische Erwägungen

Eine rechtspolitische Würdigung der kollisionsrechtlichen Staatsverträge ist schwierig. Manche sehen die kollisionsrechtliche Welt des ausgehenden 20. Jahrhunderts „halb erstickt in den Schlingpflanzen des wuchernden Rechts der Staatsverträge zum IPR" (*von Bar* I Rdnr. 136): Staatsverträge „sind schwer zu ändern und hindern dadurch weiteren Fortschritt. Festzustellen, zwischen welchen Staaten und von wann sie gelten, ist beschwerlich. Ihre Auslegung in allen Vertragsstaaten muß verfolgt werden" (*Kegel*, RabelsZ 30 [1966], 1, 14–15).

Auf der anderen Seite ist unverkennbar, daß beispielsweise das *Haager Minderjährigenschutzabkommen* von 1961 und das *Europäische Sorgerechtsübereinkommen* von 1980 die Stellung des Kindes verbessert haben. Kaum streiten läßt sich auch über den Nutzen von Übereinkommen, die die Vertragsstaaten verpflichten, dingliche Sicherungsrechte anzuerkennen. Auch können kollisionsrechtliche Staatsverträge, wie etwa das EVÜ in Europa, das regionale Zusammenwachsen fördern und zugleich das *forum shopping* weniger attraktiv machen.

2. Einheitliches materielles Recht

46 Vereinheitlichte Sachnormen gibt es insbesondere für den internationalen Warenkauf und auf dem Gebiet des Transportrechts (dazu unten Rdnrn. 411–420). Internationale Verträge, die einheitliches materielles Privatrecht schaffen, verdrängen in ihrem Anwendungsbereich nicht nur das nationale Sachrecht (z. B. die §§ 459 ff. BGB), sondern auch das nationale IPR (z. B. die Artt. 27 ff. EGBGB). Die Vorschriften eines Internationalen Übereinkommens, die den Anwendungsbereich des Übereinkommens bestimmen, gehören zu den Kollisionsnormen des IPR (ausführlich *von Bar* I Rdnrn. 83–99).

In *Fall b* muß das LG Wiesbaden zuerst untersuchen, ob eine „völkerrechtliche Vereinbarung" (Art. 3 II 1 EGBGB) einschlägig ist. Die Streitigkeit fällt in den sachlichen, persönlichen und räumlichen Anwendungsbereich des *Wiener UN-Kaufrechtsübereinkommens* von 1980 (CISG, abgedruckt bei *Jayme/Hausmann* Nr. 48): Es handelt sich um einen Kaufvertrag über Waren zwischen Parteien, die ihre Niederlassung in zwei verschiedenen Vertragsstaaten – Deutschland und Frankreich – haben (Art. 1 I lit. a CISG); für einen vertraglichen Ausschluß des Übereinkommens nach Art. 6 CISG gibt es keinen Anhaltspunkt. Das LG Wiesbaden hat die Sachnormen der Artt. 25 ff. CISG anzuwenden.

VII. Anwendung von Staatsverträgen

47 **Literatur:** *Junker*, Die einheitliche europäische Auslegung nach dem EG-Schuldvertragsübereinkommen, RabelsZ 55 (1991), 674; *Kropholler*, Internationales Einheitsrecht (1975); *Majoros*, Konflikte zwischen Staatsverträgen auf dem Gebiete des Privatrechts, RabelsZ 46 (1982), 84; *Meyer-Sparenberg*, Staatsvertragliche Kollisionsnormen (1990); *Volken*, Konventionskonflikte im Internationalen Privatrecht (1977).

Fälle:

a) Ein Holzhandelsunternehmen aus Vancouver (British Columbia, Kanada) verkaufte einem deutschen Möbelwerk am 1. 10. 1991 größere Mengen Schnittholz. Welches Recht wendet ein deutsches Gericht in einem Streit über Schäden wegen verspäteter Lieferung an?

b) Nach Art. 3 MSA ist „ein Gewaltverhältnis, das nach dem innerstaatlichen Recht des Staates, dem der Minderjährige angehört, kraft Gesetzes besteht, in allen Vertragsstaaten anzuerkennen". Wie ist bei der Auslegung einer solchen Norm vorzugehen?

Der völkerrechtliche (Normen-) Vertrag – sei es über Kollisionsnormen, sei es über Sachnormen – gehört als solcher zum *internationalen Recht* im Sinne von Völkerrecht; angewandt werden seine IPR- oder Sachnormen aber in den einzelnen Vertragsstaaten als Bestandteile des *nationalen Rechts* (dazu 1). Da völkerrechtliche Vereinbarungen als *law making treaties* (franz.: *traités-lois*) das Recht international vereinheitlichen sollen, darf nicht jeder Vertragsstaat die Vertragsnormen auslegen wie es ihm beliebt; vielmehr ist bei der Auslegung und Anwendung der Normen auf das Vereinheitlichungsziel Rücksicht zu nehmen (dazu 2).

1. Vorrang von Staatsverträgen

48 Soweit Regelungen in völkervertraglichen Vereinbarungen innerstaatliches Recht geworden sind, gehen sie dem autonomen deutschen IPR vor. Dieser Satz ergibt sich bereits aus dem allgemeinen Grundsatz des völkerrechtsfreundlichen Verhaltens. Er wird in Art. 3 II 1 EGBGB lediglich klargestellt, um den Rechts-

anwender darauf hinzuweisen, daß möglicherweise Staatsverträge einschlägig sein können (BegrRegE, BT-Drucks. 10/504, S. 36).

a) Umsetzung in innerstaatliches Recht

Der Vorrang eines Staatsvertrages setzt voraus, daß der Staatsvertrag unmittelbar anwendbares innerstaatliches Recht geworden ist (Art. 3 II 1 EGBGB). Bei dieser Transformation greifen Völkerrecht und deutsches Verfassungsrecht ineinander: In einem *ersten Schritt* unterzeichnet ein Vertreter der Bundesrepublik Deutschland den Vertrag; dadurch wird der Vertragstext endgültig festgelegt und die Bundesrepublik verpflichtet, die Möglichkeit einer Ratifikation zu prüfen. Führt diese Prüfung zu einem positiven Ergebnis, ergeht in einem *zweiten Schritt* gemäß Art. 59 II 1 GG ein Zustimmungsgesetz, das – gemeinsam mit dem Vertragstext – im BGBl. II veröffentlicht wird. In einem *dritten Schritt* folgt die Ratifikation gemäß Art. 59 I GG: Durch eine Verpflichtungserklärung des Bundespräsidenten gegenüber den anderen Vertragsstaaten wird der Vertrag für Deutschland völkerrechtlich verbindlich.

Der Zeitpunkt des Inkrafttretens hängt bei den Haager Übereinkommen nicht allein von der Ratifikation durch die Bundesrepublik ab; vielmehr ist eine Mindestanzahl von Ratifikationen erforderlich, die sich aus den Schlußklauseln des Übereinkommens ergibt. Über das Inkrafttreten der einzelnen Übereinkommen informiert der Fundstellennachweis B als Beilage zum BGBl. II, der fortlaufend aktualisiert wird. In *Fall a* ergibt sich aus dem Fundstellennachweis B, daß das *Wiener UN-Kaufrechtsübereinkommen* von 1980 in Deutschland zwar am 1. 1. 1991, in Kanada aber erst am 1. 5. 1992 in Kraft getreten ist. Zum maßgeblichen Zeitpunkt – das ist nach Art. 100 II CISG der Abschluß des Kaufvertrages – hatten die Parteien ihre Niederlassung also noch nicht in verschiedenen Vertragsstaaten (Art. 1 I lit. a CISG). Nach Artt. 28 II 2, 35 II EGBGB wendet ein deutsches Gericht das Recht der kanadischen Provinz British Columbia an.

b) Anwendungsbereich des Übereinkommens

49 Der Vorrang eines Staatsvertrages setzt weiter voraus, daß der zu entscheidende Rechtsfall den sachlichen, persönlichen und räumlichen Anwendungsbereich des Staatsvertrages erfüllt. Internationale Übereinkommen enthalten häufig komplizierte Regeln über den Anwendungsbereich. Ein Beispiel ist das *Wiener UN-Kaufrechtsübereinkommen* von 1980, das in Artt. 2–5 seinen sachlich-persönlichen

Anwendungsbereich detailliert regelt (dazu unten Rdnrn. 347, 413). Der räumliche Anwendungsbereich ist nicht nur nach Art. 1 I lit. a CISG eröffnet, wenn die Parteien ihre Niederlassung in verschiedenen Vertragsstaaten haben, sondern auch nach Art. 1 I lit. b CISG, wenn die Regeln des IPR zum Recht eines Vertragsstaates führen (dazu unten Rdnrn. 414–416). In *Fall a* führt auch dieser Weg nicht zur Anwendung des Übereinkommens, da Art. 28 II 2 EGBGB auf das Recht des Staates Kanada verweist, der zum maßgebenden Zeitpunkt noch nicht Vertragsstaat war.

c) Entgegenstehendes autonomes Recht

50 Wenn ein Staatsvertrag unmittelbar anwendbares innerstaatliches Recht geworden und sein Anwendungsbereich eröffnet ist, verdrängt er in seinem Anwendungsbereich das autonome deutsche IPR. Die Begründung zu Art. 3 II 1 EGBGB leitet diese Rechtsfolge daraus ab, daß ein Staatsvertrag wegen seines beschränkten Anwendungsbereichs gegenüber dem autonomen deutschen Recht *lex specialis* sei (BegrRegE, BT-Drucks. 10/504, S. 36). Daher verdrängt der Staatsvertrag grundsätzlich nicht nur älteres autonomes Recht, sondern auch solches, das nach dem Inkrafttreten des Staatsvertrages gesetzt wurde. Es gilt also nicht die Regel, daß jüngeres autonomes Recht dem älteren Übereinkommen vorgeht (*lex posterior derogat legi priori*).

2. Auslegung von Staatsverträgen

51 Da Staatsverträge den internationalen *Entscheidungseinklang* herbeiführen sollen, müssen sie in den Vertragsstaaten möglichst einheitlich ausgelegt und angewandt werden: Es gilt das Prinzip des internationalen *Rechtsanwendungseinklangs* (*Kropholler* § 9 V 1). Um die „Harmonie der Rechtsanwendung" (BGHZ 52, 216, 220) zu sichern, haben sich die Vertragsstaaten des EuGVÜ – nicht aber diejenigen des *Europäischen (Schuld-) Vertragsübereinkommens* von 1980 (EVÜ) – darauf geeinigt, den *EuGH* als supranationale Auslegungsinstanz einzuschalten. Außerhalb der Europäischen Union fehlt ohnehin eine solche supranationale Instanz, so daß den staatlichen Gerichten die Aufgabe der einheitlichen Auslegung und Anwendung der Übereinkommen zufällt (vgl. etwa Art. 7 CISG). Die herkömmliche Methode der Auslegung von Rechtsnormen wird bei kollisionsrechtlichen Staatsverträgen von dem Vereinheitlichungsziel überlagert (vertragsautonome Auslegung):

a) Die *grammatikalische Auslegung*, die sich am Wortlaut orientiert, hat bei Vertragsnormen eine größere Bedeutung als bei autonomen Vorschriften, denn vom Wortlaut der Vertragsnorm müssen alle Vertragsstaaten ausgehen. Bei mehreren Vertragssprachen kommt es auf die im Übereinkommen als authentisch erklärte(n) Sprache(n) an. Für das *Haager Minderjährigenschutzabkommen* (*Fall b*) ist der französische Originaltext allein verbindlich. In den entscheidenden Passagen („Ein Gewaltverhältnis . . . ist in allen Vertragsstaaten anzuerkennen") ist die deutsche Formulierung mit der französischen identisch („Un rapport d'autorité . . . est reconnu dans tous les Etats contractants").

b) Die *systematische Auslegung* kann sich nur auf die Stellung der Norm im Übereinkommen, nicht aber auf die Stellung in der Rechtsordnung eines Vertragsstaates beziehen. Sie ist daher weniger ergiebig als bei der Auslegung autonomen Rechts. Die *historische Auslegung* hat den Willen der Verfasser des Übereinkommens – in *Fall b*: der 9. Tagung der Haager Konferenz – zu ermitteln. Die *teleologische Auslegung* muß sich an den Zielen des MSA orientieren: dem Kompromiß zwischen Staatsangehörigkeits- und Aufenthaltsanknüpfung, der primären Zuständigkeit der Aufenthaltsbehörden und der erstrebten Einfachheit der Regelung. Bei alledem sind Rechtsprechung und Literatur aus anderen Vertragsstaaten zu beachten (ausführlich zur Auslegung des Art. 3 MSA *Staudinger/Kropholler*, vor Art. 19 EGBGB Rdnrn. 151–219; zum Auslegungsergebnis unten Rdnrn. 557, 558).

VIII. Europäisches Gemeinschaftsrecht

52 **Literatur:** *Basedow*, Europäisches Internationales Privatrecht, NJW 1996, 1921; *W. Hallstein*, Angleichung des Privat- und Prozeßrechts in der EWG, RabelsZ 28 (1964), 211; *von Hoffmann/Lagarde* (Hrsg.), Die Europäisierung des

Internationalen Privatrechts (1996); *Jayme*, Ein Internationales Privatrecht für Europa (1991); *W.-H. Roth*, Der Einfluß des Europäischen Gemeinschaftsrechts auf das IPR, RabelsZ 55 (1991), 623; *Sonnenberger*, Europarecht und Internationales Privatrecht, ZVglRWiss 95 (1996), 3.

Fälle:

a) Ein deutscher Schiffseigner, der kommerzielle Kreuzfahrten durchführt, überfährt im Hafen von Olbia (Sardinien) einen italienischen Taucher und verletzt ihn tödlich. Die Geschwister, denen der Getötete nach italienischem Recht unterhaltsverpflichtet war, nehmen den Deutschen vor dem LG Bremen auf Zahlung einer Geldrente in Anspruch.

b) Ein portugiesischer Bauunternehmer klagt vor dem LG Heilbronn gegen den deutschen Bauherrn auf Zahlung von Werklohn. Kann der Bauherr verlangen, daß der Portugiese nach § 110 I 1 ZPO eine Ausländersicherheit leistet?

Das IPR unterliegt als nationales Recht ebenso wie das Sachrecht den Vorgaben des Europäischen Gemeinschaftsrechts: Es muß sich zum einen an den Geboten und Verboten des primären Gemeinschaftsrechts messen lassen; zum anderen versucht die Europäische Union, Teilbereiche des IPR durch sekundäres Gemeinschaftsrecht und durch völkerrechtliche Verträge zu vereinheitlichen.

1. Primäres Gemeinschaftsrecht

53 Da das IPR vielfach an die Staatsangehörigkeit anknüpft, ist das Diskriminierungsverbot des EG-Vertrages zu beachten; ferner beeinflussen die Grundfreiheiten des EG-Vertrages das nationale Kollisionsrecht.

a) Diskriminierungsverbot

Die Vorschrift des Art. 6 I (nach dem Vertrag von Amsterdam: Art. 12 I) EGV verbietet im Anwendungsbereich des EG-Vertrages die Diskriminierung aus Gründen der Staatsangehörigkeit. Da das Familien- und Erbrecht außerhalb des Anwendungsbereichs des EG-Vertrages steht, ist die Anknüpfung an die Staatsangehörigkeit auf diesen Rechtsgebieten unproblematisch. Im Gegenteil hat das IPR in einem geeinten, aber von kultureller Vielfalt geprägten Europa auf den personenbezogenen Rechtsgebieten die Aufgabe, die kulturelle Identität der Marktbürger zu stärken, indem es die Rechtsregeln der Heimatstaaten zur Anwendung bringt (*Jayme*, Rec. des Cours 251 [1995], 9, 33). Problematisch ist das Verhältnis der Anknüpfung an die Staatsangehörigkeit zum Diskriminierungsverbot auf den Rechtsfeldern, die einen Binnenmarktbezug aufweisen (*von Bar* I Rdnr. 168).

In *Fall a* hat das LG Bremen nach der Tatortregel (dazu unten Rdnr. 438) das italienische Deliktsrecht anzuwenden. Dem Anspruch auf eine Geldrente könnte aber Art. 38 EGBGB entgegenstehen, wonach aus einer im Ausland begangenen unerlaubten Handlung gegen einen Deutschen nicht weitergehende Ansprüche geltend gemacht werden können als nach den deutschen Gesetzen. Nach § 844 II 1 BGB i.V.m. § 1601 BGB hätten die Geschwister keinen Anspruch auf eine Geldrente, so daß an sich Art. 38 EGBGB einem Anspruch nach italienischem Recht entgegenstünde. Jedenfalls dann, wenn die unerlaubte Handlung im Zusammenhang mit einer wirtschaftlichen Betätigung steht – hier: Inanspruchnahme der Dienstleistungsfreiheit durch den deutschen Schiffseigner –, verstößt Art. 38 EGBGB jedoch gegen das Diskriminierungsverbot und ist gegenüber EU-Angehörigen nicht anzuwenden. Ob das auch bei unerlaubten Handlungen im Privatbereich gilt, ist noch nicht geklärt (*Soergel/Lüderitz*, Art. 38 EGBGB Rdnr. 105 m.w.N.).

54 Auch die Normen des *Fremdenrechts* – die Rechtssätze, die eine unterschiedliche Behandlung von In- und Ausländern anordnen – sind am Diskriminierungsverbot zu messen. Ein Beispiel ist § 110 I 1 ZPO, wonach Ausländer, die vor deutschen Gerichten als Kläger auftreten, dem Beklagten auf sein Verlangen wegen der Prozeßkosten Sicherheit zu leisten haben (*Fall b*). Diese Vorschrift verstößt gegenüber einem Angehörigen eines anderen EG-Staates jedenfalls insoweit gegen das Diskriminierungsverbot, als die Klage mit der Ausübung der Grundfreiheiten (*Fall b*: Dienstleistungsfreiheit) zusammenhängt (EuGH EuZW 1997, 280; s. auch EuGH NJW 1994, 1271 – Mund & Fester).

b) Grundfreiheiten des EGV

55 Die Grundfreiheiten des EG-Vertrages sind der freie Warenverkehr, die Freizügigkeit der Arbeitnehmer, das Niederlassungsrecht natürlicher und juristischer Personen, der freie Dienstleistungsverkehr sowie der freie Kapital- und Zahlungsverkehr. Sie beeinflussen auch das IPR.

(1) Die *Warenverkehrsfreiheit* (Artt. 9ff., nach dem Vertrag von Amsterdam: Artt. 23 ff. EGV) bedeutet unter anderem, daß Umstände, die sich auf die Vermarktung einer Ware auswirken, nach dem Sitzrecht des Anbieters zu beurteilen sind (Ursprungslandprinzip, EuGH Slg. 1974, 837 – Dassonville; EuGH Slg. 1979, 649 – Cassis de Dijon). Das kann beispielsweise im Produkthaftungsprozeß bedeutsam werden, wenn deutsches Recht als Recht des Erfolgsortes zum Zuge kommt (dazu unten Rdnr. 458). Das Ursprungslandprinzip kann es gebieten, im Rahmen des deutschen Deliktsrechts die Sicherheitsstandards des Herkunftslandes der Ware zugrundezulegen (*W.-H. Roth*, RabelsZ 55 [1991], 623, 652–657).

56 (2) Die *Niederlassungsfreiheit* wird auch juristischen Personen gewährt (Art. 58, nach dem Vertrag von Amsterdam: Art. 48 EGV). Heftig umstritten ist die Frage, welche Auswirkungen die Niederlassungsfreiheit auf das deutsche Internationale Gesellschaftsrecht hat. Es folgt der *Sitztheorie*: Angeknüpft wird an den Sitz der Gesellschaft; soll der Sitz z.B. von Deutschland nach Luxemburg verlegt werden, ist die Gesellschaft in Deutschland zu liquidieren und in Luxemburg neuzugründen (dazu unten Rdnrn. 596–604). Art. 58 I/48 I EGV gewährleistet demgegenüber die Niederlassungsfreiheit den „nach den Rechtsvorschriften eines Mitgliedstaats *gegründeten* Gesellschaften, die ihren Sitz . . . innerhalb der Gemeinschaft haben“. Daraus könnte man schließen, daß die nach dem Recht eines Mitgliedstaats gegründete Gesellschaft ihren Sitz innerhalb der Gemeinschaft frei wählen kann, so daß die Sitztheorie obsolet ist. Der *EuGH* hat diesen Schluß vorerst noch nicht gezogen (Slg. 1988, 5483 = NJW 1989, 2186 – Daily Mail).

2. Sekundäres Gemeinschaftsrecht

57 Wachsende Bedeutung bekommen die Kollisionsregeln, die im sekundären Gemeinschaftsrecht vorgesehen sind. Dabei spielen *Verordnungen* (Art. 189 II, nach dem Vertrag von Amsterdam: Art. 249 II EGV) bisher eine geringe Rolle. Art. 3 II 2 EGBGB weist darauf hin, daß solche Rechtsakte den Vorrang vor dem nationalen Recht haben. Wesentlich wichtiger für das IPR sind

Richtlinien (dazu bereits oben Rdnr. 13). Sie entfalten gemäß Art. 189 III (nach dem Vertrag von Amsterdam: Art. 249 III) EGV gegenüber dem Einzelnen grundsätzlich erst Wirkung, wenn sie in innerstaatliches Recht umgesetzt worden sind, wobei der nationale Gesetzgeber einen Spielraum hat. Die Richtlinien der EU auf privatrechtlichem Gebiet haben einen Schwerpunkt im Verbraucherschutzrecht; aus diesem Bereich stammen auch die meisten IPR-Normen, die auf EU-Richtlinien beruhen (z. B. §§ 12 AGBG, 8 TzWrG). Sie haben nicht – wie sonstiges einheitliches IPR – in erster Linie den internationalen Entscheidungseinklang zum Ziel, sondern sollen vor allem gleiche Bedingungen für den Wettbewerb im Binnenmarkt herstellen (*W.-H. Roth*, IPRax 1994, 165, 174).

3. Übereinkommen der EU-Staaten

58 Gemäß Art. 220 (nach dem Vertrag von Amsterdam: Art. 293) EGV sollen die Mitgliedstaaten in bestimmten, beispielhaft genannten Bereichen – insbesondere Anerkennung von Gesellschaften, Anerkennung und Vollstreckung gerichtlicher Entscheidungen – durch völkerrechtliche Verträge einheitliche Regeln schaffen. Während die Bemühungen um ein einheitliches Internationales Gesellschaftsrecht bisher im Sande verlaufen sind (dazu unten Rdnr. 598), war das *Europäische Gerichtsstands- und Vollstreckungsübereinkommen* von 1968 (dazu oben Rdnr. 22) außerordentlich erfolgreich. Der Erfolg ist allerdings nicht, wie es Art. 220/293 EGV nahelegt, „dem breiten Konsens der europäischen Völkerfamilie zu danken, sondern der mutigen Entscheidung einiger weniger in der Pionierphase der alten Sechsergemeinschaft. Wer dem Klub später beitrat, mußte das EuGVÜ mehr oder weniger unverändert akzeptieren“ (*Basedow*, NJW 1996, 1921, 1922).

59 Die Erfolgsgeschichte des EuGVÜ setzte sich im *Europäischen (Schuld-) Vertragsübereinkommen* von 1980 fort (dazu oben Rdnr. 15). Es wird in Art. 220/293 EGV nicht erwähnt, ist aber der Sache nach eine Fortführung des EuGVÜ auf kollisionsrechtlichem Gebiet: Das EuGVÜ, das den Zugang zum Recht erleichtern soll, wird flankiert durch das EVÜ, wonach das anzuwendende Recht im Bereich der Europäischen Union nach den gleichen Kollisionsnormen bestimmt wird (BegrRegE, BT-Drucks. 10/504, S. 28). Dem EVÜ können nur Mitgliedstaaten der Europäischen Union beitreten; nach Art. 20 EVÜ hat sekundäres Gemeinschaftsrecht Vorrang vor dem Übereinkommen. Das Übereinkommen ist am 1. 4. 1991 in Kraft getreten (BGBl. 1991 II, 871) und gilt inzwischen in der Mehrzahl der EU-Staaten; die Bundesrepublik Deutschland hat die Vorschriften des EVÜ in Artt. 27 ff. EGBGB inkorporiert, die bereits seit dem 1. 9. 1986 das IPR der Schuldverträge enthalten.

§ 2. Entwicklung des Internationalen Privatrechts

Literatur: *Gamillscheg*, Der Einfluß Dumoulins auf die Entwicklung des Kollisionsrechts (1955); *Graveson*, The Origins of Conflict of Laws, Festschrift Zweigert (1981), S. 93; *Gutzwiller*, Geschichte des Internationalprivatrechts – Von den Anfängen bis zu den großen Kodifikationen (1977); *Jayme*, Pasquale Stanislao Mancini (1980); *Kegel*, Joseph Story, RabelsZ 43 (1979), 609; *Meili*, Geschichte und System des Internationalen Privatrechts (1892); *Neuhaus*, Abschied von Savigny?, RabelsZ 46 (1982), 4; *Neumeyer*, Die gemeinrechtliche Entwicklung des internationalen Privat- und Strafrechts bis Bartolus, 2 Bände (1901, 1906). **60**

Rechtsanwendungsfragen gibt es, seit es Recht gibt. Schon aus der griechischen Antike sind Gesetzeskonflikte bekannt; aber sie führten nicht dazu, daß sich ein Kollisionsrecht im heutigen Sinne ausbildete: Rechtssubjekte waren diejenigen, die durch Geburt dem örtlichen Gemeinwesen, der *polis*, angehörten. Fremde galten als rechtlos; nahm man sie im Krieg gefangen, wurden sie konsequenterweise als Sklaven behandelt. Später berichtete *Homer*, daß Fremde – „auch sie stammen von Zeus ab" – Gastrecht genießen und sich auf die örtlichen Gesetze berufen konnten; griechische Stadtstaaten schlossen Verträge, in denen sie ihren Angehörigen gegenseitig Rechtsschutz gewährten. Schon in der Antike erscheinen damit zwei archaische Rechtsanwendungsmaximen: die *Personalität*, wonach das Recht an die Herkunft der Person gebunden ist, und die *Territorialität*, wonach ein Gemeinwesen auf Ortsansässige und Fremde nur sein eigenes Recht anwendet (*Lewald*, Rev. crit. d. i. p. 57 [1968], 419–440).

Im römischen Recht entwickelte sich neben dem *ius civile*, dem die Römer unterworfen waren, das *ius gentium*, das Streitigkeiten mit Beteiligung von Fremden entschied; es umfaßte Regeln des römischen Rechts, die als Gemeingut aller Volksstämme angesehen wurden und nach damaliger Vorstellung auf *naturalis ratio* beruhten. Im übrigen erlaubten die Römer den unterworfenen Stämmen, sich ihrer hergebrachten Rechtsregeln zu bedienen (*suis legibus uti*). Nach dem Zerfall des römischen Weltreichs führten die umherziehenden Stämme ihr Stammesrecht (Recht der „Abstammung", *lex originis*) mit sich; die Rechtsaufzeichnungen – z.B. Lex Salica, Lex Ribuaria, Lex Wisigothorum – erfolgten nicht nach geographischen Gebieten, sondern nach Stämmen. Zur Zeit des Bischofs *Agobard* von Lyon (um 815) fragten Richter und Notare jeden Beteiligten: „Nach welchem Recht lebst Du (*Qua lege vivis*)?" Im Protokoll hieß es dann beispielsweise, er lebe nach salischem Recht (*se lege vivere salica*). Wo die Stämme sich dauerhaft niederließen, verwandelte sich Stammesrecht in Landesrecht (ausführlich *von Bar* I Rdnrn. 416–421).

61 Die Geschichte des Kollisionsrechts im heutigen Sinne beginnt im späten Mittelalter in den Städten Oberitaliens: Mit der Statutenlehre entwickelte sich im 13. Jahrhundert eine kollisionsrechtliche Sichtweise, die bis Mitte des 19. Jahrhunderts vorherrschte (dazu unten I). Das Internationale Privatrecht als modernes System von Anknüpfungen wurde erst 1849 von *Savigny* begründet (dazu unten II); nicht viel älter ist der Begriff „Internationales Privatrecht", den zum ersten Mal 1834 *Joseph Story* verwendete (dazu oben Rdnr. 6). Während sich US-amerikanische Strömungen des 20. Jahrhunderts in Europa nicht durchsetzen konnten (dazu unten III), hat sich in Kontinentaleuropa nach dem Zweiten Weltkrieg ein differenziertes, an Rechtsanwendungsinteressen orientiertes Anknüpfungsmodell ergeben (dazu unten IV).

I. Anfänge des IPR (Statutenlehre)

62 Die oberitalienischen Städte des hohen Mittelalters – z.B. Modena, Pisa, Verona oder Bologna – formten eine Region, „in der geistige und handelsmäßige Beweglichkeit einander glücklich ergänzten, unbelastet von drückenden feudalistischen Fesseln" (*von Bar* I Rdnr. 422). In dieser Region hatten sich, neben dem überlieferten römischen Recht, aus örtlichen Gewohnheiten die Rechtssetzungen (Satzungen) der Städte herausgebildet, die man als *statuta* bezeichnete. Die Entfernungen zwischen den Städten waren kurz und der Handel lebhaft, so daß sich häufig die Frage nach dem anwendbaren Recht stellte. Da zugleich das Geistesleben blühte, wurde damals ein bleibender Beitrag zum Kollisionsrecht geleistet. Der Begriff *Statut* (Vertragsstatut, Erbstatut, etc.) bezeichnet noch heute die auf einen Anknüpfungsgegenstand (Vertrag, Nachlaß, etc.) anzuwendende Rechtsordnung.

1. Entwicklung in Oberitalien

63

Die Interpreten des Corpus iuris civilis – die Glossatoren – gingen verschiedene Wege, um das maßgebende Statut zu bestimmen: Magister *Aldricus* lehrte um 1180, der Richter habe dasjenige Recht anzuwenden, das ihm stärker und nützlicher erscheine (*quae potior et utilitor videtur*). Andere – etwa die Glossatoren *Azo* und *Accursius* – favorisierten zunächst die *lex fori*: In einer Glosse von 1228 heißt es, die Statuten des Gerichtsortes seien zu befolgen (*statuta illius loci, ubi agitur iudicium, sunt conservanda*). Später kam dann unter dem Einfluß von *Hugolinus* die Lehre auf, daß die Statuten nur für die Bürger der Stadt verbindlich seien: Wenn selbst die römischen Kaiser nur ihren Untertanen zu befehlen hätten, könnten sich die Stadtrechte schon gar nicht auf Stadtfremde erstrecken. Werde ein Bologneser in Modena verklagt, sei er – so eine Glosse des *Accursius* von 1250 – nicht nach den Statuten von Modena zu beurteilen, denen er nicht unterliege (*quibus non subest*).

a) Bartolus (1314–1357)

Die Kommentatoren, früher „Postglossatoren" genannt, stellten die punktuellen Aussagen der Glossatoren in einen größeren Zusammenhang und entwickelten mit der scholastischen Methode feinsinniger Unterscheidungen ein kollisionsrechtliches System. Ausgangspunkt dieser Statutenlehre ist eine Abhandlung von *Bartolus de Saxoferrato* (1314–1357), Rechtslehrer in Bologna, der zwei Fragen stellte:

(1) Erstreckt sich ein Statut auch auf Fremde (*utrum statutum porrigatur ad non subdites*)? Diese Frage schloß an die Glosse des *Accursius* an, nach der ein in Modena verklagter Bologneser nicht nach dem Recht von Modena beurteilt werden sollte. Auf die von *Accursius* nicht beantwortete Frage, welches Recht stattdessen gelten sollte, fand *Bartolus* differenzierte Antworten, die z.B. bei Verträgen zwischen der Form (Abschlußort, *lex loci contractus*) und dem Inhalt trennten (Erfüllungsort, *lex loci solutionis*).

(2) Die zweite Frage lautete: Hat ein Statut Wirkungen auch außerhalb des Staatsgebietes (*utrum effectus statuti porrigatur extra territorium statuentium*)? Die Antwort auf diese Frage – Ja – folgt im Grunde schon aus der Antwort auf die erste Frage; auch die Trennung der beiden Fragen ergibt aus heutiger Sicht keinen Sinn: Wenn Fremde in bestimmter Beziehung nicht den Statuten des Gerichtsortes unterliegen, muß – wie *Bartolus* ja bereits erkannt hatte – ein fremdes Statut am Gerichtsort Wirkung entfalten.

Nachhaltigen Einfluß auf die Denkweise der folgenden Jahrhunderte hatte ein Methodenwechsel, der sich – unvermittelt und vielleicht auch unerkannt – im Übergang von der ersten zur zweiten Frage ankündigte: Die Antwort auf die erste Frage erörtert noch, welches Statut z.B. auf Verträge anzuwenden sei (*Quid de contractibus?*). Die Antwort auf die zweite Frage geht dagegen von einem Statut aus und macht seine Anwendung beispielsweise davon abhängig, ob es erlaubenden (*statutum permissivum*) oder verbietenden Charakter hat (*statutum prohibitivum*). Bei dieser Fragestellung reduziert sich das Kollisionsrecht auf die Kunst, die Statuten auszulegen. Das zeigt sich etwa darin, wie *Bartolus* die sog. *quaestio anglica* behandelte. Die „englische Frage" lautete: Gilt die englische Regel, nach der allein der Erstgeborene erbt, auch für Vermögen eines Engländers außerhalb Englands? Die Antwort suchte *Bartolus* daraus zu gewinnen, ob der Wortlaut des Statuts mehr auf die Person des Erblassers oder mehr auf den Nachlaß abstellt, ob also das Statut „so oder so lautet" (*von Bar* I Rdnr. 429).

b) Baldus (1327–1400)

Ein Schüler von *Bartolus* war *Baldus de Ubaldis* (1327–1400). Er ging davon aus, daß jedes Statut sich entweder auf Personen, Sachen oder Handlungen beziehe (*quod omne statutum aut disponit de personis aut de rebus, aut de actionibus*). Damit deutete er eine Dreiteilung an, die ab dem 16. Jahrhundert für die Statutenlehre grundlegend werden sollte. Er klassifizierte die Statuten und bestimmte durch genaue Interpretation den Anwendungsbereich eines Statuts. Diese Methode wurde im 14. und 15. Jahrhundert nicht nur von italienischen, sondern auch von französischen Rechtsgelehrten weiterentwickelt, so daß man von der italienisch-französischen Schule spricht (*Raape* 160).

2. Entwicklung in Frankreich

64 Im 16. Jahrhundert wurde Frankreich der Mittelpunkt der statutistischen Forschung. Neue Impulse erhielt das Kollisionsrecht vor allem durch *Charles Dumoulin* (latinisiert: Molinaeus) und *Bertrand d'Argentré* (latinisiert: Argentraeus). Sie setzten die Arbeit der Postglossatoren – den *mos italicus* – fort, indem sie die Statutenlehre auf die französischen Coutumes, das regionale Gewohnheitsrecht, übertrugen.

a) Charles Dumoulin (1500–1566)

Einer der bedeutendsten französischen Juristen, dessen Wirken weit über die Statutenlehre hinausreichte, war *Charles Dumoulin* (1500–1566). In einem berühmten Gutachten, dem *Consilium 53*, erörterte er die Frage, ob die Gütergemeinschaft von Ehegatten nach der Coutume von Paris auch ein Landgut erfaßt, das im Gebiet von Lyon belegen ist. Er legt die Coutume von Paris dahin aus, daß sie personalen Charakter habe und sich auf das gesamte Ehevermögen beziehe, wenn die Eheleute ihren ersten Ehewohnsitz in Paris hatten. Das erste eheliche Domizil bestimmt in Frankreich noch heute das anwendbare Ehegüterrecht. Manche meinen, *Dumoulin* habe als erster bei der Bestimmung des maßgebenden Rechts auf den Parteiwillen abgestellt; das ist aber umstritten (*Raape/Sturm* 407; *Ferid* Rdnr. 1–90). Eine Zusammenfassung der Lehren *Dumoulins* findet sich in den *Conclusiones de statutis et consuetudinibus localibus*, die, weil er sie im Tübinger Exil vorgetragen hat, als *lectura Tubingensis* bekannt wurden (*Gamillscheg*, JZ 1954, 424, 425).

b) Bertrand d'Argentré (1519–1590)

Während *Dumoulin* das städtische Paris verkörperte und für die Rechte des Königs eintrat, war sein Zeitgenosse *Bertrand d'Argentré* (1519–1590) ein bretonischer Edelmann, der dem ländlichen Adel angehörte. Er löste sich von dem „flimmernden Filigranwerk" (*Kegel* § 3 IV) der früheren italienisch-französischen Schule, der er vorhielt, die Unsicherheit sei so groß, daß unsichere Lehrer noch unsicherere Schüler entließen (*ut incerti magistri incertiores lectores dimittant*). Sein Werk, das durch Klarheit und Einfachheit bestach, hatte in zweifacher Hinsicht großen Erfolg. Zum einen griff er die von *Baldus* angesprochene Dreiteilung der Statuten auf (*de personis, de rebus, de actionibus*) und machte sie zur Grundlage der Statutenlehre:

(1) *Statuta personalia* sind Statuten, die die Person betreffen; sie folgen der Person, wohin sie auch immer geht.

(2) *Statuta realia* sind Statuten, die sich auf eine unbewegliche Sache beziehen; sie gelten ausschließlich im Staatsgebiet.

(3) *Statuta mixta* betreffen eine Rechtshandlung; sie erfassen alle Handlungen, die sich im Staatsgebiet verwirklichen.

Zum anderen suchte *d'Argentré,* seiner ländlich-feudalen Herkunft entsprechend, den Anwendungsbereich der örtlichen Gewohnheiten auszudehnen, um den lokalen Adel zu stärken: Während *Dumoulin* das Personalstatut – z.B. das Domizilrecht der Ehegatten – vorzog, ordnete *d'Argentré* familien- und erbrechtliche Gewohnheitsregeln unter die Realstatuten ein („les coutumes sont réelles"). Er steht für die Ausdehnung der Realstatuten und damit für die Territorialität des Rechts.

3. Entwicklung in den Niederlanden

65 Im 17. Jahrhundert traten niederländische Wissenschaftler an die Spitze des Fortschritts, indem sie die Statutenlehre mit der Naturrechtslehre und dem Gedanken der staatlichen Souveränität verbanden: „Der Geist des *Hugo Grotius* herrscht, der Gedanke des souveränen Staates erwacht, und das stolze Bewußtsein der so schwer erkämpften staatlichen Unabhängigkeit der Niederlande erfüllt die Schriftsteller. Es geht nicht mehr um die Kollision von Statuten, auch nicht von Coutumes, es geht um die Kollision der Gesetze der verschiedenen Staaten." (*Raape* 161) Die Lehre *d'Argentrés* von der Territorialität des Rechts war – obwohl im Geist des Feudalismus entstanden – wie geschaffen, von der neuen Staats- und Souveränitätslehre übernommen zu werden (*Keller/Siehr* § 8 I). Neben *Paul Voet* (1619–1667) und seinem Sohn *Johan-*

nes Voet (1647–1714) war *Ulrich Huber* (1636–1694) der bedeutendste Vertreter der niederländischen Schule. In seiner Schrift *De conflictu legum* stellte er drei Grundsätze auf:

(1) Die Gesetze eines jeden Staates entfalten innerhalb der Grenzen dieses Staates ihre Wirkung und binden alle Untertanen; darüber hinaus haben sie keine Wirkung.

(2) Die Untertanen eines Staates sind alle Personen, die sich innerhalb seiner Grenzen aufhalten, ohne Rücksicht darauf, ob sie ständig oder vorübergehend dort verweilen.

(3) Die Herrscher der Staaten sind im freundlichen Entgegenkommen (*Comitas*) darauf bedacht, daß die Rechte eines jeden Volkes überall ihre Wirkung behalten.

Der niederländischen Schule ging es weniger darum, der Statutenlehre weitere Verfeinerungen hinzuzufügen, sondern vielmehr darum, den Grund und die Grenzen der Anwendung fremden Rechts aufzuzeigen. Der naturrechtliche Grundsatz der *Comitas* („freundliches Entgegenkommen“) als Grund der Anwendung fremden Rechts hat vor allem in England und Amerika nachhaltigen Eindruck hinterlassen.

4. Entwicklung in Deutschland

66 Auch in Deutschland fanden sich im 16. und 17. Jahrhundert Theoretiker der Statutenkollision; sie folgten der italienisch-französischen Schule „mit mancherlei Unterschieden und auch Willkür im einzelnen“ (*Kegel* § 3 VI). Hervorzuheben sind der Leipziger Richter *Benedikt Carpzov* (1595–1666), der Tübinger Professor *Wolfgang Lauterbach* (1618–1678) und der Heidelberger Naturrechtler *Heinrich von Cocceji* (1644–1719). Am bekanntesten wurde der Gießener Rechtslehrer *Johan Nikolaus Hert* (1651–1710), der in seiner Schrift *De collisione legum* im Sinne der Statutentheorie drei Grundregeln aufstellte: Ist ein Gesetz auf die *Person* gerichtet, gelten die Gesetze des Staates, dem die Person unterworfen ist. Bezieht sich ein Gesetz unmittelbar auf eine *Sache*, gilt das Recht der Belegenheit. Bestimmt ein Gesetz für eine *Handlung* eine Form, ist weder der Wohnsitz noch der Lageort zu berücksichtigen, sondern allein der Handlungsort (Originaltext wiedergegeben bei *von Bar* I Rdnr. 443). Die Kodifikationen der Aufklärungszeit übernahmen die Ergebnisse der Statutenlehre:

a) Der *Codex Maximilianeus Bavaricus Civilis* von 1756 bestimmte in Teil I Kap. 2 § 17 Satz 2: „Dafern aber die Rechten, Statuten und Gewohnheiten ... unterschiedlich seynd, so soll quò ad formam Processûs auf die bey selbigen Gericht, wo die Sach rechtshängig ist, übliche Rechten, ... in merè personalibus auf die Statuta in loco Domicilii, und endlich in realibus vel mixtis auf die Rechten in loco rei sitae ohne Unterschied der Sachen, ob sie beweglich oder unbeweglich, cörperlich oder uncörperlich seynd, gesehen und erkennt werden."

b) Das *Preußische Allgemeine Landrecht* von 1794 handelte in seiner Einleitung (§§ 22–45) vom Kollisionsrecht. Für persönliche Eigenschaften und Befugnisse sowie für Rechte an beweglichen Sachen war das Recht des Wohnsitzes, hilfsweise das Recht des Herkunftsortes der Person maßgebend (§§ 23–28). Die Rechte an unbeweglichen Sachen unterlagen der *lex rei sitae* (§ 32). Im Familien- und Erbrecht stellte die preußische Rechtsprechung, dem Vorbild *Dumoulins* folgend, auf den Wohnsitz der Ehegatten bzw. des Erblassers ab.

II. Überwindung der Statutenlehre

67 Der Einfluß der Statutenlehre erstreckt sich vom 13. bis zum 19. Jahrhundert, also über eine Zeitspanne von 600 Jahren: *Bartolus* und *Baldus* waren Scholastiker des hohen Mittelalters, *Dumoulin* französischer Royalist des 16. Jahrhunderts, *d'Argentré* Kommentator der bretonischen Coutumes, *Ulrich Huber* Vertreter der niederländischen Naturrechtslehre und *Benedikt Carpzov* Richter in Sachsen, der Rechtskollisionen zwischen Leipzig und Grimma zum Anlaß seiner Schriften nahm. Sie alle verbindet die Statutenlehre. Der Aufstieg dieser Lehre begann mit der 1250 verfaßten Glosse des *Accursius* (ca. 1182–1260); noch *Anton Friedrich Justus Thibaut* (1772–1840), Savignys großer Gegner, erläuterte in seinem Pandektenlehrbuch von 1839 die Dreiteilung in *statuta personalia, realia* und *mixta* als geltendes Recht.

In diesen Jahrhunderten ist Bleibendes geschaffen worden, beispielsweise die Lehren, daß die Statuten des Abschlußortes für die Form des Rechtsgeschäfts und die Statuten des Lageortes für Rechte an Grundstücken („Liegenschaften") maßgebend seien. Diese Ergebnisse wurden aber nach heutiger Auffassung nicht dank, sondern trotz des Theoriegebäudes der Statutenlehre erzielt: Dieser Lehre lag die Vorstellung zugrunde, man könne aus den Sachnormen – den Statuten – ihren räumlichen Anwendungsbereich, also die Kollisionsnormen, ablesen. Man versuchte, aus den Sachnormen „herauszupressen, was sie nicht geben können, oder zum mindesten mehr als sie enthalten" (*Raape* 164). Beispielsweise hing die Antwort auf die *quaestio anglica* davon ab, ob das Statut *primogenitus succedat in immobilia* oder *immobilia veniant ad primogenitum* lautete (dazu oben Rdnr. 63).

Mitte des 19. Jahrhunderts kam in Deutschland das Unbehagen an der Statutenlehre zum Ausbruch. *Wilhelm Schaeffner* (1815–1897) schrieb 1841 in seiner „Entwicklung des internationalen Privatrechts" (S. 24): „Zahllose Kontroversen entstanden über die Subsumtion der Fälle unter die eine oder andere Klasse der Statuten. Die älteren Traktate gewähren uns das seltsame Schauspiel, daß man sich um Definitionen stritt, wobei am Ende doch jeder sagen konnte: *tel est mon plaisir* [so gefällt es mir]." Im selben Jahr veröffentlichte der Tübinger Professor *Carl Georg von Wächter* (1797–1880) seine Abhandlung „Über die Collision der Privatrechtsgesetze verschiedener Staaten" (AcP 24 [1841], 230, AcP 25 [1842], 1, 161, 361). Er zerstörte das Gedankengebäude der Statutenlehre, ohne allerdings ein überzeugendes Gegenmodell aufzubauen.

1. Friedrich Carl von Savigny (1779–1861)

68 Der Statutenlehre ein kollisionsrechtliches System entgegenzustellen, das in seinen Kernaussagen bis heute gültig ist, gelang *Friedrich Carl von Savigny* (1779–1861), Gründungsmitglied und später Rektor der Universität Berlin, preußischer Staatsminister und Epochenfigur der Rechtswissenschaft im 19. Jahrhundert. Als Siebzigjähriger veröffentlichte er 1849 den Band VIII seines „Systems des heutigen Römischen Rechts", der das Internationale Privatrecht grundlegend verändert hat. Drei Ideen Savignys erwiesen sich als besonders fruchtbar:

a) Inländisches und ausländisches Recht sind – abgesehen von den Vorschriften „streng positiver, zwingender Natur" – *gleichzu-*

behandeln: „Je mannigfaltiger und lebhafter der Verkehr unter den verschiedenen Völkern wird, desto mehr wird man sich überzeugen müssen, daß es rätlich ist, jenen strengen Grundsatz [von der Nichtanwendung ausländischen Rechts] nicht festzuhalten, sondern vielmehr mit einem entgegengesetzten Grundsatz zu vertauschen. Dahin führt die wünschenswerte Gegenseitigkeit in der Behandlung der Rechtsverhältnisse, und die daraus hervorgehende Gleichheit in der Beurteilung der Einheimischen und Fremden, die im Ganzen und Großen durch den gemeinsamen Vorteil der Völker und der Einzelnen geboten wird.“ (*Savigny*, System 26–27)

69 b) Auszugehen ist nicht von den Gesetzen (vom *Rechtsgebiet*), sondern vom konkreten Lebenssachverhalt (vom *Rechtsverhältnis*): Die Aufgabe des IPR besteht darin, „daß bei jedem Rechtsverhältnis dasjenige Rechtsgebiet aufgesucht werde, welchem dieses Rechtsverhältnis seiner eigentümlichen Natur nach angehört oder unterworfen ist (worin dasselbe seinen Sitz hat).“ (*Savigny*, System 28, 108) Das Bild vom „Sitz des Rechtsverhältnisses“ kennzeichnet die Savignysche Lehre. *Otto von Gierke* hat später vom „Schwerpunkt des Rechtsverhältnisses“ gesprochen, in den USA ist vom *center of gravity* die Rede, und heutige IPR-Kodifikation sprechen von der „engsten Verbindung“ (Art. 28 I 1 EGBGB), von der „stärksten Beziehung“ (§ 1 I öst. IPRG) oder vom „engen Zusammenhang“ (Art. 15 I schweiz. IPRG) zwischen einem Rechtsverhältnis und einer Rechtsordnung.

Kegel (§ 3 IX) hat den grundlegenden Methodenwechsel in einer vielzitierten Formulierung auf den Punkt gebracht: „Die Statutentheorie ging von den *Rechtssätzen* aus und fragte, über welche Tatbestände sie herrschten; *Savigny* geht von den Tatbeständen aus und fragt, welchen Rechtssätzen sie unterworfen sind. *Logisch* ist dies dasselbe, wie *Savigny* hervorhebt. Aber *psychologisch* besteht ein Unterschied. Denn wer vom Rechtsverhältnis ausgeht, hat einen der Statutentheorie gleichwertigen Ausgangspunkt und ist doch frei vom Denkzwang ihrer Dreiteilung.“

c) Das Kollisionsrecht erstrebt eine *internationale Entscheidungsharmonie*. Es darf nicht in nationalistischer Enge betrieben und fortentwickelt werden, sondern muß sich an den Erfordernissen einer „völkerrechtlichen Gemeinschaft“ orientieren: Die Gleichheit in der Beurteilung der Einheimischen und Fremden „muß in vollständiger Ausbildung dahin führen, daß nicht bloß in jedem einzelnen Staate der Fremde gegen den Einheimischen nicht zurückgesetzt werde, sondern daß auch die Rechtsverhältnisse, in Fällen einer Kollision der Gesetze, dieselbe Beurteilung zu erwarten haben, ohne Unterschied, ob in diesem oder in jenem Staat das Urteil gesprochen werde." (*Savigny*, System 27).

2. Pasquale Stanislao Mancini (1817–1888)

70 Für die Anknüpfung eines Rechtsverhältnisses an die Staatsangehörigkeit einer Person hatte *Savigny*, der politischen Situation Deutschlands Mitte des 19. Jahrhunderts entsprechend, wenig Verständnis: Nicht nur bei der Kollision von Partikularrechten ein und desselben Staates, sondern auch bei der Kollision von Gesetzen souveräner Staaten sei der Wohnsitz maßgebend (*Savigny*, System 98). Die Anknüpfung an die Staatsangehörigkeit, die in Deutschland noch heute vorherrscht, wurde nur zwei Jahre nach dem Erscheinen des Buches von *Savigny* von dem italienischen Rechtslehrer und Staatsmann *Pasquale Stanislao Mancini* (1817–1888) begründet. Er hielt 1851 in Turin eine Antrittsrede über das Thema „Von der Nationalität als Grundlage des Völkerrechts", die den Begriff der Nation in den Vordergrund stellte (zu dieser Rede *Jayme*, Pasquale Stanislao Mancini, 1980, S. 54ff.): Die Nation werde geprägt durch geographische Merkmale, gemeinsame Sprache, Lebensgewohnheiten und Gebräuche sowie durch das Bewußtsein der gemeinsamen Nation; da die Zusammenfassung von Individuen zu einer Nation den Menschen und seine natürlichen Rechte respektiere, sei die Anwendung des Rechts fremder Nationen eine völkerrechtliche Pflicht.

Für das Internationale Privatrecht brachte die Lehre *Mancinis* eine Wende. Unter seinem Einfluß wurde die *nazionalità* die Grundlage der IPR-Normen des *Codice civile italiano* von 1865. Die Nation verstand er als Zusammenschluß von Personen, die einen Staat bilden. Aus dem Nationalitätsprinzip wurde das Staatsangehörigkeitsprinzip. Die kollisionsrechtliche Welt teilte sich fortan in Rechtsordnungen, die personen-, familien- und erbrechtliche Fragen an den Wohnsitz anknüpfen (*Domizilprinzip*), und solche, die auf die Staatsangehörigkeit abstellen (*Staatsangehörigkeitsprinzip*). Auch in Deutschland, wo sich insbesondere der Göttinger Rechtslehrer *Carl Ludwig von Bar* (1836–1913) für die Anknüpfung des Personalstatuts an die Staatsangehörigkeit aussprach, fand das Staatsangehörigkeitsprinzip großen Widerhall. Im Gegensatz zum gemeinen Recht stellten die Kollisionsnormen des EGBGB von 1896 im Personen-, Familien- und Erbrecht auf die Staatsangehörigkeit ab; im Übergang vom Domizil- zum Staatsangehörigkeitsprinzip sahen manche die wichtigste Neuerung des EGBGB von 1896 (z.B. *Lewald* 8).

III. Entwicklung in den USA

71 Ein Wegbereiter des modernen Kollisionsrechts war neben *Savigny* und *Mancini* der Amerikaner *Joseph Story* (1779–1845). Sie gelten als die „großen Drei" des IPR im 19. Jahrhundert. *Story*, Richter am U.S. Supreme Court und Mitbegründer der Harvard Law School, verfaßte 1834 die *Commentaries on the Conflict of Laws*, die sich durch drei Charakteristika auszeichneten: Erstens stützte sich *Story* auf die niederländische Comitas-Lehre, zeigte aber zugleich deren begrenzten Nutzen für die Lösung kollisionsrechtlicher Einzelfragen. Zweitens wertete er die Rechtsprechung amerikanischer, englischer und schottischer Gerichte systematisch aus und verarbeitete sie zu der ersten Gesamtdarstellung des IPR in englischer Sprache. Drittens gliederte er den Stoff nicht nach *statutes*, sondern teilte ihn nach Sachbereichen ein (Heirat, Ehewirkungen, Scheidung, etc.); damit bereitete er die Fragestellung des IPR „vom Sachverhalt her" vor. *Savigny* schrieb später, das Werk sei „von größter Bedeutung" für seine Studien gewesen (*Kegel*, RabelsZ 43 [1979], 609, 629).

Während sich im 19. Jahrhundert das IPR in Europa und den USA teilweise parallel entwickelte, sind die beiden Kontinente im 20. Jahrhundert in kollisionsrechtlicher Hinsicht weit auseinandergedriftet. Den Ansatzpunkt der Kritik bildete in den USA die *vested rights theory*, begründet von *Joseph Beale* (1861–1943), dem Verfasser des *Restatement of the Law of Conflict of Laws* von 1934 (dazu oben

Rdnr. 34). Nach dieser Lehre muß ein Staat die in einem anderen Staat „wohlerworbenen Rechte" (*vested rights*) anerkennen, ebenso wie er die in einem anderen Staat geschaffenen Tatsachen akzeptieren muß. Dem stellte *Walter Wheeler Cook* (1873–1943) die Theorie entgegen, daß ein Gericht auch bei einem Sachverhalt mit Auslandsbezug stets das inländische Recht anwende (*local law theory*); das geschehe allerdings mit dem Ziel, im Ergebnis möglichst genauso zu entscheiden, wie nach fremdem Recht entschieden würde (dazu *Kronstein*, Festschrift Martin Wolff, 1952, S. 225).

Nach der *local law theory* hat das IPR nicht die Aufgabe, fremdes wie eigenes Recht zur Anwendung zu berufen, sondern die Aufgabe, Verpflichtungen nach der *lex fori* zu schaffen, deren Inhalt dem fremden Recht möglichst nahe kommt. Danach verwischen sich – wie zur Zeit der Statutenlehre – die Grenzen zwischen dem Kollisionsrecht und dem materiellen Recht (*von Bar* I Rdnr. 500; *Keller/Siehr* § 12 IV). Ausgehend von der *local law theory* ereignete sich in den USA nach dem Zweiten Weltkrieg eine „Revolution" des IPR, die ihren Höhepunkt im *Restatement (Second) of the Law of Conflicts of Laws* fand, das 1971 von *Willis Reese* (1913–1990) verfaßt wurde. Da in den meisten Einzelstaaten der USA eine Kodifikation des IPR fehlt (dazu oben Rdnr. 33), haben einige der Theorien beträchtlichen Einfluß auf die gerichtliche Praxis gewonnen. Beispielhaft seien vier Ansätze herausgegriffen:

1. Governmental Interest Analysis (Currie)

72 *Brainerd Currie* (1912–1965) wandte sich am heftigsten gegen das herkömmliche System dogmatisch fundierter Kollisionsnormen; von ihm ist der Satz überliefert: „We would be better off without choice-of-law rules." (*Currie*, Selected Essays on the Conflict of Laws, 1963, S. 183) Das herkömmliche IPR schaffe Rechtsanwendungsprobleme, wo keine seien, weil in Wirklichkeit nur ein Staat an der Anwendung seines Rechts ein Interesse habe (*false conflicts*). Die wirklichen Kollisionsfälle (*true conflicts*) könne es dagegen nicht bewältigen. Um die wirklichen Kollisionsfälle aufzudecken, sei zuerst durch Auslegung des eigenen Rechts zu ermitteln, ob der eigene Staat ein Interesse (*governmental interest*) habe, das mit seinen Sachnormen verfolgte Regelungsziel (*policy*) durchzusetzen. Wenn ja, komme das eigene Recht zur Anwendung. Wenn nicht, seien die Rechtsordnungen der vom Sachverhalt berührten fremden Staaten zu befragen, ob sie ihre *policy* durchsetzen wollen. Wenn kein fremder Staat seine *policy* durchsetzen wolle, oder wenn umgekehrt mehreren fremden Rechtsordnungen ein Rechtsanwendungsinteresse zu entnehmen sei, werde das Recht des eigenen Staates – die *lex fori* – angewandt (zusammenfassend *Currie*, Selected Essays on the Conflict of Laws, 1963, S. 177–187).

2. Lex fori-Theorie (Ehrenzweig)

73 *Albert A. Ehrenzweig* (1906–1974) wollte nicht ganz auf herkömmliche Kollisionsnormen verzichten; er sprach dem IPR aber den Charakter eines selbständigen Rechtsgebietes ab. Der Grundgedanke seiner Lehre lautet, daß der Richter einen Sachverhalt mit Auslandsberührung im Zweifel nach den Sachnormen der *lex fori* zu entscheiden habe. „Im Zweifel" bedeutet, daß weder kollisionsrechtliche Staatsverträge, noch Gesetze oder Präzedenzfälle (*formulated rules*), noch unausgesprochene, durch Auslegung zu gewinnende Regeln (*unformulated rules*) ausnahmsweise die Anwendung ausländischen Rechts gebieten. Die Aufgabe des IPR beschränkt sich danach auf die Hilfsfunktion, diejenigen Fälle zu sichten und zu ordnen, in denen der Richter ausnahmsweise nicht sein eigenes Sachrecht anzuwenden hat. Diese Lehre hat in der Praxis US-amerikanischer Gerichte keinen Anklang gefunden. Im wissenschaftlichen Dialog zwischen Deutschland und den USA wurde sie stark beachtet, was wohl auch in der faszinierenden Persönlichkeit *Ehrenzweigs* begründet liegt (dazu *Serick/Niederländer/Jayme* [Hrsg.], Albert A. Ehrenzweig und das internationale Privatrecht, 1986; zur Datumtheorie *Ehrenzweigs* unten Rdnrn. 463, 606).

3. Principles of Preference (Cavers)

74 *David F. Cavers* (1902–1988) wandte sich – wie *Currie* – gegen feststehende Kollisionsnormen und wollte durch Auslegung der

Sachnormen das anwendbare Recht ermitteln, wobei er selbstformulierte Grundregeln heranzog (*principles of preference*). Eine solche Vorrangregel kann im Deliktsrecht z.B. lauten: „Wenn das Deliktsrecht des Verletzungsortes einen strengeren Haftungsmaßstab anlegt als das Recht des Handlungsortes oder des Wohnortes des Täters, dann bestimmt das Recht des Verletzungsortes den Haftungsmaßstab jedenfalls dann, wenn der Verletzte dem Täter nicht so nahe stand, daß die Haftungsfrage nach dem Recht entschieden werden sollte, dem die Beziehung zwischen Täter und Opfer unterliegt." (*Cavers*, The Choice-of-Law Process, 1966, S. 139) Diese Vorrangregel ähnelt auf den ersten Blick einer generalklauselartig formulierten Kollisionsnorm (*von Bar* I Rdnr. 502). Es gibt jedoch Unterschiede zwischen den *principles of preference* und herkömmlichen IPR-Normen: *Cavers* hat nur wenige solcher – relativ – konkreten Regeln formuliert. Die Vorrangregeln sind nur Leitlinien und keine Rechtsnormen. Sie werden aus den Gerechtigkeitskriterien des Sachrechts entwickelt (besonders deutlich: *Cavers*, The Choice-of-Law Process, 1966, S. 139–203).

4. Better Law Approach (Leflar)

Robert A. Leflar ging von den klassischen Kollisionsregeln wie etwa der *place of the tort rule* und dem *center of gravity test* aus; er wollte diese Regeln aber durch eine „handhabbare Anzahl" allgemeiner kollisionsrechtlicher Erwägungen (*choice-influencing considerations*) ergänzen, die im Einzelfall das Anknüpfungsergebnis verändern können. Er beschränkt diese bereits von *Cheatham* und *Reese* (52 Columbia Law Review 859 [1952]) angestellten Erwägungen auf fünf Faktoren: (1) Die Ergebnisse sollen vorhersehbar sein, (2) die zwischenstaatliche Ordnung soll geschützt werden, (3) die Aufgabe des Richters ist zu vereinfachen, (4) die Interessen des Forumstaates sind zu fördern, und (5) die bessere Sachnorm (*better rule of law*) ist anzuwenden. Zwischen diesen Faktoren gibt es keine feste Rangfolge; sie können auch in verschiedene Richtungen weisen (*Leflar*, American Conflicts Law, 2. Aufl. 1968, S. 243–265). Besonders der fünfte Faktor, die Anwendung des besseren Rechts, hat in Deutschland die wissenschaftliche Debatte beflügelt (*Juenger*, NJW 1973, 1521, 1525; *Zweigert*, RabelsZ 37 [1973], 435, 441–442).

75 Die verschiedenen US-amerikanischen Lehren haben in den sechziger und siebziger Jahren auch in Deutschland zu der Forderung geführt, das klassische, auf *Savigny* zurückgehende IPR durch ein Kollisionsrecht zu ersetzen, das sich an Inhalten und Zielen des materiellen Rechts orientiert: In die Entscheidung, welches Recht anzuwenden sei, müßten die „Rechtszwecke und Funktionen des materiellen Rechts" einfließen; dabei seien soziale Aspekte genauso zu berücksichtigen wie politische Interessen allgemeiner Art, beispielsweise das Interesse des Publikums an niedrigen Prämien in der Haftpflichtversicherung (*E. Rehbinder*, JZ 1973, 151, 155, 158 m.w.N.). In Deutschland – wie auch sonst in Europa – haben sich solche, an US-amerikanische Vorbilder angelehnte Vorschläge nicht durchsetzen können. Dafür gibt es mehrere Gründe:

a) Eine Streitentscheidung nach bloßen Leitlinien (*governmental interests, principles of preference, better rule of law*) wäre ein Fremdkörper im deutschen Recht. Die Rechtssicherheit – eine Entscheidung anhand von Normen (*rules*) und nicht anhand bloßer methodischer Ansätze (*approaches*) – hat in Deutschland einen weit höheren Stellenwert als in den USA (*Kegel*, Festschrift Beitzke, 1979, S. 551).

b) In den USA haben die Gerichte vor allem *interstate conflicts* zwischen den Rechten der US-Bundesstaaten zu lösen, die einen gemeinsamen Wertehintergrund haben. Der deutsche Richter hat es dagegen durchwegs nicht mit interlokalen, sondern mit internationalen Rechtskollisionen zu tun, bei denen sich eine am materiellen Recht orientierte Wertentscheidung kaum treffen läßt (*Kropholler* § 10 IV 6c).

c) Die methodischen Neuansätze haben in der Praxis US-amerikanischer Gerichte zu keinem geschlossenen Rechtsanwendungskonzept geführt, sondern zu einer „cocktail-ähnlichen Mischung" (*Kegel* § 3 X 2b) von Rechtsanwendungsmaximen. Nach Ansicht des deutschen Gesetzgebers konnten sie schon deshalb der

IPR-Reform von 1986 nicht als Vorbild dienen (BegrRegE, BT-Drucks. 10/504, S. 26).

IV. Moderne Entwicklungen in Europa

76 In Europa haben sich die kollisionsrechtlichen Lehren von *Savigny, Mancini* und *Story* im 20. Jahrhundert behauptet. Die von *Antoine Pillet* (1857–1926) in Frankreich und *Albert Venn Dicey* (1835–1922) in England begründeten Schulen stehen ebenso wie beispielsweise die IPR-Gesetzgebung und -Lehre in Deutschland, Italien, Österreich und der Schweiz fest auf dem Boden des „klassischen" IPR. Es ist dadurch gekennzeichnet, daß es mit Hilfe abstrakter Begriffe – der *Anknüpfungsmerkmale* wie Staatsangehörigkeit, gewöhnlicher Aufenthalt oder Rechtswahlvertrag – die engste Verbindung zwischen einem *Anknüpfungsgegenstand* (z.B. Geschäftsfähigkeit, Unterhaltsanspruch oder Schuldvertrag) und einer Rechtsordnung bestimmt. Der Anknüpfungsgegenstand wird grundsätzlich ohne Rücksicht auf das materiellrechtliche Ergebnis der gefundenen Rechtsordnung unterstellt.

Das „klassische IPR" wurde in den rund 150 Jahren seit dem Erscheinen von *Savignys* Werk (1849) in vieler Hinsicht weiterentwickelt. Die Rück- und die Weiterverweisung (*Renvoi*) wurde in dieser Zeit ebenso entdeckt wie das Problem der Qualifikation und die selbständige Anknüpfung von Vorfragen (dazu unten Rdnrn. 150ff., 190ff. und 230ff.). Großen Einfluß gewann in Deutschland die vor allem von *Gerhard Kegel* entwickelte Interessenjurisprudenz im IPR, die materiellrechtliche und kollisionsrechtliche Interessen trennt und die Rechtsanwendungsinteressen nach Partei-, Verkehrs- und Ordnungsinteressen unterscheidet (dazu unten Rdnrn. 90–95). Ferner haben sich die Anknüpfungsmomente stark ausdifferenziert (dazu 1), wobei die Rechtswahl an Bedeutung gewonnen hat (dazu 2). Der Schutz des Schwächeren im Recht hat Eingang in das IPR gefunden (dazu 3); die von *Savigny* so bezeichneten „Gesetze von streng positiver, zwingender Natur" sind seit dem Zweiten Weltkrieg in den Vordergrund getreten (dazu 4).

1. Verfeinerung der Kollisionsnormen

77 Während sich die Grundstruktur der IPR-Norm – ein Anknüpfungsgegenstand wird durch ein Anknüpfungsmerkmal mit einer Rechtsordnung verbunden – seit dem 19. Jahrhundert erhalten hat, wurden die Normelemente stark ausdifferenziert: Der *Anknüpfungsgegenstand* ist nicht mehr pauschal „der schuldrechtliche Vertrag" oder „die unerlaubte Handlung", sondern es gibt Verweisungsnormen beispielsweise für Arbeits- oder Verbraucherverträge (Artt. 29, 30 EGBGB), für Grundstücks- oder Güterbeförderungsverträge (Art. 28 III, IV EGBGB), für Produkthaftungsfälle oder für Pressedelikte (dazu unten Rdnrn. 453–458). Auch die *Anknüpfungsmerkmale* haben sich verfeinert: *Savigny* genügte noch der Erfüllungsort als Anknüpfungspunkt der schuldrechtlichen Obligation. Die Artt. 27, 28 EGBGB unterscheiden heute zwischen Rechtswahl und objektiver Anknüpfung und innerhalb der objektiven Anknüpfung z.B. nach Art. 28 II EGBGB zwischen den Anknüpfungspunkten gewöhnlicher Aufenthalt, Hauptverwaltung, Hauptniederlassung und andere Niederlassung. Im Internationalen Deliktsrecht wird die Anknüpfung an den Tatort durch den gemeinsamen gewöhnlichen Aufenthalt von Täter und Opfer oder die nachträgliche Rechtswahl „aufgelockert" (dazu unten Rdnrn. 446–452).

Mit der Verfeinerung der Anknüpfungsnormen entstand ein Bedürfnis nach *Ausweich-* oder *Ausnahmeklauseln* (dazu unten Rdnrn. 112–114): *Savigny* formulierte einen weit gefaßten Grundsatz – die Anknüpfung an den „Sitz des Rechtsverhältnisses" – und konkretisierte ihn für einzelne Anknüpfungsgegenstände; im übrigen überließ er die Weiterentwicklung der Praxis. Wenn der heutige Gesetzgeber selbst die Anknüpfungsregeln in vielerlei Hinsicht konkretisiert, „drohen die dadurch gebildeten Normen zu erstarren" (*Keller/Siehr* § 13 IV 3). Gerade weil die verfeinerten Kollisionsnormen genaue Anknüpfungskriterien vorsehen, kann es vorkommen, daß sie in atypisch gelagerten Fällen nicht interessengerecht sind. Die differenzierten Anknüpfungen müssen daher durch Ausweich- oder Ausnahmeklauseln ergänzt werden. Ein *Bei-*

spiel ist Art. 28 V EGBGB, wonach die speziellen Anknüpfungsregeln des Art. 28 II–IV EGBGB nicht gelten, wenn sich aus der Gesamtheit der Umstände ergibt, daß der Vertrag engere Verbindungen mit einem anderen Staat aufweist.

2. Betonung der Parteiautonomie

78 Eine weitere Tendenz des modernen IPR ist das Vordringen der Rechtswahlfreiheit (Parteiautonomie), und zwar zuerst auf dem Gebiet der schuldrechtlichen Verträge: *Savigny* knüpfte an den Erfüllungsort an; indem die Parteien den Erfüllungsort des Vertrages festlegten, konnten sie mittelbar das anwendbare Recht bestimmen. Das heutige IPR hat sich von dieser Konstruktion gelöst; im IPR der Schuldverträge ist eine Rechtswahl die primäre Anknüpfung (Art. 27 EGBGB).

Im Internationalen Personen-, Familien- und Erbrecht hat das EGBGB i.d.F. von 1986 die Rechtswahl ebenfalls eröffnet, jedoch nicht als Grundsatz, sondern als Ausnahme unter genau festgelegten Bedingungen. Eine solche Rechtswahl ist möglich im Namensrecht (Art. 10 II, III EGBGB), im Recht der Ehewirkungen (Artt. 14 II–IV, 15 II, III EGBGB) und hinsichtlich der Rechtsnachfolge von Todes wegen in ein im Inland belegenes Grundstück (Art. 25 II EGBGB).

Für gesetzliche Schuldverhältnisse – z.B. aus unerlaubter Handlung – kann nach der Entstehung des Schuldverhältnisses ebenfalls das anwendbare Recht gewählt werden (dazu unten Rdnrn. 430, 436, 452). Wie weit die Parteiautonomie gehen kann, zeigt sich darin, daß manche Autoren sogar im Internationalen Sachenrecht – wo Verkehrsinteressen (z.B. der Gläubigerschutz) eine überragende Rolle spielen – in bestimmten Fällen die Rechtswahl zulassen wollen (dazu unten Rdnr. 472).

3. Schutz des Schwächeren

79 Das „klassische" IPR hat sich – trotz grundsätzlicher Orientierung an spezifisch kollisionsrechtlichen Interessen – den neueren Tendenzen des materiellen Rechts nicht entziehen können. Die für das IPR wichtigste dieser Tendenzen ist der Schutz des Schwächeren im Recht, der in der Rechtsprechung des *BVerfG* zum „strukturellen Ungleichgewicht" zwischen Vertragspartnern zum Ausdruck gekommen ist (BVerfGE 81, 242, 255; BVerfGE 89, 214, 232). Es kommt insbesondere bei der Anknüpfung von Arbeits- und Verbraucherverträgen zum Tragen, wo eine Rechtswahl den Arbeitnehmer oder den Verbraucher nicht schlechterstellen kann, als er ohne die Rechtswahl stünde (Artt. 29 I, 30 I EGBGB). Materiellrechtliche Wertungen dieser Art kommen aber z.B. auch im Unterhaltsrecht zum Zuge, wo die Anknüpfungen auch das Ziel haben, dem Unterhaltsberechtigten, der als schutzwürdig angesehen wird, möglichst zu einem Anspruch zu verhelfen (dazu unten Rdnr. 542).

4. Der „unfertige Teil" des IPR

Savigny hatte den Sachnormen, die durch allseitig formulierte Anknüpfungsregeln zur Anwendung berufen werden, die Gesetze von „streng positiver, zwingender Natur" entgegengestellt, die „von den Richtern unseres Staates schlechthin angewendet werden müssen" (*Savigny*, System 25–26) und dem freien Spiel der Anknüpfung entzogen sind. Diese international zwingenden Bestimmungen, auch als „Eingriffsnormen" bezeichnet, werden einer *Sonderanknüpfung* zugeführt. Soweit diese Normen dem *deutschen Recht* entstammen, ordnet Art. 34 EGBGB – der über das Schuldrecht hinaus einen allgemeinen Grundsatz normiert – die Sonderanknüpfung an: Die Eingriffsnormen des deutschen Rechts sind ohne Rücksicht auf die sonstigen Anknüpfungsregeln unbedingt anzuwenden (dazu unten Rdnrn. 398–409). Soweit Eingriffsnormen einem *ausländischen Recht* entstammen, ist ungeklärt, unter welchen Voraussetzungen und in welcher Weise sie im Inland zu beachten sind (dazu unten Rdnrn. 410, 605–614). Insofern handelt es sich nach wie vor um den „unfertigen Teil" des IPR.

Zweiter Teil. Allgemeiner Teil

§ 3. Methoden und Interessen im IPR

80

Literatur: *Beitzke*, Betrachtungen zur Methodik im Internationalprivatrecht, Festschrift Smend (1952), S. 3; *Dörner*, Moderne Anknüpfungstechniken im internationalen Personen- und Familienrecht, StAZ 1990, 1; *Eichenhofer*, Zwei Aufgaben des Internationalen Privatrechts, Festschrift Jahr (1993), S. 435; *Flessner*, Interessenjurisprudenz im internationalen Privatrecht (1990); *Kegel*, Begriffs- und Interessenjurisprudenz im internationalen Privatrecht, Festschrift Lewald (1953), S. 259; *Lüderitz*, Anknüpfung im Parteiinteresse, Festschrift Kegel (1977), S. 31. Rechtsvergleichend: *Lagarde*, Le principe de proximité dans le droit international privé contemporain, Rec. des Cours 196 (1986-I), 9–194.

Fälle:

a) Auf einem privaten Gebrauchtfahrzeugmarkt in Nürnberg verkauft ein Tscheche mit gewöhnlichem Aufenthalt in Prag einem in Salzburg wohnhaften Österreicher ein Harley Davidson-Motorrad. Noch in Nürnberg wird das Motorrad, das gestohlen war, von der Polizei beschlagnahmt. Der Salzburger möchte von dem Tschechen, der sich noch in Nürnberg aufhält, den Kaufpreis zurückhaben.

b) Ein deutscher Arbeitnehmer wird von seiner Arbeitgeberin, einer Maschinenbaufirma, für neun Monate nach Japan entsandt, um dort eine Industrieanlage in Betrieb zu nehmen. Er fragt, ob er in dieser Zeit weiterhin Beiträge zur deutschen Sozialversicherung (gesetzliche Kranken-, Renten- und Unfallversicherung) entrichten muß.

Nach Art. 3 I 1 EGBGB bestimmen die Vorschriften des IPR bei Sachverhalten mit einer Verbindung zum Recht eines ausländischen Staates, welche Rechtsordnungen anzuwenden sind. Der deutsche Gesetzgeber bekennt sich mit dieser Bestimmung zum „klassischen", auf *Savigny* zurückgehenden Verständnis des IPR (dazu oben Rdnrn. 68, 69): Es geht vom Sachverhalt (vom Rechtsverhältnis) aus und fragt ohne Rücksicht auf den Inhalt der Sachnormen und ihre Regelungszwecke, welcher Rechtsordnung der Sachverhalt unterstehen soll.

Neben der Methode, das anwendbare Recht vom Sachverhalt her zu bestimmen, gibt es eine zweite Methode des IPR: Schon

Savigny (System 33) kannte „Gesetze von streng positiver, zwingender Natur"; sie verfolgen wirtschafts-, sozial- oder allgemein staatspolitische Ziele und legen ihren Anwendungsbereich selbst fest. Bei solchen Regelungen muß das IPR vom Gesetz ausgehen und nach dem Anwendungsbereich des Gesetzes fragen. Es ist so vorzugehen, wie es der *Statutenlehre* entspricht. Dieses Vorgehen ist aber nicht die Regel, sondern die Ausnahme.

Im Internationalen Privatrecht stehen sich demnach zwei im Ausgangspunkt grundverschiedene Methoden gegenüber:
- Die Kollisionsnormen des *klassischen IPR*, die in Staatsverträgen und im EGBGB vorherrschen, gehen vom Sachverhalt aus (z. B. vom Arbeitsverhältnis) und verknüpfen ihn mit einer Rechtsordnung (z. B. dem Recht des gewöhnlichen Arbeitsortes).
- Dagegen bestimmen die Gesetze von streng positiver, zwingender Natur, die auch als *Eingriffsnormen* bezeichnet werden, ihren Anwendungsbereich selbst. Bei ihnen müssen wir von dem Gesetz ausgehen und fragen, ob es den Sachverhalt erfassen will.

I. Sachverhalt als Ausgangspunkt

81 Die Kollisionsnormen des EGBGB ordnen an, welchem von mehreren in Betracht kommenden Rechten ein Rechtsverhältnis untersteht. Der Inhalt dieser Kollisionsnormen konkretisiert den *Savigny*schen Grundgedanken, auf einen Sachverhalt solle das dem Sachverhalt am nächsten stehende Recht angewandt werden (BegrRegE, BT-Drucks. 10/504, S. 29, 35). § 1 des österreichischen IPR-Gesetzes formuliert dieses Prinzip noch deutlicher: „Sachverhalte mit Auslandsberührung sind in privatrechtlicher Hinsicht nach der Rechtsordnung zu beurteilen, zu der die stärkste Beziehung besteht. Die in diesem Bundesgesetz enthaltenen besonderen Regelungen über die anzuwendende Rechtsordnung (Verweisungsnormen) sind als Ausdruck dieses Grundsatzes anzusehen."

1. Das Prinzip der engsten Verbindung

82 Die Artt. 3ff. EGBGB verwirklichen die Gerechtigkeitsidee, indem sie – grundsätzlich ohne Rücksicht auf die materiellen Ergebnisse – das Recht zur Anwendung berufen, das dem Rechtsfall durch personenbezogene oder sachbezogene Verbindungen am nächsten steht (*Kropholler* § 4 II 1). Ein Beispiel für eine personenbezogene Verbindung zwischen einem Rechtsverhältnis (Eheschließung) und einer Rechtsordnung ist Art. 13 I EGBGB: „Die Voraussetzungen der Eheschließung unterliegen für jeden Verlobten dem Recht des Staates, *dem er angehört.*" Art. 30 II Nr. 1 EGBGB vermittelt den Zusammenhang zwischen einem Arbeitsverhältnis und einer Rechtsordnung über ein sachbezogenes Kriterium, den *gewöhnlichen Arbeitsort*: Arbeitsverhältnisse unterliegen dem Recht des Staates, in dem der Arbeitnehmer gewöhnlich seine Arbeit verrichtet.

Der diesen Vorschriften zugrunde liegende Gedanke ist das Prinzip der engsten Verbindung (*principe de proximité*). Dieses Prinzip bildet heute die Klammer, die die Kollisionsrechte in Europa zusammenhält (*Lagarde*, Rec. des Cours 196 [1986-I], 29–49). In der Schweiz ist von dem *engsten Zusammenhang* die Rede (z.B. in Art. 117 I IPRG), in Österreich von der *stärksten Beziehung* (§ 1 IPRG). Die Materialien zur deutschen IPR-Reform von 1986 stellen fest, „daß die Regelungen insgesamt vom Grundsatz der engsten Verbindung ausgehen" (BegrRegE, BT-Drucks. 10/504, S. 35). Art. 4 I EVÜ bestimmt in der Fassung des englischen *Contract (Applicable Law) Act* von 1990: „... the contract shall be governed by the law of the country *with which it is most closely connected.*"

83 a) Das Prinzip der engsten Verbindung bildet keinen Gegensatz zu der Lehre *Savignys* vom „Sitz des Rechtsverhältnisses", sondern baut auf dieser Lehre auf: Während *Savigny* anhand der Natur des Rechtsverhältnisses dessen Sitz festlegen wollte, rückt die Formel von der engsten Verbindung die Interessen in den Vordergrund, die über die einzelnen Anknüpfungen bestimmen. Ebenso wie der „Sitz des Rechtsverhältnisses" ist die „engste Verbindung" in erster Linie ein Bild, das das Verständnis des IPR erleichtert. Die Suche nach der „engsten Verbindung" zwischen Rechtsverhältnis und Rechtsordnung verdeutlicht die Aufgabe des IPR und die Methode, die den Anknüpfungsnormen zugrunde liegt.

Das Prinzip der engsten Verbindung muß durch konkrete Anknüpfungsregeln mit Inhalt gefüllt werden. Der Gesetzgeber hat in den Anknüpfungsnormen – ohne auf das allgemeine Prinzip ausdrücklich Bezug zu nehmen – die engste Verbindung konkretisiert: Wenn Art. 25 I EGBGB anordnet, daß die Erbfolge dem Heimatrecht des Erblassers unterliegt, ist die engste Verbindung dadurch definitiv festgelegt; der Richter darf – abgesehen von einer Rechtswahl nach Art. 25 II EGBGB – nicht etwa nach einer noch engeren Verbindung des Erbfalles zum Recht eines anderen Staates fragen (*von Bar* I Rdnr. 556).

Als Anknüpfungspunkt kann der Gesetzgeber die Generalklausel der „engsten Verbindung" wegen ihrer Unbestimmtheit nur selten einsetzen. Im EGBGB verwenden nur wenige Normen ausdrücklich dieses Anknüpfungskriterium: Neben den Ausweichklauseln der Artt. 28 V, 30 II a. E. EGBGB (dazu unten Rdnrn. 112–114) erscheint die „engste Verbindung" als Anknüpfungspunkt noch in den Hilfsnormen der Artt. 4 III 2 und 5 I 1 EGBGB sowie in den selbständigen Kollisionsnormen der Artt. 14 I Nr. 3 und 28 I 1 EGBGB. In Art. 14 I Nr. 3 EGBGB steht die „engste Verbindung" auf der letzten Stufe einer Anknüpfungsleiter und kommt selten zum Einsatz, in Art. 28 EGBGB wird sie durch Vermutungen konkretisiert. Rechtspolitisch sind diese Normen umstritten, da die engste Verbindung als Anknüpfungspunkt ein Blankettbegriff ist; man spricht von einer „Windfahne als Wegweiser" (*Kegel*, AcP 178 [1978], 118, 120; kritisch auch *Lüderitz* Rdnr. 73).

b) Das Prinzip der engsten Verbindung – und damit auch die Aufgabe des IPR – läßt sich als Suche nach dem „räumlich besten Recht" bezeichnen (*Kegel* § 2 I). Damit ist nicht gemeint, daß man nach der geographisch nächstgelegenen Rechtsordnung Ausschau hält oder räumliche Anknüpfungspunkte – im Gegensatz zu personen- oder sachbezogenen – bevorzugt. Gemeint ist vielmehr, daß es nicht auf das „sachlich beste Recht" ankommt: Entscheidend ist nicht, welches Gesetz im Einzelfall materiellrechtlich die beste Lösung anbietet, sondern vielmehr, welches Gesetz dem Rechtsfall durch personenbezogene oder sachbezogene Merkmale – z. B. Staatsangehörigkeit, Rechtswahl, gewöhnlicher Arbeitsort – am nächsten steht (*Kropholler* § 4 II 1). Der Begriff „räumlich" ist also nur ein Bild für die Lokalisierung des Rechtsverhältnisses; angeknüpft wird nach persönlichen (z.B. Staatsangehörigkeit) oder sachlichen Merkmalen (z.B. Rechtswahl, gewöhnlicher Arbeitsort).

2. Prämissen des herkömmlichen IPR

84 Wenn wir vom Sachverhalt (vom Rechtsverhältnis) ausgehen und fragen, welches Recht für einen bestimmten Sachverhalt zuständig ist, beruht dieses Vorgehen notwendig auf zwei Prämissen: der Gleichrangigkeit der nationalen Rechtsordnungen und der Universalität der zugrunde liegenden Interessenkonflikte.

a) Gleichrangigkeit der Rechtsordnungen

Die Fragestellung vom Sachverhalt her bedeutet, daß wir inländisches und ausländisches Privatrecht grundsätzlich gleich behandeln (*Savigny*, System 26–27; dazu oben Rdnr. 68). Sie beruht auf der Prämisse, daß inländisches und ausländisches Privatrecht grundsätzlich austauschbar sind. Keine Privatrechtsordnung – auch nicht die eigene – wird den anderen Rechtsordnungen von vornherein vorgezogen: „Der Satz, daß es in der Welt nicht nur eine Rechtsordnung gibt, nämlich die des eigenen Staates, sondern viele andere, die gleichberechtigt neben ihr stehen, daß jede der Anerkennung wert ist, ist in Wahrheit der Anfang und das Ende allen Internationalen Privatrechts." (*Raape* 167).

In *Fall a* fragen wir also nicht, ob der Kaufvertrag über die Harley Davidson in den internationalen Anwendungsbereich der §§ 433 ff. BGB fällt. Denn einen solchen internationalen Anwendungsbereich der §§ 433 ff. BGB gibt es nicht: Nach Maßgabe der Kollisionsnormen des deutschen IPR kann jeder Sachverhalt, egal wo er sich ereignet, den §§ 433 ff. BGB unterworfen sein. Wir gehen vielmehr vom Rechtsverhältnis aus, dem schuldrechtlichen Vertrag über den Kauf einer Harley Davidson, und fragen – bildlich gesprochen – wo dieser Kaufvertrag seine „Heimat" hat. Mangels einer Rechtswahl beantwortet Art. 28 EGBGB diese Frage: Nach Art. 28 II 1 EGBGB wird vermutet, daß der Kaufvertrag die engsten Verbindungen mit dem Staat aufweist, in dem der Verkäufer im Zeitpunkt des Vertragsabschlusses seinen gewöhnlichen Aufenthalt hat. Diese Vermutung gilt aber nicht, wenn der Vertrag nach der Gesamtheit der Umstände engere Verbindungen mit einem anderen Staat aufweist (Art. 28 V EGBGB). Der *Vertragsschluß* zwischen dem Tschechen und dem Österreicher und der *Leistungsaustausch* – die Übergabe des Motorrades und die Zahlung des Kaufpreises – erfolgten in Nürnberg. Die Verbindung des Vertrages zum Marktort überwiegt deutlich die Beziehung des Vertrages zum gewöhnlichen Aufenthalt des Verkäufers. Nach Art. 28 V EGBGB hat der Kaufvertrag die engste Verbindung zu Deutschland, so daß deutsches Recht anzuwenden ist. Der Österreicher hat die in § 440 I BGB genannten Rechte.

b) Universalität der Interessengegensätze

85 Die zweite Prämisse der Fragestellung „vom Sachverhalt her" ist die Annahme, daß die Rechtsverhältnisse – z. B. Eigentum, Ehe,

Kindschaft, Vertrag – und die aus ihnen folgenden Interessenkonflikte universell sind: Wenn *Savigny* vom Rechtsverhältnis ausgeht und nach dessen „Sitz" fragt, muß es möglich sein, daß dieses Rechtsverhältnis in mehreren Rechtsordnungen seinen Sitz haben kann. Mit anderen Worten: Das Rechtsverhältnis darf nicht nur in einer Rechtsordnung existieren können; es darf nicht allein an einen Staat gebunden sein. Die Idee einer vom Staat und seinen Zwecken unabhängigen, „internationalisierbaren" Privatrechtsordnung ist eine „Geschäftsgrundlage" des IPR. Wenn ein Rechtsverhältnis seine Wirkung nur aus einem bestimmten Gesetz bezieht und in keiner anderen Rechtsordnung bestehen kann, ist eine Verweisung nicht möglich; die Kollisionsregel ist vom Gesetz her zu bilden (*Schurig*, Kollisionsnorm und Sachrecht, 1991, 18, 274–276).

Da die Rechtsverhältnisse nicht an einen Staat gebunden sind, sind auch die Kollisionsnormen, die diese Rechtsverhältnisse dem Recht eines Staates zuweisen, nicht an das Sachrecht eines bestimmten Staates gebunden: Die deutsche Kollisionsnorm des Art. 13 I EGBGB betreffend die Voraussetzungen der Eheschließung könnte genausogut im IPR-Gesetz eines Staates zu finden sein, der das materielle Eheschließungsrecht ganz anders regelt als Deutschland. Das Kollisionsrecht ist losgelöst von den Sachnormen und nimmt eine sachrechtsneutrale – nicht: wertneutrale – Ordnungsfunktion wahr: „Es ist etwas anderes, ob man sich bemüht, Rechtssätze zu finden, die bei Streit um materielle oder ideelle Güter die Interessen gerecht abwägen, oder ob man eine Weltkarte betrachtet, viele Staaten sieht, die verschiedenes Recht haben und sich fragt, welchen Staates Recht angewandt werden soll." (*Kegel*, Festschrift Beitzke, 1979, S. 551, 558)

II. Gesetz als Ausgangspunkt

86 Wenn man vom Gesetz – von der Rechtsnorm – ausgeht, lautet die Frage: Welche Fälle will diese Norm regeln? Diese Fragestellung ist geboten, wenn das Gesetz seinen internationalen Anwendungsbereich selbst bestimmt. Das kommt heute öfter vor als zu der Zeit *Savignys*, denn diese Zeit hatte es mit einem anderen Privatrecht zu tun: In der liberalen Bürgergesellschaft des 19. Jahrhunderts war die Distanz zwischen dem Staat und der Gesellschaft deutlich größer als heute. In dem Maße, in dem die Staaten aus wirtschafts- und sozialpolitischen Erwägungen in das Privatrecht eingreifen, häufen sich „Gesetze von streng positiver, zwingender Natur" (*Savigny*, System 33). Vergleicht man das liberale Mietrecht des BGB von 1896 mit dem heutigen Recht der Wohnraummiete und seinen zahlreichen mieterschutzrechtlichen Bestimmungen, wird der Unterschied deutlich; es verwundert daher nicht, daß große Teile des deutschen Wohnraummietrechts kollisionsrechtlich einer Sonderanknüpfung „vom Gesetz her" unterliegen (dazu unten Rdnr. 406).

1. International zwingendes Recht

87 Die Methode, die Rechtsanwendungsfrage vom Gesetz her zu stellen, gilt für international zwingendes Recht. Dazu gehört zunächst das öffentliche Recht i. S. d. § 40 I VwGO, das für das Internationale Privatrecht nur insoweit bedeutsam ist, als es um die privatrechtlichen Folgen öffentlich-rechtlicher Normen geht (dazu a). Für das IPR ebenso wichtig sind die Privatrechtsnormen, die ein so starkes rechtspolitisches Interesse des gesetzgebenden Staates verfolgen, daß ihr Anwendungsbereich vom Gesetz her bestimmt werden muß (dazu b).

a) Normen des öffentlichen Rechts

Bei denjenigen Normen, aus denen notwendig ein Träger hoheitlicher Gewalt berechtigt oder verpflichtet ist, wird die Rechtsanwendungsfrage stets vom Gesetz her gestellt. Das öffentliche Recht in diesem strengen Sinne „ist" der Staat. Im *Privatrecht* kann der rechtsanwendende Staat entscheiden, nach welcher der zahlreichen, grundsätzlich gleichrangigen Privatrechtsordnungen er Rechtsschutz gewähren will. Im *öffentlichen Recht* stellt sich diese Frage nicht, weil es bereits an der Austauschbarkeit der Rechtsordnungen fehlt: Verwaltet wird in Deutschland nur nach deutschem Recht. Verlangt die in Südafrika lebende Witwe eines vormals in Deutschland gesetzlich Versicherten eine Rente, fragt der deutsche Versicherungsträger nicht: Ist der Betrag nach deutschem oder nach südafrikanischem Recht geschuldet? Es geht für ihn nur darum, ob die Forderung nach deutschem Sozialversicherungsrecht begründet ist (grundlegend *von Bar* I Rdnrn. 242–250).

In *Fall b* geht es um die öffentlich-rechtliche Pflicht, Beiträge zur deutschen Sozialversicherung zu leisten. Das Sozialversicherungsrecht bestimmt als öffentliches Recht in Fällen mit Auslandsberührung seinen Anwendungsbereich selbst. Nach § 3 Nr. 1 SGB IV gelten die deutschen Vorschriften über die Versicherungspflicht für alle Personen, die in Deutschland beschäftigt sind (*Territorialitätsprinzip*). Sie gelten nach § 4 I SGB IV auch für Personen, die im Rahmen eines in Deutschland bestehenden Beschäftigungsverhältnisses in das Ausland entsandt werden, wenn die Entsendung infolge der Eigenart der Beschäftigung oder vertraglich im voraus zeitlich begrenzt ist (*Ausstrahlung*). Bei dem für neun Monate nach Japan entsandten Arbeitnehmer handelt es sich um einen Fall der Ausstrahlung, so daß die Versicherungspflicht weiterbesteht (*Eichenhofer*, Int. Sozialrecht, 1994, Rdnr. 110). – Umgekehrt gelten die deutschen Vorschriften nach § 5 I SGB IV nicht für Personen, die im Rahmen eines im Ausland bestehenden Beschäftigungsverhältnisses nach Deutschland entsandt werden, wenn die Entsendung infolge der Eigenart der Beschäftigung oder vertraglich im voraus zeitlich begrenzt ist (*Einstrahlung*).

b) Privatrechtliche Eingriffsnormen

88 Die Vorschriften über die Sozialversicherung sind aus der Sicht des IPR international zwingendes Recht, weil sie ohne Rücksicht auf das auf den Arbeitsvertrag anzuwendende Recht den Sachverhalt – die Beitragspflicht – zwingend regeln. Solche international zwingenden Bestimmungen, bei denen sich die Rechtsanwendungsfrage vom Gesetz her stellt, werden auch als *Eingriffsnormen* bezeichnet. Der Gesetzgeber greift mit diesen Normen „von hoher Hand" in Privatrechtsbeziehungen ein. Es kann sich bei diesen Normen auch um *privatrechtliche* Vorschriften handeln (BegrRegE, BT-Drucks. 10/504, S. 83), beispielsweise um den Kündigungsschutz bei der Wohnraummiete (vgl. § 564b BGB); auch insoweit handelt es sich nicht um „anknüpfbares" Recht, sondern um eine Norm, die alle Mietobjekte in der Bundesrepublik Deutschland erfassen will (dazu unten Rdnr. 406). Auf die Abgrenzung von öffentlichem und privatem Recht kommt es bei international zwingenden Bestimmungen also nicht entscheidend an (*Kropholler* § 3 II 4). Wie das deutsche IPR fremde Eingriffsnormen behandelt, wird für den wichtigen Bereich des Wirtschaftsrechts am Ende dieses Buches erläutert (unten Rdnrn. 605–614).

International zwingendes Recht wird im EGBGB in zwei Kollisionsnormen ausdrücklich angesprochen: in Art. 11 IV EGBGB als Vorschriften, die „ohne Rücksicht auf den Ort des Abschlusses des Vertrages und auf das Recht, dem er unterliegt, anzuwenden sind" (dazu unten Rdnr. 326), und in Art. 34 EGBGB als Bestimmungen, die „ohne Rücksicht auf das auf den Vertrag anzuwendende Recht den Sachverhalt zwingend regeln" (dazu unten Rdnrn. 400–406). Etwas anderes ist das (nur) *intern zwingende Recht*: Das sind die Vorschriften eines Staates, „von denen nach dem Recht jenes Staates durch Vertrag nicht abgewichen werden kann" (Art. 27 III EGBGB). Sie sind keine Eingriffsnormen, sondern „anknüpfbares" Recht, und spielen in Artt. 27 III, 29 I und 30 I EGBGB eine Rolle (dazu unten Rdnrn. 377, 385 und 398).

2. Methode der Sonderanknüpfung

89 Die Antwort auf die Fragestellung „vom Gesetz her" wird im Anschluß an *Wengler* (ZVglRWiss 54 [1941], 168) und *Zweigert* (RabelsZ 14 [1942], 283) als Sonderanknüpfung bezeichnet: Die *Anknüpfung* geht vom Sachverhalt aus und fragt, zu welcher Rechtsordnung die engste Verbindung besteht; die *Sonderanknüpfung* geht von der Rechtsnorm aus und fragt, ob sie auf den Sachverhalt „angewandt werden will" (*von Bar* I Rdnrn. 263–267). Über die Sonderanknüpfung von Eingriffsnormen lassen sich zwei Regeln aufstellen (*Kropholler* § 3 II 2):

(1) Inländische Eingriffsnormen sind vom deutschen Richter stets und ohne weiteres anzuwenden, wenn sie kraft ausdrücklicher Bestimmung oder nach ihrem Sinn und Zweck angewendet werden wollen (Art. 34 EGBGB, dazu unten Rdnrn. 398–409).

(2) Ausländische Eingriffsnormen sind nicht ohne weiteres anzuwenden, wenn sie Anwendung verlangen; dem Anwendungswillen ausländischer Eingriffsnormen ist nicht unbesehen nachzugeben (Art. 7 I EVÜ, dazu unten Rdnrn. 410, 609–614).

III. Kollisionsrechtliche Interessen

90 Den Sitz des Rechtsverhältnisses – die engste Verbindung zwischen einem Sachverhalt und einer Rechtsordnung – wollte *Savigny* aus der „Natur des Rechtsverhältnisses" ableiten (*Savigny*, System 108). Schon im letzten Jahrhundert zeigte sich, daß aus ein und demselben Grundprinzip – der Suche nach dem Sitz oder dem Schwerpunkt des Rechtsverhältnisses – in den einzelnen Staaten ganz unterschiedliche Anknüpfungspunkte abgeleitet wurden.

Philipp Heck, der Begründer der Interessenjurisprudenz, stellte bereits 1891 fest, die Verschiedenheit der Anknüpfungspunkte resultiere daraus, daß die zugrunde liegenden Interessen unterschiedlich bewertet würden (ZHR 38 [1891], 305, 311–313). Diese Überlegungen wurden damals im IPR wenig beachtet. Durchgesetzt hat sich die Interessenjurisprudenz im IPR erst nach dem Zweiten Weltkrieg durch Beiträge von *Wengler* (ZaöRV 23 [1943/44], 473), *Zweigert* (Festschrift Raape, 1948, S. 35, 49–52), *Beitzke* (Festschrift Smend, 1952, S. 3, 17–22) und vor allem *Kegel* (Festschrift Lewald, 1953, S. 259). Heute wird von vielen akzeptiert, daß zwei Grundsätze die Suche nach der engsten Verbindung beherrschen:

– Die international-privatrechtliche und die materiell-privatrechtliche Gerechtigkeit sind streng zu trennen: Im materiellen Privatrecht geht es um den *Inhalt des Rechts*, im Internationalen Privatrecht um die *Anwendung eines Rechts*, gleich welchen Inhalt es hat. Das materielle Privatrecht zielt auf das *sachlich beste Recht*, das IPR auf das *räumlich beste Recht*. Daraus folgt zugleich ein Rangverhältnis: Die international-privatrechtliche Gerechtigkeit geht der materiell-privatrechtlichen vor. Erst ist das anwendbare Privatrecht zu ermitteln, dann in seinem Rahmen nach dem besten Ergebnis zu suchen (*Kegel* § 2 I).
– Die Kollisionsnormen des IPR werden von den Interessen bestimmt, die an der Anwendung des einen oder des anderen Rechts bestehen. Interessenjurisprudenz im IPR bedeutet nicht, daß der Richter die besondere Interessenlage jedes Einzelfalles zu analysieren hat. Es kommt nicht auf das Interesse der konkreten Beteiligten an der Anwendung eines bestimmten Rechts an (so aber *Flessner*, Interessenjurisprudenz im IPR, 1990, insbesondere S. 47–66). Interessenjurisprudenz im IPR heißt vielmehr, daß der Richter gesetzliche, gewohnheits- oder richterrechtliche Kollisionsregeln anwendet, die typisch kollisionsrechtliche Interessen verwirklichen (*Kegel* § 2 VI; *Kropholler* § 5 I).

91 *Kegel* (§ 2 II) unterscheidet die typisch kollisionsrechtlichen Interessen, auf denen IPR-Normen beruhen, nach *Parteiinteressen* (den Interessen des Rechtsunterworfenen, nach einer Rechtsordnung beurteilt zu werden, der er eng verbunden ist), *Verkehrsinter-*

essen (den Interessen des internationalen Rechtsverkehrs an einfachen und praktikablen Kollisionsnormen) und *Ordnungsinteressen*, insbesondere den Interessen am Entscheidungseinklang und an der Durchsetzbarkeit von Entscheidungen. Diese Interessen stehen nicht in einem festen Rangverhältnis (anders *Lüderitz*, Festschrift Kegel, 1977, S. 31, 48ff., der die Parteiautonomie in den Vordergrund stellt).

Diese Rechtsanwendungsinteressen sind nicht so zu verstehen, daß sie in jedem konkreten Fall gegeneinander abzuwägen sind; sie führen für sich allein nicht unmittelbar zur angemessenen Rechtsordnung, sondern sind in geschriebenen oder ungeschriebenen Kollisionsnormen verkörpert. Typisierte Interessen helfen dem Gesetzgeber und dem rechtsfortbildenden Richter, Kollisionsnormen zu entwickeln; die Interessenanalyse hilft dem Rechtsanwender, Kollisionsnormen zu verstehen (insoweit zutreffend MünchKomm-*Sonnenberger*, Einl. zum IPR Rdnrn. 85, 93). Die Interessenjurisprudenz erklärt z. B., warum hier an die Staatsangehörigkeit und dort an den gewöhnlichen Arbeitsort angeknüpft wird.

1. Parteiinteressen

92 Die Anknüpfung im Parteiinteresse steht erstens bei den Rechtsverhältnissen im Vordergrund, die den Menschen unmittelbar berühren, nämlich im Personenrecht (Artt. 7–10 EGBGB), im Familienrecht (Artt. 13–24 EGBGB) und im Erbrecht (Artt. 25, 26 EGBGB). Man spricht insoweit vom *Personalstatut* (dazu unten Rdnr. 175). Zweitens spielt die Anknüpfung im Parteiinteresse auf den Rechtsgebieten eine Rolle, in denen sachrechtlich die *Privatautonomie* vorherrscht; das ist insbesondere das Internationale Schuldvertragsrecht (Art. 27 EGBGB).

a) Im Rahmen des *Personalstatuts* kann der Gesetzgeber dem Parteiinteresse Rechnung tragen, indem er auf ein stärker normativ geprägtes Merkmal der Person – die Staatsangehörigkeit – oder auf den Wohnsitz, den gewöhnlichen Aufenthalt oder das *domicile*, ein eher räumlich-tatsächliches Kriterium abstellt. Das deutsche IPR knüpft das Personalstatut grundsätzlich an die Staatsangehörigkeit an und verweist damit auf das *Heimatrecht* der Person (dazu unten Rdnrn. 121–129).

Bei der Rechts- und Geschäftsfähigkeit, dem Namensrecht und der Erbfolge geht es jeweils um *einen Menschen*, so daß das kollisionsrechtliche Parteiinteresse in eine Richtung weist. An familienrechtlichen Beziehungen sind dagegen typischerweise *mehrere Personen* beteiligt, so daß die Anknüpfung bei verschiedener Staatsangehörigkeit der Beteiligten in mehrere Richtungen deuten kann. Bei den Voraussetzungen der Eheschließung läßt sich das Problem leicht lösen: Sie unterliegen für jeden Verlobten dem Recht des Staates, dem er angehört (Art. 13 I EGBGB). Im Ehegüter- und Ehescheidungsrecht versagt diese Lösung. Artt. 15 I, 17 I EGBGB i. d. F. von 1896 erklärten die Gesetze des Staates für maßgebend, dem der *Ehemann* angehörte. Bei verschiedener Staatsangehörigkeit von Frau und Mann war die Anknüpfung im Parteiinteresse eine Anknüpfung im Interesse einer Partei, des Ehemannes.

Verfassungsrechtliche Bedenken wurden nach 1949 von einigen mit dem Argument vom Tisch gewischt, das IPR könne die Gleichberechtigung nicht fördern, weil es keine Rücksicht auf den Inhalt des anzuwendenden Eherechts nehme; das Heimatrecht des Mannes könne für die Frau günstiger sein als ihr eigenes (*Raape* 44). Dem wurde zu Recht entgegengehalten: Die Anknüpfung an die Staatsangehörigkeit des Mannes bevorzugt den Mann schon deshalb, weil ihm sein Heimatrecht im allgemeinen vertrauter ist als ein davon verschiedenes Heimatrecht der Ehefrau (*Makarov*, RabelsZ 17 [1952], 382, 385). Das *BVerfG* hat die alten Kollisionsnormen erst 1983 bzw. 1985 wegen Verstoßes gegen Art. 3 II GG für nichtig erklärt (BVerfGE 63, 181; BVerfGE 68, 384; zu den güterrechtlichen Folgen unten Rdnrn. 520–522). Die Vorschrift des Art. 14 I EGBGB i. d. F. von 1986 – auf die Artt. 15 I, 17 I 1 EGBGB verweisen – verwendet Ersatzanknüpfungen, wenn die Ehegatten verschiedenen Staaten angehören (dazu unten Rdnrn. 509, 510).

b) Dem Parteiinteresse dient auch die *Parteiautonomie*: die Möglichkeit, das anzuwendende Recht zu wählen, sei es durch einseitige Erklärung wie nach Art. 25 II EGBGB, sei es durch einen Rechtswahlvertrag wie nach Art. 27 I 1 EGBGB. Die Rechtswahlfreiheit ist mehr als eine bloße Verlegenheitslösung oder eine Verlängerung der materiellrechtlichen Vertragsfreiheit in das Kollisionsrecht. Sie erklärt sich jedenfalls im Schuldvertragsrecht daraus, daß im grenzüberschreitenden Sachverhalt die Anwendung nur eines bestimmten Rechts nicht mehr selbstverständlich ist und deshalb dem Interesse der Parteien Raum gegeben wird, die rechtliche Ordnung ihrer Beziehungen selbst in die Hand zu nehmen (insoweit zutreffend *Flessner*, Interessenjurisprudenz im IPR, 1990, S. 100).

2. Verkehrsinteressen

93 Bei grenzüberschreitenden Sachverhalten sind objektive Interessen wie die Sicherheit und die Leichtigkeit des Rechtsverkehrs besonders schutzwürdig. Man kann die Kollisionsnormen, die diesem Ziel verpflichtet sind, danach unterscheiden, ob sie der Verkehrserleichterung oder dem Verkehrsschutz in besonderen Fällen dienen (dazu a), oder ob sie als Anknüpfungsregeln für größere Rechtsgebiete berechtigte Erwartungen des Rechtsverkehrs schützen (dazu b).

a) Der *Verkehrserleichterung* dient insbesondere der in Art. 11 I, 2. Fall EGBGB niedergelegte Grundsatz *locus regit actum*: Ein Rechtsgeschäft ist formgültig, wenn es die Formerfordernisse des Rechts des Staates erfüllt, in dem es vorgenommen wird (dazu unten Rdnrn. 321, 322). Dem *Verkehrsschutz* dient beispielsweise Art. 12 Satz 1 EGBGB: Die Vorschrift schützt das Vertrauen einer Vertragspartei darauf, daß die andere Vertragspartei nach dem Recht des Abschlußortes geschäftsfähig ist (dazu unten Rdnrn. 302–304). Eine andere Verkehrsschutznorm ist Art. 16 EGBGB; sie schützt den inländischen Rechtsverkehr vor Überraschungen – etwa Verfügungsbeschränkungen –, die sich aus ausländischem Ehegüterrecht ergeben (dazu unten Rdnrn. 514, 526).

b) Zahlreiche Kollisionsnormen dienen dem Verkehrsinteresse, indem sie die *Erwartung des Rechtsverkehrs* erfüllen, ein Vorgang werde nach einer bestimmten Rechtsordnung beurteilt: Im Internationalen Deliktsrecht herrscht die Anknüpfung an das Recht des Tatortes (*lex loci delicti commissi*), weil „die deliktischen Beziehungen im allgemeinen aus einer eher zufälligen Interessenberührung der Beteiligten erwachsen, für die ein sachnäherer [Anknüpfungs-] Schwerpunkt regelmäßig fehlt" (BGHZ 87, 95, 97). Im Internationalen Sachenrecht spricht vor allem das Verkehrsinteresse dafür, sachenrechtliche Tatbestände nach dem Recht des Lageortes der Sache zu beurteilen (*lex rei sitae*); die Beteiligten vertrauen auf dieses Recht (BGH NJW 1997, 461, 462).

3. Ordnungsinteressen

94 Die Ordnungsinteressen im Internationalen Privatrecht zielen darauf ab, möglichst keine Normenwidersprüche auftreten zu lassen, leicht ermittelbares Recht anzuwenden und zu einer durchsetzbaren Entscheidung zu gelangen.

a) Innerer und äußerer Entscheidungseinklang

Das Interesse an einer möglichst widerspruchsfreien Entscheidung (*Wengler*, ZaöRV 23 [1943/44], 473, 483–485: Grundsatz des Konfliktminimums) kann sich auf die Entscheidung innerhalb einer Rechtsordnung beziehen (innerer Entscheidungseinklang) oder auf die Entscheidung eines Rechtsfalles in verschiedenen Rechtsordnungen (äußerer Entscheidungseinklang).

(1) Der *innere Entscheidungseinklang* (interne Entscheidungseinklang) zielt auf eine möglichst widerspruchsfreie Behandlung einer Rechtsfrage in ein und derselben Rechtsordnung. *Beispiel:* Die grundsätzliche Anknüpfung des privatrechtlichen Arbeitsvertrages an den gewöhnlichen Arbeitsort ist auch deshalb sinnvoll, weil das deutsche öffentlich-rechtliche Arbeitsrecht – z.B. das öffentlichrechtliche Mutterschutz- oder Schwerbehindertenrecht – typischerweise auf alle Arbeitsverhältnisse angewandt werden will, die in Deutschland erfüllt werden. Würde man Arbeitsverträge nicht vornehmlich an den gewöhnlichen Arbeitsort anknüpfen, wären Normenwidersprüche zwischen privatem und öffentlichem Arbeitsrecht an der Tagesordnung.

(2) Der *äußere Entscheidungseinklang* (internationale Entscheidungseinklang) richtet sich auf die einheitliche Anknüpfung eines Sachverhalts in den vom Sachverhalt berührten Rechtsordnungen. Der äußere Entscheidungseinklang gehört seit *Savigny* zu den beherrschenden Zielen des IPR (dazu oben Rdnr. 69 a.E.). Die kollisionsrechtlichen Staatsverträge sind gerade diesem Ziel – der Vereinheitlichung des IPR – verpflichtet. Im autonomen Kollisionsrecht darf uns der Blick in das Ausland jedoch nicht davon abhalten, die richtige Lösung anzustreben: Primäres Ziel ist eine „gerechte“ nicht eine „internationalisierbare“ Entscheidung (*Kegel*, AcP 178 [1978], 118, 120). Das BVerfG hat im *Spanierbeschluß* ausdrücklich der Eheschließungsfreiheit nach deutschem Recht den Vorrang vor der deutsch-spanischen Entscheidungsharmonie gegeben (BVerfGE 31, 58, 83).

b) Vermeidung „hinkender" Rechtsverhältnisse

Das Interesse am internationalen Entscheidungseinklang ist groß, wenn es darum geht, „hinkende Rechtsverhältnisse" zu vermeiden. Von einem hinkenden Rechtsverhältnis spricht man, wenn ein Rechtsverhältnis von einer Rechtsordnung als gültig, von einer anderen Rechtsordnung dagegen als ungültig angesehen wird (umfassend *Kropholler* § 35): Ein Kind führt nach deutschem Recht diesen Familiennamen und nach türkischem Recht einen anderen (unten Rdnr. 314), eine Ehe ist nach marokkanischem Recht gültig, aber nach deutschem Recht ungültig (unten Rdnr. 500), eine Person ist nach deutschem Recht für tot erklärt, nach spanischem Recht dagegen noch am Leben (unten Rdnr. 498).

Hinkende Rechtsverhältnisse sind das Gegenteil von internationalem Entscheidungseinklang (*Kegel* § 2 II 3 a). Sie können entstehen, wenn die Anknüpfungen in den vom Sachverhalt berührten Rechtsordnungen verschieden sind. So kann es zum *Beispiel* vorkommen, daß der deutsche Richter nach seinem IPR das deutsche Namensrecht anzuwenden hat, der türkische Richter nach seinem IPR dagegen das türkische Namensrecht. Ganz vermeiden lassen sich hinkende Rechtsverhältnisse nur, wenn das IPR weltweit vereinheitlicht wird. Sie lassen sich aber reduzieren, indem der Gesetzgeber auf – kollisionsrechtsvergleichend betrachtet – „ungewöhnliche" Anknüpfungen verzichtet. *Beispiel:* Die Rechtswahl wird im Recht der allgemeinen Ehewirkungen gemäß Art. 14 II–IV EGBGB nur in Ausnahmefällen zugelassen, weil die meisten Heimatstaaten ausländischer Ehepartner eine Rechtswahl nicht erlauben und objektiv anknüpfen (dazu unten Rdnr. 512).

c) Anwendung der lex fori („Heimwärtsstreben")

95 Das Ordnungsinteresse im IPR kann in Ausnahmefällen darauf zielen, der *eigenen Rechtsordnung* den Vorzug zu geben nach dem Motto: „Lieber das eigene Recht richtig als ein fremdes Recht vielleicht ganz falsch anwenden!" (*Kegel* § 2 II 3 c). Ein *Beispiel* ist Art. 4 I 2 EGBGB, der das Hin und Her von Verweisung und Rückverweisung im deutschen und nicht im ausländischen Recht abbricht (dazu unten Rdnrn. 198–201). Die *lex fori* ist ferner grundsätzlich das „Ersatzrecht", wenn sich das ausländische Recht nicht ermitteln läßt (dazu unten Rdnrn. 259–262) oder durch den deutschen ordre public ausgeschaltet wird (dazu unten Rdnr. 282). Es handelt sich dabei um Ausnahmefälle. Einen generellen Trend zum eigenen Sachrecht wie etwa nach der Lex fori-Theorie von *Ehrenzweig* (dazu oben Rdnr. 73) oder der Lehre vom *fakultativen Kollisionsrecht* (dazu oben Rdnr. 24) gibt es im geltenden deutschen IPR nicht.

Das ist besonders zu betonen gegenüber dem Bestreben der Gerichtspraxis, möglichst zum heimischen Sachrecht zu gelangen: Ausländisches Recht anzuwenden macht den Gerichten nicht immer Freude, weil es Zeit und Mühe erfordert. In allen Ländern läßt sich daher das Phänomen beobachten, daß Gerichte zum eigenen Sachrecht streben, so wie das Pferd zum Stall drängt. *Nußbaum* (Grundzüge, 54) hat als erster anschaulich vom *Heimwärtsstreben* der Gerichte gesprochen. Das Heimwärtsstreben kann sich beispielsweise darin ausdrücken, daß ein Gericht das Prozeßverhalten der Parteien großzügig als stillschweigende Rechtswahl zugunsten der *lex fori* interpretiert (vgl. Art. 27 I 2, II 1 EGBGB), die das objektiv anzuwendende ausländische Recht verdrängt (dazu unten Rdnr. 347). Auch das von der Rechtsprechung entwikkelte Anknüpfungssystem des Internationalen Deliktsrechts läßt sich zum Teil mit dem Heimwärtsstreben erklären (dazu unten Rdnr. 544): Die deutschen Gerichte gelangen mit den richterrechtlich entwickelten Deliktskollisionsregeln so gut wie nie zum ausländischen materiellen Deliktsrecht (*von Bar* II Rdnr. 668). Gegenüber dem Heimwärtsstreben ist zu unterstreichen, daß das geltende IPR von der grundsätzlichen Gleichrangigkeit in- und ausländischen Sachrechts ausgeht. Indem der BGH ein *fakultatives Kollisionsrecht* verworfen hat (dazu oben Rdnr. 24), hat er auch einem verdeckten Heimwärtsstreben eine Absage erteilt.

d) Durchsetzbarkeit einer Entscheidung

Mit dem Ordnungsinteresse an einem äußeren Entscheidungseinklang überschneidet sich das Ordnungsinteresse an der Durchsetzbarkeit einer Entscheidung (*Beitzke*, Festschrift Smend, 1952, S. 3, 17), das insbesondere im Sachenrecht eine Rolle spielt, wo es um den tatsächlichen Zugriff auf einen körperlichen Gegenstand geht. *Beispiel:* Der BGH hatte zu entscheiden, ob die Parteien eine Sicherungsübereignung von Konservendosen, die in Polen lagerten, kraft Rechtswahl dem deutschen Sachenrecht unterstellen konnten. Der BGH verneinte die Möglichkeit einer Rechtswahl, unter anderem mit der Begründung, die Durchsetzbarkeit einer auf das deutsche Sachenrecht gestützten Entscheidung in Polen sei nicht gesichert: Ein polnisches Gericht müßte bei einer Herausgabeklage gegen den Lagerhalter den Eigentumswechsel nach der polnischen *lex rei sitae* beurteilen (BGH NJW 1997, 461, 462, dazu unten Rdnr. 472).

IV. Sachrechtliche Interessen im IPR

96 Der Satz, daß das IPR nicht auf das sachlich beste, sondern auf das räumlich beste Recht abzielt (*Kegel* § 2 I), läßt sich nicht lückenlos durchsetzen. Die Wertentscheidungen des materiellen Rechts – sachrechtliche Interessen – schlagen auf das Kollisionsrecht durch (*Kropholler* § 5 II 1). Das ist zum einen der Fall, wenn die Anwendung ausländischen Rechts mit Grundentscheidungen der deutschen Rechtsordnung kollidieren würde; zum anderen hat der Schutz des Schwächeren im Recht auch in das Kollisionsrecht Eingang gefunden.

1. Anwendung ausländischen Rechts

97 Die Verweisung auf ausländisches Recht ist ein „Sprung ins Dunkle" (*Raape* 90): Wir müssen damit rechnen, daß die ausländische Rechtsordnung Sachnormen enthält, die mit unseren Rechtsauffassungen unvereinbar sind oder wichtige Zwecke unserer Rechtsordnung durchkreuzen. Dagegen hilft zum einen die allgemeine Vorbehaltsklausel des ordre public; zum anderen gibt es besondere Vorbehaltsklauseln, die darauf hinauslaufen, den Sprung nicht zu wagen.

a) Allgemeine Vorbehaltsklausel

Wenn ausländisches Privatrecht anzuwenden ist, muß der ausländischen Rechtsordnung grundsätzlich auch ein Spielraum gelassen werden, ihre materiell-privatrechtlichen Interessen durchzusetzen. Dieser Spielraum hängt davon ab, inwieweit das Inland betroffen ist: Wenn der Sachverhalt nicht in das deutsche Rechtsleben eingreift, können wir den materiellen Interessen fremder Rechtsordnungen großen Raum zumessen; ist dagegen ein Deutscher beteiligt, eine Handlung in Deutschland vorgenommen oder ein sonstiger Inlandsbezug gegeben, verengt sich der Spielraum des ausländischen Rechts (*Kegel* § 2 III). In diesen Fällen kann die Vorbehaltsklausel des Art. 6 EGBGB dem deutschen *ordre public* zum Durchbruch verhelfen (dazu unten Rdnrn. 270–289).

b) Besondere Vorbehaltsklauseln

98 Im deutschen Internationalen Privatrecht finden sich ferner Rechtssätze, die den Vorrang der materiell-privatrechtlichen vor der international-privatrechtlichen Gerechtigkeit in besonderen Fällen vorsehen. Zu diesen speziellen ordre public-Klauseln gehören beispielsweise Art. 13 III 1 EGBGB (Eheschließung nur in deutschen Formen) und Art. 17 II EGBGB (Ehescheidung nur in deutschen Formen). Diese speziellen Kollisionsnormen des ordre public sind rechtspolitisch umstritten (dazu unten Rdnr. 284).

2. Schutz des Schwächeren

99 Der Schutz des Schwächeren im Recht hat in einer Reihe von Vorschriften Eingang in das Kollisionsrecht gefunden (dazu bereits oben Rdnr. 79).

a) Im *Unterhaltsrecht* verfolgt das *Haager Unterhaltsübereinkommen* von 1973, dessen Anknüpfungsregeln in Art. 18 EGBGB wiederholt werden, die Tendenz, den Unterhaltsberechtigten durch Regelanknüpfung und Korrekturanknüpfungen möglichst zu begünstigen (*favor alimenti*, dazu unten Rdnr. 542).

b) Bei *Verbraucherverträgen* enthält das *Europäische Schuldvertragsübereinkommen* von 1980, dessen verbraucherschützende Regelungen in Art. 29 EGBGB Eingang gefunden haben, sozialpolitisch motivierte Anknüpfungsregeln, die den Verbraucher als schwächere Vertragspartei begünstigen (dazu unten Rdnr. 369).

c) Bei *Arbeitsverträgen* enthält das *Europäische Schuldvertragsübereinkommen* von 1980, dessen arbeitnehmerschützende Anknüpfungsregeln in Art. 30 EGBGB Eingang gefunden haben, Anknüpfungsvorschriften, die den Arbeitnehmer als schwächere Vertragspartei bevorzugen (dazu unten Rdnr. 378).

§ 4. Die Kollisionsnormen des IPR

100 **Literatur** (insbesondere zu den sog. versteckten Kollisionsnormen, dazu unten Rdnrn. 118, 119): *Kegel*, Die selbstgerechte Sachnorm, Gedächtnisschrift Ehrenzweig (1976), S. 51; *Lipstein*, Inherent Limitations in Statutes and the Conflict of Laws, 26 Int. Comp. L. Q. 884 (1977); *Schwander*, Lois d'application immédiate, Sonderanknüpfung, IPR-Sachnormen und andere Ausnahmen von der gewöhnlichen Anknüpfung im IPR (Zürich 1975); *Siehr*, Normen mit eigener Bestimmung ihres räumlich-persönlichen Anwendungsbereichs im Kollisionsrecht der Bundesrepublik Deutschland, RabelsZ 46 (1982), 357; *Voser*, Die Theorie der lois d'application immédiate im internationalen Privatrecht (Basel u. a. 1993).

Fälle:

a) Eine französische Tennisspielerin, die in Genf ihren Wohnsitz hatte, erwarb kurz nach ihrem 18. Geburtstag die Staatsangehörigkeit der Schweiz. In der Folgezeit tätigte sie Wertpapiergeschäfte in Frankfurt/Main. Nachdem auf ihrem Verrechnungskonto erhebliche Verluste eingetreten waren, wurde sie vor dem LG Frankfurt/Main auf Ausgleich des Saldos in Anspruch genommen. Sie berief sich darauf, daß sie nach schweizerischem Recht noch unmündig sei und ihre Eltern den Geschäften nicht zugestimmt hätten.

b) Eine mit einem englischen Diplomaten verheiratete Engländerin erwarb in der Schweiz eine wertvolle Standuhr für den Haushalt, den die Ehegatten für einige Jahre in der Schweiz führten. Später trennte sich das Ehepaar; der Ehemann wurde nach Berlin versetzt. Da die Standuhr noch nicht bezahlt war, nahm der Verkäufer den Ehemann vor dem LG Berlin auf Zahlung des Kaufpreises in Anspruch.

c) Aus einem Kaufvertrag, der kraft Rechtswahl dem Recht des US-Bundesstaates New York unterliegt, hat der deutsche Käufer 10000 US-Dollar zu zahlen. Zahlungsort ist Frankfurt/Main. Kann der Käufer auch in deutscher Währung leisten?

d) Ein Däne mit geschäftlicher Niederlassung in Kopenhagen ist für einen deutschen Hersteller von Schließanlagen als Handelsvertreter für die skandinavischen Staaten tätig. In dem Handelsvertretervertrag heißt es: „Dieser Vertrag unterliegt dem dänischen Recht." Nach Beendigung des Vertragsverhältnisses macht der Däne einen Ausgleichsanspruch nach § 89b HGB i. V. m. § 92c HGB geltend.

Das Internationale Privatrecht ist Kollisionsrecht. Kollisionsrecht, bestehend aus *Kollisionsnormen*, entscheidet, welches materielle Recht, bestehend aus *Sachnormen*, anzuwenden ist (*Kegel* § 1 VII).

Der wichtigste Typ der Kollisionsnormen ist die *selbständige Kollisionsnorm*, die für sich allein genügt, um in einem Fall das anwendbare Recht zu bestimmen (dazu I). Innerhalb der Gruppe der selbständigen Kollisionsnormen lassen sich die einseitig und die allseitig formulierten Vorschriften unterscheiden, wobei die unvollkommenen *allseitigen* und die „ausgebauten" *einseitigen* Normen Sondergruppen bilden (dazu II). Ausweich- und Beachtensklauseln lockern die strengen Anknüpfungsregeln auf (dazu III). Die versteckten Kollisionsnormen enthalten sowohl kollisionsrechtliche als auch sachrechtliche Elemente (dazu IV).

I. Aufbau einer selbständigen Kollisionsnorm

101 Der Begriff der Kollisionsnorm im weiteren Sinne umfaßt die Hilfsnormen des Kollisionsrechts (*unselbständige Kollisionsnormen*, dazu unten Rdnr. 106) und die Normen, die – ohne daß weitere Normen hinzugezogen werden müssen – für sich allein genügen, um das anwendbare Recht zu bestimmen (*selbständige Kollisionsnormen*). Eines der zahlreichen *Beispiele* einer selbständigen Kollisionsnorm im Besonderen Teil des deutschen IPR ist Art. 27 I 1 EGBGB: Danach unterliegt ein Vertrag dem von den Parteien gewählten Recht (den Rechtssätzen, die sich in der gewählten Rechtsordnung mit dem Vertrag befassen). In Art. 27 I 1 EGBGB ist „der Vertrag" der *Anknüpfungsgegenstand*. Das Bindeglied zwischen dem Anknüpfungsgegenstand und dem anzuwendenden Recht ist das *Anknüpfungsmerkmal*. Dieses Anknüpfungsmerkmal ist in Art. 27 I 1 EGBGB die Rechtswahl der Parteien.

Wie jede selbständige Rechtsnorm besteht auch die selbständige Kollisionsnorm aus einem Tatbestand und einer Rechtsfolge. Zum Tatbestand gehört unstreitig der Anknüpfungsgegenstand, zur Rechtsfolge gehört unstreitig die anzuwendende Rechtsordnung. Das Anknüpfungsmerkmal zählen manche ebenfalls zur Rechtsfolge, weil es die anzuwendende Rechtsordnung konkretisiere (*Kropholler* § 12 II 2 m. w. N.). Richtigerweise wird man das Anknüpfungsmerkmal wohl noch zum Tatbestand der Kollisionsnorm rechnen müssen, weil der Anknüpfungsgegenstand ohne das Anknüpfungsmerkmal sinnlos im Raum steht; es muß beides – Gegenstand und Merkmal – zusammengefügt werden, damit die Rechtsfolge ausgelöst wird (*Kegel* § 6 III).

1. Anknüpfungsgegenstand

102 Der Anknüpfungsgegenstand wird auch als Verweisungsbegriff bezeichnet. Es handelt sich typischerweise um einen Sammelbegriff, der einen ganzen Komplex von Gegenständen umfaßt, wie beispielsweise die „Form von Rechtsgeschäften" (Art. 11 EGBGB), „die Voraussetzungen der Eheschließung" (Art. 13 EGBGB), „das Rechtsverhältnis zwischen einem Kind und seinen Eltern" (Art. 21 EGBGB) oder „die Rechtsnachfolge von Todes wegen" (Art. 25 EGBGB). Der Gegenstand von Kollisionsnormen ist meist weiter gefaßt als der Gegenstand von Sachnormen, so daß Kollisionsnormen eine größere Zahl von Sachverhalten erfassen. *Beispiel:* Die Kollisionsnorm des Art. 11 EGBGB bezieht sich umfassend auf die *Form von Rechtsgeschäften*, während die Sachnormen des deutschen Rechts die Form bestimmter *Grundstücksgeschäfte* (§ 313 BGB), die Form einer *Kündigung* (§ 564a BGB) oder die Form der *Bürgschaftserklärung* (§ 766 BGB) betreffen.

Aus der weiten und – im Vergleich zu den Sachnormen – abstrakten Formulierung der Anknüpfungsgegenstände ergibt sich das Problem der *Qualifikation* (dazu unten Rdnrn. 150–169). Zugleich folgt aus der Abstraktionshöhe der Anknüpfungsnormen ein Großteil der Schwierigkeiten, die das IPR dem Laien bereitet: Sind schon die Sachnormen des BGB wenig anschaulich, so gilt das erst recht für die Kollisionsnormen des EGBGB.

2. Anknüpfungsmerkmal

103 Das Anknüpfungsmerkmal, auch Anknüpfungsmoment oder Anknüpfungsgrund genannt, verbindet den Anknüpfungsgegenstand mit einer Rechtsordnung. Das geschieht durch Bezugnahme auf ein Element des Sachverhalts, beispielsweise den Vornahmeort des Rechtsgeschäfts (Art. 11 I, 2. Fall EGBGB), die Staatsangehörigkeit des Verlobten (Art. 13 I EGBGB), den gewöhnlichen Aufenthalt des Kindes (Art. 21 EGBGB) oder die Staatsangehörigkeit des Erblassers im Zeitpunkt seines Todes (Art. 25 I EGBGB).

Das Anknüpfungsmerkmal läßt sich bei vielen IPR-Normen in die drei Elemente Anknüpfungspunkt, Anknüpfungsperson und

Anknüpfungszeitpunkt zerlegen. Ein *Beispiel* ist Art. 25 I EGBGB: „Die Rechtsnachfolge von Todes wegen unterliegt dem Recht des Staates, dem der Erblasser (*Anknüpfungsperson*) im Zeitpunkt seines Todes (*Anknüpfungszeitpunkt*) angehörte (*Anknüpfungspunkt*)." Die wichtigsten Anknüpfungspunkte des deutschen IPR – Staatsangehörigkeit, gewöhnlicher Aufenthalt und Rechtswahl – werden später erläutert (unten Rdnrn. 120–149).

a) Anknüpfungsperson

Die Anknüpfungsperson (das Anknüpfungssubjekt) muß bestimmt werden, wenn der Tatbestand der Kollisionsnorm ein Rechtsverhältnis betrifft, an dem mehrere Personen beteiligt sind, und die Kollisionsnorm einen personenbezogenen Anknüpfungspunkt verwendet (z. B. Staatsangehörigkeit, gewöhnlicher Aufenthalt). Dann muß der Gesetzgeber festlegen, auf welche Person es ankommt. Das ist beispielsweise bei *Unterhaltsansprüchen* der Unterhaltsberechtigte und nicht der Unterhaltsverpflichtete (Art. 18 I 1 EGBGB/Art. 4 I HUntÜ), im *Eltern-Kind-Verhältnis* das Kind und nicht die Eltern (Art. 21 EGBGB). Im Eherecht bewirkt das Gleichberechtigungsgebot des Art. 3 II 1 EGBGB, daß nicht einseitig auf einen Partner abgestellt werden darf (dazu oben Rdnr. 92).

b) Anknüpfungszeitpunkt

Der Anknüpfungszeitpunkt ist wichtig, wenn sich Anknüpfungstatsachen im Zeitablauf ändern können. Legt die Kollisionsnorm einen bestimmten Anknüpfungszeitpunkt fest, wird das zur Anwendung berufene Statut als *unwandelbar* bezeichnet. *Beispiel*: Die güterrechtlichen Wirkungen der Ehe unterliegen grundsätzlich dem Recht, das im Zeitpunkt der Eheschließung für die allgemeinen Wirkungen der Ehe maßgebend war (Art. 15 I EGBGB). Wenn die Kollisionsnorm das Statut auf keinen bestimmten Anknüpfungszeitpunkt fixiert, tritt durch Wechsel der Anknüpfungstatsachen ein *Statutenwechsel* ein. *Beispiel*: Ändert sich der gewöhnliche Arbeitsort des Arbeitnehmers, ändert sich nach Art. 30 II Nr. 1 EGBGB auch das anwendbare Recht.

c) Anknüpfungspunkt

Der Anknüpfungspunkt, auch als Anknüpfungsbegriff bezeichnet, ist das wichtigste Element des Anknüpfungsmerkmals und damit der selbständigen Kollisionsnorm. In personen-, familien- und erbrechtlichen Fragen kann man Rechtsordnungen, die an die *Staatsangehörigkeit* anknüpfen, von Rechtsordnungen unterscheiden, die dem *Domizilprinzip* folgen und den gewöhnlichen Aufenthalt oder den Wohnsitz für maßgebend erklären. Sachbezogene Anknüpfungspunkte sind z.B. der Tatort (im Deliktsrecht), der Belegenheitsort (im Sachenrecht) oder die Rechtswahl, die ihre Domäne im Schuldvertragsrecht hat (Übersicht über weitere Anknüpfungspunkte bei *von Bar* I Rdnrn. 522–544).

3. Rechtsfolge: Verweisung

104 Eine selbständige Kollisionsnorm hat die Rechtsfolge, daß eine bestimmte Rechtsordnung für anwendbar erklärt wird: Der *Anknüpfungsgegenstand* (z.B. Art. 25 I EGBGB: die Rechtsnachfolge von Todes wegen) wird der Rechtsordnung unterstellt, auf die das *Anknüpfungsmerkmal* (Art. 25 I EGBGB: Staatsangehörigkeit des Erblassers im Zeitpunkt seines Todes) verweist. Das Internationale Privatrecht als ganzes bestimmt, welche Rechtsordnungen anzuwenden sind (Art. 3 I 1 EGBGB); die einzelne Kollisionsnorm bestimmt mit Hilfe eines Anknüpfungsmerkmals, welche Rechtsordnung einen im Tatbestand näher bezeichneten Anknüpfungsgegenstand beherrscht. In der Rechtsfolge unterscheidet sich die Kollisionsnorm grundsätzlich von der Sachnorm: Wenn die Sachnorm nicht bloß Hilfs- oder Definitionsnorm ist, gebietet sie ein Tun, Dulden oder Unterlassen; die Kollisionsnorm bestimmt dagegen nur, in welcher Rechtsordnung nach einem solchen Gebot gesucht werden muß (*Lüderitz* Rdnr. 51).

II. Arten von Kollisionsnormen

105 Neben den selbständigen Kollisionsnormen, die unmittelbar auf die anwendbare Rechtsordnung verweisen, gibt es die bloßen

Hilfs- oder Ergänzungsnormen des Kollisionsrechts, die auch als *unselbständige Kollisionsnormen* bezeichnet werden (dazu 1). Die *selbständigen Kollisionsnormen* lassen sich weiterhin danach unterscheiden, ob sie nur auf die eigene Rechtsordnung verweisen, oder ob sie auf das Recht irgendeines Staates verweisen können; im ersten Fall spricht man von einer einseitigen, im zweiten Fall von einer allseitigen Kollisionsnorm (dazu 2).

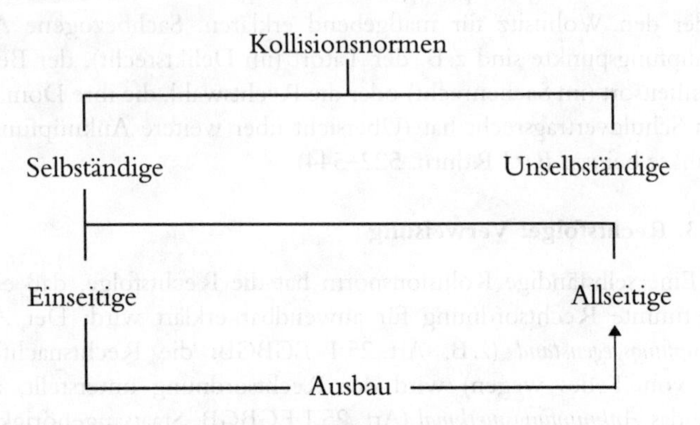

1. Selbständige – unselbständige Normen

106 Eine *selbständige Kollisionsnorm* kann ohne Hinzuziehung weiterer Normen die auf einen Sachverhalt anwendbaren Rechtssätze bezeichnen. Ihr Aufbau wurde unter I (Rdnrn. 101–104) erläutert. Die Vorschriften des Besonderen Teils des deutschen IPR (Artt. 7–38 EGBGB) sind ganz überwiegend selbständige Kollisionsnormen. Ein *Beispiel* ist Art. 7 I 1 EGBGB: „Die Rechtsfähigkeit und die Geschäftsfähigkeit einer Person unterliegen dem Recht des Staates, dem die Person angehört." Wenn eine Person *eine* Staatsangehörigkeit hat – also weder staatenlos noch Mehrstaater ist –, wird allein durch Art. 7 I 1 EGBGB das Rechtsfähigkeits- und das Geschäftsfähigkeitsstatut bestimmt.

Das Gegenstück ist die *unselbständige Kollisionsnorm.* Sie kann in keinem Fall allein – ohne Heranziehung weiterer Vorschriften – das anwendbare Recht bezeichnen; vielmehr ergänzt sie die selbständigen Kollisionsnormen. Ein *Beispiel* ist Art. 5 I 1 EGBGB:

„Wird auf das Recht des Staates verwiesen, dem eine Person angehört, und gehört sie mehreren Staaten an, so ist das Recht desjenigen dieser Staaten anzuwenden, mit dem die Person am engsten verbunden ist ...". Wenn die Person, um deren Rechts- oder Geschäftsfähigkeit es geht, mehrere Staatsangehörigkeiten hat, ergänzt die Hilfsnorm des Art. 5 I 1 EGBGB die selbständige Kollisionsnorm des Art. 7 I 1 EGBGB.

Während die *selbständigen Kollisionsnormen* in den Besonderen Teil des IPR gehören (Artt. 7–38 EGBGB), sind die *unselbständigen Kollisionsnormen* – soweit sie im EGBGB normiert sind – überwiegend im *Allgemeinen Teil* vor die Klammer gezogen. Normiert sind in Artt. 3–6 EGBGB: das Verhältnis von Einzel- und Gesamtstatut (Art. 3 III EGBGB), Fragen der Rück- und Weiterverweisung (Art. 4 I, II EGBGB), Fragen der Rechtsspaltung (Art. 4 III EGBGB), Regeln für die Anknüpfung an die Staatsangehörigkeit und den gewöhnlichen Aufenthalt (Art. 5 EGBGB) sowie der ordre public-Vorbehalt (Art. 6 EGBGB). Ein Beispiel für eine unselbständige Kollisionsnorm im *Besonderen Teil* des IPR ist Art. 35 EGBGB (Rück- und Weiterverweisung, Rechtsspaltung) als Spezialnorm zu Art. 4 EGBGB.

2. Allseitige – einseitige Kollisionsnormen

107 Die selbständigen Kollisionsnormen werden weiter nach allseitigen und einseitigen Kollisionsnormen unterschieden. Diese Unterscheidung betrifft die Rechtsfolge der Kollisionsnorm, den Umfang der Verweisung: Eine *allseitige Kollisionsnorm* kann auf die inländische Rechtsordnung ebenso wie auf diese oder jene ausländische Rechtsordnung verweisen. Eine *einseitige Kollisionsnorm* ist dagegen eine Vorschrift, die auf der Rechtsfolgenseite nur eine einzige Rechtsordnung für anwendbar erklärt. Der deutsche Gesetzgeber hat keinen Anlaß, eine Norm zu erlassen, die nur sagt, unter welchen Voraussetzungen das Recht eines bestimmten *ausländischen Staates* anzuwenden ist; daher erklären die einseitigen Kollisionsnormen des deutschen IPR die *inländische Rechtsordnung* für anwendbar.

Das *EGBGB von 1896* enthielt überwiegend einseitige Kollisionsnormen. Dieses Konzept beruhte auf der verfehlten Vorstellung des Auswärtigen Amtes, durch Staatsverträge die Anwendung deutschen Rechts im Ausland gegen die Anwendung ausländischen

Rechts im Inland einhandeln zu müssen (dazu oben Rdnr. 11). Die einseitigen Kollisionsnormen des alten EGBGB baute die Rechtsprechung – soweit möglich – zu allseitigen Kollisionsnormen aus. Die Neufassung des *EGBGB von 1986* enthält vorwiegend allseitige Kollisionsnormen; für die „großen" Anknüpfungsgegenstände gibt es in Deutschland keine einseitigen Kollisionsnormen mehr. Nur in Detail- und Randfragen hat der Gesetzgeber der IPR-Reform aus verschiedensten rechtspolitischen Gründen einseitige Kollisionsnormen vorgesehen:
– Art. 9 Satz 2 EGBGB (Todeserklärung: deutsches Recht),
– Art. 10 II 1 Nr. 2, III 1 Nr. 2 EGBGB (Namensrechtswahl),
– Art. 13 II EGBGB (sachliche Ehevoraussetzungen),
– Art. 13 III 1 EGBGB (Inlandsform bei Inlandsheirat),
– Art. 16 EGBGB (Verkehrsschutz im Ehewirkungsrecht),
– Art. 17 I 2 EGBGB (hilfsweise deutsches Scheidungsrecht),
– Art. 17 II EGBGB (Inlandsscheidung nur durch ein Gericht),
– Art. 17 III 2 EGBGB (Versorgungsausgleich),
– Art. 18 II, V EGBGB (deutsches Unterhaltsrecht),
– Art. 23 Satz 2 EGBGB (Zustimmung des Kindes),
– Art. 24 I 2 EGBGB (Betreuung nach deutschem Recht),
– Art. 25 II EGBGB (Wahl des deutschen Erbrechts) und
– Art. 38 EGBGB (Inländerprivileg im Deliktsrecht).

3. Unvollkommen allseitige Normen

108 Die allseitigen Kollisionsnormen werden auch als vollkommene (oder vollständige), die einseitigen als unvollkommene (oder unvollständige) Kollisionsnormen bezeichnet (z.B. *Lüderitz* Rdnr. 60). Die allseitigen Kollisionsnormen sind „vollkommen", da sie auf jede Rechtsordnung verweisen können; die einseitigen Kollisionsnormen sind „unvollkommen", weil sie nur auf eine Rechtsordnung verweisen. Aus dem Kreis der allseitigen Kollisionsnormen hat *Martin Wolff* (IPR 35) als besondere Kategorie die allseitigen Kollisionsnormen *mit Fallbeschränkung* herausgegriffen. Diese Kategorie wird heute – in verwirrender Begriffsbildung – als *unvollkommene allseitige Kollisionsnormen* bezeichnet (*von Bar* I Rdnr. 17;

Soergel/Kegel, vor Art. 3 EGBGB Rdnr. 96). Die Dreiteilung in einseitige, allseitige und unvollkommen allseitige Kollisionsnormen bezeichnet *Kegel* (§ 6 I 2) zu Recht als „nicht sehr glücklich". Sie hat geringe Bedeutung, da es im geltenden IPR nur zwei „unvollkommene allseitige" Kollisionsnormen gibt (Artt. 7 II, 26 V 2 EGBGB).

Eine unvollkommene allseitige Kollisionsnorm kann zwar auf jede Rechtsordnung verweisen (insofern ist sie *allseitig*); das geschieht aber nur, wenn der Sachverhalt gewisse Inlandsbeziehungen enthält (*Fallbeschränkung*). In Artt. 7 II, 26 V 2 EGBGB ist die Inlandsbeziehung die „Rechtsstellung als Deutscher", die entweder erworben oder verloren wird. Die Vorschriften sind unvollkommen, weil sie nur zwei von drei möglichen Fallgruppen erfassen, nämlich die beiden Fallgruppen, daß ein Ausländer die deutsche oder ein Deutscher eine ausländische Staatsangehörigkeit erwirbt. Die dritte Fallgruppe – ein Ausländer bekommt eine andere ausländische Staatsangehörigkeit – wird vom Wortlaut der Artt. 7 II, 26 V 2 EGBGB nicht erfaßt.

In *Fall a* kommt es darauf an, ob die Beklagte bei Abschluß der Wertpapiergeschäfte geschäftsfähig war. Art. 7 I 1 EGBGB verweist den deutschen Richter auf das schweizerische Recht, weil die Beklagte zur Zeit der Geschäfte Schweizerin war. Das schweizerische IPR nimmt die Verweisung an: Art. 35 Satz 1 IPRG unterstellt die Geschäftsfähigkeit dem Recht des Wohnsitzes; die Beklagte hatte ihren Wohnsitz in Genf. Es fragt sich, welche Rolle es spielt, daß sie nach französischem Recht mit 18 Jahren volljährig geworden war (Art. 488 I Code civil), bevor sie die Staatsangehörigkeit der Schweiz erwarb, wo das Volljährigkeitsalter bei 20 Jahren liegt (Art. 14 I ZGB). Das schweizerische IPR, das die Geschäftsfähigkeit an den *Wohnsitz* und nicht an die Staatsangehörigkeit anknüpft, enthält konsequenterweise keine Regel darüber, welchen Einfluß ein Wechsel der *Staatsangehörigkeit* auf die Geschäftsfähigkeit hat.

Damit stellt sich in *Fall a* die Frage, ob der deutsche Richter die unvollkommene allseitige Kollisionsnorm des Art. 7 II EGBGB zu einer vollkommenen allseitigen Kollisionsnorm ausbauen kann. Das hätte zur Folge, daß der in Art. 7 II EGBGB normierte Grundsatz „Einmal geschäftsfähig, immer geschäftsfähig" auch beim Wechsel von der französischen in die schweizerische Staatsangehörigkeit gelten würde. Für die Beschränkung auf die in der Norm genannten beiden Fallgruppen gibt es keinen zwingenden Grund; der Sinn und Zweck der Vorschrift – „Wer volljährig ist, soll volljährig bleiben" (*Kegel* § 17 I 2c) – erfaßt auch den Wechsel von einem ausländischen in ein anderes ausländisches Personalstatut (*von Bar* II Rdnr. 33; *Soergel/Kegel*, Art. 7 EGBGB Rdnr. 11). Die Beklagte war also bei Abschluß der Geschäfte geschäftsfähig (Art. 7 II EGBGB analog, Art. 488 I Code civil).

4. Systematik einseitiger Kollisionsnormen

109 Die einseitigen Kollisionsnormen des deutschen IPR lassen sich nur schwer systematisieren, weil jede von ihnen eine besondere Entstehungsgeschichte hat und ein ganz spezielles Regelungsziel verfolgt.

a) Viele Autoren versuchen, aus der Gruppe der einseitigen Kollisionsnormen die Kategorie der *Exklusivnormen* herauszulösen. Die sog. Exklusivnormen werden aber unterschiedlich definiert: Ausnahmevorschriften von allseitigen Kollisionsnormen zugunsten des eigenen Rechts (*von Bar* I Rdnr. 17), Vorschriften, die *regelwidrig* die Anwendung des deutschen Rechts ausdehnen (*Kegel* § 6 I 3; *Lüderitz* Rdnr. 64), oder Vorschriften, die *zugunsten von Inländern* die Anwendung deutschen Rechts sicherstellen (MünchKomm-*Sonnenberger*, Einl. zum IPR Rdnr. 439). Je nach Definition fallen mehr oder weniger der (oben Rdnr. 107) aufgeführten Normen unter die Kategorie der Exklusivnormen. Diese Kategorie bringt daher wenig Erkenntnisgewinn, zumal umstritten ist, ob die Exklusivnormen ein Unterfall der einseitigen Kollisionsnormen (z.B. *Firsching/von Hoffmann* § 4 Rdnr. 13) oder von den einseitigen Kollisionsnormen zu unterscheiden sind (z.B. *von Bar* I Rdnr. 17; *Lüderitz* Rdnr. 64). Wichtiger ist die Kategorie der *speziellen Vorbehaltsklauseln*. Das sind einseitige Kollisionsnormen, die sich als Ausprägung der allgemeinen Vorbehaltsklausel des ordre public darstellen (*Kropholler* § 36 VIII); sie werden im Zusammenhang mit Art. 6 EGBGB behandelt (unten Rdnr. 284).

110 b) Die für die Praxis wichtigste Unterscheidung einseitiger Kollisionsnormen folgt aus der Antwort auf die Frage, ob sich eine einseitig formulierte Kollisionsnorm zu einer allseitigen Kollisionsnorm „ausbauen" oder „erweitern" läßt. Der Sache nach geht es um eine *Analogie*: Es muß eine planwidrige Regelungslücke vorliegen; der Sinn und Zweck der einseitigen Kollisionsnorm muß auch die allseitige Anwendung der Norm tragen.

(1) Für die einseitigen Kollisionsregeln des *EGBGB von 1896* war die Analogiefrage leicht zu beantworten: Diese Regeln standen als allseitige Kollisionsnormen in den EGBGB-Entwürfen und wurden ohne tragfähige Begründung am Ende des Gesetzgebungsverfahrens zu einseitigen Kollisionsnormen verkürzt (dazu oben Rdnr. 11).

(2) Auch bei den einseitigen Kollisionsnormen des *EGBGB von 1986* läßt sich die Analogiefrage einfach beantworten: Da der Gesetzgeber allseitige Kollisionsnormen zur Regel gemacht hat, besteht eine Vermutung dafür, daß die *einseitigen* Kollisionsnormen mit Bedacht als solche formuliert wurden und nach dem Willen des Gesetzgebers nicht zu *allseitigen* Kollisionsnormen ausgebaut werden sollen. Mit Ausnahme des Art. 16 II EGBGB beruhen daher die einseitigen Kollisionsnormen des deutschen IPR unstreitig auf Gründen, die sich nur für die Anwendung des deutschen Rechts, nicht aber für die Anwendung eines ausländischen Rechts ins Feld führen lassen:

- Art. 9 Satz 2 EGBGB (Gleichlauf von anwendbarem Recht und deutscher Gerichtszuständigkeit, dazu unten Rdnr. 294),
- Art. 10 II 1 Nr. 2, III 1 Nr. 2 EGBGB (Interessen von Ausländern, die in Deutschland leben, dazu unten Rdnr. 308),
- Art. 13 II EGBGB (Vorbehaltsklausel im Anschluß an die Spanier-Entscheidung des BVerfG, dazu unten Rdnr. 498),
- Art. 13 III 1 EGBGB (Eheschließung in Deutschland nur vor einer staatlich ermächtigten Stelle, dazu unten Rdnr. 500),
- Art. 17 I 2 EGBGB (Schutz der Ehescheidungsfreiheit zugunsten deutscher Staatsangehöriger, dazu unten Rdnr. 531),
- Art. 17 II EGBGB (Gewährleistung des Scheidungsmonopols der deutschen Familiengerichte, dazu unten Rdnr. 532),
- Art. 17 III 2 EGBGB (Verflechtung von Versorgungsausgleich und deutschem Sozialrecht, dazu unten Rdnr. 538),
- Art. 18 II, V EGBGB/Artt. 6, 15 HUntÜ (einseitige Kollisionsnorm aus einem Staatsvertrag, dazu unten Rdnr. 543),
- Art. 23 Satz 2 EGBGB (Erleichterung der Adoption von Kindern in Deutschland, dazu unten Rdnr. 570),
- Art. 24 I 2 EGBGB (Vereinfachung einer in Deutschland durchgeführten Betreuung, dazu unten Rdnr. 574),

– Art. 25 II EGBGB (Erleichterung der Erbfolge in inländisches unbewegliches Vermögen, dazu unten Rdnr. 580),
– Art. 38 EGBGB (z. T. europarechtswidriges Haftungsprivileg deutscher Staatsangehöriger, dazu oben Rdnr. 53).

111 Bei Art. 16 II EGBGB kommt dagegen ein Ausbau zu einer allseitigen Kollisionsnorm in Betracht: Nach dieser einseitig formulierten Norm sind auf Rechtsgeschäfte, die in Deutschland vorgenommen werden, § 1357 BGB und andere Vorschriften des deutschen Familienrechts sinngemäß anzuwenden, soweit diese Vorschriften für gutgläubige Dritte günstiger sind als das fremde Recht. Die einseitige Fassung der Norm soll nach den Gesetzesmaterialien „eine Ausdehnung des zugrunde liegenden Rechtsgedankens auf Vorgänge im Ausland nicht ausschließen, sofern der jeweilige fremde Staat seinen Verkehr ähnlich schützt wie Art. 16 II EGBGB" (BegrRegE, BT-Drucks. 10/504, S. 59).

In *Fall b* geht es um die Frage, ob der Ehemann aus dem Uhrenkauf seiner Gattin in Anspruch genommen werden kann. Das ist eine Frage der allgemeinen Wirkungen der Ehe, die nach Art. 14 EGBGB angeknüpft wird. Gemäß Art. 14 I Nr. 1 EGBGB ist das Ehewirkungsstatut das englische Recht, das nach dem Matrimonial Proceedings and Property Act 1970 eine Mitverpflichtung nicht kennt. Art. 16 II EGBGB erfaßt nach seinem Wortlaut den Fall nicht, da diese einseitige Kollisionsnorm die Verkehrsschutzregeln des deutschen Rechts nur für im Inland vorgenommene Rechtsgeschäfte zur Anwendung beruft. Nach der Gesetzesbegründung kann Art. 16 II EGBGB im Wege der Analogie zu einer allseitigen Kollisionsnorm ausgebaut werden, soweit der fremde Staat seinen Rechtsverkehr ähnlich schützt wie Art. 16 II EGBGB. Das ist in der Schweiz nach Art. 57 IPRG der Fall. Danach ist auf das in der Schweiz vorgenommene Rechtsgeschäft Art. 166 I OR (Mitverpflichtung des Ehemannes) anzuwenden, wenn der Verkäufer im guten Glauben von der Anwendung des schweizerischen Ehegüterrechts ausgehen konnte (wie hier *Kropholler* § 45 IV 2; *Soergel/Schurig*, Art. 16 EGBGB Rdnr. 22; a. A. *Staudinger/von Bar/Mankowski*, Art. 16 EGBGB Rdnr. 90).

III. Ausweich- und Beachtensklauseln

112 Nach *Savigny* (System 120) besteht die Aufgabe des IPR darin, den „Sitz (die Heimat) jedes Rechtsverhältnisses" aufzusuchen. Dabei muß eine Vielzahl von Anknüpfungspunkten verwendet werden, „weil die einzelnen Rechtsverhältnisse von so sehr verschiedener Natur sind, daß sie schwerlich auf eine gemeinsame, durchgreifende Regel zurückgeführt werden können" (*Savigny*, System 121). Theoretisch gibt es zwei Möglichkeiten, diese Anknüpfungspunkte zu konkretisieren:

– Der Gesetzgeber kann dem Richter durch eine Generalklausel aufgeben, für jedes einzelne Rechtsverhältnis – jeden Rechtsfall – individuell die Rechtsordnung zu ermitteln, mit der nach der Gesamtheit der Umstände die engste Verbindung besteht (*Individualisierung*).
– Der Gesetzgeber selbst kann für bestimmte „Klassen von Rechtsverhältnissen" (*Savigny*, System 118) konkrete Anknüpfungspunkte vorgeben (*Typenbildung*); hat der Richter den Rechtsfall „klassifiziert", entnimmt er den Anknüpfungspunkt aus dem IPR-Gesetz.

Die IPR-Kodifikationen in Europa folgen dem zweiten Weg, indem sie die Anknüpfungsgegenstände – die „Klassen" der Rechtsverhältnisse – exakt beschreiben und das Prinzip der engsten Verbindung durch präzise Anknüpfungspunkte konkretisieren: Anknüpfungsgegenstände wie der Vertrag oder das Delikt sind in vielfältiger Weise ausdifferenziert; die Kollisionsnormen beziehen sich auf immer kleinere „Klassen" von Rechtsverhältnissen (dazu oben Rdnr. 77).

1. Ausweichklauseln

113 Je spezieller die Anknüpfungsgegenstände sind, desto stärker wird das Bedürfnis nach Ausweichklauseln empfunden, die der Einzelfallgerechtigkeit zum Durchbruch verhelfen sollen. Sie werden auch als Ausnahme- oder Berichtigungsklauseln bezeichnet (franz. *clauses d'exception*, engl. *escape clauses*). Dabei stehen dem Gesetzgeber zwei Regelungstechniken zur Verfügung: Er kann alle Kollisionsnormen unter den Vorbehalt einer „noch engeren Verbindung" stellen (dazu a), oder er kann dem Richter erlauben, von bestimmten Anknüpfungsregeln im Einzelfall abzuweichen (dazu b).

a) Generelle Ausweichklausel

Den ersten Weg beschreitet der schweizerische Gesetzgeber. Art. 15 I IPRG enthält eine generelle Ausweichklausel, die – bis auf die Rechtswahl (Art. 15 II IPRG) – sämtliche Anknüpfungen einer Einzelfallkontrolle unterwirft: „Das Recht, auf das dieses Gesetz verweist, ist ausnahmsweise nicht anwendbar, wenn nach den gesamten Umständen offensichtlich ist, daß der Sachverhalt mit diesem Recht nur in geringem, mit einem anderen Recht jedoch in sehr viel engerem Zusammenhang steht." Die schweizerische Rechtsprechung hat klargestellt, daß aus Gründen der Rechtssicherheit von der ordentlichen Anknüpfung nur in extremen Fällen abgewichen werden darf, wenn die ordentliche Anknüpfung ausnahmsweise das Prinzip des engsten Zusammenhangs nicht verwirklicht. Die generelle Ausweichklausel darf insbesondere nicht dazu dienen, materiellrechtliche Härten auszuschalten oder das „bessere Recht" anzuwenden (BGE 118 II 79; BGE 121 III 246).

b) Spezielle Ausweichklauseln

114 Das deutsche IPR enthält keine generelle Ausweichklausel. Es gibt lediglich auf dem Gebiet des Schuldvertragsrechts in Artt. 28 V, 30 II a.E. EGBGB spezielle Ausweichklauseln, die durch das EVÜ in das deutsche Kollisionsrecht Eingang gefunden haben. Art. 28 V EGBGB verdrängt die Regelanknüpfungen des Art. 28 II–IV EGBGB, wenn die Gesamtheit der Umstände eindeutig in eine andere Richtung weist (Beispiele unten Rdnrn. 360, 368). Für Arbeitsverträge findet sich der Vorbehalt der (noch) engeren Verbindung zu einem anderen Staat in Art. 30 II a.E. EGBGB, während Verbraucherverträge ohne Ausweichmöglichkeit an den gewöhnlichen Aufenthalt des Verbrauchers angeknüpft werden (Art. 29 II EGBGB).

Für gesetzliche Schuldverhältnisse enthält Art. 41 EGBGB-Entwurf (abgedruckt unten im Anhang S. 517–519) ebenfalls eine Ausweichklausel, wobei die „wesentlich engere Verbindung" für zwei Regelbeispiele konkretisiert wird: die akzessorische Anknüpfung an eine Sonderbeziehung zwischen den Beteiligten (Art. 41 II

Nr. 1 EGBGB-Entwurf) und den gewöhnlichen Aufenthalt der Beteiligten in demselben Staat (Art. 41 II Nr. 2 EGBGB-Entwurf).

Rechtspolitisch sind die Ausweichklauseln umstritten. Zu den Kritikern zählt insbesondere *Kegel* (§ 6 I 4b, cc), der die Ausweichklauseln als „Leerformeln" ansieht: Die Aufgabe jeder Norm des IPR sei es, die jeweils engste Verbindung zu bestimmen. Wenn der Gesetzgeber dazu nicht in der Lage sei, solle er der Rechtsprechung und Lehre die Fortentwicklung des IPR überlassen. Es mache „mäßigen Eindruck, wenn das Gesetz Anknüpfungen nennt, dann aber ängstlich die engere Verbindung vorgehen läßt nach dem Motto: ‚drum prüfe, wer sich ewig bindet, ob sich nicht noch was besseres findet'."

Es kann nicht nur vorkommen, daß das Rechtsverhältnis bei der typisierenden Anknüpfung nicht richtig aufgehoben scheint und zu einer Ausweichklausel gegriffen wird. Es kann auch vorkommen, daß einzelne Teile eines Rechtsverhältnisses eine besondere Anknüpfung erfordern. Der Gesetzgeber kann dieses Erfordernis in der Weise umsetzen, daß er unter bestimmten Voraussetzungen die kollisionsrechtliche Trennung des Rechtsverhältnisses anordnet. Ein *Beispiel* ist Art. 28 I 2 EGBGB. Danach kann ausnahmsweise das Recht eines anderen Staates angewandt werden, wenn sich ein Teil des Vertrages von dem Rest des Vertrages trennen läßt und eine engere Verbindung mit einem anderen Staat aufweist (dazu unten Rdnr. 356). Das ist eine Form der *Ausweichklausel*; für einzelne Teile des Rechtsverhältnisses „Vertrag" gilt eine andere Rechtsordnung als für den Rest des Vertrages.

2. Beachtensklauseln

115 Der deutsche Gesetzgeber hat im Schuldvertragsrecht nicht nur dem Bedürfnis Rechnung getragen, einzelne Teile des Vertrags abzuspalten, sondern auch dem Bedürfnis, einzelne Rechtsfragen aus dem Vertragsstatut herauszulösen: Nach Art. 32 II EGBGB ist bei Schuldverträgen in bezug auf die Art und Weise der Erfüllung und die vom Gläubiger im Fall mangelhafter Erfüllung zu treffenden Maßnahmen das Recht des Erfüllungsortes „zu berücksichtigen". Dahinter steht der Gedanke, daß man bestimmte Rechtsregeln am Erfüllungsort des Vertrages – beispielsweise über Geschäftszeiten, Feiertage, Aufbewahrungs- oder Hinterlegungsmodalitäten – nicht ignorieren kann. Da der Gesetzgeber die Wirkungsweise dieser Regeln nicht definieren konnte, hat er sich auf der Rechtsfolgenseite mit der Feststellung begnügt, die Regeln seien zu beachten („zu berücksichtigen"). Art. 32 II EGBGB wird daher als *Beachtensklausel* bezeichnet.

Rechtspolitisch sind auch die Beachtensklauseln umstritten. *Kegel* (§ 6 I 4 a) meint, der Gesetzgeber solle Normen und keine bloßen Rechtsanzeichen („zu berücksichtigen") setzen. Dem deutschen Gesetzgeber ist zugutezuhalten, daß er Art. 32 II EGBGB aus dem EVÜ (Art. 10 II) übernehmen mußte. Die von der Rechtsfolge her ähnlich strukturierte Bestimmung des Art. 7 I EVÜ („kann Wirkung verliehen werden"), gegen die die Vertragsstaaten des EVÜ einen Vorbehalt einlegen konnten, hat der deutsche Gesetzgeber nicht in das deutsche Recht überführt (dazu unten Rdnrn. 410, 609). Die neueren Haager Übereinkommen, in denen sich solche Beachtensklauseln finden – z.B. Art. 16 II des *Haager Trust-Übereinkommens* – sind, allerdings aus anderen Gründen, von der Bundesrepublik nicht ratifiziert worden.

IV. Kollisionsnormen und Sachnormen

116 Die Kollisionsnormen des IPR unterscheiden sich in der Rechtsfolge von den Sachnormen des materiellen Rechts: Eine Sachnorm, die nicht eine bloße Hilfsnorm ist, gebietet ein Tun, Dulden oder Unterlassen; eine Kollisionsnorm gibt an, in welcher Rechtsordnung nach einem solchen Gebot gesucht werden muß (dazu bereits oben Rdnr. 104). Da die Rechtsfolge einer Norm einem bestimmten Interesse zum Durchbruch verhilft, unterscheiden sich Kollisionsnormen und Sachnormen auch nach den Interessen, denen sie dienen: Eine *Sachnorm* (Art. 3 I 2 EGBGB: „Sachvorschrift") liegt vor, wenn es um die sachlich richtige Entscheidung geht. Ein *Beispiel* ist § 1 BGB: „Die Rechtsfähigkeit eines Menschen beginnt mit der Vollendung der Geburt." Eine *Kollisionsnorm* des IPR liegt vor, wenn die Vorschrift im Hinblick auf andere sachliche Regelungen des Auslands dazu dient, die passende („angemessene") Rechtsordnung zu finden (*Kegel* § 1 VIII). Ein *Beispiel* ist Art. 7 I 1 EGBGB: Die Rechtsfähigkeit einer Person unterliegt dem Recht des Staates, dem die Person angehört.

Die Sachnormen werden auch als *materiellrechtliche* oder *materielle Normen* bezeichnet. Damit hat das Adjektiv „materiell" in der deutschen Rechtssprache drei verschiedene Bedeutungen: Es ist der Gegensatz zu *prozessual* (den Prozeß betreffend), zu *formell* (die Form betreffend) und zu *kollisionsrechtlich* (*Kropholler* § 12 I).

Die Kollisionsnormen können in Staatsverträgen, im EGBGB oder in Spezialgesetzen ausdrücklich als solche formuliert sein; das ist der Regelfall einer Kollisionsnorm. Es gibt aber auch Ausnahmefälle, in denen Kollisionsnormen in prozessualen oder materiellen Vorschriften enthalten („versteckt") sind (umfassend *Kropholler* § 12 IV).

1. Kollisionsnormen in Zuständigkeitsregeln

117 Kollisionsnormen, die in Zuständigkeitsregeln des Zivilprozeßrechts enthalten sind, spielen insbesondere im deutsch-amerikanischen Rechtsverkehr eine Rolle: Die Einzelstaaten der USA lassen auf manchen Rechtsgebieten die Frage nach dem anwendbaren Recht unbeantwortet, weil die Gerichte dieser Staaten stets ihr eigenes Recht anwenden, wenn sie international zuständig sind. Das anwendbare Recht folgt also aus der internationalen Zuständigkeit der Gerichte dieses Staates (vgl. oben Rdnr. 23); die Kollisionsnorm des IPR ist in der Zuständigkeitsregel des IZPR enthalten. Aus dieser Konstellation ergibt sich das Phänomen der *versteckten Rückverweisung* (dazu unten Rdnr. 208).

2. Kollisionsnormen in Sachvorschriften

118 Eine Kollisionsnorm kann nicht nur in einer Zuständigkeitsregel, sondern auch in einer materiellrechtlichen Norm zu finden sein. Je nachdem, ob man von der materiellrechtlichen oder der kollisionsrechtlichen Regel ausgeht, werden diese Vorschriften unterschiedlich bezeichnet:

a) Selbstbegrenzte Sachnormen

Kegel bezeichnet Sachnormen, die ihren eigenen räumlich-persönlichen Anwendungsbereich bestimmen, als selbstbegrenzte Sachnormen, „selbstgerechte Sachnormen" oder – salopp formuliert – als „Selbstfahrnormen" (Gedächtnisschrift Ehrenzweig, 1976, S. 51, 53). Diese Bezeichnung soll darauf hinweisen, daß die kollisionsrechtlichen Elemente dieser Normen dazu dienen, den mit der Sachnorm verfolgten Zweck in Fällen mit Auslandsberührung gezielt durchzusetzen.

b) Versteckte Kollisionsnormen

119 Andere betrachten solche Normen von dem kollisionsrechtlichen Element her und bezeichnen sie als versteckte Kollisionsnormen (z.B. *Kropholler* § 12 IV). Diese Bezeichnung soll darauf hindeuten, daß es sich um Sachnormen mit „eingebautem kollisionsrechtlichem Teil" (*Kegel* § 6 I 5) handelt.

Die selbstbegrenzten Sachnormen/versteckten Kollisionsnormen sind nach deutscher Auffassung keine eigene Normenkategorie neben Sach- und Kollisionsnormen, sondern kombinieren Elemente einer Sachnorm mit Elementen einer Kollisionsnorm. Sie lassen sich in einen materiellrechtlichen und einen kollisionsrechtlichen Bestandteil zerlegen. Sie schließen die Anwendung von Kollisionsrecht nicht aus, sondern ersetzen die „regulären" Kollisionsnormen des IPR durch punktuelle, „gesetzesbezogene" Kollisionsregeln (*Kropholler* § 12 V). Während beispielsweise das englische Recht eine Reihe solcher Sachnormen mit kollisionsrechtlichem Element enthält (*Junker*, Int. Arbeitsrecht im Konzern, 1992, § 6 I, III), sind diese Normen im deutschen Recht selten und betreffen, wie die *Fälle c* und *d* zeigen, Randfragen des Zivil- und Handelsrechts.

In *Fall c* geht es um die Rechtsfrage, ob eine in US-Dollar ausgedrückte Geldschuld in Deutscher Mark erfüllt werden kann, wenn in Deutschland zu zahlen und die Zahlung in US-Dollar nicht ausdrücklich vereinbart ist. Da es um die Erfüllung der vertraglichen Verpflichtungen geht, ist diese Frage gemäß Art. 32 I Nr. 2 EGBGB („reguläre" Kollisionsnorm) grundsätzlich nach dem Recht des Staates New York zu beantworten. Die herrschende Meinung macht von diesem Grundsatz aber im vorliegenden Fall eine Ausnahme, weil sie dem § 244 I BGB eine versteckte Kollisionsnorm entnimmt: Die Vorschrift ist stets anwendbar, wenn der Zahlungsort im Inland liegt, auch wenn das Vertragsstatut ein ausländisches Recht ist (Nachweise bei *Firsching/von Hoffmann* § 4 Rdnr. 16). Statt der 10000 US-Dollar kann also der Gegenwert in Deutscher Mark gezahlt werden.

In *Fall d* geht es um die Rechtsfrage, ob der Handelsvertreter einen Ausgleichsanspruch nach § 89b HGB hat. An sich kommt diese Vorschrift nicht zur Anwendung, denn das Vertragsstatut des Handelsvertretervertrages ist nicht das deutsche, sondern das dänische Recht. Es könnte jedoch dem § 92c I HGB eine versteckte Kollisionsnorm zu entnehmen sein. Nach dieser Vorschrift kann hinsichtlich des Ausgleichsanspruchs „etwas anderes vereinbart werden", wenn der Handelsvertreter seine Tätigkeit außerhalb der EU und des

EWR auszuüben hat. Daraus könnte sich im Umkehrschluß ergeben, daß die Vorschriften über den Ausgleichsanspruch stets anzuwenden sind, wenn der Handelsvertreter seine Tätigkeit im Gebiet der EU oder des EWR ausübt. Die herrschende Meinung folgt dieser Argumentation nicht. Danach ist § 92c I HGB als reine Sachnorm nur anzuwenden, wenn deutsches Recht Vertragsstatut ist. Der Handelsvertreter hat also im vorliegenden Fall keinen Ausgleichsanspruch nach § 89b HGB (Nachweise bei *Soergel/von Hoffmann*, Art. 34 EGBGB Rdnr. 65).

§ 5. Die wichtigsten Anknüpfungspunkte

120 **Literatur:** *Baetge*, Der gewöhnliche Aufenthalt im Internationalen Privatrecht (1994); *Dethloff*, Doppelstaatsangehörigkeit und Internationales Privatrecht, JZ 1995, 64; *Einsele*, Rechtswahlfreiheit im Internationalen Privatrecht, RabelsZ 60 (1996), 417; *Jayme/Mansel* (Hrsg.), Nation und Staat im Internationalen Privatrecht (1990); *Kötters*, Parteiautonomie und Anknüpfungsmaximen (1989); *Kühne*, Die außerschuldvertragliche Parteiautonomie im neuen Internationalen Privatrecht, IPRax 1987, 69; *Mansel*, Personalstatut, Staatsangehörigkeit und Effektivität (1988); *Martiny*, Probleme der Doppelstaatsangehörigkeit im deutschen internationalen Privatrecht, JZ 1993, 1145; *Sonnenberger*, Anerkennung der Staatsangehörigkeit und effektive Staatsangehörigkeit natürlicher Personen im Völkerrecht und im IPR, BerDGesVR 29 (1988), 19; *V. Stoll*, Die Rechtswahl im Namens-, Ehe- und Erbrecht (1991).

Fälle:

a) Ein in Siebenbürgen (Rumänien) geborener Landwirt, der die rumänische Staatsangehörigkeit besitzt, kam 1992 in die Bundesrepublik Deutschland, wo er als volksdeutscher Aussiedler den Vertriebenenausweis A erhielt. Im Jahre 1994 verstarb er. Nach welchem Recht bestimmt sich die Rechtsnachfolge von Todes wegen?

b) Eine 1972 in Irland geborene irische Staatsangehörige kam 1994 als „Au Pair" nach Bonn. Hier lernte sie einen Deutschen kennen, mit dem sie seit 1995 zusammenlebt. Die beiden wollen heiraten und in Deutschland eine Familie gründen. Welchem Recht sind die Voraussetzungen der Eheschließung zu entnehmen?

c) Eine Deutsche, die mit einem Inder eine vierjährige Tochter hat, übersiedelte im März 1998 von Bombay nach Berlin, um hier zu leben und zu arbeiten. Im Oktober 1998 beantragte sie beim AG Berlin, ihr die elterliche Sorge für die Tochter allein zu übertragen. Nach welchem Recht ist zu entscheiden?

d) Ein griechisches Ehepaar mit gewöhnlichem Aufenthalt in Deutschland beantragt bei dem zuständigen deutschen Familiengericht die Ehescheidung. Als die Richterin andeutet, daß griechisches Recht anzuwenden sei, erklären die Eheleute übereinstimmend, sie möchten nach deutschem Recht geschieden werden.

Der Tatbestand einer Kollisionsnorm enthält zwei Elemente: den *Anknüpfungsgegenstand* (z.B. die Voraussetzungen der Eheschließung) und das *Anknüpfungsmerkmal* (z.B. die Staatsangehörigkeit). Das Anknüpfungsmerkmal stellt die Verbindung zwischen dem Anknüpfungsgegenstand und dem anwendbaren Recht her; es läßt sich in Anknüpfungssubjekt, Anknüpfungszeitpunkt und Anknüpfungspunkt aufspalten (dazu oben Rdnrn. 101–103). Die wichtigsten Anknüpfungspunkte des IPR gelten für das Personalstatut. Das Personalstatut umfaßt die Anknüpfungsgegenstände des Personen-, Familien- und Erbrechts (BegrRegE, BT-Drucks. 10/504, S. 30); es bestimmt sich im deutschen IPR überwiegend nach der Staatsangehörigkeit, teilweise nach dem gewöhnlichen Aufenthalt und vereinzelt nach dem Wohnsitz der natürlichen Person (dazu I–III). Ein weiterer bedeutender Anknüpfungsbegriff, der aus der Vielzahl der im IPR verwendeten Anknüpfungspunkte – beispielsweise Niederlassung, Belegenheitsort, Tatort, Abschlußort oder Erfüllungsort – herausragt, ist die Rechtswahl (dazu IV).

I. Staatsangehörigkeit

121 Im deutschen IPR bildet die Staatsangehörigkeit die Regelanknüpfung für die Rechtsverhältnisse, die sich auf die natürliche Person, das Familienrecht und das Erbrecht beziehen. Dem Recht des Staates, dem eine Person angehört, unterliegen insbesondere
- die Rechts- und Geschäftsfähigkeit (Art. 7 I 1 EGBGB),
- der Name einer Person (Art. 10 I EGBGB),
- die Ehevoraussetzungen (Art. 13 I EGBGB),
- die Ehewirkungen (Art. 14 I Nr. 1 EGBGB),
- das Ehegüterrecht (Art. 15 I EGBGB),
- die Ehescheidung (Art. 17 I EGBGB) und
- die Rechtsnachfolge von Todes wegen (Art. 25 I EGBGB).

Kollisionsrechtsvergleichend betrachtet folgen aus dem Kreis der europäischen Nachbarstaaten insbesondere Österreich, Italien, Spanien und Portugal, eine Reihe osteuropäischer Staaten sowie die Türkei dem Staatsangehörigkeitsprinzip. Die Ankünpfung an die Staatsangehörigkeit dominiert ferner in den islamischen Staaten. Das japanische IPR knüpft ebenfalls an die Staatsangehörigkeit an (rechtsvergleichende Übersicht bei *Staudinger/Hausmann*, Anhang zu Art. 4 EGBGB Rdnrn. 5–550).

1. Bestimmung der Staatsangehörigkeit

122 Im Rahmen der Grenzen, die das Völkerrecht setzt, bestimmt jeder Staat selbst, unter welchen Voraussetzungen seine Staatsangehörigkeit erworben oder verloren wird. Wenn das IPR an die Staatsangehörigkeit anknüpft, wird dieser Anknüpfungspunkt nach den Gesetzen desjenigen Staates ermittelt, dessen Staatsangehörigkeit in Frage steht. Bei der Ausgestaltung seines Staatsangehörigkeitsrechts ist jeder Staat grundsätzlich frei. *Völkerrechtliche Verträge* schreiben allerdings den Vertragsstaaten Regelungen vor, um mehrfache Staatsangehörigkeit oder Staatenlosigkeit zu vermeiden. Eine *allgemeine Regel* des Völkerrechts verbietet einem Staat, seine Staatsangehörigkeit Personen aufzuzwingen, die keine Verbindung zu seiner Rechtsordnung haben. Der wichtigste vom Völkerrecht anerkannte Erwerbsgrund ist der Erwerb einer Staatsangehörigkeit durch Geburt. Das Völkerrecht eröffnet den Staaten zwei Möglichkeiten, an den Tatbestand der Geburt einer Person die automatische Verleihung der Staatsangehörigkeit zu knüpfen (*Seidl-Hohenveldern*, Völkerrecht, 9. Aufl. 1997, Rdnrn. 1317–1319):

a) Nach einer Vielzahl von Rechtsordnungen wird die Staatsangehörigkeit kraft Abstammung von einem Staatsangehörigen erworben („Recht des Blutes", *ius sanguinis*). Danach verleiht ein Staat seine Staatsangehörigkeit einer Person, wenn mindestens ein Elternteil diese Staatsangehörigkeit besitzt. Eine solche Staatsangehörigkeit kann durch eine Kette von Generationen weitergegeben werden, selbst wenn die betreffenden Personen die Bindungen an den Staat gelöst haben. Das Abstammungsprinzip gilt in den kontinentaleuropäischen Staaten.

b) In anderen Staaten wird die Staatsangehörigkeit kraft Geburt im Staatsgebiet erworben („Recht des Bodens", *ius soli*). Dieses Territorialprinzip herrscht im angelsächsischen und im südamerikanischen Raum. Einwanderungsländer bevorzugen dieses Prinzip, um zu erreichen, daß ausländische Einwanderer spätestens in der zweiten Generation zumindest in staatsbürgerlicher Hinsicht in der einheimischen Bevölkerung aufgehen. Für das Territorialprinzip spielt es keine Rolle, welche Staatsangehörigkeit die Eltern besitzen (zu Ausnahmen *Seidl-Hohenveldern*, Völkerrecht, 9. Aufl. 1997, Rdnr. 1318).

2. Deutsches Staatsangehörigkeitsrecht

123 Die Hauptquelle des deutschen Staatsangehörigkeitsrechts ist das *Reichs- und Staatsangehörigkeitsgesetz* (RuStAG) vom 22. 7. 1913 (RGBl. 1913, 583, abgedruckt bei *Sartorius* I Nr. 15). Das Gesetz hat allerdings unter dem Einfluß des Grundgesetzes, insbesondere Artt. 3 II, 6 V GG, bedeutende Änderungen erfahren (zur Nichtanerkennung der früheren DDR-Staatsbürgerschaft oben Rdnr. 18).

a) Erwerb der Staatsangehörigkeit

Die Möglichkeiten, die deutsche Staatsangehörigkeit zu erwerben, werden in § 3 RuStAG aufgezählt und in den folgenden Vorschriften konkretisiert:

(1) Nach § 3 Nr. 1 i. V. m. § 4 I 1 RuStAG erwirbt ein Kind die deutsche Staatsangehörigkeit *durch Geburt*, wenn ein Elternteil die deutsche Staatsangehörigkeit besitzt. Wenn bei der Geburt eines Kindes nur der Vater deutscher Staatsangehöriger ist und das Kind nach dem 30. 6. 1993 geboren wurde, bedarf es nur einer nach den deutschen Gesetzen wirksamen Anerkennung oder Feststellung der Vaterschaft (§ 4 I 2 RuStAG). Für das deutsche Staatsangehörigkeitsrecht ist es unbeachtlich, in welchem Staat das Kind geboren wird und ob in diesem Staat das Prinzip des *ius soli* gilt; es kann also durch Geburt zu einer doppelten Staatsangehörigkeit des Kindes kommen (*Staudinger/Blumenwitz*, Art. 5 EGBGB Rdnr. 156).

(2) Nach § 3 Nr. 2 i. V. m. § 5 RuStAG kann ein vor dem 1. 7. 1993 geborenes Kind eines deutschen Vaters und einer ausländischen Mutter unter bestimmten Voraussetzungen die deutsche Staatsangehörigkeit durch eine Erklärung erwerben. Ein Kind, das nach dem 30. 6. 1993 geboren ist, erwirbt – wenn der Vater Deutscher und die Mutter Ausländerin ist – nach § 4 I 1 RuStAG die deutsche Staatsangehörigkeit.

(3) Nach § 3 Nr. 3 i. V. m. § 6 RuStAG erwirbt ein Kind, das im Zeitpunkt eines Antrags auf Adoption das 18. Lebensjahr noch nicht vollendet hat, die deutsche Staatsangehörigkeit mit der nach den deutschen Gesetzen wirksamen Annahme als Kind durch einen Deutschen. Diese Vorschrift zieht die staatsangehörigkeitsrechtlichen Konsequenzen aus der Regelung des § 1754 BGB, wonach Adoptivkinder den gemeinschaftlichen Kindern von Ehegatten gleichgestellt werden. Ebenso wie ein leibliches Kind nach § 4 I 1 RuStAG durch Geburt die deutsche Staatsangehörigkeit erwirbt, wenn ein Elternteil Deutscher ist, erhält ein Adoptivkind nach § 6 Satz 1 RuStAG durch Adoption die deutsche Staatsangehörigkeit, wenn der Adoptivvater oder die Adoptivmutter die deutsche Staatsangehörigkeit besitzt.

124 (4) Nach § 3 Nr. 5 i.V.m. §§ 8–16 RuStAG kann ein Ausländer durch *Einbürgerung* die deutsche Staatsangehörigkeit erwerben. Die Einbürgerung ist nicht nur in §§ 8–16 RuStAG, sondern auch in Spezialgesetzen vorgesehen. Bei der Einbürgerung wird die Staatsangehörigkeit durch Verwaltungsakt verliehen; der Antragsteller erwirbt mit der Aushändigung der Einbürgerungsurkunde die deutsche Staatsangehörigkeit (§ 16 I 1 RuStAG). Die gesetzlichen Vorschriften unterscheiden zwischen der Anspruchseinbürgerung und der Ermessenseinbürgerung:

- Einen *Rechtsanspruch auf Einbürgerung* haben deutsche Volkszugehörige. Das sind Statusdeutsche im Sinne des Art. 116 I GG und sonstige deutsche Volkszugehörige unter den Voraussetzungen des *Staatsangehörigkeits-Regelungsgesetzes* (StARegG). Ferner haben einen Anspruch auf Einbürgerung frühere deutsche Staatsangehörige, denen zwischen dem 30. 1. 1933 und dem 8. 5. 1945 die Staatsangehörigkeit aus politischen, rassischen oder religiösen Gründen entzogen wurde, sowie deren Abkömmlinge (Art. 116 II GG, §§ 11, 12 I StARegG). Einen Anspruch auf Einbürgerung haben auch Staatenlose nach Art. 2 des *Gesetzes zur Verminderung der Staatenlosigkeit* vom 29. 6. 1977 (BGBl. 1977 I, 1101, abgedruckt bei *Jayme/Hausmann* Nr. 145) und heimatlose Ausländer nach Maßgabe des *Gesetzes über die Rechtsstellung heimatloser Ausländer im Bundesgebiet* vom 9. 7. 1990 (BGBl. 1990 I, 1354).
- Soweit ein Rechtsanspruch auf Einbürgerung nicht vorgesehen ist, steht es *im pflichtgemäßen Ermessen* der deutschen Behörden, ob ein Ausländer eingebürgert wird. Erleichtert ist die Einbürgerung bei Ehegatten deutscher Staatsangehöriger (§ 9 RuStAG), bei deutschen Volkszugehörigen (§ 9 I StARegG) sowie bei Gastarbeitern und ihren Familien (§§ 85–89 AuslG). Die zwischen dem Bundesminister des Inneren und den Innenministern der Länder abgestimmten Einbürgerungsrichtlinien haben das Ziel, eine einheitliche Staatsangehörigkeit in der Familie herzustellen, damit Konflikte zwischen der Familienbindung und den Pflichten gegenüber dem Staat ausgeschlossen werden. Eine erleichterte Einbürgerung für Ausländer mit

langem und rechtmäßigem Aufenthalt in der Bundesrepublik Deutschland (15 Jahre) sieht § 86 AuslG vor; dabei kann der Ausländer in bestimmten Fällen seine bisherige Staatsangehörigkeit beibehalten (*Staudinger/Blumenwitz*, Art. 5 EGBGB Rdnrn. 177, 178).

In *Fall a* ist das Erbstatut das durch die Staatsangehörigkeit des Erblassers im Zeitpunkt des Erbfalls bestimmte Heimatrecht. Der Erblasser fällt als „Siebenbürger Sachse" in den Kreis der deutschen Volkszugehörigen und damit unter den Deutschenbegriff des Art. 116 I GG. Das ergibt sich aus § 1 II Nr. 3 des *Bundesgesetzes über die Rechtsstellung der Vertriebenen und Flüchtlinge* (BVFG) i. V. m. Art. 9 Abschn. II Nr. 5 FamRÄndG (zur weiterbestehenden rumänischen Staatsangehörigkeit unten Rdnr. 127).

b) Verlust der Staatsangehörigkeit

125 Die Gründe für den Verlust der deutschen Staatsangehörigkeit sind in § 17 RuStAG abschließend aufgezählt. Ein Deutscher wird gemäß § 18 RuStAG auf Antrag aus der deutschen Staatsangehörigkeit entlassen, wenn er den Erwerb einer ausländischen Staatsangehörigkeit beantragt und ihm die zuständige Stelle die Verleihung zugesichert hat. Gemäß § 25 RuStAG verliert ein Deutscher, der im Inland weder seinen Wohnsitz noch seinen dauernden Aufenthalt hat, seine Staatsangehörigkeit mit dem Erwerb einer ausländischen Staatsangehörigkeit, wenn dieser Erwerb auf seinen Antrag oder auf Antrag des gesetzlichen Vertreters erfolgt. Gemäß § 26 RuStAG kann ein Deutscher den Verzicht auf seine Staatsangehörigkeit erklären, wenn er auch die Staatsangehörigkeit eines anderen Staates besitzt (zu weiteren Verlustgründen *Staudinger/Blumenwitz*, Art. 5 EGBGB Rdnrn. 195–203). Der Verlust der deutschen Staatsangehörigkeit ist stets vom Erwerb einer neuen Staatsangehörigkeit abhängig, so daß ein Deutscher nicht staatenlos werden kann (*Firsching/von Hoffmann* § 5 Rdnr. 52).

3. Anknüpfung an die Staatsangehörigkeit

126 Die Anknüpfung an die Staatsangehörigkeit führt zu keinem Resultat, wenn eine Person mehrere Staatsangehörigkeiten oder keine Staatsangehörigkeit hat. In diesen Fällen muß die Anknüpfung an die Staatsangehörigkeit durch Hilfsnormen ergänzt werden.

a) Mehrstaater (Art. 5 I EGBGB)

Die Anknüpfung an die Staatsangehörigkeit verfehlt ihr Ziel, wenn die Anknüpfungsperson mehrere Staatsangehörigkeiten besitzt. Mehrfache Staatsangehörigkeit kann durch *Geburt* entstehen, wenn sowohl der Staat, in dem das Kind geboren wurde (*ius soli*), als auch der Staat, dem ein Elternteil angehört (*ius sanguinis*) dem Kind die Staatsangehörigkeit verleiht. Das ist der häufigste Entstehungsgrund mehrfacher Staatsangehörigkeit. Durch *Eheschließung* entsteht mehrfache Staatsangehörigkeit, wenn der Heimatstaat des einen Ehepartners dem anderen Ehepartner seine Staatsangehörigkeit verleiht, ohne daß die alte Staatsangehörigkeit aufgegeben werden muß. Bei mehrfacher Staatsangehörigkeit unterscheidet das deutsche IPR zwischen Personen mit verschiedenen ausländischen Staatsangehörigkeiten und Personen, die auch die deutsche Staatsangehörigkeit besitzen:

127 (1) *Mehrfache ausländische Staatsangehörigkeit*: Wenn die Anknüpfungsperson die Staatsangehörigkeiten mehrerer fremder Staaten besitzt, stellt Art. 5 I 1 EGBGB auf die *effektive Staatsangehörigkeit* ab. Es kommt auf die Staatsangehörigkeit desjenigen Staates an, mit dem der Mehrstaater am engsten verbunden ist.

Die engste Verbindung kann insbesondere durch den gewöhnlichen Aufenthalt einer Person und den Verlauf ihres Lebens hergestellt werden (Art. 5 I 1 EGBGB, dazu *Dörner*, StAZ 1990, 1, 2–3). Der gewöhnliche Aufenthalt in einem Heimatstaat indiziert die effektive Staatsangehörigkeit (MünchKomm-*Sonnenberger*, Art. 5 EGBGB Rdnr. 5; *Staudinger/Blumenwitz*, Art. 5 EGBGB Rdnr. 420). Anhaltspunkte für den „Verlauf des Lebens“ sind z.B. die Ausübung politischer Rechte, die Erfüllung der Wehrpflicht, wirtschaftliche und berufliche Beziehungen sowie die sprachliche und kulturelle Zugehörigkeit. Art. 5 I 1 EGBGB überläßt die Ermittlung der engsten Verbindung bewußt den Umständen des Einzelfalles (*Firsching/von Hoffmann* § 5 Rdnr. 21).

(2) *Deutsch-ausländische Mehrstaater*: Hat eine Person mit mehreren Staatsangehörigkeiten neben einer ausländischen auch die deutsche Staatsangehörigkeit, erklärt Art. 5 I 2 EGBGB die deutsche Staatsangehörigkeit für ausschlaggebend. Es spielt keine Rolle,

ob sie auch die effektive Staatsangehörigkeit ist. Art. 5 I 2 EGBGB vernachlässigt das Parteiinteresse und den internationalen Entscheidungseinklang; die Vorschrift soll, indem sie die *lex fori* beruft, die Rechtsanwendung erleichtern (befürwortend *G. Otto*, StAZ 1995, 280, 281; kritisch *Dethloff*, JZ 1995, 64, 73). Umstritten ist, ob Art. 5 I 2 EGBGB auch bei der Auslegung kollisionsrechtlicher Staatsverträge herangezogen werden kann (verneinend MünchKomm-*Sonnenberger*, Art. 5 EGBGB Rdnr. 12).

In *Fall a* ist es nach Art. 5 I 2 EGBGB unerheblich, daß dem Erblasser im Zeitpunkt des Erbfalls neben der deutschen auch noch die rumänische Staatsangehörigkeit zustand (Fall nach BayObLG NJW-RR 1997, 201 = JuS 1997, 467 [*Hohloch*]).

b) Staatenlose (Art. 5 II EGBGB)

128 Ebenso wie bei Mehrstaatern versagt auch bei Staatenlosen die Anknüpfung an die Staatsangehörigkeit, so daß sie durch ein anderes Anknüpfungsmerkmal ersetzt werden muß. Staatenlosigkeit kann entstehen, wenn das gemeinsame Personalstatut der Eltern dem *ius soli*-Prinzip folgt, während im Geburtsland des Kindes das *ius sanguinis*-Prinzip gilt (*originäre Staatenlosigkeit*). Manche Staaten sehen die Aberkennung der Staatsangehörigkeit vor; ferner kann es vorkommen, daß Emigranten ihre bisherige Staatsangehörigkeit verlieren, bevor sie eine neue erworben haben (*nachträgliche Staatenlosigkeit*).

Art. 5 II EGBGB erklärt im Fall der Staatenlosigkeit den gewöhnlichen Aufenthalt oder, mangels eines gewöhnlichen Aufenthalts, den schlichten Aufenthalt für maßgebend. Die Bedeutung des Art. 5 II EGBGB liegt vor allem darin, daß die Vorschrift das *New Yorker UN-Übereinkommen über die Rechtsstellung der Staatenlosen* vom 28. 9. 1954 (BGBl. 1976 II, 474, abgedruckt bei *Jayme/Hausmann* Nr. 7) dahin interpretiert, daß statt des „Wohnsitzes" (Art. 12 I des Übereinkommens) der gewöhnliche Aufenthalt maßgebend ist (dazu *von Bar* I Rdnr. 547). In seinem Anwendungsbereich geht das Übereinkommen dem Art. 5 II EGBGB vor, der den Art. 12 I des Übereinkommens allerdings in zulässiger Weise interpretiert (*Staudinger/Blumenwitz*, Art. 5 EGBGB Rdnrn. 486–490; *Soergel/*

Kegel, Art. 5 EGBGB Rdnrn. 18–34; MünchKomm-*Sonnenberger*, Art. 5 EGBGB Rdnrn. 24–26).

Art. 5 II EGBGB ist eine unselbständige Kollisionsnorm, die den Anknüpfungspunkt „Staatsangehörigkeit" in einer selbständigen Kollisionsnorm ausfüllt (dazu oben Rdnr. 106). Wenn beispielsweise einer der Verlobten im Falle des Art. 13 I EGBGB staatenlos ist, entscheidet das Recht des gewöhnlichen Aufenthalts. Fehlt es auch am gewöhnlichen Aufenthalt, kommt der schlichte Aufenthalt zum Zuge (Art. 5 II EGBGB). Es handelt sich um eine Mehrfachanknüpfung in Gestalt einer Anknüpfungsleiter (dazu unten Rdnr. 178).

II. Domicile und Wohnsitz

129 In den Staaten des Common Law ist das *domicile* anstelle der Staatsangehörigkeit das primäre Anknüpfungsmerkmal des Personalstatuts. Der Domizilbegriff des englischen Rechts und des Rechts der USA ist mit dem deutschen Wohnsitzbegriff nicht identisch: Domicile bedeutet – wie die Staatsangehörigkeit – die Zugehörigkeit zu einem Rechtsgebiet, nicht die Zugehörigkeit zu einem bestimmten Ort. Jede Person muß ein domicile, kann aber nur ein einziges domicile haben, während mehrere Wohnsitze einer Person möglich sind (*Staudinger/Hausmann*, Anhang zu Art. 4 EGBGB Rdnr. 5). Das Anknüpfungsmoment des domicile ist für deutsche Gerichte häufig im Rahmen der Rück- oder Weiterverweisung bedeutsam (*Firsching/von Hoffmann* § 5 Rdnr. 63).

In *Fall b* verweist Art. 13 I EGBGB hinsichtlich der sachlichen Voraussetzungen der Eheschließung für den Mann auf das deutsche Recht und für die Frau auf das irische Recht. Da die Verweisung auf das irische Recht eine Gesamtverweisung ist (Art. 4 I 1 EGBGB), ist das irische IPR auf Rück- oder Weiterverweisungen zu untersuchen. Das irische Recht stellt hinsichtlich der Voraussetzungen der Eheschließung auf das domicile ab (*Staudinger/Hausmann*, Anhang zu Art. 4 EGBGB Rdnr. 35). Es ist also zu fragen, ob die Irin nach den Regeln des irischen IPR ihr domicile in Irland hat (dann akzeptiert das irische Recht die Verweisung des Art. 13 I EGBGB), oder ob sie ihr domicile in Deutschland hat (dann verweist das irische Recht auf das deutsche Recht zurück, so daß die deutschen Sachvorschriften anzuwenden sind).

1. Anknüpfung an das Domicile

130 Das domicile ist in den Ländern des Common Law das primäre Anknüpfungsmoment des Personalstatuts. Der Begriff des domicile in den Ländern des Common Law unterscheidet sich von dem deutschen Wohnsitzbegriff dadurch, daß es weder ein doppeltes Domizil noch Domizillosigkeit gibt und ein Domizil nicht an einem einzelnen Ort, sondern in einem Rechtsterritorium als ganzem besteht (*Kropholler* § 37 I 2a). Der Begriff des domicile bedeutet nicht die Verbundenheit mit einem Ort, sondern die Verbundenheit mit einem Rechtsgebiet (*Staudinger/von Bar/Mankowski*, vor Art. 13 EGBGB Rdnr. 20).

a) Domicile of Origin

Der Grundgedanke der Domizilanknüpfung lautet: Jede natürliche Person erwirbt mit der Geburt ein *domicile of origin*, das sie solange behält, bis sie sich an einem anderen Rechtsgebiet mit der Absicht niederläßt, dort für immer oder doch für unbestimmte Zeit zu bleiben (*animus manendi*).

(1) Nach *englischem Recht* erwirbt das eheliche Kind mit der Geburt das domicile of origin des Vaters, das nichteheliche Kind das domicile of origin der Mutter. Das domicile of origin ist unveränderlich (*Staudinger/von Bar/Mankowski*, vor Art. 13 EGBGB Rdnr. 21). In der deutschen Rechtsprechung spielt nicht nur der Domizilbegriff des englischen Rechts eine Rolle, sondern auch der Domizilbegriff anderer Rechte, die ihn aus dem englischen Recht entlehnt haben (BGH NJW 1991, 3088 – Ghana; OLG Köln IPRax 1989, 297 – Irland).

In *Fall b* hat die Irin also durch Geburt das irische domicile erworben; dieses domicile of origin ist unveränderlich.

(2) In den *Vereinigten Staaten* sind die Voraussetzungen der Begründung eines domicile einzelstaatlich geregelt. Da das domicile of origin auch in den USA durch die Geburt begründet wird, ist eine Domizillosigkeit nicht möglich (*Firsching/von Hoffmann* § 5 Rdnr. 66).

b) Domicile of Choice

131 Das *domicile of origin* geht – ebenso wie die Staatsangehörigkeit – nicht ohne weiteres verloren, wenn eine Person die Beziehungen zu ihrem Geburtsland lockert. Ein *domicile of choice*, das an die Stelle des domicile of origin tritt, wird vielmehr nur unter strengen Voraussetzungen erworben.

(1) Nach *englischem Recht* setzt der Erwerb eines domicile of choice voraus, daß sich die betreffende Person an einem anderen Ort niederläßt mit der Absicht, für immer oder auf unbestimmte Zeit dort zu bleiben (zum ähnlichen irischen Recht s. das Beispiel unten Rdnr. 530). An die Begründung eines domicile of choice werden strenge Anforderungen gestellt. Wenn das domicile of choice durch Aufgabe des Aufenthalts oder des Bleibewillens wieder aufgehoben wird, lebt bis zur Begründung eines neuen domicile of choice das domicile of origin wieder auf; das domicile of origin bleibt also latent erhalten (*Staudinger/Hausmann*, Anhang zu Art. 4 EGBGB Rdnrn. 5–10). Die Kinder teilen in England das jeweilige domicile ihrer rechtlichen Bezugsperson, sofern sie das 16. Lebensjahr noch nicht vollendet haben und unverheiratet sind (sec. 3 Domicile and Matrimonial Proceedings Act 1973).

In *Fall b* hatte die Irin die Absicht, auf unbestimmte Zeit in Deutschland zu bleiben. Sie hat damit in Deutschland ein domicile of choice begründet. Das irische IPR spricht folglich eine Rückverweisung auf das deutsche Recht aus; die sachlichen Voraussetzungen der Eheschließung sind dem deutschen Recht zu entnehmen.

(2) In den *Vereinigten Staaten* bleibt das domicile of origin nicht latent erhalten, sondern das domicile of choice besteht bei Aufgabe eines „permanent home" fort, bis es durch ein anderes ersetzt wird. Ferner sind die Anforderungen, die für die Begründung eines domicile of choice an den Bleibewillen gestellt werden, in den USA weniger hoch als in England. Der amerikanische Domizilbegriff ist stärker an den tatsächlichen Verhältnissen ausgerichtet und steht zwischen dem englischen domicile und dem gewöhnlichen Aufenthalt der kontinentaleuropäischen Kollisionsrechte (*Staudinger/von Bar/Mankowski*, vor Art. 13 EGBGB Rdnr. 25). Nach dem Recht der Einzelstaaten der USA ist die *residence*, der Aufenthalts- oder Wohnort einer Person, von dem domicile, der Rechtsbeziehung zwischen einem Menschen und einem Territorium, zu unterscheiden (*Firsching/von Hoffmann* § 5 Rdnr. 65).

2. Anknüpfung an den Wohnsitz

Im autonomen deutschen IPR hat der Wohnsitz seit der Reform von 1986 als Anknüpfungspunkt nur noch geringe Bedeutung. An seine Stelle ist die Anknüpfung an den gewöhnlichen, hilfsweise an den schlichten Aufenthalt getreten. Die einzige Vorschrift des EGBGB, die an den Wohnsitz anknüpft, ist Art. 26 I 1 Nr. 3 EGBGB; sie ist aber keine autonome deutsche Regelung, sondern beruht auf dem *Haager Testamentsformübereinkommen* vom 5. 10. 1961 (BGBl. 1965 II, 1145, abgedruckt bei *Jayme/Hausmann* Nr. 39). Der Wohnsitz spielt auch in anderen völkerrechtlichen Verträgen eine Rolle, so in Art. 12 der *Genfer Flüchtlingskonvention* vom 28. 7. 1951 (BGBl. 1953 II, 560, abgedruckt bei *Jayme/Hausmann* Nr. 5) und in Art. 12 des *New Yorker Staatenlosen-Übereinkommens* vom 28. 9. 1954 (BGBl. 1976 II, 474, abgedruckt bei *Jayme/Hausmann* Nr. 7, dazu oben Rdnr. 128). Ferner ist der Wohnsitz im Internationalen Zivilverfahrensrecht wichtig, soweit es um die Bestimmung der internationalen Zuständigkeit geht (*Firsching/von Hoffmann* § 5 Rdnrn. 60–62). **132**

Dagegen verwendet eine Reihe ausländischer Rechtsordnungen ein Anknüpfungsmoment, das dem Wohnsitz entspricht: In der *Schweiz* ist der Wohnsitz ein dominierender Anknüpfungspunkt (*von Overbeck*, IPRax 1988, 329, 330). In *Frankreich* spielt das domicile eine beträchtliche Rolle (*Batiffol/Lagarde* I Tz. 179).

Im Kern stimmen die meisten Rechtsordnungen darin überein, daß zum selbständigen Erwerb eines Wohnsitzes zwei Dinge gehören: der tatsächliche Aufenthalt an einem bestimmten Ort (*factum*) und der Wille, dort für längere Zeit zu bleiben (*animus*). Unterschiede bestehen in der Auslegung dieser beiden Kriterien:

a) *Tatsächlicher Aufenthalt:* Hinsichtlich des ersten Merkmals herrscht keine Einigkeit über die Frage, ob der wohnsitzbegründende Aufenthalt mit einer festen Niederlassung verbunden sein muß. Ferner unterscheiden sich die Rechtsordnungen darin, welcher Bezirk – eine Gemeinde, ein Gerichtsbezirk oder ein größeres Territorium – als Wohnsitz gilt (*Kropholler* § 39 I 4). **133**

Nach schweizerischem IPR hat beispielsweise eine natürliche Person ihren Wohnsitz in dem Staat, in dem sie sich mit der Absicht dauernden Verbleibens aufhält (§ 20 I a IPRG). Das französische *domicile* entspricht dem deutschen Wohnsitz. Das domicile richtet sich für Ausländer und für Franzosen einheitlich nach Artt. 103–108 Code civil. Das französische Recht unterscheidet zwischen dem *domicile de fait*, das freiwillig begründet wird, und dem *domicile de dépendance*, das beispielsweise für Minderjährige gilt. Es gibt kein mehrfaches domicile; jeder behält sein bisheriges domicile so lange, bis er an einem anderen Ort ein neues domicile begründet (*Batiffol/Lagarde* II Tz. 399–402; *Firsching/von Hoffmann* § 5 Rdnr. 64).

134 b) *Subjektives Element:* Hinsichtlich des Bleibewillens weichen die einzelnen Rechtsordnungen insbesondere in den Antworten auf die Fragen ab, auf welche Zeitspanne der *animus manendi* gerichtet sein muß, unter welchen Voraussetzungen ein Bleibewille vermutet wird und welches subjektive Element für die Aufgabe eines Wohnsitzes zu fordern ist (*Kropholler* § 39 I 4).

Aus der unterschiedlichen Bestimmung des Wohnsitzes in den einzelnen Rechtsordnungen folgt, daß der Wohnsitzbegriff – soweit er in einer im Rahmen der Gesamtverweisung zu beachtenden ausländischen Kollisionsnorm enthalten ist – so anzuwenden ist, wie er im Ausland verstanden wird (MünchKomm-*Sonnenberger*, Einl. zum IPR Rdnr. 662). Das entspricht dem Grundsatz, daß jeder Staat selbst über die Auslegung seiner nationalen Rechtssätze – wozu auch das autonome IPR zählt – bestimmt. Eine Ausnahme von diesem Grundsatz besteht, wenn der Wohnsitz als Anknüpfungsmoment in völkerrechtlichen Verträgen enthalten ist. Dann ist der Wohnsitzbegriff nach den Regeln auszulegen, die für die Auslegung kollisionsrechtlicher Staatsverträge gelten (*Firsching/von Hoffmann* § 5 Rdnr. 68).

III. Gewöhnlicher Aufenthalt

135 Der gewöhnliche Aufenthalt ist neben der Staatsangehörigkeit ein zweiter bedeutender Anknüpfungspunkt des deutschen Internationalen Personen-, Familien- und Erbrechts. Während im autonomen deutschen IPR die *Staatsangehörigkeit* bei der Anknüpfung des Personalstatuts dominiert, hat der *gewöhnliche Aufenthalt* insbesondere durch kollisionsrechtliche Staatsverträge Eingang in das deutsche IPR gefunden (einführend *Kropholler* § 39).

Im autonomen deutschen IPR kommt der gewöhnliche Aufenthalt zum Zuge, wenn die Anknüpfung an die Staatsangehörigkeit versagt (z.B. Art. 14 I Nr. 2 EGBGB) oder nicht die engste Ver-

bindung zwischen einem Rechtsverhältnis und einer Rechtsordnung herstellt (z.B. Art. 29 II EGBGB). Auf den gewöhnlichen Aufenthalt kommt es an gemäß
- Art. 5 I 1 EGBGB für Mehrstaater,
- Art. 5 II EGBGB für Staatenlose,
- Art. 10 II 1 Nr. 2, III 1 Nr. 2 EGBGB (Namensrechtswahl),
- Art. 13 II Nr. 1, 1. Fall EGBGB für die Eheschließung,
- Art. 14 I Nr. 2 EGBGB für das Ehewirkungsstatut,
- Art. 28 II 1 EGBGB für Verträge mangels Rechtswahl und
- Art. 29 II EGBGB für Verbraucherverträge.

Im staatsvertraglichen IPR hat der gewöhnliche Aufenthalt vor allem durch die neueren Übereinkommen der Haager Konferenz für IPR Bedeutung erlangt, in denen auf die *résidence habituelle* abgestellt wird. Das ist insbesondere der Fall in
- Art. 4 I HUntÜ/Art. 18 I 1 EGBGB für die Unterhaltsverpflichtungen,
- Art. 1 MSA für die Maßnahmen zum Schutz des Minderjährigen und
- Art. 1 I lit. d HTestÜ/Art. 26 I Nr. 3 EGBGB für die Testamentsform.

1. Begriff des gewöhnlichen Aufenthalts

136 Der gewöhnliche Aufenthalt ist der Ort, an dem eine Person ihren Lebensmittelpunkt hat (Schwerpunkt der Lebensverhältnisse, BGHZ 78, 293, 295; BGH NJW 1975, 1068). Es gibt aber keine festen Kriterien dafür, wie man diesen Ort feststellt, insbesondere von welcher Dauer der Aufenthalt sein muß, damit man ihn als „gewöhnlich" bezeichnen kann. Der deutsche Gesetzgeber hat bewußt auf eine Begriffsbestimmung des gewöhnlichen Aufenthalts verzichtet, um den Weg für eine international einheitliche Auslegung dieses Begriffs nicht zu versperren, und zwar sowohl im nationalen IPR als auch im Rahmen völkerrechtlicher Verträge (BegrRegE, BT-Drucks. 10/504, S. 41).

Die Rechtsprechung verwendet als entscheidendes Kriterium für den gewöhnlichen Aufenthalt die soziale Integration durch familiäre und berufliche Beziehungen. Für die soziale Integration am Aufenthaltsort können sowohl die Aufenthaltsdauer als auch der Aufenthaltswille bedeutsam sein (BGH NJW 1975, 1068; OLG Düsseldorf FamRZ 1984, 194; s. auch *von Bar* I Rdnr. 529). Der gewöhnliche Aufenthalt ist ein „faktischer Wohnsitz", der nicht gleichzeitig an mehreren Orten bestehen kann und maßgebend von der festen Einbindung in eine soziale Umwelt abhängt (BGHZ 78, 293, 295). Der gewöhnliche Aufenthalt ist jedoch kein rein tatsächliches Anknüpfungskriterium, denn das Adjektiv *gewöhnlich* führt ein normatives Element ein, so daß es nicht bloß auf die physische Anwesenheit an einem Ort ankommen kann (MünchKomm-*Sonnenberger*, Einl. zum IPR Rdnr. 665).

a) Tatsächliche Aufenthaltsdauer

137 Der gewöhnliche Aufenthalt wird in erster Linie begründet durch die tatsächliche Dauer des Aufenthalts und die daraus faktisch entstandenen Bindungen. Einen Mindestzeitraum für die tatsächliche Dauer kann man nicht generell festlegen. Für Minderjährige nennt die Rechtsprechung als Faustregel einen Zeitraum von sechs Monaten (*Palandt/Heldrich*, Art. 5 EGBGB Rdnr. 10). Auch wenn der Aufenthalt gegen den Willen des Minderjährigen oder den Willen des zur Personensorge Berechtigten begründet wurde, kann dieser Aufenthalt durch Zeitablauf nachträglich zum gewöhnlichen Aufenthalt werden, soweit eine soziale Integration in die neue Umwelt tatsächlich stattgefunden hat (*Firsching/von Hoffmann* § 5 Rdnr. 76). Wenn der Aufenthalt gegen den Willen des Minderjährigen begründet wurde, ist aber mit der Annahme einer sozialen Integration zurückhaltend zu verfahren (MünchKomm-*Sonnenberger*, Einl. zum IPR Rdnr. 668).

b) Aufenthaltswille (animus manendi)

138 Nach langer Aufenthaltsdauer besteht nach der Rechtsprechung eine widerlegliche Vermutung für den Willen, einen Ort zum Schwerpunkt oder zum Mittelpunkt der Lebensverhältnisse zu machen (BGH NJW 1975, 1068). Bei kurzer Aufenthaltsdauer kommt es dagegen für den gewöhnlichen Aufenthalt auf den *animus manendi* an; das ist die angestrebte Aufenthaltsdauer und die dabei zu erwartende soziale Integration (*Firsching/von Hoffmann* § 5 Rdnr. 77).

In *Fall c* ist das AG Berlin nach Art. 1 MSA international zuständig – und hat gemäß Art. 2 MSA nach deutschem Recht zu entscheiden –, wenn die Tochter ihren gewöhnlichen Aufenthalt in Deutschland hat. Zwar ist mehr als ein halbes Jahr seit der Übersiedlung von Indien nach Deutschland vergangen; ein neuer gewöhnlicher Aufenthalt in Deutschland setzt aber voraus, daß auch eine soziale Integration in Deutschland besteht. Hierfür kommt es nicht nur auf die Integration der Mutter, sondern auch auf die Eingliederung der Tochter an. Eine solche Eingliederung muß vom Gericht im Einzelfall anhand aller Merkmale des Sachverhalts, der insoweit noch weiter aufzuklären ist, festgestellt werden.

2. Anwendung des Aufenthaltsprinzips

139 Bei der Anwendung des Aufenthaltsprinzips stellt sich zum einen die Frage, inwieweit abhängige Personen – insbesondere Minderjährige – einen von anderen Personen abgeleiteten Aufenthalt haben können (*Fall c*). Zum anderen ist zu klären, wie zu verfahren ist, wenn ein gewöhnlicher Aufenthalt nicht festgestellt werden kann (vgl. *Spickhoff*, IPRax 1995, 185, 189).

a) Abhängige Personen (Art. 5 III EGBGB)

Da der gewöhnliche Aufenthalt tatsächlichen Charakter hat, gibt es nach herrschender Auffassung keinen abgeleiteten Aufenthalt abhängiger Personen. Wenn jemand einen gewöhnlichen Aufenthalt begründet, ist im Gegensatz zur Begründung des Wohnsitzes (vgl. § 8 BGB) die Geschäftsfähigkeit nicht erforderlich. Bei einem Kind genügt der natürliche Aufenthaltswille. Der Wille des Sorgeberechtigten ist bei der Ermittlung des gewöhnlichen Aufenthalts einer noch nicht geschäftsfähigen Person aber für Art. 5 III EGBGB von Bedeutung. Ein ohne den Willen des gesetzlichen Vertreters begründeter Aufenthalt eines Minderjährigen ist gemäß Art. 5 III EGBGB nur beachtlich, wenn der Minderjährige sich an seinem neuen Aufenthaltsort sozial integriert hat (*Firsching/von Hoffmann* § 5 Rdnrn. 81, 82).

b) Fehlen eines gewöhnlichen Aufenthalts

Wenn ein gewöhnlicher Aufenthalt nicht vorliegt, ist nach einigen Vorschriften subsidiär an den schlichten Aufenthalt anzuknüpfen. Um einen schlichten Aufenthalt zu begründen, genügt die tatsächliche körperliche Anwesenheit an einem Ort. An die Verweildauer werden keine besonderen Anforderungen gestellt (MünchKomm-*Sonnenberger*, Einl. zum IPR Rdnr. 669). Auf den schlichten Aufenthalt wird regelmäßig nur subsidiär abgestellt, und zwar in Art. 5 II, 2. Fall EGBGB, in Art. 12 des *New Yorker UN-Übereinkommens über die Rechtsstellung der Staatenlosen* vom 28. 9. 1954 (BGBl. 1976 II, 474, abgedruckt bei *Jayme/Hausmann* Nr. 7) und in Art. 12 des *Genfer UN-Abkommens über die Rechtsstellung der Flüchtlinge* vom 28. 7. 1951 (BGBl. 1953 II, 560, abgedruckt bei *Jayme/Hausmann* Nr. 5).

3. Rechtspolitische Erwägungen

140 Die Frage, ob eine Rechtsordnung in ihren Kollisionsnormen dem Staatsangehörigkeitsprinzip oder dem Aufenthaltsprinzip folgt, ist eine der wichtigen Weichenstellungen des Internationalen Privatrechts. Der Grundgedanke des Staatsangehörigkeitsprinzips lautet: Die Staatsangehörigkeit eines Menschen ist regelmäßig der Ausdruck einer engen persönlichen Verbindung mit dem verleihenden Staat und seiner Rechtsordnung; dieser Rechtsordnung soll überlassen werden, die persönlichen Angelegenheiten des Menschen zu regeln.

Wer vorübergehend im Ausland lebt, wird gemäß dem Staatsangehörigkeitsprinzip weiterhin in seinen persönlichen Angelegenheiten nach seinem Heimatrecht beurteilt. Selbst einem Emigranten, der sich auf Dauer in einem fremden Staat niederläßt, mutet es das Staatsangehörigkeitsprinzip zu, weiterhin nach seinem Heimatrecht beurteilt zu werden. Erst wenn der Emigrant in dem fremden Staat von der Möglichkeit Gebrauch macht, sich einbürgern zu lassen, und „durch den Erwerb der Staatsangehörigkeit des Aufenthaltsstaates die Brücken zu seinem Heimatstaat abbricht, kann man davon ausgehen, daß er auch in seinen persönlichen Angelegenheiten nach dem neuen Recht leben will" (*Firsching/von Hoffmann* § 5 Rdnr. 11).

a) Für die Anknüpfung nach dem Staatsangehörigkeitsprinzip sprechen im Vergleich zur Aufenthaltsanknüpfung die geringeren Manipulationsmöglichkeiten, die leichtere Feststellbarkeit und das häufigere Erzielen des internationalen Entscheidungseinklangs. **141**

(1) Die Anknüpfung an die Staatsangehörigkeit hat zunächst den Vorteil der *geringeren Manipulationsmöglichkeiten* für sich: Die Staaten stellen strenge Anforderungen an den Erwerb oder Verlust der Staatsangehörigkeit. Deshalb ist die Staatsangehörigkeit als Anknüpfungspunkt weniger anfällig für Manipulationen der Anknüpfungspersonen als es der gewöhnliche Aufenthalt ist. Das spielt insbesondere im Internationalen Personen- und Familienrecht eine Rolle, wo es darum geht, auf Dauer angelegte Statusverhältnisse zu begründen oder zu ändern (BegrRegE, BT-Drucks. 10/504, S. 31).

(2) Für die Anknüpfung an die Staatsangehörigkeit spricht weiter die *leichte Feststellbarkeit* dieses Anknüpfungspunktes. Die Staatsangehörigkeit läßt sich – von Kriegs- und Umbruchzeiten abgesehen – mit geringerem Aufwand und größerer Sicherheit feststellen als der gewöhnliche Aufenthalt. Die Staatsangehörigkeit ergibt sich aus den Personalpapieren, während der gewöhnliche Aufenthalt aufgrund einer Bewertung nicht immer leicht feststellbarer Tatsachen festgelegt werden muß. Die Staatsangehörigkeit ist stabiler als der gewöhnliche Aufenthalt und trägt damit auch den Kontinuitätsinteressen der Betroffenen Rechnung (MünchKomm-*Sonnenberger*, Einl. zum IPR Rdnr. 635).

(3) Die Anknüpfung an die Staatsangehörigkeit fördert schließlich den *internationalen Entscheidungseinklang*: Die Heimatländer der großen Ausländergruppen, die sich in Deutschland aufhalten, folgen ebenfalls dem Staatsangehörigkeitsprinzip (Übersicht bei *Kegel* § 13 II). Der Entscheidungseinklang spielt vor allem in Statusangelegenheiten, die die Menschen in ihren persönlichen Belangen berühren, eine große Rolle, soweit es gilt, hinkende Rechtsverhältnisse zu vermeiden (*Firsching/von Hoffmann* § 5 Rdnr. 16). Damit wird das Problem der Rück- und Weiterverweisung verringert.

b) Für den gewöhnlichen Aufenthalt als Anknüpfungsmerkmal spricht, daß es die Schwierigkeiten mit Staatenlosen und Mehrstaatern vermeidet, bei interlokalen Rechtskollisionen direkt auf eine Teilrechtsordnung hinführt und dem Richter die Rechtsanwendung erleichtert, indem die Anknüpfung an den gewöhnlichen Aufenthalt häufiger zur *lex fori* führt als die Anknüpfung an die Staatsangehörigkeit. **142**

(1) Bei der Anknüpfung an die Staatsangehörigkeit bereiten *Mehrstaater* und *Staatenlose* Schwierigkeiten. Wenn eine Person mehrere Staatsangehörigkeiten hat, bedarf es einer unselbständigen Kollisionsnorm als Hilfsnorm, die das Kri-

terium der Staatsangehörigkeit präzisiert. Diese Norm findet sich im deutschen IPR in Art. 5 I EGBGB. Ist eine Person staatenlos oder kann ihre Staatsangehörigkeit nicht ermittelt werden, so verweist Art. 5 II EGBGB auf das Recht des gewöhnlichen Aufenthalts. Beide Hilfsnormen sind bei der Anknüpfung an den gewöhnlichen Aufenthalt entbehrlich.

(2) Wenn eine Kollisionsnorm des deutschen Rechts auf einen ausländischen *Mehrrechtsstaat* verweist, führt die Anknüpfung an den gewöhnlichen Aufenthalt direkt zu der anwendbaren Teilrechtsordnung (dazu unten Rdnr. 225). Bei der Anknüpfung an die Staatsangehörigkeit bedarf es in dieser Fallkonstellation einer unselbständigen Hilfsnorm, die sich im deutschen IPR in Artt. 4 III, 35 II EGBGB findet.

(3) Ein Vorzug des Aufenthaltsprinzips liegt darin, daß es häufiger zur *Anwendung der lex fori* führt, weil der gewöhnliche Aufenthalt häufiger als die Staatsangehörigkeit mit dem Gerichtsstand übereinstimmt. Wenn bei einer Person die Staatsangehörigkeit und der gewöhnliche Aufenthalt auseinanderfallen, werden Rechtsstreitigkeiten häufiger im Staat des gewöhnlichen Aufenthalts als im Heimatstaat geführt. Durch die daraus resultierende häufigere Übereinstimmung von Gerichtsstand und anwendbarem Recht werden die Schwierigkeiten der Anwendung ausländischen Rechts vermieden (zur Ambivalenz dieses „Heimwärtsstrebens" oben Rdnr. 95).

IV. Parteiautonomie

143 Die Anknüpfung an eine Rechtswahl bedeutet, daß die Anknüpfungspersonen selbst bestimmen, welcher Rechtsordnung das Rechtsverhältnis unterliegen soll. Die Freiheit der Rechtswahl – die kollisionsrechtliche Verweisungsfreiheit – ist von der materiellrechtlichen Vertragsfreiheit zu unterscheiden:

- Die materiellrechtliche Vertragsfreiheit entbindet die Parteien von den dispositiven (nichtzwingenden) Vorschriften einer bestimmten Rechtsordnung; beispielsweise können die Vertragsparteien im deutschen materiellen Kaufrecht anstelle des Wandelungs- oder Minderungsrechts nach §§ 459ff. BGB ein Nachbesserungsrecht vereinbaren.
- Die kollisionsrechtliche Rechtswahlfreiheit ermöglicht es den Parteien dagegen, für einen bestimmten Anknüpfungsgegenstand eine gesamte Rechtsordnung – einschließlich ihrer zwingenden Vorschriften – durch eine andere Rechtsordnung zu ersetzen. Haben die Parteien für ihren Kaufvertrag anstelle des objektiv anzuwendenden deutschen Rechts beispielsweise das spanische

Recht gewählt, so wird auch die zwingende Bestimmung des § 138 BGB durch die entsprechende spanische Vorschrift ersetzt (anschaulich *Mankowski*, RIW 1996, 8–12).

Die Möglichkeit, ein bestimmtes materielles Recht einschließlich seiner zwingenden Bestimmungen „abzuwählen“, wird als *kollisionsrechtliche Wirkung* der Rechtswahl bezeichnet. Wenn eine Rechtswahl dagegen – wie nach Art. 27 III EGBGB (dazu unten Rdnrn. 352–354) – nur die dispositiven Bestimmungen des objektiv anzuwendenden Rechts durch ein anderes Recht ersetzt, hat sie nur *materiellrechtliche Wirkung* und unterscheidet sich insoweit nicht von der Vertragsfreiheit des materiellen Rechts (*E. Lorenz*, RIW 1987, 569, 574–575). Die kollisionsrechtliche Wirkung – die Befreiung von den zwingenden Bestimmungen einer Rechtsordnung – ist der „Clou“ der Rechtswahl. Wenn die kollisionsrechtliche Wirkung wie bei Art. 27 III EGBGB fehlt, ist die Rechtswahlfreiheit empfindlich eingeschränkt (*Junker*, IPRax 1989, 69, 70). Um die Rechtswahlfreiheit von der materiellrechtlichen Vertragsfreiheit, der *Privatautonomie*, zu unterscheiden, wird die kollisionsrechtliche Freiheit der Rechtswahl als *Parteiautonomie* bezeichnet.

Damit hat der Begriff „autonom“ im IPR eine dreifache Bedeutung: Das *autonome Recht* meint dasjenige Recht, das die Staaten setzen können, ohne durch völkerrechtliche Verträge gebunden zu sein (dazu oben Rdnr. 11). Die *autonome Auslegung* bedeutet, daß ein Rechtssatz nach seinem Kontext in einem völkerrechtlichen Vertrag ausgelegt werden muß (dazu oben Rdnr. 51). Die *autonome Bestimmung* des anwendbaren Rechts durch die Parteien – die Parteiautonomie – ist gleichbedeutend mit der Rechtswahlfreiheit (Verweisungsfreiheit).

1. Rechtspolitische Begründung

144 Das Motiv des Gesetzgebers, die Parteiautonomie zuzulassen, ist in den einzelnen Rechtsgebieten verschieden: Die Rechtswahlfreiheit ist zwar keine bloße Verlängerung der materiellrechtlichen Vertragsfreiheit in das Kollisionsrecht, denn die rechtsgeschäftliche Freiheit ist nach dem materiellen Recht jedes Landes von vornherein durch das dazugehörende nationale zwingende Recht beschränkt (*Flessner*, Interessenjurisprudenz im IPR, 1990, S. 100). Aber soweit materiellrechtliche Privatautonomie besteht, ist in der

Regel auch gegen die kollisionsrechtliche Parteiautonomie nichts einzuwenden. Die Parteiautonomie schafft Freiräume; sie ermöglichen es den Parteien, ihre grenzüberschreitenden Vertragsbeziehungen zu gestalten, indem sie sich für die eine oder die andere Rechtsordnung entscheiden. Die Anknüpfung an eine Rechtswahl ist insoweit nicht eine bloße Verlegenheitslösung, sondern der Ausdruck von Freiheit und Verantwortung (*Kropholler* § 40 III 2; *Lüderitz*, Festschrift Kegel, 1977, S. 31, 49).

Im Internationalen Personen-, Familien- und Erbrecht ist die Rechtswahl nicht als Grundsatz, sondern als Ausnahme in wohldefinierten Fallkonstellationen zugelassen. Auch diese Rechtswahl kann man als Ausdruck des Selbstbestimmungsrechts von Ehegatten, Eltern und Erblassern begreifen (*Sturm*, Festschrift Ernst Wolf, 1985, S. 637, 658). Beispielsweise läßt sich eine Parallele zwischen der materiellrechtlichen Testierfreiheit und der Wahl des deutschen Erbstatuts nach Art. 25 II EGBGB ziehen. Bei den begrenzten Rechtswahlnormen des Internationalen Personen-, Familien- und Erbrechts treten jedoch andere Zwecke hinzu, die in den Besonderheiten des jeweiligen Rechtsgebiets wurzeln. Beispielsweise gestattet Art. 25 II EGBGB die Wahl des deutschen Erbrechts für das in Deutschland belegene unbewegliche Vermögen, um – auch im Interesse der Notariatspraxis – die Rechtsanwendung zu vereinfachen und Normwidersprüche zum Ehegüterrecht zu vermeiden (Bericht des Rechtsausschusses, BT-Drucks. 10/5632, S. 44).

2. Rechtswahl im deutschen IPR

145 Das deutsche IPR läßt die Rechtswahl in zwei Fallgruppen zu: Im Schuldvertragsrecht bildet die Rechtswahlfreiheit den Grundsatz; die Rechtswahl ist die *primäre Anknüpfung* (dazu a). Im Personen-, Familien- und Erbrecht ist die Rechtswahlfreiheit dagegen nur ausnahmsweise eröffnet; die Rechtswahl stellt eine *sekundäre Anknüpfung* dar (dazu b).

a) Rechtswahl als Grundsatz

146 Die Historiker sind sich über die Ursprünge der Parteiautonomie im IPR nicht einig. Manche sehen *Charles Dumoulin* (1500–1566) als Urheber der Parteiautonomie; das ist jedoch umstritten (dazu oben Rdnr. 64). Sicher ist: *Savigny* (System 210–211) knüpfte Schuldverträge an den Erfüllungsort an und gestattete den Parteien, den Erfüllungsort ausdrücklich oder stillschweigend zu wählen (*Savigny*, System 256ff.). Dadurch konnten die Parteien mittelbar auf das anwendbare Recht Einfluß nehmen: Indem sie den Erfüllungsort wählten, entschieden sie sich zugleich für das anwendbare Recht. Daraus entwickelte sich Anfang des 20. Jahrhunderts die Anknüpfung an den Parteiwillen (RGZ 108, 241, 243; RGZ 120, 70, 72): Die Parteien treffen nicht eine Ortswahl (und dadurch nur mittelbar eine Rechtswahl), sondern eine echte, unmittelbare Rechtswahl. Das ist seit 1986 in Art. 27 EGBGB normiert, der die „Freie Rechtswahl" – so die amtliche Überschrift der Vorschrift – an die Spitze des Internationalen Schuldvertragsrechts stellt. Die grundsätzliche Anknüpfung an die Rechtswahl bedarf der Ergänzung und der Beschränkung:

147 (1) Die *subjektive Anknüpfung* an eine Rechtswahl muß durch eine *objektive Anknüpfung* für den Fall ergänzt werden, daß die Parteien keine Rechtswahl getroffen haben (dazu unten Rdnr. 178). Diese Ergänzung findet sich für Schuldverträge allgemein in Art. 28 EGBGB (Amtliche Überschrift: „Mangels Rechtswahl anzuwendendes Recht"), für Verbraucherverträge in Art. 29 II EGBGB und für Arbeitsverträge in Art. 30 II EGBGB.

(2) Will der Gesetzgeber die Rechtswahl begrenzen, kann er an ihrer kollisionsrechtlichen Wirkung ansetzen. Das geschieht in Art. 27 III EGBGB: Im reinen Inlandsfall ist keine kollisionsrechtliche Verweisung, sondern nur eine materiellrechtliche Verweisung gestattet; die Parteien können, wenn es an der Auslandsbeziehung fehlt, die zwingenden Bestimmungen des „an sich" anzuwendenden Rechts nicht abbedingen (dazu unten Rdnrn. 353, 354).

Der Gesetzgeber kann der Rechtswahl ferner die Richtung vorgeben, um bestimmte Zwecke durchzusetzen. Das geschieht in Artt. 29 I, 30 I EGBGB zum Schutz des Schwächeren: Bei Verbraucher- und Arbeitsverträgen hat die Rechtswahl zwar kollisionsrechtliche Wirkung; sie kann aber nur zugunsten des Verbrauchers oder des Arbeitnehmers von den zwingenden Bestimmungen des „an sich" anzuwendenden Rechts abweichen (dazu unten Rdnrn. 355, 376–377, 385).

b) Rechtswahl als Ausnahme

148 Im Internationalen Personen-, Familien- und Erbrecht hat erst die IPR-Reform von 1986 die Anknüpfung an eine Rechtswahl eröffnet (Artt. 10 II, III, 14 II–IV, 15 II, III und 25 II EGBGB). In diesen Rechtsgebieten knüpft das deutsche IPR grundsätzlich an die Staatsangehörigkeit an. Die genannten Vorschriften erlauben unter bestimmten Voraussetzungen ausnahmsweise die Wahl bestimmter Rechtsordnungen. Anders als bei Art. 27 EGBGB handelt es sich also nicht um eine grundsätzlich freie, sondern um eine an bestimmte Voraussetzungen gebundene und auf bestimmte Rechtsordnungen beschränkte Rechtswahl:

- Am weitesten gefaßt sind die Möglichkeiten der Rechtswahl für den Ehenamen (Art. 10 II EGBGB) und für den Kindesnamen (Art. 10 III EGBGB). Die Ehegatten können den Ehenamen dem Heimatrecht eines der Ehegatten oder – unter bestimmten Voraussetzungen – dem deutschen Recht unterstellen (dazu unten Rdnrn. 308, 310–312); entsprechendes gilt für den Kindesnamen (dazu unten Rdnrn. 313, 314).
- Enger sind die Rechtswahlmöglichkeiten im Recht der Ehewirkungen: Art. 14 II, III EGBGB gestattet die Rechtswahl, wenn ein Ehegatte mehreren Staaten angehört oder – unter engen Voraussetzungen – wenn die Ehegatten verschiedenen Staaten angehören (dazu unten Rdnrn. 512, 513). Art. 15 II EGBGB, der deutlich weiter gefaßt ist als Art. 14 II, III EGBGB, erlaubt für die güterrechtlichen Wirkungen der Ehe eine auf bestimmte Rechtsordnungen beschränkte Rechtswahl (dazu unten Rdnrn. 524–525).
- Am engsten ist die Rechtswahloption im Erbrecht: Nach Art. 25 II EGBGB kann der Erblasser nur für in Deutschland belegenes unbewegliches Vermögen eine Rechtswahl treffen; er kann nur das deutsche Recht wählen (dazu unten Rdnrn. 580–582).

149 Die Rechtsprechung erlaubt für bereits entstandene gesetzliche Schuldverhältnisse, insbesondere aus unerlaubter Handlung, eine Rechtswahl (z.B. BGHZ 80, 199), die aber in der Praxis selten vorkommt; der EGBGB-Reformentwurf von 1993 will diese Rechtsprechung auf eine gesetzliche Grundlage stellen (dazu unten Rdnrn. 430, 436, 452). Für das Sachenrecht gibt es bisher nur in der Literatur, nicht jedoch in der Rechtsprechung Vorstöße in Richtung auf die Parteiautonomie (zusammenfassend *Einsele*, RabelsZ 60 [1996], 417, 435–446). Wenn und soweit die Parteiautonomie ausgeschlossen ist, darf der Richter eine Rechtswahl der Parteien auch nicht zugunsten des deutschen Rechts akzeptieren (*Kropholler* § 40 II).

In *Fall d* fragt sich, welche Rolle die übereinstimmende Erklärung der Eheleute spielt, sie wollten nach deutschem Recht geschieden werden. Art. 17 I 1 EGBGB nimmt hinsichtlich des Scheidungsstatuts auf das Recht Bezug, das nach Art. 14 EGBGB im Zeitpunkt des Eintritts der Rechtshängigkeit des Scheidungsantrags für die allgemeinen Wirkungen der Ehe maßgebend ist. Das ist gemäß Art. 14 I Nr. 1 EGBGB das griechische Recht, weil beide Ehegatten die griechische Staatsangehörigkeit haben. Das griechische Recht akzeptiert die Verweisung, da es ebenfalls auf die Staatsangehörigkeit abstellt. Eine Rechtswahl zugunsten des deutschen Rechts ist nicht möglich, weil weder die Voraussetzungen des Art. 14 II EGBGB (mehrfache Staatsangehörigkeit eines Ehegatten) noch diejenige des Art. 14 III EGBGB (verschiedene Staatsangehörigkeiten der Ehegatten) vorliegen. Die Richterin hat daher griechisches Recht anzuwenden.

§ 6. Das Problem der Qualifikation

150 **Literatur:** *Dörner*, Qualifikation im IPR – ein Buch mit sieben Siegeln?, StAZ 1988, 345; *Gamillscheg*, Überlegungen zur Methode der Qualifikation, Festschrift Michaelis (1972), S. 79; *Grundmann*, Qualifikation gegen die Sachnorm (1985); *Neuner*, Der Sinn der internationalprivatrechtlichen Norm – Eine Kritik der Qualifikationstheorie (1932); *Niederer*, Die Frage der Qualifikation als Grundproblem des internationalen Privatrechts (Zürich 1940); *Rabel*, Das Problem der Qualifikation, RabelsZ 5 (1931), 241; *Selb*, Martin Wolff und die Lehre der Qualifikation nach der lex causae im internationalen Privatrecht, AcP 157 (1958/59), 341; *Helmut Weber*, Die Theorie der Qualifikation (1986).

Fälle:

a) Eine Staatenlose mit letztem Wohnsitz und gewöhnlichem Aufenthalt in Stockholm/Schweden verstirbt. Sie hat keine Erben. Zum Nachlaß gehört ein in Berlin belegenes Grundstück. Beim AG Berlin beantragt der Allgemeine Erbschaftsfonds des Königreichs Schweden, ihm einen Erbschein für diesen in Deutschland belegenen Nachlaßgegenstand zu erteilen. Nach schwedischem Erbrecht hat der schwedische Staat das Recht, sich einen erbenlosen Nachlaß anzueignen.

b) Ein deutscher Bauingenieur, der aus erster Ehe drei Kinder hat, heiratet in zweiter Ehe in Sao Paulo (Brasilien) eine Brasilianerin. Das Ehepaar lebt zunächst in Sao Paulo. Nach einigen Jahren wird der Bauingenieur von seinem Arbeitgeber überraschend nach Deutschland zurückberufen, wo die Eheleute ihren gewöhnlichen Aufenthalt nehmen. Hier verstirbt der Ehemann, ohne eine Verfügung von Todes wegen errichtet zu haben. Wie groß ist der Erbteil der Brasilianerin?

c) Ein Deutscher heiratet vor dem Standesbeamten in München eine israelische Staatsangehörige. Die Eheleute sind islamischen Glaubens. Nach der standesamtlichen Eheschließung lassen sie sich im Islamischen Zentrum in München nach islamischem Ritus trauen. In der Traubescheinigung des islamischen Geistlichen heißt es: „Das Brautgeld wird auf 100 000 DM festgelegt." Einige Jahre später wird die Ehe zuerst vom Familiengericht, dann nach islamischem Ritus geschieden. Die geschiedene Ehefrau verlangt Zahlung von 100 000 DM. Welchem Recht unterliegt dieser Anspruch?

Der Tatbestand der Kollisionsnorm umfaßt zwei Tatbestandselemente: den *Anknüpfungsgegenstand* (z.B. die Rechtsnachfolge von Todes wegen) und das *Anknüpfungsmerkmal* (z.B. die Staatsangehörigkeit des Erblassers im Zeitpunkt seines Todes). Der Anknüpfungsgegenstand einer Kollisionsnorm ist ein Systembegriff, der typischerweise einen höheren Abstraktionsgrad aufweist als die

Systembegriffe des materiellen Rechts (dazu oben Rdnr. 102). Beispielsweise nennt das deutsche *materielle Erbrecht* in §§ 1922–2385 BGB eine Vielzahl konkreter Rechtsinstitute wie Annahme und Ausschlagung der Erbschaft, Vermächtnis, Nacherbschaft oder Testamentsvollstreckung. Das deutsche *Internationale Erbrecht* verwendet dagegen in Art. 25 I EGBGB den umfassenden Systembegriff der „Rechtsnachfolge von Todes wegen", der die genannten materiellen Rechtsinstitute umschließt.

151 Bei dem Problem der Qualifikation geht es darum, unter welchen Anknüpfungsgegenstand ein Lebenssachverhalt – ein Rechtsverhältnis – zu subsumieren ist (einführend *Keller/Siehr* § 34 I 2). Die Bezeichnung „Qualifikation" weist auf die Fragestellung hin: Wie ist ein Lebenssachverhalt – ein Rechtsverhältnis – zu „qualifizieren"? Die englische Rechtsterminologie verwendet die Begriffe *classification* und *characterization* und deutet damit ebenfalls an, worum es geht: „What is meant by the *classification of the cause of action* is the allocation of the question raised by the factual situation before the court to its correct legal category, and its object is to reveal the relevant rule for the choice of law." (*Cheshire/North* 44).

In *Fall a* macht der schwedische Staat ein Aneignungsrecht an dem erbenlosen Nachlaß geltend. Ein solches Aneignungsrecht läßt sich, wenn wir vom deutschen Rechtsverständnis ausgehen, nicht eindeutig zuordnen: Nach deutschem Erbrecht ist der Fiskus *gesetzlicher Erbe*, wenn zur Zeit des Erbfalls weder ein Verwandter noch ein Ehegatte des Erblassers vorhanden ist (§ 1936 I 1 BGB). Ein *Aneignungsrecht* ist dem deutschen Erbrecht fremd; solche Rechte gibt es nur im deutschen Sachenrecht (z.B. §§ 958–964 BGB). Daraus folgt das Problem der Qualifikation: Ist das Aneignungsrecht des schwedischen Fiskus unter den Anknüpfungsgegenstand „Rechtsnachfolge von Todes wegen" zu subsumieren (d.h. erbrechtlich zu qualifzieren), wird es nach Art. 25 I EGBGB angeknüpft (Staatsangehörigkeit des Erblassers im Zeitpunkt seines Todes). Ist das Aneignungsrecht des schwedischen Staates dagegen sachenrechtlich zu qualifzieren, gilt hinsichtlich des in Berlin belegenen Grundstücks die *lex rei sitae* als Kollisionsnorm des deutschen Internationalen Sachenrechts (Lösung unten Rdnr. 167).

I. Aufgabe der Qualifikation

152 Die Qualifikation hat die Aufgabe, die Reichweite der Kollisionsnormen gegeneinander abzugrenzen; von der Qualifikation hängt es ab, welche Kollisionsnorm wir heranziehen müssen. Das Problem der Qualifikation ergibt sich daraus, daß die inländischen Kollisionsnormen im Rechtsdenken und in der Rechtstechnik des Inlands wurzeln. In Fällen mit Auslandsberührung sind die deutschen Kollisionsnormen oft auf Sachverhalte anzuwenden, die Gebilde einer fremdartigen, begrifflich anders geformten Rechtswelt enthalten (*Ferid* Rdnr. 4–7).

Wie jede Rechtsanwendung besteht auch die Anwendung einer Kollisionsnorm in einer Subsumtion: Wir subsumieren den Sachverhalt (den Untersatz) unter die Norm (den Obersatz) und prüfen, ob sich das eine und das andere deckt: Hat ein 10jähriger Junge über die Hotline eines Versandhauses telefonisch Roller Skates bestellt, ohne seine Eltern zu fragen, können wir diesen Sachverhalt unter die Sachnorm des § 108 I BGB subsumieren („Schließt der Minderjährige einen Vertrag ohne die erforderliche Einwilligung des gesetzlichen Vertreters, . . .").

Das Besondere bei den Kollisionsnormen ist, daß sie ihrerseits wiederum auf Normen abstellen, und zwar auf Sachnormen. Sie verweisen auf diese Sachnormen, indem sie sie abstrakt kennzeichnen oder umschreiben (*Raape* 107). Während die Sachnorm des § 108 I BGB von dem tatsächlichen Geschehen „Vertragsschluß ohne Einwilligung des gesetzlichen Vertreters" ausgeht, handelt die Kollisionsnorm des Art. 7 I 1 EGBGB beispielsweise von den Sachnormen über die Geschäftsfähigkeit und erzeugt damit das Qualifikationsproblem, welche Rechtsverhältnisse die Geschäftsfähigkeit betreffen.

1. Entwicklung des Qualifikationsproblems

153 Die naheliegende Frage, nach welchem Recht wir zu beurteilen haben, ob beispielsweise der Anknüpfungsgegenstand des Art. 7 I 1 EGBGB vorliegt, wurde in der Entwicklung des Internationalen Privatrechts erst spät erkannt. Es wurde lange Zeit nicht klar gesehen, daß es – um im Beispiel zu bleiben – darum geht, nach welcher Rechtsordnung das zur Entscheidung stehende Lebensverhältnis als ein solches der Geschäftsfähigkeit „qualifiziert" werden darf.

Die eine Rechtsordnung bestimmt beispielsweise: Die Teilgeschäftsfähigkeit zum Abschluß eines Arbeitsvertrages (vgl. § 113 BGB) ist eine Frage der Geschäftsfähigkeit (MünchKomm-*Birk*, Art. 7 EGBGB Rdnr. 30). Eine andere Rechtsordnung erklärt dagegen: Die Fähigkeit zum Abschluß von Arbeitsverträgen hat mit der Geschäftsfähigkeit nichts zu tun, sondern ist eine Frage des Arbeitsstatuts.

In diesen Fällen müssen wir uns entscheiden, ob wir den Sachverhalt nach der einen oder nach der anderen Rechtsordnung qualifizieren (*Dölle* 75–76). Dieses Problem hat das RG in einer berühmten Entscheidung aus dem Jahre 1892 verkannt:

a) Tennessee-Wechsel-Fall

154 Aus einem im US-Bundesstaat Tennessee ausgestellten und dort zahlbaren Eigenwechsel (*promissory note*) wurde gegen den inzwischen in Bremen ansässig gewordenen Aussteller geklagt. Der Aussteller berief sich auf Verjährung des Wechselanspruchs. – Der Wechsel unterliegt dem Recht des Staates Tennessee (Art. 93 I WechselG, *Schönfelder* Nr. 54). Die Verjährungsvorschriften des Staates Tennessee sind dem Prozeßrecht und nicht dem materiellen Recht zuzurechnen: Es verjährt das Klagerecht, nicht der materielle Anspruch.

Das RG löste den Fall wie folgt (RGZ 7, 21): Nach der Verweisung des Art. 93 I WechselG auf das Recht von Tennessee sei das materielle Recht, nicht aber das Verfahrensrecht von Tennessee anzuwenden. Die Verjährungsvorschriften von Tennessee seien deshalb als verfahrensrechtliche Normen nicht heranzuziehen. Die Anwendung der deutschen Verjährungsvorschriften (Art. 70 WechselG) scheitere daran, daß deutsches materielles Recht nicht anzuwenden sei. Damit konnte nach der Auffassung des RG dieser Wechsel nicht verjähren.

Ferid (Rdnr. 4–2) kommentiert diese Entscheidung unter der Überschrift: „Der Tennessee-Wechsel und die unsterbliche Blamage des Reichsgerichts": „Wie der zu ewiger Wanderung verurteilte Ahasverus [die biblische Bezeichnung für den Perserkönig Xerxes], der nicht sterben kann, muß dieser Wechsel durch die Jahrhunderte unverjährbar geistern, selbst wenn er sowohl nach dem Recht des Zahlungsorts (*lex causae*) als auch nach dem Recht des Gerichtsorts (*lex fori*) bereits verjährt ist." Das RG hat das Problem verkannt, das sich daraus ergibt, daß die Systembegriffe in den verschiedenen Rechtsordnungen unterschiedlich sind (*Ferid* Rdnr. 4–5; *Kegel* § 2 II 3 b). Das RG hatte anzuwenden

– das *materielle Recht von Tennessee* aufgrund der Kollisionsnorm des Art. 93 I WechselG, die Wechselverbindlichkeiten dem Recht des Zahlungsorts unterstellt, und
– das *deutsche Verfahrensrecht* als lex fori gemäß der grundlegenden Kollisionsnorm des deutschen Internationalen Zivilprozeßrechts (dazu oben Rdnrn. 22–24).

Das RG hätte daher die Frage beantworten müssen, ob der Begriff „Verjährung" systematisch einzuordnen ist

– nach dem Recht von Tennessee als dem in der Sache selbst maßgebenden Recht (*lex causae*) und damit als Prozeßrecht mit der Folge, daß die deutschen Verjährungsregeln anzuwenden waren
– oder nach dem deutschen Recht als der *lex fori* und damit als materiellrechtlich mit der Konsequenz, daß das Verjährungsrecht von Tennessee anzuwenden war (*Ferid* Rdnr. 4–3).

b) „Entdeckung" durch Kahn und Bartin

Die Frage, ob ein Anknüpfungsgegenstand nach den Systembegriffen der *lex causae* oder der *lex fori* zu beurteilen ist, wurde wissenschaftlich noch später erkannt als das Problem des Renvoi, das 1878 im Fall *Forgo* zutage trat (dazu unten Rdnr. 191). Ende des 19. Jahrhunderts entdeckten etwa gleichzeitig, aber unabhängig voneinander, zwei Juristen das Problem der Qualifikation: Der Franzose *Etienne Bartin* (1860–1948) verwendete erstmals den Begriff „Qualifikation"; seine Arbeit trägt den resignierenden Titel „De l'impossibilité d'arriver à la suppression définitive des conflits de lois" (Clunet 24 [1891], 225, 446). Der andere Entdecker war der Deutsche *Franz Kahn* (1861–1904), der in seinem Aufsatz „Gesetzeskollisionen – Ein Beitrag zur Lehre des internationalen Privatrechts" (JherJb 30 [1891], 1, 107–143) den Begriff der Anknüpfung prägte (dazu unten Rdnr. 170) und die Konsequenzen diskutierte, die sich aus der Verschiedenheit der Anknüpfungsgegenstände ergeben. Es handelte sich um eine echte „Juristische Entdeckung" (umfassend *Helmut Weber*, Die Theorie der Qualifikation, 1986, S. 3–51). Das RG hat in seiner Tennessee-Wechsel-Entscheidung von 1892 die neuen Gedanken von *Bartin* und *Kahn* noch nicht berücksichtigt.

2. Formulierung des Qualifikationsproblems

155 Über den Ansatzpunkt der Qualifikationsfrage besteht keine Einigkeit: Manche Autoren meinen, bei der Qualifikation gehe es um die Auslegung der deutschen Kollisionsnorm (*Kegel* § 7 III 3a). Andere Autoren vertreten die Ansicht, die Qualifikation bedeute die Subsumtion des Sachverhalts unter die deutsche Kollisionsnorm (MünchKomm-*Sonnenberger*, Einl. zum IPR Rdnr. 447). Bei genauem Hinsehen geht es um beides: Subsumieren bedeutet, einen Lebenssachverhalt dem Tatbestand eines Gesetzes zuzuordnen. Es ist ein Prozeß gegenseitiger Annäherung: Der Sachverhalt wird auf das nach der Norm Erhebliche reduziert, die Individualbegriffe werden in Allgemein- oder Klassenbegriffe umgewandelt. Die gesuchte Norm wird mit Rücksicht auf den einzufangenden Sachverhalt konkretisiert, und zwar im Wege der Auslegung (*Lüderitz* Rdnr. 125).

Die Qualifikation stellt einen vielschichtigen Subsumtionsvorgang dar, der sowohl mit dem Sachverhalt als auch mit dem darauf beruhenden Rechtsverhältnis und der Auslegung der Kollisionsnorm zu tun hat. Zur Subsumtion des zu beurteilenden Sachverhalts unter den Anknüpfungsgegenstand im Tatbestand der Kollisionsnorm gehört beides: die Betrachtung des Sachverhalts (des Rechtsverhältnisses) und die Betrachtung der Kollisionsnormen, die das Rechtsverhältnis erfassen (*Keller/Siehr* § 34 I 2): In *Fall a* ist im Wege der Subsumtion das Rechtsverhältnis eines gesetzlichen Aneignungsrechts des schwedischen Fiskus mit den deutschen Kollisionsnormen für das Erbrecht und für das Sachenrecht zu vergleichen; dabei sind, wie bei jedem Subsumtionsvorgang, die deutschen Kollisionsnormen auszulegen (*Raape/Sturm* 278).

II. Qualifikationsstatut

156 Die Rechtsordnung, die für die Qualifikation maßgebend ist, wird als Qualifikationsstatut bezeichnet (*Kropholler* § 16). Es gibt zwei grundsätzliche Lösungsmöglichkeiten für das Qualifikationsproblem: „Bequem und elegant, weil international aufgeschlossen“

(*Lüderitz* Rdnr. 126) wäre eine Qualifikation nach dem Recht, das von der fraglichen Kollisionsnorm zur Anwendung berufen wird (*lex causae*). Die Alternative ist eine Qualifikation nach dem Recht, unter deren Kollisionsnormen das Rechtsverhältnis zu subsumieren ist (*lex fori*).

1. Qualifikation nach der lex causae

157 Die Qualifikation nach der *lex causae* läßt das zur Anwendung berufene Recht darüber entscheiden, unter welche Kollisionsnorm des Forums das Rechtsverhältnis fällt. Wenn ein ausländisches Recht zur Anwendung berufen ist, überläßt es die Qualifikation nach der *lex causae* folglich dem ausländischen Recht, den Tatbestand der deutschen Kollisionsnorm auszufüllen. Die deutsche Kollisionsregel ist danach „ein Zwitter zwischen inländischem Recht und solchem ausländischen Recht, das Geltung beansprucht" (*Lüderitz* Rdnr. 126).

In *Fall a* wäre daher die erbrechtliche Kollisionsnorm des Art. 25 I EGBGB wie folgt zu lesen: „Die Rechtsnachfolge von Todes wegen unterliegt denjenigen Gesetzen des Heimatstaates des Erblassers, die nach dem Recht dieses Staates erbrechtlicher Natur sind." Wenn also das Aneignungsrecht des schwedischen Fiskus an einem erbenlosen Nachlaß in Schweden als erbrechtliche Regelung angesehen wird, hat der deutsche Richter die erbrechtliche Kollisionsnorm des Art. 25 I EGBGB anzuwenden. Es spielt keine Rolle, wie das deutsche Recht solche Aneignungsrechte qualifizieren würde (*Soergel/Kegel*, vor Art. 3 EGBGB Rdnr. 118).

a) Für die Qualifikation nach der *lex causae*, die insbesondere von *Martin Wolff* (IPR 49–60) vertreten wurde, spricht der *internationale Entscheidungseinklang*: Der deutsche Richter hat einen ausländischen Rechtssatz so einzuordnen, wie ihn dasjenige ausländische Recht einordnet, das bei solcher Einordnung anwendbar ist. Die Qualifikation nach der *lex causae* „enthält sich einer unbeholfenen eigenen Kennzeichnung auslandsrechtlicher Gebilde. Indem sie sich der ausländischen Einordnung unterwirft, verhindert sie, daß ausländisches Recht dem Geist dieses Rechts zuwider angewendet wird. Das deutsche Kollisionsrecht vermeidet es z.B. in weiser Zurückhaltung, zu bestimmen, daß die im Ausland als ehegüterrechtlich charakterisierten Sätze in Deutschland etwa deswegen als erbrechtlich gelten sollen, weil das deutsche BGB entsprechende Rechte der Witwe als erbrechtliche auffaßt." (*Martin Wolff*, IPR 54)

b) Gegen eine Qualifikation nach der *lex causae* spricht zum einen das Ordnungsinteresse am *inneren Entscheidungseinklang*: Weist der Sachverhalt eine Beziehung zu mehreren Rechtsordnungen auf, die das Rechtsverhältnis unterschiedlich qualifizieren, sind Normenhäufung oder Normenmangel die unerwünschte Folge der Auslegung kollisionsrechtlicher Begriffe *lege causae* (MünchKomm-*Sonnenberger*, Einl. zum IPR Rdnr. 459). **158**

Beispiel: Eine Spanierin verstirbt ohne Erben und hinterläßt Wertpapiere in London. – Das spanische IPR qualifiziert das Aneignungsrecht des spanischen Staates erbrechtlich, das englische IPR qualifiziert das Aneignungsrecht der englischen Krone sachenrechtlich (*Re Maldonado [deceased], State of Spain v. Treasury Solicitor*, [1954] 2 W. L. R. 64, diskutiert bei *Kegel* § 7 II 1, III 1 b). Da bei einer Qualifikation nach der *lex causae* sowohl der spanische Staat als auch die englische Krone Zugriff auf die in London belegenen Wertpapiere nehmen können, müssen die Vertreter dieser Lösung zur Angleichung greifen, um nicht „einen herrenlosen Nachlaß plündernden Horden zu überlassen" (*Martin Wolff*, IPR 60).

Zum anderen fordert der Satz „Der deutsche Richter hat einen ausländischen Rechtssatz so einzuordnen, wie ihn dasjenige ausländische Recht einordnet, das bei solcher Einordnung anwendbar ist" (*Martin Wolff*, IPR 54) den Einwand des Zirkelschlusses geradezu heraus: Man kann nicht nach einem Statut qualifizieren, zu dem man durch die Qualifikation erst gelangen will (*Selb*, AcP 157 [1958/59], 341). Damit dieser Zirkel durchbrochen wird, muß die *lex causae*-Lehre nach den Kollisionsnormen des Forums ein hypothetisches Wirkungsstatut ermitteln, das dann in einem zweiten Schritt über die Richtigkeit der Qualifikation zu entscheiden hat (*Keller/Siehr* § 34 II 1 a). Dann werden aber zwei Schritte gemacht, wo ein Schritt genügen müßte: Nach der *lex causae*-Theorie umschreibt die deutsche Kollisionsnorm durch den von ihr benutzten Systembegriff (z. B. „Rechtsnachfolge von Todes wegen") das anzuknüpfende Rechtsverhältnis noch nicht, sondern „bezeichnet ein Systemschubfach, in das ein ausländisches materielles Recht, wenn es berufen ist, an Sachverhalten und Sachnormen hineintun kann, was es will" (*Kegel* § 7 III 1 b).

2. Qualifikation nach der lex fori

159 Die deutsche Rechtsprechung qualifiziert im Einklang mit der herrschenden Meinung grundsätzlich *lege fori*: Die Systembegriffe im Tatbestand einer deutschen Kollisionsnorm (z.B. „Rechtsnachfolge von Todes wegen") werden grundsätzlich unter Zugrundelegung des in Deutschland herrschenden Rechtsverständnisses ausgelegt. Kollisionsrechtsvergleichend betrachtet herrscht die Qualifikation nach der *lex fori* auch im IPR der meisten anderen Staaten (*Cheshire/North* 45: „There can be little doubt that classification of the cause of action is in practice effected on the basis of the law of the forum"; *Batiffol/Lagarde* I Tz. 292: „Solution du conflit des qualifications par la loi du for"). Der Maßstab für die Qualifikation ist also grundsätzlich derjenigen Rechtsordnung zu entnehmen, unter deren Kollisionsnormen ein Rechtsverhältnis subsumiert werden soll (*Kropholler* § 16 I).

a) Für eine Qualifikation nach der *lex fori* spricht bereits, daß sie den *internen Entscheidungseinklang* wahrt: Die Systembegriffe, die in den Anknüpfungsnormen des EGBGB vorkommen, stimmen in der Regel mit den Systembegriffen überein, die das deutsche Recht auch sonst verwendet; eine an den Vorgaben des deutschen Rechts orientierte Qualifikation führt daher meist zu praktisch brauchbaren Ergebnissen (*Firsching/von Hoffmann* § 6 Rdnr. 13).

b) Ferner vermeidet eine Qualifikation nach der *lex fori* die denklogischen und die praktischen Schwierigkeiten, die das zweistufige Vorgehen der *lex causae*-Theorie mit sich bringt: Ein Anknüpfungsgegenstand des deutschen IPR wird nach der *lex fori*-Theorie aus dem deutschen Systemzusammenhang ausgelegt (*Palandt/Heldrich*, Einl. vor Art. 3 EGBGB Rdnr. 27; MünchKomm-*Sonnenberger*, Einl. zum IPR Rdnr. 460; *Soergel/Kegel*, vor Art. 3 EGBGB Rdnr. 117).

3. Ausnahmen vom Prinzip der lex fori

160 Es gibt Ausnahmen vom Grundsatz der Qualifikation nach der (deutschen) *lex fori*. Sie ergeben sich zum einen aus dem Prinzip der Gesamtverweisung (Art. 4 I 1 EGBGB), zum anderen aus der internationalen Rechtsvereinheitlichung.

a) Ausländische Kollisionsnormen

Wendet ein deutsches Gericht nach Art. 4 I 1 EGBGB ausländisches IPR an, um das ausländische Recht auf eine Rück- oder Weiterverweisung zu untersuchen (dazu unten Rdnrn. 198–205), hat die Qualifikation der ausländischen IPR-Begriffe nach ausländischem Recht zu erfolgen. Denn bei einer Gesamtverweisung ist das ausländische Kollisionsrecht so anzuwenden, wie es auch der ausländische Richter anwenden würde. Das gleiche gilt, soweit es um den Vorrang eines ausländischen Einzelstatuts vor dem deutschen Gesamtstatut gemäß Art. 3 III EGBGB geht (dazu unten Rdnrn. 211–217).

Beispiel: Ein Deutscher mit Wohnsitz in Deutschland verstirbt. Er hinterläßt u. a. ein kleines Landhaus (cottage) in Cornwall (England), das er in Erbpacht (*term of years*) hält. – Art. 3 III EGBGB durchbricht die grundsätzliche Anknüpfung des Art. 25 I EGBGB an das Heimatrecht des Erblassers, wenn und soweit das Recht des Staates, in dem sich einzelne Nachlaßgegenstände befinden, diese Gegenstände besonderen Vorschriften unterwirft. Nach englischem IPR unterliegt die Erbfolge in Immobiliarvermögen (immovables) dem Recht des Belegenheitsortes. Ob die Erbpacht (term of years) zum Immobiliarvermögen zählt, ist nicht nach deutschem, sondern nach englischem Recht zu beurteilen (bejahend *Cheshire/North* 780).

b) Internationale Übereinkommen

Eine weitere Ausnahme vom Grundsatz der Qualifikation nach der *lex fori* gilt, wenn unter Anknüpfungsregeln zu subsumieren ist, die in kollisionsrechtlichen Staatsverträgen enthalten sind. Da Staatsverträge auf dem Gebiet des IPR den Zweck verfolgen, das Kollisionsrecht der Vertragsstaaten zu vereinheitlichen, darf der deutsche Richter nicht von den Systembegriffen des deutschen materiellen Rechts ausgehen. Das Vereinheitlichungsziel würde verfehlt, wenn jeder Vertragsstaat dem einheitlichen Kollisionsrecht durch eine Qualifikation nach der jeweiligen *lex fori* eine unterschiedliche Bedeutung geben könnte (*Soergel/Kegel*, vor Art. 3 EGBGB Rdnr. 126; zur Auslegung von Staatsverträgen oben Rdnr. 51).

Beispiel: Nach Art. 1 des *Haager Vormundschaftsabkommens* vom 12. 6. 1902 (RGBl. 1904, 240, abgedruckt bei *Jayme/Hausmann* Nr. 34) bestimmt sich die Vormundschaft über einen Minderjährigen nach den Gesetzen des Heimatstaates (zur Bedeutung dieses Übereinkommens unten Rdnr. 573). – Der Vereinheitlichungszweck des Übereinkommens verbietet es, den Begriff der Vormundschaft kurzerhand dem deutschen Recht zu entnehmen; es ist vielmehr zu prüfen, ob sich in den Vertragsstaaten ein einheitliches Verständnis des Begriffs der Vormundschaft nachweisen läßt (*Soergel/Kegel*, Art. 24 EGBGB Rdnr. 63).

III. Methode der Qualifikation

161 Die Qualifikation nach der *lex fori* muß das Problem bewältigen, das auch Institute des ausländischen Rechts, die dem deutschen materiellen Recht unbekannt sind, an den Zwecken der deutschen Kollisionsnormen zu messen und der einen oder der anderen Kollisionsnorm unterzuordnen sind. Ebenso wie in der Rechtsvergleichung (dazu oben Rdnr. 27) bedient man sich auch bei der Qualifikation einer funktionellen Methode: Die Funktion und der Zweck des in Rede stehenden ausländischen Rechtsinstituts wird mit der Funktion und dem Zweck des Anknüpfungsgegenstandes der deutschen Kollisionsnorm verglichen. Die Qualifikation löst sich daher von der Regelungstechnik des deutschen Rechts und geht von dem Rechtsproblem aus, um dessen Bewältigung es dem ausländischen Rechtsinstitut geht (zuerst *Lewald*, Rec. des Cours 69 [1939-III] 1, 81). Diese funktionelle oder teleologische Methode der Qualifikation, die auch die deutsche Rechtsprechung verwendet (dazu 1), ließe sich noch steigern, wenn man den Inhalt der Systembegriffe des deutschen IPR im Wege der Rechtsvergleichung ermitteln könnte (dazu 2).

1. Funktionelle Qualifikation

162 Eine an der Funktion und dem Zweck einer ausländischen Rechtserscheinung orientierte Qualifikation ist nötig, um auch solche Rechtsinstitute erfassen zu können, die dem deutschen materiellen Recht fremd sind. Die deutsche Rechtsprechung hält daher nicht an der Begrifflichkeit und dem System des deutschen Sachrechts fest, sondern faßt ihre Aufgabe weiter: „Die dem deutschen Richter obliegende Aufgabe ist es, die Vorschriften des ausländischen Rechts nach ihrem Sinn und Zweck zu erfassen, ihre Bedeutung vom Standpunkt des ausländischen Rechts zu würdigen und sie mit Einrichtungen der deutschen Rechtsordnung zu vergleichen. Auf der so gewonnenen Grundlage ist [die Vorschrift des ausländischen Rechts] den aus den Begriffen und Abgrenzungen der deutschen Rechtsordnung aufgebauten Merkmalen der deutschen Kollisionsnorm zuzuordnen." (BGHZ 29, 137, 139; BGHZ 47, 324, 332; BGH NJW 1987, 2161)

In einer Entscheidung aus dem Jahr 1967 ging es beispielsweise um die Qualifikation der „Trennung von Tisch und Bett" nach italienischem Recht (dazu bereits oben Rdnr. 27). Der BGH entschied: Obwohl dieses Rechtsinstitut dem deutschen Recht unbekannt sei, seien die deutschen IPR-Normen dahin zu verstehen, daß ein deutsches Gericht, wenn das maßgebende Auslandsrecht eine Trennung ohne Lösung der Ehe dem Bande nach kennt, entsprechend zu entscheiden habe (BGHZ 47, 324, 332). Die Trennung der Ehe durch Richterspruch unter Aufrechterhaltung der Ehe „dem Bande nach" gebe es – so der BGH – in vielen ausländischen Rechtsordnungen. Dieses Rechtsinstitut ziehe eine Folgerung aus der Tatsache, daß eine Ehe sich nicht so verwirklicht habe, wie es vom Wesen der Ehe her hätte sein sollen. Insbesondere wenn eine Rechtsordnung nur die Trennung, nicht aber die Scheidung zulasse, werde deutlich, daß die Trennung in dem dortigen Rechtsbereich – wenn auch eingeschränkt – die Funktionen erfülle, die in Deutschland der Scheidung zukommen: „Die Tatsache, daß die Trennung von Tisch und Bett in dieselbe Richtung wie die Scheidung geht und ähnliche soziale Aufgaben zu erfüllen hat, wenn sie auch schwächere Wirkungen entfaltet, spricht dafür, auf sie die einzige Kollisionsnorm des deutschen Rechts, die sich mit der Auflösung der Ehe befaßt, nämlich Art. 17 EGBGB anzuwenden." (BGHZ 47, 324, 333)

a) Kollisionsrechtliche Zwecke

163 Im Rahmen der funktionellen Qualifikation befürwortet *Kegel* ein Vorgehen, das sich an den Zwecken der Kollisionsnormen ausrichtet: Entscheidend seien die international-privatrechtlichen Interessen, die mit der jeweiligen Kollisionsnorm verfolgt werden (Partei-, Verkehrs- oder Ordnungsinteressen). Der Zweck einer

Kollisionsnorm könne schon für ein Institut des eigenen materiellen Rechts ergeben, daß von seiner systematischen Einordnung im eigenen materiellen Recht abzuweichen sei. Dem eigenen materiellen Recht unbekannte Rechtsinstitute seien an den Zwecken der eigenen Kollisionsnorm zu messen und danach der einen oder anderen unterzuordnen (*Soergel/Kegel*, vor Art. 3 EGBGB Rdnr. 120).

b) Materiellrechtliche Zwecke

164 Andere befürworten im Rahmen der funktionellen Qualifikation eine Qualifikation anhand der materiellrechtlichen Funktion der einzelnen Rechtsinstitute (*Lewald*, Rec. des Cours 69 [1939-III], 1, 78–84; kritisch *von Bar* I Rdnr. 599). Daran ist richtig, daß in eine funktionelle Betrachtung nicht nur die Zwecke der deutschen Kollisionsnormen, sondern auch die Zwecke der Sachnormen einbezogen werden müssen, aus denen heraus die Kollisionsnormen entwickelt worden sind. Wenn der deutsche Gesetzgeber beispielsweise in Art. 13 EGBGB Anknüpfungsregeln für die Voraussetzungen der „Eheschließung" aufgestellt hat, ist das nicht ohne Rücksichtnahme auf den Begriff der Ehe nach deutschem materiellen Recht geschehen (vgl. BegrRegE, BT-Drucks. 10/504, S. 52–53).

Auf der anderen Seite bestehen Systemunterschiede zwischen IPR und Sachrecht, die auch für die Qualifikation Bedeutung erlangen. Beispielsweise zählt das deutsche Privatrecht ein Pfandrecht an Rechten nicht nur systematisch (§§ 1273–1296 BGB), sondern auch nach dem Zweck der Regelungen zum Sachenrecht. Kollisionsrechtlich wird man dieses Phänomen anders zu qualifizieren haben. Auch das Nachbarrecht, das §§ 906ff. BGB sachenrechtlich ausgestalten, gehört kollisionsrechtlich jedenfalls teilweise zum Internationalen Deliktsrecht (Beispiele nach *von Bar* I Rdnr. 599).

2. Rechtsvergleichende Qualifikation

165 Auf *Ernst Rabel* (1874–1955) geht der Vorschlag zurück, die Systembegriffe der Kollisionsnormen weder nach der *lex fori* noch gemäß der *lex causae*, sondern rechtsvergleichend zu qualifizieren

(RabelsZ 5 [1931], 241). Die Systembegriffe des IPR bezeichnen danach bestimmte Lebensverhältnisse und umfassen „das Gemeinsame der verschiedenen Erscheinungen des nationalen Rechts, die denselben rechtspolitischen Zweck verfolgen" (*Rabel* I 66). Diese Gemeinsamkeiten aufzudecken, sei die Aufgabe der Rechtsvergleichung.

Dieser Ansatz ist teilweise in der funktionellen Qualifikation aufgegangen, die der BGH seiner Rechtsprechung heute zugrundelegt (dazu oben Rdnr. 162): Die Frage nach der Funktion und dem Zweck des in Rede stehenden Rechtsinstituts setzt voraus, daß man auch über den Tellerrand der eigenen Rechtsordnung blickt. Soweit *Rabel* jedoch die Loslösung des Kollisionsrechts von den Rechtsvorstellungen der jeweiligen *lex fori* erstrebt, ist ihm die Rechtsprechung zu Recht nicht gefolgt (*Soergel/Kegel*, vor Art. 3 EGBGB Rdnr. 119): Die von *Rabel* vorgeschlagene, von den Systembegriffen des Forums gelöste rechtsvergleichende Qualifikation scheitert an ihrer praktischen Undurchführbarkeit. *Rabel* gebührt aber das Verdienst, die Auslegung der kollisionsrechtlichen Begriffe aus der Enge der Vorstellungen einzelner Rechtsordnungen befreit und den Blick dafür geschärft zu haben, daß die Qualifikation nicht ohne Rücksicht auf ausländische Rechtsordnungen erfolgen kann (MünchKomm-*Sonnenberger*, Einl. zum IPR Rdnr. 461).

IV. Anwendungsfälle der Qualifikation

166 Das Problem der Qualifikation ist darauf zurückzuführen, daß der hohe Abstraktionsgrad der Kollisionsnormen des IPR die Verwendung weitgefaßter Sammelbegriffe erfordert (dazu oben Rdnr. 150). Die Frage, wie solche Systembegriffe zu verstehen sind, wird vor allem in drei Fallgruppen relevant (grundlegend *Soergel/Kegel*, vor Art. 3 EGBGB Rdnrn. 112–114): Es können sich Systemunterschiede zwischen deutschem und ausländischem Sachrecht ergeben (dazu 1), die Einordnung einer deutschen Sachnorm unter eine deutschen Kollisionsnorm kann zweifelhaft sein (dazu 2), und das ausländische Sachrecht kann Rechtsinstitute vorsehen, die dem deutschen Recht fremd sind (dazu 3).

1. Deutsches – ausländisches Sachrecht

167 Das ausländische Recht kann eine bestimmte sachliche Regelung systematisch anders einordnen als das deutsche Recht. In diesem Fall muß eine Qualifikation nach der deutschen *lex fori* das ausländische Rechtsinstitut nach ihrem Sinn und Zweck erfassen, seinen Stellenwert im ausländischen Recht ermitteln und es mit entsprechenden Rechtsinstituten des deutschen Rechts vergleichen (BGHZ 47, 324, 332).

In *Fall a* hat das Kammergericht argumentiert: Das Aneignungsrecht des schwedischen Fiskus solle sich auf erbenlose Vermögensgegenstände unabhängig davon erstrecken, ob international-erbrechtliche Anknüpfungsmerkmale vorhanden seien, nach denen dem schwedischen Staat eine Erbenstellung zufalle. Das deutsche Fiskuserbrecht nach § 1936 BGB lasse sich demgegenüber nur deshalb als echtes Erbrecht auffassen, weil es darauf verzichtet, dem Staat den Zugriff auf im Inland befindliche Nachlässe von Erblassern mit einem fremden Personalstatut zu ermöglichen. Das schwedische Fiskalerbrecht stelle sich daher seiner Funktion nach als sachenrechtliches Aneignungsrecht dar (KG IPRax 1986, 41 m. Aufs. *Firsching* [25]). Da das schwedische Fiskalerbrecht sachenrechtlich zu qualifizieren ist, erstreckt es sich nach dem deutschen Internationalen Sachenrecht nur auf diejenigen Vermögensgegenstände, die in Schweden belegen sind. Dem Allgemeinen Erbschaftsfonds des Königreichs Schweden ist daher kein Erbschein für das in Berlin belegene Grundstück zu erteilen.

Ein weiteres Beispiel für Systemunterschiede zwischen deutschem und ausländischem Recht ist der *Tennessee-Wechsel-Fall* (dazu oben Rdnr. 154): Nach deutschem Recht ist die Verjährung eines Anspruchs eine materiellrechtliche Frage, nach dem Recht von Tennessee begrenzen prozeßrechtliche Klagefristen die gerichtliche Geltendmachung von Ansprüchen. Ferner gewähren manche Rechtsordnungen bestimmten nahen Verwandten des Erblassers ein unentziehbares Erbrecht hinsichtlich eines Teils des Nachlasses, während nach deutschem Erbrecht ein schuldrechtlicher Pflichtteilsanspruch besteht – beides ist erbrechtlich zu qualifizieren (*Kegel* § 7 II 1 a. E.).

2. Deutsches IPR – deutsches Sachrecht

168 Ein Systemunterschied zwischen dem deutschen IPR und dem deutschen materiellen Recht kann auftreten, weil die Systembegriffe des deutschen IPR nicht vollständig mit denjenigen des materiellen Rechts synchronisiert sind: Die „güterrechtlichen Wirkungen der Ehe“ gemäß Art. 15 EGBGB sind zwar im Kern, aber nicht in allen Einzelaspekten mit dem „ehelichen Güterrecht" der §§ 1363–1563 BGB identisch (*Staudinger/von Bar/Mankowski*, Art. 15 EGBGB Rdnrn. 231–417). Die „Rechtsnachfolge von Todes wegen" in Art. 25 I EGBGB umfaßt nicht nur den Regelungsbereich des Fünften Buches des BGB, sondern geht in Randbereichen darüber hinaus (*Staudinger/Dörner*, Art. 25 EGBGB Rdnrn. 16–421).

In *Fall b* bestimmt sich die Rechtsnachfolge von Todes wegen gemäß Art. 25 I EGBGB nach deutschem Recht als dem Heimatrecht des Erblassers. Danach ist die Ehefrau neben den Kindern des Erblassers zu einem Viertel als gesetzliche Erbin berufen (§ 1931 I 1 BGB). Es fragt sich, ob der gesetzliche Erbteil der Ehefrau gemäß § 1371 I BGB um ein Viertel der Erbschaft erhöht wird. Das kann nur der Fall sein, wenn diese Vorschrift des deutschen materiellen Rechts erbrechtlich zu qualifizieren ist. Ist sie dagegen güterrechtlich zu qualifizieren, kommt sie nicht zum Zuge, denn nach Artt. 15 I, 14 I Nr. 2 EGBGB (gewöhnlicher Aufenthalt der Ehegatten im Zeitpunkt der Eheschließung) ist nicht das deutsche, sondern das brasilianische Recht das Ehegüterstatut. Die herrschende Meinung qualifziert § 1371 I BGB güterrechtlich (umfangreiche Nachw. bei *Staudinger/von Bar/Mankowski*, Art. 15 EGBGB Rdnrn. 342–364). Dafür spricht die Abhängigkeit der Regelung von einem bestimmten Güterstand und die Möglichkeit abweichender Regelung durch Ehevertrag. Es bleibt daher bei dem Erbrecht der Ehefrau nach § 1931 I 1 BGB (zu Anpassungsproblemen in dieser Fallkonstellation unten Rdnrn. 264–267).

Ein weiteres Beispiel ist die Qualifikation einer *Schenkung von Todes wegen*: Während eine Schenkung unter Lebenden ohne weiteres dem *Schuldstatut* unterliegt, kommt für eine Schenkung von Todes wegen auch das *Erbstatut* in Betracht. Bei einer Qualifikation nach der *lex fori* – also nach deutschem Recht – wird die Schenkung von Todes wegen schuldrechtlich eingeordnet: Die Tatsache, daß im Ergebnis der Umfang des Nachlasses in Frage steht, trifft letztlich auf alle vom Erblasser zu Lebzeiten vorgenommenen Rechtsgeschäfte zu und kann nicht dazu führen, das Rechtsgeschäft dem Erbstatut zu unterstellen (*Winkler von Mohrenfels*, IPRax 1991, 237, 239; offengelassen in OLG Karlsruhe IPRax 1991, 259, 260).

3. Fremdartige ausländische Rechtsinstitute

169 Im ausländischen Recht gibt es nicht selten Rechtsinstitute, die dem deutschen materiellen Recht fremd sind und sich nicht zweifelsfrei den Systembegriffen im Tatbestand einer deutschen Kollisionsnorm zuordnen lassen. Das praktisch wichtigste Beispiel ist der *trust* im Recht Englands und der Vereinigten Staaten (dazu unten Rdnr. 476). Weitere Beispiele „fremdartiger" Rechtsinstitute sind das Registerpfandrecht im französischen Recht (dazu unten Rdnr. 487), die Handschuhehe im italienischen Recht (dazu unten Rdnr. 501) und die Trennung von Tisch und Bett (dazu unten Rdnr. 528).

a) In *Fall c* geht es um die kollisionsrechtliche Einordnung des Brautgeldes („Morgengabe") nach islamischem Recht, die Schwierigkeiten bereitet. *Heldrich* (IPRax 1983, 64) spricht von einem „juristischen Kuckucksei aus dem Morgenland". Die Morgengabe ist nach islamischem Recht ein Betrag, der zwischen den Eheleuten oder ihren Eltern vor der Eheschließung ausgehandelt wird. Bei der Eheschließung wird nur ein Teil der Morgengabe fällig; der Rest ist zu zahlen, wenn die Ehe durch Scheidung oder Tod des Ehemannes aufgelöst wird. Funktional soll die Morgengabe der Ehefrau eine gewisse finanzielle Sicherung verschaffen und wohl auch den Ehemann daran hindern, vorschnell die Verstoßung seiner Frau auszusprechen (umfassend zu den verschiedenen Spielarten des Brautgeldes nach malikitischem und sunnitischem Brauch *Staudinger/von Bar/Mankowski*, Art. 13 EGBGB Rdnrn. 380–384).

Bei der Qualifikation der Morgengabe wird überwiegend differenziert: Soweit die Vereinbarung einer Morgengabe eine Gültigkeitsvoraussetzung der Ehe darstellt, geht es um den Anknüpfungsgegenstand des Art. 13 I, II EGBGB (sachliche Voraussetzungen der Eheschließung). Soweit aus der Brautgeldvereinbarung Zahlungsansprüche hergeleitet werden, kommt es funktionell auf den Zweck der Inanspruchnahme an: Geht es um Absicherung der Ehefrau nach dem Tod des Ehemannes, entspricht die Funktion der Morgengabe derjenigen eines Vermächtnisses nach deutschem Recht; über den Zahlungsanspruch entscheidet gemäß Art. 25 I EGBGB das Erbstatut. Geht es dagegen um Absicherung der Ehefrau nach Scheidung der Ehe, ist das Scheidungsstatut gemäß Art. 17 I 1 EGBGB berufen, über Voraussetzungen und Erfüllung des Anspruchs zu entscheiden. Das Scheidungsstatut ist im vorliegenden Fall gemäß Artt. 17 I 1, 14 I Nr. 2 EGBGB das deutsche Recht (Fall nach BGH NJW 1987, 2161 = IPRax 1988, 109 m. Aufs. *Heßler* [95] = *Schack*, Rechtsprechung Nr. 5).

b) Ein weiteres Beispiel für ein dem deutschen Recht unbekanntes Rechtsinstitut ist die *Legitimation des islamischen Rechts*: Wenn nicht feststeht, daß ein anderer als der die Vaterschaft Anerkennende der Vater ist, beweist diese Legitimation die Abstammung eines Kindes von dem Anerkennenden. Die Legitimation eines Kindes nach islamischem Recht ist nach deutscher Rechtsvorstellung weder ein Vaterschaftsanerkenntnis, da weder das Kind noch die Mutter an diesem Vorgang beteiligt sind; auch von den Wirkungen her unterscheidet sich die Legitimation islamischen Rechts vom Vaterschaftsanerkenntnis nach deutschen Regeln. Die Legitimation islamischen Rechts ist aber auch keine Adoption, da sie die Rechtsfolge herbeiführen soll, die Vaterschaft rechtsverbindlich festzustellen (umfassend *Kegel* § 7 II 2).

Da durch die Legitimation islamischen Rechts die „Kindschaft auf Seitenwegen" (*Kegel* § 7 III 3 b) begründet wird, wird wegen gleicher Interessenlage nach Art. 19 EGBGB angeknüpft. Maßgebend ist also in erster Linie das Recht des gewöhnlichen Aufenthalts des Kindes (Art. 19 I 1 EGBGB). Allerdings muß zum Schutz des Kindes die Zustimmungsregelung des Art. 23 EGBGB analog angewendet werden: Die Erforderlichkeit und die Erteilung der Zustimmung des Kindes und einer Person, zu der das Kind in einem familienrechtlichen Verhältnis steht, unterliegt zusätzlich dem Recht des Staates, dem das Kind angehört. Da das deutsche Recht eine Legitimation islamischen Typs nicht kennt, enthält es auch keine Vorschriften über die Einwilligung. Diesem Normenmangel ist abzuhelfen, indem wir dem deutschen Recht eine sachliche Kollisionsnorm entnehmen, daß die Einwilligungsregeln des Abstammungsrechts entsprechend anzuwenden sind (*Kegel* § 8 III 3).

§ 7. Die Methode der Anknüpfung

170 **Literatur:** *Baum*, Alternativanknüpfungen (1985); *Braga*, Kodifikationsgrundsätze des IPR, RabelsZ 23 (1958), 441; *Neuner*, Die Anknüpfung im internationalen Privatrecht, RabelsZ 8 (1934), 81; *Römer*, Gesetzesumgehung im deutschen Internationalen Privatrecht (1955); *Schurig*, Die Gesetzesumgehung im Privatrecht, Festschrift Ferid II (1988), S. 375; *Winkler*, Beurkundung im Ausland bei Geltung des deutschen Rechts, NJW 1972, 981.

Fälle:

a) Ein in Zürich niedergelassener Anlageberater überredet den Geschäftsführer einer deutschen GmbH, von der GmbH vorübergehend nicht benötigte Gelder in nordkoreanischen Staatsanleihen anzulegen. Auf die Anlagerisiken weist der Berater nicht hin. Nachdem das Geld verloren ist, nimmt die GmbH den Berater vor dem LG Mainz auf Schadensersatz in Anspruch.

b) Eine österreichische Familie lebt in Karlsruhe. Der Ehemann, der über kein eigenes Einkommen verfügt und den Haushalt führt, erwirbt in Straßburg eine neue Wohnzimmergarnitur. Da der Ehemann nicht zahlt, fragt der Verkäufer, ob er auch die Ehefrau, die als Architektin arbeitet, in Anspruch nehmen kann.

c) Ein gutsituierter Niederländer, der in Deutschland arbeitet, ist für eine 24jährige Tochter unterhaltspflichtig, die eine Banklehre abgeschlossen hat und jetzt in Kalifornien lebt. Sie möchte ein „Master of Business Administration"-Studium aufnehmen und verlangt von ihrem Vater Unterhalt. Der Vater verweist darauf, daß sie schon eine Ausbildung habe und ihren Lebensunterhalt durch Arbeit verdienen solle.

d) Zwei Schwaben, die einen Kaufvertrag über ein in Stuttgart gelegenes Hausgrundstück abschließen möchten, fahren nach Nancy (Frankreich), weil sie gehört haben, daß nach französischem Recht ein privatschriftlicher Grundstückskaufvertrag wirksam und bindend ist. In Nancy wird der Kaufvertrag geschlossen.

Die Methode der Anknüpfung zielt darauf ab, die Rechtsordnungen zu bestimmen, die auf Sachverhalte mit einer Verbindung zum Recht eines ausländischen Staates anzuwenden sind (Art. 3 I 1 EGBGB). Ideengeschichtlich beruht die Methode auf der Lehre *Savignys*, wonach das IPR ein Rechtsverhältnis derjenigen Rechtsordnung zuweist, in der das Rechtsverhältnis seinen Sitz hat. Das Bild der *Anknüpfung* wurde zum ersten Mal von *Franz Kahn* gebraucht (Abhandlungen zum IPR, Bd. I, 1928, S. 48 = JherJb 30

[1891], 1, 56). Im Wortsinn bedeutet „anknüpfen", Fäden miteinander zu verbinden. Wie beim Teppichknüpfen der neue Faden an das bereits vorhandene Teppichstück angeknüpft wird, wird im Kollisionsrecht eine Rechtsordnung an ein Element des konkreten Sachverhalts angeknüpft (anschaulich *Kropholler* § 19 I).

I. Anknüpfung einer Rechtsordnung

171 Die Anknüpfung wird definiert als der in einer Kollisionsnorm enthaltene Gesetzesbefehl, einen bestimmten kollisionsrechtlichen Tatbestand, den *Anknüpfungsgegenstand*, nach einer bestimmten Rechtsordnung zu beurteilen (*Dölle* 50). Diese Rechtsordnung (das „Recht eines Staates", Art. 3 I 1 EGBGB) wird angeknüpft, indem wir sie mit einem Element des Sachverhalts verbinden, das als *Anknüpfungsmerkmal* bezeichnet wird (zur Struktur einer selbständigen Kollisionsnorm bereits oben Rdnrn. 101–104).

1. Methodische Vorgehensweise

172 Bei der Lösung eines IPR-Falles besteht kein logischer Vorrang von Anknüpfungsgegenstand oder Anknüpfungsmerkmal; es ist eine Frage der Zweckmäßigkeit, ob zuerst das eine oder das andere erörtert wird: Solange das Rechtsverhältnis, um das es geht, nicht unter den *Anknüpfungsgegenstand* einer Kollisionsnorm eingeordnet (qualifiziert) worden ist, hilft das Anknüpfungsmerkmal nicht weiter; umgekehrt steht der Anknüpfungsgegenstand nutzlos im Raum, solange ihm kein *Anknüpfungsmerkmal* zugeordnet ist.

In *Fall a* wird der Beklagte mit der Begründung in Anspruch genommen, er habe seine Pflichten aus einem Beratungsvertrag schlecht erfüllt. Man kann zuerst fragen, ob sich dieser Sachverhalt (dieses Rechtsverhältnis) unter den *Anknüpfungsgegenstand* der Artt. 27ff. EGBGB subsumieren läßt. Das ist der Fall: Das Vertragsstatut – das auf den Vertrag anzuwendende Recht – umfaßt auch die Voraussetzungen und die Folgen der Schlechterfüllung einer Vertragspflicht (MünchKomm-*Spellenberg*, Art. 32 EGBGB Rdnrn. 25, 26). Man kann aber auch zuerst fragen, welches *Anknüpfungsmerkmal* der Artt. 27, 28 EGBGB vorliegt (Anknüpfung des Vertragsstatuts), und anschließend erörtern, daß auch die Regeln über die Schlechterfüllung eines Vertrages dem Vertragsstatut zu entnehmen sind (Umfang des Vertragsstatuts). Im vorliegenden Fall ist das Anknüpfungsmerkmal des Art. 28 II 2 EGBGB erfüllt: Da der Berater als Erbringer der charakteristischen Leistung seine Niederlassung in der Schweiz hat, ist das schweizerische Recht anzuwenden.

Im Regelfall bietet es sich an, erst den Sachverhalt unter den *Anknüpfungsgegenstand* einer Kollisionsnorm zu subsumieren, um anschließend das passende *Anknüpfungsmerkmal* zu ermitteln. Wenn man so vorgeht, ergibt sich eine vierstufige Prüfungsreihenfolge. Dabei handelt es sich um eine gedankliche Reihenfolge. Wenn die Lösung eines IPR-Falles ausgearbeitet wird, muß nicht zwangsläufig jeder Prüfungsschritt schriftlich niedergelegt werden.

a) Anzuknüpfendes Rechtsverhältnis

In einem ersten Schritt ist zu fragen, aus welchem Rechtsverhältnis die zu beurteilende Rechtsfrage erwächst. In *Fall b* stellt der Verkäufer die Rechtsfrage, ob er aus dem Kauf, den der Ehemann getätigt hat, auch die Ehefrau auf Zahlung in Anspruch nehmen kann. Das Rechtsverhältnis, um das es geht, ist das Bestehen und der Umfang der gesetzlichen Vertretungsmacht des einen Ehegatten für den anderen (vgl. im deutschen Sachrecht § 1357 I BGB).

b) Anknüpfungsgegenstand

173 In dem zweiten Schritt ist zu untersuchen, unter welchen *Anknüpfungsgegenstand* sich das Rechtsverhältnis subsumieren läßt. Das ist eine Frage der Qualifikation. In *Fall b* ist die gesetzliche Vertretungsmacht der Ehegatten füreinander unter den Verweisungsbegriff „allgemeine Wirkungen der Ehe" zu subsumieren, der sich in Art. 14 I EGBGB findet. Anders formuliert: Die gesetzliche Vertretungsmacht der Ehegatten füreinander wird als allgemeine Ehewirkung qualifiziert.

c) Anknüpfungsmerkmal

In dem dritten Schritt ist unter das Anknüpfungsmerkmal der Kollisionsnorm zu subsumieren; es setzt sich aus den Anknüpfungspersonen, dem Anknüpfungszeitpunkt und dem Anknüpfungspunkt zusammen (dazu oben Rdnr. 103). *Fall b* erfüllt das Anknüpfungsmerkmal des Art. 14 I Nr. 1 EGBGB: Beide Ehegatten (*Anknüpfungspersonen*) hatten bei Abschluß des Kaufvertrages

(*Anknüpfungszeitpunkt*) die österreichische Staatsangehörigkeit (*Anknüpfungspunkt*).

d) Rechtsfolge: Verweisung

174 In dem vierten Schritt ist als Rechtsfolge festzustellen, welche Rechtsvorschriften durch die Kollisionsnorm zur Anwendung berufen werden: Wenn die Kollisionsnorm auf das *deutsche Recht* verweist, sind die deutschen Sachvorschriften anzuwenden. Verweist die Kollisionsnorm auf ein *ausländisches Recht*, muß geprüft werden, ob es sich um eine Gesamt- oder eine Sachnormverweisung handelt (dazu unten Rdnrn. 192–197). Liegt eine *Sachnormverweisung* vor, sind die Sachvorschriften des ausländischen Rechts anzuwenden. Handelt es sich dagegen nach dem Grundsatz des Art. 4 I 1 EGBGB um eine *Gesamtverweisung*, ist zuerst das IPR des ausländischen Staates zu befragen, ob es die Verweisung akzeptiert, auf das deutsche Recht zurückverweist oder auf ein anderes Recht weiterverweist (dazu unten Rdnrn. 198–205).

In *Fall b* verweist Art. 14 I Nr. 1 EGBGB auf das österreichische Recht, und zwar unter Einschluß der Kollisionsnormen des österreichischen IPR (Art. 4 I 1 EGBGB). Das österreichische IPR akzeptiert die Verweisung, da es ebenfalls an die gemeinsame Staatsangehörigkeit der Ehegatten anknüpft (§ 18 I Nr. 1 IPRG). Damit ist die kollisionsrechtliche Prüfung beendet und das zur Anwendung berufene österreichische Sachrecht heranzuziehen. Anders als nach § 1357 I BGB vertritt nach § 96 ABGB derjenige Ehegatte, der den gemeinsamen Haushalt führt und keine Einkünfte hat, den anderen Ehegatten bei Rechtsgeschäften des täglichen Lebens. Da diese Voraussetzungen bei dem Ehemann erfüllt sind, ist die Ehefrau aus dem Kaufvertrag mitverpflichtet.

2. Die Begriffe „Statut" und „lex"

175 Das Ergebnis der kollisionsrechtlichen Prüfung – das anwendbare Recht – wird als „Statut" bezeichnet (z.B. Ehewirkungsstatut, Deliktsstatut). Will man zum Ausdruck bringen, warum eine bestimmte Rechtsordnung – ein bestimmtes Statut – angewendet wird, steht häufig der Begriff „lex", versehen mit einem Zusatz, zur Verfügung. Beispielsweise bedeutet *lex patriae* (Recht des Vaterlandes, Heimatrecht) im Rahmen des Art. 14 I Nr. 1 EGBGB: Wir bestimmen das Ehewirkungsstatut – das auf die allgemeinen Wirkungen der Ehe anzuwendende Recht –, indem wir an die

Staatsangehörigkeit anknüpfen. *Lex loci delicti commissi* (Recht des Tatortes) meint: Wir ermitteln das Deliktsstatut – das auf eine unerlaubte Handlung anzuwendende Recht –, indem wir die Tatortregel heranziehen. Daraus folgt zugleich: Wenn wir statt des Tatortrechts das Recht des gemeinsamen gewöhnlichen Aufenthalts von Täter und Opfer anwenden (dazu unten Rdnrn. 446–450), ist das Deliktsstatut nicht die *lex loci delicti commissi*, sondern die *lex communis habitationis* (Recht des gemeinsamen gewöhnlichen Aufenthalts). Es ist also bei der Verwendung dieses Fachvokabulars Vorsicht geboten.

a) Der Begriff *Statut* stammt aus Oberitalien, wo im späten Mittelalter die Geschichte des heutigen IPR begann (dazu oben Rdnrn. 61–63): Die Satzungen der dortigen Städte hießen *statuta*; Rechtsanwendungsfragen waren Statutenkollisionen, die mit Hilfe der Statutenlehre gelöst wurden. Während der Begriff „Statut" damals das einzelne Gesetz als Ausgangspunkt der kollisionsrechtlichen Untersuchung kennzeichnete, meint dieser Begriff heute das anwendbare Recht als Endpunkt der kollisionsrechtlichen Prüfung (*Kropholler* § 2 III 1). Da der Begriff „Statut", z. B. Vertragsstatut, Deliktsstatut, Adoptionsstatut oder Erbstatut, das anwendbare Recht bezeichnet, ist es sprachlich weniger gut, von „-rechtsstatut" zu sprechen. „Ehegüterstatut" ist also besser als „Güterrechtsstatut" (wörtlich: „Güterrechtsrecht"); „Sachstatut" ist der Bezeichnung „Sachenrechtsstatut" vorzuziehen.

Der Begriff „Statut" weist auf den Inhalt der Sachnormen hin, die von der Kollisionsnorm berufen werden (z. B. „Erbstatut": das Erbrecht einer bestimmten Rechtsordnung ist anzuwenden). Er macht damit zugleich deutlich, daß die Kollisionsnormen nicht auf eine Rechtsordnung im ganzen, sondern immer nur auf eine Gruppe von Sachnormen – z. B. Erbrecht – verweisen (*Dölle* 50; *Raape* 41). Der umfassendste zusammengesetzte Begriff ist insoweit das *Personalstatut*; er umfaßt die Anknüpfungsgegenstände des Personen-, Familien- und Erbrechts (BegrRegE, BT-Drucks. 10/504, S. 30). Er ist, ebenso wie die Bezeichnung *Realstatut* (= Sachstatut), direkt aus der Statutenlehre mit ihrer Dreiteilung in statuta personalia, statuta realia und statuta mixta entlehnt. Blaß ist die verbreitete Bezeichnung *Wirkungsstatut* (*lex causae*); sie weist nicht auf bestimmte Sachnormen hin, sondern meint das „in der Hauptsache" anzuwendende Recht (z. B. das grundsätzlich umfassende Vertragsstatut im Gegensatz zum Formstatut, das nur die Form des Vertragsschlusses betrifft).

b) Der Begriff *lex* bezeichnet in verschiedensten Kombinationen ebenfalls das anwendbare Recht als Ergebnis der kollisionsrechtlichen Prüfung, wobei meist der Grund der Anknüpfung deutlich wird: *lex rei sitae* (Recht des Belegenheitsortes), *lex fori* (Recht des angerufenen Gerichts), *lex loci celebrationis* (Recht des Eheschließungsortes), *lex loci contractus* (Recht des Abschlußortes), *lex loci solutionis* (Recht des Erfüllungsortes; umfassende Übersicht bei *von Bar* I Rdnr. 21). Weiteres *Beispiel*: Das Personalstatut – das in personen-, familien- und erbrechtlichen Fragen anwendbare Recht – ist nach manchen IPR-Gesetzen das durch die Staatsangehörigkeit bestimmte Heimatrecht (*lex patriae*), nach anderen das Wohnsitzrecht (*lex domicilii*). Der Grund der Anknüpfung wird ausnahmsweise nicht deutlich in den Begriffen *lex causae* (Wirkungsstatut) und *lex contractus* (das aufgrund eines von vielen Anknüpfungspunkten für den Vertrag maßgebende Recht). **176**

II. Kombinationen von Anknüpfungen

Zahlreichen Anknüpfungsgegenständen sind mehrere Anknüpfungsmerkmale zugeordnet. Solche Kombinationen von Anknüpfungen, auch Mehrfachanknüpfungen genannt, können kollisionsrechtlichen oder materiellrechtlichen Zwecken dienen; sie können den Kreis der anwendbaren Rechtsordnungen einengen oder erweitern. Nicht nur die Begriffsbildung, sondern auch die systematische Erfassung dieser Mehrfachanknüpfungen ist uneinheitlich; insbesondere der schillernde Begriff *kumulative Anknüpfung* wird von verschiedenen Autoren in verschiedenem Sinne gebraucht (*von Bar* I Rdnrn. 545–567; *Firsching/von Hoffmann* § 5 Rdnrn. 111–118; *Kropholler* § 20; *Lüderitz* Rdnrn. 65–71). **177**

1. Subsidiäre Anknüpfung (Anknüpfungsleiter)

Die subsidiäre Anknüpfung kommt zum Zuge, wenn die Haupt- oder Regelanknüpfung versagt. Sind eine Hauptanknüpfung und mehrere subsidiäre Anknüpfungen (Ersatzanknüpfungen) hintereinandergeschaltet, spricht man von einer Anknüpfungsleiter. Sol- **178** che Anknüpfungsleitern kommen im EGBGB an mehreren Stellen vor:

a) Wenn eine Kollisionsnorm an die *Staatsangehörigkeit* anknüpft, ist eine Ersatzanknüpfung für den Fall erforderlich, daß die Anknüpfungsperson staatenlos ist. Diese Ersatzanknüpfung findet sich im Allgemeinen Teil des IPR: Art. 5 II EGBGB erklärt bei einer staatenlosen Person statt der Staatsangehörigkeit den gewöhnlichen Aufenthalt, oder, mangels eines solchen, ihren schlichten Aufenthalt für maßgebend.

b) Wenn eine Kollisionsnorm an die *gemeinsame Staatsangehörigkeit* anknüpft, muß ein subsidiäres Anknüpfungsmerkmal hinzutreten, wenn es an der gemeinsamen Staatsangehörigkeit der Anknüpfungspersonen fehlt. Art. 14 I EGBGB knüpft hilfsweise an den gemeinsamen gewöhnlichen Aufenthalt, äußerst hilfsweise an die sonstige gemeinsame engste Verbindung der Ehegatten mit einem Staat an.

c) Wenn eine Kollisionsnorm die *Rechtswahl* als primäre Anknüpfung verwendet, bedarf es einer subsidiären Anknüpfung für den Fall, daß keine Rechtswahl getroffen wurde. Die Rechtswahl ist die Hauptanknüpfung für Schuldverträge (Art. 27 EGBGB); die objektiven Anknüpfungsregeln des Art. 28 EGBGB sind im Verhältnis zur Rechtswahl Ersatzanknüpfungen.

Das Bild der *Anknüpfungsleiter* macht deutlich, daß man nötigenfalls Sprosse um Sprosse herabsteigen muß, um schließlich auf der untersten Sprosse auf einer Auffangklausel Halt zu finden (Art. 5 II EGBGB: schlichter Aufenthalt; Art. 14 I Nr. 3 EGBGB: sonstige gemeinsame engste Verbindung). Das „Gefälle" subsidiärer Anknüpfungen wird auch durch das Bild der *Kaskadenanknüpfung* wiedergegeben (*Kropholler* § 20 III).

2. Alternative Anknüpfung (Günstigkeitsprinzip)

179 Die alternative Anknüpfung bevorzugt nach dem Günstigkeitsprinzip (favor-Gedanke) ein bestimmtes materielles Ergebnis. Es kommt das Recht zur Anwendung, das eine nach dem Günstigkeitsprinzip abstrakt vorformulierte Rechtsfolge gewährt (*von Bar* I Rdnr. 564). Das deutsche IPR kennt verschiedene Alternativanknüpfungen:

a) Die Alternativanknüpfungen in Art. 11 I–III EGBGB begünstigen den Abschluß formwirksamer Rechtsgeschäfte (*favor negotii*). Ähnlich stellt Art. 26 I–III EGBGB (entsprechend Art. 1 HTestÜ) eine Vielzahl von Anknüpfungsmomenten zur Auswahl, um einem Testament möglichst zur Formwirksamkeit zu verhelfen (*favor testamenti*).

b) Bei *Verbraucher- und Arbeitsverträgen* darf eine Rechtswahl der Parteien nicht dazu führen, daß der schwächeren Partei – dem Verbraucher und dem Arbeitnehmer – der Schutz entzogen wird, den die zwingenden Bestimmungen des objektiv anzuwendenden Rechts gewähren (Günstigkeitsprinzip, Artt. 29 I, 30 I EGBGB).

c) Im *Internationalen Deliktsrecht* kommt bei Distanzdelikten alternativ das Recht des Handlungsortes oder des Erfolgsortes zum Zuge, je nachdem, welches Recht für den Verletzten günstiger ist (z.B. BGH NJW 1981, 1606). Diese Alternativanknüpfung wird auf den Gedanken gestützt, daß die Sympathie mit dem Opfer größer ist als die Sympathie mit dem Täter (*Kegel* § 18 IV 1a, aa).

Die *alternativen Anknüpfungen* sind dadurch gekennzeichnet, daß der Richter das im Einzelfall günstigere Recht von Amts wegen anwendet. Der Kläger kann den Richter also nicht darauf festlegen, den Sachverhalt nach einer bestimmten Rechtsordnung zu prüfen. Das bewirkt in der Praxis häufig, daß der Richter deutsches Recht anwendet: Führt einer der alternativen Anknüpfungspunkte zum deutschen Recht und ist nach deutschem Recht der geltend gemachte Anspruch begründet, besteht für den Richter kein Anlaß, noch ein anderes Recht zu prüfen. Denn der Kläger erhält das, was er begehrt (*von Bar* I Rdnr. 567). Im *Internationalen Deliktsrecht* kommt es wegen der Alternativanknüpfung bei Distanzdelikten selten vor, daß der Richter zum ausländischen Recht gelangt (dazu unten Rdnr. 444).

Eng verwandt mit der alternativen Anknüpfung sind die fakultative Anknüpfung und die korrigierende Anknüpfung:

a) Fakultative Anknüpfung

180 Durch die Berücksichtigung des günstigeren Rechts von Amts wegen unterscheidet sich die alternative Anknüpfung von der fakultativen Anknüpfung, bei der die Auswahl der Rechtsordnung dem oder den Beteiligten obliegt: Nach Art. 25 II EGBGB kann der Erblasser für im Inland belegene Grundstücke das Recht des inländischen Lageortes wählen und insoweit das nach Art. 25 I EGBGB maßgebende Erbstatut abbedingen. Auch die anderen Fälle einer beschränkten Rechtswahl – Artt. 10 II, III, 14 II–IV, 15 II, III EGBGB – lassen sich als fakultative Anknüpfungen begreifen (*Kropholler* § 20 I 2b). Ebenso sind die Wahlmöglichkeiten im Internationalen Namensrecht gemäß Art. 10 II, III EGBGB keine alternativen Anknüpfungen, sondern fakultative Anknüpfungen im Sinne einer Rechtswahl.

Nach Art. 40 I 2 des EGBGB-Reformentwurfs von 1993 (dazu unten Rdnr. 445) kann der Verletzte im *Internationalen Deliktsrecht* bei Distanzdelikten verlangen, daß anstelle des Rechts des Handlungsortes das Recht des Erfolgsortes angewandt wird. Sollte dieser Reformentwurf vom Gesetzgeber verabschiedet werden, wird bei Distanzdelikten nicht mehr alternativ, sondern fakultativ angeknüpft.

b) Korrigierende Anknüpfung

181 Die korrigierende Anknüpfung unterscheidet sich von der alternativen Anknüpfung dadurch, daß ein Regel-Ausnahme-Verhältnis zwischen den Anknüpfungen besteht: Das von der primär berufenen Rechtsordnung erzielte materiellrechtliche Ergebnis wird durch eine weitere Anknüpfung verändert (*Kropholler* § 20 I 2c). Solche Korrekturanknüpfungen sind zum einen die speziellen Vorbehaltsklauseln zugunsten des deutschen Rechts (dazu oben Rdnrn. 98, 109), zum anderen die Korrekturen des Unterhaltsstatuts nach Art. 18 I 2, II EGBGB/Artt. 5, 6 HUntÜ.

(1) Die speziellen Vorbehaltsklauseln bringen als Korrekturanknüpfung gezielt das deutsche Recht zur Anwendung. *Beispiele:* Art. 13 II EGBGB ermöglicht im Interesse der Eheschließungsfreiheit eine Korrektur nach deutschem Recht, wenn nach ausländischem Recht eine sachliche Ehevoraussetzung fehlt (BVerfGE 31, 58 – Spanierentscheidung). Art. 17 I 2 EGBGB bringt das deutsche Scheidungsrecht zur Anwendung, soweit die Ehe des deutschen Antragstellers nach dem an sich maßgebenden ausländischen Ehewirkungsstatut nicht geschieden werden kann.

(2) Das Unterhaltsstatut ist nach Art. 18 I 2 EGBGB/Art. 5 HUntÜ das *gemeinsame Heimatrecht* des Unterhaltsverpflichteten und des Unterhaltsberechtigten, wenn der Unterhaltsberechtigte

nach dem Recht seines gewöhnlichen Aufenthalts gemäß Art. 18 I 1 EGBGB/Art. 4 HUntÜ keinen Unterhalt erhalten kann. Erhält der Berechtigte auch nach dem gemeinsamen Heimatrecht keinen Unterhalt, ist im Wege einer weiteren Korrektur deutsches Recht anzuwenden (Art. 18 II EGBGB/Art. 6 HUntÜ). Die Art. 18 I 2, II EGBGB/Artt. 5, 6 HUntÜ sind einer Art Günstigkeitsprinzip verpflichtet, indem sie ein Ergebnis ermöglichen, das dem Unterhaltsberechtigten nutzt (*favor alimenti*). Die Trennungslinie zwischen alternativen und korrigierenden Anknüpfungen ist hier so schmal, daß man Art. 18 I 2, II EGBGB/Artt. 5, 6 HUntÜ auch als Alternativanknüpfung einordnen kann (*Firsching/von Hoffmann* § 5 Rdnrn. 117, 118).

In *Fall c* ist zunächst zu fragen, ob das Recht des US-Staates Kalifornien, des gewöhnlichen Aufenthalts der unterhaltsberechtigten Tochter, einen Unterhaltsanspruch vorsieht (Art. 18 I 1 EGBGB/Art. 4 HUntÜ). Wird diese Frage verneint, ist das niederländische Recht als das gemeinsame Heimatrecht von Vater und Tochter anzuwenden (Art. 18 I 2 EGBGB/Art. 5 HUntÜ). Bekommt die Niederländerin auch nach diesem Recht keinen Unterhalt für ihr MBA-Studium, ist nach Art. 18 II EGBGB/Art. 6 HUntÜ deutsches Recht anzuwenden. Danach sind Eltern grundsätzlich nicht verpflichtet, eine zweite Ausbildung zu finanzieren. Eine Ausnahme gilt, wenn eine zuerst durchlaufene praktische Ausbildung (Banklehre) und ein anschließendes Studium in einem engen sachlichen Zusammenhang stehen und die Finanzierung der Zweitausbildung die wirtschaftliche Leistungsfähigkeit der Eltern nicht überschreitet (BGH FamRZ 1992, 170). Die Niederländerin wird für ihr MBA-Studium also in jedem Fall nach deutschem Sachrecht Unterhalt bekommen. Der deutsche Richter muß aber den Fall zunächst nach kalifornischem Recht prüfen: Die Anknüpfung an das kalifornische Recht wird nur korrigiert, wenn die Niederländerin nach diesem Recht überhaupt keinen Unterhalt erhält, nicht dagegen, wenn der Unterhaltsanspruch geringer ist oder nur für einen kürzeren Zeitraum gewährt wird. Entsprechendes gilt auf der nächsten Stufe: Nur wenn das niederländische Recht überhaupt keinen Anspruch gewährt, kommt das deutsche Recht zum Zuge (dazu unten Rdnr. 546).

3. Kumulative Anknüpfungen

182 Der Begriff der kumulativen Anknüpfung ist vieldeutig; er wird überwiegend für diejenigen Mehrfachanknüpfungen verwendet, die sich weder als subsidiäre noch als alternative Anknüpfungen darstellen. Bei der kumulativen Anknüpfung in diesem Sinne lassen sich zwei Fallgruppen unterscheiden (*von Bar* I Rdnr. 553): Die Kollisionsnormen der ersten Fallgruppe ziehen für ein und dasselbe Rechtsverhältnis unterschiedliche Anknüpfungsmerkmale heran (dazu a). In den Kollisionsnormen der zweiten Fallgruppe wird ein und dasselbe Anknüpfungsmerkmal mehrfach eingesetzt (dazu b).

a) Mehrheit von Anknüpfungsmerkmalen

Eine Mehrzahl von Anknüpfungsmerkmalen verwendet der Gesetzgeber insbesondere dort, wo ein Rechtsinstitut des materiellen Rechts in rechtsvergleichender Sicht so ungewöhnlich erscheint, daß es nur zum Zuge kommen soll, wenn mehrere vom Sachverhalt berührte Rechtsordnungen dieses Rechtsinstitut kennen. Das gilt für den Versorgungsausgleich und für bestimmte Unterhaltsansprüche:

(1) Nach Art. 17 III 1, 1. Halbs. EGBGB i.V.m. Artt. 17 I 1, 14 I Nr. 2 EGBGB richtet sich der *Versorgungsausgleich* für Ehegatten verschiedener Staatsangehörigkeit nach dem Recht ihres gemeinsamen gewöhnlichen Aufenthaltes; der Versorgungsausgleich ist aber nur durchzuführen, wenn eines der Heimatrechte der Ehegatten ihn kennt (§ 17 III 1, 2. Halbs. EGBGB). Die Vorschrift kumuliert das Recht des gemeinsamen gewöhnlichen Aufenthalts der Ehegatten mit dem Heimatrecht eines der Ehegatten (dazu unten Rdnr. 537).

(2) Nach Art. 18 III EGBGB/Art. 7 HUntÜ kann bei Unterhaltspflichten zwischen Verwandten in der Seitenlinie oder Verschwägerten der Verpflichtete dem Anspruch des Berechtigten entgegenhalten, daß nach den Sachvorschriften des Rechts des Staates, dem sie gemeinsam angehören, ein solcher Anspruch nicht besteht (dazu unten Rdnr. 546 a.E.). Es gilt insoweit der *Grundsatz des schwächeren Rechts*: Das Recht, das keinen Unterhaltsanspruch in der Seitenlinie oder zwischen Verschwägerten vorsieht, setzt sich durch.

b) Mehrfacher Einsatz eines Merkmals

183 Wenn der Gesetzgeber ein und dasselbe Anknüpfungsmerkmal in einer Kollisionsnorm mehrfach einsetzt, handelt es sich um eine *gekoppelte* oder *distributive Anknüpfung* (*Kropholler* § 20 V; *Lüderitz* Rdnr. 67). Der wichtigste Anwendungsfall ist Art. 13 I EGBGB: „Die Voraussetzungen der Eheschließung unterliegen *für jeden Verlobten* dem Recht des Staates, dem er angehört."

Bei den sog. zweiseitigen Ehehindernissen erschwert eine distributive Rechtsanwendung – im Gegensatz zu einer theoretisch denkbaren alternativen Anwendung des einen oder des anderen Rechts – die Eheschließung, um der Entstehung „hinkender Rechtsverhältnisse" vorzubeugen. Ein zweiseitiges Ehehindernis ist beispielsweise das Eheverbot der Verwandtschaft der beiden Heiratswilligen. Für solche Ehehindernisse gilt der *Grundsatz des ärgeren Rechts*: Das Ergebnis der kollisionsrechtlichen Verweisung bestimmt sich nach der Rechtsordnung, die die strengeren Voraussetzungen aufstellt. Wenn das Heimatrecht eines Verlobten das Ehehindernis der Verwandtschaft kennt (vgl. § 1307 BGB), das Heimatrecht des anderen Verlobten dagegen nicht, kann die Verwandtenehe nicht geschlossen werden (dazu unten Rdnr. 497).

Die distributive Anknüpfung ist von zwei Fallgruppen zu unterscheiden, die ihr ähnlich sind:

– Bei der *Häufung von Anwendungsvoraussetzungen* müssen zwei Anknüpfungsmomente auf ein und dieselbe Rechtsordnung führen, damit diese Rechtsordnung anzuwenden ist (*von Bar* I Rdnr. 554). Ein *Beispiel* ist das Internationale Deliktsrecht. Wenn der gewöhnliche Aufenthalt des Täters in demselben Staat liegt wie der gewöhnliche Aufenthalt des Opfers, wird die Anknüpfung an den Tatort verdrängt (dazu unten Rdnrn. 446–450). Während bei der distributiven Anknüpfung u.U. zwei Rechtsordnungen zu prüfen sind, müssen hier zwei Anknüpfungsmomente auf eine Rechtsordnung weisen.
– Bei der *akzessorischen Anknüpfung* wird ein Anknüpfungsgegenstand (z.B. eine unerlaubte Handlung) kollisionsrechtlich ausnahmsweise ebenso behandelt wie ein anderer Anknüpfungsgegenstand (z.B. ein Vertrag), um den Zusammenhang zwischen beiden Anknüpfungsgegenständen zu wahren. Ein *Beispiel* läßt sich ebenfalls aus dem Internationalen Deliktsrecht entnehmen: Wenn in einem Verhalten eine Vertragsverletzung und zugleich eine unerlaubte Handlung liegt, wird der deliktsrechtliche Anspruch ebenso angeknüpft wie der vertragliche Anspruch (dazu unten Rdnr. 451).

III. Manipulationen der Anknüpfung

184 Eine Gesetzesumgehung (*fraus legis*) kann sowohl im materiellen Privatrecht als auch im Internationalen Privatrecht anzusiedeln sein: Im ersten Fall bleibt der Rechtsunterworfene im Rahmen einer gegebenen Rechtsordnung und verwirklicht den Tatbestand der ihm genehmen Sachnorm; im zweiten Fall geht er einer „unbequemen" Sachnorm aus dem Weg, indem er „Unterschlupf bei einer anderen, mehr entgegenkommenden Rechtsordnung sucht" (*Raape* 127). In beiden Fällen wird eine Sachnorm umgangen; im zweiten Fall, der das IPR interessiert, geschieht das über eine Manipulation der Anknüpfung. Bei jedem Versuch, die Anknüpfung im Einzelfall um eines Vorteils willen zu beeinflussen, damit das an sich anwendbare Gesetz durch ein günstigeres ersetzt wird, stellt sich das Problem der Gesetzesumgehung im Internationalen Privatrecht (einführend *Kropholler* § 23 I).

Die Gesetzesumgehung ist schwer zu definieren. Eine verbreitete Begriffsbestimmung geht dahin, daß ein Gesetzestatbestand (der Tatbestand des *umgangenen Gesetzes*) wegen seiner Rechtsfolge in ungewöhnlicher Weise gemieden, ein anderer Gesetzestatbestand (der Tatbestand des *ergangenen Gesetzes*) wegen seiner entgegengesetzten Rechtsfolge in ungewöhnlicher Weise gesucht wird (*Soergel/Kegel*, vor Art. 3 EGBGB Rdnr. 136). Die vage Formulierung „in ungewöhnlicher Weise" deutet bereits an, wie schwer die Fälle der Gesetzesumgehung zu erfassen sind. Das Problem entschärft sich etwas, wenn man von den Fällen der sog. echten Gesetzesumgehung zwei verwandte Fallgestaltungen abgrenzt: die Simulation und die sog. unechte Gesetzesumgehung.

1. Vortäuschung (Simulation)

185 Keine echte Gesetzesumgehung liegt vor, wenn ein Anknüpfungsmerkmal nur vorgetäuscht wird. *Beispiele*: Zwei Deutsche schließen einen privatschriftlichen Kaufvertrag über ein Grundstück in Deutschland; sie schreiben aber als Abschlußort „Brüssel" in den Kaufvertrag, weil sie wissen, daß nach belgischem Recht auch ein privatschriftlicher Grundstückskauf gültig ist. Ein Staatenloser nimmt nur zum Schein seinen gewöhnlichen Aufenthalt in Deutschland – er lebt nicht hier, sondern hat nur eine „Briefkastenadresse“ –, um nach deutschem Recht heiraten zu können (Artt. 13 I, 5 II EGBGB). Solche Fälle sind rechtlich unproblematisch: Eine simulierte Anknüpfung ist unbeachtlich; sie muß nur entdeckt werden (*Soergel/Kegel*, vor Art. 3 EGBGB Rdnr. 145).

2. Unechte Gesetzesumgehung

186 Die unechte Gesetzesumgehung ist ein aus rechtlicher Sicht mißglückter Versuch, sich der Herrschaft des deutschen IPR zu entziehen: Das deutsche IPR wird mit seinen Verweisungen nicht ausmanövriert; die maßgebende Anknüpfung bleibt in Kraft (*von Bar* I Rdnrn. 579, 580; *Soergel/Kegel*, vor Art. 3 EGBGB Rdnr. 146). Den Parteien gelingt aber ein halber Erfolg, indem sie die Entscheidungszuständigkeit eines fremden Staates begründen, der von einem anderen Kollisionsrecht ausgeht; mit diesem „halben Erfolg“ können sie leben.

Ein *Beispiel* für die unechte Gesetzesumgehung waren bis zur Änderung des schottischen Eheschließungsrechts im Jahre 1977 die Ehen in der Schmiede von *Gretna Green*: Das *schottische Recht*, das Sechzehnjährige bereits als ehemündig betrachtete, qualifizierte die Frage, ob die Eltern in die Eheschließung eingewilligt hatten, als eine Frage der Form. Deshalb konnten sechzehnjährige Deutsche in Schottland nach Ortsrecht heiraten. Nach *deutschem Recht*, das nach deutschem IPR maßgebend war (Art. 13 I EGBGB), war die Ehe mangels Einwilligung der Eltern – sachliche Ehevoraussetzung – aufhebbar (§ 1313 BGB). Das deutsche Gesetz wurde also aus deutscher Sicht nicht wirksam umgangen. Allerdings berührt nach deutschem Recht die Aufhebbarkeit einer Ehe die Wirksamkeit der Ehe so lange nicht, wie die Aufhebung nicht gerichtlich festgestellt ist. Es war also Sache der Eltern, Aufhebungsklage zu erheben; die Verheirateten durften sich der – zumeist begründeten – Hoffnung hingeben, daß es nicht zu einer Aufhebungsklage kommen würde. *Kollisionsrechtlich* blieb die Umgehung ohne Erfolg (deshalb „unechte“ Gesetzesumgehung); *sachrechtlich* bewirkte die Umgehung, daß die Ehe erst einmal geschlossen war (*Staudinger/von Bar/Mankowski*, Art. 13 EGBGB Rdnrn. 67, 68).

Ein weiteres *Beispiel* einer unechten Gesetzesumgehung sind die jüngst wieder in Mode gekommenen *Tondern-Ehen*: Nach § 1309 I BGB haben Ausländer vor einer Eheschließung in Deutschland eine Bescheinigung ihres Heimatstaates vorzulegen, daß nach ihrem Heimatrecht keine Ehehindernisse bestehen (dazu unten Rdnr. 498). Ein solches *Ehefähigkeitszeugnis* ist in manchen ausländischen Staaten nicht oder nur schwer zu beschaffen; das Verfahren auf Befreiung vom Ehefähigkeitszeugnis nach § 1309 II BGB beansprucht Zeit. Daher reisen ausländische Ehewillige mit ihren deutschen oder ausländischen Partnern in den dänischen Grenzort Tondern, wo ein Ehefähigkeitszeugnis nicht verlangt wird. Das hat die Konsequenz, daß zunächst eine Eheschließung stattfindet. Erst später, etwa nach einem Antrag auf Anlegung eines deutschen Familienbuchs, wird dann in Deutschland geprüft, ob die Ehegatten gemäß Art. 13 I EGBGB nach ihrem Heimatrecht auch wirksam verheiratet sind (*marry now, check later*).

3. Echte Gesetzesumgehung

187 Die echte Gesetzesumgehung ist dadurch gekennzeichnet, daß die Anknüpfungsmerkmale einer Kollisionsnorm in einer Weise verwirklicht werden, die Anstoß erregt. Umstritten ist sowohl die Frage, in welchen Fällen „in ungewöhnlicher Weise" (*Soergel/Kegel*, vor Art. 3 EGBGB Rdnr. 136) der Tatbestand einer Kollisionsnorm erfüllt wird, als auch die Frage, wie darauf zu reagieren ist. In manchen Fällen kann es offen bleiben, ob eine Gesetzesumgehung vorliegt, weil der Gesetzgeber die anstößige Anknüpfung toleriert. *Beispiel:* Wenn eine deutsche Reederei ein Handelsschiff an eine ausländische Tochtergesellschaft übereignet und in das Ausland „ausflaggt", werden arbeits-, sozial- und steuerrechtliche Vorschriften sowie Sicherheitsstandards des bisherigen Flaggenstaates Deutschland ausgeschaltet (umgangen). Diese Gesetzesumgehung nimmt das deutsche Recht aber hin, da sie sich nicht wirksam verhindern läßt. Zur Lösung der anderen Fälle werden drei Ansätze vertreten:

a) Umgehungslehre

188 Eine Ansicht sieht in der Gesetzesumgehung ein eigenständiges Rechtsinstitut und formuliert in Anlehnung an französische Vorbilder eine Lehre von der Gesetzesumgehung. Danach setzt die Gesetzesumgehung tatbestandlich eine rechtsmißbräuchliche *Umgehungshandlung* und die *Umgehungsabsicht* voraus: Die anknüpfungs- oder qualifikationserheblichen Tatsachen müssen bewußt und gezielt verändert worden sein. Die Umgehungshandlung ist *rechtsmißbräuchlich*, wenn die Schaffung oder Veränderung der anknüpfungs- oder qualifikationserheblichen Tatsachen in Hinblick auf den verfolgten Zweck als verwerflich anzusehen ist. Die Verwerflichkeit kann sich aus der Bedeutung der umgangenen Norm, dem Vorgehen oder den Motiven der Beteiligten ergeben (*Firsching/von Hoffmann* § 6 Rdnrn. 123, 124). Diese Lehre kommt zu folgenden Ergebnissen:

(1) Ein *Wechsel der Staatsangehörigkeit*, um in den Genuß einer bestimmten Rechtsordnung zu kommen, wird in aller Regel nicht als Gesetzesumgehung angesehen: Zu viele und zu schwerwiegende Folgen knüpfen sich an den Staatsangehörigkeitswechsel, als daß man nur auf die kollisionsrechtlichen Konsequenzen sehen dürfte (vgl. oben Rdnr. 141). In aller Regel ist daher ein Staatsangehörigkeitswechsel auch dann nicht verwerflich, wenn er in der Absicht erfolgt, kollisionsrechtliche Folgen herbeizuführen (*Staudinger/von Bar/Mankowski*, Art. 13 EGBGB Rdnrn. 65, 66).

Die Leitentscheidung zur *fraude à la loi* im französischen IPR ist der Fall der Prinzessin *Bauffremont*: Die Prinzessin wechselte die Staatsangehörigkeit, um die Ehescheidung nach ausländischem Recht zu erreichen; diesen Staatsangehörigkeitswechsel erkannte der französische Kassationshof im Jahre 1878 nicht an (*Batiffol/Lagarde* I Tz. 370 ff.). Die deutsche Umgehungslehre würde heute wohl anders entscheiden.

(2) Die Veränderung einer anknüpfungserheblichen Tatsache durch *Verlegung des Abschlußortes* eines Vertrages in das Ausland wird unterschiedlich behandelt: Einige Autoren bejahen bei einem reinen Vertragsschlußtourismus eine Gesetzesumgehung (*Reithmann*, DNotZ 1956, 469, 476; *Winkler*, NJW 1972, 981, 986). Die ganz herrschende Meinung stellt die Rechtssicherheit in den Vordergrund und lehnt es ab, nach Motiven für das Aufsuchen des Abschlußortes zu forschen: Art. 11 I EGBGB hilft auch dem, der im Ausland abschließt, um Inlandsgebühren zu sparen (*Soergel/Kegel*, Art. 11 EGBGB Rdnr. 43 m. w. N.).

In *Fall d* ist daher das Motiv für das Aufsuchen des französischen Vertragsschlußortes unerheblich. Die Kostenersparnis der Parteien wird allerdings dadurch zum Teil wieder aufgehoben, daß das dingliche Rechtsgeschäft – die Auflassung des deutschen Grundstücks – gemäß Art. 11 V EGBGB die Formvorschriften des deutschen Rechts erfüllen muß (dazu unten Rdnr. 327).

(3) Ein Mißbrauch der *Rechtswahlmöglichkeit* wird in Fällen diskutiert, in denen deutschen Verbrauchern unter Verwendung einer Rechtswahlklausel zugunsten eines exotischen Rechts Waren verkauft werden (Gran Canaria-Fälle). In diesen Fällen führen jedoch Art. 27 III EGBGB (fehlender Auslandsbezug), Art. 29 I EGBGB (Einschränkung der Rechtswahl bei Verbraucherverträgen) oder Art. 34 EGBGB i. V. m. Spezialgesetzen (beispielsweise § 12 AGBG) fast immer zu interessengerechten Ergebnissen, so daß kaum je auf das Institut der Gesetzesumgehung zurückgegriffen werden muß (*Firsching/von Hoffmann* § 6 Rdnr. 131).

b) Vorbehaltsklausel

189 Manche Autoren wollen mit Hilfe des *ordre public* (Art. 6 EGBGB) der Gesetzesumgehung entgegentreten (Nachweise bei *Soergel/Kegel*, vor Art. 3 EGBGB Rdnr. 144). Der ordre public verhindert die Anwendung ausländischen Rechts jedoch nur, wenn es wegen seines *Inhalts* anstößig ist; bei der Gesetzesumgehung ist dagegen der *Weg* anstößig, auf dem die Anwendbarkeit des ausländischen Rechts herbeigeführt wurde. Ferner kann der ordre public nur die Gesetzesumgehung von Deutschland ins Ausland, nicht aber die Gesetzesumgehung vom Ausland nach Deutschland verhindern, da Art. 6 EGBGB die Anwendung des deutschen Rechts nicht korrigiert (*Kropholler* § 23 II 2; *Lüderitz* Rdnr. 144).

c) Gesetzesauslegung

Eine verbreitete Ansicht sieht in der Frage der Gesetzesumgehung eine Frage der Gesetzesauslegung (*Soergel/Kegel*, vor Art. 3 EGBGB Rdnrn. 136, 139 m. w. N.): Eine Rechtsanwendung, die sich am Zweck der Kollisionsnorm orientiert, könne auf eine besondere Rechtsfigur der *fraus legis* verzichten. Entscheidend sei, ob die kollisionsrechtlichen Interessen, auf denen ein Anknüpfungsmerkmal beruhe, auch den Umgehungsfall decken; über Erfolg oder Mißerfolg der Umgehung entscheide die Auslegung der Kollisionsnorm (*Kegel* § 14 III 1). Folgt man dieser Ansicht, führt das Problem der Gesetzesumgehung zu der Frage der Gesetzesanwendung in einem Fall ungewöhnlicher Tatbestandsverwirklichung.

Entscheidend ist danach, ob die Kollisionsnorm auch für einen solchen Fall gelten will (*von Bar* I Rdnr. 577; *Kropholler* § 23 II 3).

Ein *Beispiel* aus der Rechtsprechung des BGH ist ein Fall, in welchem bei einer deutschen AG veruntreute Gelder in die Schweiz überwiesen und später dem Konto einer eigens zu diesem Zweck erworbenen Anstalt des liechtensteinischen Rechts gutgeschrieben wurden. Alleiniger Inhaber der Gründerrechte an der Anstalt war ein Deutscher, der wegen Beihilfe zur Untreue rechtskräftig verurteilt war. Die deutsche AG erklärte die (Gläubiger-) Anfechtung des Forderungserwerbs durch die Anstalt. – Der BGH mußte u.a. darüber befinden, ob das auf den Forderungserwerb anzuwendende liechtensteinische Recht auch über die Anfechtung dieses Erwerbs bestimme. Der BGH entschied: Selbst wenn grundsätzlich das den Erwerbsvorgang beherrschende Recht für die Gläubigeranfechtung dieses Erwerbs maßgebend sei, könne diese Kollisionsregel nicht gelten, wenn – wie im Entscheidungsfall – der Forderungserwerb kein echtes Verkehrsgeschäft sei, sondern nur ein Mittel, Gelder in das Ausland zu verschieben. Maßgebend sei vielmehr das deutsche Recht. Der BGH kam also im Wege der Auslegung einer Kollisionsregel zu dem Ergebnis, daß bestimmte fraudulöse Tatbestände nicht unter die Kollisionsregel fallen (BGHZ 78, 318, 324–325 = IPRax 1981, 130 m. Aufs. *Großfeld* [116] = ZIP 1981, 31 m. Aufs. *Hanisch* [569] = *Schack*, Rechtsprechung Nr. 49).

§ 8. Rück- und Weiterverweisung (Renvoi)

190 **Literatur:** *Ebenroth/Eyles*, Der Renvoi nach der Novellierung des deutschen Internationalen Privatrechts, IPRax 1989, 1; *Graue*, Rück- und Weiterverweisung (renvoi) in den Haager Abkommen, RabelsZ 57 (1993), 26; *Jayme*, Zur „versteckten" Rück- und Weiterverweisung im IPR, (öst.) ZfRV 1970, 253; *Kühne*, Der Anwendungsbereich des Renvoi im Lichte der Entwicklung des IPR, Festschrift Ferid (1988), S. 251; *Mäsch*, Der Renvoi – Plädoyer für die Begrenzung einer überflüssigen Rechtsfigur, RabelsZ 61 (1997), 285; *Rauscher*, Sachnormverweisungen aus dem Sinn der Verweisung, NJW 1988, 2151. Kollisionsrechtsvergleichend: *von Overbeck*, Les questions générales du droit international privé à la lumière des codifications et projets récents, Rec. des Cours 176 (1982-III), 9–258 (127–167).

Fälle:

a) Ein dänischer Staatsangehöriger mit letztem Wohnsitz in Flensburg verstirbt. Nach welcher Rechtsordnung richtet sich die Rechtsnachfolge von Todes wegen?

b) Eine französische Staatsangehörige mit letztem Wohnsitz in Saarbrücken verstirbt und hinterläßt bewegliches Vermögen. Welchem Recht untersteht die Erbfolge?

c) Ein dänischer Staatsangehöriger mit letztem Wohnsitz auf Kreta verstirbt und hinterläßt ein Aktiendepot in Frankfurt. Internationale Zuständigkeit und anwendbares Recht?

d) Eine französische Staatsangehörige mit letztem Wohnsitz auf Rhodos verstirbt unter Hinterlassung beweglichen Vermögens in Deutschland. Welches Erbrecht ist anzuwenden?

Ein häufiger Fehler in IPR-Fällen besteht darin, daß der Bearbeiter, nachdem er die einschlägige deutsche Kollisionsnorm ermittelt hat, die kollisionsrechtliche Arbeit als beendet ansieht und es versäumt, das anzuwendende ausländische Recht auf Rück- oder Weiterverweisungen zu untersuchen (*Ferid* Rdnr. 3–60):

- Eine *Rückverweisung* („renvoi au premier degré") liegt vor, wenn nach deutschem IPR ausländisches Recht und nach dem ausländischen IPR deutsches Recht anzuwenden ist.
- Um eine *Weiterverweisung* („renvoi au second degré") handelt es sich, wenn das deutsche IPR ein ausländisches Recht zur Anwendung beruft und das ausländische Recht das Recht eines dritten Staates für maßgebend erklärt (einführend *Kegel* § 10 I).

191 Der Oberbegriff für Rück- und Weiterverweisung ist *Renvoi.* Ein Renvoi kann verschiedene Ursachen haben. Die wichtigsten Ursachen sind: Das ausländische IPR verwendet ein anderes *Anknüpfungsmoment* (z.B. den Wohnsitz und nicht die Staatsangehörigkeit), es erklärt andere *Anknüpfungspersonen* für maßgebend (z.B. im Kindschaftsrecht die Eltern statt des Kindes), oder es stellt auf einen anderen *Anknüpfungszeitpunkt* ab (z.B. im Ehegüterrecht auf das jeweilige Ehewirkungsstatut und nicht auf das im Zeitpunkt der Eheschließung geltende Statut).

Das Problem des Renvoi wurde „entdeckt" im Fall *Forgo*, in welchem sich ergab, daß das französische IPR einen Anknüpfungsbegriff – den Wohnsitz – anders interpretierte als das bayerische IPR: Franz Xaver Forgo wurde 1801 als nichteheliches Kind in Bayern geboren. Er kam als Fünfjähriger mit seiner Mutter nach Frankreich und heiratete später eine reiche Französin. Er starb nach seiner Frau 1869 als vermögender Mann in Pau (Südfrankreich), ohne ein Testament zu hinterlassen. Nach dem bayerischen materiellen Erbrecht kamen die Abkömmlinge der Geschwister der Mutter als Erben zum Zuge (Codex Maximilianeus Bavaricus Civilis von 1756, Teil III Kap. 12 § 4); nach dem damaligen französischen materiellen Erbrecht war der französische Staat gesetzlicher Erbe (Art. 768 Code civil a.F.).

Die *Cour de cassation* unterstellte nach französischem IPR die Erbfolge in bewegliche Sachen dem Recht des Wohnsitzes (*la loi du domicile*) des Erblassers. Nach französischem IPR hatte Forgo erstaunlicherweise seinen Wohnsitz in Bayern behalten, da er die damals in Frankreich erforderliche Zuzugsgenehmigung nicht beantragt hatte. Die *Cour de cassation* hatte also bayerisches Recht anzuwenden. Sie zog aber nicht sogleich die *Sachnormen* des bayerischen Erbrechts heran, sondern zuerst die *Kollisionsnormen* des bayerischen Rechts. Der Codex Maximilianeus Bavaricus Civilis von 1756 (Teil I Kap. 2 § 17 Satz 2) stellte zwar – wie das französische IPR – auf die *Statuta in loco Domicilii* ab, ließ aber die tatsächliche Wohnsitzbegründung in Frankreich genügen. Die *Cour de cassation* akzeptierte diese Rückverweisung auf das französische Recht mit der Folge, daß der französische Staat Erbe war: „Es siegte der Fiskus" (*Kegel* § 10 I). Der 24. 6. 1878, der Tag der Forgo-Entscheidung (Cass. civ., Sirey 1878.1429 = D.P. 1879.1.56 = *Schack*, Rechtsprechung Nr. 2), gilt seither als „Geburtsdatum" des Renvoi.

Das Problem des Renvoi ist im deutschen IPR seit 1986 Gegenstand des Art. 4 I, II EGBGB. Es kann sich nur stellen, wenn eine Kollisionsnorm des IPR im konkreten Fall auf *ausländisches Recht* verweist. Art. 4 I 1 EGBGB bringt das im Eingangssatz zum Ausdruck: „Wird auf das Recht *eines anderen Staates* verwiesen ...". Beruft eine Kollisionsnorm dagegen im konkreten Fall *inländisches*

Recht zur Anwendung, „verweist sie nicht auf sich selbst und dreht sich nicht im Kreise" (*Kegel* § 10 II). Eine Verweisung des deutschen IPR auf deutsches Recht ist vielmehr stets eine Sachnormverweisung (*Staudinger/Hausmann*, Art. 4 EGBGB Rdnr. 82).

I. Gesamtverweisung contra Sachnormverweisung

192 Verweist eine Kollisionsnorm des deutschen IPR im konkreten Fall auf ausländisches Recht, lautet die erste Frage: Bezieht sich die Verweisung nur auf die Sachnormen des ausländischen Rechts (*Sachnormverweisung*), oder umfaßt sie auch die Kollisionsnormen des ausländischen Rechts (*Gesamtverweisung*)? Wenn eine Kollisionsnorm des deutschen IPR nur auf ausländische Sachnormen verweist, tritt das Problem des Renvoi – einer Rück- oder Weiterverweisung durch ausländische Kollisionsnormen – nicht auf. Zu einem Renvoi kann es nur kommen, wenn und soweit das deutsche IPR eine Gesamtverweisung ausspricht.

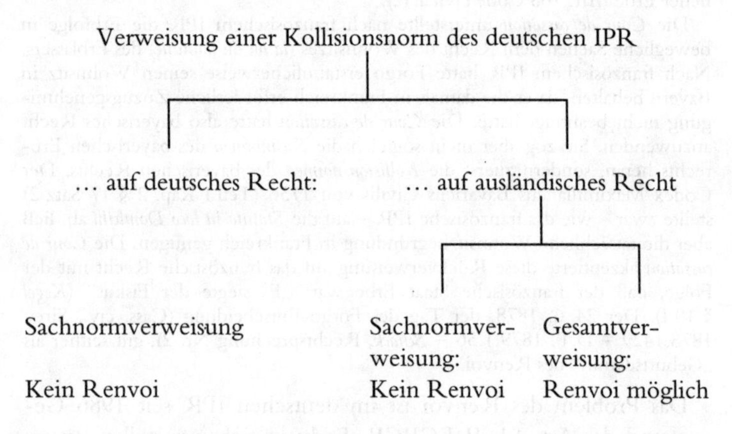

1. Grundsatz der Gesamtverweisung (Art. 4 I 1 EGBGB)

193 Wird auf das Recht eines anderen Staates verwiesen, ist nach Art. 4 I 1 EGBGB auch dessen Internationales Privatrecht anzuwenden, sofern dies nicht dem Sinn der Verweisung widerspricht.

Im deutschen IPR gilt also der Grundsatz der Gesamtverweisung. Der deutsche Richter hat grundsätzlich auch das IPR der ausländischen Rechtsordnung zu beachten, die zur Anwendung berufen ist. Dann gibt es drei Möglichkeiten: Das ausländische IPR kann zum selben Anknüpfungsergebnis kommen wie das deutsche IPR und damit die Verweisung akzeptieren (das ist der weitaus häufigste Fall), es kann auf das deutsche Recht zurückverweisen oder auf ein anderes Recht weiterverweisen.

Statt von *Gesamtverweisung* wird auch von *IPR-Verweisung* gesprochen. Der Ausdruck „IPR-Verweisung" bringt genauer als der Name „Gesamtverweisung" zum Ausdruck, daß zunächst auf das fremde IPR verwiesen wird; gebräuchlicher ist aber die Bezeichnung „Gesamtverweisung". Manche bezeichnen die Gesamtverweisung als eine *bedingte Verweisung*: Die Verweisung des deutschen IPR auf fremdes Recht steht unter dem Vorbehalt, daß die fremde Rechtsordnung nach ihren eigenen Kollisionsregeln ebenfalls angewendet werden will (*Firsching/von Hoffmann* § 4 Rdnr. 18).

194 Kollisionsrechtsvergleichend betrachtet erkennt das IPR mancher ausländischer Staaten nur die Rückverweisung an, nicht aber die Weiterverweisung. Ein *Beispiel* ist Art. 12 II des spanischen Código civil: „Bei der Verweisung einer spanischen Kollisionsnorm auf ein ausländisches Recht wird der Renvoi auf ein anderes Recht als das spanische nicht berücksichtigt." Das IPR anderer Staaten beachtet prinzipiell weder eine Rückverweisung noch eine Weiterverweisung, sondern geht vom Grundsatz der Sachnormverweisung aus. Ein *Beispiel* ist Art. 16 des portugiesischen Código civil: „Die Verweisung der Kollisionsnormen auf ein fremdes Recht bestimmt, soweit keine Ausnahme eingreift, die Anwendung der Sachnormen dieses Rechts." Umfangreiche Länderberichte zum Renvoi finden sich bei *Staudinger/Hausmann*, Anhang zu Art. 4 EGBGB Rdnrn. 5–550.

Rechtspolitisch betrachtet spricht für den in Art. 4 I 1 EGBGB aufgestellten *Grundsatz der Gesamtverweisung* das Interesse, so zu entscheiden, wie auch der ausländische Richter – der ja nicht nur sein Sachrecht, sondern zuerst sein IPR anwendet – den Fall entscheiden würde (internationaler Entscheidungseinklang). Für den beispielsweise in Portugal geltenden *Grundsatz der Sachnormverwei-*

sung spricht das Interesse, bei der einmal gefundenen Anknüpfung stehenzubleiben und die Wertentscheidungen des eigenen IPR nicht zugunsten des ausländischen IPR preiszugeben. Dieses Interesse wiegt um so schwerer, je differenzierter die inländische Anknüpfungsregel ist und je bedeutender die ihr zugrunde liegenden Wertungen sind (*Kropholler* § 24 I). In Deutschland wird daher der Grundsatz der Gesamtverweisung durch bedeutende Ausnahmen eingeschränkt.

2. Ausdrückliche Verweisung auf Sachvorschriften

195 Eine Ausnahme vom Grundsatz der Gesamtverweisung (Art. 4 I 1 EGBGB) liegt vor, wenn eine Kollisionsnorm des deutschen IPR ausdrücklich auf „Sachvorschriften" einer bestimmten Rechtsordnung verweist. Art. 3 I 2 EGBGB stellt klar, daß sich solche Verweisungen „auf die Rechtsnormen der maßgebenden Rechtsordnung unter Ausschluß derjenigen des Internationalen Privatrechts" beziehen. *Beispiele* sind die Verkehrsschutznorm des Art. 12 EGBGB (Art. 11 EVÜ) und das Internationale Unterhaltsrecht des Art. 18 EGBGB (Artt. 4ff. HUntÜ). Wenn diese Kollisionsnormen auf ausländisches Recht verweisen, ist das fremde IPR nicht zu prüfen. Wichtige Ausnahmen vom Grundsatz der Gesamtverweisung enthalten ferner Art. 35 I und Art. 4 II EGBGB. Art. 35 I EGBGB ist *lex specialis* zu Art. 4 II EGBGB.

a) Schuldverträge (Art. 35 I EGBGB)

Nach Art. 35 I EGBGB (Art. 15 EVÜ) beziehen sich die Verweisungen des Internationalen Schuldvertragsrechts auf die in einem Staat geltenden Sachvorschriften. Im Bereich der Artt. 27ff. EGBGB (Artt. 3ff. EVÜ) sind Rück- und Weiterverweisungen daher ausgeschlossen. Das gilt uneingeschränkt bei der *objektiven Anknüpfung* von Schuldverträgen gemäß Artt. 28, 29 II und 30 II EGBGB. Auch eine *Rechtswahl der Parteien* gemäß Art. 27 EGBGB gehört nach Art. 35 I EGBGB grundsätzlich zu den Sachnormverweisungen; sie wird durch die Kollisionsnormen des gewählten Rechts nicht in Frage gestellt.

Umstritten ist, ob die Parteien, wenn sie das wollen, im Wege der Rechtswahl nach Art. 27 EGBGB ausnahmsweise eine Gesamtverweisung auch auf das Kollisionsrecht eines Staates vornehmen können. Die Gesetzesbegründung verneint diese Frage (BegrRegE, BT-Drucks. 10/504, S. 39). Ein Teil der Literatur weist demgegenüber zutreffend darauf hin, daß dem Wortlaut des Art. 35 I EGBGB – anders als demjenigen des Art. 4 II EGBGB – kein Verbot zu entnehmen ist, durch Rechtswahl im Schuldvertragsrecht auch das Kollisionsrecht eines Staates zu wählen (MünchKomm-*Martiny*, Art. 35 EGBGB Rdnr. 5 m. w. N., dort auch zum praktischen Bedürfnis nach einer Rechtswahl, die das IPR des gewählten Rechts umfaßt).

b) Rechtswahl (Art. 4 II EGBGB)

Bei einer Rechtswahl außerhalb des Internationalen Schuldvertragsrechts schließt Art. 4 II EGBGB unstreitig eine IPR-Verweisung aus: „Soweit die Parteien das Recht eines Staates wählen können, können sie nur auf die Sachvorschriften verweisen." Art. 4 II EGBGB spielt vor allem im Internationalen Personen- und Familienrecht eine Rolle, wo ohnehin keine unbeschränkt freie Rechtswahl, sondern nur die Wahl unter bestimmten Rechtsordnungen möglich ist (z. B. in Artt. 10 II, III, 14 II, III und 15 II EGBGB). Die vom deutschen IPR-Gesetzgeber beschränkte Zahl der wählbaren Rechte soll nicht mittels der Kollisionsnormen eines wählbaren Rechts nach Belieben erweitert werden. Deshalb erklärt Art. 4 II EGBGB in seinem Anwendungsbereich die Wahl von Kollisionsnormen schlechthin für unzulässig (*Kropholler* § 24 II 6).

3. Sachnormverweisung aus dem Sinn der Verweisung

196 Im Anschluß an einen Vorschlag von *Stoll* (IPRax 1984, 1, 2) hat sich der Gesetzgeber entschlossen, den Grundsatz der Gesamtverweisung in Art. 4 I 1 EGBGB mit der Einschränkung zu versehen, daß der Renvoi nicht dem Sinn der Verweisung widersprechen darf. Kollisionsrechtliche Wertungen (der „Sinn der Verweisung") können folglich den Renvoi ausschließen. Wie schon vor der IPR-Reform von 1986 ist auch unter der Geltung des Art. 4 I 1 EGBGB im einzelnen umstritten, bei welchen Verweisungen das der Fall ist (Übersicht bei MünchKomm-*Sonnenberger*, Art. 4 EGBGB Rdnrn. 15–30).

Unstreitig ist: Dem Sinn der inländischen Verweisung widerspricht die Beachtung des Renvoi nicht schon dann, wenn eine ausländische Kollisionsnorm andere Wertungen enthält als die inländische Kollisionsnorm, indem sie ein anderes Anknüpfungsmoment, eine andere Anknüpfungsperson oder einen anderen Anknüpfungszeitpunkt für maßgebend erklärt. Derartige Abweichungen sind nach dem Grundsatz der Gesamtverweisung in Art. 4 I 1 EGBGB hinzunehmen, denn sonst käme der Renvoi nie zum Zuge (zutreffend *Kropholler* § 24 II 3b). Die h.M. entnimmt dem Art. 4 I 1 EGBGB darüber hinaus eine Vermutung gegen den Ausschluß des Renvoi, so daß der Sinnvorbehalt am Ende des Art. 4 I 1 EGBGB eng auszulegen ist (*Ebenroth/Eyles*, IPRax 1989, 1, 10; *Erman/Hohloch*, Art. 4 EGBGB Rdnr. 17 m.w.N.).

Beispiel für einen Ausschluß des Renvoi: Für das Internationale Deliktsrecht und das Internationale Sachenrecht sehen die Artt. 41 I, 43 IV EGBGB-Entwurf (abgedruckt unten im Anhang S. 517–519) vor, daß die Regelanknüpfung an die *lex loci delicti commissi* und die *lex rei sitae* verdrängt wird, wenn mit dem Recht eines anderen Staates eine wesentlich engere Verbindung besteht. Hat der deutsche Richter ausnahmsweise eine solche wesentlich engere Verbindung gefunden, würde es dem Sinn der Verweisung widersprechen, anschließend eine Rück- oder Weiterverweisung auf ein Recht zu akzeptieren, zu dem nach deutschem IPR notwendigerweise eine weniger enge Verbindung besteht (*Staudinger/Hausmann*, Art. 4 EGBGB Rdnr. 97). – *Gegenbeispiel*: Auf der letzten Sprosse der familienrechtlichen Anknüpfungsleiter ist das Recht des Staates zur Anwendung berufen, „mit dem die Ehegatten auf andere Weise gemeinsam am engsten verbunden sind" (Art. 14 I Nr. 3 EGBGB). Auf dieser Stufe – auf der andere Rechtsordnungen gleich die *lex fori* berufen – ist es nicht geboten, auf der Anwendung eines Rechts zu beharren, das selbst nicht angewendet werden will: Bei Art. 14 I Nr. 3 EGBGB kann demnach die Anknüpfung an die engste Verbindung durch einen Renvoi verdrängt werden (*von Bar* I Rdnr. 622; *Kropholler* § 24 II 3a; str., a.A. *Palandt/Heldrich*, Art. 4 EGBGB Rdnr. 8).

197 Bei zwei Typen der Anknüpfung wird überwiegend eine Sachnormverweisung aus dem Sinn der Verweisung angenommen:

a) Alternative Anknüpfungen

Die Gesetzesmaterialien nennen die Alternativanknüpfungen, deren Zweck – die Begünstigung eines bestimmten Ergebnisses – durch das Spiel von Rück- und Weiterverweisung verfehlt werden kann (Bericht des Rechtsausschusses, BT-Drucks. 10/5632, S. 39). Ob eine Sachnorm- oder eine Gesamtverweisung anzunehmen ist, hängt vom materiellen Ergebnis der Anknüpfung im konkreten Fall ab: Wenn das durch die Alternativanknüpfung favorisierte Ergebnis durch das ausländische materielle Recht erreicht wird, hat es dabei sein Bewenden. Wird es nicht erreicht, ist ein Renvoi des fremden Kollisionsrechts zu beachten (*Kropholler* § 24 II 3 c).

Beispiel: Im Internationalen Deliktsrecht wird, wenn Handlungs- und Erfolgsort auseinanderfallen, alternativ – nach dem Günstigkeitsprinzip – angeknüpft. Durch einen Vergleich der mit Hilfe von Sachnorm- und Gesamtverweisungen ermittelten Rechte ist festzustellen, welches materielle Recht den Geschädigten am besten stellt. Dieses günstigste Ergebnis bestimmt die Art der zum Zuge kommenden Verweisung (*Erman/Hohloch*, Art. 4 EGBGB Rdnr. 20 m. w. N.; str., a. A. MünchKomm-*Sonnenberger*, Art. 4 EGBGB Rdnr. 30).

b) Akzessorische Anknüpfung

Eine akzessorische Anknüpfung zielt darauf ab, daß ein Lebensverhältnis materiellrechtlich nach einer einzigen Rechtsordnung beurteilt wird. Daher erstreckt sich ein Ausschluß des Renvoi für die Hauptanknüpfung auch auf die akzessorische Anknüpfung: Es würde dem Sinn der akzessorischen Anknüpfung widersprechen, wenn der erstrebte Zusammenhang durch einen Renvoi wieder aufgehoben werden könnte (*Staudinger/Hausmann*, Art. 4 EGBGB Rdnr. 91).

Beispiel: Entstehen aus derselben Handlung vertragliche und deliktische Schadensersatzansprüche, werden deliktische Ansprüche nach verbreiteter Ansicht nicht nach der *lex loci delicti commissi* angeknüpft, sondern dem Vertragsstatut unterstellt, um das einheitliche Geschehen nicht auseinanderzureißen (vertragsakzessorische Anknüpfung, dazu unten Rdnr. 451). Dann muß der Ausschluß des Renvoi in Art. 35 I EGBGB für die vertraglichen Ansprüche auch die konkurrierenden deliktischen Ansprüche erfassen. Denn die Befolgung eines Renvoi hinsichtlich der deliktischen Ansprüche würde zu einer kollisionsrechtlichen Spaltung führen, die die akzessorische Anknüpfung gerade verhindern soll (*Kropholler* § 24 II 4 d).

II. Rückverweisung (Art. 4 I 2 EGBGB)

198 Bei der Rückverweisung lautet die zweite Frage (zur ersten Frage oben Rdnr. 192): Sollen wir die von der ausländischen Kollisionsnorm ausgesprochene Rückverweisung auf das deutsche Recht beachten, so daß am Ende das deutsche Sachrecht angewendet wird? Die Antwort auf diese Frage hängt davon ab, welche Art der Rückverweisung vorliegt: Handelt es sich bei der Rückverweisung, die das ausländische IPR ausspricht, um eine *Sachnormverweisung*, dann möchte das ausländische Recht im Ergebnis erreichen, daß das deutsche Sachrecht angewendet wird (dazu 1). Handelt es sich bei der Rückverweisung durch das ausländische IPR – ebenso wie schon bei der (Hin-) Verweisung durch das deutsche IPR – um eine *Gesamtverweisung*, findet ein Ping-pong-Spiel statt, das entweder im deutschen oder im ausländischen Recht abgebrochen werden muß, um zu einer Sachentscheidung zu kommen (dazu 2).

1. Sachnorm-Rückverweisung

199 Eine Sachnorm-Rückverweisung liegt in folgender Konstellation vor: Das deutsche IPR spricht eine Gesamtverweisung auf ein ausländisches Recht aus, beruft also zunächst – dem ausländischen Sachrecht vorgelagert – das ausländische IPR zur Anwendung. Das ausländische IPR verweist auf das deutsche Recht zurück, und zwar auf die Vorschriften des deutschen Rechts unter Ausschluß derjenigen des deutschen Internationalen Privatrechts. Diese Sachnorm-Rückverweisung ist leicht zu befolgen: Wir wenden die eigenen Sachnormen an (*Kegel* § 10 III 1). Art. 4 I 2 EGBGB hat in diesem Fall nur deklaratorische Bedeutung; die Anwendung der deutschen Sachvorschriften folgt bereits aus der Art der Rückverweisung, die das ausländische Recht ausspricht.

In *Fall a* verweist Art. 25 I EGBGB auf das dänische Recht, da der Erblasser im Zeitpunkt seines Todes die dänische Staatsangehörigkeit hatte. Die Verweisung des Art. 25 I EGBGB auf das dänische Recht ist eine Gesamtverweisung (Art. 4 I 1 EGBGB). Das dänische IPR knüpft die Rechtsnachfolge von Todes wegen an den letzten Wohnsitz des Erblassers an. Da der Erblasser seinen letzten Wohnsitz in Flensburg hatte, verweist das dänische IPR auf das deutsche Recht zurück. Nach dänischem IPR ist die Verweisung dänischer Kollisionsnormen auf fremdes Wohnsitzrecht eine Sachnormverweisung. Das dänische IPR will also, daß wir im vorliegenden Fall deutsches Erbrecht anwenden. Das tun wir auch: Internationaler Entscheidungseinklang ist hergestellt, und wir dürfen mit gutem Gewissen heimwärts zum deutschen Recht streben (Nachw. zum dänischen IPR bei *Staudinger/Hausmann*, Anhang zu Art. 4 EGBGB Rdnrn. 102, 103).

Wenn und soweit eine Rechtsordnung Sachnormverweisungen enthält, steht sie per Definition dem Renvoi ablehnend gegenüber. Man kann daher auch sagen: Soweit ein ausländischer Staat die Lehre vom Renvoi ablehnt, handelt es sich bei seinen Rückverweisungen auf das deutsche Recht um den einfachen Fall der Sachnorm-Rückverweisung. Eine grundsätzliche Ablehnung des Renvoi findet sich nicht nur im IPR Dänemarks, sondern auch im IPR zahlreicher anderer Staaten, beispielsweise im portugiesischen Kollisionsrecht, soweit dort der Grundsatz der Sachnormverweisung reicht (dazu oben Rdnr. 194). Renvoifeindlich sind auch die Einzelstaaten der USA. Art. 3517 des Civil Code von Louisiana spricht aus, was auch in den meisten anderen US-Bundesstaaten gilt: „Except as otherwise indicated, when the law of another state is applicable under this Book, that law shall not include the law of conflict of laws of that state." Soweit im konkreten Fall dem IPR dieser US-Bundesstaaten eine Rückverweisung auf deutsches Recht zu entnehmen ist, handelt es sich also grundsätzlich um eine Sachnorm-Rückverweisung.

2. Gesamt-Rückverweisung

200 Eine Gesamt-Rückverweisung liegt vor, wenn das ausländische IPR auf die Vorschriften des deutschen Rechts unter Einschluß derjenigen des Internationalen Privatrechts zurückverweist, also – ebenso wie das deutsche IPR – eine Gesamtverweisung ausspricht. Es ergibt sich ein unendlicher Ballwechsel zwischen zwei Rechtsordnungen. Da der Richter den Parteien eine Entscheidung ihres Rechtsstreits nicht schuldig bleiben darf, muß das IPR das Ballspiel beenden. Konstruktiv bieten sich zwei Möglichkeiten an: Das deutsche IPR kann auf die Reaktion des ausländischen Rechts abstellen (dazu a), oder es kann den Renvoi selbst abbrechen (dazu b).

a) Doppelter Renvoi

Wir könnten der Gesamt-Rückverweisung des ausländischen IPR folgen in der Erwartung, daß das ausländische IPR das Spiel beendet. Da zunächst das ausländische auf das deutsche Recht und anschließend das deutsche auf das ausländische Recht zurückverweist, spricht man von doppelter Rückverweisung oder *double renvoi* (grundsätzlich befürwortend *Kegel* § 10 III 3).

Das würde in *Fall b* bedeuten: Art. 25 I EGBGB spricht eine Gesamtverweisung auf das französische Recht aus, weil die Erblasserin die französische Staatsangehörigkeit hatte. Das französische IPR knüpft an den letzten Wohnsitz der Erblasserin an und verweist damit auf das deutsche Recht zurück. Diese Rückverweisung ist eine Gesamtverweisung; sie schließt also die deutschen Kollisionsnormen ein. Art. 25 I EGBGB verweist nach der Theorie vom *double renvoi* ein zweites Mal auf das französische Recht. Das französische IPR bricht die – aus seiner Sicht nunmehr gegebene – Rückverweisung des deutschen auf das französische Recht ab (Nachw. zum französischen IPR bei *Batiffol/Lagarde* I Tz. 305, 306). Nach der Theorie vom *double renvoi* unterläge im vorliegenden Fall der bewegliche Nachlaß dem französischen Erbrecht. Sie entspricht aber nicht dem geltenden Recht (dazu sogleich unter b).

Die Theorie vom doppelten Renvoi hat den Vorteil, daß wir genauso entscheiden wie der ausländische (in *Fall b*: der französische) Richter den Fall entscheiden würde; sie fördert also den internationalen Entscheidungseinklang. Sie hat aber ein Problem, wenn der ausländische Staat die Rückverweisung nicht abbricht: Dann muß die Lehre vom doppelten Renvoi das Spiel notgedrungen im deutschen Sachrecht beenden; internationaler Entscheidungseinklang besteht nicht.

b) Einfacher Renvoi

201 Die zweite Möglichkeit, auf eine Gesamt-Rückverweisung zu reagieren, besteht darin, daß wir die Rückverweisung in jedem Fall abbrechen und damit das Spiel im deutschen Sachrecht beenden. Wir belassen es dann beim einfachen Renvoi und behandeln die Gesamt-Rückverweisung wie eine Sachnorm-Rückverweisung. Diesen Weg schreibt seit der IPR-Reform von 1986 Art. 4 I 2 EGBGB vor: „Verweist das Recht des anderen Staates auf deutsches Recht zurück, so sind die deutschen Sachvorschriften anzuwenden.“

Danach ist *Fall b* wie folgt zu lösen: Art. 4 I 2 EGBGB behandelt die Gesamt-Rückverweisung durch das französische IPR als Sachnorm-Rückverweisung; die bewegliche Habe der zuletzt in Saarbrücken wohnhaften Französin wird nach deutschem Erbrecht vererbt. Art. 4 I 2 EGBGB verfehlt in *Fall b* den internationalen Entscheidungseinklang: Wir entscheiden nicht so, wie der französische Richter den Fall entscheiden würde. Denn er würde eine Rückverweisung ebenfalls abbrechen und das französische Erbrecht anwenden. Wenn allerdings das französische IPR der Theorie vom *double renvoi* folgen würde (was es nicht tut), würden wir in *Fall b* mit Art. 4 I 2 EGBGB den internationalen Entscheidungseinklang erreichen: Der französische Richter käme nach der Lehre vom doppelten Renvoi zum deutschen Erbrecht, der deutsche Richter gelangt durch den Abbruch der „ersten" Rückverweisung gemäß Art. 4 I 2 EGBGB zum deutschen Erbrecht.

Man sieht: Internationale Entscheidungsgleichheit ist bei der Gesamt-Rückverweisung nur dadurch zu erzielen, daß die beiden beteiligten Rechtsordnungen sich zur Gesamt-Rückverweisung verschieden verhalten (*Staudinger/Hausmann*, Art. 4 EGBGB Rdnr. 14). Da der internationale Entscheidungseinklang nicht optimal zu verwirklichen ist, tritt das Ordnungsinteresse an schneller und sicherer Entscheidung in den Vordergrund: Art. 4 I 2 EGBGB ermöglicht es Anwälten und Richtern, das deutsche Sachrecht anzuwenden, das ihnen besser vertraut ist als das vom deutschen IPR zunächst berufene ausländische Recht. Dieses „Heimwärtsstreben" erscheint dadurch gerechtfertigt, daß das fremde Recht selbst nicht angewandt sein will. Ferner erspart Art. 4 I 2 EGBGB dem Rechtsanwender die Prüfung, ob es sich bei der Rückverweisung des fremden Rechts um eine Sachnorm- oder eine Gesamt-Rückverweisung handelt. Denn beide Fälle werden gleich behandelt (BegrRegE, BT-Drucks. 10/504, S. 39).

III. Weiterverweisung

202 Bei der Weiterverweisung lautet die zweite Frage (zur ersten Frage oben Rdnr. 192): Sollen wir die von der ausländischen Kollisionsnorm ausgesprochene Weiterverweisung auf das Recht eines dritten Staates beachten, so daß am Ende das Drittstaatenrecht angewendet wird? Der Wortlaut des Art. 4 I 2 EGBGB sagt nur, daß eine Rückverweisung abzubrechen ist; die Vorschrift regelt nicht, wie eine Weiterverweisung behandelt werden soll. Die Gesetzesmaterialien unterscheiden auch bei der Weiterverweisung danach, ob es sich um eine Sachnormverweisung oder eine Gesamtverweisung handelt.

1. Sachnorm-Weiterverweisung

Die Weiterverweisung bereitet keine Probleme, wenn das ausländische IPR auf die Sachvorschriften eines dritten Staates verweist: Dann wenden wir die Sachvorschriften dieses dritten Staates an (BegrRegE, BT-Drucks. 10/504, S. 38).

In *Fall c* ist das AG Frankfurt/Main als Nachlaßgericht hinsichtlich des in Frankfurt belegenen Aktiendepots nach § 73 III FGG international zuständig. Art. 25 I EGBGB spricht eine Gesamtverweisung auf das dänische Recht aus, weil der Erblasser Däne war. Das dänische IPR knüpft an den letzten Wohnsitz des Erblassers an und verweist damit auf das griechische Recht weiter. Dabei handelt es sich um eine Sachnormverweisung (dazu oben Rdnr. 199). Das Nachlaßgericht folgt dieser Sachnormverweisung und wendet das griechische Erbrecht an. Dieses Vorgehen rechtfertigt sich zum einen daraus, daß auf diese Weise die Sachnorm-Rückverweisung und die Sachnorm-Weiterverweisung gleich behandelt werden. Zum anderen erreichen wir einen internationalen Entscheidungseinklang, indem wir ebenso entscheiden wie der weiterverweisende Staat.

2. Gesamt-Weiterverweisung

203 Eine Gesamt-Weiterverweisung ist gegeben, wenn das ausländische IPR auf die Vorschriften eines dritten Staates unter Einschluß derjenigen des Internationalen Privatrechts weiterverweist, also – ebenso wie das deutsche IPR – eine Gesamtverweisung ausspricht. Wenn der dritte Staat zum selben Anknüpfungsergebnis kommt wie der weiterverweisende Staat und damit die Verweisung akzeptiert, ist dem zu folgen und das Sachrecht des dritten Staates anzuwenden: Auf diese Weise wird internationaler Entscheidungseinklang zwischen allen beteiligten Staaten erzielt (BegrRegE, BT-Drucks. 10/504, S. 38). *Beispiel:* Das nach Art. 25 I EGBGB berufene belgische Heimatrecht des Erblassers verweist hinsichtlich eines Nachlaßgrundstücks auf das französische Belegenheitsrecht weiter; das französische Recht nimmt die Verweisung an (OLG Köln IPRax 1994, 376 m. Aufs. *Dörner* [364]). Schwieriger ist die

Rechtslage, wenn auch das IPR des dritten Staates einen Renvoi ausspricht.

a) Einfache Verweisung

Als „einfache Verweisung" lassen sich die beiden Fälle bezeichnen, daß das IPR des dritten Staates auf das deutsche Recht weiterverweist [dazu (1)] oder auf das Recht des zweiten Staates zurückverweist [dazu (2)].

(1) Der erste Fall ist eine Verweisung im Dreieck: Das deutsche Recht verweist auf das Recht eines ausländischen Staates, dieses auf das Recht eines dritten Staates und dieses wieder auf deutsches Recht. Da in der Verweisungskette eine Rückverweisung auf deutsches Recht enthalten ist, ergibt sich die Lösung aus Art. 4 I 2 EGBGB: Nach dieser Norm führt jede Rückverweisung auf deutsches Recht – auch eine solche im Dreieck – zur Anwendung deutscher Sachvorschriften (BegrRegE, BT-Drucks. 10/504, S. 38).

Beispiel: Ein Schweizer mit Wohnsitz in Paris verstirbt; zu seiner Hinterlassenschaft gehört ein Grundstück in Deutschland. – Art. 25 I EGBGB verweist auf schweizerisches Recht. Nach Art. 91 I des schweizerischen IPR-Gesetzes untersteht der Nachlaß einer Person mit letztem Wohnsitz im Ausland dem Recht, auf welches das Kollisionsrecht des Wohnsitzstaates verweist. Das französische IPR unterwirft die Erbfolge in den unbeweglichen Nachlaß dem Belegenheitsrecht (allseitige Anwendung des Art. 3 II Code civil). Nach Art. 4 I 2 EGBGB akzeptieren wir diese Rückverweisung, so daß deutsches Erbrecht zum Zuge kommt.

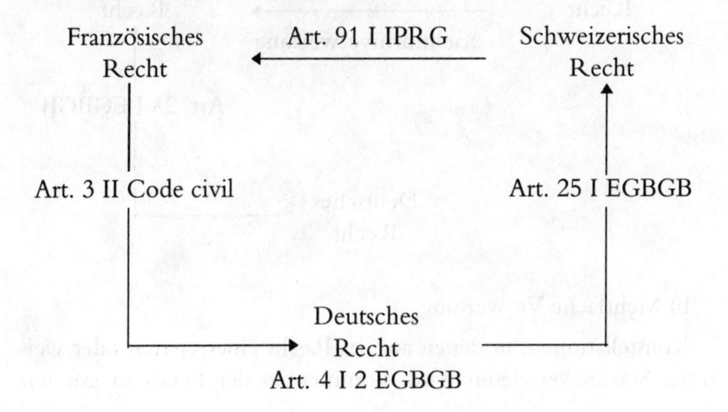

204 (2) Der zweite Fall ist kein Anwendungsfall des Art. 4 I 2 EGBGB, da das deutsche Recht in der Verweisungskette kein weiteres Mal vorkommt: Das deutsche IPR beruft das Recht eines ausländischen Staates („zweiter Staat"), dieses erklärt das Recht eines dritten Staates für anwendbar, und dieses verweist auf das Recht des zweiten Staates zurück. Handelt es sich dabei um eine Sachnormverweisung, ist das Sachrecht des zweiten Staates anzuwenden. Handelt es sich um eine Gesamt-Rückverweisung auf den zweiten Staat, so muß das IPR des zweiten Staates entscheiden, welches materielle Recht anzuwenden ist. Das folgt aus dem Interesse am internationalen Entscheidungseinklang: Wir haben so zu entscheiden wie der erstmals weiterverweisende Staat (*Kegel* § 10 IV 3; *Lüderitz* Rdnr. 163).

In *Fall d* verweist Art. 25 I EGBGB auf französisches Recht, weil die Erblasserin Französin war. Das französische IPR unterwirft die Erbfolge in den beweglichen Nachlaß dem Recht am letzten Wohnsitz der Erblasserin (*Batiffol/Lagarde* II Tz. 636), also dem griechischen Recht. Es handelt sich um eine Gesamtverweisung. Das griechische Internationale Erbrecht knüpft – ebenso wie das deutsche – an die Staatsangehörigkeit an, verweist also auf das französische Recht zurück. Die Verweisung einer griechischen Kollisionsnorm auf fremdes Recht ist stets eine Sachnormverweisung (Nachw. zum griechischen IPR bei *Staudinger/Hausmann*, Anhang zu Art. 4 EGBGB Rdnrn. 282–293). Französisches Erbrecht ist anzuwenden.

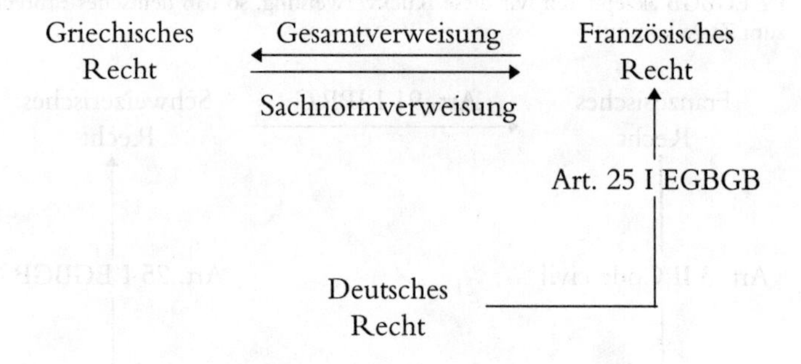

b) Mehrfache Verweisung

205 Konstellationen, in denen auf das Recht eines vierten oder weiteren Staates verwiesen wird, kommen in der Praxis so gut wie nicht vor: Je größer die Zahl der Verweisungen, desto seltener sind die Fälle, denn „die Zahl der rechtspolitisch möglichen Anknüpfungen ist eng begrenzt und eine breite Streuung höchst ungewöhnlich" (*Kegel* § 10 IV 1). Wenn ein Fall mehrfacher (Weiter-) Verweisung vorkommt, sind drei Lösungen vorstellbar:

(1) Die Verweisungskette wird so lange weiterverfolgt, bis ein ausländisches IPR sie abbricht oder bis wir sie analog Art. 4 I 2 EGBGB abbrechen müssen, weil es sonst zu einer unendlichen Hin- und Rückverweisung käme. Das bedeutet im Ergebnis: Maßgebend sind die Sachnormen der Rechtsordnung, die ihrerseits nicht mehr verweist oder auf die erstmals zurückverwiesen wird. Diese Lösung sieht § 5 II des österreichischen IPR-Gesetzes vor, so daß der österreichische Jurist wie geschildert verfahren muß.

(2) Wenn das IPR des dritten Staates die Weiterverweisung des zweiten Staates nicht annimmt und auch nicht auf das deutsche Recht oder auf das Recht des zweiten Staates verweist, wird die Verweisungskette bei der Weiterverweisung des zweiten Staates abgebrochen: Es kommen also die Sachnormen des dritten Staates zum Zuge. Für diese Lösung wird die Praktikabilität ins Feld geführt; die Prüfung der Renvoi-Regeln weiterer Rechtsordnungen verursache in der Praxis einen zu hohen Aufwand (*Kropholler* § 24 II 5).

(3) Die überwiegende Ansicht stellt zutreffend auch bei mehrfacher (Weiter-) Verweisung den Entscheidungseinklang mit dem Recht des Staates her, auf das die deutsche Kollisionsnorm verweist: Der deutsche Richter soll ebenso entscheiden wie ein Gericht des erstmals weiterverweisenden Staates; dessen IPR ist also zu befragen, wie es mit der mehrfachen (Weiter-) Verweisung umgeht (*Ferid* Rdnr. 3–104; *Firsching/von Hoffmann* § 6 Rdnr. 104; *Lüderitz* Rdnr. 163; *Soergel/Kegel*, Art. 4 EGBGB Rdnr. 19).

IV. Sonderfragen des Renvoi

206 Eine Rück- oder Weiterverweisung ergibt sich typischerweise daraus, daß das ausländische IPR auf ein anderes Anknüpfungsmoment, eine andere Anknüpfungsperson oder einen anderen Anknüpfungszeitpunkt abstellt. Ein Renvoi kann aber auch daraus folgen, daß das ausländische IPR eine Rechtsfrage anders qualifiziert als das deutsche IPR (dazu 1). Sonderformen des Renvoi sind die teilweise Rück- oder Weiterverweisung, die zu einer kollisionsrechtlichen Vermögens- oder Nachlaßspaltung führen kann, und die sog. versteckte Rückverweisung, die auf einem Gleichlauf von internationaler Zuständigkeit und anwendbarem Recht beruht (dazu 2). Besonderheiten ergeben sich schließlich, wenn Kollisionsnormen des IPR in Staatsverträgen enthalten sind (dazu 3).

1. Renvoi kraft abweichender Qualifikation

Bei einer Gesamtverweisung des deutschen IPR auf ausländisches Recht müssen wir die ausländischen IPR-Vorschriften so anwenden, wie der ausländische Richter sie anwenden würde. Wenn danach eine Rechtsfrage kollisionsrechtlich anders eingeordnet wird als im deutschen IPR, haben wir dieser abweichenden Qualifikation zu folgen. Eine Rück- oder Weiterverweisung, die sich daraus ergibt, wird als Renvoi kraft abweichender Qualifikation bezeichnet (MünchKomm-*Sonnenberger*, Art. 4 EGBGB Rdnrn. 36–39).

Beispiel: Eine Deutsche macht gegen ihren früheren Verlobten, einen Franzosen, einen Schadensersatzanspruch wegen Verlöbnisbruchs geltend. – Die deutsche Rechtsprechung qualifiziert diesen Anspruch familienrechtlich und knüpft an die Staatsangehörigkeit des Verpflichteten an (BGHZ 132, 105, 116, dazu unten Rdnr. 495); nach französischer Auffassung handelt es sich um ein Delikt, so daß die *lex loci delicti commissi* zum Zuge kommt. Hat sich der Verlöbnisbruch in Deutschland ereignet, ist gemäß Art. 4 I 2 EGBGB wegen Rückverweisung kraft abweichender Qualifikation deutsches Sachrecht anzuwenden (*Staudinger/von Bar/Mankowski*, Anhang zu Art. 13 EGBGB Rdnr. 36).

Weitere Beispiele: Das deutsche IPR qualifiziert Scheidungsvereinbarungen über den Unterhalt als Scheidungsfolgen (Art. 17 EGBGB); das englische Recht qualifiziert sie als Schuldverträge und gelangt zum proper law of the contract. – Das deutsche IPR beurteilt die Folgen, die familienrechtliche Statusänderungen wie Heirat oder Ehescheidung für den Familiennamen haben, nach dem Heimatrecht des Namensträgers (Art. 10 EGBGB); zu einem Renvoi kraft abweichender Qualifikation kann es kommen, wenn das Heimatrecht des ausländischen Namensträgers die namensrechtlichen Folgen familienrechtlich qualifiziert und dem Ehewirkungs- oder dem Ehescheidungsstatut unterstellt.

2. Besondere Gestaltungen des Renvoi

Sonderfälle des Renvoi sind die teilweise Rück- oder Weiterverweisung und die sog. versteckte Rückverweisung. **207**

a) Teilweiser Renvoi

Eine teilweise oder partielle Rück- oder Weiterverweisung liegt vor, wenn der Renvoi nicht das gesamte zu beurteilende Rechtsverhältnis ergreift, sondern nur einen Teil des Rechtsverhältnisses (*Ferid* Rdnr. 3–103). Eine solche Teilrückverweisung oder Teilweiterverweisung kann sich vor allem im Rechtsverkehr mit Staaten ergeben, deren Kollisionsnormen im Erbrecht oder im Ehegüterrecht zwischen beweglichem und unbeweglichem Vermögen unterscheiden.

Beispiel: Nach belgischem IPR unterliegt die Erbfolge in Grundstücke der jeweiligen *lex rei sitae*, während bewegliches Vermögen nach dem Recht am letzten Wohnsitz des Erblassers vererbt wird (Nachlaßspaltung, dazu unten Rdnrn. 211, 216). Gehörte einem verstorbenen Belgier, der zuletzt in seinem Heimatstaat wohnte, bewegliches Vermögen und ein in Deutschland belegenes Grundstück, kommt es hinsichtlich des Grundstücks zu einer partiellen Rückverweisung auf deutsches Erbrecht (Art. 4 I 2 EGBGB). – Liegt das Grundstück in Österreich, findet eine partielle Weiterverweisung auf österreichisches Recht statt. Das österreichische IPR kennt seit 1978 keine Nachlaßspaltung mehr und verweist hinsichtlich des Grundstücks wieder auf belgisches Recht zurück (§ 28 I [öst.] IPRG). Das belgische IPR akzeptiert die Rückverweisung durch die österreichische Kollisionsregel und bricht die Verweisungskette ab, indem es belgisches Sachrecht beruft (*Staudinger/Hausmann*, Anhang zu Art. 4 EGBGB Rdnrn. 181–182).

b) Versteckter Renvoi

Eine versteckte Rückverweisung liegt vor, wenn das deutsche IPR auf ein ausländisches Recht verweist, das die Frage nach dem anwendbaren Recht unbeantwortet läßt, weil die Gerichte dieses Staates stets ihr eigenes Recht anwenden, wenn sie international zuständig sind. Eine solche Situation ergibt sich vor allem im Rechtsverkehr mit den Vereinigten Staaten (umfassend *Kropholler* § 25). **208**

Beispiel: Ein aus dem Bundesstaat Wyoming stammendes US-amerikanisches Ehepaar mit *domicile* in Deutschland beantragt beim deutschen Familiengericht die Ehescheidung. – Das deutsche IPR verweist auf das Recht von Wyoming (Artt. 17 I 1, 14 I Nr. 1 i. V. m. Art. 4 III 2 EGBGB, dazu unten Rdnr. 227); es handelt sich um eine Gesamtverweisung (Art. 4 I 1 EGBGB). Im Staat Wyoming gilt die Regel: Wenn ein Gericht dieses Staates international zuständig ist, über einen Scheidungsantrag zu entscheiden, wendet es das materielle Recht von Wyoming an (Gleichlauf von internationaler Zuständigkeit und anwendbarem Recht). Die internationale Zuständigkeit ist davon abhängig, daß die Parteien ihr Domizil in Wyoming haben. Da das domicile in Deutschland liegt, wäre das Scheidungsrecht von Wyoming nicht anwendbar, weil den Gerichten dieses Staates die Zuständigkeit fehlt (*Ferid* Rdnr. 3–93).

Das Recht von Wyoming beruht auf dem Gedanken: Es soll das Scheidungsrecht des Staates angewendet werden, dessen Gerichte international zuständig sind. Die deutsche Rechtsprechung und die herrschende Lehre sehen darin eine versteckte Rückverweisung: Es entspricht dem Sinn des fremden Kollisionsrechts, daß deutsche Gerichte das deutsche Recht als *lex fori* anwenden. Das gilt nicht nur, wenn die deutschen Gerichte *ausschließlich* zuständig sind, sondern auch, wenn sie nur eine *konkurrierende* Zuständigkeit neben den Gerichten des „rückverweisenden" Staates haben (OLG Bamberg FamRZ 1979, 930, 931; OLG Stuttgart IPRax 1987, 121, 122; *G. Otto*, StAZ 1994, 178, 179–180; str., a. A. MünchKomm-*Sonnenberger*, Art. 4 EGBGB Rdnrn. 49–53).

3. Kollisionsnormen in Staatsverträgen

209 Internationale Übereinkommen auf dem Gebiet des IPR sollen die Kollisionsnormen vereinheitlichen. Der internationale Entscheidungseinklang, ein wichtiges Argument für die Beachtung des Renvoi, ist unter den Mitgliedstaaten der Übereinkommen bereits erreicht. Daraus folgen Einschränkungen des Renvoi in Bereichen des IPR, die durch Staatsverträge abgedeckt sind (*Kropholler* § 24 III 1).

a) In Deutschland geltender Staatsvertrag

Nach Art. 3 II 1 EGBGB haben IPR-Vorschriften in völkerrechtlichen Vereinbarungen, soweit sie in Deutschland unmittelbar anwendbares innerstaatliches Recht geworden sind, den Vorrang vor den Kollisionsnormen des EGBGB. Im Geltungsbereich solcher Staatsverträge ist Art. 4 I, II EGBGB demnach nicht anzuwenden. Vielmehr ist dem jeweiligen Staatsvertrag selbst zu entnehmen, ob er Sachnorm- oder Gesamtverweisungen ausspricht. Im Regelfall handelt es sich bei staatsvertraglichen Kollisionsnormen um Sachnormverweisungen; die Übereinkommen der Haager Konferenz für Internationales Privatrecht verweisen seit der 7. Tagung von 1951 ausdrücklich auf das „innerstaatliche Recht".

Zweifel können bei Staatsverträgen entstehen, die als *loi uniforme* auch auf das Recht von Nichtvertragsstaaten verweisen. Wie verfahren wir, wenn das IPR eines Nichtvertragsstaates auf deutsches Recht zurückverweist? Nach herrschender Ansicht ist dieser Renvoi nicht zu beachten: Das Vereinheitlichungsziel des Übereinkommens unter den Vertragsstaaten wird höher veranschlagt als der Entscheidungseinklang mit dem Drittstaat (*Staudinger/Hausmann*, Art. 4 EGBGB Rdnr. 114). Das Vereinheitlichungsziel des Übereinkommens ist weniger berührt, wenn das Recht eines Nichtvertragsstaates auf das Recht eines anderen Nichtvertragsstaates weiterverweist. Daher erklärt das – noch nicht in Kraft getretene – *Haager Erbrechtsübereinkommen* vom 1. 8. 1989 (dazu unten Rdnr. 575) in Art. 4 einen solchen Renvoi für beachtlich; die herrschende Ansicht spricht sich aber auch in diesem Fall für ein Renvoiverbot aus (*Kropholler* § 24 III 2).

b) Im Ausland geltender Staatsvertrag

Anders ist die Rechtslage, wenn ein IPR-Übereinkommen zwar nicht in Deutschland, aber in einem ausländischen Staat in Kraft getreten ist. Verweist das deutsche IPR auf das Recht eines solchen Staates, ist nach Art. 4 I 1 EGBGB grundsätzlich auch dessen Kollisionsrecht zur Anwendung berufen, ohne daß nach seinem – autonomen oder staatsvertraglichen – Ursprung gefragt wird. Wird der Staatsvertrag in dem ausländischen Staat als *loi uniforme* auch gegenüber Nichtvertragsstaaten angewendet, ist eine sich daraus ergebende Rück- oder Weiterverweisung vom deutschen Richter zu beachten. Deutschland gerät damit „in den Sog des vereinheitlichten Rechts" (*Kropholler* § 24 II 1), obwohl die Bundesrepublik dem Vertragswerk nicht oder noch nicht beigetreten ist.

§ 9. Die maßgebende Rechtsordnung (Statut)

210 Der Begriff *Statut* bezeichnete früher die materielle Regelung – das Gesetz – als den Ausgangspunkt der Frage nach dem anwendbaren Recht (*Statutentheorie*). Heute weist der Begriff *Statut* auf den Endpunkt der kollisionsrechtlichen Anknüpfung hin: die jeweils maßgebende Rechtsordnung (dazu oben Rdnr. 175). Beispielsweise ist das *Deliktsstatut* das auf eine unerlaubte Handlung anzuwendende Recht, das *Ehewirkungsstatut* das die allgemeinen Wirkungen der Ehe beherrschende Recht und das *Erbstatut* das Recht, nach dem eine natürliche Person beerbt wird. Der Begriff *Statut* steht für das Ergebnis der kollisionsrechtlichen Prüfung auf einem bestimmten Teilgebiet des IPR (*von Bar* I Rdnr. 18).

Drei Problemkreise aus dem Allgemeinen Teil des IPR betreffen das Statut als den Endpunkt der kollisionsrechtlichen Anknüpfung: *Erstens* kann es vorkommen, daß ein einzelner Vermögensgegenstand (z.B. ein Grundstück) einem anderen Statut unterliegt als die Vermögensgesamtheit (z.B. eine Erbschaft), zu welcher der einzelne Vermögensgegenstand gehört (*Einzelstatut – Gesamtstatut*, dazu I). *Zweitens* kann durch eine Änderung des Kollisionsrechts oder der Anknüpfungstatsachen die zuvor maßgebende Rechtsordnung durch eine andere ersetzt werden (*Statutenwechsel*, dazu II). *Drittens* kann das anzuwendende Recht eines Staates – das zur Anwendung berufene Statut – nach Gebieten oder Personengruppen verschieden sein (*Mehrrechtsstaaten*, dazu III).

I. Gesamtstatut – Einzelstatut

211 **Literatur:** *Dörner*, Nachlaßspaltung – und die Folgen, IPRax 1994, 362; *Reichelt*, Gesamtstatut und Einzelstatut im IPR (Wien 1985); *Schurig*, Erbstatut, Güterrechtsstatut, gespaltenes Vermögen und ein Pyrrhussieg, IPRax 1990, 389; *Wochner*, Gesamtstatut und Einzelstatut, Festschrift Wahl (1973), S. 161.

Fälle:

a) Ein deutscher Staatsangehöriger mit letztem Wohnsitz in Aix-en-Provence verstirbt. Er hinterläßt neben seinem beweglichen Vermögen und einem

Haus in München ein Haus in Aix-en-Provence. Welchem Recht unterliegt die Rechtsnachfolge von Todes wegen?

b) Ein britischer Staatsangehöriger mit letztem Wohnsitz in London verstirbt. Er hinterläßt neben seinem beweglichen Vermögen und einem Wohnhaus in London ein Bürogebäude in Deutschland. Welchem Recht unterliegt die Rechtsnachfolge von Todes wegen?

Ein *Gesamtstatut* umfaßt eine Gesamtheit von Vermögensgegenständen; ein *Einzelstatut* erfaßt einzelne Vermögensgegenstände. Die Frage, wie sich das Gesamtstatut zu einem Einzelstatut verhält, kann sich nur stellen, wenn zwei Bedingungen zusammentreffen: Erstens muß sich die Anknüpfung auf eine Vermögensgesamtheit beziehen, beispielsweise auf den Nachlaß einer verstorbenen Person. Zweitens muß das Recht des Belegenheitsortes einzelner Gegenstände besondere Vorschriften enthalten, die mit dem Gesamtstatut kollidieren.

Ein Beispiel ist *Fall a*: Da der Erblasser im Zeitpunkt seines Todes Deutscher war, unterliegt nach Art. 25 I EGBGB der gesamte Nachlaß einschließlich des in Frankreich belegenen Hauses dem deutschen Recht. Das französische IPR unterstellt jedoch den in Frankreich belegenen unbeweglichen Nachlaß französischer wie ausländischer Staatsangehöriger zwingend dem französischen Recht (Art. 3 II Code civil). Ähnlich ist es im belgischen und im luxemburgischen IPR. Hinsichtlich der französischen Immobilie stößt also das deutsche Erbrecht als *Gesamtstatut* auf das französische Belegenheitsrecht als *Einzelstatut* (BayObLG NJW-RR 1990, 1033).

212 Es fragt sich, ob es bei der Anwendung des Gesamtstatuts bleibt, oder ob das Einzelstatut Vorrang vor dem Gesamtstatut hat. Gegen einen Vorrang des Einzelstatuts spricht folgende Überlegung: Das schweizerische IPR zum Beispiel knüpft die Rechtsnachfolge von Todes wegen nicht an die Staatsangehörigkeit, sondern an den letzten Wohnsitz des Erblassers an (Artt. 90 I, 91 I [schweiz.] IPRG); danach würde, wenn ein Deutscher seinen letzten Wohnsitz in der Schweiz hätte, auf den gesamten Nachlaß schweizerisches Erbrecht anzuwenden sein. Vor diesem fremden *Gesamtstatut* weichen wir nicht zurück, sondern belassen es bei der Staatsangehörigkeitsanknüpfung des Art. 25 I EGBGB. Warum sollen wir dann vor einem fremden *Einzelstatut* – der französischen Sonderregel für Nachlaßgrundstücke – zurückweichen? Dieser Überlegung folgt ein Großteil der Literatur und spricht sich rechtspolitisch gegen einen Vorrang des Einzelstatuts aus (Nachw. bei MünchKomm-*Sonnenberger*, Art. 3 EGBGB Rdnr. 30).

Der Gesetzgeber hat in Art. 3 III EGBGB anders entschieden. Dahinter stand die praktische Erwägung, daß eine Regelung des *Gesamtstatuts*, die im Gegensatz zur *lex rei sitae* eines einzelnen Gegenstandes steht, häufig ohne Wirkung bleiben wird, weil der Belegenheitsstaat sein Recht durchsetzen kann (BegrRegE, BT-Drucks. 10/504, S. 37). Insofern fördert der Vorrang des Einzelstatuts vor dem Gesamtstatut zugleich den internationalen Entscheidungseinklang (*Staudinger/Hausmann*, Art. 3 EGBGB Rdnrn. 41, 51). Die Regel des Art. 3 III EGBGB läßt sich daher auch als Ordnungsvorschrift verstehen: Die Norm macht die Zusammenfassung verschiedener Vermögensgegenstände zu einer Vermögenseinheit davon abhängig, daß das für den jeweiligen Einzelgegenstand maßgebende Recht diese Zusammenfassung akzeptiert (*Staudinger/Dörner*, Art. 25 EGBGB Rdnr. 522).

1. Voraussetzungen des Art. 3 III EGBGB

213 Art. 3 III EGBGB hat drei Voraussetzungen: Verweisungen im Dritten und Vierten Abschnitt des IPR-Kapitels im EGBGB unterstellen *das Vermögen* einer Person dem Recht eines Staates (dazu a). Einzelne *Gegenstände* befinden sich nicht in diesem Staat (dazu b). Diese Gegenstände unterliegen nach dem Recht des Staates, in dem sie sich befinden, *besonderen Vorschriften* (dazu c).

a) Verweisung auf ein Gesamtstatut

Art. 3 III EGBGB setzt zunächst voraus, daß Kollisionsnormen des deutschen Internationalen Familienrechts (Artt. 13–24 EGBGB) oder des deutschen Internationalen Erbrechts (Artt. 25, 26 EGBGB) *das Vermögen* einer Person dem Recht eines Staates unterstellen, also ein Gesamtstatut zur Anwendung berufen. Das ist insbesondere im Erbrecht und im Ehegüterrecht der Fall: Vorbehaltlich einer Rechtswahl für unbewegliches Vermögen gemäß Art. 25 II und Art. 15 II Nr. 3 EGBGB beherrscht das Erbstatut nach Art. 25 I EGBGB den gesamten Nachlaß des Verstorbenen und das Ehegüterstatut nach Art. 15 EGBGB das gesamte Vermögen der Eheleute. Auch die Vorschriften über die Anknüpfung des Ehewirkungs-, des Ehescheidungs-, des Kindschafts- und des Vormundschaftsstatuts (Artt. 14, 17, 21 und 24 EGBGB) berufen, soweit sie sich auf vermögensrechtliche Fragen beziehen, ein Gesamtstatut zur Anwendung (*Palandt/Heldrich*, Art. 3 EGBGB Rdnrn. 11, 12). Das Gesamtstatut, dem diese Verweisungen das Vermögen einer Person unterstellen, kann das deutsche oder ein ausländisches Recht sein.

b) Gegenstände des Vermögens

214 Das Gesamtstatut ist das Recht *eines Staates*; Gegenstände des Vermögens müssen sich in einem *anderen Staat* befinden. Solche Gegenstände können Grundstücke, aber auch sonstige Vermögenswerte wie bewegliche Sachen, Forderungen oder Gesellschaftsanteile sein (im einzelnen *Staudinger/Hausmann*, Art. 3 EGBGB Rdnrn. 71–74). In der kollisionsrechtlichen Praxis handelt es sich meist um Grundstücke, seltener um landwirtschaftliche Betriebe oder gewerbliche Familienbetriebe, die nach dem Recht des Belegenheitsstaates besonderen Vorschriften – dem Einzelstatut – unterworfen sind.

c) „Besondere Vorschriften"

215 Der einzelne Gegenstand muß nach dem Recht des Staates, in dem er sich befindet, besonderen Vorschriften unterliegen. Dabei kann es sich sowohl um Sachnormen als auch um Kollisionsnormen handeln (BGHZ 50, 63, 64–69). Sie können sich sowohl aus dem deutschen als auch aus einem ausländischen Belegenheitsrecht ergeben. Sie müssen aber, um für Art. 3 III EGBGB relevant zu sein, dem Recht eines Staates zugehören, das weder durch Verweisung noch durch Rück- oder Weiterverweisung im konkreten Fall zur Anwendung berufen ist. Das ergibt sich bereits aus dem Wortlaut des Art. 3 III EGBGB, wonach sich die Gegenstände nicht in dem Staat befinden dürfen, dessen Recht die IPR-Verweisungen das Vermögen einer Person unterstellen.

(1) *Besondere Sachvorschriften*, die einzelne Gegenstände aus einer Vermögensgesamtheit herauslösen, sind im *deutschen Recht* heute nahezu bedeutungslos. Von den zahlreichen Sondervorschriften, die noch im 19. Jahrhundert den Adels- und Bauernstand erhalten sollten, sind nur noch die erbrechtlichen Vorschriften der *Höfeordnung* und die *Anerbengesetze* einiger Bundesländer geblieben (*Staudinger/Hausmann*, Art. 3 EGBGB Rdnrn. 78–82). Die BGH-Rechtsprechung, wonach ein *Gesellschaftsanteil* eines persönlich haftenden Gesellschafters einer OHG oder KG nicht in den Nachlaß fällt, sondern einer gesellschaftsrechtlichen *Sondernachfolge* unterliegt (BGHZ 91, 132, 136), spielt im Rahmen des Art. 3 III EGBGB keine Rolle. Denn es entscheidet allein das Gesellschaftsstatut über die Gesellschafternachfolge, so daß ein Konflikt mit dem Erbstatut nicht auftreten kann (*Staudinger/Hausmann*, Art. 3 EGBGB Rdnr. 73; dazu auch unten Rdnr. 586).

Auch in *ausländischen Sachrechten* sind besondere Vorschriften über Vermögensgegenstände selten geworden: England und die meisten Einzelstaaten der USA haben die materiell-erbrechtliche Unterscheidung zwischen unbeweglichem Vermögen (*immovables*) und beweglichem Vermögen (*movables*) beseitigt. Sonderregeln für die Nachfolge in landwirtschaftliche Betriebe finden sich in einigen Rechtsordnungen. Beispielsweise sehen in Frankreich die Artt. 832ff. Code civil ein Übernahmerecht des überlebenden Ehegatten und jedes Miterben vor, wenn zum Nachlaß ein landwirtschaftlicher Betrieb gehört. Solche Sonderregeln fallen nach herrschender Ansicht bereits unter Art. 3 III EGBGB, wenn sie im Belegenheitsstaat *internrechtlich zwingend* sind (BGHZ 50, 63, 68; MünchKomm-*Sonnenberger*, Art. 3 EGBGB Rdnr. 23; enger *Kegel* § 12 II 2b, aa, bb, wonach die Sonderregeln auch *international zwingend* ausgestaltet sein müssen).

216 (2) *Besondere Kollisionsnormen*, die als besondere Vorschriften i. S. d. Art. 3 III EGBGB zu einer Vermögensspaltung führen, sind im *deutschen IPR* nicht enthalten. Anders ist es im *ausländischen IPR* (zum französischen IPR bereits oben Rdnr. 211):

– In *England* ist die *kollisionsrechtliche* Unterscheidung zwischen unbeweglichem und beweglichem Vermögen nach wie vor bedeutsam: *Immovables* werden dem Belegenheitsrecht, *movables* dem Recht des Wohnsitzes zugewiesen. Das gilt im Ehegüterrecht ebenso wie im Erbrecht. Wenn also ein deutscher Erblasser ein in England belegenes Grundstück hinterläßt, kommt über Art. 3 III EGBGB hinsichtlich des Grundstücks englisches Erbrecht zum Zuge. Das gleiche gilt, wenn ein deutsches Ehepaar um ein in England belegenes Grundstück streitet, dessen Wert beispielsweise in den Zugewinnausgleich einbezogen werden soll: Hinsichtlich des englischen Grundstücks gilt englisches Ehegüterrecht, das einen Zugewinnausgleich nicht kennt; es kommt zu einer Spaltung des Ehegüterstatuts (*Ferid* Rdnr. 3–142).

In *Fall b* spielt Art. 3 III EGBGB dagegen keine Rolle: Wenn einem verstorbenen Engländer ein in Deutschland belegenes Grundstück gehört hat, verweist Art. 25 I EGBGB auf das englische Recht. Für einen Teil der Erbschaft – das in Deutschland belegene Grundstück – spricht das englische IPR eine Rückverweisung aus, indem es auf das Belegenheitsrecht verweist. Nach Art. 4 I EGBGB beachten wir diese partielle Rückverweisung (dazu oben Rdnr. 207). Die englische Kollisionsnorm, die diese Rückverweisung anordnet, ist keine „besondere Vorschrift" i. S. d. Art. 3 III EGBGB: Das Grundstück liegt im Bereich einer Rechtsordnung, die über Art. 4 I EGBGB gerade für anwendbar erklärt wird und nicht – wie es Art. 3 III EGBGB voraussetzen würde – vom Mechanismus der Hin- und Rückverweisung unberührt bleibt (*Staudinger/Hausmann*, Art. 3 EGBGB Rdnr. 100).

– Die meisten Einzelstaaten der *USA* unterscheiden – wie das englische IPR – *kollisionsrechtlich* zwischen *movables* und *immovables*. Auch diese Kollisionsnormen fallen unter Art. 3 III EGBGB: Das in Florida belegene Grundstück eines deutschen Erblassers wird folglich nach dem Recht von Florida als Einzelstatut vererbt; der in Deutschland belegene Nachlaß unterfällt gemäß Art. 25 I EGBGB dem deutschen Recht als Gesamtstatut (BGH NJW 1993, 1920, 1921 = IPRax 1994, 375 m. Aufs. *Dörner* [362]).

2. Rechtsfolge: Vorrang des Einzelstatuts

217 Art. 3 III EGBGB hat die Rechtsfolge, daß in bezug auf die betroffenen Gegenstände das Einzelstatut (Belegenheitsstatut) gilt.

Diese Rechtsfolge ist in Art. 3 III EGBGB nicht ausdrücklich formuliert, ergibt sich aber aus dem Sinn und Zweck der Vorschrift (BGH NJW 1993, 1920, 1921). Das führt – wie bei einer Teilrückverweisung (dazu oben Rdnr. 207) – zu einer Spaltung des Ehegattenvermögens (Vermögensspaltung) oder des Erblasservermögens (Nachlaßspaltung). Es ist also zweierlei Güterrecht oder Erbrecht anzuwenden (*Kropholler* § 26 II 4).

In *Fall a* wird demnach das Haus in Aix-en-Provence nach französischem Recht vererbt. Hinsichtlich dieses abgespaltenen Nachlaßteils gilt das französische Recht – das besondere Erbstatut – für alle erbrechtlichen Fragen im weiteren Sinne; dazu gehören die Testierfähigkeit und die Testamentsform, ein Sittenverstoß oder ein Willensmangel sowie die Frage, ob die gewählte Art der Verfügung von Todes wegen überhaupt zulässig ist (BGHZ 50, 63, 69–70). Auch Ansprüche der testamentarisch enterbten Verwandten („Pflichtteil") bestehen nur, soweit das Belegenheitsstatut solche Ansprüche vorsieht (BGH NJW 1993, 1920, 1921).

Man kann die Rechtsfolge des Art. 3 III EGBGB ebenso wie die Rechtsfolge des Art. 4 I 1 EGBGB als *bedingte Verweisung* bezeichnen:

- Nach Art. 4 I 1 EGBGB steht die Verweisung unter dem Vorbehalt, daß die anzuwendende Rechtsordnung nach ihrem eigenen IPR ebenfalls angewendet werden will (dazu oben Rdnr. 193).
- Nach Art. 3 III EGBGB stehen Gesamtverweisungen in Artt. 13–26 EGBGB unter dem Vorbehalt besonderer Vorschriften des Belegenheitsstaats einzelner Gegenstände (*Lüderitz* Rdnr. 168).

II. Unwandelbarkeit – Statutenwechsel

218 **Literatur:** *Kahn*, Das zeitliche „Anwendungsgebiet" der örtlichen Kollisionsnormen, JherJb 43 (1901), 299; *Neumeyer*, Die zeitliche Geltung der Kollisionsnormen, ZIR 12 (1902/1903), 39; *Siehr*, Heilung durch Statutenwechsel, Gedächtnisschrift Ehrenzweig (1976), S. 131; *Stoll*, Rechtskollisionen beim Gebietswechsel beweglicher Sachen, RabelsZ 38 (1974), 450.

Fälle:

a) Ein deutsch-österreichisches Ehepaar lebte von 1990 (Eheschließung) bis 1993 in Deutschland und übersiedelte dann nach Österreich, wo die Ehe 1997 geschieden wurde. Die geschiedene deutsche Ehefrau ging nach Deutschland zurück. Nach welchem Recht beurteilen sich (1) die allgemeinen Wirkungen der Ehe, (2) die güterrechtlichen Wirkungen der Ehe, (3) die Ehescheidung und (4) der nacheheliche Unterhaltsanspruch der Frau?

b) Ein Deutscher erwarb 1987 in den Niederlanden in gutem Glauben an das Eigentum des Veräußerers eine gestohlene Segelyacht, die nicht im Schiffsregister eingetragen war. Er befuhr mit dem Schiff zwei Jahre die niederländischen Binnengewässer und überführte die Yacht am 1. 7. 1989 nach Deutschland, wo sie seither liegt. Im Jahre 1998 verlangt der Eigentümer, dem die Yacht 1987 gestohlen worden war, die Herausgabe.

Ein Statutenwechsel *im weiteren Sinne* ist jeder Wechsel der Rechtsordnung, der ein bestimmtes Rechtsverhältnis unterliegt. Ein Statutenwechsel kann mehrere Ursachen haben:

– Erstens können sich die *Anknüpfungsnormen* ändern. Das ist zum einen der Fall, wenn ein Gebiet die Zugehörigkeit zu einem Staat wechselt („Gebietsänderung"): Ebenso wie das Sachrecht wechselt dann auch das Kollisionsrecht. Ein *Beispiel* ist der Beitritt der fünf neuen Bundesländer zur Bundesrepublik Deutschland am 3. 10. 1990 (dazu oben Rdnr. 18). Zum anderen kann ein Statutenwechsel eintreten, wenn im Zuge der Reform des IPR andere Anknüpfungsnormen eingeführt werden („Gesetzesänderung"). Ein *Beispiel* ist die deutsche IPR-Reform von 1986 (dazu oben Rdnr. 12). Mit den Folgen solcher Rechtsänderungen befaßt sich das intertemporale Kollisionsrecht. Das intertemporale Kollisionsrecht des Beitritts der neuen Bundesländer am 3. 10. 1990 ist in Art. 236 EGBGB geregelt, das intertemporale Kollisionsrecht der deutschen IPR-Reform von 1986 in der Übergangsvorschrift des Art. 220 EGBGB (dazu oben Rdnr. 20).
– Zweitens kommt ein Statutenwechsel vor, wenn sich *Anknüpfungstatsachen* ändern. *Beispiele:* Eine natürliche Person wechselt ihre Staatsangehörigkeit oder ihren gewöhnlichen Aufenthalt, der gewöhnliche Arbeitsort eines Arbeitnehmers wird von einem Staat in einen anderen verlegt, oder eine bewegliche Sache wird von einem Staat in einen anderen gebracht. Den Wandel des anwendbaren Rechts, der aus einer Änderung der anknüpfungserheblichen Tatsachen resultiert, bezeichnet man als Statutenwechsel *im engeren Sinne*. Die französische Terminologie verwendet im Anschluß an *Bartin* den Begriff *conflit mobile*

(*Batiffol/Lagarde* I Tz. 318). Nur um diese Form des Statutenwechsels geht es im folgenden.

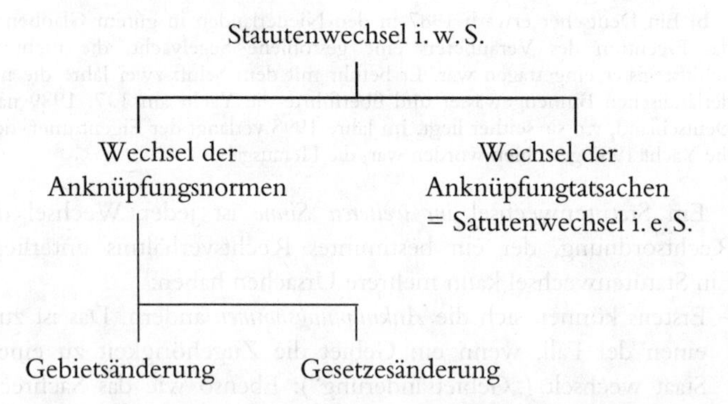

Wenn durch eine Änderung der anknüpfungserheblichen Tatsachen inländisches Recht nachträglich anwendbar wird, ist im Anschluß an *Ferid* (Rdnr. 1–51) von einem *Eingangsstatutenwechsel* die Rede. Wird inländisches Recht nachträglich unanwendbar – führt der Statutenwechsel vom deutschen Recht weg –, wird von einem *Ausgangsstatutenwechsel* gesprochen.

1. Unwandelbarkeit des Statuts

219 Ein Statutenwechsel i. e. S. kann nur eintreten, wenn zwei Bedingungen erfüllt sind: Erstens muß eine Änderung der anknüpfungserheblichen Tatsachen möglich sein. Zweitens darf die Kollisionsnorm keinen bestimmten Anknüpfungszeitpunkt festlegen. Wenn eine Veränderung der anknüpfungserheblichen Tatsachen nicht möglich ist, ist das Statut *unwandelbar*. Ein Beispiel ist die *lex rei sitae* bei unbeweglichen Sachen: Sie ist kraft Natur der Sache unwandelbar, denn der Lageort von Grundstücken läßt sich nicht verändern. Können sich die anknüpfungserheblichen Tatsachen ändern, ist das Statut dennoch *unwandelbar*, wenn die Kollisionsnorm im Kontinuitätsinteresse einen bestimmten Anknüpfungszeitpunkt vorschreibt. Das kann ausdrücklich geschehen oder sich aus der Auslegung der Kollisionsnorm ergeben.

a) Ausdrückliche Anordnung

In einigen Kollisionsnormen ordnet der Gesetzgeber ausdrücklich die Unwandelbarkeit des Statuts an:

- Die güterrechtlichen Wirkungen der Ehe unterliegen gemäß Art. 15 I EGBGB dem im Zeitpunkt der Eheschließung für die allgemeinen Wirkungen der Ehe maßgebenden Recht.
- Die Ehescheidung unterliegt gemäß Art. 17 I 1 EGBGB dem Recht, das im Zeitpunkt des Eintritts der Rechtshängigkeit des Scheidungsantrags die allgemeinen Wirkungen der Ehe beherrscht.
- Die Rechtsnachfolge von Todes wegen unterliegt gemäß Art. 25 I EGBGB dem Recht des Staates, dem der Erblasser im Zeitpunkt seines Todes angehörte.

b) Auslegung der Kollisionsnorm

220 In anderen Fällen ergibt sich die Unwandelbarkeit des Statuts aus der Auslegung der Kollisionsnorm:

- Für die sachlichen Voraussetzungen der Eheschließung ist dem Art. 13 I EGBGB der ungeschriebene Grundsatz zu entnehmen, daß es auf die Staatsangehörigkeit unmittelbar („eine Sekunde") vor der Eheschließung ankommt: Das Eheschließungsstatut muß grundsätzlich unwandelbar angeknüpft werden, weil eine gültige Ehe durch Staatsangehörigkeitswechsel nicht zu einer ungültigen werden soll (BGHZ 27, 375, 380; BGHZ 46, 87, 95). Daraus ergibt sich zugleich, daß es nicht exakt auf den Zeitpunkt der Eheschließung ankommen darf, da mit der Eheschließung die Staatsangehörigkeit eines Ehegatten wechseln kann. Im Interesse der Gültigkeit von Ehen wird eine Ausnahme vom Grundsatz der Unwandelbarkeit gemacht: Eine ungültige Ehe kann durch einen Staatsangehörigkeitswechsel zu einer gültigen werden (*Heilung durch Statutenwechsel*, Nachw. bei *Staudinger/von Bar/Mankowski*, Art. 13 EGBGB Rdnrn. 90–103).
- Bei der objektiven Anknüpfung schuldrechtlicher Verträge ist der maßgebende Zeitpunkt – der Zeitpunkt des Vertragsabschlusses – nur in Art. 28 II und IV EGBGB ausdrücklich genannt. Für die Anknüpfung nach Art. 28 I und V EGBGB –

Recht der engsten Verbindung – ist der maßgebende Zeitpunkt nicht genannt. Nach dem Bericht *Giuliano/Lagarde* (BT-Drucks. 10/503, S. 52) können für die Ermittlung der engsten Verbindung auch nach Vertragsschluß eintretende Umstände berücksichtigt werden. Eine solche Betrachtung – mit der möglichen Konsequenz eines Statutenwechsels – sollte aber die Ausnahme bleiben, etwa bei tiefgreifenden Änderungen im Rahmen langfristiger Verträge. Grundsätzlich dürfen im Interesse des Vertrauensschutzes spätere, für die Anknüpfung relevante Veränderungen das Schuldstatut nicht beeinflussen; es wird auch in den Fällen des Art. 28 I und V EGBGB grundsätzlich unwandelbar an den Zeitpunkt des Vertragsabschlusses angeknüpft (MünchKomm-*Martiny*, Art. 28 EGBGB Rdnr. 25).

In *Fall a* unterliegen die *allgemeinen Wirkungen* der Ehe des deutsch-österreichischen Paares dem Recht des Staates, in dem beide Ehegatten ihren gewöhnlichen Aufenthalt haben (Art. 14 I Nr. 2 EGBGB). Da die Ehegatten im Jahre 1993 ihren gewöhnlichen Aufenthalt von Deutschland nach Österreich verlegt haben, ist im Jahre 1993 ein Statutenwechsel eingetreten: Die allgemeinen Ehewirkungen unterliegen bis zum Umzug dem deutschen, danach dem österreichischen Recht. – Die *güterrechtlichen Wirkungen* der Ehe werden dagegen nach Art. 15 I i.V.m. Art. 14 I Nr. 2 EGBGB unwandelbar an den gewöhnlichen Aufenthalt im Zeitpunkt der Eheschließung angeknüpft. Maßgebend ist also für die gesamte Dauer der Ehe deutsches Ehegüterrecht. Die Unwandelbarkeit bedeutet aber keine Versteinerung des materiellen Güterrechts auf dem Stand von 1990 (Eheschließung): Wenn sich während der Ehe das materielle deutsche Güterrecht ändert, wird diese Änderung – nach Maßgabe der einschlägigen Übergangsvorschriften – mitvollzogen (*Kropholler* § 45 III 2c). – Die *Ehescheidung* unterliegt dem österreichischen Recht: Im Zeitpunkt des Eintritts der Rechtshängigkeit des Scheidungsantrags hatte das deutsch-österreichische Ehepaar seinen gewöhnlichen Aufenthalt in Österreich, so daß zu diesem Zeitpunkt die allgemeinen Wirkungen der Ehe dem österreichischen Recht unterlagen (Art. 17 I 1 i.V.m. Art. 14 I Nr. 2 EGBGB). – Das auf die Ehescheidung angewandte österreichische Recht ist auch für die *Unterhaltspflichten* zwischen den geschiedenen Ehegatten maßgebend, wenn – wovon auszugehen ist – die österreichische Ehescheidung in Deutschland anerkannt wird (Art. 18 IV 1 EGBGB, Art. 8 I HUntÜ). Der Geschiedenen-Unterhalt wird also unwandelbar nach dem Statut der Ehescheidung angeknüpft. Bei anderen Unterhaltsansprüchen ist das Unterhaltsstatut dagegen wandelbar: Gemäß Art. 18 I 1 EGBGB (Art. 4 I, II HUntÜ) sind die am jeweiligen gewöhnlichen Aufenthalt des Unterhaltsberechtigten geltenden Sachvorschriften anzuwenden (dazu unten Rdnr. 545).

2. Folgen eines Statutenwechsels

221 Wenn und soweit ein Statut wandelbar ist, stellt sich die Frage, ob und wieweit es auf das alte oder auf das neue Recht ankommt. Einige Kollisionsnormen beantworten diese Frage ausdrücklich:

- Eine *Rückwirkung des neuen Statuts* ordnet der Gesetzgeber bei der nachträglichen Rechtswahl an: Gemäß Art. 27 II 1 EGBGB können die Parteien jederzeit vereinbaren, daß ein vertragliches Schuldverhältnis einem anderen Recht unterliegen soll als dem zuvor gewählten oder objektiv anwendbaren Recht. Aus der Vorschrift des Art. 27 II 2 EGBGB – die Formgültigkeit des Vertrages und Rechte Dritter werden nicht berührt – ergibt sich, daß diese nachträgliche Rechtswahl grundsätzlich auf den Zeitpunkt des Vertragsschlusses zurückwirkt: Würde die Rechtswahl nicht zurückwirken, wäre Art. 27 II 2 EGBGB überflüssig (dazu unten Rdnr. 348).
- Die *Fortgeltung des alten Statuts* ist beispielsweise in Art. 7 II EGBGB vorgesehen: Die einmal erlangte Geschäftsfähigkeit wird durch den Erwerb oder den Verlust der deutschen Staatsangehörigkeit nicht beeinträchtigt. Entsprechendes gilt nach Art. 26 V 2 EGBGB für die einmal erlangte Testierfähigkeit (dazu unten Rdnrn. 301, 591).

Hat der Gesetzgeber keine besondere Regel für den Statutenwechsel getroffen, richten sich die kollisionsrechtlichen Folgen des Statutenwechsels nach den von der Rechtsprechung entwickelten allgemeinen Prinzipien (umfassend MünchKomm-*Sonnenberger*, Einl. zum IPR Rdnrn. 611–632): Das anwendbare Recht wechselt grundsätzlich *ex nunc* in dem Zeitpunkt, in welchem sich die Anknüpfungstatsachen ändern; der Zeitraum davor untersteht weiterhin dem alten Statut. Bei der Anwendung dieser Grundsätze wird zwischen abgeschlossenen, offenen und gemischten Tatbeständen unterschieden.

a) Abgeschlossene Tatbestände

Ein abgeschlossener Tatbestand liegt vor, wenn ein Recht oder ein Rechtsverhältnis vor dem Statutenwechsel entstanden oder erloschen ist oder seinen Inhalt verändert hat. Ein *Beispiel* ist der rechtsgeschäftliche Eigentumserwerb des Erwerbers und der damit korrespondierende Eigentumsverlust des Veräußerers. Für abgeschlossene Tatbestände bleibt das Recht maßgebend, das zu der Zeit galt, als der Tatbestand verwirklicht wurde (BGHZ 63, 107, 111). In § 7 des österreichischen IPRG ist diese Regel ausdrücklich formuliert: „Die nachträgliche Änderung der für die Anknüpfung an eine bestimmte Rechtsordnung maßgebenden Voraussetzungen hat auf bereits vollendete Tatbestände keinen Einfluß."

b) Offene Tatbestände

222 Ein offener Tatbestand liegt vor, wenn im Zeitpunkt des Statutenwechsels noch nicht alle Voraussetzungen für die Entstehung, den Untergang oder die Inhaltsänderung eines Rechts oder eines Rechtsverhältnisses erfüllt sind. Ein *Beispiel* ist der Eigentumserwerb durch Ersitzung, wenn ein Statutenwechsel eintritt, bevor nach dem alten Recht die Ersitzungszeit abgelaufen ist. Bei offenen Tatbeständen muß das neue Statut zwei Fragen beantworten: Welche Voraussetzungen sind zu erfüllen? Werden Voraussetzungen anerkannt, die bereits unter dem alten Statut erfüllt wurden?

In *Fall b* richtet sich der rechtsgeschäftliche Eigentumserwerb ebenso wie die Eigentumsersitzung nach der jeweiligen *lex rei sitae* (Recht des Lageortes). Durch Ortsveränderung tritt ein Statutenwechsel ein. – Rechtslage vor dem 1. 7. 1989: Das niederländische Recht kennt keinen gutgläubigen Erwerb gestohlener Sachen *durch Rechtsgeschäft*. Ein Eigentumserwerb *durch Ersitzung* ist von 1987 bis zum 1. 7. 1989 in den Niederlanden nicht eingetreten, da die Ersitzungsfrist von drei Jahren nicht abgelaufen ist (Art. 3:99 BW). – Rechtslage nach dem 1. 7. 1989: Nach der neuen *lex rei sitae*, dem deutschen Recht, erwirbt jemand das Eigentum an einer gestohlenen Sache durch Ersitzung, wenn er die Sache zehn Jahre gutgläubig im Eigenbesitz hatte (§ 937 I BGB). Dabei wird der Zeitraum, in welchem sich die Segelyacht in den Niederlanden im gutgläubigen Eigenbesitz des Erwerbers befand, auf die Zehnjahresfrist angerechnet (*Substitution*, dazu unten Rdnr. 269). Der Deutsche hat durch Ersitzung das Eigentum erworben.

c) Gemischte Tatbestände

223 Ein gemischter Tatbestand liegt vor, wenn ein Recht oder ein Rechtsverhältnis zwar vor dem Statutenwechsel entstanden ist, aber seine spezifischen Wirkungen nach dem Statutenwechsel entfalten soll. *Beispiel:* Ein mit einem französischen Registerpfandrecht zugunsten einer Bank belasteter LKW wird nach Deutschland gebracht und hier vom Gerichtsvollzieher für einen deutschen Gläubiger beschlagnahmt; die Bank verlangt vorzugsweise Befriedigung. – Das Registerpfandrecht ist vor dem Statutenwechsel nach französischem Recht entstanden; seine Wirkungen soll es nach dem Statutenwechsel entfalten. Das deutsche Recht kennt aber kein Registerpfandrecht an Kraftfahrzeugen.

Bei solchen gemischten Tatbeständen gelten zwei Grundsätze: Ein unter dem alten Statut wirksam entstandenes Recht besteht unter dem neuen Statut fort; das neue Statut nimmt das Bestehen des Rechts hin (*Hinnahmetheorie*, dazu unten Rdnr. 476). Das neue Statut entscheidet aber nach seinen Sachnormen, wie dieses Recht ausgeübt wird; es muß in ein funktional entsprechendes Rechtsinstitut des neuen Statuts umgesetzt – „transponiert" – werden (*Transpositionslehre*, dazu unten Rdnr. 477). Im *Beispiel* des französischen Registerpfandrechts ist das zweckentsprechende deutsche Rechtsinstitut die Sicherungsübereignung; das französische Registerpfandrecht wird in Deutschland wie Sicherungseigentum behandelt (BGHZ 39, 173, 175).

III. Mehrrechtsstaaten (Art. 4 III EGBGB)

224 Die maßgebende Rechtsordnung – das Statut – ist durch die selbständigen Kollisionsnormen des deutschen IPR noch nicht eindeutig bestimmt, wenn sie auf das Recht eines Staates mit lokaler oder personaler Rechtsspaltung verweisen: In manchen Staaten gibt es kein einheitliches Privatrecht, sondern unterschiedliches Recht für *verschiedene Gebiete* oder *verschiedene Personengruppen* (dazu bereits oben Rdnrn. 17–19). Es bedarf dann einer unselbständigen Kollisionsnorm in Form einer Unteranknüpfung, die uns sagt, wie bei der Verweisung auf das Recht eines solchen Mehrrechtsstaates zu verfahren ist. Diese Hilfsnorm findet sich für das Schuldvertragsrecht in Art. 35 II EGBGB, für die anderen Rechtsgebiete in Art. 4 III EGBGB. Sonderregeln gibt es in Artt. 16 HUntÜ, 14 MSA, 31, 32

HEntfÜ und 1 II HTestÜ; sie gehen nach Art. 3 II 1 EGBGB der autonomen Regelung des Art. 4 III EGBGB vor.

1. Lokale Rechtsspaltung

225 **Literatur:** *Beitzke*, Internationales und interlokales Privatrecht, Festschrift Nipperdey (1955), S. 41; *Jayme*, Rechtsspaltung im spanischen Privatrecht und deutsche Praxis, RabelsZ 55 (1991), 303; *Kegel*, Die Anwendung des Rechts ausländischer Staaten mit räumlicher Rechtsspaltung, Festschrift Arnold (1955), S. 61; *G. Otto*, Die Bedeutung des Art. 4 Abs. 3 EGBGB bei Verweisung auf das Recht eines Mehrrechtsstaates, IPRax 1994, 1; *Rauscher*, Die Ausschaltung fremden interlokalen Rechts durch Art. 4 Abs. 3 Satz 1 EGBGB, IPRax 1987, 206; *Stoll*, Kollisionsrechtliche Fragen bei räumlicher Spaltung des anwendbaren Rechts, Festschrift Keller (1989), S. 511.

Fälle:

a) Ein von katalanischen Eltern abstammender Spanier mit gewöhnlichem Aufenthalt in Deutschland verstirbt. Welchem Recht unterliegt die Rechtsnachfolge von Todes wegen?

b) Ein Texaner mit Wohnsitz in Texas verstirbt und hinterläßt ein Aktiendepot bei einer deutschen Bank. Welchem Recht unterliegt die Rechtsnachfolge von Todes wegen?

Eine lokale Rechtsspaltung in einem ausländischen Staat ist nach dem einschränkenden Nebensatz in Art. 4 III 1 EGBGB („ohne die maßgebende zu bezeichnen") einfach zu bewältigen, wenn die deutsche IPR-Norm die maßgebende Teilrechtsordnung unmittelbar bezeichnet. Das ist der Fall, wenn die deutsche IPR-Norm ein Anknüpfungsmerkmal verwendet, das direkt zu der lokalen Teilrechtsordnung hinführt, wie z.B. der gewöhnliche Aufenthalt, der Wohnsitz, die Niederlassung, der Vornahmeort eines Rechtsgeschäfts, der Tatort einer unerlaubten Handlung oder die Belegenheit einer Sache. Die Verweisung durch das deutsche IPR richtet sich in diesem Fall nicht nur auf das Recht des Staates, in dem der Ort liegt – so daß ein Renvoi durch das gesamtstaatliche IPR zu beachten ist –, sondern – wenn kein Renvoi stattfindet – sogleich auf das Recht des entsprechenden Gebietes (BegrRegE, BT-Drucks. 10/504, S. 40).

Diese Lösung ist rechtspolitisch umstritten, weil sie das interlokale Privatrecht des ausländischen Mehrrechtsstaates ausschaltet

(*Staudinger/Hausmann*, Art. 4 EGBGB Rdnrn. 321–325 m. w. N.; dort auch zu korrigierenden Auslegungen der „ohne die maßgebende zu bezeichnen"-Klausel in Art. 4 III 1 EGBGB). Sie entspricht der Spezialregel des Art. 31 HEntfÜ betreffend das anwendbare Sorgerecht. Anders entscheidet Art. 16 HUntÜ. Danach ist bei einer Verweisung auf das Recht des gewöhnlichen Aufenthalts nicht sogleich das lokale Unterhaltsrecht des Aufenthaltsortes anzuwenden; vielmehr ist zuerst – soweit vorhanden – das interlokale Kollisionsrecht des Aufenthaltsstaates heranzuziehen.

Wenn die deutsche IPR-Norm nicht direkt auf die maßgebende Teilrechtsordnung verweist – das ist bei der Anknüpfung an die Staatsangehörigkeit der Fall –, ist nach Art. 4 III EGBGB zu unterscheiden: In erster Linie ist es Sache des fremden Mehrrechtsstaates, durch sein interlokales Privatrecht zu bestimmen, welche Teilrechtsordnung angewendet werden soll (Art. 4 III 1 EGBGB). Fehlt in dem ausländischen Mehrrechtsstaat ein einheitliches interlokales Privatrecht, bestimmt das deutsche IPR in Art. 4 III 2 EGBGB selbst die anwendbare Teilrechtsordnung (Recht der engsten Verbindung).

a) Einheitliches interlokales Recht

226 Wenn die deutsche Kollisionsnorm an die Staatsangehörigkeit anknüpft und der ausländische Mehrrechtsstaat über ein einheitliches interlokales Privatrecht verfügt, ist bei einer *Gesamtverweisung* in zwei Schritten vorzugehen: Zuerst entscheidet das IPR des ausländischen Mehrrechtsstaates, ob es die Verweisung annimmt, auf das deutsche Recht zurückverweist oder auf das Recht eines dritten Staates weiterverweist. Nimmt das IPR des Mehrrechtsstaates die Verweisung an, richtet sich der zweite Schritt nach Art. 4 III 1 EGBGB: Das interlokale Privatrecht des Mehrrechtsstaates bestimmt, welche Teilrechtsordnung anzuwenden ist. Wenn die deutsche Kollisionsnorm eine *Sachnormverweisung* ausspricht, entfällt der erste Schritt. Ein Mehrrechtsstaat mit einheitlichem interlokalem Recht ist *Spanien*, wo Artt. 13–16 Código civil die einschlägigen Normen enthalten (vgl. OLG Karlsruhe IPRax 1989, 301 m. Aufs. *Jayme* [287]).

In *Fall a* wird das anwendbare Recht nach Art. 25 I EGBGB bestimmt. Da der Erblasser Spanier war, unterliegt die Rechtsnachfolge von Todes wegen dem spanischen Recht einschließlich des spanischen IPR (Art. 4 I 1 EGBGB). Das spanische Internationale Erbrecht nimmt die Verweisung an, weil es ebenfalls an die Staatsangehörigkeit des Erblassers anknüpft (Art. 9 I Código civil). In Spanien gilt kein einheitliches materielles Erbrecht. Daher ist nach Art. 4 III 1 EGBGB mit Hilfe des einheitlichen spanischen interlokalen Privatrechts die maßgebende Teilrechtsordnung zu ermitteln. Art. 14 I Código civil knüpft an die bürgerlich-rechtliche Gebietszugehörigkeit an, wobei es in erster Linie auf die gemeinsame Gebietszugehörigkeit der Eltern ankommt (Art. 14 II Código civil). Die Eltern des Erblassers waren Katalanen; folglich kommt katalanisches Erbrecht zur Anwendung.

b) Gespaltenes interlokales Recht

227 Knüpft die deutsche Kollisionsnorm an die Staatsangehörigkeit an und hat der ausländische Mehrrechtsstaat kein einheitliches interlokales Privatrecht, ist nach Art. 4 III 2 EGBGB die Teilrechtsordnung anzuwenden, mit welcher der Sachverhalt am engsten verbunden ist. Die engste Verbindung läßt sich bestimmen, indem man die Wertungen des Art. 5 I 1 EGBGB – gewöhnlicher Aufenthalt oder bisheriger Lebensverlauf der Anknüpfungsperson – analog heranzieht (*Erman/Hohloch*, Art. 4 EGBGB Rdnr. 24). Spricht die deutsche Kollisionsnorm eine *Gesamtverweisung* aus, wird sodann das IPR der maßgebenden Teilrechtsordnung nach Rück- oder Weiterverweisungen befragt. Handelt es sich bei der deutschen Kollisionsnorm um eine *Sachnormverweisung*, entfällt dieser zweite Schritt. Staaten mit einem gespaltenen interlokalen Privatrecht sind beispielsweise die *Vereinigten Staaten*, das *Vereinigte Königreich*, *Kanada* und *Australien*. In diesen Staaten legen die lokalen Partikularrechte ihren interlokalen Anwendungsbereich selbst fest. In den USA reicht die Autonomie der Einzelstaaten so weit, daß die US-Bundesgerichte jeweils die interlokalen Kollisionsnormen des Einzelstaates anzuwenden haben, in dem sie residieren (*Erie Railroad Co. v. Tompkins*, 304 U.S. 64 [1938]; *Klaxon Co. v. Stentor Electric Mfg. Co.*, 313 U.S. 487 [1941]).

In *Fall b* verweist Art. 25 I EGBGB auf das Recht der Vereinigten Staaten unter Einschluß des Kollisionsrechts (Art. 4 I 1 EGBGB). Da es in den USA weder ein einheitliches materielles Erbrecht noch ein einheitliches interlokales Privatrecht gibt, ist die Teilrechtsordnung nach Art. 4 III 2 EGBGB zu bestimmen. Analog Art. 5 I 1 EGBGB kommt es auf den gewöhnlichen Aufenthalt des Erblassers an (*Staudinger/Hausmann*, Art. 4 EGBGB Rdnrn. 328, 329; a. A. *Firsching/von Hoffmann* § 6 Rdnr. 121, wonach es im Rahmen des Art. 4 III 2 EGBGB auf allgemeine Grundsätze des US-amerikanischen Rechts ankommen soll). Danach ist das texanische Recht als Recht des letzten gewöhnlichen Aufenthalts anwendbar. Das texanische Recht nimmt die Verweisung an, da es an das *domicile* anknüpft, das ebenfalls in Texas liegt.

c) Sonderregel (Art. 35 II EGBGB)

228 Art. 35 II EGBGB, der auf Art. 19 I EVÜ zurückgeht, enthält eine Spezialnorm des interlokalen Privatrechts. Sie gilt für diejenigen vertraglichen Schuldverhältnisse, die nach Artt. 27 ff. EGBGB angeknüpft werden, und geht der allgemeinen Regel des Art. 4 III EGBGB vor: Wenn ein Staat mehrere Gebietseinheiten umfaßt, von denen jede für vertragliche Schuldverhältnisse ihre eigenen Rechtsvorschriften hat, gilt nach Art. 35 II EGBGB jede Gebietseinheit als Staat. Die Artt. 27 ff. EGBGB verweisen also stets unmittelbar auf eine Teilrechtsordnung, ohne auf das interlokale Kollisionsrecht des ausländischen Mehrrechtsstaates Rücksicht zu nehmen (BegrRegE, BT-Drucks. 10/504, S. 84). Insofern weicht Art. 35 II EGBGB in der Verweisungstechnik von Art. 4 III EGBGB ab. Im Ergebnis bedeutet das keinen Unterschied: Auch nach Art. 4 III EGBGB ist in erster Linie zu fragen, ob eine deutsche IPR-Norm die maßgebende Teilrechtsordnung unmittelbar bezeichnet (dazu oben Rdnr. 225); das ist aber bei den Anknüpfungen der Artt. 27 ff. EGBGB der Fall (z. B. Art. 28 II EGBGB: gewöhnlicher Aufenthalt, Sitz, Niederlassung).

Beispiele: (1) Die Parteien haben keine Rechtswahl getroffen; der Vertragspartner, der die charakteristische Leistung erbringt, hat seinen gewöhnlichen Aufenthalt in Glasgow. – Die Verweisung des Art. 28 II 1 EGBGB führt nach Art. 35 II EGBGB direkt zum schottischen Recht; nach Art. 35 I EGBGB handelt es sich um eine Sachnormverweisung. (2) Die Vertragsparteien wählen gemäß Art. 27 I 1 EGBGB ausdrücklich „das schottische Recht". – Nach Art. 35 I, II EGBGB sind unmittelbar die schottischen Sachnormen anzuwenden, ohne daß es auf das interlokale Kollisionsrecht des Vereinigten Königreichs ankäme. (3) Die Parteien unterstellen ihren Vertrag „dem Recht Großbritanniens". – Durch Auslegung der Rechtswahlvereinbarung ist zu ermitteln, ob die Parteien das Recht Englands oder Schottlands meinen; alles weitere folgt dann aus Art. 35 I, II EGBGB.

2. Personale Rechtsspaltung

229 **Literatur:** *Bungert*, Nigerianische Stammesehen vor deutschen Gerichten, StAZ 1993, 140; *Kotzur*, Kollisionsrechtliche Probleme christlich-islamischer Ehen (1988); *Richter*, Die Rechtsspaltung im malaysischen Familienrecht – zugleich ein Beitrag zur „gestuften" Unteranknüpfung im IPR (1978); *Sanders*, The Internal Conflict of Laws in South Africa (Durban 1990); *Wähler*, Interreligiöses Kollisionsrecht im Bereich privatrechtlicher Rechtsbeziehungen (1978).

Religiöse und stammesgebundene Partikularrechte spielen auf den Gebieten des Familien- und Erbrechts in den Staaten Afrikas, des Nahen und des Fernen Ostens eine bedeutende Rolle. Diese Staaten lassen sich danach unterscheiden, ob sie neben dem traditionellen religiösen oder stammesgebundenen Familienrecht alternativ ein vereinheitlichtes weltliches Familienrecht zur Verfügung stellen (wie beispielsweise Nigeria), oder ob sie kein staatliches Familienrecht kennen und der staatliche Gesetzgeber sich auf die Regelung der interpersonalen Konflikte beschränkt (wie beispielsweise im Libanon).

Verweist das deutsche IPR auf einen Staat mit mehreren personalen Teilrechtsordnungen, gilt – soweit nicht die staatsvertraglichen Sonderregeln der Artt. 16 HUntÜ, 14 MSA, 32 HEntfÜ oder 1 II HTestÜ vorgehen –, die Norm des Art. 4 III EGBGB, die nicht zwischen räumlicher und personaler Rechtsspaltung unterscheidet. Der einschränkende Nebensatz in Art. 4 III 1 EGBGB spielt bei personalen Rechtskollisionen keine Rolle, da das deutsche IPR keine unmittelbare Verweisung auf ein personales Kollisionsrecht kennt (*Staudinger/Hausmann*, Art. 4 EGBGB Rdnr. 341 m.w.N.; a.A. *Kropholler* § 30 IV, der die Anknüpfung an die Staatsangehörigkeit oder den gewöhnlichen Aufenthalt ohne weiteres auf das Recht der engeren Gemeinschaft beziehen will, der die Anknüpfungsperson angehört).

Da so gut wie alle Länder, deren Familien- oder Erbrecht personal gespalten ist, Normen des staatlichen oder des religiösen Rechts zur Regelung der interpersonalen Konflikte vorhalten, gelangt man mit Art. 4 III 1 EGBGB i.V.m. diesen Normen fast immer zum anzuwendenden Recht (Beispiel oben Rdnr. 19). Die Rechtsprechung stand jedenfalls bisher noch nicht vor der Notwendigkeit, den Art. 4 III 2 EGBGB heranzuziehen (vgl. BGH FamRZ 1993, 1053). Allerdings kann es gegen Artt. 6 I EGBGB, 4 I GG verstoßen, wenn das fremde interpersonale Kollisionsrecht „einer Glaubensgemeinschaft die Anerkennung versagt und sie damit unter das Recht einer anderen zwingt“ (*Staudinger/Sturm/Sturm*, Einl. zum IPR Rdnr. 536 gegen OLG Hamm IPRax 1994, 49).

§ 10. Die Anknüpfung von Vorfragen

230 **Literatur:** *Jayme*, Betrachtungen zur „dépeçage" im internationalen Privatrecht, Festschrift Kegel (1987), S. 253; *Schurig*, Die Struktur des kollisionsrechtlichen Vorfragenproblems, Festschrift Kegel (1987), S. 549; *Wengler*, Die Vorfrage im Kollisionsrecht, RabelsZ 8 (1934), 148; *Wienke*, Zur Anknüpfung der Vorfrage bei internationalprivatrechtlichen Staatsverträgen (1977); *Winkler von Mohrenfels*, Kollisionsrechtliche Vorfrage und materielles Recht, RabelsZ 51 (1987), 20.

Fälle:

a) Ein türkisches Ehepaar heiratete 1967 in Ostanatolien vor dem islamischen Geistlichen des Ortes. Die Eheschließung wurde nicht bei einem Standesamt registriert. Im Jahre 1971 übersiedelten die Eheleute nach Kaiserslautern, wo der Ehemann 1982 ein Hausgrundstück erwarb. Im Jahre 1995 verstarb der Ehemann. Die Ehefrau fragt nach ihrer erbrechtlichen Stellung.

b) Eine Spanierin heiratete vor dem Standesamt in Bielefeld einen Deutschen; die beiden hatten bereits vor der Eheschließung ihren gewöhnlichen Aufenthalt in Deutschland. Die Spanierin wollte nach spanischem Recht ihren Familiennamen behalten und den Familiennamen des Mannes mit dem Verbindungswort „de" anfügen. Der Standesbeamte weigerte sich, diesem Wunsch Folge zu leisten.

c) Ein dreijähriges Kind, das ebenso wie seine Mutter die deutsche Staatsangehörigkeit hat und in Deutschland lebt, verlangte – vertreten durch seine Mutter – vor dem AG Bremen Unterhalt von einem französischen Staatsangehörigen mit der Behauptung, der Franzose sei als Vater unterhaltspflichtig. Nach welcher Kollisionsnorm hat das deutsche Gericht die Frage der Vaterschaft anzuknüpfen?

Das Problem der Vorfrage wurde in der Entwicklungsgeschichte des IPR noch später erkannt als das Problem des Renvoi (1878, dazu oben Rdnr. 191) und die Frage der Qualifikation (1891, dazu oben Rdnr. 154). Im Jahre 1932 formulierte *Melchior* (IPR 246–265) erstmalig den Gedanken, daß sog. Vorfragen unselbständig anzuknüpfen seien: Wenn das deutsche IPR die *Hauptfrage* des Sachverhalts einer ausländischen Rechtsnorm zuweise und diese Sachnorm in ihrem Tatbestand einen mit Inhalt zu füllenden Rechtsbegriff enthalte (die *Vorfrage*), sei bei der Bestimmung dieses Norminhalts von den Kollisionsnormen des ausländischen Rechts auszugehen. *Wengler* griff zwei Jahre später diesen Gedanken auf und vertrat ebenfalls die These, Vorfragen seien nicht nach dem IPR des Forums, sondern nach dem Statut der jeweiligen Hauptfrage anzuknüpfen (RabelsZ 8 [1934], 148, 188–251). Seither ist die Diskussion um das Vorfragenproblem nicht verstummt (umfassend *Schurig*, Festschrift Kegel, 1987, S. 549–598).

I. Problemstellung

231 Das Problem der Vorfragenanknüpfung stellt sich vor allem in den Fällen, in denen die deutsche Kollisionsnorm auf ausländisches Recht verweist, so daß ein ausländisches Recht Wirkungsstatut ist (*lex causae*). In diesen Fällen fragt es sich, ob das ausländische Recht auch für solche vom Wirkungsstatut aufgeworfenen Fragen maßgebend sein soll, die Gegenstand einer anderen deutschen Kollisionsnorm sind (einführend *Raape* 116).

Beispiel: Ein Niederländer klagt gegen einen Deutschen vor einem deutschen Gericht auf Schadensersatz wegen unerlaubter Handlung, weil der Deutsche auf einer französischen Landstraße die Vorfahrt des Niederländers mißachtet und das Fahrzeug beschädigt hat, mit dem der Niederländer unterwegs war. – Der Schadensersatzanspruch unterliegt dem französischen Deliktsrecht als dem Recht des Tatortes (*lex loci delicti commissi*); er hat nach französischem Deliktsrecht zur Voraussetzung, daß der Kläger Eigentümer des Fahrzeugs ist. Der Schadensersatzanspruch ist die *Hauptfrage*, das Eigentum an dem Fahrzeug ist eine *Vorfrage*. Unstreitig ist: Das Eigentum an dem Fahrzeug – die Vorfrage – wird nicht deshalb nach den französischen Sachnormen beurteilt, weil auf die Hauptfrage – den Schadensersatzanspruch – nach der Tatortregel des Internationalen Deliktsrechts das französische materielle Recht anzuwenden ist (*Kegel* § 9 II 1; *von Bar* I Rdnr. 608). Wenn von einer unselbständigen Anknüpfung der Vorfrage die Rede ist, bedeutet das keinesfalls, daß die Vorfrage „automatisch" nach dem Sachrecht beantwortet wird, das für die Hauptfrage maßgebend ist. Das Vorfragenproblem lautet vielmehr: Sollen die Eigentumsverhältnisse an dem Fahrzeug nach der Sachnorm beurteilt werden, auf die das deutsche Kollisionsrecht verweist (selbständige Anknüpfung der Vorfrage nach der *lex fori*), oder sollen sie nach der Sachnorm beurteilt werden, auf die das französische Kollisionsrecht verweist (unselbständige Anknüpfung der Vorfrage nach der *lex causae*)? Anders formuliert: Soll die Vorfrage der Eigentumsverhältnisse nicht nach deutschem, sondern nach französischem IPR angeknüpft werden, weil sich die Hauptfrage, um die es letztlich geht – Schadensersatz – nach französischem Recht beurteilt?

232 Bis zur Entdeckung des Vorfragenproblems durch *Melchior* und *Wengler* war die Antwort auf diese Frage eindeutig „Nein". Denn die Eigentumsverhältnisse an dem Kraftfahrzeug des Niederländers können in dem einen Rechtsstreit Vorfrage, in dem anderen Rechtsstreit Hauptfrage sein: Klagt der Niederländer auf *Schadensersatz* wegen Beschädigung der Karrosserie, ist das Eigentum Vorfrage; klagt er, gestützt auf das Eigentümer-Besitzer-Verhältnis, vor dem deutschen Gericht auf Herausgabe des Fahrzeugs, ist das Eigentum Hauptfrage. Warum soll der deutsche Richter die Eigentumsfrage, die im zweiten Rechtsstreit ohne weiteres nach deutschem IPR anzuknüpfen ist, im ersten Rechtsstreit nach französischem IPR anknüpfen?

Bis zur Entdeckung des Vorfragenproblems hielt man es für richtig, Rechtsfragen ohne Rücksicht auf den Zusammenhang, in welchem sie auftreten, nach dem Kollisionsrecht des Forums „selbständig" anzuknüpfen (*Schurig*, Festschrift Kegel, 1987, S. 549, 553 m. w. N.). Erst die Arbeiten von *Melchior* und *Wengler* haben eine Diskussion angestoßen, die das selbständige Anknüpfen der Vorfrage ins Wanken gebracht hat. Die Alternative lautet heute: selbständige Anknüpfung der Vorfrage nach dem IPR des Forums oder unselbständige Anknüpfung nach dem IPR des für die Hauptfrage maßgebenden Rechts. Dabei wird zwischen Vorfragen im Tatbestand der Kollisionsnorm und Vorfragen im Tatbestand der Sachnorm unterschieden.

1. Kollisionsnorm – Sachnorm

233 Die Kollisionsnormen des IPR setzen ebenso wie die Sachnormen des materiellen Rechts im Tatbestand vielfach voraus, daß bestimmte *Tatsachen* vorliegen oder nicht vorliegen. Beispielsweise spricht die Kollisionsnorm des Art. 17 I 1 EGBGB davon, daß ein „Scheidungsantrag" gestellt sein muß. Die Sachnorm des § 845 BGB setzt voraus, daß ein Mensch getötet, an Körper oder Gesundheit verletzt oder der Freiheit beraubt wurde. Sowohl die Kollisionsnormen des IPR als auch die von ihnen berufenen – deutschen oder ausländischen – Sachnormen können in ihrem Tatbestand aber auch voraussetzen, daß ein Rechtsverhältnis oder eine Rechtslage besteht oder nicht besteht, indem sie einen ausfüllungsbedürftigen *Rechtsbegriff* verwenden.

Beispiel für einen Rechtsbegriff im Tatbestand einer *Kollisionsnorm*: Art. 17 I 1 EGBGB setzt voraus, daß eine „Ehe", also ein bestimmtes Rechtsverhältnis zwischen Mann und Frau besteht. – *Beispiel* für einen Rechtsbegriff im Tatbestand einer *Sachnorm*: Nach § 845 Satz 1 BGB muß der Getötete, der Verletzte oder der seiner Freiheit Beraubte „kraft Gesetzes einem Dritten zur Leistung von Diensten in dessen Hauswesen oder Gewerbe verpflichtet" gewesen sein. Es muß also ein Rechtsverhältnis – eine Dienstleistungspflicht kraft Gesetzes – bestanden haben.

2. Rechtsbegriff im Tatbestand der Kollisionsnorm

234 Ein Rechtsbegriff im Tatbestand einer Kollisionsnorm bezeichnet meist die *Hauptfrage*: das Rechtsverhältnis, das mit Hilfe der Kollisionsnorm angeknüpft wird. Das ist beispielsweise die „Scheidung" in Art. 17 I 1 EGBGB, die „Unterhaltspflicht" in Art. 18 I 1 EGBGB/Art. 4 HUntÜ oder der „Vertrag" in Art. 27 I 1 EGBGB. Das Problem der *Vorfrage* entsteht, wenn die Kollisionsnorm in ihrem Tatbestand auf ein Rechtsverhältnis Bezug nimmt, das seinerseits wiederum Anlaß zu einer kollisionsrechtlichen Fragestellung gibt, weil es Gegenstand einer eigenen Kollisionsnorm ist.

Beispiel (nach BGHZ 43, 213): Eine Griechin und ein Grieche heiraten in Deutschland nach griechisch-orthodoxem Ritus vor einem Geistlichen, der keine „ordnungsgemäß ermächtigte Person" i. S. d. Art. 13 III 2 EGBGB ist. Später beantragen sie bei dem Familiengericht ihres deutschen Wohnsitzes die Scheidung.

Auf die Scheidung („Hauptfrage") ist nach Art. 17 I 1 i. V. m. Art. 14 I Nr. 1 EGBGB das griechische Recht anzuwenden. Das griechische IPR akzeptiert die Verweisung. Der Tatbestand des Art. 17 I 1 EGBGB setzt jedoch voraus, daß eine Ehe besteht („Vorfrage"): ohne Ehe keine Ehescheidung. Die Frage, ob eine Ehe wirksam zustande gekommen ist, knüpft das deutsche IPR nicht nach Art. 17 I 1 i. V. m. Art. 14 I Nr. 1 EGBGB an (gemeinsames Personalstatut). Vielmehr gilt hinsichtlich der *sachlichen Ehevoraussetzungen* Art. 13 I, II EGBGB; die *Form der Eheschließung* wird bei Heirat im Ausland nach Art. 13 III EGBGB angeknüpft (dazu unten Rdnrn. 496–501).

Die Vorfrage nach dem Bestehen einer Ehe, die der Tatbestand des Art. 17 I 1 EGBGB aufwirft, ist nicht deshalb nach griechischem *Sachrecht* zu beantworten, weil Art. 17 I 1 EGBGB – wenn die Ehe besteht – für die Ehescheidung griechisches Recht zur Anwendung beruft. Streiten kann man allein darüber, ob das deutsche oder das griechische IPR entscheidet, wie die Eheschließung anzuknüpfen ist.

a) Selbständige Anknüpfung

235 Wenn wir die Vorfrage – auch „präjudizielle Rechtsfrage" genannt – selbständig nach deutschem IPR anknüpfen, verweist Art. 13 III 1 EGBGB im Beispielsfall hinsichtlich der Form der Eheschließung auf deutsches Recht, da die beiden Griechen in Deutschland geheiratet haben. Nach § 11 I EheG muß die Ehe, um wirksam zu sein, vor einem Standesbeamten geschlossen werden. Die Eheschließung vor dem Geistlichen ist unwirksam; eine Scheidung durch deutsche Gerichte ist nicht möglich. Die selbständige Anknüpfung einer Vorfrage im Tatbestand einer deutschen Kollisionsnorm wird von der ganz herrschenden Ansicht vertreten: Da die präjudizielle Rechtsfrage vom Kollisionsrecht des Forums aufgeworfen werde, habe die *lex fori* über die Anknüpfung dieser Rechtsfrage zu entscheiden (*Soergel/Kegel*, vor Art. 3 EGBGB Rdnr. 130 m.w.N.).

b) Unselbständige Anknüpfung

Würden wir im Beispielsfall die Vorfrage nach dem Bestehen einer Ehe nach griechischem IPR anknüpfen, würde das Ergebnis anders lauten: Nach griechischem IPR ist die Frage, vor welcher Person die Trauung stattzufinden hat, eine Frage der sachlichen Voraussetzungen der Eheschließung (Nachw. bei *Kegel* § 9 I 2). Die sachlichen Ehevoraussetzungen unterliegen nach Art. 13 (griech.) ZGB den Heimatrechten der Verlobten, also griechischem Recht. Nach Art. 1367 (griech.) ZGB ist die religiöse Trauung wirksam. Das deutsche Gericht muß also die Hauptfrage nach der Ehescheidung beantworten, und zwar gemäß Art. 17 I 1 EGBGB nach griechischem Recht.

Die unselbständige Anknüpfung wird bei einer Vorfrage im Tatbestand einer Kollisionsnorm – wie im Beispielsfall – auch von denjenigen abgelehnt, die ansonsten der unselbständigen Anknüpfung der Vorfrage zuneigen (z.B. MünchKomm-*Sonnenberger*, Einl. zum IPR Rdnr. 510): Wenn eine deutsche IPR-Norm die Vorfrage aufwirft, ist dem deutschen IPR auch die Anknüpfungsregel zu entnehmen.

3. Rechtsbegriff im Tatbestand einer Sachnorm

236 Ein Rechtsbegriff im Tatbestand einer Sachnorm bezeichnet meist die *Hauptfrage*: das Rechtsverhältnis, um das es bei dem Klagebegehren in erster Linie geht. Das ist beispielsweise das Eigentum, auf das eine Herausgabeklage nach § 985 BGB gestützt wird. Das Problem der *Vorfrage* entsteht, wenn die Sachnorm in ihrem Tatbestand auf ein Rechtsverhältnis Bezug nimmt, das Gegenstand einer eigenen Kollisionsnorm ist: Nach vollzogener kollisionsrechtlicher Anknüpfung geht es um Fragen nach dem Bestehen eines präjudiziellen Rechtsverhältnisses, die von dem materiellen Recht aufgeworfen werden, das durch die Kollisionsnorm des deutschen IPR zur Anwendung berufen wird (*Kegel* § 9 I 1).

Beispiel (nach OLG Köln FamRZ 1995, 1200): Der in Deutschland lebende Sohn eines belgischen Landwirtsehepaars kommt bei einem Verkehrsunfall ums Leben, den ein Niederländer auf deutschem Staatsgebiet in der Eifel verschuldet. Die Eheleute verlangen von der Haftpflichtversicherung des Niederländers eine monatliche Geldrente wegen entgangener Dienste ihres Sohnes im landwirtschaftlichen Betrieb.

Auf die Frage nach der Schadensersatzpflicht („Hauptfrage") ist nach der Tatortregel des deutschen Internationalen Deliktsrechts das deutsche Recht anzuwenden. Der Tatbestand des § 945 Satz 1 BGB setzt voraus, daß eine gesetzliche Dienstleistungspflicht des Sohnes gegenüber seinen Eltern bestand („Vorfrage"). Diese Frage unterliegt nicht dem Deliktsstatut, sondern dem Statut des Eltern-Kind-Verhältnisses.

a) Selbständige Anknüpfung

237 Wenn wir im Beispielsfall die Vorfrage nach dem Bestehen einer Dienstleistungspflicht selbständig nach deutschem IPR anknüpfen, verweist Art. 21 EGBGB auf das belgische Recht: Nach dieser Vorschrift unterliegen die Wirkungen des Eltern-Kind-Verhältnisses dem Recht des Staates, in dem der Sohn seinen gewöhnlichen Aufenthalt hatte. Das belgische IPR akzeptiert diese Verweisung, denn gemäß Art. 3 I Code civile ist auf die Rechtsbeziehung zwischen Eltern und Kind in erster Linie das gemeinsame Heimatrecht der Beteiligten anwendbar, also ebenfalls das belgische

Recht (Nachw. bei *Staudinger/Hausmann*, Anhang zu Art. 4 EGBGB Rdnr. 179).

b) Unselbständige Anknüpfung

Die unselbständige Anknüpfung der Vorfrage läuft im Beispielsfall auf dasselbe hinaus wie die selbständige Anknüpfung, denn die Hauptfrage – die Schadensersatzpflicht des Niederländers – unterliegt nach der Tatortregel des deutschen Internationalen Deliktsrechts den deutschen Sachnormen. Die unselbständige Anknüpfung der Vorfrage wäre im Beispielsfall nur relevant, wenn sich das Unfallgeschehen nicht in Deutschland zugetragen hätte, so daß nach der Tatortregel ein ausländisches Deliktsrecht das Wirkungsstatut (*lex causae*) des Schadensersatzanspruchs wäre. Für diese Fallkonstellation, um die es im folgenden vor allem geht, spielt der Streit um die selbständige oder unselbständige Anknüpfung der Vorfrage eine Rolle.

II. Interessenabwägung

238 Das eigentliche Vorfragenproblem stellt sich, wie unter I herausgearbeitet (soeben Rdnrn. 231–237), wenn zwei Bedingungen zusammentreffen: *Erstens* muß nach den Kollisionsnormen des deutschen IPR – unter Einschluß des Art. 4 I EGBGB (Rück- und Weiterverweisung) – auf die Hauptfrage ausländisches Sachrecht anwendbar sein; die *lex fori* und die *lex causae* dürfen also nicht zusammenfallen. *Zweitens* muß es um einen Rechtsbegriff im Tatbestand der ausländischen Sachnorm gehen; ein Rechtsbegriff im Tatbestand einer deutschen Kollisionsnorm, der Gegenstand einer anderen deutschen Anknüpfungsregel ist, wird nach dieser Anknüpfungsregel behandelt (dazu oben Rdnr. 235 a.E.). Wenn diese beiden Bedingungen zusammentreffen, sprechen manche von einer Vorfrage im engeren Sinne (*Firsching/von Hoffmann* § 6 Rdnrn. 57, 58). Sie ist eine Frage nach dem Bestehen eines präjudiziellen Rechtsverhältnisses, die von dem ausländischen materiellen Recht aufgeworfen wird, das vom deutschen IPR zur Anwendung berufen wird. In dieser Konstellation ist im Wege einer Interessenabwägung zwischen selbständiger und unselbständiger Anknüpfung zu entscheiden. Diese Interessenabwägung wirkt sich aber nicht in allen Fällen auf das Ergebnis aus:

1. Praktische Bedeutung

239 *Kropholler* (§ 32 II) weist zu Recht darauf hin, daß die Alternative der selbständigen oder unselbständigen Vorfragenanknüpfung nur dann Einfluß auf das Ergebnis einer Fallösung hat, wenn zu den beiden genannten Bedingungen zwei weitere Bedingungen hinzutreten: *Erstens* muß das ausländische Kollisionsrecht (unselbständige Anknüpfung nach der *lex causae*) zur Anwendung einer anderen Rechtsordnung führen als die entsprechende Kollisionsnorm des deutschen IPR (selbständige Anknüpfung nach der *lex fori*). Wenn beide Rechtsordnungen im konkreten Fall beispielsweise die Eigentumsfrage nach dem Recht des Belegenheitsortes beurteilen, spielt es für das Ergebnis keine Rolle, ob die Vorfrage nach den Eigentumsverhältnissen selbständig oder unselbständig angeknüpft wird. Wenn dagegen die selbständige und die unselbständige Anknüpfung einer Vorfrage zu verschiedenen Rechtsordnungen führen, müssen *zweitens* die materiellen Rechtsnormen dieser beiden Rechtsordnungen auch inhaltlich voneinander abweichen, damit die Weichenstellung bei der Vorfragenanknüpfung Einfluß auf das materiellrechtliche Ergebnis bekommt.

2. Entscheidungseinklang

240 Für die Abwägung zwischen selbständiger und unselbständiger Anknüpfung der Vorfrage kommt es entscheidend darauf an, welchem Ordnungsinteresse der Vorzug gebührt: Wenn wir die Vorfrage selbständig anknüpfen und die ausländische Kollisionsnorm anwenden, stehen wir im Einklang mit dem ausländischen Wirkungsstatut der Hauptfrage; wir erreichen den internationalen Entscheidungseinklang (dazu a). Wenn man dagegen die Vorfrage selbständig anknüpft und die deutsche Kollisionsnorm anwendet, hat das den Vorteil, daß man mit dem deutschen IPR im Einklang bleibt und den internen Entscheidungseinklang fördert (dazu b).

a) Äußerer Entscheidungseinklang

241 Die „Entdecker" des Vorfragenproblems, *Melchior* und *Wengler* (dazu oben Rdnr. 230), befürworteten eine unselbständige Anknüpfung der Vorfrage unter Rückgriff auf die Kollisionsnormen der *lex causae*. Diese Anknüpfung begünstigt den äußeren (internationalen) Entscheidungseinklang: Würden alle Kollisionsrechte dieser Lösung folgen, würde die Vorfrage – unter der Prämisse, daß das Wirkungsstatut in allen Rechtsordnungen gleich bestimmt wird – überall nach demselben materiellen Recht beurteilt werden (*Winkler von Mohrenfels*, RabelsZ 51 [1987], 20, 21–22). Dieses Argument ist auf den ersten Blick einleuchtend: „Wenn unser Gesetz einmal die Anwendung fremden Rechts vorschreibt, sollten wir dieses nach Möglichkeit ebenso anwenden wie der fremde Richter und nicht bei der nächsten Gelegenheit wieder auf unser eigenes (Kollisions-) Recht zurückspringen." (*Kropholler* § 32 IV 1)

b) Innerer Entscheidungseinklang

242 Die deutsche Rechtsprechung befürwortet im Einklang mit der herrschenden Lehre grundsätzlich die selbständige Anknüpfung der Vorfrage (BGHZ 32, 213, 218; BGHZ 78, 288, 289; *von Bar* I Rdnr. 618; *Kegel* § 9 II 1 m.w.N.). Diese Lösung gibt dem inneren (internen) Entscheidungseinklang den Vorzug: Eine Rechtsfrage wird nach dem deutschen IPR stets nach denselben Regeln angeknüpft, unabhängig davon, ob sie sich in einem Rechtsstreit als Vorfrage oder als Hauptfrage stellt (*Schurig*, Festschrift Kegel, 1987, S. 549, 578–587). Auch dieses Argument leuchtet unmittelbar ein: „Die Gerichte eines Landes sollen ein und dieselbe Rechtsfrage (z.B. die Gültigkeit einer Ehe) gleichmäßig beantworten und nicht als Hauptfrage gemäß dem Kollisionsrecht des Forums so und als Vorfrage gemäß dem Kollisionsrecht der *lex causae* anders." (*Kropholler* § 32 IV 2)

Für den Vorrang des inneren vor dem äußeren Entscheidungseinklang – und damit der selbständigen vor der unselbständigen Anknüpfung – sprechen vor allem zwei Argumente: *Zum einen* ist der äußere Entscheidungseinklang ein formales Ziel, das nur mittelbar – durch die Erwartungs- und Sicherheitsinteressen des

Rechtsverkehrs – inhaltliches Gewicht bekommt. Primäres Ziel ist nicht eine „internationalisierbare", sondern eine „gerechte" Entscheidung (*Kegel*, AcP 178 [1978], 118, 120). *Zum anderen* sieht man die Befriedungsfunktion des Rechts gefährdet, wenn ein deutsches Gericht ein und dieselbe Rechtsfrage (z.B. das Bestehen einer Ehe) als Vorfrage bejahen und als Hauptfrage verneinen müßte (oder umgekehrt).

III. Anknüpfungsregeln

243 Das Problem der Vorfrage im engeren Sinne (dazu oben Rdnr. 238) lautet: Eine ausländische Sachnorm knüpft eine Rechtswirkung – beispielsweise einen Schadensersatzanspruch aus Delikt – an einen bestimmten Tatbestand, der eine oder mehrere Voraussetzungen hat. Für eine dieser Voraussetzungen – beispielsweise das Eigentum an einer beschädigten Sache – existiert im deutschen Recht eine eigene Kollisionsnorm: Zwei deutsche Kollisionsnormen melden sich zu Wort, die eine betreffend das Delikt, die andere betreffend das Eigentum, letztere, weil der Deliktstatbestand Eigentum voraussetzt (*Raape* 118).

1. Grundsatz: Selbständige Anknüpfung

244 Grundsätzlich ist die Vorfrage selbständig nach den Kollisionsnormen der *lex fori* anzuknüpfen: Sie wird so behandelt, als wäre sie Hauptfrage; das Bestehen eines Rechtsverhältnisses wird aus der Sicht des deutschen IPR gleich beurteilt, unabhängig davon, ob es als Vorfrage oder als Hauptfrage auftritt.

In *Fall a* ist Erbstatut gemäß Art. 25 I EGBGB das türkische Recht, das die Verweisung akzeptiert (dazu unten Rdnr. 578). Die erbrechtliche Stellung der Frau setzt nach türkischem Recht voraus, daß die Frau mit dem Verstorbenen verheiratet war. Die Wirksamkeit der Eheschließung ist nach deutschem IPR Gegenstand besonderer Kollisionsnormen (Artt. 13, 11 I EGBGB). Nach Art. 11 I EGBGB richtet sich die Form der Eheschließung nach türkischem Recht (dazu unten Rdnr. 501). Die Türkei kennt als Eheschließungsform nur die obligatorische Zivilehe (Art. 108 türk. ZGB), so daß die Ehe nach türkischem Recht an sich unwirksam ist. Da in ländlichen Regionen des Landes ein beträchtlicher Teil der Bevölkerung die Riten des islamischen Eheschließungsrechts befolgt, erläßt die Türkei in regelmäßigen Abständen sog. Amnestiegesetze, mit denen solche Verbindungen in gültige Ehen überführt werden (OLG Zweibrücken NJW-RR 1997, 1227 = JuS 1998, 271 [*Hohloch*]). Nur wenn ein solches Amnestiegesetz auf den vorliegenden Fall anzuwenden ist, besteht eine wirksame Ehe mit der Konsequenz eines Erbrechts der Ehefrau.

Der *Fall a* ist ein Beispiel für die zahlreichen Fälle, bei denen es nur für die Begründung, nicht aber für das Ergebnis auf die selbständige oder unselbständige Anknüpfung der Vorfrage ankommt (dazu oben Rdnr. 239): Auch das türkische IPR, das bei einer unselbständigen Anknüpfung der Vorfrage zum Zuge käme, würde die Wirksamkeit der Eheschließung dem türkischen Sachrecht unterstellen (Nachw. bei *Staudinger/Hausmann*, Anhang zu Art. 4 EGBGB Rdnr. 295).

2. Ausnahme: Unselbständige Anknüpfung

245 In zwei Fallgruppen sind Ausnahmen vom Grundsatz der selbständigen Anknüpfung einer Vorfrage anerkannt: Zum einen kann im autonomen deutschen IPR eine unselbständige Anknüpfung angelegt sein. Zum anderen kann ein kollisionsrechtlicher Staatsvertrag die unselbständige Anknüpfung der Vorfrage gebieten.

a) Autonomes Kollisionsrecht

Das autonome deutsche IPR macht Ausnahmen vom Grundsatz der selbständigen Anknüpfung, wenn die Besonderheiten bestimmter Sachgebiete eine unselbständige Anknüpfung verlangen. Das wird zum einen für privatrechtliche Vorfragen der Staatsangehörigkeit, zum anderen für familienrechtliche Vorfragen des Namensrechts bejaht.

(1) Wenn der Erwerb oder der Verlust einer Staatsangehörigkeit von einer privatrechtlichen, insbesondere familienrechtlichen Vorfrage abhängt (etwa der Gültigkeit einer Heirat oder der Wirksamkeit einer Adoption), wird diese Vorfrage nach dem IPR des Staates angeknüpft, um dessen Staatsangehörigkeit es geht. Diese unselbständige Anknüpfung folgt aus dem Gedanken, daß jeder Staat selbst darüber befinden soll, wen er als seinen Staatsbürger betrachtet (*Firsching/von Hoffmann* § 6 Rdnr. 63; *Kegel* § 9 II 2a).

246 (2) Das materielle Namensrecht macht den Erwerb oder Verlust des Namens häufig von familienrechtlichen Tatbeständen abhängig, etwa von der Abstammung, der Eheschließung oder der Adoption.

Damit eine Person nicht im Inland diesen und im Ausland jenen Namen führt, hat die Rechtsprechung seit BGHZ 56, 193 die mit dem Erwerb oder dem Verlust eines Namens zusammenhängenden familienrechtlichen Vorfragen grundsätzlich unselbständig angeknüpft (dazu unten Rdnr. 306); diese Regel hat die IPR-Reform von 1986 in Art. 10 I EGBGB aufgenommen (dazu unten Rdnrn. 310, 313).

In *Fall b* bestimmt sich der Ehename jedes Ehegatten nach seinem Personalstatut. Jeder Ehegatte führt nach der Eheschließung den Namen, der ihm nach dem materiellen Namensrecht zukommt, das sich aus der Kollisionsnorm des Art. 10 I EGBGB ergibt. Die Frage einer Änderung des Namens durch die Eheschließung wird daher gemäß Art. 10 I EGBGB als namensrechtliche Frage angesehen und nicht selbständig nach der Kollisionsnorm des Art. 14 EGBGB angeknüpft. Der BGH hat diese Regel wie folgt begründet: Eine Namensänderung betrifft das höchstpersönliche Recht eines Menschen auf seinen Namen; die Namensänderung ist keine Rechtsfolge, die sich notwendigerweise aus der Eheschließung ergibt (BGHZ 56, 193, 199; kritisch *Kegel* § 17 IV 1 b). Es gilt also nicht das deutsche Ehewirkungsstatut (Art. 14 I Nr. 2 EGBGB), sondern das spanische Heimatrecht der Ehefrau (Art. 10 I EGBGB). Dem Antrag der Ehefrau ist daher stattzugeben.

b) Kollisionsrechtliche Staatsverträge

247 Wenn die Hauptfrage Gegenstand eines kollisionsrechtlichen Staatsvertrages ist, würde die selbständige Anknüpfung einer Vorfrage – also die Einschaltung des unvereinheitlichten autonomen Kollisionsrechts des Forums – den internationalen Entscheidungseinklang gefährden, den der kollisionsrechtliche Staatsvertrag gerade erstrebt (*Kropholler* § 32 VI). Im Interesse des internationalen Entscheidungseinklangs bestehen daher Ausnahmen vom Prinzip der selbständigen Anknüpfung.

(1) Manche Staatsverträge enthalten auch IPR-Normen für die Anknüpfung typischer Vorfragen. Beispielsweise überläßt das *Haager Minderjährigenschutzabkommen* von 1961 die Anknüpfung der Vorfrage, wer zu den Minderjährigen gehört, nicht dem autonomen Kollisionsrecht der Vertragsstaaten, sondern sieht in Art. 12 MSA eine eigene Kollisionsnorm vor (dazu unten Rdnr. 552).

In *Fall c* stellt sich das Problem, ob im Rahmen des *Haager Unterhaltsübereinkommens* von 1973 die Vorfrage, ob die Vaterschaft als Voraussetzung der Unterhaltspflicht wirksam anerkannt ist, selbständig nach dem autonomen deutschen IPR oder unselbständig nach dem Übereinkommen anzuknüpfen ist. Die herrschende Ansicht befürwortet die unselbständige Anknüpfung und unterwirft diese Vorfrage dem Unterhaltsstatut (*Soergel/Kegel*, Art. 18 EGBGB Rdnrn. 87, 167; MünchKomm-*Siehr*, Art. 18 EGBGB Anhang I Rdnrn. 71, 241 m. w. N.). Das wird begründet mit Art. 10 Nr. 1 HUntÜ/Art. 18 VI Nr. 1 EGBGB, wonach das Unterhaltsstatut insbesondere bestimmt, „von wem der Berechtigte Unterhalt verlangen kann". Die Gegenansicht meint, „von wem der Berechtigte Unterhalt verlangen kann" sei nicht konkret personal zu verstehen: Art. 10 Nr. 1 HUntÜ/Art. 18 VI Nr. 1 EGBGB habe nicht die Frage zum Gegenstand, ob der Anspruchsteller von einer konkreten Person Unterhalt verlangen könne, sondern nur die Frage, ob der Anspruchsteller beispielsweise gegen seinen Vater – wer auch immer es sei – einen Unterhaltsanspruch habe; die (konkrete) Vaterschaft sei daher selbständig anzuknüpfen (*Staudinger/von Bar/Mankowski*, Anhang I zu Art. 18 EGBGB Rdnrn. 18–38). Der Meinungsstreit hat dadurch an praktischer Bedeutung verloren, daß nicht nur Art. 18 I 1 EGBGB/Art. 4 HUntÜ, sondern seit der Reform des Kindschaftsrechts von 1998 auch Art. 19 I 1 EGBGB auf den gewöhnlichen Aufenthalt des unterhaltsberechtigten Kindes abstellt; die vertretenen Ansichten unterscheiden sich daher nur in der Begründung, nicht aber im Ergebnis.

(2) Ist einem IPR-Staatsvertrag keine Kollisionsnorm für eine Vorfrage zu entnehmen, wird der internationale Entscheidungseinklang erreicht, wenn alle Vertragsstaaten übereinstimmend unselbständig anknüpfen und auf die Vorfrage das IPR des Staates anwenden, auf dessen Sachnormen der Staatsvertrag für die Hauptfrage verweist. Wenn die Auslegung des Übereinkommens keine Anhaltspunkte für eine unselbständige Anknüpfung einer Vorfrage ergibt, läßt sich eine unselbständige Anknüpfung nur auf die allgemeine Erwägung stützen, daß im staatsvertraglichen Bereich der internationale Entscheidungseinklang eine große Rolle spielt. Es ist jedoch umstritten, ob diese allgemeine Zielsetzung kollisionsrechtlicher Staatsverträge genügt, um vom Prinzip der selbständigen Vorfragenanknüpfung abzuweichen (bejahend *Firsching/von Hoffmann* § 6 Rdnr. 64; verneinend *Kropholler* § 32 VI 2).

IV. Vorfrage – Teilfrage

248 Von der Vorfrage ist die Teilfrage zu unterscheiden: Sie betrifft einen Teil eines umfassenderen Rechtsverhältnisses, kann von diesem Rechtsverhältnis abgespalten und einem gesonderten Statut unterstellt werden (*Kropholler* § 18 I). *Beispiel*: Die Form des Rechtsgeschäfts wird in Art. 11 EGBGB gesondert angeknüpft und damit als Teilfrage von der Anknüpfung des Rechtsgeschäfts im übrigen getrennt (*Firsching/von Hoffmann* § 6 Rdnr. 43). Während die Vorfrage ein im Tatbestand einer Kollisionsnorm oder einer Sachnorm vorausgesetztes Rechtsverhältnis betrifft, stehen Teilfragen gleichrangig nebeneinander, treten aber typischerweise nicht isoliert, sondern im Zusammenhang mit einer anderen Rechtsfrage auf.

Im deutschen Kollisionsrecht gehören zu der Kategorie der Teilfragen neben der Form eines Rechtsgeschäfts gemäß Art. 11 EGBGB beispielsweise die Testamentsform (Art. 26 EGBGB), die Vertretungsmacht und nach verbreiteter Ansicht auch die Geschäftsfähigkeit (*Firsching/von Hoffmann* § 6 Rdnr. 43; *Kropholler* § 18 I m. w. N.; a. A. *von Bar* II Rdnr. 45).

249 Die Abspaltung von Teilfragen wird auch mit dem Begriff *dépeçage* bezeichnet. Durch dieses Phänomen trägt das IPR dem Umstand Rechnung, daß sich auch die Sachnormen (z. B. über die Form) in ihrer Ausgestaltung und ihren Zwecken von den übrigen Regeln des gleichen Rechtssystems (z. B. über die einzelnen Vertragstypen) verselbständigt haben. Wenn der Gesamtzusammenhang keine ausschlaggebende Bedeutung hat, können Teilfragen auch kollisionsrechtlich abgespalten und das gesamte Rechtsverhältnis (Vertrag) mehreren Rechtsordnungen unterstellt werden (z. B. hinsichtlich des Vertragsschlusses und der Form), um eine sachgerechtere Lösung des Auslandsfalles zu erreichen (*Jayme*, Festschrift Kegel, 1987, S. 253, 267–268).

Das Gegenteil der *dépeçage* ist die akzessorische Anknüpfung, bei der rechtssystematisch getrennte Rechtsverhältnisse (z. B. Vertrag – Delikt) einheitlich angeknüpft werden (dazu oben Rdnr. 183).

§ 11. Verweisung auf ausländisches Recht

250 **Literatur:** *Fastrich*, Revisibilität der Ermittlung ausländischen Rechts, ZZP 97 (1984), 423; *Heldrich*, Heimwärtsstreben auf neuen Wegen, Festschrift Ferid (1978), S. 209; *Kropholler*, Die Anpassung im Kollisionsrecht, Festschrift Ferid (1978), S. 271; *Looschelders*, Die Anpassung im Internationalen Privatrecht (1995); *Klaus Müller*, Zur Nichtfeststellbarkeit des kollisionsrechtlich berufenen ausländischen Rechts, NJW 1981, 481; *G. Otto*, Der verunglückte § 293 ZPO und die Ermittlung ausländischen Rechts durch „Beweiserhebung", IPRax 1995, 299.

Fälle:

a) Zwei israelische Staatsangehörige jüdischen Glaubens haben vor einem deutschen Standesbeamten die Ehe geschlossen. Die nach jüdischem Recht obligatorische religiöse Trauung hat nicht stattgefunden, so daß die beiden nach jüdischem Recht nicht als verheiratet anzusehen sind. Nach einigen Jahren beantragen die beiden vor dem deutschen Familiengericht die Scheidung ihrer Ehe.

b) Bei einem Verkehrsunfall, den ein Niederländer auf deutschem Staatsgebiet verschuldet, wird der 20jährige Sohn eines belgischen Landwirtsehepaares getötet. Die Eheleute verlangen von der Haftpflichtversicherung des Niederländers eine monatliche Rente von 1255 DM wegen entgangener Dienste ihres Sohnes.

c) An einer Vermögensgesamtheit wurde durch Rechtsgeschäft in England ein *trust* begründet mit der Wirkung, daß der Verwalter des Vermögens (*trustee*) das Vermögen als Treuhänder für den Begünstigten (*beneficiary*) hält. Nach englischem Recht sind beide an den Vermögensgegenständen dinglich berechtigt. Wie ist die dingliche Rechtslage zu beurteilen, wenn ein Gegenstand des Trustvermögens nach Deutschland gelangt?

d) Der Eigentümer eines in Deutschland belegenen Grundstücks schließt mit dem Erwerber in Zürich einen von einem dortigen Notar beurkundeten Kaufvertrag. Der Eigentümer erklärt vor dem Züricher Notar gegenüber dem Erwerber die Auflassung. Wird das deutsche Grundbuchamt den in Zürich erklärten Eigentumswechsel in das Grundbuch eintragen?

Die Kollisionsnormen des deutschen IPR können zur Anwendung des deutschen Rechts oder zur Anwendung eines ausländischen Rechts führen. Führen sie zur Anwendung des *deutschen Rechts*, ist der Rechtsfall nach den deutschen Sachnormen zu lösen. Verweisen die Kollisionsregeln des deutschen IPR auf *ausländisches Recht*, ist zunächst zu klären, ob es sich um eine Gesamtverweisung oder um eine Sachnormverweisung handelt (dazu oben Rdnrn. 192–197). Im Falle einer *Gesamtverweisung* ist gemäß Art. 4 I 1 EGBGB zunächst das ausländische IPR, im Falle einer *Sachnormverweisung* dagegen sogleich das ausländische Sachrecht heranzuziehen.

Sowohl bei der Anwendung des ausländischen IPR als auch bei der Anwendung ausländischer Sachnormen ergibt sich im Vergleich zur Anwendung deutschen Rechts eine Reihe von Besonderheiten: Während für das deutsche Recht – einschließlich des deutschen IPR – der Grundsatz *iura novit curia* gilt (der Richter kennt das Recht), muß der deutsche Richter das ausländische Kollisions- und Sachrecht nicht kennen. Er muß sich aber nach § 293 ZPO die erforderliche Kenntnis von Amts wegen verschaffen (dazu I). Ist das ausländische Recht ermittelt, muß es der deutsche Richter so anwenden, wie es im Ausland angewendet werden würde (dazu II). Wenn trotz aller Bemühungen der Inhalt des ausländischen Rechts nicht zu ermitteln ist, muß ein Ersatzrecht gefunden werden, da der Richter die Streitentscheidung nicht verweigern darf (dazu III). Wenn auf einen Rechtsfall Rechtssätze verschiedener Rechtsordnungen anzuwenden sind, kann es zu Disharmonien kommen, die behoben werden müssen (dazu IV).

I. Ausländisches Recht im Prozeß

251 Wie mit ausländischem Recht zu verfahren ist, läßt sich nur zutreffend erfassen, wenn man sich zuvor klargemacht hat, wie der deutsche Richter mit dem deutschen Recht umgeht. Für das deutsche Recht einschließlich der unmittelbar anwendbaren völkerrechtlichen Vereinbarungen (Art. 3 II 1 EGBGB) gilt ebenso wie für das Recht der Europäischen Gemeinschaften (Art. 3 II 2 EGBGB) das Prinzip *iura novit curia.* Der deutsche Richter muß nicht nur das deutsche Sachrecht, sondern auch das deutsche IPR kennen. Er darf nicht etwa Sachverständigengutachten zum Inhalt des deutschen IPR einholen (MünchKomm-*Sonnenberger*, Einl. zum IPR Rdnr. 564). Gegen diese Regel wird allerdings in der Praxis oft verstoßen. Beispielsweise führt das OLG Karlsruhe

(IPRax 1990, 407) aus: „Das LG ist – gestützt auf die Auskunft des Instituts für ausländisches und internationales Privat- und Wirtschaftsrecht der Universität Heidelberg – der Auffassung, daß deutsches Erbrecht anzuwenden sei" (ähnlich OLG Zweibrücken NJW-RR 1992, 587, 588). Rechtens ist diese Praxis nicht, zumal die unterliegende Prozeßpartei die Kosten des vom Gericht bestellten Sachverständigen zu tragen hat.

Der deutsche Richter muß das deutsche IPR nicht nur kennen, sondern auch von Amts wegen anwenden. Die Lehre vom *fakultativen Kollisionsrecht* (dazu oben Rdnr. 24) hat in der deutschen Rechtsprechung keine Gefolgschaft gefunden. Der Richter muß vielmehr in jeder Lage des Verfahrens prüfen, ob das deutsche Kollisionsrecht die Anwendung des deutschen oder eines ausländischen Rechts gebietet (BGH NJW 1996, 54 m. Aufs. *Mäsch* [1453]). Es spielt für die kollisionsrechtliche Prüfung grundsätzlich keine Rolle, ob sich eine der Prozeßparteien auf ausländisches Recht beruft; es kann lediglich nach § 278 III ZPO ein richterlicher Hinweis geboten sein, wenn eine Partei den kollisionsrechtlichen Aspekt des Falles erkennbar übersehen oder für unerheblich gehalten hat. Nur ausnahmsweise können Parteien dem Richter die Anwendung eines bestimmten Sachrechts vorschreiben, nämlich wenn sie eine ausdrückliche oder stillschweigende Rechtswahl im Prozeß treffen können (dazu unten Rdnrn. 343–349). Bestimmt der Richter das anwendbare Recht falsch, weil er eine Regel des deutschen IPR verkennt, ist ein Urteil in der Revisionsinstanz aufzuheben – und zwar selbst dann, wenn das bei richtiger Entscheidung anzuwendende ausländische Recht zum selben Ergebnis führt (*Soergel/Kegel*, vor Art. 3 EGBGB Rdnr. 166).

1. Ermittlung fremden Rechts (§ 293 ZPO)

252 Wenn der deutsche Richter ausländisches Recht anwendet, handelt es sich um die Anwendung von *Recht* und nicht bloß um die Berücksichtigung einer *Tatsache*. Das Prozeßrecht muß jedoch dem Umstand Rechnung tragen, daß der Richter von seiner Ausbildung her das ausländische Kollisions- und Sachrecht nicht kennen muß und es in der Regel auch nicht kennt. Ausländisches Recht muß daher ähnlich wie eine Tatsache festgestellt werden: Nach § 293 Satz 1 ZPO bedarf ausländisches Recht, das dem Gericht unbekannt ist, des Beweises. Bei der Ermittlung des ausländischen Rechts darf sich das Gericht aber nicht auf die von den Parteien beigebrachten Nachweise beschränken, sondern muß gegebenenfalls auch andere Erkenntnisquellen benutzen und zum Zwecke einer solchen Benutzung das Erforderliche anordnen (§ 293 Satz 2 ZPO). Der BGH hat jüngst ein instanzgerichtliches Urteil wegen Verletzung dieser richterlichen Pflicht aufgehoben:

„Das Berufungsgericht hat dem ihm nach § 293 ZPO eingeräumten Ermessen, auf welche Weise es sich Kenntnis des maßgeblichen schweizerischen Rechts über die Vertragsauslegung, die Mangelhaftigkeit und die einschlägige Rechtspraxis verschafft, nicht in verfahrensfehlerfreier Weise Gebrauch gemacht. [Es] hat bei der von Amts wegen vorzunehmenden Prüfung die ihm zugänglichen Erkenntnisquellen des schweizerischen Rechts nicht ausgeschöpft. Denn es hat weder ein Gutachten eines mit den einschlägigen Fragen vertrauten wissenschaftlichen Instituts eingeholt noch ausgeführt, auf welcher Grundlage es selbst über die zur Beurteilung des Vertragsinhalts und der Vorschriften über die Mängelhaftung erforderliche Sachkunde verfügt" (BGH IPRax 1995, 38 m. Aufs. *Scheffler* [20]).

Die Vorschrift des § 293 ZPO ist eine Ausnahme von dem Grundsatz, daß nur Tatsachen dem Beweis zugänglich sind (§ 359 Nr. 1 ZPO). Der „Beweis" fremden Rechts unterscheidet sich von dem Beweis einer Tatsache dadurch, daß das Gericht nicht an das Vorbringen der Parteien gebunden ist, sondern den Inhalt des ausländischen Rechts von Amts wegen und auf eigene Initiative zu ermitteln hat, wobei es sich der Mitwirkung der Parteien bedienen kann, aber nicht bedienen muß. Konsequenterweise trifft die Parteien hinsichtlich des Inhalts ausländischer Rechtsnormen auch keine Beweislast (BGH NJW 1961, 410).

Wenn der Richter das ausländische Recht bereits kennt – z. B. weil er es in einem früheren Rechtsstreit schon einmal anzuwenden hatte –, bedarf es keiner Ermittlung mehr (§ 293 Satz 1 ZPO), sondern allenfalls eines Hinweises an die Parteien (§ 278 III ZPO). Wenn der Richter das ausländische Recht nicht kennt, steht es in seinem pflichtgemäßen Ermessen, in welcher Weise er seiner Pflicht nachkommt, das ausländische Recht zu ermitteln (BGH IPRax 1988, 227 m. Aufs. *Gottwald* [210]). In einfach gelagerten Fällen kann es genügen, daß der Richter ihm zugängliche Gesamtdarstellungen des ausländischen Rechts konsultiert (beispielsweise *Bergmann/Ferid*, Internationales Ehe- und Kindschaftsrecht; *Ferid/Firsching*, Internationales Erbrecht). Kann sich der Richter auf diesem Wege keine hinreichende Kenntnis des fremden Rechts verschaffen, wird sein weiteres Vorgehen davon abhängen, ob er im ordentlichen Verfahren oder im Verfahren des einstweiligen Rechtsschutzes zu entscheiden hat.

a) Ordentliches Verfahren

253 Im ordentlichen Verfahren – verstanden als Gegenbegriff zum einstweiligen Rechtsschutz – hat das Gericht Zeit, das ausländische Recht zu ermitteln. Der Richter ist nicht auf die Beweismittel der §§ 371 ff. ZPO festgelegt (*Strengbeweis*), sondern kann nach § 293 Satz 2 ZPO alle ihm zugänglichen Erkenntnisquellen nutzen (*Freibeweis*). Zwischen der Bundesrepublik Deutschland und einer Reihe ausländischer Staaten gilt das *Londoner Europäische Übereinkommen betreffend Auskünfte über ausländisches Recht* vom 7. 6. 1968 (BGBl. 1974 II, 938, abgedruckt bei *Jayme/Hausmann* Nr. 103). Danach kann das deutsche Gericht eine zentrale Stelle des ausländischen Vertragsstaates – in Frankreich beispielsweise das Justizministerium – um eine Auskunft über das Recht dieses Staates ersuchen. In der Praxis hat sich dieses Verfahren aber nur bei einfach zu beantwortenden Rechtsfragen bewährt.

Soweit der Weg über das *Europäische Rechtsauskunftsübereinkommen* von 1968 nicht gangbar ist, kann das Gericht seine Überzeugung beispielsweise aus Privatgutachten der Parteien oder Mitteilungen ihrer ausländischen Korrespondenzanwälte bilden (*Schack*, IZVR Rdnr. 630). Das Gericht kann auch selbst ein Sachverständigengutachten in Auftrag geben (eine Liste möglicher Gutachter findet sich bei *Hetger*, DNotZ 1994, 88): Solche Gutachtenaufträge, denen in der Regel ein Beweisbeschluß vorausgeht, sind nicht bei allen Adressaten beliebt, da sie nach dem *Gesetz über die Entschädigung von Zeugen und Sachverständigen* (*Schönfelder* Nr. 116) zu Stundensätzen entlohnt werden, die aus den sechziger Jahren zu stammen scheinen.

Anders ist es bei einem Privatgutachten, das von einer Prozeßpartei in Auftrag gegeben wird und dessen Konditionen freier Vereinbarung unterliegen, was sich bisweilen auf das Ergebnis auswirkt. Wenn beide Parteien übereinstimmende Gutachten vorlegen oder die gegnerische Partei den Ergebnissen eines Privatgutachtens nicht widerspricht, wird der Richter in aller Regel dem Gutachten folgen. Wenn die Gutachten zu verschiedenen Ergebnissen kommen, kann der Richter nach § 293 Satz 2 ZPO anordnen, daß die Gutachten durch einen vom Gericht bestellten Sachverständigen überprüft werden.

b) Einstweiliger Rechtsschutz

254 Im Eilverfahren ist meistens keine Zeit, das nach den Kollisionsnormen des deutschen Rechts anzuwendende ausländische Recht zu ermitteln: Je eilbedürftiger die Entscheidung ist, desto schneller muß das Gericht seine Bemühungen abbrechen, das fremde Recht zu ermitteln (*Kropholler* § 31 III 3). Das IPR zieht aus der Eilbedürftigkeit einer Entscheidung in einigen Vorschriften die Konsequenzen: Nach Art. 24 III EGBGB unterliegen vorläufige Maßregeln im Bereich der Betreuung, der Vormundschaft und der Pflegschaft der *lex fori* (dazu unten Rdnr. 574 a.E.). Eilmaßnahmen im Rahmen des *Haager Minderjährigenschutzabkommens* sind ebenfalls nach der *lex fori* möglich (Art. 9 MSA, dazu unten Rdnr. 556 a.E.). Für die nicht ausdrücklich geregelten Eilfälle findet sich in den Materialien zum EGBGB der Hinweis, es sei nicht ausgeschlossen, aus Gründen der Praktikabilität vorläufig die *lex fori* heranzuziehen, wenn sonst effektiver Rechtsschutz nicht geleistet werden könne (BegrRegE, BT-Drucks. 10/504, S. 74). So ist beispielsweise bei einstweiligen Anordnungen in Ehesachen nach § 620 ZPO die *lex fori* anzuwenden, wenn das maßgebende Recht innerhalb der zur Verfügung stehenden Zeit nicht zu ermitteln ist. Die *lex fori* ist also in allen diesen Fällen Ersatzrecht.

Eine Besonderheit hat sich in Verfahren auf Erlaß eines Arrestes oder einer einstweiligen Verfügung gemäß §§ 916ff. ZPO eingebürgert: Wenn der Antragsteller seinen Arrest- oder Verfügungsanspruch auf ausländisches Recht stützt, das nach den Kollisionsregeln des IPR anzuwenden ist, muß er den Inhalt des ausländischen Rechts glaubhaft machen (§§ 920 II, 936 ZPO). Ist der Antragsteller dazu nicht in der Lage, greift das Gericht nicht auf die *lex fori* als Ersatzrecht zurück, sondern entscheidet gegen den Antragsteller: In Arrest- und einstweiligen Verfügungssachen, in denen es häufig um wirtschafts- und wettbewerbsrechtliche Streitigkeiten geht, wird vom Antragsteller mehr erwartet als im einstweiligen Verfahren in Ehesachen (*Kropholler* § 31 III 3c).

2. Nachprüfung durch das Revisionsgericht

255 Ein Unterschied zwischen deutschem und ausländischem Recht zeigt sich auch in der Revisionsinstanz: Nach § 549 I ZPO kann die Revision darauf gestützt werden, daß die Entscheidung auf der Verletzung des Bundesrechts beruht; die Entscheidung des Berufungsgerichts über das Bestehen und den Inhalt von Gesetzen, auf deren Verletzung die Revision nicht gestützt werden kann, ist für die Revisionsinstanz bindend (§ 562 ZPO). Die Feststellungen des Vorderrichters über den Inhalt des als maßgebend erachteten ausländischen Rechts ist daher grundsätzlich nicht revisibel (Nachw. bei *Soergel/Kegel*, vor Art. 3 EGBGB Rdnr. 218).

a) Der in §§ 549 I, 562 ZPO niedergelegte Grundsatz, daß ausländisches Recht nicht der Revision unterliegt, ist rechtspolitisch umstritten: Der BGH als Revisionsgericht wäre am besten in der Lage, den Inhalt ausländischen Rechts zu prüfen und die Rechtsanwendung durch die Untergerichte zu überwachen und zu koordinieren. Wenig stichhaltig ist das Gegenargument, das Revisionsgericht solle nur die *inländische Rechtseinheit* sichern: In arbeitsgerichtlichen Verfahren ist – wegen des von §§ 549 II, 562 ZPO abweichenden Wortlauts des § 73 I ArbGG – das ausländische Recht unbeschränkt revisibel; im Verfahren der weiteren Beschwerde nach § 27 FGG wird ebenfalls der Inhalt ausländischen Rechts nachgeprüft (BGH NJW 1980, 532).

b) *De lege lata* wird der Grundsatz der Nichtrevisibilität ausländischen Rechts dadurch gemildert, daß das Verfahren der Ermittlung des ausländischen Rechts – im Unterschied zu seiner fehlerhaften Anwendung – mit der Revision gerügt werden kann. Das Revisionsgericht prüft, ob der Richter die ihm zugänglichen Erkenntnisquellen pflichtgemäß ausgeschöpft hat, ob die herangezogenen Erkenntnisquellen den gezogenen Schluß auf das ausländische Recht stützen und ob die Subsumtion des Sachverhalts unter das vom Richter festgestellte ausländische Recht fehlerfrei ist (umfangreiche Nachw. bei *Soergel/Kegel*, vor Art. 3 EGBGB Rdnr. 226). Ferner kann die Revision rügen, daß das ausländische Recht gegen den deutschen ordre public verstoße. Schließlich wird die Auslegung und Anwendung des ausländischen IPR in der Revisionsinstanz nachgeprüft, wenn von ihm im Wege der Rückverweisung die Anwendbarkeit der deutschen Sachnormen abhängt (BGHZ 108, 353 = IPRax 1991, 338 m. Aufs. *Kronke/Berger* [316]).

II. Anwendung des ausländischen Rechts

256 Eines der Ziele des IPR ist der internationale Entscheidungseinklang. Diese Zielsetzung gebietet es, ausländisches Recht so anzuwenden, wie es im Ausland effektiv angewandt wird (*Soergel/Kegel*, vor Art. 3 EGBGB Rdnr. 188). Der deutsche Richter hat nicht nur ausländisches Gesetzesrecht, sondern auch Gewohnheitsrecht heranzuziehen. Wo das Richterrecht eine eigene Rechtsquelle darstellt – beispielsweise das *case law* im Rechtskreis des Common Law –, hat der deutsche Richter dieses Fallrecht heranzuziehen: Der ausländischen Rechtsprechung ist soviel Gewicht beizulegen, wie ihr nach der im Ausland geltenden Auffassung zukommt (*Melchior*, IPR 88).

1. Überprüfung der Rechtmäßigkeit

257 Es muß nach dem ausländischen Recht beurteilt werden, ob eine ausländische Rechtsnorm als geltendes Recht anzuwenden ist. Daher ist auch die Frage, ob und inwieweit der Richter die Gültigkeit der Rechtsnorm zu überprüfen hat, nach den im Ausland geltenden Grundsätzen zu beurteilen: Wenn der ausländische Richter nicht dazu berufen ist, die Verfassungsmäßigkeit der ausländischen Norm nach dem ausländischen Verfassungsrecht nachzuprüfen, darf auch der deutsche Richter die Anwendung des ausländischen Gesetzes nicht wegen Verfassungswidrigkeit verweigern. Kann der Verstoß gegen die ausländische Verfassung im Ausland von jedem Gericht inzidenter festgestellt werden, hat auch das deutsche Gericht eine solche Prüfung vorzunehmen (*Kropholler* § 31 II 1; zur Prüfung des ausländischen Rechts am Maßstab der *deutschen* Verfassung unten Rdnr. 276).

2. Auslegung und Rechtsfortbildung

258 § 293 ZPO verlangt vom deutschen Richter nicht nur die Kenntnis ausländischer Rechtsregeln, sondern auch die Berücksichtigung der ausländischen Praxis (BGH NJW 1976, 1581, 1589; OLG Frankfurt/Main IPRax 1982, 22 m. Aufs. *Henrich* [9]). Soweit das ausländische Recht eine Bindung an Präjudizien vorsieht, etwa nach der *doctrine of stare decisis* des anglo-amerikanischen Rechts, hat der deutsche Richter diese Präjudizienbindung in gleichem Umfang zu beachten wie der ausländische Richter (*Firsching/von Hoffmann* § 3 Rdnr. 140).

a) Auslegungsprinzipien

Die Eigenart der Anwendung ausländischen Rechts zeigt sich auch darin, daß das ausländische Recht vom deutschen Richter aus dem Zusammenhang und Geist der fremden Rechtsordnung ausgelegt werden muß (*Kropholler* § 31 I 1). Der Richter darf sich nicht darauf beschränken, den Wortlaut der fremden Norm zur Kenntnis zu nehmen und bei Mehrdeutigkeit die ihm plausibel erscheinende Interpretation seiner Entscheidung zugrunde zu legen. Er muß vielmehr die Praxis – insbesondere die ausländische Rechtsprechung, soweit sie nicht bereits Rechtsquelle ist – des betreffenden Landes zu ermitteln versuchen. Wenn die Rechtsanwendung in dem ausländischen Staat gespalten ist – etwa zwischen verschiedenen Obergerichten –, muß das deutsche Gericht im Interesse des internationalen Entscheidungseinklangs fragen, welche ausländische Instanz für seinen Fall am ehesten zuständig wäre und deren Praxis folgen (*Kropholler* § 31 I 2).

Maßgeblich sind nicht Lehrmeinungen, sondern – soweit feststellbar – die im ausländischen Staat gelebte Praxis. So darf der deutsche Richter von der überwiegenden ausländischen Lehre abweichen, wenn die ausländische Praxis mit dieser Lehre nicht im Einklang steht (*Soergel/Kegel*, vor Art. 3 EGBGB Rdnr. 194). Beispielsweise hat die deutsche Rechtsprechung abweichend vom schwedischen Schrifttum das Recht des schwedischen Fiskus am erbenlosen Nachlaß nicht als erbrechtliche Position, sondern als sachenrechtliches Aneignungsrecht beurteilt (KG IPRax 1986, 41, 42 m. Aufs. *Firsching* [25]).

Die vorstehenden Regeln für die Behandlung fremden *Rechts* sind zu unterscheiden von den Auslegungsregeln für *Verträge*, die nach Art. 32 I Nr. 1 EGBGB angeknüpft werden.

b) Rechtsfortbildung

Bei Fallgestaltungen, die von den Gerichten des fremden Staates noch nicht entschieden wurden, hat der deutsche Richter das ausländische Recht fortzuentwickeln. Eine Fortentwicklung des fremden Rechts im Wege richterlicher Rechtsschöpfung durch das deutsche Gericht kann insbesondere geboten sein, wenn das fremde Recht eine Lücke aufweist oder wenn die bestehende Regelung ersichtlich nicht mehr den ausländischen Rechtsvorstellungen entspricht („Totes Recht", *Kropholler* § 31 I 2). Diese Rechtsfortbildung darf aber nicht aus dem Geist des deutschen Rechts erfolgen, sondern muß sich in die fremde Rechtsordnung einfügen (AG Charlottenburg IPRax 1983, 128 m. Aufs. *Rumpf* [114]). Wenn es der gerichtlichen Praxis entspricht, sich an einer „Mutterrechtsordnung" zu orientieren, hat das deutsche Gericht diese Praxis bei der Rechtsfortbildung zu berücksichtigen (*Firsching/von Hoffmann* § 3 Rdnr. 140). So wird beispielsweise in Südafrika, Kanada oder Australien bei noch nicht entschiedenen Rechtsfragen auf manchen Rechtsgebieten das englische Recht konsultiert.

III. Nichtermittelbarkeit fremden Rechts

259 Es kann passieren, daß sich trotz aller Bemühungen der Inhalt des ausländischen Rechts nicht ermitteln läßt: Bei einer Gesamtverweisung gemäß Art. 4 I 1 EGBGB bleibt der Inhalt des *ausländischen Kollisionsrechts* dunkel; bei einer Sachnormverweisung läßt sich der Inhalt des maßgebenden *ausländischen Sachrechts* nicht ermitteln. Gerade im Verhältnis zu den afrikanischen und ostasiatischen Staaten gibt es – speziell im Familienrecht – zahlreiche Fälle, in denen sich der Inhalt des maßgeblichen ausländischen Rechts nicht feststellen läßt (*G. Otto*, AcP 197 [1997], 609, 612).

In diesen Fällen muß, da der Richter die Streitentscheidung nicht verweigern darf, eine andere Rechtsordnung an die Stelle der an sich maßgebenden Rechtsordnung treten (*Ersatzrecht*). Das gilt aber nur, wenn sich der gesuchte ausländische Rechtssatz beim besten Willen nicht ermitteln läßt: Ist eine Rechtsfrage in der ausländischen Rechtsprechung noch nicht entschieden worden, muß der deutsche Richter für seinen Rechtsstreit die Frage entscheiden. Weist das ausländische Recht eine Lücke auf, muß der deutsche Richter – soweit möglich – Rechtsfortbildung im ausländischen Recht betreiben: „Der Auslandsbeziehung des Falles entspricht es besser, das fremde Recht anzuwenden, so gut es geht, als bei jeder

Schwierigkeit in der Rechtsfindung auf ein Ersatzrecht auszuweichen" (*Kropholler* § 31 III).

1. Grundsatz: Lex fori als Ersatzrecht

260 Die deutsche Rechtsprechung wendet grundsätzlich die *lex fori* als Ersatzrecht an (BGHZ 69, 387; BGH FamRZ 1982, 263, 265). Dafür spricht der Gedanke der Rechtssicherheit und der Vorhersehbarkeit der Entscheidung. Ein Teil der Literatur will dagegen eine größtmögliche Annäherung an den unbekannten tatsächlichen Zustand des fremden Rechts suchen (*Heldrich*, Festschrift Ferid, 1978, S. 209, 213; *Soergel/Kegel*, vor Art. 3 EGBGB Rdnr. 215). Ersatzlösungen wie die Heranziehung des nächstverwandten Rechts oder allgemeiner Rechtsgrundsätze überfordern aber die Gerichtspraxis. Auch überschätzen sie das Interesse, das die Parteien an der Heranziehung eines oft zweifelhaften fremden Rechts haben (*G. Otto*, AcP 197 [1997], 609, 612). Bei der Anwendung des deutschen Rechts als Ersatzrecht handelt es sich demgegenüber um eine durchaus legitime Form des Heimwärtsstrebens, wie sie auch dem Art. 4 I 2 EGBGB – Abbruch der Rückverweisung – zugrunde liegt (dazu oben Rdnrn. 95, 198–201).

2. Ausnahmen von diesem Grundsatz

261 Die Rechtsprechung zieht ausnahmsweise ein anderes Ersatzrecht als die *lex fori* heran, wenn die Anwendung des deutschen Rechts zu ungereimten Ergebnissen führen würde. Solche Fälle können sich ergeben, wenn der Sachverhalt nur schwache Inlandsbeziehungen hat, wenn das deutsche Sachrecht bei rechtsvergleichender Betrachtung eine ungewöhnliche, nicht „internationalisierbare" Lösung anbietet, oder wenn das deutsche Sachrecht nicht mit den ausländischen Sachvorschriften harmoniert, die ermittelt werden können und auf andere Teile des Sachverhalts anzuwenden sind (*Kropholler* § 31 III 2).

a) Subsidiäre Anknüpfung

262 In diesen Fällen sollte in erster Linie auf eine Hilfsanknüpfung zurückgegriffen werden, wenn das deutsche IPR eine solche subsidiäre Anknüpfung vorsieht (dazu oben Rdnr. 178): Die Verbindungen zu den so bezeichneten Rechtsordnungen sind nach den Wertungen unseres Kollisionsrechts enger als die Verbindungen zur *lex fori* (*Firsching/von Hoffmann* § 3 Rdnr. 145). Läßt sich beispielsweise das nach Art. 14 I Nr. 1 EGBGB zur Anwendung berufene nigerianische Heimatrecht der Eheleute nicht ermitteln und bietet auch das deutsche Sachrecht als Recht des gewöhnlichen Aufenthalts gemäß Art. 14 I Nr. 2 EGBGB keine akzeptable Lösung, kann man – soweit möglich – das Recht des Staates heranziehen, mit dem die Ehegatten auf andere Weise gemeinsam am engsten verbunden sind (Art. 14 I Nr. 3 EGBGB). Wenn die deutsche Kollisionsnorm keine solche Anknüpfungsleiter vorsieht, lassen sich möglicherweise die subsidiären Anknüpfungen des Art. 5 II EGBGB analog heranziehen (umfassend zu diesem Lösungsweg *Klaus Müller*, NJW 1981, 481, 484–486).

b) Nächstverwandtes Recht

Wenn die Anwendung des deutschen materiellen Rechts als Ersatzrecht nicht praktikabel ist und auch Hilfsanknüpfungen nicht zur Verfügung stehen, bleibt ausnahmsweise nur die Heranziehung des nächstverwandten Rechts (BGHZ 69, 387, 393–394). Wie bei der Fortbildung ausländischen Rechts (dazu oben Rdnr. 258) befriedigt bei der Nichtermittelbarkeit des an sich anwendbaren Rechts die Anwendung des nächstverwandten Rechts vor allem dann, wenn es sich um ein „Mutterrecht" handelt: Gehören zwei Staaten derselben Rechtsfamilie an, und orientiert sich ein Staat typischerweise an der Rechtsordnung des anderen Staates, so kann es akzeptabel sein, von der Vorbildrechtsordnung auf das nicht feststellbare Recht zu schließen. So kann man möglicherweise das französische Recht anstelle des Rechts eines frankophonen afrikanischen Staates heranziehen.

IV. Anpassung, Transposition, Substitution

263 Eine *Anpassung* kann erforderlich werden, wenn auf einen Rechtsfall mehrere Rechtsordnungen nebeneinander anzuwenden sind: Dann müssen Normenwidersprüche beseitigt werden, indem entweder das eigene Kollisionsrecht oder das eine oder andere Sachrecht modifiziert wird (dazu 1). Eine *Transposition* kann sich insbesondere im Internationalen Sachenrecht als notwendig erweisen, wenn ein im Ausland begründetes dingliches Recht in ein entsprechendes deutsches Rechtsinstitut „übertragen" werden muß, beispielsweise ein besitzloses französisches Registerpfandrecht in das Sicherungseigentum nach §§ 929, 930 BGB (dazu 2). Bei der *Substitution* geht es darum, ob ein Tatbestandsmerkmal einer Sachnorm – etwa die „notarielle Beurkundung" in § 313 Satz 1 BGB – durch einen ausländischen Vorgang, etwa die Beurkundung durch einen Züricher Notar, ersetzt werden kann (dazu 3).

1. Anpassung (Angleichung)

264 Anpassung im IPR bedeutet, daß Normen einer Rechtsordnung – seien es kollisionsrechtliche, seien es sachrechtliche Normen – in einem Fall mit Auslandsberührung verändert (modifiziert) angewendet werden. Die Anpassung wird auch als *Angleichung* bezeichnet; diese Bezeichnung ist unschädlich, wenn man nur im Auge behält, daß nicht die Rechtsnormen als solche einander angeglichen werden, sondern nur die Anwendung dieser Rechtsnormen im konkreten Fall modifiziert wird. *Angepaßt* oder *angeglichen* werden also nicht die Kollisions- oder Sachnormen, sondern nur ihre Anwendung im Einzelfall (*Firsching/von Hoffmann* § 6 Rdnr. 31; *Kegel* § 8 I; *Kropholler* § 34 I).

a) Normenwiderspruch

Die Anpassung setzt voraus, daß im konkreten Fall ein Normenwiderspruch besteht. Ein solcher Normenwiderspruch kann entstehen, wenn das IPR den zu beurteilenden Lebenssachverhalt unter sachlichen oder zeitlichen Gesichtspunkten zerlegt und verschiedenen Rechtsordnungen unterstellt (*Firsching/von Hoffmann* § 6 Rdnr. 34): Innerhalb derselben Rechtsordnung ist der Inhalt der Rechtssätze meist aufeinander abgestimmt; bei einem Zusammentreffen mehrerer Rechtsordnungen kann es dagegen zu widersprüchlichen Ergebnissen kommen (*Kegel* § 8 I). Solche Disharmonien ergeben sich, wenn das Kollisionsrecht nicht aufeinander abgestimmte Rechtssätze zur Regelung eines Falles beruft (Münch-Komm-*Sonnenberger*, Einl. zum IPR Rdnr. 537); die Frage der Anpassung bei Normenwidersprüchen stellt sich häufig im Zusammenhang mit der Qualifikation von Systembegriffen (dazu oben Rdnrn. 166–169).

Schulbeispiel für die Notwendigkeit der Anpassung ist der „Schwedenfall" (*Soergel/Kegel*, vor Art. 3 EGBGB Rdnr. 155): Englische Eheleute erwerben die schwedische Staatsangehörigkeit; der Ehemann stirbt und hinterläßt Frau und Kinder. Was bekommt die Witwe? – Güterrechtlich entscheidet nach Artt. 15 I, 14 I Nr. 1 EGBGB das englische Recht als das Recht der gemeinsamen Staatsangehörigkeit der Eheleute im Zeitpunkt der Eheschließung; erbrechtlich entscheidet nach Art. 25 I EGBGB das schwedische Recht als das Recht der Staatsangehörigkeit des Erblassers im Zeitpunkt seines Todes. Im *englischen Recht* erhält die Frau im gesetzlichen Güterstand nichts; erbrechtlich hat sie neben den Kindern einen Anspruch auf die persönlichen Gebrauchsgegenstände des Mannes, auf 40 000 £ und auf die Erträge des halben übrigen Nachlasses bis zu ihrem Tode. Im *schwedischen Recht* erhält die Frau erbrechtlich nichts und güterrechtlich die Hälfte des in die Ehe eingebrachten und in der Ehe errungenen Vermögens beider Eheleute. Es besteht ein Normenwiderspruch, weil Artt. 15 I, 14 I Nr. 1 EGBGB (gemeinsame Staatsangehörigkeit der Ehegatten bei der Eheschließung) und Art. 25 I EGBGB (Staatsangehörigkeit des Erblassers im Zeitpunkt seines Todes) unterschiedliche Anknüpfungsmomente enthalten. Aus diesem Normenwiderspruch resultiert ein Anpassungsbedarf.

265 (1) In dem geschilderten Schwedenfall besteht ein *Normenmangel*: Das Ehegüterstatut (Art. 15 EGBGB) gewährt der Witwe nur einen erbrechtlichen Anspruch, das Erbstatut des Mannes (Art. 25 EGBGB) gewährt ihr nur einen güterrechtlichen Anspruch. Da die Frau bei Anwendung nur des englischen Rechts oder bei Anwendung nur des schwedischen Rechts etwas bekäme, geht es nicht an, ihr bei einer Teilanwendung des englischen Rechts und des schwedischen Rechts nichts zu geben (*Soergel/Kegel*, vor Art. 3 EGBGB Rdnr. 155; *Kropholler* § 34 III 1).

(2) Eine *Normenhäufung* läge beispielsweise vor, wenn das Ehegüterstatut der Witwe (Art. 15 EGBGB) anstelle einer umfangreichen erbrechtlichen Beteiligung einen erhöhten güterrechtlichen Anspruch gewährt, während das maßgebliche Erbstatut des Mannes (Art. 25 EGBGB) ihr einen erhöhten Erbteil zuspricht. Dann

leuchtet es nicht ein, daß die Witwe doppelt versorgt wird und mehr erhält, als jede der beiden beteiligten Rechtsordnungen ihr gewähren würde (*Firsching/von Hoffmann* § 6 Rdnr. 33; *Kropholler* § 34 III 2).

In *Fall a* handelt es sich um einen *Normenmangel*: Auf die Ehescheidung ist nach Artt. 17 I 1, 14 I Nr. 1 EGBGB das israelische Recht anzuwenden; nach diesem Recht liegt jedoch gar keine Ehe vor, so daß eine Ehescheidung nicht in Betracht kommt. Nach deutschem Recht – anwendbar gemäß Art. 13 III 1 EGBGB – ist die Ehe wirksam geschlossen worden; das deutsche Recht ist aber nicht das Ehescheidungsstatut. Man kann von einer „hinkenden Ehe" sprechen (dazu oben Rdnr. 94), weil die Ehe zwar nach inländischem Recht, nicht aber nach dem ausländischen Scheidungsstatut besteht (*Staudinger/von Bar/Mankowski*, Art. 17 EGBGB Rdnr. 87).

In *Fall b* liegt ebenfalls ein *Normenmangel* vor: Der Anspruch der Eltern auf eine Geldrente wegen entgangener Dienste ihres bei dem Verkehrsunfall getöteten Sohnes unterliegt nach der Tatortregel dem deutschen Deliktsrecht; Anspruchsgrundlage ist § 845 Satz 1 BGB. Über die Dienstleistungspflicht des getöteten Sohnes gegenüber seinen Eltern entscheidet nach Art. 21 EGBGB (Wirkungen des Eltern-Kind-Verhältnisses) das belgische Recht als das Recht des gewöhnlichen Aufenthalts des Kindes, das keine dem § 1619 BGB entsprechende Regelung kennt. Das belgische Deliktsrecht hätte jedoch den Eltern Schadensersatz zugestanden (*Firsching/von Hoffmann* § 6 Rdnr. 32).

b) Auflösung des Widerspruchs

266 Der Normenwiderspruch muß entweder auf der Ebene des Kollisionsrechts oder auf der Ebene der im Widerstreit liegenden Sachrechte aufgelöst werden:

(1) *Kollisionsrechtlich* lassen sich Normenwidersprüche dadurch beseitigen, daß eine der beteiligten Rechtsordnungen zurücktritt. Welche Rechtsordnung im Einzelfall weichen muß, ist aufgrund einer Interessenabwägung festzustellen (*Baetge*, JuS 1996, 600, 604).

Im Schwedenfall könnte man die Artt. 15 I, 14 I Nr. 1 EGBGB auch auf das gesetzliche Erbrecht der Ehefrau ausdehnen oder den Art. 25 I EGBGB auch auf die Auflösung des Güterstandes durch den Tod des Ehemannes erstrecken. Da der Schwerpunkt der Auseinandersetzung typischerweise in der Verteilung des während der Ehe erworbenen Vermögens liegt, ist die Unterstellung des gesamten Ausgleichs – einschließlich des erbrechtlichen – unter das Güterstatut vorzugswürdig (*Firsching/von Hoffmann* § 6 Rdnr. 36).

In *Fall a* kommt ebenfalls eine kollisionsrechtliche Lösung in Betracht: Wenn die Ehe nach dem für die Heiratsform maßgebenden deutschen Recht gültig, aber nach dem Scheidungsstatut eine Nichtehe ist, kann die Ehe nach deutschem Recht geschieden werden (OLG Koblenz NJW-RR 1994, 647; *Kegel* § 8 III 2, § 20 VII 2a, dd). Das deutsche Recht, nach dem die Ehe formgültig geschlossen wurde, ist im Wege der Anpassung im konkreten Fall ausnahmsweise auch das Scheidungsstatut: Auf der einen Seite besteht ein Interesse an der Ehescheidung, auch wenn die Ehe nur „am Faden des deutschen Rechts hängt" (*von Bar* II Rdnr. 261); auf der anderen Seite sollte man nicht einem Recht die Scheidung übertragen, nach dem gar keine Ehe vorliegt (ausführlich *Staudinger/von Bar/Mankowski*, Art. 17 EGBGB Rdnrn. 87–96).

267 (2) *Materiellrechtliche Lösungen* beseitigen den Normenwiderspruch durch eine modifizierte Anwendung der beteiligten Sachrechte, indem Sachnormen eingeschränkt, umgebildet oder ergänzt werden (*Firsching/von Hoffmann* § 6 Rdnr. 35; *Kropholler* § 34 IV 1).

Im Schwedenfall könnte die materiellrechtliche Korrektur darin bestehen, daß die Ehefrau den Mittelwert dessen erhält, was sie erhielte, wenn der Güterstand und die Erbfolge einheitlich von dem einen oder dem anderen Recht beherrscht würden (*Firsching/von Hoffmann* § 6 Rdnr. 37; *Kropholler* § 34 IV 2a). Es wird aber auch erwogen, der Ehefrau soviel zufließen zu lassen, wie sie nach jedem der beiden Rechte erhalten würde (*Staudinger/von Bar/Mankowski*, Art. 15 EGBGB Rdnr. 380; *Palandt/Heldrich*, Art. 15 EGBGB Rdnr. 26). Die Schaffung einer neuen Sachnorm hat allerdings den Nachteil, daß diese Norm ein in keiner der beteiligten Rechtsordnungen vorgesehenes Kunstgebilde ist. Daher sind kollisionsrechtliche Lösungen in der Regel vorzugswürdig (MünchKomm-*Sonnenberger*, Einl. zum IPR Rdnr. 549).

In *Fall b* ist dagegen eine Anpassung nicht erforderlich. Die Verweisung auf belgisches Recht ist eine Gesamtverweisung. Das belgische IPR qualifiziert Schadensersatzansprüche deliktisch und knüpft an das deutsche Tatortrecht an. Das deutsche IPR akzeptiert gemäß Art. 4 I 2 EGBGB diese Rückverweisung kraft abweichender Qualifikation (Fall nach OLG Köln FamRZ 1995, 1200, dazu *Firsching/von Hoffmann* § 6 Rdnr. 36; siehe ferner OLG Celle IPRspr 1979 Nr. 20, dazu *von Bar* I Rdnrn. 628, 630).

2. Transposition („Umsetzung")

268 Wenn das anwendbare Recht feststeht, können sich – insbesondere bei sachenrechtlichen Vorgängen – Probleme daraus ergeben, daß Rechtsinstitute, die dem inländischen Recht fremd sind, im Inland Wirkung entfalten sollen. Über den Inhalt der Rechte und Pflichten, die sich nach einem Statutenwechsel aus der dinglichen Rechtslage ergeben, entscheidet grundsätzlich das neue Statut. Im Ausland wirksam entstandene Rechte an beweglichen Sachen, die ins Inland gelangen, können also nach Maßgabe der im Sachenrecht möglichen Berechtigungen ausgeübt werden. Diese *Umsetzung* oder *Transposition* bedeutet beispielsweise, daß eine italienische Autohypothek als besitzloses Pfandrecht in Deutschland nach den für das Sicherungseigentum entwickelten Regeln zu verwerten ist (BGH IPRax 1993, 176 m. Aufs. *Kreuzer* [157]; *Kropholler* § 54 III 1 b).

In *Fall c* stellt sich die Frage, ob das deutsche Recht die gespaltene Wirkung des *trust* im anglo-amerikanischen Recht anerkennt. Die Rechtsstellung des Begünstigten (*beneficiary*) kommt zwar dem Anwartschaftsrecht nach deutschen Regeln nahe. Dennoch gesteht die herrschende Meinung bei Geschäften unter Lebenden nur dem Treuhänder (*trustee*) ein dingliches Recht – Eigentum – zu und verweist den Begünstigten auf schuldrechtliche Positionen (*Soergel/Lüderitz*, Art. 38 EGBGB Anhang II Rdnr. 58).

3. Substitution („Ersetzung")

269 Während es bei der *Transposition* darum geht, für ein ausländisches Rechtsinstitut – die besitzlose Autohypothek, die gespaltene Wirkung des *trust* – eine deutschrechtliche Entsprechung zu finden, geht es bei der *Substitution* um die Fragen, wann ein ausländisches Rechtsinstitut einem deutschen Rechtsinstitut gleichwertig ist und wann es dieses Rechtsinstitut im Tatbestand einer deutschen Sachnorm ersetzen kann (*Firsching/von Hoffmann* § 6 Rdnr. 40):

– Bei der *Anpassung* ist ein Normenwiderspruch zwischen zwei Rechtsordnungen zu beseitigen, indem entweder das eigene Kollisionsrecht oder das eine oder andere Sachrecht modifiziert wird.
– Bei der *Substitution* steht die zur Entscheidung berufene – meist inländische – Sachnorm fest, aber ein Tatbestandsmerkmal dieser Sachnorm ist in einem fremden Staat verwirklicht. Dadurch ergibt sich die Frage, ob die fremde Rechtserscheinung der an sich gemeinten inländischen Rechtserscheinung substituiert werden darf (*Kropholler* § 33 I 1).

In *Fall d* verweist Art. 11 I, 2. Alt. EGBGB hinsichtlich der Formwirksamkeit des Grundstückskaufvertrages auf das Recht des Vornahmeortes. Nach schweizerischem Recht ist der von dem Notar in Zürich beurkundete Kaufvertrag formwirksam. Das dingliche Rechtsgeschäft – die Auflassung des Grundstücks – richtet sich dagegen nach dem Recht des deutschen Belegenheitsortes (*lex rei sitae*). Es fragt sich, ob auch ein ausländischer Notar die Auflassung eines Grundstücks gemäß § 925 I 2 BGB entgegennehmen kann. Das ist eine Frage der *Substitution*: Kann das Erfordernis der Auflassung vor einem deutschen Notar, wovon § 925 I 2 BGB ausgeht, durch die Auflassung vor einem ausländischen Notar ersetzt werden? Die herrschende Ansicht verneint diese Frage, da mit der Formulierung „jeder Notar" in § 925 I 2 BGB nach der Systematik und dem Zweck des Gesetzes nur der deutsche Notar gemeint sei (KG NJW-RR 1986, 1462; dazu auch unten Rdnr. 327).

§ 12. Korrektur durch den ordre public

270 **Literatur:** *Bernstein*, Ein Kollisionsrecht für die Verfassung, NJW 1965, 2273; *Brüning*, Die Beachtlichkeit des fremden ordre public (1997); *Engel*, Ausstrahlungen der Europäischen Menschenrechtskonvention auf das Kollisionsrecht, RabelsZ 53 (1989), 3; *Henrich*, Grundrechte und ordre public, RabelsZ 36 (1972), 2; *Jayme*, Methoden der Konkretisierung des ordre public im Internationalen Privatrecht (1989); *Schwung*, Das Ersatzrecht bei einem Verstoß des ausländischen Rechts gegen den ordre public, RabelsZ 49 (1985), 407; *Spickhoff*, Der ordre public im internationalen Privatrecht, Entwicklung – Struktur – Konkretisierung (1989).

Fälle:

a) Ein jordanischer Moslem hat in Jordanien zwei nach dortigem Recht wirksame Ehen geschlossen. Kann er in Deutschland eine weitere Ehe mit einer Jordanierin eingehen? Wie ist die Rechtslage, wenn die Großfamilie ihren gewöhnlichen Aufenthalt nach Deutschland verlegt und eine der Ehefrauen Trennungsunterhalt verlangt? Wie ist zu entscheiden, wenn der Jordanier stirbt, Vermögen in Deutschland hinterläßt und nach jordanischem Recht alle Ehefrauen zu gleichen Teilen Erbinnen sind?

b) Die Ehe zwischen einem Deutschen und einer Iranerin, die ihren gewöhnlichen Aufenthalt im Iran haben, soll in Deutschland geschieden werden. Die Familienrichterin prüft das iranische IPR und kommt zu dem Ergebnis, daß es die Voraussetzungen und die Folgen der Ehescheidung an die Staatsangehörigkeit des Ehemannes anknüpft. Hat sie dieser Rückverweisung zu folgen?

c) Der 14jährige Kalifornier John Doe verklagt vor einem kalifornischen Superior Court einen Deutschen wegen sexuellen Mißbrauchs u. a. auf Zahlung von 400 000 US-Dollar Strafschadensersatz (*punitive damages*). Kann die Klageschrift in Deutschland zugestellt werden? Könnte aus einem Urteil, das der Klage stattgibt, in Deutschland vollstreckt werden?

Das Internationale Privatrecht unterstellt Sachverhalte mit Auslandsberührung derjenigen Rechtsordnung, mit der die engste Verbindung besteht. Grundsätzlich spielt weder der *Inhalt* des ausländischen Rechts noch das *Ergebnis* der Rechtsanwendung eine Rolle: „Mit der Verweisung auf ausländisches Recht gibt die inländische Justitia die Waage aus der Hand" (*Lüderitz* Rdnr. 202). Der IPR-Gesetzgeber akzeptiert im Interesse des internationalen Entscheidungseinklangs eine Sachentscheidung, die von dem Ergebnis abweicht, das nach den deutschen Sachnormen erzielt würde. Das IPR beruht auf dem Gedanken, daß das „räumlich beste

Recht" grundsätzlich am ehesten dazu berufen ist, die Rechtssache zu entscheiden (dazu oben Rdnr. 85).

Die Verweisung auf ausländisches Recht darf die inländischen Gerichte aber nicht zu einer Entscheidung nötigen, deren Ergebnis grundlegenden inländischen Rechtsvorstellungen kraß widerspricht. Das System allseitiger Kollisionsnormen bedarf eines „Überdruckventils" (*von Bar* I Rdnr. 631). Dieses Korrektiv findet sich in Art. 6 EGBGB: „Eine Rechtsnorm eines anderen Staates ist nicht anzuwenden, wenn ihre Anwendung zu einem Ergebnis führt, das mit wesentlichen Grundsätzen des deutschen Rechts offensichtlich unvereinbar ist. Sie ist insbesondere nicht anzuwenden, wenn die Anwendung mit den Grundrechten unvereinbar ist." Ein ähnlicher Vorbehalt findet sich in allen Kollisionsrechtsordnungen der Welt.

I. Grundlagen des Art. 6 EGBGB

271 Die Vorbehaltsklausel des Art. 6 EGBGB ist schon ihrem Wortlaut nach eine Ausnahmevorschrift, die nur in eklatanten Fällen zum Einsatz kommen soll: Es genügt nicht, daß die anzuwendende fremde *Rechtsnorm* mit deutschen Rechtsvorstellungen nicht in Einklang steht. Vielmehr muß das *Ergebnis* der Rechtsanwendung mit *wesentlichen* Grundsätzen des deutschen Rechts *offensichtlich* unvereinbar sein (Art. 6 Satz 1 EGBGB). Es darf im Einzelfall nicht zu Ergebnissen kommen, „die den Kernbestand der inländischen Rechtsordnung antasten" (BegrRegE, BT-Drucks. 10/504, S. 42).

1. Vorgeschichte des Art. 6 EGBGB

Art. 6 EGBGB normiert den Vorbehalt des *ordre public.* Die Bezeichnung stammt aus dem französischen Recht: Nach Art. 6 Code civil i. d. F. von 1804 kann ein Vertrag von Gesetzen nicht abweichen, „qui intéressent l'ordre public." Wie sich das Kollisionsrecht vom Sachrecht emanzipierte, entwickelte sich in Frankreich der *interne* Vorbehalt zwingenden Rechts zum *internationalen* ordre public (*Batiffol/Lagarde* I Tz. 354).

Das französische IPR unterscheidet noch heute den *ordre public interne* – die innerstaatlich zwingenden Vorschriften i. S. d. Art. 27 III EGBGB (dazu unten Rdnr. 354) – vom *ordre public international,* der dem Vorbehalt des Art. 6 EGBGB entspricht. In Deutschland ist die Unterscheidung zwischen „internem" und „internationalem" ordre public nicht gebräuchlich; es gibt nur „den" ordre public. Vereinzelt wird zwar in der Literatur vom *internationalen ordre public* gesprochen, um überstaatliche Rechtsgrundsätze zu kennzeichnen, die die Anwendung des nationalen Rechts begrenzen (*Bleckmann,* ZaöRV 34 [1974], 112; *Staudinger/Blumenwitz,* Art. 6 EGBGB Rdnrn. 57–62). Diese Terminologie hat sich aber nicht durchsetzen können, zumal auch völkerrechtliche Regeln über Artt. 25, 59 II 1 GG zum „deutschen Recht" i. S. d. Art. 6 Satz 1 EGBGB gehören und als solches „den" ordre public begründen können (*Firsching/von Hoffmann* § 6 Rdnr. 147; *Keller/Siehr* § 42 II 3).

Unter der Herrschaft des Art. 30 EGBGB i. d. F. von 1896, der früheren ordre public-Klausel, formulierte der *BGH,* das Ergebnis der Anwendung des ausländischen Rechts dürfe nicht in einem so starken Widerspruch zu den Grundgedanken der deutschen Regelung und der in ihr liegenden Gerechtigkeitsvorstellung stehen, daß die Anwendung des ausländischen Rechts untragbar sei (BGHZ 50, 370, 375; BGHZ 54, 123, 130). Diese Formulierung entspricht dem Art. 6 Satz 1 EGBGB i. d. F. von 1986: Das Ergebnis der Anwendung einer ausländischen Norm – nicht bloß der Inhalt der ausländischen Norm – muß mit wesentlichen Grundsätzen des deutschen Rechts unvereinbar sein. Der Gesetzgeber hat die Bezeichnung „ordre public" in die amtliche Überschrift des Art. 6 EGBGB aufgenommen, weil die entsprechende deutsche Bezeichnung „öffentliche Ordnung" schon vom Polizeirecht vereinnahmt ist und daher mißverständlich sein kann (Bericht des Rechtsausschusses, BT-Drucks. 10/5632, S. 40).

a) Staatsvertragliche Einflüsse

272 Der Wortlaut des Art. 6 Satz 1 EGBGB ist aus dem *Europäischen Schuldvertragsübereinkommen* von 1980 übernommen, das in Artt. 27–37 EGBGB inkorporiert wurde. Er entspricht ferner den ordre public-Klauseln des *Haager Unterhaltsübereinkommens* von 1973 und des *Haager Testamentsformübereinkommens* von 1961; die Kollisionsnormen dieser unmittelbar anzuwendenden Übereinkommen werden in Art. 18 EGBGB und in Art. 26 I–III EGBGB wiederholt. Aus den ordre public-Klauseln dieser drei Übereinkommen stammt der Zusatz „offensichtlich" in Art. 6 Satz 1 EGBGB. Das Beiwort „offensichtlich" soll deutlich machen, daß im staatsvertraglichen Bereich der ordre public besonders zurückhaltend einzusetzen ist, um das Ziel der Rechtsvereinheitlichung nicht zu gefährden. Indem der deutsche Gesetzgeber diesen Zusatz generell in Art. 6 Satz 1 EGBGB aufgenommen hat, signalisiert der Gesetzgeber, daß auch im Bereich des autonomen deutschen IPR die Anwendung des ordre public die seltene Ausnahme bleiben soll (BegrRegE, BT-Drucks. 10/504, S. 43).

b) Spanier-Beschluß des BVerfG

Art. 6 Satz 2 EGBGB zieht die Konsequenz aus dem Spanier-Beschluß des BVerfG (BVerfGE 31, 58 = NJW 1971, 1509 = *Schack*, Rechtsprechung Nr. 1): An den Grundrechten sind nicht nur die Vorschriften des deutschen IPR zu messen (dazu unten Rdnr. 490), sondern auch die Anwendung des durch sie berufenen Rechts im Einzelfall. „Eine Grundrechtsverletzung im Einzelfall durch Anwendung einer Vorschrift fremden Rechts ist daher als unvereinbar mit dem deutschen ordre public stets von vornherein ausgeschlossen. Sie wäre im Sinne des Art. 6 Satz 1 EGBGB immer ein ‚offensichtlicher' Verstoß gegen wesentliche Grundsätze des deutschen Rechts" (BegrRegE, BT-Drucks. 10/504, S. 44).

Das bedeutet allerdings nicht, daß jede Rechtsanwendung, die bei einem Inlandsfall grundrechtswidrig wäre, bei Sachverhalten mit Auslandsberührung dem deutschen ordre public widerspricht: eine uneingeschränkte Durchsetzung der Grundrechte in ganz oder überwiegend auslandsbezogenen Sachverhalten würde den Grundrechtsschutz überdehnen; vielmehr ist durch Auslegung der Grundrechtsnorm festzustellen, inwieweit sie „bei Sachverhalten mit mehr oder weniger intensiver Auslandsbeziehung eine Differenzierung zuläßt oder verlangt" (BVerfGE 31, 58, 77).

2. Negative – positive Funktion

273 Art. 6 EGBGB schließt ausländische Rechtsnormen, die durch die deutschen Kollisionsnormen zur Anwendung berufen sind, in Ausnahmefällen von der Anwendung im Inland aus. Der ordre public hat eine *negative Funktion*. Art. 6 EGBGB sichert dagegen nicht die unbedingte Anwendung bestimmter zwingender Vorschriften des deutschen oder eines anderen Rechts; der heutige ordre public hat keine *positive Funktion* (*Palandt/Heldrich*, Art. 6 EGBGB Rdnr. 3; kritisch *Lüderitz* Rdnr. 215).

a) Historisch betrachtet stand die positive Funktion des ordre public zunächst im Vordergrund: Im 19. Jahrhundert ereigneten sich IPR-relevante Auslandskontakte vor allem innerhalb Europas, wo die Rechtsordnungen „unter dem Einfluß der gemeinsamen christlichen Gesittung" (*Savigny*, System 27) auf ähnlichen Wertvorstellungen beruhten. Der ordre public-Vorbehalt mußte nicht in erster Linie fremde Rechtsvorstellungen abwehren (*negative Funktion*), sondern vor allem zwingende inländische Bestimmungen durchsetzen (*positive Funktion*).

b) Das geltende IPR betrachtet das Problem, international zwingenden Vorschriften zum Durchbruch zu verhelfen, nicht mehr als Gegenstand des ordre public: Die frühere positive Funktion des ordre public hat sich als Sonderanknüpfung von Eingriffsnormen verselbständigt (dazu oben Rdnr. 89). Die Sonderanknüpfung inländischer Eingriffsnormen ist Gegenstand des Art. 34 EGBGB (dazu unten Rdnrn. 398–409). Während Art. 6 EGBGB eine Verweisung auf ausländisches Recht korrigiert, kommt es bei Art. 34 EGBGB gar nicht erst zur Verweisung auf ausländisches Recht (Verweisungsersatz).

II. Voraussetzungen des Art. 6 EGBGB

274 Die Vorbehaltsklausel des Art. 6 EGBGB setzt zunächst voraus, daß nach den Kollisionsregeln des deutschen IPR „eine Rechtsnorm eines anderen Staates" (Art. 6 Satz 1 EGBGB) anzuwenden ist. Gegenstand der ordre public-Kontrolle ist nicht nur ausländisches *Sachrecht*, sondern – im Falle einer Gesamtverweisung – auch ausländisches *Kollisionsrecht*, wenn es eine Rück- oder Weiterverweisung ausspricht. *Beispiel:* Wenn eine ausländische IPR-Norm gleichheitswidrig auf das Heimatrecht des Ehemannes abstellt und deshalb auf das deutsche Recht zurückverweist, stellt sich die Frage, ob dieser Renvoi nach Art. 6 EGBGB unbeachtlich ist (*Fall b*, dazu unten Rdnr. 279).

Art. 6 Satz 1 EGBGB setzt weiter voraus, daß es wesentliche Grundsätze des deutschen Rechts gibt (dazu 1), mit denen das Ergebnis der Anwendung der ausländischen Rechtsnorm offensichtlich unvereinbar ist (dazu 2). Damit der deutsche ordre public zum Zuge kommen kann, ist ferner als ungeschriebenes Tatbestandsmerkmal des Art. 6 EGBGB eine Inlandsbeziehung des Sachverhalts erforderlich (dazu 3).

1. „Wesentliche Grundsätze"

275 Der ordre public-Vorbehalt schützt wesentliche („tragende") Grundsätze des deutschen Rechts (BegrRegE, BT-Drucks. 10/504, S. 42: „den Kernbestand der inländischen Rechtsordnung"). Was zu diesem Kernbestand gehört, steht nicht ein für allemal fest, sondern unterliegt dem Wandel gesellschaftlicher Anschauungen und Wertvorstellungen.

Beispiel: Nach § 1300 I BGB (aufgehoben am 1. 7. 1998) konnte eine unbescholtene Verlobte, die ihrem Verlobten die Beiwohnung gestattet hatte, wegen ihres immateriellen Schadens eine billige Entschädigung in Geld verlangen („Kranzgeld"). – Der BGH hielt im Jahre 1958 diesen Anspruch für einen unverzichtbaren Grundsatz der deutschen Rechtsordnung, der im grenzüberschreitenden Verlobungsfall Bestandteil des deutschen ordre public sei (BGHZ 28, 375, 385). Im Jahre 1974 entschied der BGH aufgrund gewandelter gesellschaftlicher Anschauungen anders (BGHZ 62, 282, 283). Später wandten manche Gerichte die Vorschrift auch im Inlandsfall nicht mehr an, weil die Vorschrift verfassungswidrig eine geminderte Verantwortungsfähigkeit der Frau unterstelle.

Die Generalklausel des Art. 6 Satz 1 EGBGB ist, wie alle Generalklauseln, durch Fallgruppen zu konkretisieren. Die wichtigste Gruppe umfaßt die Fälle, in denen gegen die Grundrechte der Artt. 2ff. GG verstoßen wird. Der ordre public dient, wie Art. 6 Satz 2 EGBGB klarstellt, als Einbruchstelle der Grundrechte in das IPR.

a) Grundrechtsverstoß, Art. 6 Satz 2 EGBGB

276 Wenn im Rahmen des Art. 6 EGBGB die Grundrechte herangezogen werden, ist zu differenzieren (dazu bereits oben

Rdnr. 272): Auf der einen Seite können deutsche Gerichte, wenn sie gemäß den Kollisionsnormen des deutschen IPR ausländisches Recht anwenden, nicht von der Grundrechtsbindung nach Art. 1 III GG freigestellt sein. Denn anderenfalls könnte der einfache Gesetzgeber, indem er sich für diese oder jene Kollisionsnorm entscheidet, einen mehr oder weniger großen „grundrechtsfreien" Raum schaffen (BVerfGE 31, 58, 75–76). Auf der anderen Seite können die deutschen Grundrechte keine universelle Geltung beanspruchen nach dem Motto: „Am deutschen Grundrechtswesen soll die Welt genesen". Die Anwendung ausländischen Rechts zum „gemeinsamen Vorteil der Völker und der Einzelnen" (*Savigny*, System 27) setzt die grundsätzliche Bereitschaft voraus, auch fremde Rechtsvorstellungen – etwa des islamischen Rechtskreises – zu akzeptieren (BegrRegE, BT-Drucks. 10/504, S. 44).

Entscheidend ist daher, ob das jeweilige Grundrecht für den konkreten Sachverhalt Geltung beansprucht. Das hängt wesentlich von den Inlandsbeziehungen des Einzelfalles ab (dazu die Beispiele unten Rdnr. 279). Zur Begründung verweist das BVerfG darauf, daß bei einzelnen Grundrechten der Verfassungsgeber selbst zwischen Deutschen und Nichtdeutschen unterscheidet. Würden die Grundrechte in ganz oder überwiegend auslandsbezogenen Sachverhalten uneingeschränkt durchgesetzt, würde der Sinn des Grundrechtsschutzes verfehlt. Daher ist durch Auslegung der Grundrechtsvorschrift zu ermitteln, ob sie nach Wortlaut, Sinn und Zweck für jede Rechtsanwendung in Deutschland unbedingt gelten will, oder ob sie bei Auslandssachverhalten Einschränkungen des Grundrechtsschutzes zuläßt (BVerfGE 31, 58, 77).

b) Sonstige Wesentlichkeitskriterien

277 Was zu den wesentlichen Grundsätzen des deutschen Rechts gehört, läßt sich den einzelnen Rechtsvorschriften „nicht von der Stirn ablesen" (*Lüderitz* Rdnr. 204). Eine Umschreibung des ordre public ist schwierig. Es handelt sich um Fundamentalsätze der deutschen Rechtsordnung, die – soweit sie sich nicht schon in den Grundrechten der Verfassung finden (Art. 6 Satz 2 EGBGB) – so stark im Rechtsbewußtsein verankert sind, daß sie im konkreten

Fall nicht preisgegeben werden dürfen. Mit zunehmender Integration der Europäischen Union werden die grundlegenden Vorschriften des Gemeinschaftsrechts nationale Fundamentalsätze ablösen und Eingang in den ordre public finden (*von Bar* I Rdnr. 175). Darüber hinaus lassen sich zwei allgemeine Grundsätze aufstellen:

(1) Obwohl sich Art. 6 Satz 1 EGBGB dem Wortlaut nach nur auf die deutsche öffentliche Ordnung bezieht, haben international herrschende Rechtsauffassungen im Rahmen des ordre public besondere Bedeutung. Wenn die ausländische Rechtsnorm gegen *allgemeines Völkerrecht* verstößt, kann sie nach Art. 6 Satz 1 EGBGB unbeachtlich sein, denn nach Art. 25 GG ist das Völkergewohnheitsrecht ein Bestandteil der innerstaatlichen Ordnung. Ein solches, auf Völkerrechtsverstößen beruhendes Eingreifen der Vorbehaltsklausel bezeichnen manche als völkerrechtsbezogenen ordre public (*Kropholler* § 36 III 2a).

(2) Es erleichtert die Heranziehung des Art. 6 EGBGB, wenn die ausländische Rechtsnorm im Ursprungsland selbst als reformbedürftig gilt: Während der ausländische Richter z.B. an eine geltende, aber gleichberechtigungswidrige Norm gebunden ist, kann der deutsche Richter nach Art. 6 EGBGB, Art. 3 II 1 GG die Norm unangewendet lassen. Der Prüfungsmaßstab des Art. 6 EGBGB sind die Rechtsanschauungen zur Zeit der richterlichen Entscheidung; deshalb schließt die Übereinstimmung des ausländischen Rechts mit einem früheren deutschen Rechtszustand den ordre public-Verstoß nicht aus (*Palandt/Heldrich*, Art. 6 EGBGB Rdnrn. 4, 6).

2. „Offensichtliche Unvereinbarkeit"

278 Der Ausnahmecharakter der Vorbehaltsklausel wird in der Formulierung des Art. 6 Satz 1 EGBGB – im Anschluß an staatsvertragliche ordre public-Vorschriften (dazu oben Rdnr. 272) – dadurch hervorgehoben, daß die Anwendung einer ausländischen Rechtsnorm mit wesentlichen Grundsätzen des deutschen Rechts „offensichtlich unvereinbar" sein muß. Das bedeutet: Es reicht nicht schon die bloße Abweichung von tragenden Prinzipien der deutschen Rechtsordnung; die Abweichung muß vielmehr eklatant sein. Der Wortlaut des Art. 6 Satz 1 EGBGB warnt davor, „mit Kanonen auf Spatzen zu schießen" (*Lüderitz* Rdnr. 205).

Beispiele: Eine fremde Rechtsnorm, die einen Unterhaltsanspruch für die Vergangenheit gewährt, weicht von einem wichtigen Grundsatz des deutschen Unterhaltsrechts ab (§ 1613 I BGB). Die Abweichung ist aber nicht „offensichtlich", wenn der rückwirkende Unterhalt auf drei Jahre begrenzt und der Unterhaltsbetrag klein ist (*Palandt/Heldrich*, Art. 6 EGBGB Rdnr. 28). – Das Pflichtteilsrecht der Abkömmlinge des Erblassers gemäß § 2303 I BGB genießt nach h. M. verfassungsrechtlichen Schutz. Ein ausländisches Erbrecht, das keine Pflichtteilsansprüche und keine funktionell vergleichbaren Regeln kennt, verstößt aber nicht „offensichtlich" gegen den deutschen ordre public, wenn volljährige, wirtschaftlich selbständige Abkömmlinge vom Erbfall betroffen sind (*Dörner*, IPRax 1994, 362, 363–364).

Abzustellen ist darauf, ob das Ergebnis der Rechtsanwendung *im konkreten Fall* in einem untragbaren Gegensatz zu grundlegenden deutschen Gerechtigkeitsvorstellungen stünde. Wenn der Inhalt des anwendbaren ausländischen Rechts nicht ermittelt werden kann, kommt die Anwendung der *lex fori* als Ersatzrecht in Betracht (dazu oben Rdnrn. 260–262); es ist nicht etwa „auf Verdacht" Art. 6 EGBGB heranzuziehen. Kann eine Anpassung (dazu oben Rdnrn. 264–267) zu einem angemessenen Ergebnis führen, hat sie Vorrang vor dem ordre public (*Palandt/Heldrich*, Art. 6 EGBGB Rdnr. 5).

3. Inlandsbeziehung des Sachverhalts

279 Die Vorbehaltsklausel hat das ungeschriebene Tatbestandsmerkmal, daß der zu beurteilende Sachverhalt eine genügende Inlandsbeziehung (Binnenbeziehung) aufweist, die über die Anrufung der deutschen Gerichte hinausgeht: Wir können nur dann an einem Ergebnis Anstoß nehmen, wenn die inländische Rechtsordnung von der Anwendung fremden Rechts in einem hinreichenden Maß berührt wird (*Keller/Siehr* § 42 III 3). Soweit das inländische Rechtsprinzip, das von Art. 6 EGBGB geschützt wird, einen Bezug zur Europäischen Union aufweist, tritt die Beziehung des

Sachverhalts zu (irgend-) einem EU-Staat an die Stelle der Inlandsbeziehung (Binnenmarktbezug).

Es gilt die sog. *Relativität des ordre public*: Die erforderliche Intensität der Inlandsbeziehung steht in einer Relation zum sachlichen Gehalt des verletzten Rechtsprinzips. Je krasser der Verstoß gegen die deutschen Gerechtigkeitsvorstellungen, desto schwächer kann die für die Anwendung von Art. 6 EGBGB notwendige Inlandsbeziehung sein. Je stärker die Inlandsbeziehung des Falles, desto weniger werden befremdliche Ergebnisse hingenommen (*Palandt/Heldrich*, Art. 6 EGBGB Rdnr. 6; *Kropholler* § 36 II 2; kritisch *Raape/Sturm* 217).

Aus dem „magischen Dreieck" der drei Elemente *wesentliche Grundsätze, offensichtlicher Verstoß* und *hinreichende Inlandsbeziehung* läßt sich ein bewegliches System entwickeln: Je wichtiger der Grundsatz, desto geringere Maßstäbe sind an den *Verstoß* – an die Intensität des Eingriffs in wesentliche Grundsätze des deutschen Rechts – anzulegen. Je wichtiger der Grundsatz, desto kleinere Anforderungen werden an die *Inlandsbeziehung* – an die Intensität der Verbindung zwischen dem Sachverhalt und der Bundesrepublik – gestellt.

In *Fall a* richten sich die sachlichen Voraussetzungen der Eheschließung gemäß Art. 13 I EGBGB für beide Ehewilligen nach jordanischem Recht, das die Verweisung akzeptiert und die *Mehrehe* gestattet. Dennoch kann eine dritte Ehe in Deutschland nicht geschlossen werden: Das Prinzip der *Einehe* ist ein tragender Grundsatz des deutschen Rechts, der Verstoß ist eklatant und die Inlandsbeziehung – Eheschließung in Deutschland – beachtlich (Art. 6 EGBGB). – Verlangt eine der beiden Ehefrauen in Deutschland Unterhalt, stellt die Wirksamkeit der (Mehr-) Ehe nur eine Vorfrage dar. Sie beurteilt sich nach jordanischem Recht (Art. 13 I EGBGB) mit der Folge, daß die Ehen in Jordanien wirksam geschlossen wurden. Der deutsche ordre public ist durch die Eheschließungen nicht berührt, da der Inlandsbezug fehlt (*Palandt/Heldrich*, Art. 6 EGBGB Rdnr. 20 m. w. N.). Wird die Mehrehe als wirksam angesehen, schuldet der Ehemann seinen Ehefrauen (nach deutschem Unterhaltsrecht, Art. 18 I 1 EGBGB/Art. 4 I HUntÜ) Trennungsunterhalt. – Verstirbt der Jordanier, verweist Art. 25 I EGBGB hinsichtlich der Erbfolge auf jordanisches Recht, das die Verweisung akzeptiert. Die Wirksamkeit der Mehrehe ist wiederum eine Vorfrage, die nach jordanischem Recht zu beantworten und damit zu bejahen ist. Erbrechtlich haben wir wiederum nur die Konsequenzen aus der für wirksam erachteten Mehrehe zu ziehen. Die sachliche Regelung des jordanischen Rechts – die Ehefrauen erben zu gleichen Teilen – begründet für sich allein keinen ordre public-Verstoß.

In *Fall b* verweisen Artt. 17 I 1, 14 I Nr. 2 EGBGB hinsichtlich der Voraussetzungen der Ehescheidung auf das iranische Recht. Da der Ehemann Deutscher ist, enthält das iranische Recht hier eine Rückverweisung auf das deutsche Recht, die nach Art. 4 I 1 EGBGB grundsätzlich akzeptiert wird. Umstritten ist die Frage, ob ausnahmsweise der ordre public der Annahme dieses Renvoi entgegensteht: Einige sehen in der gleichberechtigungswidrigen Rückverweisung auf das Heimatrecht des Mannes eine Verschlechterung der prozessualen Lage der Frau und damit einen Verstoß gegen den ordre public; auf das materielle Ergebnis komme es nicht an (*Firsching/von Hoffmann* § 6 Rdnr. 151). Nach überwiegender Ansicht wehrt die ordre public-Klausel nur das Endergebnis der Subsumtion eines Sachverhalts unter Rechtsnormen ab, nicht dagegen das kollisionsrechtliche Zwischenergebnis. Danach verletzt ein fremder Renvoi, der gegen Art. 3 II 1 GG verstößt, nur dann den ordre public, wenn die zur Anwendung berufene Rechtsordnung die Frau materiell unerträglich benachteiligt; das scheidet hier schon deshalb aus, weil auf die deutsche (!) Rechtsordnung zurückverwiesen wird (*Palandt/Heldrich*, Art. 6 EGBGB Rdnr. 9; MünchKomm-*Sonnenberger*, Art. 6 EGBGB Rdnr. 45).

III. Rechtsfolgen des ordre public-Verstoßes

280 Art. 6 EGBGB schließt eine ausländische Rechtsnorm im Einzelfall von der Anwendung im Inland aus. Das übrige, nicht ordre public-widrige ausländische Recht bleibt anwendbar. Hinsichtlich der weiteren Rechtsfolgen des ordre public-Verstoßes ist danach zu unterscheiden, ob es bei der schlichten Nichtanwendung der ausländischen Rechtsnorm bleiben kann, oder ob ein Ersatzrecht gefunden werden muß.

1. Nichtanwendung der fremden Norm

281 Mit der bloßen Nichtanwendung der fremden Rechtsnorm kann es sein Bewenden haben, wenn auf der Grundlage des nicht zu beanstandenden Teils der fremden *lex causae* ein ordre publicgemäßes Ergebnis erzielt wird. Es entsteht keine Lücke, die durch andere Vorschriften zu schließen ist; die von der ordre public-widrigen Norm angeordnete Rechtsfolge wird schlicht außer acht gelassen (MünchKomm-*Sonnenberger*, Art. 6 EGBGB Rdnr. 93). Das ist der Fall, wenn ein *Verhaltensverbot* in Rede steht (z.B. das Eheverbot der Religionsverschiedenheit), eine privatrechtliche *Beschränkung* (z.B. ein gesetzlicher Haftungsausschluß) oder eine *Än-*

derung eines Rechtszustandes, die ohne weiteres hinweggedacht werden kann (z.B. die Begründung eines gesetzlichen Pfandrechts). In diesen Fällen wird die fremde Norm einfach nicht angewandt; im übrigen bleibt das Rechtsverhältnis dem maßgebenden Statut unterworfen (*Kropholler* § 36 V).

2. Anwendung eines Ersatzrechts

282 Art. 6 EGBGB ist nicht nur anwendbar, wenn der positive Gehalt einer ausländischen Vorschrift den deutschen Rechtsauffassungen widerspricht; die Vorbehaltsklausel kommt auch zum Zuge, wenn sich gerade aus der Nichtexistenz einer Regelung im ausländischen Recht ein Verstoß gegen den deutschen ordre public ergibt. In solchen Fällen soll Art. 6 EGBGB gerade die Anwendung des deutschen Rechts eröffnen. *Beispiel:* Das fremde Recht sieht keine Möglichkeit vor, die Abstammung eines Kindes anzufechten (BVerfG FamRZ 1994, 881). Dann ist ohne weiteres das deutsche Recht anzuwenden.

a) Lex fori als Ersatzrecht

Es kann schließlich vorkommen, daß an die Stelle einer ordre public-widrigen Rechtsnorm eine andere Bestimmung treten muß, ohne daß der Einsatz des ordre public gezielt Raum für die Anwendung des deutschen Sachrechts schaffen soll. In diesen Fällen ist zuerst zu fragen, ob eine modifizierte Anwendung des ausländischen Rechts zu ordre public-gemäßen Ergebnissen führt. Ist das nicht der Fall, greift die ganz herrschende Ansicht auf die *lex fori* als Ersatzrecht zurück (*von Bar* I Rdnr. 641 m.w.N.). Die deutsche Ersatzregel muß keine gesetzliche Vorschrift sein; es kann sich auch um einen Satz des Gewohnheits- oder Richterrechts handeln, wie beispielsweise bei der *culpa in contrahendo.* Der Eingriff in das fremde Recht darf nach dem Prinzip des geringstmöglichen Eingriffs nicht weiter gehen als nach Art. 6 EGBGB unbedingt geboten (MünchKomm-*Sonnenberger*, Art. 6 EGBGB Rdnr. 94; *Soergel/Kegel*, Art. 6 EGBGB Rdnr. 35). Wenn das nach ausländischem Recht geschuldete Erfolgshonorar eines Rechtsanwalts wegen seiner exorbitanten Höhe gegen Art. 6 EGBGB verstößt, ist der nach der BRAGO gerade noch vertretbare Höchstsatz heranzuziehen (BGHZ 44, 183, 190).

b) Fallbezogene Sachnorm

Wenn eine Rechtsfrage durch eine Norm der fremden *lex causae* in ordre public-widriger Weise ausdrücklich geregelt ist und ein ordre public-gemäßer Zustand nur durch eine positive andere Regel hergestellt werden kann, bevorzugen manche statt der *lex fori* die Schaffung einer eigenen, fallbezogenen Sachnorm. Führt die Anwendung des deutschen Rechts als Ersatzrecht zu einem offensichtlich unangemessenen Ergebnis, wählt auch die Rechtsprechung den Ausweg, ausnahmsweise eine neue fallbezogene Sachnorm zu bilden (BGHZ 60, 68, 76). Dem Einwand, es handle sich um eine sowohl die *lex causae* als auch die *lex fori* verfehlende „Bastardlösung", läßt sich entgegenhalten, daß auch sonst im IPR eine Angleichung üblich ist, um ein interessengerechtes Ergebnis zu erreichen (MünchKomm-*Sonnenberger*, Art. 6 EGBGB Rdnrn. 96, 97).

Ein vieldiskutiertes *Beispiel*, in dem sich die Lösungsansätze bewähren sollen, ist eine Entscheidung des RG, die es mit einer nach schweizerischem Recht unverjährbaren Forderung zu tun hatte (RGZ 106, 82). Welches Ersatzrecht die entstandene Lücke schließen soll, ist umstritten (umfassend *Schwung*, RabelsZ 49 [1985], 407). Das RG wollte ersatzweise die *lex causae* anwenden, und zwar die längste Verjährungsfrist nach den allgemeinen Regeln des schweizerischen Rechts (10 Jahre). *Von Bar* (I Rdnr. 641) plädiert für die *lex fori*, also die Anwendung der deutschen Verjährungsvorschrift, die dem Rechtsgedanken des fremden Rechts am nächsten kommt (30 Jahre). In Betracht kommt schließlich die Bildung einer eigenständigen Sachnorm, die gerade noch unserem ordre public entspricht. Nach Ansicht von *Kegel* (§ 16 IX) beträgt die längste für unser Rechtsgefühl tragbare Verjährungsfrist 50 Jahre (ähnlich *Lüderitz* Rdnr. 214: 40 Jahre).

IV. Sonderfragen des ordre public

283 Neben der allgemeinen Vorbehaltsklausel des Art. 6 EGBGB enthält das deutsche IPR *besondere Vorbehaltsklauseln*, die für einzelne Anknüpfungsgegenstände festlegen, daß das deutsche Recht das ausländische Recht ersetzt oder ergänzt (dazu 1). In *Staatsverträgen* über Internationales Privatrecht (dazu oben Rdnrn. 43–45) ist der Vorbehalt des ordre public oft ausdrücklich erwähnt; solche staatsvertraglichen ordre public-Klauseln sind mit Rücksicht auf das Vereinheitlichungsziel auszulegen und anzuwenden (dazu 2). Vom materiellrechtlichen ordre public des Art. 6 EGBGB ist der *verfahrensrechtliche ordre public* zu unterscheiden, der in Vorschriften des autonomen und des staatsvertraglichen IZVR normiert ist (dazu 3). Schließlich stellt sich die Frage, unter welchen Voraussetzungen ausnahmsweise ein *ausländischer ordre public* berücksichtigt werden muß (dazu 4).

1. Spezielle Vorbehaltsklauseln

284 Die einseitigen Kollisionsnormen des deutschen IPR (Übersicht oben Rdnrn. 107, 110) verweisen ausschließlich auf das deutsche Recht. Sie dienen verschiedenen Zwecken (MünchKomm-*Sonnenberger*, Einl. zum IPR Rdnr. 443): Einige fördern das Parteiinteresse deutscher oder ausländischer Staatsangehöriger (z.B. Art. 9 Satz 2, Art. 10 II 1 Nr. 2, III 1 Nr. 2, Art. 25 II EGBGB), andere schützen das Verkehrsinteresse (Art. 16 I, II EGBGB). Wieder andere konkretisieren die allgemeine Vorbehaltsklausel des Art. 6 EGBGB und werden daher besondere oder spezielle Vorbehaltsklauseln genannt (dazu bereits oben Rdnrn. 98, 109). Dazu gehören unstreitig Art. 13 II EGBGB (Schutz der Eheschließungsfreiheit), Art. 13 III 1 EGBGB (obligatorische Zivilehe) und Art. 17 II EGBGB (staatliches Ehescheidungsmonopol). Nach verbreiteter Ansicht sind auch Art. 17 I 2 EGBGB (Schutz der Ehescheidungsfreiheit), Art. 23 Satz 2 EGBGB (inländische Adoption) und Art. 38 EGBGB (Haftungsprivileg) spezielle ordre public-Klauseln (*Erman/Hohloch*, Art. 6 EGBGB Rdnr. 8; *Lüderitz* Rdnr. 216; a.A. *Kropholler* § 36 VIII).

Das Verhältnis der allgemeinen zu den speziellen Vorbehaltsklauseln ist je nach Vorbehaltsklausel verschieden: Wenn für die Eheschließung (Art. 13 II, III 1 EGBGB), die Ehescheidung (Art. 17 I 2, II EGBGB) und die Adoption (Art. 23 Satz 2 EGBGB) unabhängig vom Inhalt vergleichbarer ausländischer Sachnormen das deutsche Recht uneingeschränkt für anwendbar erklärt wird, bleibt für eine sinnvolle Anwendung des Art. 6 EGBGB kein Raum

(*Erman/Hohloch*, Art. 6 EGBGB Rdnr. 10). Wenn die besondere Vorbehaltsklausel dagegen in ihrer Funktion der allgemeinen ähnelt, erzwingt die besondere Vorbehaltsklausel nur einen Mindestschutz und läßt darüber hinaus Raum für Art. 6 EGBGB. *Beispiel:* Art. 38 EGBGB greift ein, wenn gegen einen Deutschen exorbitante Schadensersatzansprüche geltend gemacht werden (zur europarechtskonformen Auslegung oben Rdnr. 53); dagegen kann Art. 6 EGBGB einseitig sein, wenn das ausländische Deliktsstatut die Ansprüche eines Deutschen untragbar verkürzt (MünchKomm-*Kreuzer*, Art. 38 EGBGB Rdnr. 319).

2. Staatsvertraglicher ordre public

285 Der ordre public spielt nicht nur eine Rolle, wenn die autonomen Kollisionsregeln des deutschen IPR zum Recht eines ausländischen Staates führen. Er kann auch zum Zuge kommen, wenn staatsvertragliches Kollisionsrecht angewendet wird (zu staatsvertraglichem Verfahrensrecht sogleich Rdnr. 287). Dabei sind drei Fallgruppen zu unterscheiden:

a) Wenn ein IPR-Übereinkommen innerstaatlich nicht unmittelbar anzuwenden ist, sondern in das EGBGB inkorporiert wurde (zu dieser Technik oben Rdnr. 15), ist Art. 6 EGBGB einschlägig. Das gilt für das *Europäische Schuldvertragsübereinkommen* von 1980, dessen Anknüpfungsregeln in Deutschland nur in Gestalt der Artt. 27–37 EGBGB anzuwenden sind; folglich ist im Bereich der Schuldverträge auch nur Art. 6 EGBGB – und nicht die ordre public-Klausel des Art. 16 EVÜ – heranzuziehen. Das *Haager Unterhaltsübereinkommen* von 1973 und das *Haager Testamentsformübereinkommen* von 1961 sind dagegen unmittelbar anwendbares innerstaatliches Recht (Art. 3 II 1 EGBGB); ihre Anknüpfungsregeln werden in Art. 18 EGBGB und in Art. 26 I–III EGBGB nur wiederholt. Strenggenommen sind daher die ordre public-Klauseln des Art. 11 I HUntÜ sowie des Art. 7 HTestÜ – und nicht Art. 6 EGBGB – heranzuziehen. Diese beiden Übereinkommen gehören daher schon zur folgenden, zweiten Fallgruppe:

b) Wenn ein IPR-Staatsvertrag innerstaatlich unmittelbar anzuwenden ist (Art. 3 II 1 EGBGB) und eine ordre public-Klausel enthält (*Beispiel:* Art. 16 MSA), verdrängt der staatsvertragliche ordre public den Art. 6 EGBGB (MünchKomm-*Sonnenberger*,

Art. 6 EGBGB Rdnr. 29). Die staatsvertragliche Klausel ist mit Rücksicht auf die Ziele des Staatsvertrages auszulegen und anzuwenden (zu den Zielen des MSA oben Rdnr. 51). Da Art. 6 EGBGB der restriktiven staatsvertraglichen ordre public-Praxis entspricht, ergeben sich allerdings keine grundlegenden Unterschiede zwischen dem staatsvertraglichen und dem autonomen ordre public (*Kropholler* § 36 VI).

c) Wenn ein IPR-Staatsvertrag innerstaatlich unmittelbar anzuwenden ist und nur einen eingeschränkten oder überhaupt keinen ordre public-Vorbehalt vorsieht (beides ist selten), muß die Auslegung des Staatsvertrages ergeben, ob und wieweit auf Art. 6 EGBGB zurückgegriffen werden kann. *Beispiel:* Das *Haager Eheschließungsübereinkommen* von 1902 erlaubt in Artt. 2, 3 nur in bestimmten, enumerativ aufgeführten Fällen die Berufung auf den ordre public; damit wollten die Vertragsstaaten die Heranziehung des ordre public in anderen Fällen ausschließen (*Staudinger/Blumenwitz*, Art. 6 EGBGB Rdnr. 51).

3. Ordre public im Verfahrensrecht

286 Art. 6 EGBGB setzt voraus, daß die Regeln des deutschen IPR eine Rechtsnorm eines anderen Staates für anwendbar erklären; die Vorbehaltsklausel des Art. 6 EGBGB kann in einem deutschen Zivilverfahren die Anwendung einer fremden Rechtsnorm verhindern. Keine Rolle spielt Art. 6 EGBGB dagegen, wenn deutsche Gerichte oder Behörden ausländischen Stellen Rechtshilfe leisten oder ausländische Entscheidungen anerkennen und für vollstreckbar erklären sollen. Insoweit gelten die Vorbehaltsklauseln des Internationalen Zivilverfahrensrechts:

a) Gewährung von Rechtshilfe

287 Die Rechtshilfe richtet sich vor allem nach dem *Haager Zustellungsübereinkommen* (HZÜ) vom 15. 11. 1965 (BGBl. 1977 II, 1453, abgedruckt bei *Jayme/Hausmann* Nr. 107) und dem *Haager Beweisaufnahmeübereinkommen* (HBÜ) vom 18. 3. 1970 (BGBl. 1977 II, 1472, abgedruckt bei *Jayme/Hausmann* Nr. 108). Artt. 13 I

HZÜ, 12 I lit. b HBÜ enthalten den ordre public-Vorbehalt in einer stark verkürzten Form: Ein Zustellungs- oder ein Beweisaufnahmeersuchen darf nur abgelehnt werden, wenn der ersuchte Staat die Erledigung für geeignet hält, „seine Hoheitsrechte oder seine Sicherheit zu gefährden". Da im Stadium der Klagezustellung oder der Beweisaufnahme der Ausgang des Verfahrens noch offen ist, sind die ordre public-Klauseln dieser Übereinkommen nur ein „Notfilter" bei besonders schweren Beeinträchtigungen deutscher Interessen, der noch vorsichtiger zu handhaben ist als Art. 6 EGBGB (*Schlosser*, ZZP 94 [1981], 369, 382).

In *Fall c* wird mit der Klage Strafschadensersatz (*punitive damages*) verlangt, der dem deutschen zivilrechtlichen Sanktionssystem fremd ist, da er den Täter bestrafen, die Allgemeinheit abschrecken und den Geschädigten für seinen Einsatz zur Durchsetzung des Rechts belohnen soll. Der Strafschadensersatz verfolgt Ziele, die mit der deutschen Zivilrechtsordnung nicht vereinbar sind. Dennoch kann die Klagezustellung nicht unter Berufung auf Art. 13 I HZÜ abgelehnt werden, da die bloße Möglichkeit, daß *punitive damages* verhängt werden, deutsche Interessen nicht „besonders schwer" beeinträchtigt (BVerfG EuZW 1995, 218 m. Anm. *Kronke*).

b) Anerkennung und Vollstreckung

288 Im Verfahren der Anerkennung und Vollstreckung ausländischer Urteile enthalten insbesondere §§ 328 I Nr. 4, 723 II 2 ZPO und Art. 27 Nr. 1 EuGVÜ den ordre public-Vorbehalt, der in zweifacher Weise wirksam wird:

(1) Der *verfahrensrechtliche ordre public* ist verletzt, wenn die ausländische Entscheidung auf einem Gerichtsverfahren beruht, das von Grundprinzipien des deutschen Verfahrensrechts in einem Maße abweicht, daß es nach der deutschen Rechtsordnung nicht als in einer geordneten, rechtsstaatlichen Weise ergangen angesehen werden kann (BGHZ 48, 327, 331; BGHZ 118, 312, 321). Solche Fälle sind äußerst selten. *Beispiel:* Das rechtliche Gehör wurde in einer Weise verletzt, die den Beklagten zum bloßen Verfahrensobjekt herabwürdigt (*Schack*, IZVR Rdnr. 864).

(2) Der Schwerpunkt der ordre public-Kontrolle liegt im Rahmen der §§ 328 I Nr. 4, 723 II 2 ZPO und des Art. 27 Nr. 1 EuGVÜ im *materiellrechtlichen ordre public*. Die ausländische Entscheidung wird aber in rechtlicher oder tatsächlicher Hinsicht nicht

vollständig überprüft (keine *révision au fond*): Wenn das ausländische Gericht das – ausländische oder deutsche – Recht falsch angewendet hat und dadurch zu einem Fehlurteil gekommen ist, reicht das für sich allein nicht aus, die Urteilsanerkennung zu verweigern (*Schack*, IZVR Rdnr. 867). Das Entscheidungsergebnis muß vielmehr mit wesentlichen Grundsätzen des deutschen Rechts offensichtlich unvereinbar sein (so der Wortlaut des § 328 I Nr. 4 ZPO in Übereinstimmung mit Art. 6 EGBGB).

In *Fall c* hat der BGH entschieden: Ein Urteil auf Strafschadensersatz, der über den Ausgleich erlittener materieller und immaterieller Schäden hinaus pauschal zuerkannt werde, könne wegen Verstoßes gegen §§ 328 I Nr. 4, 723 II 2 ZPO nicht für vollstreckbar erklärt werden: Die Bestrafungs- und Abschreckungsfunktion der *punitive damages* sei so weit vom Kompensationsgedanken des deutschen Schadensersatzrechts entfernt, daß der materiellrechtliche ordre public einer Vollstreckbarerklärung solcher Urteile entgegenstehe (BGHZ 118, 312, 334–335 = ZZP 106 [1993], 79 m. Anm. *Schack* = IPRax 1993, 310 m. Aufs. *Koch/Zekoll* [288]).

4. Ausländischer ordre public

289 Der ordre public einer ausländischen Rechtsordnung kann im Rahmen einer Rück- oder Weiterverweisung eine Rolle spielen: Verweisen die deutschen Kollisionsnormen auf ein ausländisches IPR (Gesamtverweisung, Art. 4 I 1 EGBGB), so wird auch auf den ausländischen ordre public als Bestandteil des ausländischen IPR verwiesen; die Anwendung des ausländischen IPR umfaßt auch die Anwendung des ausländischen ordre public (*Palandt/Heldrich*, Art. 6 EGBGB Rdnr. 8). Fälle, in denen das praktisch wird, sind aber sehr selten. *Beispiel:* Art. 13 I EGBGB (Staatsangehörigkeitsprinzip) verweist hinsichtlich der Voraussetzungen der Eheschließung auf dänisches Recht; das dänische IPR (Wohnsitzprinzip) verweist weiter auf das Recht eines Staates, der das Ehehindernis der Religionsverschiedenheit kennt. – Der deutsche Richter muß das dänische IPR so anwenden wie der dänische Richter; verstößt das Ehehindernis gegen den dänischen ordre public, hat der deutsche Richter es wegen Verstoßes gegen den dänischen ordre public nicht anzuwenden (vgl. *Kegel* § 10 VI).

Dritter Teil. Besonderer Teil

§ 13. Natürliche Personen

290 **Literatur:** *Dethloff,* Das internationale Ehenamensrecht vor neuen Aufgaben, JZ 1992, 895; *Henrich,* Die Rechtswahl im internationalen Namensrecht und ihre Folgen, StAZ 1996, 129; *Hepting,* Das internationale Ehenamensrecht in der Reform, StAZ 1994, 1–8; *Jayme/Haack,* Die Kommorientenvermutung im internationalen Erbrecht bei verschiedener Staatsangehörigkeit der Verstorbenen, ZVglRWiss 84 (1985), 80; *Pagenstecher,* Werden die Partei- und Prozeßfähigkeit eines Ausländers nach seinem Personalstatut oder nach den Sachnormen der lex fori beurteilt?, ZZP 64 (1951), 249–284. Rechtsvergleichend: *Strebel,* Die Verschollenheit als Rechtsproblem (1954).

Fälle:

a) Ein wohlhabender saarländischer Notar (Alter: 65 Jahre) ist mit einer Französin (64 Jahre alt) verheiratet; die beiden leben in Saarbrücken. Bei einer Bergwanderung in den Alpen kommen die Eheleute in einer Lawine gemeinsam ums Leben; die genauen Todeszeitpunkte lassen sich nicht feststellen. Die Verwandten der Ehefrau fragen, ob sie etwas von dem Nachlaß des verstorbenen Ehemannes bekommen.

b) Eine türkische Familie lebt in Deutschland. Die Eltern geben ihrer 17jährigen Tochter im Hinblick auf eine bevorstehende Hochzeit ein Darlehen von 34 000 DM. Nach einem Familienstreit verlangen die Eltern von ihrer nunmehr 18jährigen Tochter vor dem LG Düsseldorf Rückzahlung. Wie ist zu entscheiden, wenn die Tochter nach ihrem 18. Geburtstag – und vor dem Streit – bereits 1000 DM zurückgezahlt hat?

c) Vor einem deutschen Standesbeamten heiratet ein türkischer Staatsbürger eine Polin. Beide Ehepartner haben zur Zeit der Eheschließung ihren gewöhnlichen Aufenthalt in Deutschland. Nach welchem Recht richtet sich die Namensführung? Nach welchem Recht bestimmt sich der Name der Ehefrau, wenn die Eheleute das türkische Recht wählen und die Ehe später geschieden wird?

Der Besondere Teil des deutschen Internationalen Privatrechts beginnt – genauso wie das deutsche materielle Privatrecht (§§ 1–12 BGB) – mit dem *Recht der natürlichen Personen* (Artt. 7 -10, 12 EGBGB). Ebenso wie in § 1 BGB die Rechtsfähigkeit natürlicher Personen am Anfang des Gesetzes steht, wird der Besondere Teil des IPR – der die einzelnen Kollisionsnormen für das Privatrecht enthält – mit einer Anknüpfungsvorschrift für die Rechtsfähigkeit eröffnet (Art. 7 EGBGB). Während jedoch das deutsche materielle Privatrecht die *Geschäftsfähigkeit* von der *Rechtsfähigkeit* trennt und im Abschnitt über die Rechtsgeschäfte normiert (§§ 104–113 BGB), regelt Art. 7 EGBGB die Anknüpfung der Rechtsfähigkeit (dazu I) und der Geschäftsfähigkeit gleichermaßen (dazu II).

I. Rechtsfähigkeit (Artt. 7, 9 EGBGB)

291 Die Rechtsfähigkeit einer Person – die Fähigkeit, als *Rechtssubjekt* Rechte und Pflichten zu haben – unterliegt nach Art. 7 I 1 EGBGB dem Recht des Staates, dem die Person angehört. Diese Vorschrift betrifft, wie sich schon aus der Abschnittsüberschrift („Recht der natürlichen Personen") ergibt, nur die Rechtsfähigkeit der *natürlichen Person*; die Anerkennung der Rechtsfähigkeit *juristischer Personen* gehört zum Internationalen Gesellschaftsrecht (dazu unten Rdnrn. 596–604). Da die Rechtsfähigkeit – die „Rechtssubjektsqualität" – den Menschen auf das Engste berührt, knüpft Art. 7 I 1 EGBGB im Parteiinteresse an die Staatsangehörigkeit an und läßt damit kollisionsrechtlich das Personalstatut (*lex patriae*) über die Rechtsfähigkeit entscheiden.

Materiellrechtlich ist heute im Prinzip nach allen Rechtsordnungen jeder Mensch rechtsfähig. Sollte es irgendwo noch den „bürgerlichen Tod" (den Verlust der Rechtsfähigkeit eines lebenden Menschen) geben, etwa als Nebenfolge einer lebenslangen Freiheitsstrafe, wäre dieses Phänomen nach Artt. 1, 2 I GG mit der Würde des Menschen unvereinbar und deshalb nach Art. 6 EGBGB unbeachtlich (*Kegel* § 17 I 1b; *von Bar* II Rdnr. 3). Die Praxis des deutschen IPR hatte sich mit solchen Fällen bisher nicht zu beschäftigen. Deshalb sind auch Art. 7 II EGBGB (Statutenwechsel) und Art. 12 EGBGB (Verkehrsschutz) für die *Rechtsfähigkeit* praktisch bedeutungslos; sie spielen in der Praxis nur für die *Geschäftsfähigkeit* eine Rolle.

Soweit sich Art. 7 I 1 EGBGB auf die *Rechtsfähigkeit* bezieht, ist die Vorschrift in der Praxis für die materiellen Regeln über den

Beginn der Rechtsfähigkeit bedeutsam; bei der Anknüpfung der materiellen Regeln über das *Ende der Rechtsfähigkeit* ergänzt Art. 9 EGBGB die Vorschrift des Art. 7 I 1 EGBGB.

1. Beginn der Rechtsfähigkeit

292 Der Beginn der Rechtsfähigkeit – die Fähigkeit des Neugeborenen, Träger von Rechten und Pflichten zu sein – wird in den Rechtsordnungen der Welt unterschiedlich festgelegt: Nach § 1 BGB beginnt die Rechtsfähigkeit mit der Vollendung der Geburt, nach spanischem Recht muß das Kind 24 Stunden gelebt und ein „menschliches Antlitz" gehabt haben (Art. 30 Código civil), und nach französischem Recht muß ein Kind, um eine Erbschaft oder eine Schenkung erwerben zu können, lebensfähig geboren sein (Artt. 725, 906 Code civil). Maßgebend für den Beginn der Rechtsfähigkeit ist nach Art. 7 I 1 EGBGB das Recht des Staates, dem das Kind angehört oder dem es angehören würde, wenn es rechtsfähig wäre. Das bedeutet beispielsweise: Ob ein kurz nach der Geburt verstorbenes Kind als Erbe in Betracht kommt – oder ob es für die Zwecke der Erbfolge so behandelt wird, als wäre es nie geboren –, richtet sich nicht nach dem Heimatrecht des Erblassers als dem Erbstatut (Art. 25 I EGBGB), sondern nach dem Heimatrecht des Kindes als dem Rechtsfähigkeitsstatut (Art. 7 I 1 EGBGB).

Art. 7 I 1 EGBGB enthält eine Kollisionsregel für „die Rechtsfähigkeit einer *Person*". Der *Nasciturus* – das bereits erzeugte, aber noch nicht geborene Kind – ist (noch) keine Person i. S. d. Art. 7 I 1 EGBGB. Ob der Nasciturus beispielsweise als Erbe in Betracht kommt (vgl. § 1923 II BGB) oder im Falle der Tötung eines Unterhaltspflichtigen einen eigenen Schadensersatzanspruch hat (vgl. § 844 II 2 BGB), richtet sich nicht nach dem späteren Heimatrecht des Kindes – Art. 7 I 1 EGBGB gilt nicht –, sondern nach dem Erbstatut bzw. dem Deliktsstatut (*Staudinger/Dörner*, Art. 25 EGBGB Rdnrn. 77, 79–81; *von Bar* II Rdnrn. 5, 6). Die Rechtsstellung des noch nicht Erzeugten *(nondum conceptus)* wird ebenfalls nicht nach Art. 7 I 1 EGBGB angeknüpft: Ob der noch nicht Erzeugte beispielsweise als Nacherbe eingesetzt (vgl. § 2101 BGB) oder als Hypothekengläubiger eingetragen werden kann (bejahend für das deutsche Recht: RGZ 61, 355, 356), bestimmt sich nach dem Erbstatut bzw. dem Sachstatut.

2. Ende der Rechtsfähigkeit

293 Die Rechtsfähigkeit endet nach allen Rechtsordnungen mit dem Tod, so daß – wenn der Todeseintritt feststeht – der Verlust der Rechtsfähigkeit keine kollisionsrechtlichen Probleme aufwirft. Angesichts der Möglichkeiten der modernen Medizin fragt sich jedoch, welche Rechtsordnung über den Todeseintritt bestimmt: Insbesondere wenn Ärzte die Intensivmedizin anwenden, kann der Todeseintritt in den Rechtsordnungen unterschiedlich definiert sein (Hirntod, Stillstand von Kreislauf und Atmung, etc.). Das Kriterium für den Todeseintritt ergibt sich in diesen Fällen nicht gemäß Art. 7 I 1 EGBGB aus dem Heimatrecht des Betroffenen, sondern nach einer ungeschriebenen Regel aus dem Recht des Ortes, an dem der Betroffene künstlich am Leben erhalten wird: Das IPR kann dem Arzt nicht zumuten, nach Staatsangehörigkeit und Heimatrecht zu forschen, bevor er eine Entscheidung über die Organentnahme trifft. Auch Art. 9 EGBGB („Verschollene") meint nicht diese Fälle, sondern Fallgestaltungen, in denen – etwa nach jahrelangem Ausbleiben von Lebenszeichen eines Vermißten – Ungewißheit besteht, ob die Rechtsfähigkeit durch Tod erloschen ist. Die Kollisionsnorm des Art. 9 EGBGB ist vielmehr im Zusammenhang mit dem materiellen Recht zu sehen:

a) Nach dem deutschen materiellen Recht kann beim Amtsgericht eine *Todeserklärung* erwirkt werden; sie begründet die Vermutung, daß der Verschollene in dem im Beschluß festgestellten Zeitpunkt gestorben ist (§ 9 I 1 VerschG). In anderen Rechtsordnungen gibt es *Verschollenheitserklärungen* mit unterschiedlichen Rechtsfolgen oder Vermutungen für das Leben oder für den Tod (rechtsvergleichend *Kegel* § 17 I 1f, aa). Nach Art. 9 Satz 1 EGBGB ist für alle diese Rechtsinstitute – wie für die Rechtsfähigkeit allgemein (Art. 7 I 1 EGBGB) – das Heimatrecht des Verschollenen maßgebend, unabhängig davon, welches Rechtsverhältnis – z.B. Bestand einer Ehe, Eintritt des Erbfalls – vom Ende der Rechtsfähigkeit betroffen ist: Die Todeserklärung, die Feststellung des Todes und des Todeszeitpunkts sowie Lebens- und Todesvermutungen unterliegen dem Recht des Staates, dem der Verschollene in dem letzten Zeitpunkt angehörte, in dem er nach den vorhandenen Nachrichten noch gelebt hat (Art. 9 Satz 1 EGBGB).

294 b) Nach Art. 9 Satz 2 EGBGB kann ein Ausländer nach deutschem Recht für tot erklärt werden, „wenn hierfür ein berechtigtes Interesse besteht". Diese *spezielle Vorbehaltsklausel* zugunsten des deutschen materiellen Rechts ist im Zusammenhang mit § 12 II VerschG zu lesen, der bei einem berechtigten Interesse die *internationale Zuständigkeit* deutscher Gerichte für Todeserklärungen festlegt. Ein berechtigtes Interesse an einer Entscheidung nach deutschem Sachrecht gemäß Art. 9 Satz 2 EGBGB kann beispielsweise zu bejahen sein, wenn Vermögen des Verschollenen in Deutschland vorhanden ist oder der Ehegatte, der sich wiederverheiraten möchte, seinen gewöhnlichen Aufenthalt in Deutschland hat (BegrRegE, BT-Drucks. 10/504, S. 46). Wenn ein solches berechtigtes Interesse vorliegt, ist zugleich gemäß § 12 II VerschG die internationale Zuständigkeit deutscher Gerichte für die Todeserklärung gegeben (umfassend *Kegel* § 17 I 1 f, bb).

c) Eine *ausländische Todeserklärung* kann nach Maßgabe des § 16 a FGG in Deutschland anerkannt werden. Wenn eine ausländische Todeserklärung in Deutschland nach § 16 a FGG anerkannt ist, bedarf es keiner Todeserklärung nach deutschem Recht mehr. *Beispiel:* Ein Deutscher, der seinen letzten gewöhnlichen Aufenthalt in Österreich hatte und dort für tot erklärt worden ist, gilt als in dem Zeitpunkt verstorben, der sich aus der – nach § 16 a FGG anzuerkennenden – österreichischen Entscheidung ergibt (zur Bindung an die Todesfeststellung durch ein ausländisches Gericht *Vékás*, IPRax 1982, 142).

295 Unter Art. 9 Satz 1 EGBGB („die Feststellung ... des Todeszeitpunkts sowie Lebens- und Todesvermutungen unterliegen dem Recht des Staates, dem der Verschollene . . . angehörte") fallen auch die Sachnormen, die den Sachverhalt regeln, daß sich bei mehreren gemeinsam Verstorbenen (*Kommorienten*) die Todeszeitpunkte nicht feststellen lassen. In *Fall a* gilt nach dem Heimatrecht des Ehemannes die Kommorientenvermutung des § 11 VerschG (Vermutung des gleichzeitigen Todes). Nach dem Heimatrecht der Ehefrau gilt die Vermutung des Art. 721 II Code civil: Wenn die gemeinsam Verstorbenen beide älter als 60 Jahre sind, wird vermutet, daß der Jüngere – in *Fall a*: die Ehefrau – den Älteren überlebt hat. Es besteht ein *Normenwiderspruch.* Manche wollen ihn dadurch auflösen, daß sie auf eine andere Kollisionsnorm ausweichen: Sie stellen auf das Recht ab, das die Rechtsbeziehungen zwischen den Verstorbenen beherrscht (*Jayme/Haack*, ZVglRWiss 84 [1985], 80, 96). Das wäre in *Fall a* das deutsche Recht als Ehewirkungsstatut (Art. 14 I Nr. 2 EGBGB). Andere wollen auf die *lex fori* abstellen (*von Bar* I Rdnrn. 628, 629) oder das IPR durch den materiellrechtlichen Satz ergänzen, daß bei widerstreitenden Kommorientenvermutungen gleichzeitiger Tod anzunehmen ist (*Kegel* § 8 III 4). Alle diese Ansichten kommen in *Fall a* zur Vermutung eines gleichzeitigen Todes der Ehegatten. Die Ehefrau hat den *Ehemann* nicht beerbt, weil sie ihn nicht überlebt hat (Erbstatut ist hinsichtlich des Nachlasses des Ehemannes das deutsche Recht nach Art. 25 I EGBGB); folglich bekommen die Verwandten der Ehefrau, auch wenn sie die *Ehefrau* beerben (Erbstatut ist hinsichtlich des Nachlasses der Ehefrau französisches Recht, Art. 25 I EGBGB), nichts vom Nachlaß des verstorbenen Ehemannes.

3. Besondere Rechtsfähigkeiten

296 Art. 7 I 1 EGBGB enthält eine Kollisionsregel für die allgemeine Fähigkeit eines Menschen, Träger von Rechten und Pflichten zu sein. Die Fähigkeit, einzelne Rechte und Pflichten zu haben – z.B. die nach ausländischen Sachrechten möglicherweise besonders geregelte Fähigkeit, Grundstücke zu erwerben, oder die Fähigkeit, Vormund zu werden – beurteilt sich nach dem Wirkungsstatut, also z.B. nach dem Sachstatut oder dem Heimatrecht des Mündels (*Kegel* § 17 I 1b). Die Parteifähigkeit im Zivilprozeß ist ebenfalls eine besondere Rechtsfähigkeit. Sie richtet sich nach der *lex fori*; nach § 50 I ZPO ist im deutschen Zivilprozeß parteifähig, wer rechtsfähig ist.

II. Geschäftsfähigkeit (Artt. 7, 12 EGBGB)

297 Die Geschäftsfähigkeit ist die Fähigkeit eines Menschen, *persönlich* seine Rechte und Pflichten durch Rechtsgeschäfte zu gestalten. Die Geschäftsfähigkeit unterliegt nach Art. 7 I 1 EGBGB – wie die Rechtsfähigkeit – dem Recht des Staates, dem die Person angehört (Personalstatut, *lex patriae*). Ob eine 17jährige türkische Staatsangehörige, die in Deutschland lebt, geschäftsfähig ist, richtet sich also nicht nach §§ 104ff. BGB, sondern nach dem türkischen ZGB. Nach Art. 11 Satz 1 des türkischen ZGB ist eine 17jährige nicht geschäftsfähig (*Fall b*). Grund für die Anknüpfung: Die Geschäftsfähigkeit ist – wie die Rechtsfähigkeit – ein Wesensmerkmal von Personen; sie unterliegt daher nicht dem Recht, das den Geschäfts*inhalt* bestimmt (Wirkungsstatut, *lex causae*), sondern wird als Voraussetzung für ein *gültiges* Geschäft gemäß Art. 7 I 1 EGBGB im Parteiinteresse gesondert angeknüpft. Anders bei der *Deliktsfähigkeit*: Sie unterliegt dem Recht, das auf die unerlaubte Handlung anzuwenden ist (Deliktsstatut, dazu unten Rdnr. 459).

1. Umfang des Geschäftsfähigkeitsstatuts

298 Das Geschäftsfähigkeitsstatut – nach Art. 7 I 1 EGBGB das Recht des Staates, dem die Person angehört – ist in mehrfacher Hinsicht von dem Recht abzugrenzen, dem das Rechtsgeschäft im übrigen unterliegt (Wirkungsstatut).

a) Allgemeine – besondere Geschäftsfähigkeit

Nach dem Geschäftsfähigkeitsstatut richtet sich nur die sog. *allgemeine Geschäftsfähigkeit.* Dazu gehören die Fragen, die das deutsche Sachrecht in §§ 2, 104–113 BGB regelt. Davon zu unterscheiden sind die Fähigkeiten, die sich auf ein bestimmtes Rechtsgebiet beziehen. Diese *besonderen Geschäftsfähigkeiten* unterliegen dem Wirkungsstatut: Die *Ehemündigkeit* unterliegt dem Recht, das auf die Voraussetzungen der Eheschließung anzuwenden ist (Art. 13 EGBGB). Die Fähigkeit, ein Kind zu adoptieren, wird dem *Adoptionsstatut* (Art. 22 EGBGB) entnommen; die *Testierfähigkeit* unterliegt dem Statut der Testamentserrichtung (Art. 26 V 1 EGBGB).

Eine weitere „besondere Geschäftsfähigkeit" ist die *Wechselfähigkeit*; für sie ist nach der Sondervorschrift des Art. 91 I 1 WechselG das Personalstatut maßgebend. Die *Prozeßfähigkeit* unterliegt als prozessuales Gegenstück zur Geschäftsfähigkeit grundsätzlich ebenfalls dem Personalstatut. Nach § 55 ZPO gilt jedoch ein Ausländer, dem nach seinem Heimatrecht die Prozeßfähigkeit fehlt, im Verkehrsinteresse als vor deutschen Gerichten prozeßfähig, wenn ihm die Prozeßfähigkeit nach der deutschen *lex fori* zusteht.

Weiteres Beispiel für eine besondere Geschäftsfähigkeit, die dem Wirkungsstatut (hier: der österreichischen *lex rei sitae*) unterliegt: Nach dem Recht

Österreichs können Kinder unter sieben Jahren Besitz nur durch ihren gesetzlichen Vertreter erwerben (§ 310 ABGB); im deutschen Recht gilt dagegen der Grundsatz „Ist das Kind auch noch so klein, kann es doch Besitzer sein" (*Palandt/Bassenge*, § 854 BGB Rdnr. 5). Kinder aus Deutschland, die im Weihnachtsurlaub in Österreich beschert werden, erlangen folglich erst am Grenzübergang Kufstein Besitz an ihren Geschenken.

b) Geschäftsfähigkeitsstatut – Wirkungsstatut

299 Im Bereich der allgemeinen Geschäftsfähigkeit ist das Geschäftsfähigkeitsstatut noch weiter vom Wirkungsstatut abzugrenzen: Das *Wirkungsstatut* – das auf das Geschäft anzuwendende Recht – entscheidet darüber, ob für das Geschäft die Geschäftsfähigkeit erforderlich ist. Das *Geschäftsfähigkeitsstatut* – das nach Art. 7 I 1 EGBGB auf die Geschäftsfähigkeit anzuwendende Recht – bestimmt darüber, ob die Geschäftsfähigkeit vorliegt. *Beispiel:* Nach irischem Recht tritt die unbeschränkte Geschäftsfähigkeit mit der Vollendung des 21. Lebensjahres ein. Eine 20jährige Irin, die in Deutschland lebt, kauft in Deutschland einen Kühlschrank. Das *deutsche Recht* als Vertragsstatut (Niederlassung des Verkäufers, Art. 28 II 2 EGBGB) stellt das Erfordernis der Geschäftsfähigkeit auf; das *irische Recht* als Personalstatut der Käuferin (Art. 7 I 1 EGBGB) sagt, daß der Käuferin die Geschäftsfähigkeit fehlt.

Das Personalstatut bestimmt gemäß *Art. 7 I 1 EGBGB* – wie im Fall der Irin – über das Volljährigkeitsalter. Das gilt nach *Art. 7 I 2 EGBGB* auch, soweit die Geschäftsfähigkeit durch Eheschließung erweitert wird. *Beispiel*: Eine 17jährige verheiratete Schweizerin profitiert nach Art. 7 I 1, 2 EGBGB auch bei Geschäftsabschlüssen in Deutschland von dem im schweizerischen Recht enthaltenen Satz „Heirat macht mündig" (Art. 14 Satz 2 schweiz. ZGB). Der auch im türkischen Recht enthaltene Satz „Heirat macht mündig" (Art. 11 Satz 2 türk. ZGB) spielt in *Fall b* beim Abschluß des Darlehensvertrages noch keine Rolle, da das Eltern-Kind-Darlehen vor der Eheschließung des Kindes gewährt wurde.

Umstritten ist, welcher Rechtsordnung die Konsequenzen zu entnehmen sind, wenn – wie in *Fall b* – nach dem Personalstatut die Geschäftsfähigkeit fehlt: Bestimmt das deutsche Recht (§§ 106ff. BGB) als *Wirkungsstatut* – Vertragsstatut des Darlehensvertrages gemäß Art. 28 II 1 EGBGB – oder das türkische Recht als *Personalstatut*, ob das Rechtsgeschäft der 17jährigen Türkin wirksam, nichtig oder schwebend unwirksam ist und ob die Minderjährige nach Eintritt der Volljährigkeit wirksam genehmigen kann? Die h.M. entnimmt die Folgen mangelnder Geschäftsfähigkeit im Interesse des Minderjährigenschutzes dem von Art. 7 I EGBGB berufenen Recht, so daß in *Fall b* das türkische Recht zu befragen wäre (*von Bar* II Rdnrn. 39, 43; *Kegel* § 17 I 2b; *Kropholler* § 42 I 1; *Palandt/Heldrich*, Art. 7 EGBGB Rdnr. 5). Das OLG Düsseldorf (IPRax 1996, 199m. krit. Aufs. *Baetge* [185] beurteilt die Rechtsfolgen mangelnder Geschäftsfähigkeit in *Fall b* dagegen nach dem Wirkungsstatut. Begründung: Gemäß Art. 32 I Nr. 5 EGBGB richten sich die Folgen fehlerhafter Rechtsgeschäfte nach dem Vertragsstatut; bei den Folgen mangelnder Geschäftsfähigkeit könne nichts anderes gelten. Wenn man sich dem anschließt, ist deutsches Recht anzuwenden: Die Eltern konnten nicht wirksam einwilligen (§§ 1643 I, 1822 Nr. 8 BGB: vormundschaftsgerichtliche Genehmigung bei Kreditaufnahme durch Minderjährige). In der Rückzahlung von 1000 DM liegt aber wohl eine konkludente Genehmigung durch die Tochter nach Eintritt der Volljährigkeit (§ 108 II BGB), so daß der Klage der Eltern gemäß § 607 I BGB stattzugeben ist.

c) Geschäftsfähigkeitsstatut – Vertretungsstatut

300 Das *Geschäftsfähigkeitsstatut* muß die Fragen beantworten, wer geschäftsunfähig, beschränkt geschäftsfähig oder geschäftsfähig ist; wer gesetzlicher Vertreter eines nicht voll Geschäftsfähigen ist, bestimmt sich dagegen nach dem *Vertretungsstatut*. Das ist im praktisch wichtigsten Fall – der gesetzlichen Vertretung von Minderjährigen – das Recht, das über die Beziehungen zwischen den Eltern und den Kindern herrscht (Art. 21 EGBGB, dazu unten Rdnr. 567).

2. Statutenwechsel, Art. 7 II EGBGB

301 Nach Art. 7 II EGBGB wird eine einmal erlangte Geschäftsfähigkeit durch den Erwerb oder Verlust der deutschen Staatsangehörigkeit nicht beeinträchtigt: Einmal geschäftsfähig, immer geschäftsfähig (*semel major, semper major*). Art. 7 II EGBGB ist *unvollkommen allseitig* formuliert und erfaßt die beiden Fallgruppen „ein Ausländer wird Deutscher" sowie „ein Deutscher wird Ausländer". Praktisch weniger bedeutsam ist die erste Fallgruppe (Erwerb der deutschen Staatsangehörigkeit, *Eingangsstatutenwechsel*); wichtiger ist die zweite Fallgruppe (Verlust der deutschen Staatsangehörigkeit, *Ausgangsstatutenwechsel*). Denn rechtsvergleichend betrachtet gibt es kaum Staaten, in denen das Volljährigkeitsalter niedriger ist als in Deutschland (§ 2 BGB: 18 Jahre), sehr wohl aber Staaten, in denen das Volljährigkeitsalter höher liegt: beispielsweise 19 Jahre (Österreich), 20 Jahre (Schweiz) oder 21 Jahre (Irland). Art. 7 II EGBGB kommt daher in der Praxis vor allem Deutschen zugute, die zwischen dem 18. und dem 21. Lebensjahr eine ausländische Staatsangehörigkeit erwerben (*von Bar* II Rdnr. 32).

Der unvollkommen allseitig gefaßte Art. 7 II EGBGB ist nach einhelliger Ansicht zur *vollkommen allseitigen* Kollisionsnorm zu erweitern. Die Norm erfaßt dann auch die Fallgruppe „ein Ausländer wird Angehöriger eines anderen ausländischen Staates" (dazu das Beispiel oben Rdnr. 108).

3. Verkehrsschutz, Art. 12 EGBGB

302 Art. 12 Satz 1 EGBGB regelt folgenden Fall: Bei Abschluß eines Vertrages befinden sich die Parteien im Staat A. Eine Vertragspartei ist als natürliche Person zwar nach den Sachvorschriften des Staates A rechts-, geschäfts- und handlungsfähig, nicht aber nach den Sachvorschriften ihres Heimatstaates B. Nach Art. 12 Satz 1 EGBGB kann sie sich nur dann auf ihre aus den Sachvorschriften des Staates B abgeleitete Rechts-, Geschäfts- und Handlungsunfähigkeit berufen, wenn der andere Vertragsteil bei Vertragsabschluß diese Rechts-, Geschäfts- und Handlungsunfähigkeit kannte oder kennen mußte. Diese Vorschrift schränkt das Staatsangehörigkeitsprinzip des Art. 7 EGBGB im Interesse des Verkehrsschutzes ein; sie übernimmt im wesentlichen Art. 11 EVÜ in das deutsche IPR.

Hinsichtlich der *Rechtsfähigkeit* ist die Vorschrift verunglückt (*von Bar* II Rdnr. 24; *Gamillscheg*, RdA 1998, 1, 11): Es ist in der Praxis äußerst unwahrscheinlich, daß sich jemand darauf beruft, er sei nach seinem Heimatrecht in Wirklichkeit noch nicht geboren oder als Leibeigener nicht rechtsfähig (*Gamillscheg*, ZfA 1983, 307, 354 spottet: „Hat also ein deutscher Arbeitgeber eine schöne Sklavin aus dem Morgenland eingestellt, so ist es [nach Art. 12 Satz 1 EGBGB] nichts mit dem Arbeitsvertrag, wenn er fahrlässig verkannt hat, daß es sich bei ihr in Wahrheit rechtlich um eine Sache handelt"). Auch hinsichtlich der *Handlungsfähigkeit* läuft Art. 12

Satz 1 EGBGB leer: Die Handlungsfähigkeit ist nach deutschem Recht ein Oberbegriff für die Geschäfts- und die Deliktsfähigkeit. Die Geschäftsfähigkeit wird in Art. 12 Satz 1 EGBGB ausdrücklich genannt; die Deliktsfähigkeit spielt für den „Vertragsabschluß" (Art. 12 Satz 1 EGBGB) keine Rolle und unterliegt ohnehin dem Deliktsstatut (dazu unten Rdnr. 459). Praktische Bedeutung erlangt die Vorschrift nur für die *Geschäftsfähigkeit.* Sie ist selbst insoweit rechtspolitisch umstritten, weil sie den Verkehrsschutz über den Schutz nicht voll geschäftsfähiger Personen stellt.

Die Vorschrift des Art. 11 EVÜ (Art. 12 Satz 1 EGBGB) ist inspiriert durch den *arrêt Lizardi* (Cass. req. 16. 1. 1861, D.P. 1861.1.193, Recueil Sirey 1861.1.305) des französischen Kassationshofes: Der Mexikaner *Lizardi*, 23 Jahre alt, hatte 1858 in Paris eine größere Menge Juwelen gekauft. Gegenüber der Zahlungsklage berief er sich auf das damalige mexikanische Volljährigkeitsalter von 25 Jahren (Frankreich: damals 21 Jahre, heute 18 Jahre). *Lizardi* wurde dennoch zur Zahlung verurteilt, weil es für die Wirksamkeit des Vertrages genüge, daß der Verkäufer ohne Leichtsinn, ohne Unvorsichtigkeit und in gutem Glauben von der Geschäftsfähigkeit des Mexikaners ausgehen konnte.

303 a) Art. 12 Satz 1 EGBGB schützt das Vertrauen auf die Geschäftsfähigkeit nach dem Recht des *Abschlußortes.* Nach der Formulierung der Vorschrift trägt die nicht voll geschäftsfähige Person die Beweislast, daß der Vertragspartner ihre mangelnde Geschäftsfähigkeit nach ihrem *Personalstatut* kannte oder durch eigenes Verschulden nicht kannte (Bericht *Giuliano/Lagarde*, BT-Drucks. 10/503, S. 66). Der gute Glaube des Vertragspartners wird allein durch die Kenntnis der ausländischen Staatsangehörigkeit nicht zwangsläufig ausgeschlossen; vielmehr kommt es auf die Umstände des Einzelfalles an (*Kropholler* § 42 I 3 a).

304 b) Art. 12 Satz 2 EGBGB schließt den Verkehrsschutz bei *familien- und erbrechtlichen Geschäften* aus (Beispiele: Eheverträge, Erbverträge). Solche Verträge sind keine Verkehrsgeschäfte, so daß der Gedanke des Verkehrsschutzes nicht trägt. Ferner ist der Verkehrsschutz nach dem Wortlaut des Art. 12 Satz 2 EGBGB bei Verfügungsgeschäften – nicht: Verpflichtungsgeschäften – über ein

Grundstück ausgeschlossen, das in einem anderen Staat als dem Staat des Abschlußortes liegt. Ratio legis: Bereits der Umstand, daß die Verfügung ein ausländisches Grundstück betrifft, muß es einem verständigen Vertragspartner nahelegen, sich über das dortige Recht der Geschäftsfähigkeit zu erkundigen.

c) Der Verkehrsschutz gemäß Art. 12 Satz 1 EGBGB gilt nach allgemeiner Ansicht auch für einen Mangel der *gesetzlichen Vertretungsmacht* der Eltern, des Vormunds oder des Pflegers. Das entnehmen einige Autoren aus der Verwendung des Wortes „Handlungsfähigkeit" in Art. 12 Satz 1 EGBGB und geben diesem Begriff auf diese Weise doch noch einen Sinn (*Palandt/Heldrich*, Art. 12 EGBGB Rdnr. 5; *Erman/Hohloch*, Art. 12 EGBGB Rdnr. 11). Die Entstehungsgeschichte der Vorschrift spricht jedoch eher für eine analoge Anwendung: Nach dem RegE enthielt Art. 12 noch einen zweiten Absatz, wonach der jetzige Art. 12 EGBGB bei einem Mangel der Vertretungsmacht eines Elternteils, Vormunds oder Pflegers entsprechend gelten sollte. Diesen zweiten Absatz hat der Rechtsausschuß des Bundestages mit der Begründung gestrichen, daß eine derartige Lösung auch im Wege der Analogie möglich sei und die Vorschrift nicht überfrachtet werden solle (BT-Drucks. 10/5632, S. 40–41).

III. Namensrecht (Art. 10 EGBGB)

305 Das Internationale Namensrecht ist in Deutschland eingehend geregelt (*Kegel*, Rpfleger 1987, 1, 5: „Die Deutschen haben einen Namens-Tick"). Art. 10 I EGBGB läßt im Grundsatz die *Staatsangehörigkeit* des Namensträgers über das Namensrecht entscheiden; in Art. 10 II und III EGBGB wird dieser Grundsatz für den Ehenamen und den Kindesnamen durch eine Reihe von *Rechtswahlmöglichkeiten* eingeschränkt.

Die in Art. 10 EGBGB normierten Kollisionsregeln des Namensrechts werden durch das internationale öffentliche Namensrecht ergänzt; es enthält Sach- und Kollisionsnormen für die Namensänderung durch in- und ausländische Behörden, für die Berichtigung von Personenstandsbüchern und für die Schreibweise von Namen in Personenstandsbüchern (dazu näher *Kegel* § 17

IV 1 i). Einschlägig ist vor allem das *Istanbuler CIEC-Übereinkommen über die Änderung von Namen und Vornamen* vom 4. 9. 1958 (BGBl. 1961 II, S. 1076, abgedruckt bei *Jayme/Hausmann* Nr. 14). Das Übereinkommen ist zwischen der Bundesrepublik Deutschland und einer Reihe anderer Vertragsstaaten (BGBl. II, Fundstellennachweis B) in Kraft. Es betrifft nur *öffentlichrechtliche* Namensänderungen, die im internen deutschen Recht im Namensänderungsgesetz (NÄG) geregelt sind, nicht dagegen *privatrechtliche* Namensänderungen etwa durch Heirat, Scheidung, Legitimation oder Adoption (Art. 1 des Übereinkommens). Nach Art. 2 des Übereinkommens besitzt ein Staat nur für eigene Staatsangehörige' die internationale Zuständigkeit zur Änderung von Namen oder Vornamen; eine in einem anderen Vertragsstaat vorgenommene unanfechtbare Namensänderung wird in Deutschland grundsätzlich anerkannt (Art. 3 des Übereinkommens).

1. Prinzipien der Anknüpfung

306 Art. 10 EGBGB ist das Ergebnis einer wechselvollen Entwicklung. Schon das *RG* erkannte den Grundsatz an, daß der Name einer natürlichen Person dem Recht des Staates unterliegt, dem die Person angehört (RGZ 95, 268, 272). Die Anknüpfung an die Staatsangehörigkeit des Namensträgers muß ihre Bewährungsprobe bestehen, wenn es um die Folgen familienrechtlicher Vorgänge für den Erwerb oder Verlust des Namens geht. Der *BGH* vertrat zunächst den Standpunkt, das für die Wirkung eines familienrechtlichen Ereignisses – Geburt, Legitimation oder Adoption eines Kindes, Heirat, Trennung oder Scheidung von Ehegatten – maßgebende Recht bestimme auch über die Folgen dieses Ereignisses für den Namen (BGHZ 44, 121, 124; BGH FamRZ 1960, 229, 231). Das Namensrecht war „kollisionsrechtlich weitgehend in den Kanälen des Internationalen Familienrechts versickert" (*von Bar* II Rdnr. 67). Anfang der siebziger Jahre kehrte der *BGH* in einer Grundsatzentscheidung zum Staatsangehörigkeitsprinzip zurück und erlaubte einer Spanierin, die einen Deutschen geheiratet hatte, nach ihrem Heimatrecht ihren Geburtsnamen zu behalten; das war damals nach deutschem Recht – Ehewirkungsstatut – noch nicht möglich (BGHZ 56, 193, 201). Bei der IPR-Reform von 1986 folgte der Gesetzgeber der neueren Linie des *BGH* (kritisch *Kegel* § 17 IV 1 b).

a) Personalstatut, Art. 10 I EGBGB

307 Nach Art. 10 I EGBGB unterliegt der Name einer Person dem Recht des Staates, dem die Person angehört (Heimatrecht, *lex patriae*). Die Anknüpfung an die Staatsangehörigkeit dient *erstens* dem Gleichklang des privaten Namensrechts mit dem öffentlichen Namensrecht: Den *Standesbeamten* wird die Arbeit erleichtert, da sie den Namen dem Paß entnehmen können, den der Heimatstaat ausgestellt hat; dem *Namensträger* ist gedient, wenn ihn der Paß seines Heimatstaates unter dem Namen ausweist, unter dem er auch in den deutschen Personenstandsregistern verzeichnet ist (Beispiel bei *Kropholler* § 43 I 2 a.E.). *Zweitens* trägt die Betonung des Personalstatuts in Art. 10 I EGBGB dem Umstand Rechnung, daß die Namensführung die persönlichen Interessen – das Persönlichkeitsrecht – des Namensträgers stark berührt. *Drittens* enthält Art. 10 I EGBGB eine Absage an die ältere Rechtsprechung des *BGH* (BGHZ 44, 121, 124; anders BGHZ 56, 193, 201 und später), die das Namensrecht den familienrechtlichen Anknüpfungen unterstellte. Das Kollisionsrecht zieht in Art. 10 I EGBGB die Konsequenz aus dem Umstand, daß auch im materiellen deutschen Namensrecht – wegen zahlreicher Wahlmöglichkeiten der Ehegatten (§§ 1355, 1616 BGB) – der Name vielfach nicht mehr die Funktion hat, die Familienzugehörigkeit kenntlich zu machen. Das Internationale Namensrecht folgt damit – eingeleitet durch den *BGH* Anfang der siebziger Jahre (BGHZ 56, 193, 201) – dem Wandel des materiellen Namensrechts.

b) Möglichkeiten der Rechtswahl

308 Für die Namen von Ehegatten und Kindern eröffnet Art. 10 II, III EGBGB eine – auf bestimmte Rechtsordnungen begrenzte – Rechtswahl. Diese Möglichkeiten schränken den Grundsatz des Art. 10 I EGBGB erheblich ein. Rechtspolitisch spricht für eine Rechtswahl im Namensrecht vor allem, daß sich Personen mit gewöhnlichem Aufenthalt außerhalb ihres Heimatstaates – beispielsweise langfristig in Deutschland lebende Ausländer – durch eine Rechtswahl an die namensrechtlichen Gepflogenheiten ihrer Umwelt anpassen können. Die Abwahl des Heimatrechts birgt allerdings die Gefahr, daß der Heimatstaat die Rechtswahl nicht anerkennt und der Name im Reisepaß anders lautet als beispielsweise der in Deutschland geführte und in deutschen Papieren – Aufenthaltserlaubnis, Führerschein – eingetragene Name. Während bei der Anknüpfung nach Art. 10 I EGBGB wie bei allen Verweisungen auf das Heimatrecht ein *Renvoi* nach Art. 4 I EGBGB grundsätzlich zu beachten ist, kommt bei einer Wahl des anzuwendenden Namensrechts nach Art. 10 II, III EGBGB ein *Renvoi* nicht in Betracht (Art. 4 II EGBGB).

c) Umfang des Namensstatuts

309 Das nach Art. 10 EGBGB ermittelte Recht entscheidet über die Bildung des Namens – Vorname, Zwischenname, Familienname („Pearl S. Buck") –, über die Schreibweise und darüber, ob Zusätze wie „Jr." oder „III." zum Namen gehören. Wenn es erforderlich ist, fremde Schriftzeichen (arabisch, chinesisch) in die lateinische Schrift umzusetzen, hilft das internationale Einheitsrecht in Gestalt des *Berner CIEC-Übereinkommens über die Angabe von Familiennamen und Vornamen in den Personenstandsbüchern* vom 13. 7. 1973 (BGBl. 1976 II, S. 1474, 1977 II, 254). Die Fragen des *Namensschutzes* (vgl. § 12 BGB) werden nicht nach Art. 10 EGBGB angeknüpft, sondern richten sich nach dem Internationalen Deliktsrecht (*Palandt/Heldrich*, Art. 10 EGBGB Rdnr. 11).

Art. 10 EGBGB enthält Kollisionsregeln für den *Bürgerlichen Namen* – verstanden als Gegensatz zur Firma, § 17 HGB, die eigenen Kollisionsregeln unterliegt (dazu unten Rdnr. 595) – und für *Adelsbezeichnungen*: „Soweit der Adel sich im Namen ausdrückt, richtet er sich gemäß Art. 10 I EGBGB nach dem Personalstatut" (*Kropholler* § 43 I 3). Die Abschaffung des Adelsprädikats als Namensbestandteil – wie vor allem im früheren Ostblock und in Österreich – sehen einige Autoren als politische Staatseingriffe in private Rechte, die wie Enteignungen nur auf dem Gebiet des eingreifenden Staates wirken (Nachw. bei *Kegel* § 17 IV 2). Die deutsche Rechtsprechung läßt dagegen das Personalstatut des Adligen über die Abschaffung des Adelstitels entscheiden; sie erkennt die Adelsabschaffung folglich an, wenn sie vom Heimatstaat des Adligen vorgenommen wurde (z.B. LG Würzburg StAZ 1959, 15, 18 betr. Otto [von] Habsburg-Lothringen).

Wie stark sich schon in Europa – *rechtsvergleichend* betrachtet – das ausländische Namensrecht vom deutschen Namensrecht unterscheiden kann, zeigt ein Beispiel in Anlehnung an AG München, StAZ 1992, 313: Der Isländer Bjørn Einvardson heiratet; nach isländischem Recht erwirbt die Frau den Nachnamen Einvardson. Dieser Name ist jedoch auf eine Generation beschränkt. Der Nachname der Kinder wird gebildet, indem man dem Vornamen des Vaters (Bjørn) die Nachsilbe „son" oder „døttir" hinzufügt. Der Sohn heißt folglich mit Nachnamen Bjørnson, die Tochter Bjørndøttir.

2. Wahl des Ehenamensstatuts, Art. 10 II EGBGB

310 Der Ehename wird gemäß Art. 10 I EGBGB grundsätzlich nach dem Personalstatut der Ehegatten bestimmt; jeder heißt nach der Heirat so, wie sein Heimatrecht es anordnet (dazu *Hepting*, StAZ 1994, 1, 3–4). In *Fall c* führt also grundsätzlich jeder der Ehegatten nach der Eheschließung den Namen, der ihm nach dem materiellen Namensrecht zukommt, das sich aus der Kollisionsnorm des Art. 10 I EGBGB ergibt (Ehemann: türkisches Recht; Ehefrau: polnisches Recht). Ergänzend sieht Art. 10 II EGBGB Wahlmöglichkeiten vor, wobei es nicht darauf ankommt, ob die Ehe im Inland oder im Ausland geschlossen wurde. Art. 10 II EGBGB handelt nicht von der *Namenswahl*, sondern von der *Rechtswahl*; ob und wie die Eheleute den *Namen* wählen können, ergibt sich aus dem gewählten materiellen *Recht* (*Henrich*, StAZ 1996, 129).

a) Eheschließung

311 Bei oder nach der Eheschließung können die Ehegatten gemäß Art. 10 II 1 EGBGB eine Rechtswahl hinsichtlich des *künftig* zu führenden Namens treffen; die Rechtswahl wirkt also nicht zurück. Die Rechtswahl ist durch eine gemeinsame Erklärung gegenüber dem Standesbeamten auszuüben. Wenn die Erklärung *nach der Eheschließung* abgegeben wird, muß sie gemäß Art. 10 II 2 EGBGB öffentlich beglaubigt werden. Eine Befristung der Rechtswahlmöglichkeit ist nicht vorgesehen; die Parteien können also noch viele Jahre nach der Eheschließung die Rechtswahl treffen. Die Fünfjahresfrist des § 1355 III BGB i.V.m. § 13a II EheG gilt für die Rechtswahl auch nicht analog (*Palandt/Heldrich*, Art. 10 EGBGB Rdnr. 14; a.A. *Coester*, FuR 1994, 1, 8). Von der *Rechtswahl* ist die *Namenswahl* (nach dem gewählten Recht) zu unterscheiden: Bei der Wahl des deutschen Rechts als Namensstatut muß die nachträgliche Bestimmung des Ehenamens gemäß § 1355 III 2 BGB innerhalb von fünf Jahren nach der Heirat erfolgen; eine spätere Wahl des deutschen Rechts wäre zwar *kollisionsrechtlich* wirksam, würde aber *materiellrechtlich* keine Namenswahl mehr eröffnen (*Henrich*, IPRax 1994, 174, 175). Art. 10 II 1 EGBGB räumt den Ehegatten bei oder nach der Eheschließung zwei verschiedene Rechtswahlmöglichkeiten ein:

(1) In *gemischtnationalen Ehen* können die Ehegatten das Namensrecht eines Staates wählen, dem ungeachtet des Art. 5 I EGBGB einer der Ehegatten angehört (Art. 10 II 1 Nr. 1 EGBGB). In *Fall c* steht es den Ehepartnern frei, sich für türkisches oder polnisches Namensrecht zu entscheiden. Wählen sie das türkische Recht, führt die Frau den Familiennamen des Mannes (Art. 153 I türk. ZGB).

(2) In *allen Ausländerehen* – gleichgültig, ob die beiden Eheleute verschiedene Staatsangehörigkeiten oder dieselbe Staatsangehörigkeit haben – kann der Ehename nach deutschem Recht gewählt werden, wenn einer der Ehegatten seinen *gewöhnlichen Aufenthalt* in Deutschland hat (Art. 10 II 1 Nr. 2 EGBGB). In *Fall c* können sich die Eheleute also durch *Rechtswahl* auch für das deutsche Namensrecht entscheiden; dann können sie materiellrechtlich eine *Namenswahl* nach § 1355 BGB treffen.

b) Ehescheidung

312 Wenn die Ehe geschieden ist, gelten die Kollisionsregeln des Art. 10 EGBGB weiter. Das Namensrecht eines jeden der beiden früheren Ehegatten bestimmt sich also grundsätzlich nach seinem Personalstatut (Art. 10 I EGBGB). Wenn die Eheleute eine Rechtswahl nach Art. 10 II EGBGB getroffen hatten, bleibt das gewählte Namensrecht auch über die Scheidung der Ehe hinaus für beide Beteiligten maßgebend. Es ist umstritten, ob ein Ehegatte nach der Scheidung kollisionsrechtlich wieder zugunsten seines

Personalstatuts optieren kann (*Henrich*, StAZ 1996, 129, 132–133), oder ob er an die Rechtswahl gebunden bleibt (*Palandt/Heldrich*, Art. 10 EGBGB Rdnr. 12). Die erstgenannte Ansicht – Option für das Heimatrecht nach der Scheidung – verdient den Vorzug, weil die Rechtswahl im Hinblick auf die Ehe erfolgt ist. In *Fall c* hat die Ehefrau, wenn bei der Eheschließung das türkische Recht gewählt wurde, gemäß Art. 141 türk. ZGB nach der Ehescheidung wieder ihren Geburtsnamen anzunehmen; gestattet man ihr, nach der Scheidung für ihr Heimatrecht zu optieren, so kann sie nach polnischem Recht den Familiennamen des Ehemannes nach der Scheidung behalten.

3. Wahl des Kindesnamensstatuts, Art. 10 III EGBGB

313 Nach Art. 10 I EGBGB entscheidet über den Familiennamen des Kindes grundsätzlich das Personalstatut des Kindes. Die Möglichkeiten der Rechtswahl wurden durch die Kindschaftsrechtsreform von 1997 erweitert und vereinfacht. Sie sind seit dem 1. 7. 1998 in Art. 10 III EGBGB zusammengefaßt, der – wie das materielle deutsche Kindschaftsrecht – nicht mehr zwischen ehelichen und nichtehelichen Kindern unterscheidet. Art. 10 III 1 EGBGB sieht drei Wahlmöglichkeiten vor, von denen die ersten beiden denjenigen für den Ehenamen in Art. 10 II EGBGB entsprechen. Der Inhaber der elterlichen Sorge kann bestimmen, daß das Kind den Familiennamen erhalten soll

- nach dem Recht des Staates, dem ungeachtet des Art. 5 I EGBGB ein Elternteil angehört (Art. 10 III 1 Nr. 1 EGBGB),
- nach deutschem Recht, wenn ein Elternteil seinen gewöhnlichen Aufenthalt in Deutschland hat (Art. 10 III 1 Nr. 2 EGBGB), oder
- nach dem Recht des Staates, dem ein den Namen Erteilender angehört (Art. 10 III 1 Nr. 3 EGBGB).

Nach Art. 10 III 1 Nr. 1 EGBGB kann – ebenso wie nach Art. 10 II 1 Nr. 1 EGBGB – bei mehrfacher Staatsangehörigkeit jedes der Heimatrechte gewählt werden („ungeachtet des Art. 5 I EGBGB“).

314 Art. 10 III 1 Nr. 2 EGBGB hat in folgendem *Beispiel* Bedeutung: Eine ledige türkische Staatsangehörige, die in Deutschland lebt, bringt hier ein Kind zur Welt; ein Landsmann erkennt die Vaterschaft an. – Gemäß Art. 10 I EGBGB richtet sich der Familienname des Kindes grundsätzlich nach dem türkischen Heimatrecht des Kindes; danach führt ein Kind den Familiennamen des Mannes, der die Vaterschaft anerkannt hat. Art. 10 III 1 Nr. 2 EGBGB erlaubt dem Inhaber der elterlichen Sorge, deutsches Namensrecht zu wählen, wenn ein Elternteil seinen gewöhnlichen Aufenthalt in Deutschland hat. Die Frage, wem die Sorge zusteht, beurteilt sich gemäß Art. 21 EGBGB nach deutschem Recht (gewöhnlicher Aufenthalt des Kindes). Danach hat allein die Mutter die elterliche Sorge (§ 1626 a II BGB). Wählt die Mutter gemäß Art. 10 III 1 Nr. 2 EGBGB das deutsche Recht, bekommt das Kind nach § 1617 a BGB den Familiennamen der Mutter (Fall nach *Henrich*, StAZ 1998, 1, 5).

Art. 10 III 1 Nr. 3 EGBGB spielt vor allem eine Rolle, wenn die Mutter heiratet und der Mann nach seinem Heimatrecht seinen Familiennamen dem Kind geben kann („Einbenennung"). Die Rechtswahlmöglichkeiten sind rechtspolitisch umstritten, weil sie die Gefahr „hinkender Namensführungen" heraufbeschwören, wenn der Heimatstaat des Kindes die Rechtswahl nicht anerkennt. In allen drei Fällen des Art. 10 III 1 EGBGB kann die Rechtswahl bei oder nach der Beurkundung der Geburt des Kindes erklärt werden; nach der Beurkundung der Geburt abgegebene Rechtswahlerklärungen sind notariell zu beglaubigen (Art. 10 III 2 EGBGB).

§ 14. Rechtsgeschäftslehre

315 **Literatur** (zur Anknüpfung von Form und Stellvertretung unten Rdnrn. 319, 331): *G. Fischer,* Verkehrsschutz im internationalen Vertragsrecht, (1990); *von Hoffmann,* Vertragsannahme durch Schweigen im internationalen Schuldrecht, RabelsZ 36 (1972), 510; *Hay*, Die Qualifikation der Verjährung im US-amerikanischen Kollisionsrecht, IPRax 1989, 197; *Jayme,* Allgemeine Geschäftsbedingungen und IPR, ZHR 142 (1978), 105; *W. Lorenz,* Konsensprobleme bei international-schuldrechtlichen Distanzverträgen, AcP 159 (1960/61), 193; *Stoll,* Internationalprivatrechtliche Probleme bei Verwendung Allgemeiner Geschäftsbedingungen, Festschrift Beitzke (1979), S. 759; *Will*, Verwirkung im IPR, RabelsZ 42 (1978), 211.

Fälle:

a) Auf einer Messe in Brüssel kauft ein belgisches Unternehmen von einem deutschen Hersteller eine Packmaschine. Nach der Messe bestätigt der deutsche Hersteller den (mündlichen) Vertragsschluß durch ein Telefax, das seine ebenfalls per Fax übermittelten AGB für anwendbar erklärt. Das belgische Unternehmen schweigt auf das Telefax.

b) Ein Deutscher, der in Österreich lebt, verkauft sein am Starnberger See (Bayern) gelegenes Grundstück einem in München ansässigen Freund. Der Kaufvertrag wird durch Briefwechsel geschlossen. Wirksam?

c) Der russische Schriftsteller Alexander Solschenizyn erteilte dem Züricher Rechtsanwalt Dr. H. brieflich die Vollmacht, einem deutschen Verlag vertraglich das Recht einzuräumen, den Roman „August 1914" zu übersetzen und zu verbreiten. Welcher Rechtsordnung unterliegt die Vollmacht?

I. Zustandekommen und Wirksamkeit

Ein *Rechtsgeschäft* ist ein Tatbestand, der aus mindestens einer Willenserklärung besteht und an den eine Rechtsfolge geknüpft ist. Das *einseitige Rechtsgeschäft* (Beispiele: Kündigungserklärung, Testamentserrichtung) enthält die Willenserklärung nur einer Person. Das *mehrseitige Rechtsgeschäft* – wichtigster Fall ist der Vertrag – setzt sich aus den übereinstimmenden Willenserklärungen von mindestens zwei Personen zusammen. Die *Rechtsgeschäftslehre* handelt von den Fragen, ob ein Rechtsgeschäft (Willenserklärung, Vertrag) vorliegt, ob es wirksam ist und welchen Inhalt es hat. Dem IPR der Rechtsgeschäftslehre ist zu entnehmen, welche Rechtsordnung diese materiell-rechtlichen Fragen beantwortet. Es ist im EGBGB nur bruchstückhaft geregelt; die wichtigsten Vorschriften sind Artt. 11, 31 EGBGB.

1. Schuldverträge (Art. 31 EGBGB)

316 Nach Art. 31 I EGBGB beurteilen sich das Zustandekommen und die Wirksamkeit eines *Vertrages* oder einer seiner Bestimmungen grundsätzlich nach dem Recht, das anzuwenden wäre, wenn der Vertrag oder die Bestimmung wirksam wäre *(Vertragsstatut)*. Diese Kollisionsnorm gehört zu den Anknüpfungsregeln für vertragliche Schuldverhältnisse (Artt. 27–37 EGBGB); sie gilt nur für schuldvertragliche Verpflichtungen und entspringt dem Wunsch, eine einzige Rechtsordnung – das Vertragsstatut – über das Zustandekommen und die Wirksamkeit des Vertrages entscheiden zu lassen. Das Vertragsstatut beantwortet die Fragen, ob ein Angebot und eine Annahme vorliegen, ob Willenserklärungen zugegangen sind (vgl. *W. Lorenz*, AcP 159 [1960/61], 193, 206 zur *mail-box rule* des Common Law) und ob Willensmängel (Irrtum, Täuschung, Drohung) oder Einigungsmängel (Dissens) bestehen.

Das Vertragsstatut entscheidet grundsätzlich auch über die Frage, ob Allgemeine Geschäftsbedingungen wirksam in den Vertrag einbezogen sind (*Jayme*, ZHR 142 [1978], 105), und über die Folgen, wenn bei grenzüberschreitenden Geschäften jede Partei ihre AGB für anwendbar erklärt (vgl. [öst.] OGH IPRax 1991, 419 m. Aufs. *S. Tiedemann* [424]). Eine wichtige Vorbehaltsklausel zugunsten des deutschen AGB-Gesetzes enthält allerdings § 12 AGBG (dazu unten Rdnrn. 402–403). Hinsichtlich der *Wirksamkeit* des Vertrages ist zu unterscheiden: Gesetzliche Verbote (vgl. § 134 BGB) unterliegen häufig einer Sonderanknüpfung nach Art. 34 EGBGB. Die Frage der Sittenwidrigkeit des Vertrages ist dagegen gemäß Art. 31 I EGBGB nach dem Vertragsstatut zu beantworten; die Sonderanknüpfung nach Art. 34 EGBGB erfaßt § 138 BGB nicht (*Mankowski*, RIW 1996, 8).

317 Eine Ausnahme vom Vertragsstatut macht Art. 31 II EGBGB. Danach kann jede Partei die Behauptung, sie habe „dem Vertrag nicht zugestimmt", auf das

Recht ihres *gewöhnlichen Aufenthalts* stützen, wenn es nach den Umständen nicht gerechtfertigt wäre, die Wirkung ihres Verhaltens dem Vertragsstatut zu entnehmen. *Beispiel* (nach *Rabel* II 521): Ein New Yorker Privatmann bestellt bei einem Nürnberger Kaufmann während dessen Geschäftszeit per Telefax 10 Kilo Lebkuchen; kurz darauf widerruft er seine Bestellung durch ein zweites Telefax. Der Nürnberger Kaufmann läßt den Widerruf nicht gelten und erklärt in angemessener Frist (vgl. § 147 II BGB) die Annahme der Bestellung. – Das *deutsche Recht* ist Vertragsstatut gemäß Art. 28 II 2 EGBGB; nach § 130 I 2 BGB ist ein Widerruf nach Zugang des Angebots verspätet und steht der Annahme des Angebots nicht entgegen. Nach *New Yorker Recht* kann ein Angebot (eine Bestellung) bis zur Absendung der Annahmeerklärung widerrufen werden. Art. 31 II EGBGB schützt das Vertrauen des New Yorker Bestellers in das ihm bekannte Recht seines gewöhnlichen Aufenthalts (*Kegel* § 17 V 1 a): Der Widerruf des New Yorkers ist wirksam, die Annahmeerklärung des Nürnbergers ist unwirksam.

Ein weiterer Anwendungsfall des Art. 31 II EGBGB ist das *kaufmännische Bestätigungsschreiben* (*Fall a*). Bei der Anwendung des Art. 31 II EGBGB muß stets im Einzelfall geprüft werden, ob es nach den Umständen gerechtfertigt oder nicht gerechtfertigt wäre, das Vertragsstatut anzuwenden *(Firsching/von Hoffmann* § 10 Rdnr. 86 mit einem Beispiel). So durfte im *Fall a* der Belgier darauf vertrauen, daß sein Verhalten nach seinem Heimatrecht beurteilt wird, weil der geschäftliche Kontakt in Belgien stattgefunden hatte (*Sandrock*, RIW 1986, 841, 849–850). Art. 31 II EGBGB setzt ferner in jedem Fall voraus, daß die Einigung nach dem Vertragsstatut wirksam wäre: Nur dieses Ergebnis kann Art. 31 II EGBGB korrigieren. Die Vorschrift kann nicht dazu führen, daß ein Vertrag im Widerspruch zum Vertragsstatut wirksam zustande gekommen ist (Bericht *Giuliano/Lagarde,* BT-Drucks. 10/503, 60).

2. Andere Rechtsgeschäfte

318 Für die Anknüpfung der Rechtsfrage, ob andere Rechtsgeschäfte als Schuldverträge – beispielsweise Erteilung einer Vollmacht, dingliche Geschäfte, Ehevertrag oder Testament – wirksam zustandegekommen sind, enthält das deutsche IPR keine geschriebene Kollisionsregel. Art. 31 I EGBGB ist jedoch Ausprägung eines allgemeinen Grundsatzes: Das für das Geschäft maßgebliche Recht

(Geschäftsrecht, Wirkungsstatut, *lex causae*) „beherrscht das Geschäft von der Wiege bis zum Grabe“ *(Kegel* § 17 V 1 a). Ob eine rechtsgeschäftliche Erklärung zugegangen ist, ob sie angefochten werden kann und ob sie einen zulässigen Inhalt hat – diese und andere Fragen der Rechtsgeschäftslehre sind grundsätzlich nach dem *Geschäftsstatut* zu beantworten. Selbständig angeknüpft wird dagegen die Geschäftsfähigkeit der an dem Rechtsgeschäft beteiligten Personen; sie beurteilt sich gemäß Art. 7 I 1 EGBGB nach dem *Personalstatut* (dazu oben Rdnr. 297). Für die Abgrenzung von Geschäftsstatut und Personalstatut gilt: Ob für das Rechtsgeschäft die Geschäftsfähigkeit erforderlich ist, richtet sich nach dem Geschäftsstatut (vgl. die deutsche Sachnorm des § 165 BGB für das Vertretergeschäft); ob die handelnde Person geschäftsfähig ist, beurteilt sich nach ihrem Personalstatut (Art. 7 I 1 EGBGB).

II. Form der Rechtsgeschäfte (Art. 11 EGBGB)

319 **Literatur:** *Furgler,* Die Anknüpfung der Vertragsform im IPR (Zürich 1985); *Kropholler,* Auslandsbeurkundungen im Gesellschaftsrecht, ZHR 140 (1976), 394; *Mann,* Zur Auslegung des Art. 11 EGBGB, ZHR 138 (1974), 418; *Marsch,* Der Favor Negotii im deutschen internationalen Privatrecht (1976); *von Mehren,* The „Battle of Forms“ – A Comparative View, 38 Am. J. Comp. L. 265 (1990); *Zellweger,* Die Form der schuldrechtlichen Verträge im internationalen Privatrecht (Basel 1990); *Zweigert,* Zum Abschlußort schuldrechtlicher Distanzverträge, Festschrift Rabel (1954), S. 631.

Die Anknüpfungsregeln für die Form von Rechtsgeschäften sind in Art. 11 EGBGB enthalten. Die ersten vier Absätze der Vorschrift übernehmen teils wörtlich, teils inhaltlich Art. 9 EVÜ. Die Vorschriften des Art. 11 EGBGB gelten – anders als das EVÜ – nicht nur für Schuldverträge, sondern für alle Rechtsgeschäfte. Spezielle Kollisionsnormen für bestimmte Rechtsgeschäfte finden sich für die Form von *Verbraucherverträgen* in Art. 29 III EGBGB, für die Form einer *Eheschließung im Inland* in Art. 13 III EGBGB und für die Form *letztwilliger Verfügungen* in Art. 26 EGBGB; diese Spezialregeln verdrängen in ihrem Anwendungsbereich die allgemeine Kollisionsnorm des Art. 11 EGBGB.

1. Anknüpfung des Formstatuts

320 Art. 11 EGBGB enthält im ersten Absatz die Grundregel für alle *Rechtsgeschäfte;* der zweite Absatz konkretisiert diese Grundregel für *Verträge* zwischen Parteien in verschiedenen Staaten, und der dritte Absatz konkretisiert sie für den Vertragsschluß durch einen *Vertreter.* Im vierten Absatz (schuldrechtliche Grundstücksverträge) und im fünften Absatz (sachenrechtliche Rechtsgeschäfte) stehen Ausnahmen von der Grundregel. Die Verweisungen des Art. 11 EGBGB sind Sachnormverweisungen (Art. 3 I 2 EGBGB), so daß ein *Renvoi* ausgeschlossen ist (*Palandt/Heldrich*, Art. 11 EGBGB Rdnr. 1 m.w.N.; str., a.A. *Staudinger/Hausmann*, Art. 4 EGBGB Rdnrn. 153–156).

a) Alternativität (Günstigkeitsprinzip)

321 Die Grundregel des Art. 11 I EGBGB normiert das *Prinzip der Alternativität* von Geschäftsrecht und Ortsrecht: Zum einen entscheidet das Recht, das auf den Gegenstand des Rechtsverhältnisses anzuwenden ist (Geschäftsrecht, *lex causae*). Das ist beispielsweise bei Schuldverträgen das von den Parteien gewählte (Art. 27 EGBGB), hilfsweise das objektiv anzuwendende Recht (Art. 28 EGBGB). Zum anderen unterstellt Art. 11 I EGBGB die Formerfordernisse dem Recht des Staates, in welchem das Rechtsgeschäft vorgenommen wird (Ortsrecht, *lex loci actus*). Orts- und Geschäftsrecht gelten *alternativ:* Das Rechtsgeschäft ist formgültig, wenn es den Formerfordernissen wenigstens eines dieser beiden Rechte genügt *(Günstigkeitsprinzip;* dazu allgemein oben Rdnr. 179).

Das – wahlweise – Abstellen auf das Recht des Vornahmeortes entspricht der Regel *locus regit actum:* Diese Regel gilt fast überall auf der Welt, meistens – wie im deutschen IPR – alternativ zu dem Recht, das auf das Rechtsverhältnis selbst anzuwenden ist. Die Regel *locus regit actum* soll den Rechtsverkehr erleichtern (favor negotii): Wenn eine Behörde oder eine Amtsperson bei dem Rechtsgeschäft mitzuwirken hat (vgl. § 128 BGB), kann sie regelmäßig nur nach ihrer eigenen Rechtsordnung – dem Ortsrecht – tätig werden. So darf ein deutscher Notar, auch wenn ein Vertrag kraft Rechtswahl dem französischen Recht unterliegen soll, den Vertrag nur nach den Regeln des deutschen Rechts beurkunden. Aber auch bei den Formen, bei denen keine Amtspersonen mitwirken müssen (z.B. Schriftform, vgl. §§ 126, 127 BGB), soll sich der Handelnde nach dem Ortsgebrauch richten dürfen, da er die Formvorschriften des Geschäftsrechts – der *lex causae* – oft nur schwer ermitteln kann (*Kropholler* § 41 III 1).

322 Die Möglichkeit, die Formerfordernisse der *lex causae* durch das Recht des Vornahmeortes zu ersetzen, gibt der Leichtigkeit des Rechtsverkehrs den Vorrang vor den Schutzanliegen der Formvorschriften. Rechtspolitisch ist das nicht unproblematisch, wie ein *Beispiel* zeigt: Ein deutscher Urlauber macht in der Schweiz einem anderen deutschen Urlauber auf der Rückseite einer Speisekarte ein schriftliches Schenkungsversprechen; später reut ihn seine Großzügigkeit. – Das deutsche Recht – Geschäftsrecht (*lex causae*) gemäß Art. 28 II 1 EGBGB, weil der Schenker die charakteristische Leistung erbringt – verlangt die notarielle Beurkundung des Schenkungsversprechens (§ 518 I BGB), um den Schenker gegen Leichtsinn zu schützen; das schweizerische Ortsrecht (*lex loci actus*) läßt dagegen ein privatschriftliches Schenkungsversprechen genügen (Artt. 243 I, 13 I, II OR). Nach Art. 11 I EGBGB reicht die Einhaltung des schweizerischen Formerfordernisses; das Schenkungsversprechen ist wirksam (*Firsching/von Hoffmann* § 10 Rdnr. 5).

Das Ortsrecht – das Recht des Staates, in welchem das Rechtsgeschäft vorgenommen wird (Art. 11 I EGBGB) – kommt nach einhelliger Ansicht auch zum Zuge, wenn sich die Parteien nur *vorübergehend* am Vornahmeort aufhalten (Urlaub, s. das vorige Beispiel). Es schadet auch nicht, wenn der Auslandsaufenthalt ausschließlich dazu dient, in den Genuß der leichteren oder kostengünstigeren Ortsform zu gelangen (*Kropholler* § 41 III 5b): Um die Rechtssicherheit nicht zu gefährden, fragt Art. 11 I EGBGB nicht nach der Dauer oder nach dem Grund des Aufenthalts.

323 An welchem Ort ein Rechtsgeschäft „vorgenommen wird" (Art. 11 I EGBGB), bedarf einer Konkretisierung:

(1) Bei *einseitigen Erklärungen* unter Abwesenden stellt die herrschende Ansicht nicht auf den Ort ab, an welchem die Erklärung zugeht (*Empfangsort*), sondern auf den Ort, an welchem die Erklärung abgegeben wird (*Abgabeort*): Dem Erklärenden soll es gestattet sein, die für ihn nächstliegende Form zu benutzen. Diese Regel kann Unbehagen auslösen, weil sie das Prinzip *locus regit actum* stark

betont. *Beispiel:* Ein französischer Arbeitgeber erklärt seinem in Paris arbeitenden Arbeitnehmer vom Frankfurter Flughafen aus telefonisch die Kündigung. – Das französische Recht, das gemäß Art. 30 II Nr. 1 EGBGB auf das Arbeitsverhältnis anzuwenden ist, verlangt für die arbeitgeberseitige Kündigung die Schriftform (Art. L 122–14 Code du Travail); das deutsche Recht – Abgabeort der Erklärung: Frankfurt am Main – erlaubt die mündliche Kündigungserklärung. Art. 11 I EGBGB läßt nach herrschender Ansicht die Form des Abgabeortes genügen; die Kündigung ist danach formwirksam erklärt (kritisch aus rechtspolitischer Sicht: *Gamillscheg*, ZfA 1983, 307, 355). Der Gedanke: „Man soll sich in der Form äußern dürfen, die um einen herum üblich ist" *(Kegel* § 17 V 3c) ist in diesem Fall wenig überzeugend; das Unbehagen resultiert aus der rechtspolitischen Fehlleistung, daß das EVÜ und ihm folgend das EGBGB bei Arbeitsverträgen – anders als bei Verbraucherverträgen, Art. 29 III EGBGB – keine Ausnahme von Art. 11 I EGBGB vorsieht.

324 (2) Bei *Verträgen* zwischen Personen, die sich in verschiedenen Staaten befinden (Distanzgeschäfte), wird die Alternativanknüpfung an den Geschäftsort oder den Vornahmeort (Art. 11 I EGBGB) durch eine zweite Alternativanknüpfung ergänzt: Als *Recht des Vornahmeortes* kommen alternativ die Rechte der beiden Staaten zum Zuge, in denen sich die beiden Vertragsparteien zum Zeitpunkt des Vertragsschlusses befanden (Art. 11 II EGBGB). *Beispiel:* Der deutsche Gesellschafter einer deutschen GmbH ruft aus Berlin bei einem spanischen Gläubiger der GmbH in Madrid an und verbürgt sich mündlich für die Schulden der GmbH. – Nach *deutschem Recht* ist die Bürgschaftserklärung formunwirksam (§§ 766 Satz 1, 125 Satz 1 BGB); das Kaufmannsprivileg des § 350 HGB gilt nicht, weil ein GmbH-Gesellschafter kein Kaufmann ist. Nach *spanischem Recht* dagegen ist eine Bürgschaftserklärung, wenn es sich nicht (!) um eine Handelsbürgschaft nach Art. 440 Código de Commercio handelt, formlos gültig (Art. 1822 Código Civil). Daher ist die Bürgschaft formwirksam, weil sich der Partner des Bürgschaftsvertrags zum Zeitpunkt des Telefonats in Spanien befand (Fall nach BGHZ 121, 224).

(3) Bei einem Vertragsschluß durch einen *Vertreter* ist das Recht des Vornahmeortes im Sinne des Art. 11 I, II EGBGB das Recht des Staates, in welchem der Vertreter die Erklärung abgibt (Art. 11 III EGBGB). Es kommt also nicht auf den Aufenthaltsort des Vertretenen, sondern auf den Aufenthaltsort des Vertreters an. Der Rechtsgedanke dieser Kollisionsnorm – maßgebend ist die Person des Vertretenen – findet sich auch im materiellen deutschen Stellvertretungsrecht (§ 166 I BGB). Er erklärt sich daraus, daß der Vertreter – anders als der Bote – keine fremde Erklärung überbringt, sondern eine eigene Willenserklärung abgibt.

b) Folgen eines Formverstoßes

325 Wenn keine der Formen eingehalten wird, die in Art. 11 I, II EGBGB – ergänzt durch Art. 11 III EGBGB für das Vertretergeschäft – vorgesehen sind, ist nach dem Günstigkeitsprinzip, das den Alternativanknüpfungen zugrunde liegt, die mildeste Sanktion anzuwenden. *Beispiel:* Das Recht des Vornahmeortes sanktioniert den Formverstoß mit der unheilbaren Nichtigkeit des Rechtsgeschäfts; das auf das Rechtsverhältnis anzuwendende Recht sieht eine Heilung des Formverstoßes vor (vgl. § 518 II BGB). Nach dem Rechtsgedanken des Art. 11 I EGBGB ist die mildere Sanktion (Heilungsmöglichkeit) anzuwenden *(Kropholler* § 41 III 5 c).

c) Ausnahmen von der Alternativanknüpfung

326 Gesetzliche Ausnahmen vom Günstigkeitsprinzip des Art. 11 I EGBGB bestehen für schuldrechtliche Grundstücksverträge und für sachenrechtliche Geschäfte (Art. 11 IV, V EGBGB). Ungeschriebene Ausnahmen von der liberalen Grundregel des Art. 11 I EGBGB bestehen für gesellschaftsrechtliche Akte.

(1) Für Verträge über dingliche Rechte an Grundstücken oder Nutzungsrechte an Grundstücken (*grundstücksbezogene Verpflichtungsgeschäfte*, insbesondere Kauf, Miete, Pacht) gelten die zwingenden Formvorschriften des Belegenheitsstaates *(lex rei sitae)*, wenn diese Formvorschriften ohne Rücksicht auf den Abschlußort und das Geschäftsrecht Anwendung verlangen (Art. 11 IV EGBGB). Diese Kollisionsnorm beruht auf dem Europäischen Schuldvertragsüber-

einkommen; sie erfaßt gemäß ihrer Herkunft nur schuldrechtliche, nicht jedoch dingliche Verträge (BegrRegE, BT-Drucks. 10/504, 49). Im Rahmen des Art. 11 IV EGBGB lautet die entscheidende Frage, ob eine zwingende Formvorschrift des Belegenheitsstaates ohne Rücksicht auf das Recht des Abschlußortes und das Geschäftsrecht Anwendung fordert (international zwingende Bestimmung, dazu oben Rdnrn. 87, 88).

Im *deutschen materiellen Recht* gibt es solche zwingenden Formvorschriften nicht: Deutsche Grundstücke können im Ausland formlos verkauft werden (RGZ 121, 154, 156); insbesondere § 313 Satz 1 BGB ist kein international zwingendes Recht. Auch wenn ein Grundstück in Deutschland liegt, der Kaufvertrag dem deutschen Recht untersteht (Art. 28 III EGBGB) und der Käufer in Deutschland ansässig ist, bedarf der Kaufvertrag folglich nicht der notariellen Beurkundung nach § 313 Satz 1 BGB, wenn sich der Verkäufer bei Vertragsschluß beispielsweise in Österreich aufhält. Denn nach der Kollisionsnorm des Art. 11 II EGBGB reicht es aus, wenn die Parteien das österreichische Recht beachten, und nach österreichischem Recht genügt für den Grundstückskauf die privatschriftliche Form durch Briefwechsel. Art. 11 IV EGBGB ändert daran nichts, da § 313 Satz 1 BGB keine Formvorschrift ist, die ohne Rücksicht auf den Abschlußort angewendet werden möchte (*Fall b*).

Werden umgekehrt *ausländische Grundstücke* in Deutschland verkauft und gilt für den Kauf deutsches Recht, dann ist auch § 313 Satz 1 BGB anzuwenden: Das notarielle Formerfordernis beschränkt sich nicht auf Verpflichtungsgeschäfte zur Übereignung deutscher Grundstücke, sondern erfaßt auch die Verpflichtung zur Übereignung ausländischer Grundstücke, wenn die Parteien die Anwendung des deutschen Rechts vereinbart haben (BGHZ 52, 239, 242).

Beispiel: Die Parteien schließen in Köln einen Vorvertrag über den Verkauf einer in Holland gelegenen Eigentumswohnung, den sie stillschweigend (Art. 27 I 2 EGBGB) dem deutschen Recht unterstellen. Der Vertrag ist formunwirksam, weil die Parteien § 313 Satz 1 BGB nicht beachtet haben (Fall nach BGHZ 53, 189, 194). Anders wäre es, wenn die Vereinbarung – kraft Rechtswahl oder gemäß Art. 28 III EGBGB – dem niederländischen Recht unterläge und das niederländische Recht als Vertragsstatut für den Vorvertrag die privatschriftliche Form genügen ließe, oder wenn die Parteien den Vorvertrag nicht in Deutschland abgeschlossen hätten, sondern in irgendeinem Staat, nach dessen Recht die privatschriftliche Form ausreicht (Art. 11 I, II EGBGB). Eine Heilung des Formmangels nach § 313 Satz 2 BGB würde eintreten, wenn das Eigentum an der Wohnung gemäß der ausländischen *lex rei sitae* übergeht (BGHZ 73, 391, 395 = *Schack,* Rechtsprechung Nr. 9).

327 (2) Für *sachenrechtliche Geschäfte* (Verfügungen) erklärt Art. 11 V EGBGB ausschließlich die Form des Geschäftsrechts als maßgebend. Da die Rechtsprechung eine Rechtswahl für dingliche Geschäfte nicht zuläßt (dazu unten Rdnr. 472), richtet sich die Form dinglicher Verfügungen stets nach der *lex rei sitae.* Art. 11 V EGBGB gilt uneingeschränkt für Grundstücke: Die Übereignung eines deutschen Grundstücks unterliegt also stets der Formvorschrift des § 925 BGB. Die Auflassung kann nicht vor einem ausländischen Notar erklärt werden, da mit der Formulierung „jeder Notar" in § 925 I 2 BGB nach Systematik und Zweck des Gesetzes nur der deutsche Notar gemeint ist (KG NJW-RR 1986, 1462). Bei beweglichen Sachen bestehen dagegen Zweifel am Sinn des Art. 11 V EGBGB. Manche wollen die Vorschrift nach ihrem Sinn und Zweck – Verwirklichung von Ordnungsinteressen – auf dingliche Grundstücksgeschäfte beschränken (teleologische Reduktion, *Kegel* § 17 V 3b; dagegen z.B. *von Bar* II Rdnr. 769).

328 (3) *Gesellschaftsrechtliche Vorgänge,* beispielsweise Gesellschaftsgründung, Satzungsänderung oder Anteilsübertragung (vgl. für die deutsche GmbH §§ 2 I, 53 II, 15 III, IV GmbHG), die in der Regel formbedürftig sind, werden in Art. 11 EGBGB nicht erwähnt. Es ist umstritten, ob die liberale Kollisionsnorm des Art. 11 I EGBGB gilt, oder ob die strenge Vorschrift des Art. 11 V EGBGB analog heranzuziehen ist. Auch die Rechtsprechung hat keine einheitliche Linie (Nachw. bei *Palandt/Heldrich,* Art. 11 EGBGB Rdnr. 13).

Eine verbreitete Ansicht unterstellt die Beurkundung gesellschaftsrechtlicher Vorgänge dem Günstigkeitsprinzip des Art. 11 I EGBGB (OLG Düsseldorf NJW 1989, 2200 = *Schack,* Rechtsprechung Nr. 8; MünchKomm-*Spellenberg,* Art. 11 EGBGB Rdnr. 92 m.w.N.; offengelassen in BGHZ 80, 76, 78). Danach ist die Beurkundung gesellschaftsrechtlicher Akte durch ausländische Notare unter Beobachtung der Ortsform grundsätzlich wirksam, wenn nicht ausnahmsweise nach dem Personalstatut der Gesellschaft – dem anwendbaren Gesellschaftsrecht – der gesellschaftsrechtliche Vorgang selbst im Inland stattfinden muß, wie etwa die Hauptversammlung einer deutschen AG. Die Gegenansicht schließt die Regel *locus regit actum* bei gesellschaftsrechtlichen Vorgängen generell aus und unterstellt Formfragen analog Art. 11 V EGBGB allein dem Gesellschaftsstatut (Nachw. bei *Staudinger/Großfeld,* IntGesR Rdnrn. 427–430). Auch nach dieser Ansicht ist eine Auslandsbeurkundung nicht generell ausgeschlossen. Zwar gilt nach dieser Ansicht beispielsweise für die Abtretung eines Anteils an einer deutschen GmbH ausschließlich die Formvorschrift des § 15 Abs. 3 GmbHG und nicht irgendeine Ortsform. Aber daraus folgt nicht ohne weiteres, daß nur die Beurkundung durch einen deutschen Notar das Formerfordernis („notarielle Form") erfüllt. Vielmehr genügt auch nach der „strengen" Ansicht eine Auslandsbeurkundung, wenn die Urkundsperson und der Beurkundungsvorgang dem deutschen Notar und seiner Tätigkeit gleichwertig sind *(Substitution,* dazu oben Rdnr. 269).

329 Im Vordringen ist eine vermittelnde Ansicht, die einerseits der Bedeutung grundlegender gesellschaftsrechtlicher Vorgänge gerecht wird, andererseits aber nicht das gesamte Gesellschaftsrecht dem Anwendungsbereich des Art. 11 I EGBGB entzieht: Gesellschaftsrechtliche Geschäfte, zu deren Wirksamkeit die Eintragung in ein Register vorgeschrieben ist (z. B. die Gründung oder Satzungsänderung einer deutschen GmbH, §§ 11 I, 54 III GmbHG), unterstehen analog Art. 11 V EGBGB allein den Formvorschriften des Gesellschaftsstatuts; die Beurkundung durch einen ausländischen Notar genügt nur, wenn sie der deutschen Beurkundung gleichwertig ist *(Substitution).* Bei anderen gesellschaftsrechtlichen Vorgängen, beispielsweise bei der Abtretung eines GmbH-Anteils (formbedürftig nach § 15 III GmbHG, aber nicht eintragungspflichtig), bleibt es dagegen bei der Alternativanknüpfung nach Art. 11 I EGBGB. Das bedeutet: Wenn die Abtretung eines Anteils an einer deutschen GmbH am ausländischen Vornahmeort formfrei ist, kommt diese Verkehrserleichterung nach Art. 11 I EGBGB zum Zuge (*Goette*, Festschrift Boujong, 1996, S. 131, 138 m.w.N.; dagegen *A. Reuter*, BB 1998, 116).

2. Umfang des Formstatuts

330 Die Kollisionsregeln des Art. 11 EGBGB umfassen die „Form von Rechtsgeschäften". Um den Anwendungsbereich des Art. 11 EGBGB – den Umfang des Formstatuts – zu bestimmen, ist im Wege der Qualifikation festzustellen, welche Sachnormen die Form und welche den Inhalt des Rechtsgeschäfts betreffen.

a) Die Frage, ob eine Vorschrift des ausländischen Sachrechts nach ihrem Sinn und Zweck als Formvorschrift oder als Teil des Geschäftsinhalts aufzufassen ist, hat der deutsche Richter grundsätzlich nach deutschem Recht zu entscheiden (Qualifikation nach der *lex fori,* dazu oben Rdnr. 158). Dabei sind die Vorschriften des ausländischen Rechts, insbesondere wenn sie eine dem deutschen Recht unbekannte Rechtsfigur enthalten, nach ihrem Sinn und Zweck zu erfassen, vom Standpunkt des ausländischen Rechts zu würdigen und mit Einrichtungen der deutschen Rechtsordnung zu vergleichen (funktionelle Qualifikation, BGHZ 29, 137, 139). Danach stellt beispielsweise die Vorschrift des Art. 1341 I Code civil, wonach bei Verträgen über 5000 Francs der Zeugenbeweis ausgeschlossen ist, eine Formvorschrift dar, da diese Vorschrift durch den Ausschluß des Zeugenbeweises mittelbar die Schriftform von Verträgen über 5000 Francs erzwingen will *(Kegel* § 17 V 3d).

b) Auch die Frage, unter welchen Voraussetzungen eine bestimmte Form erforderlich oder nicht erforderlich ist, beantwortet sich nach dem Formstatut. Die Sachfrage, ob eine mündliche Bürgschaftserklärung von Kaufleuten (vgl. §§ 766 BGB, 350 HGB) wirksam ist, wird folglich nach den Regeln des Art. 11 EGBGB angeknüpft.

c) Wenn ein materieller Vorgang als Ersatz einer vorgeschriebenen Form gilt, ist er kollisionsrechtlich ebenfalls als Form zu qualifizieren. Dazu gehört beispielsweise im deutschen und im französischen Recht die Übergabe, die bei der Handschenkung die notarielle Form ersetzt. Umstritten ist, ob das im Common Law bestehende Erfordernis einer *consideration* (ein Versprechen ist nur durchsetzbar, wenn der Versprechensempfänger eine Gegenleistung verspricht, *Zweigert/Kötz* § 29 II) als Ersatz für die Schriftform (*Kropholler* § 41 III 3a: Fall des Art. 11 EGBGB) oder als sachliche Angelegenheit – „Seriositätsindiz" – zu qualifizieren ist (*von Bar* II Rdnr. 536: Fall des Art. 31 EGBGB).

III. Stellvertretung beim Rechtsgeschäft

331 **Literatur:** *von Caemmerer,* Die Vollmacht für schuldrechtliche Geschäfte im deutschen Internationalen Privatrecht, RabelsZ 24 (1959), 201; *Ebenroth,* Kollisionsrechtliche Anknüpfung kaufmännischer Vollmachten, JZ 1983, 821; *Klinke,* Bemerkungen zum Statut der Vollmacht, RIW 1978, 642; *Kropholler,* Die Anscheinsvollmacht im internationalen Recht der Stellvertretung, NJW 1965, 1641; *Lüderitz,* Prinzipien im internationalen Vertretungsrecht, Festschrift Coing, Bd. II (1982), S. 305; *Spellenberg,* Geschäftsstatut und Vollmacht im IPR (1979).

Bei der Anknüpfung des Rechts der Stellvertretung ist zwischen der gesetzlichen, der organschaftlichen und der rechtsgeschäftlichen Vertretungsmacht zu unterscheiden. Das auf die *gesetzliche Vertretung* anzuwendende Recht richtet sich nach Art. 21 EGBGB (Eltern) und nach Art. 24 III EGBGB (Vormund, Betreuer, Pfleger). Die Vertretungsmacht der *Organe einer Gesellschaft* bestimmt sich nach dem Gesellschaftsstatut (dazu unten Rdnrn. 596–603): Nach deutschem IPR sagt das Recht, das am Sitz der Hauptverwaltung der Gesellschaft gilt, ob und wieweit organschaftliche Vertretungsmacht besteht (BGHZ 40, 197, 199; BGH NJW 1985, 1286). Im folgenden geht es nur um die durch Rechtsgeschäft erteilte Vertretungsmacht (*Vollmacht*).

1. Anknüpfung des Vollmachtsstatuts

332 Das IPR der Vollmacht ist in Deutschland gesetzlich nicht normiert. Art. 37 Nr. 3 EGBGB (die Vorschrift entspricht Art. 1 II f EVÜ) bestimmt, daß die Kollisionsnormen des EGBGB über die Anknüpfung vertraglicher Schuldverhältnisse nicht auf Rechtsfragen der Stellvertretung anzuwenden sind. Die Anknüpfung der

Vollmacht folgt daher in Deutschland den von der Rechtsprechung und der Literatur entwickelten Regeln.

a) Recht des Wirkungslandes

333 Die Rechtsprechung unterstellt die Vollmacht grundsätzlich nicht dem Recht, das auf das Geschäft anzuwenden ist, das der Vertreter im Namen des Vertretenen abgeschlossen hat (Recht des Hauptgeschäfts, *Geschäftsstatut)*. Die Vollmacht wird vielmehr im Interesse des Verkehrsschutzes selbständig angeknüpft (BGHZ 64, 183, 192; BGH NJW 1982, 2733; BGH NJW 1990, 3088). Das Vollmachtsstatut ist das Recht des Landes, in welchem die Vollmacht ihre Wirkung entfalten soll; das ist das Land, in welchem der Vertreter das Geschäft vornehmen soll *(Wirkungsland)*. Wenn beispielsweise der Vertreter eines englischen Verkäufers in Deutschland mit einem deutschen Käufer den Kaufvertrag abschließt, richtet sich das Bestehen, der Umfang und die Beendigung der Vollmacht nach *deutschem Recht,* auch wenn der Kaufvertrag – kraft Rechtswahl oder gemäß Art. 28 EGBGB – dem *englischen Recht* untersteht (BGH NJW 1954, 1561; dazu *von Caemmerer,* RabelsZ 24 [1959], 201, 218). In *Fall c* sollte die Vollmacht ihre Wirkung in Deutschland entfalten; sie unterliegt daher deutschem Recht (BGHZ 64, 183, 192).

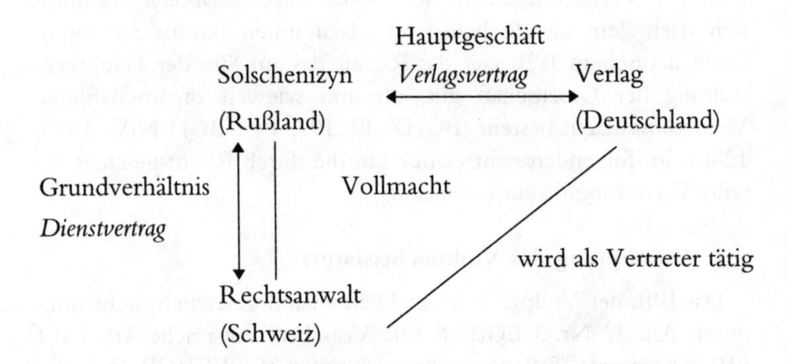

Die selbständige Anknüpfung der Vollmachtsfragen trägt dem Umstand Rechnung, daß die Vollmacht *im Verhältnis zum Haupt-*

geschäft kollisionsrechtlich einen eigenen Schwerpunkt haben kann (*Kropholler* § 41 I 1b): Eine Rechtswahl der Parteien für das Hauptgeschäft hat in der Regel nichts damit zu tun, daß beim Vertragsschluß eine Stellvertretung stattfindet; die objektive Anknüpfung des Hauptgeschäfts – etwa nach Art. 28 II EGBGB (charakteristische Leistung) – bezieht sich nach ihrem Sinn und Zweck ebenfalls nicht auf eine Vollmacht zum Abschluß dieses Geschäfts. Die selbständige Anknüpfung der Vollmacht an den Gebrauchsort dient daher nicht nur dem Schutz des Rechtsverkehrs, sondern auch dem Interesse des Vollmachtgebers.

Im Interesse des Verkehrsschutzes wird die Vollmacht auch *unabhängig vom Grundverhältnis* angeknüpft: Das Grundverhältnis (Innenverhältnis) zwischen dem Vertreter und dem Vertretenen (Auftrag, Dienstvertrag, Arbeitsvertrag) unterliegt nach Artt. 27–37 EGBGB dem Vertragsstatut dieses Grundverhältnisses; das Außenverhältnis zwischen dem Vertreter und dem Geschäftspartner wird dagegen vom Vollmachtsstatut beherrscht. Der Geschäftspartner des Vertreters muß Umfang und Wirksamkeit der Vollmacht leicht prüfen und feststellen können (BGHZ 43, 21, 26); die Bedürfnisse des Rechtsverkehrs verlangen daher auch kollisionsrechtlich eine Trennung von Vollmacht und Grundverhältnis (*Raape* 503). Die grundsätzliche Anknüpfung der Vollmacht an das Wirkungsland bedarf allerdings der Konkretisierung und der Einschränkung:

334 (1) Der BGH spricht in einigen Entscheidungen vom Recht des Landes, „in dem die Vollmacht ihre Wirkung entfalten *soll*" (BGHZ 64, 183, 192; BGH NJW 1982, 2733; s. auch BGHZ 128, 41, 47), in einer anderen Entscheidung vom Recht des Ortes, „wo von der Vollmacht Gebrauch gemacht *wird*" (BGH NJW 1990, 3088). Was gilt, wenn der Vertreter von der Vollmacht nicht dort Gebrauch macht, wo er von ihr Gebrauch machen soll? Wenn man den Gedanken des Verkehrsschutzes konsequent zu Ende führt, darf in diesem Fall nicht das Recht des Staates gelten, in dem die Vollmacht ausgeübt werden *soll*, sondern das Recht des Staates, in dem sie wirklich ausgeübt *wird* (*Kegel* § 17 V 2a; *Kropholler* § 41 I 2a). Bei Distanzgeschäften – der Vertreter wird durch Brief, Telefax oder Ferngespräch tätig – ist der Gebrauchsort der Absende- und nicht der Zugangsort (vgl. die parallele Problematik bei der Anknüpfung der Form oben Rdnr. 323).

(2) Die Verweisung auf das Recht des Wirkungslandes dient in erster Linie dem Verkehrsschutz. Dieser Schutzzweck würde gefährdet, wenn Rück- oder Weiterverweisungen *(Renvoi)* nach dem Kollisionsrecht des Wirkungslandes beachtet würden. Die Beachtung eines Renvoi widerspräche also dem Sinn der Verweisung (Art. 4 I 1 EGBGB); die Verweisung auf das Recht des Wirkungslandes ist eine Sachnormverweisung *(von Bar* II Rdnr. 589; *Soergel/Lüderitz*, Anhang zu Art. 10 EGBGB Rdnr. 112).

(3) Bei einer Vollmacht zur Verfügung über ein *Grundstück* läßt die herrschende Ansicht eine Ausnahme von der Anknüpfung an das Wirkungsland gelten: Die Vollmacht zur Grundstücksverfügung beurteilt sich stets nach dem Recht des Hauptgeschäfts, also nach dem Recht der belegenen Sache *(lex rei sitae,* RGZ 149, 93). Diese Ausnahme wird damit begründet, daß das Verkehrsinteresse bei einer Vollmacht zur Grundstücksverfügung eher auf den Belegenheitsort der Immobilie als auf den Gebrauchsort der Vollmacht weist. Auch der internationale Entscheidungseinklang spricht für diese Lösung: Viele Staaten setzen ihre Ordnungsinteressen durch, indem sie alle mit dinglichen Grundstücksgeschäften zusammenhängenden Fragen der *lex rei sitae* unterwerfen (vgl. die parallele Problematik bei der Anknüpfung der Form oben Rdnr. 327).

b) Recht der Niederlassung

335 Bei kaufmännischen Bevollmächtigten, insbesondere Handelsvertretern, die eine feste geschäftliche Niederlassung haben, ist das Vollmachtsstatut das Recht der Niederlassung (BGHZ 43, 21, 26; BGH NJW 1990, 3088). Das gilt auch, wenn der Bevollmächtigte in einem anderen Land tätig wurde *(Palandt/Heldrich,* Anhang zu Art. 32 EGBGB Rdnr. 2), es sei denn, daß der Geschäftspartner von der Niederlassung nichts wissen mußte (BGH NJW 1990, 3088). Die Vertretungsmacht eines Handelsvertreters für Deutschland, Belgien und die Niederlande, der eine feste Niederlassung in Aachen hat, richtet sich also einheitlich für alle Geschäfte nach deutschem Recht. Anders ist es, wenn keine feste Niederlassung besteht oder wenn das Bestehen der Niederlassung für den Geschäftspartner nicht erkennbar war. Dann bleibt es beim Recht des Gebrauchsortes.

c) Wahl des Vollmachtsstatuts

336 Ein Teil der Literatur empfiehlt teils generell, teils für einzelne Fallkonstellationen andere Anknüpfungspunkte als die Rechtsprechung (beispielsweise *Spellenberg,* Geschäftsstatut und Vollmacht im IPR, 1979, S. 225–251: Koppelung an das Hauptgeschäft; *Ebenroth,* JZ 1983, 821: Niederlassung des Vollmachtgebers); diese Vorschläge haben sich aber in der Rechtsprechung nicht durchgesetzt. Besonders umstritten ist, inwieweit der Vollmachtgeber – in Abweichung von der objektiven Anknüpfung der Vollmacht – das Vollmachtsstatut durch Rechtswahl bestimmen kann (dazu im einzelnen MünchKomm-*Spellenberg,* vor Art. 11 EGBGB Rdnrn. 190–201). Im Interesse des Verkehrsschutzes wird man mindestens verlangen müssen, daß die Rechtswahl des Vertretenen für das einseitige Rechtsgeschäft der Vollmachtserteilung dem Vertreter bekannt und für den Geschäftspartner erkennbar ist *(Firsching/von Hoffmann* § 10 Rdnr. 19). Das *Haager Stellvertretungsabkommen* vom 14. 3. 1978 (Text: RabelsZ 43 [1979], 176–189), das bisher nur für Argentinien, Frankreich, die Niederlande und Portugal in Kraft ist, stellt an eine Rechtswahl noch strengere Anforderungen: Der Vertretene kann nach Art. 14 des Abkommens das Vollmachtsstatut nur wirksam festlegen, wenn er die Rechtswahl schriftlich erklärt und der Geschäftspartner ausdrücklich zustimmt.

2. Umfang des Vollmachtsstatuts

337 Das Vollmachtsstatut entscheidet insbesondere über die Fragen, ob die Vollmacht wirksam erteilt ist, welchen Umfang die Vollmacht hat, unter welchen Voraussetzungen Insichgeschäfte und Doppelvertretung zulässig sind (vgl. § 181 BGB) und ob die Vollmacht – etwa durch Widerruf – wirksam beendet wurde. Dem Vollmachtsstatut untersteht ferner die Haftung des Vertreters ohne

Vertretungsmacht. Die Frage, ob und unter welchen Voraussetzungen der (vermeintlich) Vertretene das Geschäft durch Genehmigung an sich ziehen kann, will ein Teil der Literatur nach dem Vollmachtsstatut *(Kegel* § 17 V 2c), die Rechtsprechung jedoch nach dem Recht des abgeschlossenen Geschäfts beantworten (BGH NJW 1992, 618 = *Schack,* Rechtsprechung Nr. 11). Die Interessenabwägung spricht für das Geschäftsstatut: Der angeblich Vertretene kann für sich nicht mehr Rechte reklamieren, als ihm das Recht gewährt, dem die Forderung unterliegt, die er durch die Genehmigung erwerben will *(von Bar,* JZ 1992, 581, 582). Eine Reihe anderer, mit der Vollmacht zusammenhängender Fragen unterliegt ebenfalls nicht dem Vollmachtsstatut:

a) Die *Zulässigkeit der Stellvertretung* (vgl. § 2064 BGB, persönliche Errichtung des Testaments) kann sich nicht nach dem Vollmachtsstatut, sondern nur nach dem Statut des Hauptgeschäftes beurteilen. Denn es geht nicht um eine Frage des Vertretungsrechts, sondern um die vorgelagerte Frage, in welcher Weise ein bestimmtes (Haupt-) Geschäft getätigt werden muß.

b) Die *Form der Vollmachtserteilung* wird gesondert angeknüpft. Insoweit gilt für das Rechtsgeschäft „Vollmachtserteilung" das gleiche wie für andere Rechtsgeschäfte. Nach Art. 11 I EGBGB kommt alternativ das Vollmachtsstatut oder das am Ort der Vollmachtserteilung geltende Recht zum Zuge (OLG Stuttgart MDR 1981, 405; OLG München NJW-RR 1989, 663, 664).

338 c) Die *Duldungs- und Anscheinsvollmacht* beurteilt der BGH nach dem Recht des Ortes, wo das Vertrauen erweckt – der Rechtsschein gesetzt – worden ist (BGHZ 43, 21, 27): Die Duldungs- und die Anscheinsvollmacht beruhen nicht auf dem Rechtsgeschäft einer Bevollmächtigung (h.M., *Erman/Brox,* § 167 BGB Rdnrn. 7ff.); der Vertretene haftet vielmehr aufgrund eines – infolge seines Verschuldens – tatsächlich entstandenen Rechtsscheins. Der Vertretene kann sich aber analog Art. 31 II EGBGB auf das Recht seines gewöhnlichen Aufenthaltsortes berufen, wenn dieses Recht eine Rechtsscheinhaftung nicht vorsieht und er mit der Anwendung eines anderen Rechts nicht rechnen mußte (OLG Koblenz IPRax 1989, 232).

IV. Verjährung und Verwirkung

339 Die Verjährung ist nach europäischer Auffassung ein Institut des materiellen Rechts; die Verjährungsregeln unterliegen deshalb dem Recht, das den geltend gemachten Anspruch beherrscht *(lex causae)*. Diese Kollisionsregel ist für Schuldverträge ausdrücklich normiert (Art. 32 I Nr. 4 EGBGB); sie gilt aber auch für gesetzliche Ansprüche, etwa aus unerlaubter Handlung (BGHZ 71, 175). Während England durch den *Foreign Limitation Periods Act 1984* die Verjährung grundsätzlich ebenfalls dem Recht unterstellt hat, dem der fragliche Anspruch unterliegt, herrscht in den Vereinigten Staaten nach wie vor die prozeßrechtliche Qualifikation der Verjährung: Nicht der Anspruch, sondern das Klagerecht verjährt *(Hay,* IPRax 1989, 197). Die deutsche IPR-Rechtsprechung beurteilt die Verjährung jedoch auch dann nach dem Schuldstatut *(lex causae)*, wenn sie danach prozeßrechtlich ausgestaltet ist; ein Renvoi kraft abweichender Qualifikation findet nicht statt (BGH NJW 1960, 1720; anders noch RGZ 7, 21 – Tennessee-Wechsel, dazu oben Rdnr. 153).

Wenn die Verjährung durch Prozeßhandlungen unterbrochen wird (vgl. § 209 I BGB: Klageerhebung), kann das Problem der *Anpassung* entstehen (dazu oben Rdnr. 264). Nach der Rechtsprechung unterbricht eine Klage im Ausland die Verjährung nach § 209 I BGB, wenn das ausländische Urteil in Deutschland voraussichtlich anerkannt werden wird (RGZ 129, 385, 389; OLG Düsseldorf NJW 1978, 1752). Für die *Verwirkung* gelten ähnliche Grundsätze wie für die Verjährung: Sie ist ebenfalls nach dem Recht zu beurteilen, das für den Anspruch maßgebend ist (OLG Frankfurt/Main RIW 1982, 914; abweichend *Will*, RabelsZ 42 [1978], 211, 220, 223–225).

§ 15. Vertragliche Schuldverhältnisse

340 **Literatur:** *Gamillscheg*, Rechtswahl, Schwerpunkt und mutmaßlicher Parteiwille im internationalen Vertragsrecht, AcP 157 (1958/59), 303; *Kreuzer*, Das internationale Privatrecht des Warenkaufs in der deutschen Rechtsprechung (1964); *W. Lorenz*, Vom alten zum neuen internationalen Schuldvertragsrecht, IPRax 1987, 269; *Reithmann/Martiny*, Internationales Vertragsrecht – Das internationale Privatrecht der Schuldverträge (5. Aufl. 1996); *Sandrock*, Die Bedeutung des Gesetzes zur Neuregelung des Internationalen Privatrechts für die Unternehmenspraxis, RIW 1986, 841; *J. Schröder*, Internationales Vertragsrecht – Das Kollisionsrecht der internationalen Wirtschaftsverträge (1984).

Dem Internationalen (Schuld-) Vertragsrecht ist die Aufgabe gestellt, in Fällen mit Auslandsberührung (Art. 3 I 1 EGBGB) das auf einen (Schuld-) Vertrag anzuwendende Recht – das Vertragsstatut – festzulegen. Es hat eine wechselvolle Geschichte: Bis zur Mitte des 19. Jahrhunderts war die Anknüpfung an den *Abschlußort* vorherrschend *(lex loci contractus)*. Der Ort des Vertragsschlusses ist jedoch „zufällig und flüchtig" (*Kegel* § 18 I 1 a); keine Partei hat ein schützenswertes kollisionsrechtliches Interesse daran, daß die Vertragsbeziehung ausgerechnet an den Abschlußort angeknüpft wird. In der zweiten Hälfte des 19. Jahrhunderts bewirkte *Savignys* Lehre vom „Sitz" des einzelnen Rechtsverhältnisses eine Anknüpfung an den *Erfüllungsort* des jeweiligen Anspruchs (*lex loci solutionis*, RGZ 9, 3, 9; RGZ 14, 235, 239). Sie konnte bei gegenseitigen Verträgen, bei denen für die Leistungspflichten der beiden Parteien meistens verschiedene Erfüllungsorte bestehen, zu einer Vertragsspaltung führen. Dieses sog. Zweirechtssystem wurde nach der Jahrhundertwende von der Anknüpfung an den *Parteiwillen* abgelöst, der sich in einer ausdrücklichen oder stillschweigenden Wahl des anzuwendenden Rechts äußert (RGZ 108, 241, 243; RGZ 120, 70, 72).

341 Wenn die Vertragsparteien weder ausdrücklich noch stillschweigend eine Rechtsordnung gewählt hatten, ermittelte das *RG* den sog. *mutmaßlichen Parteiwillen* und hielt den unterstellten *subjektiven Willen* der Parteien für maßgebend (*Kegel* § 18 I 1 d: „das, was die Parteien gewollt hätten, wenn sie etwas gewollt hätten"): Es sei zu ermitteln, „was die Parteien, wäre ihnen die Frage entgegengetreten, mutmaßlich über das anzuwendende Recht bestimmt haben würden" (RGZ 68, 203, 205; ähnlich RGZ 161, 296, 298; kritisch *Kegel* § 18 I 1 d: „Legt ihr's nicht aus, so legt was unter!"). Nach dem Zweiten Weltkrieg machte der *BGH* die Formel vom *hypothetischen Parteiwillen* zu einer Generalklausel für eine *objektive Interessenabwägung* (zuerst BGHZ 19, 110, 112–113). Noch vor der IPR-Reform von 1986 wurde, wenn es an einer ausdrücklichen oder stillschweigenden Rechtswahl fehlte, die objektive Anknüpfung an die charakteristische Leistung maßgebend (BGH NJW 1987, 1141).

342 Seit der IPR-Reform von 1986 normieren die Artt. 27–37 EGBGB die wichtigsten Kollisionsregeln für vertragliche Schuldverhältnisse; sie beruhen auf dem Europäischen (Schuld) Vertragsübereinkommen von 1980 (EVÜ) und müssen als einheitliches europäisches Kollisionsrecht so ausgelegt und angewandt werden, daß die erstrebte Rechtseinheit mit den anderen europäischen Staaten gewahrt bleibt (Art. 36 EGBGB, dazu *Junker*, RabelsZ 55 [1991], 674). Art. 37 EGBGB (Art. 1 EVÜ) nimmt einige Materien vom Anwendungsbereich der Artt. 27–36 EGBGB aus: bestimmte wertpapierrechtliche Verpflichtungen (Nr. 1; insoweit gelten die Genfer Abkommen über das internationale Wechsel- und Scheckprivatrecht von 1930/31, abgedruckt bei *Jayme/Hausmann* Nrn. 59–62, deren Kollisionsnormen in Artt. 91–98 WechselG und in Artt. 60–66 ScheckG übernommen wurden), gesellschaftsrechtliche Fragen (Nr. 2, dazu unten Rdnrn. 596–604), die Vertretungsmacht (Nr. 3, dazu oben Rdnrn. 331–338) und solche Versicherungsverträge – mit Ausnahme der Rückversicherung –, die im Geltungsbereich des EG-Vertrages oder des Abkommens über den Europäischen Wirtschaftsraum (EWR) belegene Risiken decken (Nr. 4, dazu unten Rdnrn. 423–424).

I. Rechtswahl (Art. 27 EGBGB)

343 **Literatur**: *Junker*, Die freie Rechtswahl und ihre Grenzen – Zur veränderten Rolle der Parteiautonomie im Schuldvertragsrecht, IPRax 1993, 1;

E. Lorenz, Die Rechtswahlfreiheit im internationalen Schuldvertragsrecht, RIW 1987, 569; *Mincke*, Die Parteiautonomie – Rechtswahl oder Ortswahl?, IPRax 1985, 313; *Sandrock*, „Versteinerungsklauseln" in Rechtswahlvereinbarungen für internationale Handelsverträge, Festschrift Riesenfeld (1983), S. 211; *Schack*, Rechtswahl im Prozeß?, NJW 1984, 2736; *Simitis*, Aufgaben und Grenzen der Parteiautonomie im internationalen Vertragsrecht, JuS 1966, 209.

Fälle:

a) Ein dänisches Software-Haus klagt vor dem LG Hamburg gegen einen deutschen Auftraggeber auf Zahlung. Die Parteien streiten darüber, ob überhaupt ein Werkvertrag über die individuelle Erstellung von Software zustandegekommen ist. Sie äußern sich im Prozeß zu dieser Frage ausschließlich unter Zugrundelegung des materiellen deutschen Rechts; das Kollisionsrecht wird weder von den Parteien noch vom Gericht angesprochen. Welches Recht hat das LG Hamburg anzuwenden?

b) Ein deutsches und ein schweizerisches Unternehmen unterstellen ihre Vertragsbeziehungen ausdrücklich dem schweizerischen Recht. Der deutsche Vertragspartner wendet später ein, er sei von dem Anwalt des schweizerischen Unternehmens über die schweizerische Rechtslage getäuscht worden und fechte deshalb seine Rechtswahlerklärung an. Nach welchen Vorschriften richtet sich die Anfechtung?

c) Ein Anlagenbau-Unternehmen aus Oberhausen schließt mit einem tunesischen Vertragspartner eine Vereinbarung über den Bau einer Zementfabrik in Thala (Tunesien). Die Parteien unterstellen den Vertrag den „Vorschriften des schweizerischen Rechts in derjenigen Fassung, in der sie im Zeitpunkt des Wirksamwerdens dieser Rechtswahlvereinbarung gelten; spätere Änderungen des gewählten Rechts sollen nicht berücksichtigt werden". Ist diese Klausel gültig?

Nach Art. 27 I 1 EGBGB (der Art. 3 I 1 EVÜ entspricht) unterliegt der Vertrag dem von den Parteien gewählten Recht. Diese Vorschrift normiert den Grundsatz der *Parteiautonomie* als den wichtigsten Grundsatz des Internationalen Vertragsrechts. Er ist streng von der sachrechtlichen *Privatautonomie* zu unterscheiden: Die sachrechtliche Vertragsfreiheit besteht nur in den Grenzen, die das zwingende Sachrecht setzt (z.B. § 225 Satz 1 BGB: „Die Verjährung kann durch Rechtsgeschäft weder ausgeschlossen noch erschwert werden"); die kollisionsrechtliche Parteiautonomie (Verweisungsfreiheit, Rechtswahlfreiheit) hat dagegen gerade den Sinn, grundsätzlich auch die zwingenden Sachvorschriften des Rechts auszuschließen, das ohne eine Rechtswahl anzuwenden wäre (zur Wirkung der Rechtswahl unten Rdnrn. 352, 353). Wegen dieser kollisionsrechtlichen Wirkung wird die Rechtswahlfreiheit bei bestimmten Vertragstypen zum Schutz der schwächeren Vertragspartei eingeschränkt (Artt. 29 I, 30 I EGBGB, dazu unten Rdnrn. 369–386).

1. Abschluß des Rechtswahlvertrages

344 Die Rechtswahlvereinbarung ist gemäß Art. 27 I 1 EGBGB ein Vertrag, der von dem materiellrechtlichen Schuldvertrag, auf den sich die Rechtswahl bezieht, zu unterscheiden ist: Während der materiellrechtliche Schuldvertrag den Zweck hat, ein Schuldverhältnis hervorzubringen, verpflichtet der kollisionsrechtliche Verweisungsvertrag als solcher zu nichts. Er ist ein dem deutschen *Kollisionsrecht* zugehöriger Vertrag eigener Art (*von Bar* II Rdnrn. 416, 460); die Zulässigkeit einer Rechtswahl ergibt sich daher nicht aus dem deutschen *Sachrecht*, sondern aus Art. 27 EGBGB als einer Vorschrift des deutschen IPR (*W.-H. Roth*, RIW 1994, 275, 276).

a) Erklärung der Rechtswahl

345 Die Erklärung der Rechtswahl muß nach Art. 27 I 2 EGBGB ausdrücklich sein oder sich mit hinreichender Sicherheit aus den Bestimmungen des Vertrages oder aus den Umständen des Falles ergeben. Diese Formulierung soll klarstellen, daß nur ein wirklich vorhandener („realer") übereinstimmender Wille der Parteien beachtlich ist, sei er nun ausdrücklich oder konkludent erklärt. Ein den Parteien bloß unterstellter („hypothetischer") Parteiwille reicht nicht aus, um eine Rechtswahl zu bejahen. Die Artt. 27ff. EGBGB sind eine Absage an die frühere Rechtsprechung zum mutmaßlichen, den Parteien unterstellten Willen. Läßt sich ein realer Parteiwille nicht „mit hinreichender Sicherheit" (Art. 27 I 2 EGBGB) ermitteln, ist der Vertrag objektiv nach Art. 28 EGBGB (bei Verbraucher- und Arbeitsverträgen nach Artt. 29 II, 30 II EGBGB) anzuknüpfen.

(1) Eine *ausdrückliche Rechtswahl* liegt vor, wenn sich die Parteien „klar und unmißverständlich" (*von Bar* II Rdnr. 464) über das an-

zuwendende Recht äußern. Sie mißlingt den Parteien in der Praxis erstaunlich oft, weil die Parteien ungenau – zu weit, zu eng oder mehrdeutig – formulieren. Die Klausel: „Der Vertrag unterliegt dem Recht der USA" ist mißverständlich und enthält deshalb keine ausdrückliche Rechtswahl, weil es *das* Recht der USA nicht gibt; nur durch Auslegung unter Zuhilfenahme des Art. 35 II EGBGB kommt man zum anzuwendenden Recht eines Gliedstaates der USA, beispielsweise des Staates Kalifornien (dazu oben Rdnr. 228). Bisweilen verweisen die Parteien nur auf ein bestimmtes Gesetz (BGHZ 9, 34, 37: das deutsche Versicherungsvertragsgesetz). Dann liegt ebenfalls keine ausdrückliche („klare und unmißverständliche") Rechtswahl vor; es ist im Wege der Auslegung zu ermitteln, ob sich aus der Nennung eines Gesetzes mit hinreichender Sicherheit auf die Wahl der ganzen Rechtsordnung schließen läßt.

346 (2) Eine *stillschweigende Rechtswahl* kann sich beispielsweise ergeben aus der Bezugnahme auf Vorschriften einer bestimmten Rechtsordnung, aus einer Gerichtsstandsklausel (Qui eligit iudicem, eligit ius), aus der Unterwerfung unter ein Schiedsgericht in einem bestimmten Land, aus der Vereinbarung eines gemeinsamen Erfüllungsortes für beide Parteien oder aus einer Rechtswahlklausel in einem früheren Vertrag zwischen denselben Parteien (umfassend *E. Lorenz*, RIW 1992, 697, 700–704). Diese Aufzählung ist nicht abschließend; es muß unter Berücksichtigung aller Umstände des Einzelfalles festgestellt werden, ob eine konkludente Rechtswahl vorliegt (so bereits zum früheren Recht BGHZ 53, 189, 193).

347 (3) Ein *übereinstimmendes Prozeßverhalten* dergestalt, daß die Parteien im Rechtsstreit vor einem deutschen Gericht ausschließlich Ausführungen zum deutschen Sachrecht machen (*Fall a*), haben die Gerichte früher mit leichter Hand als stillschweigende Rechtswahl gedeutet. Nach dem strengen Wortlaut des – seit 1986 geltenden – Art. 27 I 2 EGBGB muß jedoch „mit hinreichender Sicherheit" feststehen, daß die Parteien die Rechtsanwendungsfrage nicht bloß übersehen haben und nicht von der (irrigen) Rechtsansicht ausgegangen sind, die *lex fori* sei ohne weiteres anwendbar (MünchKomm-*Martiny*, Art. 27 EGBGB Rdnrn. 48–50). Häufig fehlt den Parteien und ihren Prozeßbevollmächtigten das Bewußtsein, daß der Rechtsstreit auch nach einer anderen Rechtsordnung als der deutschen entschieden werden könnte; eine stillschweigende Rechtswahl im Prozeß kann nur vorliegen, wenn mit hinreichender Sicherheit feststeht, daß die kollisionsrechtliche Frage erkannt wurde (*Schack*, NJW 1984, 2736).

In *Fall a* fehlt es an entsprechenden Indizien, so daß das Vertragsstatut objektiv nach Art. 28 EGBGB zu bestimmen ist. Die großzügige Bejahung stillschweigender Rechtswahl bei übereinstimmendem Prozeßverhalten (BGH IPRax 1986, 292, 293 m. krit. Aufs. *Schack* [272]) ist durch Art. 27 I 2 EGBGB hinfällig geworden (*von Bar* II Rdnr. 461): Wenn das Gericht die Wahl des deutschen Rechts für sinnvoll hält, muß es die Parteien nach einer Rechtswahl fragen; sie können dann, wenn sie wollen, ausdrücklich die Rechtswahl treffen. In *Fall a* kommt mangels Rechtswahl kraft objektiver Anknüpfung dänisches Recht zum Zuge (Art. 28 II 2 EGBGB, die Unanwendbarkeit des UN-Kaufrechts ergibt sich aus Art. 3 II CISG, dazu unten Rdnr. 413).

b) Zeitpunkt der Rechtswahl

348 Nach Art. 27 II 1 EGBGB können die Parteien jederzeit vereinbaren, daß der Vertrag einem anderen Recht unterliegen soll als dem zuvor gewählten oder dem auf Grund objektiver Anknüpfung maßgebenden Recht. Das Vertragsstatut ist insoweit wandelbar (dazu oben Rdnr. 221): Die Parteien können – ausdrücklich oder konkludent (Art. 27 I 2 EGBGB) – eine Rechtswahl einvernehmlich wieder ändern, eine unterlassene Rechtswahl später nachholen – Beispiel: Rechtswahl im Prozeß – oder den Rechtswahlvertrag ganz oder teilweise (Art. 27 I 3 EGBGB) wieder aufheben (BGHZ 40, 320, 324; BGH IPRax 1986, 292; OLG Koblenz RIW 1988, 903, 904). Die Parteien bestimmen auch darüber, ob die nachträgliche Rechtswahl – der gewillkürte Statutenwechsel – *ex nunc* oder *ex tunc* wirken soll. Aus Art. 27 II 2 EGBGB läßt sich schließen, daß die Rechtswahl – wenn die Parteien nicht ausdrücklich oder stillschweigend etwas anderes vereinbaren – auf den Zeitpunkt des Vertragsschlusses zurückwirkt (*Reinhart*, IPRax 1995, 365, 367 ff.; MünchKomm-*Martiny*, Art. 27 EGBGB Rdnr. 66 m. w. N.; a. A. *Palandt/Heldrich*, Art. 27 EGBGB Rdnr. 10).

Die Vermutung, daß eine nachträgliche Rechtswahl *ex tunc* wirkt, gilt insbesondere, wenn der Vertrag unter dem zuerst gewählten Recht ungültig, nach dem später vereinbarten Recht dagegen wirksam ist: Wirkt die nachträgliche Rechtswahl auf den Zeitpunkt des Vertragsschlusses zurück, ist der Vertrag als von Anfang an gültig anzusehen (MünchKomm-*Martiny*, Art. 27 EGBGB Rdnr. 67). Einen umgekehrten Fall – nach dem zunächst anzuwendenden Recht ist der Vertrag formwirksam, nach dem später gewählten Recht ist er formnichtig – regelt Art. 27 II 2 EGBGB ausdrücklich: Die Formgültigkeit des Vertrages (Art. 11 EGBGB) wird durch eine nachträgliche Änderung des Vertragsstatuts nicht berührt. *Beispiel:* Die nachträgliche Vereinbarung des deutschen Rechts für einen Grundstückskauf führt nicht zur Anwendung des § 313 BGB (OLG Frankfurt/Main IPRax 1992, 314, 317 m. Aufs. *Bungert* [296]). Auch Rechte Dritter – beispielsweise Ansprüche aus einem echten Vertrag zugunsten Dritter – werden durch einen Wechsel des anzuwendenden Rechts nicht berührt (Art. 27 II 2 EGBGB). Es gibt also auch im Kollisionsrecht keinen (Rechtswahl-) Vertrag zu Lasten Dritter.

c) Gültigkeit der Rechtswahl

349 Das Zustandekommen und die Wirksamkeit der Rechtswahlvereinbarung richten sich nicht nach der *lex fori* – die im Zeitpunkt der Rechtswahl auch noch nicht feststeht, weil man nicht weiß, in welchem Staat im Streitfall geklagt werden wird –, sondern nach dem Recht des Hauptvertrages *(lex causae):* Art. 27 IV EGBGB verweist unter anderem auf Art. 31 I EGBGB und damit auf das Recht, das im Falle der Wirksamkeit der Verweisung maßgebend ist. In *Fall b* ist das schweizerische Recht gewählt worden; ob die Rechtswahlerklärung angefochten werden kann, bestimmt sich folglich nach Art. 28 II OR als der maßgebenden Vorschrift des schweizerischen Sachrechts. Das *deutsche IPR* enthält keine Anfechtungsregeln für Rechtswahlverträge; das *deutsche Sachrecht* (§§ 119ff. BGB) ist in *Fall b* nach Artt. 27 IV, 31 I EGBGB nicht maßgebend (zu weiteren Konstellationen *von Bar* II Rdnrn. 474–476).

Einschränkungen dieser Regel – Anwendung des Rechts, das anzuwenden wäre, wenn die Rechtswahl wirksam wäre – ergeben sich kraft der Verweisung in Art. 27 IV EGBGB aus Art. 31 II EGBGB (Wirkung des Schweigens auf ein Rechtswahlangebot, vgl. oben Rdnr. 317), aus Artt. 11, 29 III EGBGB (Form des Rechtswahlvertrages) und aus Art. 12 EGBGB (Schutz des Gutgläubigen bei mangelnder Geschäftsfähigkeit des Rechtswahlpartners). Die Rechtswahl als kollisionsrechtliches Geschäft muß nicht in der Form erfolgen, die das gewählte Recht für den Schuldvertrag vorschreibt: Wenn die Parteien einen Grundstückskauf dem deutschen Recht unterstellen, gilt § 313 BGB nur für den Kaufvertrag, nicht aber für den Rechtswahlvertrag (OLG München IPRax 1990, 320 m. Aufs. *Spellenberg* [295]). Die Rechtswahl für einen Schuldvertrag ist nach deutschem IPR nicht formbedürftig, weil Art. 27 EGBGB keine Form vorschreibt.

2. Gegenstand des Rechtswahlvertrages

350 Die Parteien können grundsätzlich auf jede beliebige Rechtsordnung verweisen. Art. 27 EGBGB verlangt weder ein „anzuerkennendes Interesse" der Parteien an dem gewählten Recht noch eine Beziehung der Parteien oder des Vertrages zu der gewählten Rechtsordnung (MünchKomm-*Martiny*, Art. 27 EGBGB Rdnr. 20). Wirksam ist daher auch die Wahl einer *neutralen Rechtsordnung*. Sie kommt im internationalen Handelsverkehr häufig vor, weil sich die beiden Parteien nicht auf die Anwendung des Heimatrechts der einen oder der anderen Partei verständigen können (*Fall c*: Wahl des schweizerischen Rechts durch den deutschen und den tunesischen Vertragspartner). Nicht zulässig ist jedoch der Ausschluß jeder staatlichen Rechtsordnung: Bereits Art. 4 II EGBGB spricht vom *Recht eines Staates*; die Parteien können also nicht alle nationalen Rechte abwählen und an ihre Stelle ein Kunstgebilde die sog. Lex Mercatoria setzen (MünchKomm-*Martiny*, Art. 27 EGBGB Rdnr. 31). Drei weitere Besonderheiten sind zu beachten:

a) Die Parteien wollen in der Regel im Wege der *Sachnormverweisung* die materiellen Bestimmungen des gewählten Rechts zur Anwendung bringen. Die Kollisionsnormen der gewählten Rechtsordnung sind nicht mitgewählt; eine *Gesamtverweisung* – die Wahl einer Rechtsordnung unter Einschluß des IPR – liegt regelmäßig nicht in der Absicht der Parteien (Bericht *Giuliano/Lagarde*, BT-Drucks. 10/503, 69). Eine solche Gesamtverweisung ist jedoch nach der Spezialvorschrift des Art. 35 I EGBGB, die der allgemeinen Vorschrift des Art. 4 II EGBGB (Sachnormverweisung) vorgeht, nicht verboten (MünchKomm-*Martiny*, Art. 35 EGBGB Rdnr. 5 m. w. N.). Wenn die Parteien das ausdrücklich so bestimmen, können sie also auch eine Gesamtverweisung auf das Kollisionsrecht des von ihnen bezeichneten Staates vornehmen und damit u.U. eine Rück- oder Weiterverweisung auslösen (dazu oben Rdnr. 195).

351 b) Eine *teilweise Rechtswahl* ist nach Art. 27 I 3 EGBGB erlaubt. Sie kommt aber in der Praxis selten vor, weil die Parteien ihr Vertragsverhältnis meistens nicht kollisionsrechtlich zersplittern und im Wege der gewillkürten Vertragsspaltung verschiedene Teile (beispielsweise Vertragsschluß und Vertragserfüllung) verschiedenen Rechtsordnungen unterstellen wollen. Wenn sich die Parteien nur über die Wahl des Rechts für eine bestimmte Teilfrage ausdrücklich geeinigt haben (Beispiel: „Die Erfüllung dieses Vertrages unterliegt dem deutschen Recht"), läßt sich daraus häufig „mit hinreichender Sicherheit" auf eine stillschweigende Rechtswahl für den ganzen Vertrag schließen (Art. 27 I 2 EGBGB).

c) Die *Versteinerung einer Rechtsordnung* auf ihren Zustand bei Vertragsschluß durch eine kollisionsrechtliche Rechtswahlvereinbarung (*Fall c*) erlaubt die herrschende Ansicht nicht; es kann nur die „lebende" Rechtsordnung gewählt werden (*von Bar* II Rdnr. 482 m.w.N.; a.A. *Sandrock*, Festschrift Riesenfeld, 1983, S. 211). Die Parteien können allerdings eine bestimmte Regelung, die unveränderlich gelten soll, durch materiellrechtliche Vereinbarung in das Rechtsgeschäft aufnehmen; dann bleibt aber die Begrenzung erhalten, die durch die (künftigen) zwingenden Bestimmungen der gewählten staatlichen Rechtsordnung gezogen wird (*Kropholler* § 52 II 3d).

3. Wirkung des Rechtswahlvertrages

352 Die kollisionsrechtliche Parteiautonomie und die sachrechtliche Privatautonomie sind „Komplementärerscheinungen der Vertragsfreiheit" (*von Bar* II Rdnr. 416). In ihrer Wirkung unterscheiden sie sich jedoch grundlegend (dazu bereits oben Rdnr. 144): Die sachrechtliche *Privatautonomie* in Gestalt der Vertragsfreiheit findet ihre Grenze am zwingenden Sachrecht; wenn beispielsweise ein Kaufvertrag dem deutschen Recht unterliegt, so besteht Vertragsfreiheit – Abschluß-, Inhalts- und Beendigungsfreiheit – nur im Rahmen der zwingenden Vorschriften des deutschen materiellen

Rechts. Die kollisionsrechtliche *Parteiautonomie* in Gestalt der Rechtswahlfreiheit findet dagegen ihre Schranken grundsätzlich nur im zwingenden IPR; wenn die Parteien beispielsweise ihren „an sich" – kraft objektiver Anknüpfung gemäß Art. 28 EGBGB – dem deutschen Recht unterliegenden Kaufvertrag durch Rechtswahl dem New Yorker Recht unterstellen, ist das materielle deutsche Recht einschließlich seiner zwingenden Vorschriften „abgewählt". Man spricht insoweit von der *kollisionsrechtlichen Wirkung* der Rechtswahl. Diese Wirkung ist das eigentlich Interessante an der Rechtswahlfreiheit, denn um die dispositiven (nichtzwingenden) Vorschriften des deutschen materiellen Rechts durch Parteivereinbarungen zu ersetzen, genügt schon die materiellrechtliche Vertragsfreiheit. Es ist daher eine einschneidende Einschränkung der Rechtswahlfreiheit, wenn Art. 27 III EGBGB der Rechtswahl ausnahmsweise keine kollisionsrechtliche Wirkung, sondern nur *materiellrechtliche Wirkung* beimißt.

a) Auslandsbeziehung, Art. 27 III EGBGB

353 Art. 27 III EGBGB begrenzt nach dem Vorbild des Art. 3 III EVÜ die Wirkung der Rechtswahl in einem Inlandssachverhalt: Wenn der sonstige Sachverhalt im Zeitpunkt der Rechtswahl nur mit dem Staat A verbunden ist, so kann die Wahl des Rechts des Staates B nicht die Bestimmungen berühren, von denen nach dem Recht des Staates A durch Vertrag nicht abgewichen werden kann (zwingende Bestimmungen). Für die *kollisionsrechtliche Wirkung* der Rechtswahl verlangt das deutsche IPR also eine Beziehung des Sachverhalts zu mehr als einem Staat (*Auslandsbeziehung*). Ist der „sonstige Sachverhalt" (sonstig = abgesehen von der Rechtswahl) dagegen nur mit einem Staat verbunden und damit – von diesem Staat aus gesehen – ein *Inlandssachverhalt*, so hat die Wahl des Rechts eines anderen Staates nur *materiellrechtliche Wirkung*. Auch eine Gerichtsstandsvereinbarung, die auf einen anderen Staat hinweist, ändert daran nichts (Art. 27 III EGBGB).

(1) Art. 27 III EGBGB enthält also eine Beschränkung der Rechtswahl, wenn – von der Rechtswahlklausel und ggf. einer Gerichtsstandsvereinbarung abgesehen – keine Auslandsbeziehun-

gen bestehen: Ist der Sachverhalt zum Zeitpunkt der Rechtswahl beispielsweise nur mit Deutschland verbunden („eindeutig lokalisiert“, MünchKomm-*Martiny*, Art. 27 EGBGB Rdnr. 71), so ist eine Rechtswahl zwar nicht ausgeschlossen. Die Wahl z.B. des französischen Rechts kann jedoch die zwingenden Bestimmungen des deutschen Rechts nicht berühren. Sie hat nur materiellrechtliche Wirkung, indem sie die dispositiven Bestimmungen des deutschen Rechts durch das französische Recht ersetzt.

354 (2) Art. 27 III EGBGB verlangt nicht, daß der Sachverhalt gerade mit dem Staat verbunden ist, dessen Recht gewählt wird. Besteht die von Art. 27 III EGBGB geforderte Auslandsbeziehung, kann mit kollisionsrechtlicher Wirkung das Recht irgendeines Staates gewählt werden. So können die Parteien in *Fall c* in einem mit Deutschland und Tunesien verbundenen Sachverhalt mit kollisionsrechtlicher Wirkung eine mit dem Sachverhalt nicht verbundene („neutrale“) Rechtsordnung – etwa diejenige der Schweiz, Frankreichs oder Englands – wählen.

(3) Der Anwendungsbereich des Art. 27 III EGBGB ist klein, weil das Merkmal der Auslandsberührung großzügig gehandhabt wird: Zwar kann es nicht ausreichen, daß eine der Vertragsparteien einen chinesischen Goldfisch im Aquarium hat; aber ein Auslandsbezug liegt nach herrschender Ansicht bereits vor, wenn eines der für die objektive Anknüpfung nach Art. 28 I EGBGB bedeutsamen Kriterien (z.B. Abschluß- oder Erfüllungsort) auf einen anderen Staat deutet (zu diesen Kriterien unten Rdnr. 366). Die ausländische Staatsangehörigkeit einer Vertragspartei genügt allerdings nur, wenn sie durch andere Umstände – etwa den gewöhnlichen Aufenthalt dieser Partei im Ausland oder die Ausländereigenschaft der anderen Partei – verstärkt wird (str., wie hier *von Bar* II Rdnr. 419). Die Auslandsverknüpfung muß *objektiv* vorliegen; ein bloß *subjektives* Interesse an der Anwendung eines bestimmten Rechts – weil dieses Recht den Parteien vielleicht besonders gut gefällt – genügt nicht (MünchKomm-*Martiny*, Art. 27 EGBGB Rdnr. 78).

Sind ausnahmsweise die Voraussetzungen des Art. 27 III EGBGB erfüllt, ist also der „sonstige“ Sachverhalt nur mit einem Staat verbunden, so lautet die Rechtsfolge, daß von den *zwingenden Bestimmungen* des objektiven Vertragsstatuts nicht abgewichen werden kann. Art. 27 III EGBGB meint *intern* zwingende Bestimmungen; dazu gehören alle Vorschriften, die im nationalen Sachrecht unabdingbar sind. Das Gegenteil zu intern zwingenden Bestimmungen bilden *international* zwingende Vorschriften, die über Art. 34 EGBGB zur Anwendung kommen (dazu unten Rdnrn. 398–409).

b) Günstigkeitsprinzip, Artt. 29 I, 30 I EGBGB

355 Das Erfordernis der Auslandsberührung in Art. 27 III EGBGB (Art. 3 III EVÜ) reicht nach Ansicht des Gesetzgebers nicht aus, um Verbraucher und Arbeitnehmer vor unangemessener Rechtswahl zu schützen. Zum Schutz des Schwächeren im IPR errichten die Artt. 29 I, 30 I EGBGB (Artt. 5 I, 6 I EVÜ) eine weitere Rechtswahlsperre: Bei bestimmten *Verbraucherverträgen* darf eine Rechtswahl der Parteien nicht dazu führen, daß dem Verbraucher der Schutz entzogen wird, den ihm die zwingenden Bestimmungen des Rechts des Staates gewähren, in dem er seinen gewöhnlichen Aufenthalt hat (Art. 29 I EGBGB, dazu unten Rdnrn. 376, 377). Bei *Arbeitsverträgen* darf die Rechtswahl der Parteien nicht dazu führen, daß dem Arbeitnehmer der Schutz entzogen wird, den ihm die zwingenden Bestimmungen des Rechts gewähren, das mangels der Rechtswahl anzuwenden wäre (Art. 30 I EGBGB, dazu unten Rdnr. 385). Die Rechtswahl hat in diesen Fällen zwar – anders als nach Art. 27 III EGBGB – kollisionsrechtliche Wirkung; sie wirkt aber kollisionsrechtlich nur zugunsten des Verbrauchers und des Arbeitnehmers (Günstigkeitsprinzip).

II. Objektive Anknüpfung (Art. 28 EGBGB)

356 **Literatur:** *Aubin*, Vertragsstatut und Parteierwartungen im deutschen Internationalen Privatrecht, Festschrift Seidl-Hohenveldern (1988), S. 1; *Jayme*, Kollisionsrechtliche Techniken für Langzeitverträge mit Auslandsberührung, in: *Nicklisch* (Hrsg.), Der komplexe Langzeitvertrag (1987), S. 311; *Juenger*, Parteiautonomie und objektive Anknüpfung im EG-Übereinkommen zum Internationalen Vertragsrecht, RabelsZ 46 (1982), 57; *J. Schröder*, Zur Anziehungskraft der Grundstücksbelegenheit im internationalen Privat- und Verfahrensrecht, IPRax 1985, 145; *W. Weitnauer*, Der Vertragsschwerpunkt (1981).

Fälle:

a) Die Hochbau AG (Sitz und Hauptniederlassung in Essen) schließt mit einem slowenischen Unternehmen einen Vertrag über den Bau einer Lagerhalle in Slowenien. Eine Rechtswahl wird nicht getroffen. Die Bauleistungen – Planung, Organisation, Einsatz der Subunternehmer – sollen von der Niederlassung Wien der Hochbau AG erbracht werden. Welchem Recht unterliegt der Bauvertrag?

b) Ein niederländischer Museums-Verein schließt mit einer deutschen Stiftung einen Vertrag über den Tausch eines Rubens-Gemäldes gegen ein Selbstbildnis von Lucas Cranach. Der Vertrag ist in englischer Sprache abgefaßt und verwendet Begriffe des englischen Kaufrechts; die Vertragsverhandlungen haben überwiegend in Den Haag stattgefunden, wo der Vertrag auch unterzeichnet wurde. Welches Recht ist auf den Tauschvertrag anzuwenden?

c) Ein deutscher Einzelhändler kauft auf der Düsseldorfer Schuhmesse direkt vom italienischen Hersteller 120 Paar „Bella"-Damenschuhe. Das Vertragsformular ist zweisprachig abgefaßt; es schließt die Anwendung des UN-Kaufrechtsübereinkommens aus, enthält aber weder eine Rechtswahl- noch eine Gerichtsstandsklausel. Die Schuhe sind mangelhaft. Welches Recht gilt?

Indem das IPR die Parteiautonomie anerkennt, schafft es zugleich ein Bedürfnis nach einer Ersatzanknüpfung (dazu oben Rdnr. 178): Da kein Zwang zur Rechtswahl besteht, bedarf die (subjektive) Anknüpfung an eine Rechtswahl notwendig der Ergänzung durch eine objektive Anknüpfung für den Fall, daß eine Rechtswahl nach Art. 27 EGBGB unterblieben ist. Diese objektive Anknüpfung findet sich in Art. 28 EGBGB (Art. 4 EVÜ); sie spielt nur eine Rolle, wenn die Vertragsparteien weder ausdrücklich noch stillschweigend eine Rechtswahl getroffen haben. Sonderregeln gelten für Verbraucher- und Arbeitsverträge (Artt. 29 II, 30 II EGBGB, dazu unten Rdnrn. 365, 380–384), so daß diese Verträge von den folgenden Ausführungen ausgenommen sind. Nach Art. 28 I 2 EGBGB kann – so der Wortlaut der Vorschrift – „ausnahmsweise" (Bericht *Giuliano/Lagarde,* BT-Drucks. 10/503, S. 55: „So selten wie möglich") auch bei objektiver Anknüpfung – ähnlich wie bei der teilweisen Rechtswahl, Art. 27 I 3 EGBGB – eine *Aufspaltung des Vertrages* erfolgen. Wie bei der teilweisen Rechtswahl (dazu oben Rdnr. 351) ist erforderlich, daß sich ein oder mehrere Teile des Vertrages vom Rest des Vertrages abtrennen lassen. In der Praxis kann das bei komplexen Vertragswerken vorkommen, etwa im Industrieanlagenbau (dazu MünchKomm-*Martiny*, Art. 28 EGBGB Rdnrn. 21–24).

357 Art. 28 I 1 EGBGB verwirklicht das kollisionsrechtliche *Prinzip der engsten Verbindung.* Dieses Prinzip wird durch eine Reihe von Vermutungen in Art. 28 II–IV EGBGB konkretisiert. Bei der Lösung eines Falles sind zuerst diese *Vermutungen* anzuwenden (dazu sogleich 1). Wenn keiner der Vermutungstatbestände vorliegt, ist der Vertrag nach der *Generalklausel* des Art. 28 I 1 EGBGB anzuknüpfen (dazu 2). Wenn dagegen einer der Vermutungstatbestände erfüllt ist, muß nach der *Ausweichklausel* des Art. 28 V EGBGB geprüft werden, ob der Vertrag nach der Gesamtheit der Umstände engere Verbindungen mit einem anderen Staat aufweist, so daß die Vermutungen verdrängt werden (dazu 3).

1. Vermutungen (Art. 28 II–IV EGBGB)

358 Die Anknüpfungsregel der engsten Verbindung zwischen einem Vertrag und einem Staat (Art. 28 I 1 EGBGB) basiert auf dem *Savignyschen* Bild vom „Sitz des Rechtsverhältnisses" (dazu oben Rdnr. 69). Sie ist elastisch genug, um der Individualität jedes Vertragsverhältnisses gerecht zu werden, und verwirklicht dadurch das Gebot der *Einzelfallgerechtigkeit,* vernachlässigt jedoch das Gebot der *Rechtssicherheit.* Die Generalklausel des Art. 28 I 1 EGBGB wird daher in Art. 28 II–IV EGBGB durch benannte Anknüpfungspunkte in Gestalt von Vermutungsregeln konkretisiert. Diese Vermutungen sind keine *Beweislastregeln,* weil sie sich nicht auf Tatsachen beziehen; es handelt sich um bloße *Rechtsvermutungen,* die kollisionsrechtliche Aussagen über die Nahebeziehungen zwischen einem Vertrag und seinem Recht treffen (*von Bar* II Rdnrn. 491, 492; *Lüderitz* Rdnr. 280). Auch in den Fällen des Art. 28 II–IV EGBGB hat der Richter daher das anzuwendende Recht von Amts wegen zu ermitteln (*Kropholler* § 52 III 1). Die beiden speziellen Vermutungen des Art. 28 IV EGBGB (Güterbeförderung) und des Art. 28 III EGBGB (Grundstücksverträge) gehen der „allgemeinen" Vermutung des Art. 28 II EGBGB vor; bei der Lösung eines Falles ist daher zuerst zu untersuchen, ob eine der beiden speziellen Vermutungen erfüllt ist.

a) Güterbeförderungsverträge

359 Art. 28 IV EGBGB enthält eine spezielle Vermutung in bezug auf Güterbeförderungsverträge: Es wird vermutet, daß sie die engsten Verbindungen mit dem Staat aufweisen, in dem der Beförderer seine Hauptniederlassung hat, sofern sich in diesem Staat zugleich der Verladeort oder der Entladeort der Güter oder die Hauptniederlassung des Absenders befindet (Art. 28 IV 1 EGBGB). Liegen diese Voraussetzungen nicht vor, wird das Vertragsstatut nach der Generalklausel des Art. 28 I 1 EGBGB bestimmt (umfassend *Mankowski*, TranspR 1993, 213). Die Vermutung des Art. 28 IV EGBGB gilt nur für den *Gütertransport*. Für den *Personentransport* bleibt es bei der allgemeinen Vermutung des Art. 28 II EGBGB; Pauschalreisen von Verbrauchern unterliegen der Spezialnorm des Art. 29 II, IV 2 EGBGB. Der gesamte Art. 28 EGBGB spielt allerdings für Beförderungsverträge häufig keine Rolle: Auf dem Gebiet des Transportrechts besteht eine Reihe internationaler Übereinkommen (dazu unten Rdnrn. 418–420), deren materielles Einheitsrecht seinen Anwendungsbereich unabhängig von Art. 28 EGBGB selbst festlegt.

b) Grundstücksverträge

360 Art. 28 III EGBGB normiert eine spezielle Vermutungsregel für schuldrechtliche (obligatorische) Grundstücksverträge: Soweit ein schuldrechtlicher Vertrag ein dingliches Recht an einem Grundstück betrifft (wie ein Kauf- oder Schenkungsvertrag) oder ein Recht zur Nutzung eines Grundstücks zum Gegenstand hat (wie ein Miet- oder Pachtvertrag), wird vermutet, daß der Vertrag die engsten Verbindungen zu dem Staat aufweist, in dem das Grundstück belegen ist. Während es bei der allgemeinen Vermutung des Art. 28 II EGBGB – dazu sogleich – *rechtssubjektsbezogen* auf das Umweltrecht des Vertragspartners ankommt, der die vertragscharakteristische Leistung zu erbringen hat, ist nach der speziellen Vermutung des Art. 28 III EGBGB *rechtsobjektsbezogen* auf den Vertragsgegenstand – das Grundstück – abzustellen.

Verträge über die Errichtung oder Instandsetzung von Bauwerken fallen nicht unter die Sonderregelung des Art. 28 III EGBGB, sondern unter die allgemeine Vermutung des Art. 28 II EGBGB, da bei ihnen nicht das Grundstück oder dessen Nutzung, sondern die Bauleistung Vertragsgegenstand ist (BegrRegE BT-Drucks. 10/504, 78; *Fall a*).

Die Vermutung des Art. 28 III EGBGB wird in der Praxis häufig durch die Ausweichklausel des Art. 28 V EGBGB verdrängt: Schließen beispielsweise zwei Deutsche in Deutschland einen Mietvertrag oder einen Kaufvertrag über eine in Spanien belegene Ferienimmobilie, führt Art. 28 V EGBGB meistens zum deutschen Recht. Denn der Vertrag weist nach der „Gesamtheit der Umstände" (Art. 28 V EGBGB) engere Verbindungen zum gemeinsamen Heimatstaat der Parteien auf (BGHZ 109, 29, 36 = IPRax 1990, 318 m. Aufs. *W. Lorenz* [292]; *von Bar* II Rdnrn. 514, 519).

c) Charakteristische Leistung

361 Art. 28 II EGBGB enthält die „allgemeine" Vermutung, daß der Vertrag die engsten Verbindungen mit dem Staat aufweist, mit dem der Schuldner der *charakteristischen Leistung* im Zeitpunkt des Vertragsschlusses besonders eng verbunden ist. Die Lehre von der „vertragscharakteristischen Leistung" geht auf den in die Schweiz emigrierten deutschen Kollisionsrechtler *Adolf F. Schnitzer* (1889–1989) zurück (*Schnitzer* II S. 639ff.); sie hat den Vorteil der Rechtssicherheit, da sich für viele Vertragstypen eine charakteristische Leistung bestimmen läßt. Art. 28 II EGBGB verlangt eine *zweistufige Prüfung*: Zuerst ist zu fragen, ob sich für den Vertrag eine charakteristische Leistung bestimmen läßt; sodann ist der Anknüpfungspunkt – der gewöhnliche Aufenthalt, die Hauptverwaltung, die Hauptniederlassung oder eine andere Niederlassung des Schuldners der charakteristischen Leistung – zu ermitteln.

362 (1) Die *charakteristische Leistung* eines Vertrages ist diejenige Leistung, die es ermöglicht, einen Vertrag seiner Art nach zu bestimmen und von anderen Verträgen zu unterscheiden (*von Bar* II Rdnr. 495); es ist die Leistung, die dem Vertrag sein rechtliches Gepräge und häufig auch seinen Namen gibt (*Kropholler* § 52 III 2). Für gegenseitige Verträge, bei denen die eine Leistung in Geld zu erbringen ist (beispielsweise Kauf-, Miet-, Dienst- oder Werkverträge), ist nicht die Zahlung charakteristisch, sondern die Gegenleistung des Verkäufers, Vermieters, Dienstleistenden oder Werkunternehmers. Die Sach- oder Dienstleistung prägt in diesen Fällen nicht nur den Vertragstypus (*Kegel* § 18 I 1 d: „Wer liefert oder arbeitet, muß sich mehr anstrengen und mehr Vorschriften beachten, als wer zahlt"); sie ist auch häufiger als die Geldleistung die Quelle von Leistungsstörungen. Die kollisionsrechtliche Einordnung folgt dem Problemschwerpunkt der materiellrechtlichen Regelung.

Die *Schenkung* ist durch die Zuwendung des Schenkers gekennzeichnet (OLG Düsseldorf FamRZ 1983, 1230); beim *Darlehen* besteht die charakteristische Leistungspflicht nicht in der Rückzahlungspflicht des Darlehensnehmers, sondern in der Pflicht des Darlehensgebers zur Hingabe der Darlehensvaluta (LG Hamburg IPRspr 1984 Nr. 24 a). Ferner erbringen Makler, Handelsvertreter und Vertragshändler – und nicht ihre Vertragspartner – die charakteristische Leistung (*Kindler*, RIW 1987, 660, 663). Die *Bürgschaft* folgt grundsätzlich ihrem eigenen Recht und nicht akzessorisch dem Recht der Hauptschuld; zur vertragscharakteristischen Leistung ist der Bürge verpflichtet. Beim *Garantievertrag* schuldet der Garant die charakteristische Leistung (Einzelheiten bei MünchKomm-*Martiny*, Art. 28 EGBGB Rdnrn. 225 ff., 238 ff., dort auch zu weiteren *Bankgeschäften*).

363 (2) Wenn sich für den Vertrag eine charakteristische Leistung ermitteln läßt, ist sie in einem zweiten Schritt zu lokalisieren: Art. 28 II EGBGB muß eine Verbindung zwischen der charakteristischen Leistung und einem Staat herstellen. Das geschieht nicht über den Erfüllungsort der Leistung (was bei Forderungen naheläge) oder über die Belegenheit des Leistungsgegenstandes (was sich bei beweglichen Sachen anbieten würde), sondern über den *Schuldner der charakteristischen Leistung*. Art. 28 II EGBGB unterscheidet danach, ob der Schuldner seine Leistung als Privatperson (nichtgeschäftliche Tätigkeit, Art. 28 II 1 EGBGB) oder „in Ausübung einer beruflichen oder gewerblichen Tätigkeit" (geschäftliche Tätigkeit, Art. 28 II 2 EGBGB) zu erbringen hat. Die Vorschrift sagt nicht ausdrücklich, was als „berufliche oder gewerbliche Tätigkeit" (geschäftliche Tätigkeit) gilt. Wie bei dem – insoweit gleichlautenden – Art. 29 I EGBGB gehört auch im Rahmen des Art. 28 II EGBGB zur geschäftlichen Tätigkeit alles, was nicht der Privatsphäre zugerechnet werden kann (MünchKomm-*Martiny*, Art. 28 EGBGB Rdnr. 44). Aufbauend auf der

Unterscheidung von geschäftlicher und nichtgeschäftlicher Tätigkeit lokalisiert Art. 28 II EGBGB die charakteristische Leistung wie folgt:

- Bei einem *nichtgeschäftlichen Vertragsschluß* verortet Art. 28 II 1 EGBGB die charakteristische Leistung im Staat des *gewöhnlichen Aufenthalts* der Partei, die sie zu erbringen hat. Der gewöhnliche Aufenthalt wird nach den allgemeinen Regeln bestimmt (dazu oben Rdnrn. 137–139). Wenn die leistende Partei eine Gesellschaft, ein Verein oder eine juristische Person ist, kommt es auf die *Hauptverwaltung* an (Art. 28 II 1 a.E. EGBGB). Eine nichtgeschäftliche Tätigkeit von Rechtspersonen ist äußerst selten; ein Beispiel sind Leistungen von Idealvereinen, etwa Zuwendungen von nichtkommerziellen Sportvereinen an Sportler.
- Bei einem *geschäftlichen Vertragsschluß* stellt Art. 28 II 2 EGBGB grundsätzlich auf die *Hauptniederlassung* des Schuldners ab. Ist die Leistung nach dem Vertrag jedoch von einer anderen als der Hauptniederlassung zu erbringen, so ist diese *andere Niederlassung* maßgebend (Art. 28 II 2 a.E. EGBGB). Diese Vorschrift will vermeiden, daß Verträge dem Recht der Hauptniederlassung unterworfen werden, obwohl geschäftliche Aktivitäten an einem anderen Ort erfolgen und der Vertragspartner vielleicht gar nicht weiß, wo sich die Hauptniederlassung befindet. In der Praxis ist daher häufig die „andere Niederlassung" (Zweigniederlassung) maßgebend.

364 Der Begriff der (Zweig-) Niederlassung, der auch in Art. 5 Nr. 5 EuGVÜ (Gerichtsstand der Niederlassung) vorkommt, wird weder im EGBGB noch im EuGVÜ definiert. Die Rechtsprechung des EuGH zu Art. 5 Nr. 5 EuGVÜ ist wegen des Gebots der einheitlichen europäischen Auslegung gemäß Art. 36 EGBGB auch bei Art. 28 II EGBGB zu berücksichtigen (vgl. BGHZ 123, 380, 384 zum Begriff der Dienstleistung). Danach meint der Begriff der Zweigniederlassung einen Mittelpunkt geschäftlicher Tätigkeit, der auf Dauer als Außenstelle eines Stammhauses hervortritt, eine Geschäftsführung hat und sachlich so ausgestattet ist, daß er unmittelbar Geschäfte mit Dritten betreiben kann (EuGH Slg. 1978, 2183 = RIW 1979, 56 – Somafer/Saar-Ferngas).

In *Fall a* unterliegt der Bauvertrag weder dem Recht des Baustellenlandes (Slowenien) noch dem Recht der deutschen Hauptniederlassung, sondern dem Recht der Zweigniederlassung in Wien: Art. 28 II 2 EGBGB vermutet, daß der Bauvertrag die engsten Verbindungen mit dem Staat aufweist, in dem sich die Niederlassung befindet, die die Bauleistung zu erbringen hat; die Baustelle in Slowenien ist keine „Niederlassung" (vgl. *Kropholler*, Europäisches Zivilprozeßrecht, 5. Aufl. 1996, Art. 5 EuGVÜ Rdnrn. 51–61).

2. Generalklausel (Art. 28 I 1 EGBGB)

365 Fehlt eine charakteristische Leistung des Vertrages, sind die Vermutungen des Art. 28 II 1, 2 EGBGB nicht anzuwenden (Art. 28 II 3 EGBGB). Das kann insbesondere der Fall sein, wenn die Gegenleistung nicht in Geld geschuldet wird. So läßt sich beim Tauschvertrag eine charakteristische Leistung nicht bestimmen (*Fall b*). In diesen eher seltenen Fällen kommt die Generalklausel des Art. 28 I 1 EGBGB zum Zuge (Beispiele bei *von Bar* II Rdnrn. 501, 502).

a) Kriterien der „engsten Verbindung"

366 Die engste Verbindung zwischen dem Vertrag und einem Staat gemäß Art. 28 I 1 EGBGB ergibt sich aus der *Gesamtheit der Umstände* des Falles. Zu den Kriterien gehören beispielsweise der gewöhnliche Aufenthalt, die Niederlassung und die Staatsangehörigkeit der Parteien, der Ort des Vertragsschlusses und der Erfüllungsort, die Vertragssprache und die vertraglich vereinbarte Währung (umfassend MünchKomm-*Martiny*, Art. 28 EGBGB Rdnrn. 75–89). Diese Kriterien (Indizien) sind, wenn sie auf verschiedene Rechtsordnungen deuten, gegeneinander abzuwägen. Dabei haben die Merkmale unterschiedliches Gewicht: Starke („primäre") Indizien sind ein gemeinsamer gewöhnlicher Aufenthalt und eine gemeinsame Staatsangehörigkeit der Parteien; schwache („sekundäre") Kriterien sind beispielsweise die Vertragssprache und die geschuldete Währung (vgl. BGHZ 19, 110, 112–113; BGH NJW 1981, 1899).

b) Abgrenzung zur Rechtswahl

367 Ob die Parteien eine stillschweigende Rechtswahl gemäß Art. 27 I 2 EGBGB getroffen haben, muß – da sich die Parteien ja nicht ausdrücklich geäußert haben – aus Indizien geschlossen werden (dazu oben Rdnr. 346). Der objektive Anknüpfungspunkt der engsten Verbindung gemäß Art. 28 I 1 EGBGB wird ebenfalls aus einer Gesamtheit von Indizien herausgefiltert. Daher ist die Grenze zwischen einer stillschweigenden Rechtswahl und der objektiven Anknüpfung nach der Generalklausel des Art. 28 I 1 EGBGB in der Praxis fließend. Die (stillschweigende) Rechtswahl und die objektive Anknüpfung müssen aber dennoch unterschieden werden, wobei zwei Regeln gelten: Es ist stets zuerst zu prüfen, ob eine stillschweigende Rechtswahl vorliegt; ist das der Fall, erübrigt sich die Frage nach der engsten Verbindung. Zweitens darf nach dem Wortlaut des Art. 27 I 2 EGBGB eine stillschweigende Rechtswahl nur angenommen werden, wenn sich aus den Umständen mit hinreichender Sicherheit ergibt, daß die Parteien tatsächlich den Willen hatten, eine Vereinbarung über das anwendbare Recht zu treffen; ist das nicht der Fall, muß man prüfen, welche objektive „engste Verbindung" sich aus den Umständen ergibt (*Kropholler* § 52 III 5).

In *Fall b* ist die Verwendung von Begriffen des englischen Kaufrechts ein Indiz für eine stillschweigende Wahl des „neutralen" englischen Rechts (vgl. MünchKomm-*Martiny*, Art. 27 EGBGB Rdnrn. 45–47, Art. 28 EGBGB Rdnr. 77), so daß sich trotz des knappen Sachverhalts eine Rechtswahl ohne Rechtsfehler bejahen läßt. Wer die Sachverhaltsangaben nicht als ausreichend für die Annahme einer stillschweigenden Rechtswahl ansieht, muß objektiv anknüpfen. Das ist schwierig: Die Vermutungen des Art. 28 II EGBGB helfen nicht weiter, weil es beim Tauschvertrag „die" charakteristische Leistung nicht gibt; der Ort der Vertragsverhandlungen und des Vertragsschlusses in den Niederlanden ist ein schwaches Indiz, das zudem durch die Indizien, die in die englische Richtung deuten (Vertragssprache, Bezugnahme auf englische Vorschriften), entkräftet wird. Angesichts des knappen Sachverhalts wäre es gleichermaßen vertretbar, im Wege objektiver Anknüpfung zum niederländischen oder zum englischen Recht zu kommen. – Diese Unsicherheiten zeigen, wie nützlich eine ausdrückliche Rechtswahl sein kann.

3. Ausweichklausel (Art. 28 V EGBGB)

368 Wenn einer der Tatbestände des Art. 28 II–IV EGBGB erfüllt ist und damit eine Vermutung auf das Recht eines Staates hindeutet, ist anschließend die Ausweichklausel des Art. 28 V EGBGB zu prüfen: Die Vermutungen nach Art. 28 II–IV EGBGB gelten nicht, wenn sich aus der Gesamtheit der Umstände ergibt, daß der Vertrag engere Verbindungen mit einem anderen Staat aufweist. Diese Klausel eröffnet dem Richter die Möglichkeit, im Einzelfall im Wege der „Handsteuerung" von den generalisierenden Vermutungen abzuweichen. Sie führt zu dem Grundsatz des Art. 28 I 1 EGBGB zurück; für die „engere Verbindung" gemäß Art. 28 V EGBGB gelten die gleichen Kriterien wie für die „engste Verbindung" gemäß Art. 28 I 1 EGBGB.

Die Ausweichklausel ist zugleich eine *Ausnahmeklausel*: Der Richter darf nur ausnahmsweise auf Art. 28 V EGBGB zurückgreifen, wenn die Gesamtheit der Umstände deutlich dagegen spricht, die einschlägige Vermutung zu befolgen. Das Bedürfnis nach Einzelfallgerechtigkeit muß das Interesse an Rechtssicherheit klar überwiegen. Ein wichtiger Anwendungsfall sind Kauf- oder Mietverträge von zwei Inländern über eine im Ausland belegene Ferienimmobilie: Der gemeinsame gewöhnliche Aufenthalt und die gemeinsame Staatsangehörigkeit der Parteien verdrängen die Vermutung des Art. 28 III EGBGB (*lex rei sitae*), wenn nicht – neben der Belegenheit des Kauf- oder Mietobjektes – weitere Umstände auf den Belegenheitsstaat hindeuten (vgl. die entsprechende Zuständigkeitsregel des Art. 16 Nr. 1 b EuGVÜ).

In *Fall c* streitet für das italienische Recht als Verkäuferrecht die Vermutung des Art. 28 II 2 EGBGB; der Messestand in Düsseldorf ist keine „Niederlassung" des italienischen Herstellers. Allein der Verhandlungs- und Abschlußort (Düsseldorfer Messe) begründet noch keine engere Verbindung des Kaufvertrages mit Deutschland (LG Aachen RIW 1990, 491).

III. Verbraucherverträge (Art. 29 EGBGB)

369 **Literatur:** *Coester-Waltjen*, Der Eskimo-Mantel aus Spanien – Ist der kollisionsrechtliche Verbraucherschutz zu kurz gestrickt?, Festschrift W. Lorenz (1991), S. 297; *von Hoffmann*, Über den Schutz des Schwächeren bei internationalen Schuldverträgen, RabelsZ 38 (1974), 396; *Junker*, Vom Citoyen zum Consommateur – Entwicklungen des Internationalen Verbraucherschutzrechts, IPRax 1998, 65; *Kropholler*, Das kollisionsrechtliche System des Schutzes der schwächeren Vertragspartei, RabelsZ 42 (1978), 634; *Mankowski*, Strukturfragen des internationalen Verbrauchervertragsrechts, RIW 1993, 453; *Mäsch*, Rechtswahlfreiheit und Verbraucherschutz (1993).

Fälle:

a) Eine Düsseldorferin wird von einem Telefonverkäufer überredet, einem englischen Börsenmakler den Auftrag zu erteilen, für sie an der Londoner Börse Termingeschäfte zu plazieren. In dem Geschäftsbesorgungsvertrag heißt es: „Diese Vereinbarung unterliegt dem englischen Recht.“ Die Kundin gibt ihre Order jeweils aufgrund telefonischer Empfehlung; sie verliert fast ihren gesamten Einsatz von 25 000 DM. Den Verlust verlangt sie von dem Makler mit der – zutreffenden – Behauptung ersetzt, er habe nicht die strengen Aufklärungspflichten erfüllt, die der BGH dem Vermittler von Börsentermingeschäften auferlegt.

b) Während eines Urlaubs in der Türkei besucht ein deutsches Ehepaar zusammen mit anderen Reisenden auf Anregung der Reiseleiterin eine Vorführung über traditionelle Teppichknüpfkunst. Am Ende der geselligen Veranstaltung schließt das Ehepaar mit dem türkischen Veranstalter einen schriftlichen Kaufvertrag über einen kleinen Teppich zum Preis von 2300 DM. Eine Belehrung nach § 2 I 2 HaustürWG erfolgt nicht. Als der Teppich drei Wochen später in Deutschland durch eine Spedition geliefert wird, verweigert das Ehepaar die Annahme und die Bezahlung mit der Begründung, es mache von seinem Widerrufsrecht nach § 1 I HaustürWG Gebrauch.

Eine sozialpolitisch motivierte Sonderregelung für Verbraucherverträge enthält Art. 29 EGBGB. Die Vorschrift soll dem Verbraucherschutz dienen und ist eine Ausprägung des kollisionsrechtlichen Schutzes der „schwächeren Vertragspartei“ (grundlegend *Kropholler*, RabelsZ 42 [1978], 634; *von Hoffmann*, RabelsZ 38 [1974], 396). Zu diesem Zweck gibt es bereits für die *objektive Anknüpfung* eine Spezialvorschrift: Art. 29 II EGBGB beruft das Recht des Staates zur Anwendung, in dem der Verbraucher seinen *gewöhnlichen Aufenthalt* hat. Dieses objektive Vertragsstatut ist zugleich das „Referenzrecht“ im Fall einer Rechtswahl: Nach Art. 29 I EGBGB darf eine *Rechtswahlvereinbarung* nicht dazu führen, daß dem Verbraucher der Schutz entzogen wird, den ihm die *zwingenden Vorschriften* des objektiv ermittelten Vertragsstatuts gewähren. Art. 29 III EGBGB verdrängt bei Verbraucherverträgen die allgemeinen Anknüpfungsregeln für die Form von Rechtsgeschäften (dazu oben Rdnrn. 319–330): Die Form der Verbraucherverträge unterliegt ausschließlich dem Recht des Staates, in dem der Verbraucher seinen gewöhnlichen Aufenthalt hat. Weitere Sonderkollisionsnormen, die Verbraucher betreffen, enthalten § 12 AGBG und § 8 TzWrG; sie werden im Zusammenhang mit den Grenzen des Vertragsstatuts behandelt (unten Rdnrn. 402–405).

1. Anwendungsbereich des Art. 29 EGBGB

370 Die Verträge, die den Sonderregeln des Art. 29 EGBGB unterliegen, grenzt Art. 29 I EGBGB durch drei Voraussetzungen ein: eine Vertragspartei muß ein *Verbraucher* sein, es muß sich um bestimmte Arten von *Geschäften* handeln, und das Geschäft muß unter bestimmten *Umständen* zustande gekommen sein.

a) Begriff des Verbrauchers

Art. 29 I EGBGB bestimmt den Begriff des Verbrauchers durch den Zweck des von ihm geschlossenen Vertrages: Eine Vertragspartei ist ein Verbraucher, wenn sie den Vertrag zu einem Zweck schließt, „der nicht der beruflichen oder gewerblichen Tätigkeit des Berechtigten zugerechnet werden kann" (Art. 29 I EGBGB). Die Abgrenzung des beruflichen oder gewerblichen vom privaten Lebensbereich richtet sich nicht nach dem inneren Willen des Leistungsempfängers, sondern nach den objektiv erkennbaren Umständen des Geschäfts; bei teilweiser Privatbezogenheit entscheidet der überwiegende Zweck des Geschäfts (BegrRegE, BT-Drucks. 10/504, S. 79). Nach dem Sinn und Zweck der Vorschrift (Schutz des Schwächeren) liegt kein Verbrauchervertrag vor, wenn die andere Vertragspartei ebenfalls als Privatperson tätig wird. Art. 29 EGBGB gilt also nicht für reine Privatgeschäfte unter Nichtgewerbetreibenden, beispielsweise für einen Gebrauchtwagenkauf unter Privaten (str., wie hier *von Bar* II Rdnr. 435; *W. Lorenz*, IPRax 1994, 429; a.A. *Palandt/Heldrich*, Art. 29 EGBGB Rdnr. 3).

b) Erfaßte Verbrauchergeschäfte

371 Nicht nur der persönliche, sondern auch der sachliche Anwendungsbereich des Art. 29 I EGBGB ist begrenzt: Die Vorschrift erfaßt nur „Verträge über die Lieferung beweglicher Sachen oder die Erbringung von Dienstleistungen sowie Verträge zur Finanzierung eines solchen Geschäfts" (Art. 29 I EGBGB). Die *Lieferung* beweglicher Sachen meint in erster Linie die Leistung aufgrund eines

Kaufvertrages; reine Mietverträge sind – anders als Leasingverträge, bei denen das Objekt später vom Kunden erworben wird – vom Anwendungsbereich des Art. 29 I EGBGB nicht erfaßt. Durch die Beschränkung auf *bewegliche Sachen* sind Grundstücksgeschäfte ausgegrenzt. Das betrifft beispielsweise Verträge über den Erwerb von Teilzeitnutzungsrechten an Immobilien (*Timesharing*). Solche Verträge fallen, da bei ihnen regelmäßig die schlichte Gebrauchsüberlassung im Vordergrund steht, in der Regel auch nicht unter die *Erbringung von Dienstleistungen,* so daß sie von Art. 29 EGBGB nicht erfaßt werden (*Mankowski*, RIW 1995, 364; zur Sonderkollisionsnorm des § 8 TzWrG unten Rdnrn. 404–405). Der Begriff „Erbringung von Dienstleistungen", der auch in Art. 13 I Nr. 3 EuGVÜ vorkommt, umfaßt tätigkeitsbezogene Leistungen, die aufgrund von Dienst-, Werk- oder Geschäftsbesorgungsverhältnissen erbracht werden (BGHZ 123, 380, 385 = IPRax 1994, 449 m. Aufs. *W. Lorenz* [429]).

In *Fall a* – Vermittlung von Börsentermingeschäften – liegt eine Dienstleistung i. S. d. Art. 29 I EGBGB vor (OLG Düsseldorf ZIP 1994, 288, 289). In *Fall b* handelt es sich um die „Lieferung einer beweglichen Sache" i. S. d. Art. 29 I EGBGB.

372 Nach dem Wortlaut der Vorschrift werden *Finanzierungsgeschäfte* von Art. 29 I EGBGB nur erfaßt, wenn sie der Finanzierung eines Liefer- oder Dienstleistungsvertrages dienen, der seinerseits ein Verbrauchervertrag i. S. der Vorschrift ist (Beispiel: finanzierter Abzahlungskauf). Der reine, nicht mit einem Liefer- oder Dienstleistungsvertrag verbundene Verbraucherkredit ist kein Fall des Art. 29 I EGBGB; eine Analogie kommt nicht in Betracht, da der Gesetzgeber bewußt auf einen allumfassenden Verbraucherschutz verzichtet hat (*Reithmann/Martiny* Rdnr. 724; teilweise a. A. *von Hoffmann*, IPRax 1989, 261, 271).

Kraft ausdrücklicher Bestimmung von Art. 29 EGBGB ausgenommen sind Beförderungsverträge (Art. 29 IV 1 Nr. 1 EGBGB) und Verträge über Dienstleistungen, die ausschließlich außerhalb des Aufenthaltsstaats des Berechtigten erbracht werden müssen (Art. 29 IV 1 Nr. 2 EGBGB). *Beispiele* sind Verträge über Ski- oder Golfunterricht, der im Ausland erteilt wird, gleichgültig, ob die

Verträge im In- oder im Ausland geschlossen werden. Im Wege einer Unterausnahme werden jedoch Verträge über Pauschalreisen wieder dem Anwendungsbereich der verbraucherschützenden Kollisionsnorm unterstellt (Art. 29 IV 2 EGBGB). Ein Vertrag zur Finanzierung von Dienstleistungen, die im Ausland zu erbringen sind, ist ebenfalls nicht von Art. 29 I–III EGBGB ausgenommen (BGHZ 123, 380, 387; a.A. *W. Lorenz*, IPRax 1994, 429, 430).

In *Fall a* erbringt der Börsenmakler seine Dienstleistungen nicht ausschließlich in Großbritannien, da sein Erfüllungsgehilfe – der Telefonverkäufer – seine Empfehlungen telefonisch in Düsseldorf abgibt.

c) Umstände des Vertragsschlusses

373 Allein die Begrenzung des Art. 29 EGBGB auf bestimmte Personen (Verbraucher) und bestimmte Geschäfte reicht nicht aus, um einen kollisionsrechtlichen Verbraucherschutz zu rechtfertigen. Denn nach Art. 29 I EGBGB ist das gewählte Recht am Recht des gewöhnlichen Aufenthalts des Verbrauchers zu messen; nach Art. 29 II EGBGB ist mangels einer Rechtswahl das Recht des gewöhnlichen Aufenthalts des Verbrauchers anzuwenden. Das kann vernünftigerweise nicht für alle Verbraucherverträge i.S.d. Art. 29 EGBGB gelten, die der Verbraucher irgendwo in der Welt abschließt: Wer im Ausland Waren einkauft oder Dienstleistungen in Anspruch nimmt, darf grundsätzlich nicht erwarten, daß ihn das Verbraucherschutzrecht seines Heimatstaates auch dort schützt (Denkschrift zum EVÜ, BT-Drucks. 10/503, S. 26). Begibt sich ein deutscher Urlauber auf einen orientalischen Basar, muß er sich grundsätzlich mit dem Schutzstandard der dortigen Rechtsordnung zufriedengeben; er darf nicht davon ausgehen, stets „den deutschen Verbraucherschutz im Urlaubsgepäck mitzunehmen" (*Taupitz*, BB 1990, 642). Nur bei bestimmten Umständen des Vertragsschlusses sind Verbraucherverträge so eng mit dem Aufenthaltsstaat des Verbrauchers verbunden, daß ein kollisionsrechtlicher Verbraucherschutz gerechtfertigt ist. Art. 29 I EGBGB nennt drei Fallgruppen:

(1) Dem Vertragsschluß ist ein ausdrückliches Angebot oder eine Werbung im Aufenthaltsstaat des Verbrauchers vorausgegangen, und der Verbraucher hat dort die zum Abschluß des Vertrages er-

forderlichen Rechtshandlungen vorgenommen, z.B. einen Bestellschein – Antrag – abgeschickt oder ein Angebot angenommen.

(2) Der Vertragspartner oder sein Vertreter haben die Bestellung im Aufenthaltsstaat des Verbrauchers entgegengenommen; dieser Variante liegt – ebenso wie Art. 29 I Nr. 1 EGBGB – der Gedanke zugrunde, daß eine Absatztätigkeit im Verbraucherland die für den Verbraucherschutz erforderliche „Nahebeziehung" schafft.

(3) Der Vertrag hat den Verkauf von Waren zum Gegenstand, der Verkäufer hat eine Reise des Verbrauchers von seinem Aufenthaltsstaat in einen anderen Staat mit dem Ziel herbeigeführt, den Verbraucher zum Vertragsabschluß zu veranlassen, und der Verbraucher hat in diesem anderen Staat seine Bestellung aufgegeben.

In *Fall b* fehlt es an einem dieser Umstände: Der türkische Teppichverkäufer ist nicht in Deutschland tätig geworden (Art. 29 I Nrn. 1, 2 EGBGB); er hat auch nicht die Urlaubsreise des Ehepaars veranlaßt (Art. 29 I Nr. 3 EGBGB). Auch der Umstand, daß die Reiseleiterin des deutschen Reiseveranstalters dem türkischen Teppichhändler das Ehepaar quasi „zugeführt" (und dafür möglicherweise eine Provision erhalten) hat, kann die Anwendung des Art. 29 EGBGB nicht begründen, da er sich unter keine der drei Varianten der Vorschrift subsumieren läßt. Es gelten folglich die allgemeinen Kollisionsregeln für Schuldverträge: Da der türkische Verkäufer und das deutsche Ehepaar keine Rechtswahl gemäß Art. 27 EGBGB getroffen haben, ist nach der Vermutung des Art. 28 II 2 EGBGB das türkische Recht – das Recht des Erbringers der charakteristischen Leistung – anzuwenden. Vertragsverhandlungen und Vertragsabschluß in deutscher Sprache, Lieferung und Bezahlung des Teppichs in Deutschland begründen noch keine „engere Verbindung" i. S. d. Art. 28 V EGBGB. Das materielle türkische Recht kennt kein dem HaustürWG entsprechendes Widerrufsrecht; der Widerruf der Eheleute geht folglich ins Leere (Fall nach LG Düsseldorf NJW 1991, 2220).

374 Konstellationen wie *Fall b* waren Anfang der neunziger Jahre unter dem Stichwort *Gran-Canaria-Fälle* Gegenstand zahlreicher Gerichtsentscheidungen (umfangreiche Nachweise bei *Reithmann/Martiny* Rdnrn. 730–732): Nachdem in Deutschland im Jahre 1986 das HaustürWG in Kraft getreten war, verlegten durch sog. „Kaffeefahrten" einschlägig bekannte Verkäufer ihre Aktivitäten an spanische Urlaubsorte. Dabei machten sie sich den Umstand zunutze, daß es in Spanien bis 1992 keine Haustürgeschäfte-Widerrufsregelung gab (*Blanco Ledesma*, RIW 1992, 971–977) und die ausländische Vertragsanbahnung unter keine der drei Nummern des Art. 29 I EGBGB fällt (*Junker*, RabelsZ 55 [1991], 674, 684–686). Der Vertrag wurde mit einer Rechtswahl zugunsten des spanischen Rechts in Spanien geschlossen, die erworbenen – und meist überteuerten – Eskimomäntel, Bettwaren und Eßgeschirre wurden der Einfachheit halber in Deutschland ausgeliefert. Den Versuchen von Instanzgerichten, den übertölpelten Urlaubern durch eine analoge Anwendung des Art. 29 I EGBGB zum deutschen Recht zu verhelfen, ist mit Skepsis zu begegnen (*Junker*, IPRax 1993, 1, 7–9). Denn nach den Materialien zu Art. 5 EVÜ, die wegen des Gebots der einheitlichen europäischen Auslegung in Art. 36 EGBGB auch für das deutsche IPR beachtlich sind, ist die Aufzählung in Art. 29 I EGBGB (Art. 5 II EVÜ) nicht beispielhaft, sondern abschließend (Bericht *Giuliano/Lagarde*, BT-Drucks. 10/503, S. 56). Erwägenswert ist allenfalls die Lösung, einzelne Vorschriften des deutschen Verbraucherschutzrechts als *international zwingende Bestimmungen* gemäß Art. 34 EGBGB anzusehen (dazu unten Rdnr. 408).

2. Objektive Anknüpfung (Art. 29 II EGBGB)

375 Fällt ein Vertrag in den Anwendungsbereich des Art. 29 EGBGB und haben die Parteien keine ausdrückliche oder stillschweigende Rechtswahl getroffen, so ist nach Art. 29 II EGBGB an den *gewöhnlichen Aufenthalt* des Verbrauchers anzuknüpfen. Diese Kollisionsnorm verdrängt den Art. 28 EGBGB, der in der Regel zum Recht des Vertragspartners des Verbrauchers führen würde, da der Vertragspartner die charakteristische Leistung erbringt (Art. 28 II 2 EGBGB). Art. 29 II EGBGB läßt stattdessen das Recht zur Anwendung kommen, das dem Verbraucher am ehesten vertraut ist, und bewirkt, daß der Schutz des Verbrauchers bei Auslandsgeschäften nicht geringer ist als bei Inlandsgeschäften (*Kropholler* § 52 V 1b).

3. Rechtswahlbeschränkung (Art. 29 I EGBGB)

376 Art. 29 EGBGB läßt die Möglichkeit der Rechtswahl nach Art. 27 EGBGB unberührt: Auch wenn der Vertrag zu den von

Art. 29 EGBGB erfaßten Verbrauchergeschäften zählt, hat eine Rechtswahl *kollisionsrechtliche Wirkung* (BGHZ 123, 380, 383), es sei denn, es liegt ein reiner Inlandssachverhalt vor (Art. 27 III EGBGB). Wenn der Vertrag in den Anwendungsbereich des Art. 29 EGBGB fällt, ist die kollisionsrechtliche Wirkung der Rechtswahl jedoch durch einen *Günstigkeitsvergleich* beschränkt: Die Rechtswahl der Parteien darf nach Art. 29 I EGBGB nicht dazu führen, daß dem Verbraucher der Schutz entzogen wird, den ihm die zwingenden Bestimmungen seines Aufenthaltsstaates gewähren.

Das bedeutet: Auf den Vertrag ist das gewählte Recht mit seinen dispositiven und zwingenden Bestimmungen anzuwenden; das Vertragsstatut ist auch in den Fällen des Art. 29 EGBGB die gewählte Rechtsordnung. Die zwingenden Bestimmungen des objektiven Vertragsstatuts – der Rechtsordnung des gewöhnlichen Aufenthaltsorts des Verbrauchers, die nach Art. 29 II EGBGB anzuwenden wäre, wenn die Parteien keine Rechtswahl getroffen hätten – setzen jedoch einen *Mindeststandard des Verbraucherschutzes*, hinter dem das gewählte Recht nicht zurückbleiben darf. Die Ergebnisse, zu denen die zwingenden Vorschriften der beiden Rechtsordnungen im konkreten Fall führen, sind miteinander zu vergleichen; die für den Verbraucher günstigere Vorschrift ist anzuwenden (anschaulich *Kropholler* § 52 V 1 a).

377 Der Begriff der *zwingenden Bestimmungen* in Art. 29 I EGBGB ist identisch mit demjenigen in Art. 27 III EGBGB: Gemeint sind – im Unterschied zu Art. 34 EGBGB, der von *international* zwingenden Bestimmungen handelt – die *intern* zwingenden Bestimmungen (alle Vorschriften, die im nationalen Sachrecht unabdingbar sind). Dazu gehören nicht nur gesetzliche Vorschriften, sondern auch zwingende Anordnungen des Gewohnheits- oder des Richterrechts (*Reithmann/Martiny* Rdnr. 739).

In *Fall a* ist Art. 29 EGBGB anzuwenden, da dem Vertragsschluß ein Angebot in Deutschland vorausgegangen ist und die Düsseldorferin ihre Vertragserklärung in Deutschland abgegeben hat (Art. 29 I Nr. 1 EGBGB). Die Wahl des englischen Rechts darf daher nach Art. 29 I EGBGB nicht dazu führen, daß der Düsseldorferin der Schutz entzogen wird, den ihr das deutsche Recht in Gestalt vorvertraglicher Aufklärungspflichten bei Börsentermingeschäften gewährt (namentlich BGH WM 1991, 1410; BGH ZIP 1992, 612). Ein Anspruch aus *culpa in contrahendo* unterfällt im vorliegenden Fall, da es um die Verletzung vertragsbezogener Aufklärungspflichten geht, nach einhelliger Ansicht dem Vertragsstatut (dazu unten Rdnr. 550). Die Voraussetzungen einer *culpa in contrahendo* sind erfüllt, so daß die geschädigte Kundin gegen den englischen Börsenmakler einen Ersatzanspruch hat (Fall nach OLG Düsseldorf ZIP 1994, 288).

IV. Arbeitsverträge (Art. 30 EGBGB)

378 **Literatur:** *Birk*, in: Münchener Handbuch zum Arbeitsrecht, Bd. 1 (1992), §§ 19–22 (S. 258–315); *Däubler*, Das neue Internationale Arbeitsrecht, RIW 1987, 249; *Gamillscheg*, Ein Gesetz über das Internationale Arbeitsrecht, ZfA 14 (1983), 307; *Junker*, Internationales Arbeitsrecht im Konzern (1992); *Mankowski*, Arbeitsverträge von Seeleuten im deutschen Internationalen Privatrecht, RabelsZ 53 (1989), 487.

Fälle:

a) Die Olau Line (U.K.) Ltd., eine in Großbritannien ansässige Gesellschaft englischen Rechts, beschäftigt Frau Cooper – eine britische Staatsangehörige mit Wohnsitz in Großbritannien – als Kassiererin auf der Fähre zwischen Sheerness/Großbritannien und Vlissingen/Niederlande. Der in englischer Sprache abgefaßte Vertrag ist in Sheerness unterzeichnet und sieht eine Vergütung in englischen Pfund vor. Das Fährschiff wird von einer Gesellschaft deutschen Rechts bereedert, führt die deutsche Flagge und ist in Hamburg registriert. Welches Kündigungsrecht ist auf eine Beendigung des Arbeitsverhältnisses anzuwenden?

b) Herr Müller, deutscher Staatsangehöriger mit Wohnsitz in Deutschland, schließt mit der Philip Holzmann AG in Frankfurt/Main einen unbefristeten Arbeitsvertrag, wonach er als Elektrofachmeister bei der Errichtung einer Klinik in Saudi Arabien tätig sein soll. Der Vertrag wird in deutscher Sprache in Frankfurt/Main geschlossen und enthält eine Rechtswahlklausel zugunsten des deutschen Rechts; eine (Weiter-) Beschäftigung in Deutschland nach dem Abschluß des Klinikbaus in Saudi Arabien ist nicht vorgesehen. Die AG erklärt nach zwei Jahren die ordentliche Kündigung. Herr Müller hält die Kündigung für unwirksam: Sie verstoße gegen das KSchG; ferner sei der Frankfurter Betriebsrat der Arbeitgeberin nicht angehört worden (§ 102 BetrVG).

Eine ebenfalls sozialpolitisch begründete Sonderregelung findet sich für Arbeitsverträge in Art. 30 EGBGB. Diese Kollisionsnorm ist ähnlich konstruiert wie Art. 29 EGBGB und soll dem besonderen Schutzbedürfnis des Arbeitnehmers Rechnung tragen. Zu diesem Zweck ist bereits die *objektive Anknüpfung* von Arbeitsverträgen und Arbeitsverhältnissen von den Grundregeln des Art. 28 EGBGB verschieden: Mangels einer Rechtswahl unterliegen Arbeitsverträge dem Recht des gewöhnlichen Arbeitsortes, in Ermangelung eines gewöhnlichen Arbeitsortes dem Recht der einstellenden Niederlassung, es sei denn, es bestünden noch engere Verbindungen zu einem anderen Staat (Art. 30 II EGBGB). Das so bestimmte objektive Vertragsstatut ist zugleich das „Referenzrecht" bei einer Rechtswahl: Eine *Rechtswahlvereinbarung* nach Art. 27 EGBGB darf nicht dazu führen, daß dem Arbeitnehmer der Schutz entzogen wird, den ihm die *zwingenden Bestimmungen* des objektiv ermittelten Vertragsstatuts gewähren (Art. 30 I EGBGB). Im Unterschied zu Art. 29 III EGBGB enthält Art. 30 EGBGB keine Sonderregel für die Anknüpfung des Formstatuts; die Form von Arbeitsverträgen wird daher nach den allgemeinen Regeln des Art. 11 EGBGB angeknüpft (dazu kritisch oben Rdnr. 323). Ein weiterer markanter Unterschied besteht hinsichtlich der Anknüpfungspunkte: Art. 30 II EGBGB enthält – nach dem Muster des Art. 28 V EGBGB – für das objektive Vertragsstatut eine Ausweichklausel („es sei denn, daß ... der Arbeitsvertrag engere Verbindungen zu einem anderen Staat aufweist"); Art. 29 II EGBGB – Anknüpfung an den gewöhnlichen Aufenthalt des Verbrauchers – kennt keine solche Ausweichklausel.

379 Die Sonderregeln des Art. 30 EGBGB gelten für „Arbeitsverträge und Arbeitsverhältnisse". Das *Arbeitsverhältnis* wird genannt, weil auch das „faktische" Arbeitsverhältnis – das Arbeitsverhältnis auf nichtiger Vertragsgrundlage – erfaßt werden sollte (Bericht *Giuliano/Lagarde*, BT-Drucks. 10/503, S. 57–58). Das ist jedoch überflüssig, denn die Folgen der Nichtigkeit eines Arbeitsvertrages werden nach Art. 32 I Nr. 5 EGBGB ohnehin vom Statut des Arbeitsvertrages (Arbeitsstatut) erfaßt. Der Begriff des *Arbeitsvertrages* ist nach dem Gebot der einheitlichen europäischen Auslegung (Art. 36 EGBGB) autonom-europäisch auszulegen (*Soergel/von Hoffmann*, Art. 30 EGBGB Rdnrn. 5–6). Dabei ist soweit wie möglich auf die zum EuGVÜ und zu Art. 48 EGV ergangene Rechtsprechung des EuGH zurückzugreifen. Sie stellt maßgeblich auf das Kriterium der Weisungsgebundenheit ab (EuGH Slg. 1986,

2121 = NVwZ 1987, 41 – Lawrie-Blum/Land Baden-Württemberg). Das Problem der Qualifikation kann sich beispielsweise bei Einzelpersonen ergeben, die aus Großbritannien kommen und als vorgeblich selbständige Unternehmer (*self-employed persons*) auf deutschen Baustellen arbeiten; sie sind nach dem Arbeitnehmerbegriff des Europarechts als Arbeitnehmer zu qualifizieren (umfassend *Mankowski*, BB 1997, 465–472).

1. Objektives Arbeitsstatut (Art. 30 II EGBGB)

380 Art. 30 II EGBGB bestimmt das objektive Arbeitsstatut – das mangels einer Rechtswahl anzuwendende Recht – durch zwei Regelanknüpfungen und eine Ausweichklausel:

a) Gewöhnlicher Arbeitsort

Wenn der Arbeitnehmer seine Arbeit gewöhnlich in ein und demselben Staat verrichtet, kommt das Recht dieses Staates als das Recht des gewöhnlichen Arbeitsortes zum Zuge (*lex loci laboris*); das gilt auch, wenn der Arbeitnehmer vorübergehend in einen anderen Staat entsandt ist (Art. 30 II Nr. 1 EGBGB). Für die *vorübergehende Entsendung* gibt es keine feste zeitliche Höchstgrenze: Das Gegenteil von „vorübergehend" ist nicht „länger dauernd", sondern „endgültig". Jeder Wechsel in das Ausland, der nicht endgültig („ohne Wiederkehr") sein soll, ist als eine vorübergehende Entsendung anzusehen, um dem Arbeitnehmer das Recht des gewöhnlichen Arbeitsortes zu erhalten und den Statutenwechsel zu vermeiden (str., wie hier *Reithmann/Martiny* Rdnr. 1349; a. A. *Gamillscheg*, ZfA 14 [1983] 307, 333: Dreijahresfrist; *Firsching/von Hoffmann* § 10 Rdnr. 81: i. d. R. 12, sonst 24 Monate).

Ein *Beispiel* für eine vorübergehende Entsendung ist folgender Fall: Eine deutsche Reiseleiterin ist zunächst einige Monate in der Unternehmenszentrale in München beschäftigt und geht dann für unbestimmte Zeit nach Tunesien. Wenn der Arbeitsvertrag im Wege einer „Rückkehrklausel" eine Beschäftigung in Deutschland nach dem – zeitlich noch nicht feststehenden – Abschluß der Auslandstätigkeit vorsieht, handelt es sich um eine vorübergehende Entsendung, auch wenn die Reiseleiterin viele Jahre in Tunesien bleibt. Das hat zur Folge, daß das deutsche Arbeitsrecht als das Recht des gewöhnlichen Arbeitsortes auch auf die Tätigkeit in Tunesien anzuwenden ist (Fall nach BAG NZA 1990, 658). In solchen Fällen muß allerdings sorgfältig geprüft werden, ob das Arbeitsverhältnis nicht eine „engere Verbindung" zum Einsatzland aufweist (Ausweichklausel, Art. 30 II a. E. EGBGB).

In *Fall a* unterstellt die herrschende Ansicht den Seearbeitsvertrag dem Recht des Staates (hier: Deutschland), dessen Flagge das Schiff als der gewöhnliche Arbeitsort des Schiffspersonals führt (*Däubler* RIW 1987, 249, 251; *Mankowski*, RabelsZ 53 [1989], 487, 495 ff.). In *Fall b* wäre bei Fehlen einer Rechtswahl das Recht Saudi Arabiens als das Recht des gewöhnlichen Arbeitsortes anzuwenden; da der Elektrofachmeister in Erfüllung seines Arbeitsvertrages weder vor dem Auslandseinsatz in Deutschland gearbeitet hat noch nach dem Auslandseinsatz in Deutschland arbeiten sollte, liegt unstreitig kein Fall einer vorübergehenden Entsendung vor.

b) Einstellende Niederlassung

381 Wenn der Arbeitnehmer seine Arbeit gewöhnlich nicht in ein und demselben Staat verrichtet, unterliegt der Arbeitsvertrag dem Recht des Staates, in dem sich die Niederlassung befindet, die den Arbeitnehmer eingestellt hat (Art. 30 II Nr. 2 EGBGB). Die beiden Regelanknüpfungen der Nrn. 1 und 2 des Art. 30 II EGBGB schließen einander tatbestandlich aus: Entweder ist die eine oder die andere Regelanknüpfung erfüllt, je nachdem, ob der Arbeitnehmer seine Arbeit gewöhnlich in ein und demselben Staat verrichtet (Nr. 1) oder nicht (Nr. 2). Ein *Beispiel* für Art. 30 II Nr. 2 EGBGB ist das Arbeitsverhältnis eines Außendienstmitarbeiters, der gleichermaßen Kunden in Deutschland, Belgien und Luxemburg besucht; sein Arbeitsverhältnis untersteht dem Recht der Niederlassung des Arbeitgebers, die ihn eingestellt hat. Das Beispiel zeigt auch den Sinn und Zweck der Anknüpfung an die einstellende Niederlassung: Eine Anknüpfung an den Arbeitsort würde im Beispielsfall zu einem ständigen Wechsel der anwendbaren Rechtsordnung führen.

382 Der Begriff der *Niederlassung* in Art. 30 II Nr. 2 EGBGB ist identisch mit demjenigen in Art. 28 II 2 EGBGB (dazu oben Rdnr. 364). Es kommt auf die Niederlassung an, die den Arbeitnehmer *eingestellt* hat. Wenn der Arbeitnehmer nicht einer bestimmten Niederlassung organisatorisch zugeordnet ist, läßt sich nur auf die Niederlassung abstellen, die den Arbeitsvertrag geschlossen hat, was den Arbeitgeber zu Manipulationen veranlassen könnte. In solchen Fällen ist die Ausweichklausel des Art. 30 II a.E. EGBGB heranzuziehen.

Zu *Fall a* meinen manche, die Vorstellung von einem Seeschiff als einer Art „schwimmender Gebietsteil" des Flaggenstaates sei überholt. Da die Kassiererin gleichermaßen auf hoher See sowie in den Hoheitsgewässern Großbritanniens und der Niederlande tätig sei, sei das Recht des Staates (hier: Großbritannien) maßgebend, in dem sich die einstellende Niederlassung befinde (*Erman/Hohloch*, Art. 30 EGBGB Rdnr. 19; *Palandt/Heldrich*, Art. 30 EGBGB Rdnr. 7).

Beim *Flugpersonal* im internationalen Luftverkehr kommt nach herrschender Ansicht stets das Recht der einstellenden Niederlassung zum Zuge, weil die Registrierung des Flugzeuges in einem bestimmten Staat das Flugzeug nicht zu einem – bildlich gesprochen – „fliegenden Gebietsteil" dieses Staates macht (*Reithmann/Martiny* Rdnr. 1357 m.w.N.; instruktiv BAG NZA 1993, 743 = SAE 1994, 28 m. Anm. *Junker*).

c) Ausweichklausel

383 Das objektive Arbeitsstatut wird nicht nach Art. 30 II Nrn. 1, 2 EGBGB bestimmt, wenn sich aus der Gesamtheit der Umstände ergibt, daß der Arbeitsvertrag engere Verbindungen zu einem anderen Staat aufweist. Diese Ausweichklausel ist eine Parallelvorschrift zu Art. 28 V EGBGB. Sie ist als *Ausnahmeklausel* erst anzuwenden, wenn man sich über die Regelanknüpfung Klarheit verschafft hat; es gibt keine Fälle, die von den beiden Regelanknüpfungen des Art. 30 II Nrn. 1, 2 EGBGB nicht erfaßt werden (*Junker*, Int. Arbeitsrecht im Konzern, 1992, S. 195–197). Bei der Anwendung der Ausweichklausel spielen die gleichen Kriterien eine Rolle wie im Rahmen des Art. 28 V EGBGB: *Primäre* Abwägungskriterien sind der gemeinsame gewöhnliche Aufenthalt und die gemeinsame Staatsangehörigkeit der Arbeitsvertragsparteien, *sekundäre* Abwägungskriterien sind z.B. die Vertragssprache, die vereinbarte Währung, der Abschlußort sowie der gewöhnliche Aufenthalt und die Staatsangehörigkeit jeweils nur einer Partei (BAGE 16, 215, 222 = NJW 1965, 319).

In *Fall a* ist die Arbeitnehmerin britische Staatsangehörige und hat ihren Wohnsitz in Großbritannien; die Arbeitgeberin ist eine Gesellschaft englischen Rechts mit Sitz in Großbritannien. Diese Merkmale werden verstärkt durch die Vertragssprache, den Ort des Vertragsschlusses sowie die Währung, in der die Vergütung ausbezahlt wird. Wenn man mit der herrschenden Ansicht bei Seearbeitsverhältnissen im Wege der Regelanknüpfung nach Art. 30 II Nr. 1 EGBGB auf das Recht des Flaggenstaates abstellt (hier: Deutschland), kommt man im vorliegenden Fall über die Ausweichklausel zur Anwendung des englischen Rechts als Recht der engeren Verbindung. Hält man mit der Gegenansicht bei Seearbeitsverhältnissen nach Art. 30 II Nr. 2 EGBGB den Staat für maßgebend, in dem sich die einstellende Niederlassung befindet (hier: Großbritannien), bleibt es bei dieser Regelanknüpfung, weil auch die Gesamtheit der Umstände nach Großbritannien weist. Anzuwenden ist englisches Kündigungsrecht (Fall nach BAG NZA 1990, 841 = SAE 1990, 317 m. Anm. *Junker* = *Schack,* Rechtsprechung Nr. 13).

In *Fall b* würde, wenn die Parteien keine Rechtswahl getroffen hätten und der Arbeitsvertrag objektiv anzuknüpfen wäre, ebenfalls die Ausweichklausel eine Rolle spielen: Der Arbeitnehmer ist deutscher Staatsangehöriger mit Wohnsitz in Deutschland; die Arbeitgeberin ist eine AG mit Sitz in Frankfurt/Main. Die Vertragssprache ist deutsch, der Ort des Vertragsschlusses ist Frankfurt/Main. Die engeren Verbindungen des Arbeitsverhältnisses zu Deutschland würden die Anknüpfung an den gewöhnlichen Arbeitsort in Saudi Arabien verdrängen.

384 Eine besondere Kollisionsregel für Arbeitsverhältnisse auf sog. *Zweitregisterschiffen,* die in das deutsche Internationale Seeschiffahrtsregister eingetragen sind, enthält § 21 IV 1 Flaggenrechtsgesetz aus dem Jahre 1989: Die Arbeitsverhältnisse von Besatzungsmitgliedern, die keinen Wohnsitz oder ständigen Aufenthalt im Inland haben, unterliegen bei der Anwendung des Art. 30 II EGBGB nicht schon deshalb dem deutschen Recht, weil das Schiff die Bundesflagge führt (zur Verfassungsmäßigkeit dieser Vorschrift BVerfGE 92, 26). Diese Vorschrift bestätigt die von der herrschenden Meinung vertretene Regelanknüpfung an die Flagge des Schiffes, erklärt sie aber zugleich für den Sonderfall deutscher Zweitregisterschiffe für unbeachtlich, um auf diesen Schiffen das Anheuern ausländischer Seeleute zu deren Heimatbedingungen zu ermöglichen. In diesen Fällen entscheidet stets die „Gesamtheit der Umstände" i. S. d. Art. 30 II a. E. EGBGB. Wenn – wie im Regelfall – von ausländischen Agenturen ausländische Seeleute zur Arbeit auf deutschen Zweitregisterschiffen eingestellt werden, ergibt sich aus der Gesamtheit der Umstände regelmäßig trotz deutscher Flagge des Schiffes ein ausländisches Arbeitsstatut (zutreffend BAG NZA 1995, 1191 = IPRax 1996, 416 m. Aufs. *Mankowski* [405]).

2. Rechtswahlbeschränkung (Art. 30 I EGBGB)

385 Art. 30 I EGBGB beschränkt die Wirkung einer Rechtswahl bei Arbeitsverträgen ebenso wie Art. 29 I EGBGB bei Verbraucherverträgen: Eine Rechtswahl nach Art. 27 EGBGB ist zwar auch für Arbeitsverträge zulässig und hat *kollisionsrechtliche Wirkung*, so daß das Arbeitsstatut das gewählte Recht ist. Aber die kollisionsrechtliche Wirkung ist durch ein *Günstigkeitsprinzip* eingeschränkt: Die Rechtswahl darf nach Art. 30 I EGBGB nicht dazu führen, daß dem Arbeitnehmer der Schutz entzogen wird, den ihm die zwingenden Bestimmungen des objektiven Arbeitsstatuts gewähren. Diese Einschränkung der Parteiautonomie hat, wenn objektives Arbeitsstatut und gewähltes Recht auseinanderfallen, größere Bedeutung als die Rechtswahlbeschränkung bei Verbraucherverträgen. Denn anders als das allgemeine Privatrecht, dem Verbraucherverträge in erster Linie unterstehen und das immer noch überwiegend dispositiver Natur ist, besteht das Arbeitsrecht fast ausschließlich aus zwingenden Bestimmungen zum Schutz des Arbeitnehmers, die gemäß Art. 30 I EGBGB in den Günstigkeitsvergleich einzustellen sind. Dabei sind im konkreten Fall zusammengehörige Regelungsbereiche der einen und der anderen Rechtsordnung – z.B. Kündigungsschutz – miteinander zu vergleichen (Gruppenvergleich).

In *Fall b* ist das gewählte Recht identisch mit dem Recht, das nach Art. 30 II a.E. EGBGB ohne die Rechtswahl auf das Arbeitsverhältnis anzuwenden wäre (deutsches Recht). Der Günstigkeitsvergleich nach Art. 30 I EGBGB entfällt; allein dem deutschen Recht sind kraft Rechtswahl die zwingenden Bestimmungen zu entnehmen. Dazu gehört das Kündigungsschutzgesetz, an dessen Vorschriften die Kündigung zu messen ist (dazu BAG NZA 1988, 135).

3. Kollektives Arbeitsrecht

386 Art. 30 EGBGB gilt, wie die amtliche Überschrift bekräftigt („Arbeitsverträge und Arbeitsverhältnisse *von Einzelpersonen*"), nur für die Ebene des Arbeitsvertrages. Die Kollisionsregeln für das kollektive Arbeitsrecht – insbesondere Arbeitskampfrecht, Tarifvertragsrecht, Betriebsverfassungsrecht – sind nicht gesetzlich normiert (dazu näher *Junker*, Int. Arbeitsrecht im Konzern [1992], S. 333ff.). Von besonderer praktischer Bedeutung ist das IPR des *Betriebsverfassungsrechts*. Das deutsche BetrVG erfaßt alle Betriebe, die in Deutschland gelegen sind, aber auch nur solche Betriebe; das BAG spricht insoweit von der *Territorialität* der deutschen Betriebsverfassung (BAG NJW 1978, 1124; BAG NZA 1990, 658). Die Befugnisse des deutschen Betriebsrats erstrecken sich nicht auf alle bei dem deutschen Arbeitgeber beschäftigten Arbeitnehmer, die irgendwo in der Welt ihren Arbeitsplatz haben, sondern nur auf solche Arbeitnehmer, die von der *Ausstrahlung* des deutschen Betriebes erfaßt werden. Das ist bei im Ausland beschäftigten Arbeitnehmern der Fall, wenn eine Rückkehr in den deutschen Betrieb des Arbeitgebers geplant ist; ausschließlich für die Auslandsarbeit eingestellte Arbeitskräfte unterliegen nicht den Regeln der deutschen Betriebsverfassung (BAG NJW 1981, 1175). Das bedeutet: Ob das deutsche Betriebsverfassungsrecht anzuwenden ist, richtet sich nicht nach dem *Arbeitsstatut* der einzelnen Arbeitnehmer, sondern nach dem *Betriebsverfassungsstatut*, das durch die Prinzipien der Territorialität und der Ausstrahlung gekennzeichnet ist.

In *Fall b* spielt es also für die Mitwirkungsrechte des Frankfurter Betriebsrats keine Rolle, daß das Arbeitsverhältnis des Elektrofachmeisters nach Art. 30 II a.E. EGBGB dem deutschen Recht untersteht. Kollisionsrechtlich entscheidend ist vielmehr, ob der Arbeitnehmer im Wege der Ausstrahlung des deutschen Betriebes – der Frankfurter Zentrale der Arbeitgeberin – vom deutschen Recht erfaßt wird; das ist bei reiner Auslandsarbeit zu verneinen. Der Betriebsrat war folglich bei der Kündigung nicht zu beteiligen; der Elektrofachmeister beruft sich zu Unrecht auf § 102 BetrVG (Fall nach BAG NZA 1988, 135 = SAE 1989, 326 m. Anm. *Junker*).

V. Umfang des Vertragsstatuts

387 **Literatur:** *von Bar*, Abtretung und Legalzession im neuen deutschen Internationalen Privatrecht, RabelsZ 53 (1989), 462; *Bernstein*, Kollisionsrechtliche Fragen der culpa in contrahendo, RabelsZ 41 (1977), 281; *Coester-Waltjen*, Internationales Beweisrecht (1983); *Girsberger*, Übernahme und Übergang von Schulden im schweizerischen und deutschen Internationalen Privatrecht, ZVglRWiss 88 (1989), 31; *Sandrock*, Zur ergänzenden Vertragsauslegung im materiellen und internationalen Schuldvertragsrecht (1966); *Wandt*, Zum Rückgriff im Internationalen Privatrecht, ZVglRWiss 86 (1987), 272.

Fälle:

a) Der österreichische Skihersteller G verkauft dem Münchener Sporthaus S insgesamt 200 Snowboards zum Gesamtpreis von 24000 DM. Zur Sicherung eines Kredits tritt G die Kaufpreisforderung an das schweizerische Bankhaus Z ab. Welchen Rechtsordnungen unterliegen die Rechtsbeziehungen der Beteiligten?

b) Die bayerische Bank B verbürgt sich selbstschuldnerisch für eine Kaufpreisforderung des österreichischen Golfausrüsters G gegen das Münchener Sporthaus S. Von G in Anspruch genommen, zahlt B und macht im Wege des Rückgriffs die Kaufpreisforderung gegen S geltend. S wendet ein, die Golfausrüstungen seien mangelhaft.

Während die Artt. 27–30 EGBGB die Anknüpfungsmomente für vertragliche Schuldverhältnisse festlegen, fixieren die *Artt. 31, 32 EGBGB* den Umfang – die sachliche Reichweite – des Vertragsstatuts: Wird nach Artt. 27–30 EGBGB bestimmt, welches Recht anzuwenden ist, so beantworten die Artt. 31, 32 EGBGB die Frage, wofür es im einzelnen gilt (dazu sogleich 1). *Art. 33 EGBGB* handelt von der rechtsgeschäftlichen Übertragung (Abtretung, Zession) und dem gesetzlichen Übergang (Legalzession) von Forderungen. Auch bei solchen *Veränderungen auf der Gläubigerseite* geht es, soweit Forderungen aus Schuldverträgen betroffen sind, um die Reichweite des Vertragsstatuts: Es gilt, das Statut der übergehenden Forderung vom Statut des Geschäfts abzugrenzen, das dem Forderungsübergang zugrunde liegt (dazu 2). Schließlich ist bei *Veränderungen auf der Schuldnerseite* – insbesondere bei der Schuldübernahme als Gegenstück der Abtretung – das Vertragsstatut der übernommenen Schuld von dem Recht abzugrenzen, das für die Vereinbarung gilt, die der Schuldübernahme zugrunde liegt (dazu 3).

1. Gegenständliche Reichweite

388 Wenn das materielle Recht bestimmt werden muß, das auf einen Vertrag anzuwenden ist, sind zwei Fragen voneinander zu trennen: Zum einen ist nach Artt. 27–30 EGBGB der maßgebende *Anknüpfungspunkt* zu bestimmen, der die Verbindung zwischen dem Vertrag und einem Staat – und damit der Rechtsordnung dieses Staates – herstellt. Zum anderen ist der gegenständliche *Anwen-*

dungsbereich – der Umfang, die Reichweite – des Vertragsstatuts abzustecken. Dadurch wird festgestellt, ob die Lösung der konkreten Rechtsfrage dem Vertragsstatut zu entnehmen ist, oder ob sie sich aus anderen „Statuten", etwa dem Formstatut, dem Personalstatut oder dem Vollmachtsstatut ergibt.

Beide Fragen sind unabhängig voneinander: Die *Anknüpfung des Vertragsstatuts* an ein bestimmtes Anknüpfungsmoment (Beispiel: gewöhnlicher Arbeitsort) sagt noch nichts darüber, ob die konkrete Rechtsfrage (Beispiel: Formwirksamkeit des Arbeitsvertrages) diesem Vertragsstatut zu entnehmen ist. Umgekehrt wird die *Reichweite des Vertragsstatuts* ohne Ansehung des jeweils maßgebenden Anknüpfungsmomentes (Rechtswahl, gewöhnlicher Arbeitsort) bestimmt.

Es kann daher bei der Lösung eines Falles zuerst gefragt werden, welches Anknüpfungsmoment nach Artt. 27–30 EGBGB maßgebend ist; es kann aber auch – unter Zuhilfenahme der Artt. 31, 32 EGBGB – als erstes untersucht werden, ob die zu lösende materielle Rechtsfrage in den sachlichen Geltungsbereich des Vertragsstatuts fällt. Um den Fall lösen zu können, muß man stets beide Fragen beantworten; in welcher Reihenfolge das geschieht, richtet sich nach der konkreten Fallgestaltung. Grenzt man abstrakt mit Hilfe der Artt. 31, 32 EGBGB die gegenständliche Reichweite der Anknüpfung an das Vertragsstatut von anderen Anknüpfungen ab, so ergeben sich drei Regelungsbereiche:

a) Vertragsstatut, Artt. 31, 32 EGBGB

389 Die Artt. 31, 32 EGBGB haben die Tendenz, möglichst viele Gegenstände des materiellen Vertragsrechts dem Vertragsstatut zu unterstellen; die Vorschriften des Vertragsstatuts sollen überall dort zur Anwendung kommen, wo nicht spezielle Kollisionsnormen einzelne Regelungskomplexe besonderen Anknüpfungsregeln unterwerfen (MünchKomm-*Spellenberg,* Art. 32 EGBGB Rdnr. 2). Nach Art. 31 I EGBGB unterliegen zunächst das Zustandekommen und die Wirksamkeit des Vertrages oder einer seiner Bestimmungen dem Vertragsstatut als dem Recht, das anzuwenden wäre, wenn der Vertrag oder die Bestimmung wirksam wäre (dazu oben

Rdnr. 316); eine vom Vertragsstatut wegführende Ausnahmeregel für Sonderfälle der Einigung, namentlich durch Schweigen auf ein kaufmännisches Bestätigungsschreiben, enthält Art. 31 II EGBGB (dazu oben Rdnr. 317).

390 Für die Anknüpfung der *culpa in contrahendo* (c.i.c.) vertreten einige Autoren eine differenzierende Lösung: Wer einen Ausgleich für zerschlagene Erwartungen oder für Aufwendungen im Vertrauen auf ein in Aussicht genommenes Geschäft verlange, bewege sich auf dem Boden des Vertragsrechts, so daß die maßgebenden Regeln dem Vertragsstatut zu entnehmen seien; wer dagegen im Einflußbereich seines Verhandlungspartners körperlich zu Schaden komme (Kaufhausfälle: Ausrutschen auf einer Bananenschale), mache einen quasi-deliktischen c.i.c.-Anspruch geltend, der dem Deliktsstatut unterliege (*von Bar* II Rdnr. 558; *Bernstein*, RabelsZ 41 [1977], 281f.; ähnlich *Staudinger/von Hoffmann*, Art. 38 EGBGB n.F. Rdnr. 105). Die herrschende Ansicht qualifiziert – in Einklang mit der überwiegenden Rechtsprechung der Instanzgerichte (Nachw. bei MünchKomm-*Spellenberg*, Art. 32 EGBGB Rdnrn. 44–46) – Ansprüche aus c.i.c. generell vertragsrechtlich und unterstellt sie dem Vertragsstatut, gleichgültig, auf welchem Sachverhalt sie beruhen (*Kegel* § 17 V 1a; *Soergel/Lüderitz*, Art. 38 EGBGB Rdnr. 85; *Palandt/Heldrich*, Art. 32 EGBGB Rdnr. 8 m.w.N.).

391 Art. 32 I EGBGB nennt beispielhaft („insbesondere") fünf Bereiche des Vertragsstatuts. Nach Art. 32 I Nr. 1 EGBGB gelten für die *Auslegung* des Vertrages nicht die Regeln der *lex fori*, sondern die Auslegungsregeln des Vertragsstatuts (*lex causae*). Die Rechtsfragen der *Erfüllung* – beispielsweise Ort und Zeit der Leistung, Leistung an Erfüllungs statt, Leistung durch Dritte – beantworten sich nach dem Vertragsstatut (Art. 32 I Nr. 2 EGBGB), ebenso die Folgen der vollständigen oder teilweisen *Nichterfüllung*, namentlich die Voraussetzungen und Rechtsfolgen von Leistungsstörungen. Das gilt für die Schadensbemessung allerdings nur innerhalb der vom deutschen Prozeßrecht – Schadensschätzung gemäß § 287 ZPO – gezogenen Grenzen (Art. 32 I Nr. 3 EGBGB). Ferner ist in bezug auf die Art und Weise der Erfüllung und die vom Gläubiger im

Fall mangelhafter Erfüllung zu treffenden Maßnahmen das Recht des Staates, dem die Erfüllung erfolgt, zu berücksichtigen (Art. 32 II EGBGB). Beispiele sind Feiertagsregelungen oder Untersuchungs- und Rügepflichten (BegrRegE, BT-Drucks. 10/504, S. 82).

Die verschiedenen *Arten des Erlöschens* der Schuldnerpflichten – etwa durch Erfüllung oder Aufrechnung –, die *Verjährung* und die Rechtsverluste, die sich aus dem Ablauf einer Frist ergeben (Verwirkung, Einrede des „estoppel", vertragliche Ausschlußfristen), bestimmen sich ebenfalls nach dem Vertragsstatut (Art. 32 I Nr. 4 EGBGB). Bei der *Aufrechnung* kann sich das Problem ergeben, daß die Hauptforderung und die Gegenforderung – die Forderung desjenigen, der aufrechnet – verschiedenen Rechtsordnungen unterstehen. Der BGH läßt das Recht der Hauptforderung über die materiellrechtliche Zulässigkeit der Aufrechnung entscheiden: Der Gläubiger der Hauptforderung sei schutzwürdiger, weil er die Tilgung seiner Forderung im Wege der Aufrechnung hinnehmen soll (BGHZ 38, 254; *Kropholler* § 52 VII 5). Ferner ist das Vertragsstatut maßgebend für die *Folgen der Nichtigkeit* des Vertrages (Art. 32 I Nr. 5 EGBGB); das spielt insbesondere für die bereicherungsrechtliche Leistungskondiktion eine Rolle (dazu unten Rdnr. 433). Schließlich sind nach Art. 32 III 1 EGBGB gesetzliche Vermutungen und Beweislastregeln dem Vertragsstatut zu entnehmen (zur Abgrenzung von rein prozeßrechtlichen Vorschriften, die der *lex fori* unterliegen: *Coester-Waltjen*, Int. Beweisrecht, 1983). Für den Beweis eines Rechtsgeschäfts beruft Art. 32 III 2 EGBGB alternativ die Beweismittel der *lex fori* und – wenn es um die Formgültigkeit geht – des Formstatuts zur Anwendung, sofern das Geschäft nach diesem Recht formgültig und das Beweismittel vor dem angerufenen Gericht zulässig ist.

b) Alternativanknüpfung des Formstatuts

392 In Formfragen wird das Vertragsstatut durch eine andere Anknüpfung überlagert: Nach Art. 11 I EGBGB ist der Vertrag formwirksam, wenn entweder die Formerfordernisse des Vertragsstatuts oder diejenigen des Ortsrechts erfüllt sind (Art. 11 I–III EGBGB, dazu und zu der Ausnahme nach Art. 11 IV EGBGB oben Rdnrn. 319–326). Die Kollisionsregeln des Art. 11 I–IV EGBGB inkorporieren die Regelung des Art. 9 EVÜ über die Form von *Schuldverträgen* in das deutsche Recht, erstrecken sie jedoch auf alle *Rechtsgeschäfte*. Daher sind sie in der Systematik des EGBGB nicht mehr im Abschnitt über vertragliche Schuldverhältnisse, sondern im Abschnitt über Personen und Rechtsgeschäfte angesiedelt. Für die Form von Verbraucherverträgen gilt nach Art. 29 III EGBGB (Art. 9 V EVÜ) eine Ausnahme von der Alternativanknüpfung.

c) Personalstatut, Vollmachtsstatut

393 Geschriebene besondere Kollisionsregeln bestehen in Artt. 7, 12 EGBGB hinsichtlich der *Geschäftsfähigkeit*, die sich gemäß Art. 7 I 1 EGBGB grundsätzlich nach dem Personalstatut richtet. Bei der Anwendung dieser Kollisionsnormen ist zu differenzieren: Das *Vertragsstatut* muß die Frage nach der Geschäftsfähigkeit erst einmal aufwerfen und sagen, ob – und gegebenenfalls welcher Grad von – Geschäftsfähigkeit für den wirksamen Abschluß des Vertrages erforderlich ist; das *Personalstatut* entscheidet nach Art. 7 I 1 EGBGB darüber, ob die Geschäftsfähigkeit vorliegt (dazu oben Rdnr. 299).

Ungeschriebene besondere Kollisionsregeln gelten für die *Stellvertretung* (dazu oben Rdnrn. 331–338). Auch insoweit ist zu differenzieren: Die Fragen, die den Bestand und den Umfang einer durch Rechtsgeschäft erteilten Vertretungsmacht betreffen, unterliegen dem *Vollmachtsstatut*; ob eine Stellvertretung zulässig ist, welche Rechtsfolgen die Stellvertretung hat und wie der Vertreter ohne Vertretungsmacht haftet, bestimmt dagegen das *Vertragsstatut*.

2. Veränderungen auf der Gläubigerseite

394 Die Kollisionsregeln für die Forderungsabtretung und den gesetzlichen Forderungsübergang sind in Art. 33 EGBGB enthalten, also im Abschnitt über vertragliche Schuldverhältnisse; diese Kollisionsregeln gelten jedoch nicht nur für Forderungen aus Schuldverträgen, sondern für Forderungen aller Art, beispielsweise für Ansprüche aus unerlaubter Handlung (*Kropholler* § 52 VII). Beim rechtsgeschäftlichen Forderungsübergang durch *Abtretung* mag man die systematische Stellung der Kollisionsnorm im Abschnitt über Schuldverträge noch damit erklären, daß die Abtretung auf einem Grundgeschäft beruht (z.B. Forderungskauf), das ein vertragliches Schuldverhältnis ist (*von Bar* II Rdnr. 564). Bei der *Legalzession* – dem gesetzlichen Forderungsübergang – versagt diese Erklärung, so daß zumindest insoweit die systematische Stellung des Art. 33 EGBGB im Abschnitt über vertragliche Schuldverhältnisse nicht einleuchtet. Sie erklärt sich daraus, daß Art. 33 EGBGB die Vorschriften des Art. 12 EVÜ (Abtretung) und des Art. 13 EVÜ (Legalzession) in das deutsche Recht inkorporiert und zugleich die Regelung des Art. 13 EVÜ auf den gesetzlichen Übergang außervertraglicher (beispielsweise deliktischer) Forderungen erstreckt.

a) Abtretung, Art. 33 I, II EGBGB

395 Für die Abtretung normiert Art. 33 II EGBGB den Grundsatz, daß der *Übergang* einer Forderung ebenso wie der *Untergang* der Forderung (Art. 32 I Nr. 4 EGBGB) nach der Rechtsordnung zu beurteilen ist, der die Forderung unterliegt. Das Forderungsstatut – bei vertraglichen Forderungen: das Vertragsstatut – bestimmt insbesondere über die Abtretbarkeit der Forderung, den Schuldnerschutz und die befreiende Wirkung einer Leistung (Art. 33 II EGBGB). Das der Abtretung zugrundeliegende Geschäft – das *Grundgeschäft,* z.B. ein Kauf der Forderung – unterliegt dagegen nach Art. 33 I EGBGB seiner eigenen Rechtsordnung.

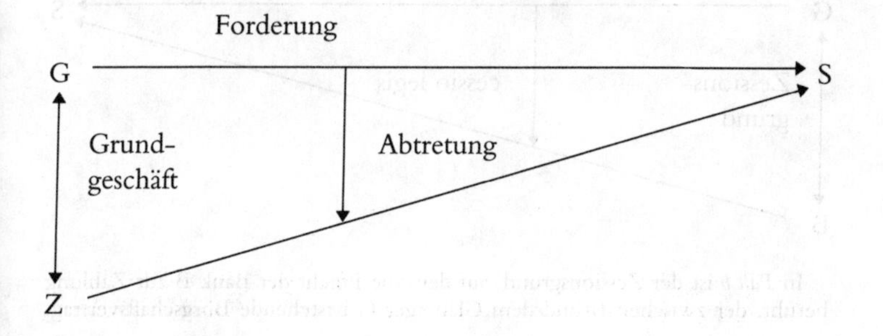

Das bedeutet für *Fall a*: Die abgetretene Kaufpreisforderung unterliegt dem österreichischen Recht, das nach Art. 28 II 2 EGBGB auf den Kaufvertrag anzuwenden ist; das österreichische Recht bestimmt über die Abtretbarkeit der Forderung, das Verhältnis zwischen dem Neugläubiger Z und dem Schuldner S sowie den Schutz des Schuldners S (Art. 33 II EGBGB). Das Grundgeschäft zwischen G und Z – das der Abtretung zugrundeliegende Darlehen – unterliegt nach Art. 33 I EGBGB seinem eigenen Recht; mangels einer Rechtswahl ist auf den Darlehensvertrag nach Art. 28 II 2 EGBGB das schweizerische Recht anzuwenden, da die schweizerische Bank Z als Darlehensgeberin die charakteristische Leistung erbringt.

b) Legalzession, Art. 33 III EGBGB

396 Ein gesetzlicher Forderungsübergang (Legalzession, *cessio legis*) tritt nach deutschem materiellen Recht beispielsweise ein, wenn ein Versicherer zahlt (§ 67 VVG: Übergang eines Schadensersatzanspruchs auf den privaten Versicherer) oder wenn ein Bürge zahlt (§ 774 BGB: Übergang der Forderung gegen den Hauptschuldner auf den Bürgen). Art. 33 III EGBGB unterstellt die Legalzession der Rechtsordnung, die das Verhältnis zwischen dem *Zahlenden* (dem Versicherer, dem Bürgen) und dem *Zahlungsempfänger* (dem Versicherungsnehmer, dem Gläubiger) beherrscht. Es gilt also das Statut des *Zessionsgrundes* (Versicherungsvertrag, Bürgschaftsvertrag) und nicht das Statut der übergehenden *Forderung* (Schadensersatzanspruch, Hauptforderung). Diese Anknüpfungsregel erklärt sich daraus, daß der gesetzliche Forderungsübergang aus dem Zessionsgrund – Versicherungsverhältnis, Bürgschaftsvertrag – entspringt (anschaulich *Kegel* § 18 VII 2).

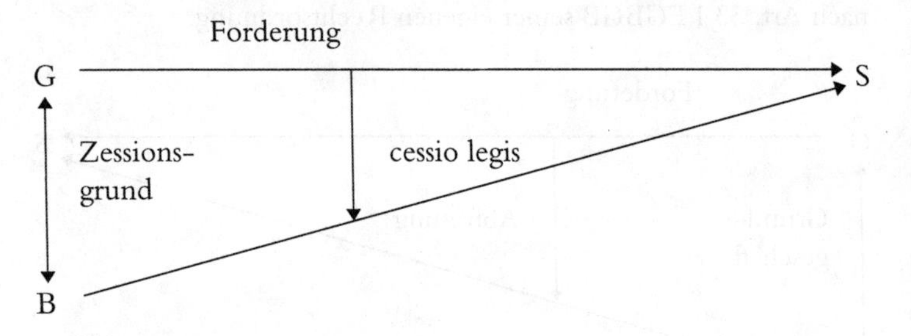

In *Fall b* ist der Zessionsgrund, auf dem die Pflicht der Bank B zur Zahlung beruht, der zwischen B und dem Gläubiger G bestehende Bürgschaftsvertrag.

Dieser Bürgschaftsvertrag unterliegt nach Art. 28 II 2 EGBGB dem deutschen Recht, da die bayerische Bank B als Bürgin die charakteristische Leistung erbringt. Das deutsche Recht (§§ 774 I, 412, 399 ff. BGB) bestimmt also über das Ob und die Modalitäten des gesetzlichen Übergangs der Forderung auf den Bürgen. Der Inhalt der übergehenden Kaufpreisforderung richtet sich dagegen nach dem österreichischen Recht als dem Statut des Kaufvertrages.

3. Veränderungen auf der Schuldnerseite

397 Die (befreiende) Schuldübernahme ist das Gegenstück der Abtretung und die wichtigste Form der Veränderung auf der Schuldnerseite; für sie enthält das EGBGB keine Kollisionsregel. Wenn man den für die Abtretung geltenden Art. 33 II EGBGB zu Ende denkt, muß auch die befreiende Schuldübernahme als Gegenstück der Abtretung dem Recht der übernommenen Schuld unterliegen. Das Schuldstatut – bei vertraglichen Verpflichtungen: das Vertragsstatut – entscheidet, ob und unter welchen Voraussetzungen die Schuldübernahme befreiend wirkt. Eine der Schuldübernahme zugrundeliegende Vereinbarung zwischen dem Übernehmer und dem Altschuldner oder zwischen dem Übernehmer und dem Gläubiger folgt analog Art. 33 I EGBGB ihrem eigenen Vertragsstatut (überzeugend *Kropholler* § 52 VII 4).

VI. Grenzen des Vertragsstatuts

398 **Literatur:** *von Hoffmann*, Inländische Sachnormen mit zwingendem internationalen Anwendungsbereich, IPRax 1989, 261; *Jayme*, Klauselrichtlinie und Internationales Privatrecht – Eine Skizze, Festschrift Trinkner (1995), S. 575; *Junker*, Die „zwingenden Bestimmungen" im neuen internationalen Arbeitsrecht, IPRax 1989, 69; *Mäsch*, Die Time-Sharing-Richtlinie, EuZW 1995, 8; *Schlosser*, Sonderanknüpfungen von zwingendem Verbraucherschutzrecht und europäisches Prozeßrecht, Festschrift Steindorff (1990), S. 1379; *Schurig*, Zwingendes Recht, „Eingriffsnormen" und neues IPR, RabelsZ 54 (1990), 217; *Sonnenberger*, Die Umsetzung kollisionsrechtlicher Regelungsgebote in EG-Richtlinien, ZEuP 1996, 382.

Fälle:

a) Eine Göttinger Studentin bucht aufgrund einer in Deutschland erschienenen Anzeige direkt bei einem griechischen Veranstalter einen zweiwöchigen Tauchkurs. In den Geschäftsbedingungen, die ihr vor Vertragsschluß übermittelt werden, heißt es: „Der Veranstalter haftet für Schäden des Kunden nur im

Falle nachgewiesenen Vorsatzes." Bei einem Tauchgang wird die Studentin infolge grob fahrlässigen Verhaltens des Veranstalters verletzt.

b) Bei einer Werbeveranstaltung auf der spanischen Insel Teneriffa erwirbt ein deutscher Urlauber drei Anteile an einer schweizerischen Gesellschaft zum Gesamtpreis von 27 000 DM. Diese Anteile verbriefen das Recht, Ferienwohnungen – u. a. in der Schweiz und in Spanien – aus dem Bestand der Gesellschaft für bestimmte Zeiträume zu nutzen. In dem Kaufvertrag über die Anteile heißt es: „Dieser Vertrag unterliegt dem Recht der Schweiz." Kann der Deutsche seine auf Abschluß des Vertrages gerichtete Willenserklärung widerrufen?

c) Eine in Frankreich lebende Deutsche hat ein Reihenhaus in Saarbrücken geerbt. Da sie das Haus nicht selbst nutzen kann, vermietet sie es. In dem handschriftlichen Mietvertrag heißt es: „Diese Vereinbarung unterliegt französischem Recht." Welches Kündigungsschutzrecht gilt?

Es gibt Sachnormen, denen der Staat, der sie erläßt, einen *unbedingten Anwendungswillen* beimißt. Im Internationalen Vertragsrecht sind das Vorschriften, die ohne Rücksicht darauf angewendet werden wollen, welchem Recht der Vertrag unterliegt: Sie verlangen als *international zwingende Normen* eine Anwendung unabhängig vom Vertragsstatut. Dieses Verlangen nach einer kollisionsrechtlichen Sonderanknüpfung kann ausdrücklich niedergelegt sein; es kann sich aber auch aus dem Sinn und Zweck der Sachnorm ergeben. Solche international zwingenden Vorschriften, die sich gegen das Vertragsstatut durchsetzen und kollisionsrechtlich ihren eigenen Anwendungsbereich festlegen, werden auch als *Eingriffsnormen* bezeichnet (dazu oben Rdnr. 88).

399 Für die kollisionsrechtliche Behandlung solcher Eingriffsnormen kommt es entscheidend darauf an, ob es sich aus der Sicht des Forums – für uns: aus deutscher Sicht – um inländische (deutsche) oder ausländische Normen handelt: Wenn der *deutsche Gesetzgeber* eine Bestimmung für international zwingend erklärt, muß der deutsche Richter – allgemein: der deutsche Rechtsanwender – dieses Gebot beachten, denn er ist an Gesetz und Recht gebunden (Art. 20 III GG). Wenn ein *ausländischer Gesetzgeber* eine seiner Normen unabhängig vom Vertragsstatut angewendet wissen will, muß der deutsche Richter diesem Willen nicht ohne weiteres nachgeben, sondern nur, wenn das deutsche IPR ihm das vorschreibt oder wenigstens gestattet.

Inländische Eingriffsnormen sind Gegenstand des Art. 34 EGBGB, der auf Art. 7 II EVÜ beruht (dazu 1, 2). Von ausländischen Eingriffsnormen handelt Art. 7 I EVÜ; der deutsche Gesetzgeber hat jedoch – ebenso wie Luxemburg, Portugal und das Vereinigte Königreich – von einem Vorbehalt Gebrauch gemacht und diese Vorschrift nicht in das deutsche Recht übernommen (dazu 3).

1. Inländische Eingriffsnormen (Art. 34 EGBGB)

400 Nach Art. 34 EGBGB berühren die vertragsrechtlichen Kollisionsnormen (Artt. 27ff. EGBGB) nicht die Anwendung der Bestimmungen des deutschen Rechts, die ohne Rücksicht auf das auf den Vertrag anzuwendende Recht den Sachverhalt zwingend regeln. Für Art. 34 EGBGB spielt es keine Rolle, ob das Vertragsstatut durch Rechtswahl (Art. 27 EGBGB) oder durch objektive Anknüpfung (Art. 28 EGBGB) bestimmt wird; es ist ferner gleichgültig, ob das deutsche Recht oder eine ausländische Rechtsordnung das Vertragsstatut ist (KG WM 1984, 1195, 1198 zu § 98 II GWB; BGHZ 102, 204, 206 zu § 61 BörsenG a.F.). Art. 34 EGBGB ist eine Blankettnorm, die einen allgemein anerkannten Grundsatz wiedergibt. Welche Bestimmungen des deutschen Rechts so wichtig sind, daß sie ohne Rücksicht auf das Vertragsstatut angewendet werden müssen, ergibt sich entweder aus einer ausdrücklichen Anordnung des Gesetzgebers (z.B. in § 12 AGBG, § 8 TzWrG, § 61 BörsenG) oder aus dem Sinn und Zweck der Sachnormen (so nach der BegrRegE, BT-Drucks. 10/504, S. 83–84 beim deutschen Wohnraummietrecht).

401 Die gesetzlich *ausdrücklich geregelten Fälle* der Sonderanknüpfung setzen eine Inlandsbeziehung – eine „Nahebeziehung“ zwischen dem Sachverhalt und der Bundesrepublik Deutschland – voraus: § 12 Satz 2 AGBG nennt Beispiele für einen „engen Zusammenhang“ zwischen dem Vertrag und dem Gebiet der Bundesrepublik Deutschland, § 8 Nr. 1 TzWrG stellt über die Belegenheit der Immobilie die erforderliche Nahebeziehung her, § 61 BörsenG knüpft an den gewöhnlichen Aufenthalt und die Abgabe der maßgebenden Willenserklärung im Inland an.

Entsprechend verlangen auch die gesetzlich *nicht ausdrücklich normierten Fälle* der Sonderanknüpfung – neben dem international zwingenden Charakter der Vorschriften – eine enge Verknüpfung des Sachverhalts mit dem Inland; so kommt beispielsweise eine Anwendung des deutschen Wohnraummietrechts über Art. 34 EGBGB nur in Betracht, wenn der Wohnraum in Deutschland belegen ist (MünchKomm-*Martiny*, Art. 34 EGBGB Rdnr. 108). Bei den ungeschriebenen Fällen der Sonderanknüpfung gilt, daß der Inlandsbezug des Sachverhalts um so stärker sein muß, je schwächer das Gewicht der inländischen Interessen ist, die durch die Eingriffsnorm geschützt werden (*Palandt/Heldrich*, Art. 34 EGBGB Rdnr. 3).

Wie die Sonderanknüpfung inländischen Eingriffsrechts „funktioniert", zeigen die §§ 12 AGBG, 8 TzWrG als ausdrücklich normierte Anwendungsfälle des Art. 34 EGBGB.

a) § 12 AGB-Gesetz

402 Die Sonderanknüpfung gemäß § 12 AGBG setzt die Vorgabe des Art. 6 II der EG-Richtlinie über mißbräuchliche Klauseln in Verbraucherverträgen vom 5. 4. 1993 (ABlEG 1993 L 95/29) in das deutsche Recht um (kritisch *Jayme*, Festschrift Trinkner, 1995, S. 575; rechtsvergleichend zur Kontrolle vom AGB: *Kötz*, Festschrift Mestmäcker, 1996, S. 1037, 1040–1047). Unterliegt ein Vertrag – sei es durch Rechtswahl, sei es kraft objektiver Anknüpfung – ausländischem Recht, so sind die Vorschriften des AGB-Gesetzes nach § 12 Satz 1 AGBG gleichwohl anzuwenden, wenn der Vertrag einen engen Zusammenhang mit dem Gebiet der Bundesrepublik Deutschland aufweist. Diese einseitige Kollisionsregel zugunsten des deutschen Rechts gilt für alle Verträge im sachlichen Anwendungsbereich des AGB-Gesetzes (§ 23 AGBG), also beispielsweise auch für den Immobilienkauf, für Mietverträge und für reine Darlehensverträge sowie die weiteren, in Art. 29 IV EGBGB ausgenommenen Verträge (vgl. oben Rdnr. 372). Die Kollisionsregel bezieht sich auch auf vorformulierte Vertragsbedingungen, die nur zur einmaligen Verwendung bestimmt sind (§ 24a Nr. 2 AGBG). Nach ihrem persönlichen Anwendungsbereich gilt die

Kollisionsnorm nicht für Allgemeine Geschäftsbedingungen, die gegenüber einem gewerblich oder freiberuflich tätigen Unternehmer verwendet werden (§ 24 Nr. 1 AGBG).

403 Die Kollisionsnorm des § 12 AGBG setzt zum einen voraus, daß der Vertrag *ausländischem Recht* unterliegt; unterliegt der Vertrag kraft Rechtswahl oder objektiver Anknüpfung ohnehin dem deutschen Recht, ist das AGB-Gesetz bereits als Bestandteil des (deutschen) Vertragsstatuts anzuwenden. Zum anderen muß der Vertrag einen *engen Zusammenhang* mit dem Gebiet der Bundesrepublik Deutschland aufweisen (§ 12 Satz 1 AGBG); dabei spielen die gleichen Kriterien eine Rolle wie im Rahmen des Art. 28 I 1 EGBGB (dazu oben Rdnr. 366). Als Beispiel für einen engen Zusammenhang nennt § 12 Satz 2 AGBG – in Anlehnung an Art. 29 I Nr. 1 EGBGB – kumulativ eine geschäftliche Tätigkeit des AGB-Verwenders im Inland (§ 12 Satz 2 Nr. 1 AGBG) sowie den gewöhnlichen Aufenthalt und die Abgabe der Willenserklärung des Verbrauchers im Inland (§ 12 Satz 2 Nr. 2 AGBG).

Bei einem Vergleich der beiden Kollisionsnormen ist zu beachten, daß Art. 29 EGBGB eine *allseitige* Verweisungsvorschrift ist, die auch ausländisches (Verbraucherschutz-) Recht zur Anwendung berufen kann, während § 12 AGBG eine *einseitige* Kollisionsregel zugunsten des deutschen Rechts enthält. Wenn die Voraussetzungen des § 12 AGBG vorliegen, lautet die *Rechtsfolge*, daß die Vorschriften des AGB-Gesetzes als international zwingende Bestimmungen im Wege der Sonderanknüpfung anzuwenden sind. § 12 AGBG füllt die Blankettvorschrift des Art. 34 EGBGB aus.

In *Fall a* ist nach Art. 28 II 2 EGBGB mangels einer Rechtswahl das griechische Recht anzuwenden, da der Veranstalter des Tauchkurses die vertragscharakteristische Leistung erbringt. Art. 29 II EGBGB spielt keine Rolle, da die Tauchschule ihre Dienste ausschließlich außerhalb des Staates erbringt, in dem die Göttinger Studentin ihren gewöhnlichen Aufenthalt hat (Art. 29 IV Nr. 2 EGBGB). Der Vertrag fällt jedoch unter § 12 AGBG: Es ist sogar der in § 12 Satz 2 AGBG beispielhaft genannte Tatbestand „Werbung im Inland" erfüllt, so daß auf die Rechtsprechungsregeln zur Konkretisierung des „engen Zusammenhangs" i. S. d. § 12 AGBG nicht zurückgegriffen werden muß. Im Wege der Sonderanknüpfung nach § 12 Satz 1 AGBG sind daher die Vorschriften des deutschen AGB-Gesetzes anzuwenden. Nach § 11 Nr. 7 AGBG ist die Haftungsbeschränkung unwirksam.

b) § 8 Teilzeit-Wohnrechtegesetz

404 Die Kollisionsnorm des § 8 TzWrG transformiert den Art. 9 der Time-Sharing-Richtlinie der EG vom 26. 10. 1994 (ABlEG 1994 L 280/83) in das deutsche Recht. Das Teilzeit-Wohnrechtegesetz stellt – in Einklang mit der zugrundeliegenden EG-Richtlinie – bestimmte Anforderungen an schuldrechtliche Verträge über die Teilzeitnutzung von Wohngebäuden zwischen einem gewerblich oder beruflich handelnden Veräußerer und einem nicht gewerblich oder beruflich handelnden Erwerber. Das Nutzungsrecht kann auch durch einen Anteil an einer Gesellschaft eingeräumt werden (§ 1 TzWrG). Das wichtigste gesetzliche Recht des Erwerbers ist das Widerrufsrecht nach § 5 TzWrG, das ähnlich ausgestaltet ist wie das Widerrufsrecht nach §§ 1–4 HaustürWG.

405 Die Kollisionsnorm des § 8 TzWrG hat in der Praxis große Bedeutung, da Timesharing-Verträge ihrer Natur nach häufig einen Auslandsbezug aufweisen. Sie setzt – wie § 12 AGBG – voraus, daß der Timesharing-Vertrag *ausländischem Recht* unterliegt. Die erforderliche *enge Verbindung* ist nicht auf Deutschland, sondern auf Europa – genauer: das Gebiet der Europäischen Union und des Europäischen Wirtschaftsraums (EWR) – bezogen: Entweder muß das *Wohngebäude* in diesem Gebiet belegen sein (§ 8 Nr. 1 TzWrG), oder der *Vertrag* muß – ähnlich wie bei § 12 Satz 2 AGBG – auf Grund einer geschäftlichen Tätigkeit des Veräußerers in der EU oder im EWR mit einem Erwerber zustande gekommen sein, der seinen Wohnsitz oder gewöhnlichen Aufenthalt in der EU oder im EWR hat (§ 8 Nr. 2 TzWrG). Liegen diese Voraussetzungen vor, so ist die *Rechtsfolge*, daß die Vorschriften des Teilzeit-Wohnrechtegesetzes ohne Rücksicht auf das ausländische Vertragsstatut anzuwenden sind.

In *Fall b* unterliegt der Erwerb eines Anteils an der schweizerischen Gesellschaft dem (schweizerischen) Gesellschaftsstatut. Nach § 1 II, III TzWrG handelt es sich um einen Vertrag über die Teilzeitnutzung von Wohngebäuden, für den die Kollisionsregel des § 8 TzWrG gilt. Die Voraussetzungen des § 8 Nr. 1 TzWrG sind nicht erfüllt, da die Wohngebäude, die zur Nutzung stehen, sowohl innerhalb (Spanien) als auch außerhalb (Schweiz) des Gebiets der EU und des EWR liegen; nach der Begründung des Gesetzentwurfs soll § 8 Nr. 1 TzWrG diese Konstellation nicht erfassen (BT-Drucks. 13/4185, S. 14).

Gerade auch für diese Konstellation wurde jedoch der Tatbestand des § 8 Nr. 2 TzWrG geschaffen, der im vorliegenden Fall erfüllt ist. Der Erwerber hat folglich das Widerrufsrecht nach § 5 TzWrG.

c) Weitere Eingriffsnormen

406 Es gibt – durchwegs für Spezialmaterien – eine Reihe weiterer *geschriebener* Kollisionsnormen, die i.S.d. Art. 34 EGBGB die unbedingte Anwendung deutscher Sachnormen anordnen (Übersicht bei MünchKomm-*Martiny*, Art. 34 EGBGB Rdnrn. 62–84). Die – neben §§ 12 AGBG, 8 TzWrG – am häufigsten genannte Vorschrift ist § 61 BörsenG; sie enthält für bestimmte *Börsentermingeschäfte* an deutschen Börsen eine vom Vertragsstatut unabhängige Anspruchsbegrenzung gegenüber Nichtkaufleuten (Einzelheiten bei *Kegel* § 18 I 2; dort auch der Wortlaut der Vorschrift).

Zahlreich sind die Materien, für die man eine *ungeschriebene* Sonderanknüpfung deutscher Sachnormen annehmen kann (zum Anlegerschutzrecht *Grundmann*, RabelsZ 54 [1990], 283–322). Ein bereits in der amtlichen Begründung des Art. 34 EGBGB genanntes Beispiel ist das deutsche *Wohnraummietrecht*, „das der Gesetzgeber weithin für zwingend erklärt hat und das zudem stark mit öffentlichrechtlichen Vorschriften verflochten ist" (BT-Drucks. 10/504, S. 83–84): Von den drei wichtigsten Fallgruppen des Schutzes der schwächeren Vertragspartei – Schutz des Verbrauchers, des Arbeitnehmers und des Mieters – haben der Verbraucher- und der Arbeitnehmerschutz in Artt. 29, 30 EGBGB eine besondere kollisionsrechtliche Regelung erfahren; dem Mieterschutz dagegen ist keine besondere IPR-Regelung zuteil geworden, so daß – wenn deutsches Recht nicht schon nach Art. 28 III EGBGB anzuwenden ist – eine Sonderanknüpfung nach Art. 34 EGBGB die Lücke füllen muß. Die erforderliche Inlandsbeziehung wird durch die Belegenheit des Wohnraums in Deutschland vermittelt; welche Vorschriften des zwingenden deutschen Mietrechts im einzelnen gemäß Art. 34 EGBGB zu den international zwingenden Bestimmungen zu rechnen sind, ist allerdings noch nicht geklärt (zum materiellen Wohnraummietrecht *Emmerich*, Festschrift Mestmäcker, 1996, S. 989–1003).

In *Fall c* unterliegt der Mietvertrag kraft ausdrücklicher Rechtswahl gemäß Art. 27 I 1 EGBGB dem französischen Recht. Eine Kontrolle des gewählten Rechts anhand des nach Art. 28 III EGBGB objektiv anzuwendenden deutschen Rechts ist für Mietverträge – anders als gem. Artt. 29, 30 EGBGB für Verbraucher- und Arbeitsverträge – nicht vorgesehen. Für das deutsche Wohnraummietrecht gilt jedoch eine ungeschriebene Sonderanknüpfung. Die Rechtswahl berührt daher nicht die Anwendung der Bestimmungen des deutschen Wohnraummietrechts, die ohne Rücksicht auf das gewählte französische Recht den Sachverhalt zwingend regeln (Art. 34 EGBGB). Zu diesen zwingenden Vorschriften gehört beispielsweise der Kündigungsschutz (z. B. § 564b BGB).

2. Verhältnis des Art. 34 zu Artt. 29, 30 EGBGB

407 Die besonderen Anknüpfungsregeln der Artt. 29 II und 30 II EGBGB bestimmen das objektive Vertragsstatut mit Rücksicht auf die Schutzbedürftigkeit des Verbrauchers und des Arbeitnehmers; die *intern zwingenden Bestimmungen* dieses objektiven Vertragsstatuts setzen sich nach Artt. 29 I und 30 I EGBGB zum Schutz des Verbrauchers und des Arbeitnehmers gegen ungünstigere Regelungen des gewählten Rechts durch. Wie das Beispiel des Wohnraummietrechts zeigt, kann jedoch auch Art. 34 EGBGB dazu dienen, deutsche Sachnormen zum Schutz der schwächeren Vertragspartei als *international zwingende Bestimmungen* durchzusetzen. Es fragt sich daher, wie die Grenze zwischen Artt. 29, 30 EGBGB und Art. 34 EGBGB zu ziehen ist.

a) Verbraucherverträge (Art. 29 EGBGB)

408 Die Abgrenzungsfrage stellt sich vor allem im Bereich der Verbraucherverträge, wenn der Verbraucher zwar seinen gewöhnlichen Aufenthalt in Deutschland hat, aber die in Art. 29 I Nrn. 1–3 EGBGB vorausgesetzten Umstände des Vertragsschlusses nicht vorliegen und deshalb Art. 29 I, II EGBGB dem deutschen Verbraucherschutzrecht nicht zum Durchbruch verhilft. In dieser Konstellation hat sich eine Reihe von Instanzgerichten – insbesondere in den sog. *Gran-Canaria-Fällen* (dazu oben Rdnr. 374) – veranlaßt gesehen, mit Hilfe des Art. 34 EGBGB eine Reihe von Bestimmungen des deutschen Rechts bis hin zu § 138 BGB gegen das Vertragsstatut durchzusetzen (diese Rechtsprechung, die kein

Ruhmesblatt für die deutsche Zivilrechtspflege ist, wird nachgewiesen von *Mankowski*, RIW 1993, 453). Auf der Grundlage der Entscheidungen BGHZ 123, 380, 390–391 und BGH NJW 1997, 1697, die instanzgerichtliche Fehlentwicklungen korrigierten, lassen sich drei Regeln aufstellen:

(1) Sonderanknüpfungen des deutschen Rechts – wie § 12 AGBG – gehen dem Art. 29 EGBGB als Spezialgesetze vor: Wenn sowohl die Voraussetzungen des Art. 29 I EGBGB als auch die Voraussetzungen des § 12 AGBG erfüllt sind, hat kein Günstigkeitsvergleich des deutschen und des ausländischen AGB-Gesetzes nach Art. 29 I EGBGB stattzufinden, sondern das deutsche AGB-Gesetz ist nach § 12 AGBG anzuwenden. Liegen die tatbestandsmäßigen Voraussetzungen des § 12 AGBG als *lex specialis* hingegen nicht vor, so ist zu prüfen, ob das deutsche AGB-Gesetz gemäß Art. 29 I, II EGBGB als zwingendes Verbraucherschutzrecht zur Anwendung kommt (*Palandt/Heldrich*, § 12 AGBG Rdnr. 4).

(2) Es ist nicht ausgeschlossen, Art. 34 EGBGB auf dem Gebiet des Verbraucherschutzes anzuwenden (BGHZ 123, 380, 391). Das setzt jedoch zum einen voraus, daß es sich um Normen handelt, die international zwingende Geltung beanspruchen. Das wird von einigen Autoren für das HaustürWG und das VerbrKrG angenommen (Nachweise bei *Reithmann/Martiny* Rdnr. 745), vom BGH aber offengelassen. Zum anderen muß eine hinreichende Inlandsbeziehung des Sachverhalts vorliegen (BGH NJW 1997, 1697, 1699). Wenn ein hinreichender Inlandsbezug besteht, wäre es daher vertretbar, auf einen reinen Darlehensvertrag – der schon tatbestandlich nicht unter Art. 29 EGBGB fällt – im Wege der Sonderanknüpfung nach Art. 34 EGBGB das deutsche VerbrKrG anzuwenden (BGHZ 123, 380, 391).

(3) Wenn dagegen ein Verbrauchervertrag i. S. d. Art. 29 EGBGB vorliegt, der Vertrag aber nicht unter den in Art. 29 I Nrn. 1–3 EGBGB genannten Umständen geschlossen wurde, beruht die Nichtanwendung des zwingenden deutschen Verbraucherschutzrechts auf einer in sich geschlossenen Regelung des Gesetzes. In solchen Fällen greift der Vorrang des Art. 29 EGBGB gegenüber Art. 34 EGBGB durch (BGHZ 123, 380, 391). Art. 34

EGBGB dient nicht dazu, „die Unzulänglichkeiten der kasuistischen Regelung des Art. 29 EGBGB auszugleichen" (*Kropholler* § 52 V 1 a).

b) Arbeitsverträge (Art. 30 EGBGB)

409 Bei Arbeitsverträgen stellt sich das Konkurrenzproblem mit geringerer Schärfe als bei Verbraucherverträgen. Denn Art. 30 EGBGB macht den kollisionsrechtlichen Schutz nicht von bestimmten Umständen des Vertragsschlusses abhängig, und die objektiven Anknüpfungen des Art. 30 II EGBGB führen regelmäßig zu einem angemessenen Arbeitnehmerschutz: Wenn beispielsweise ein Deutscher seinen gewöhnlichen Arbeitsort (Art. 30 II Nr. 1 EGBGB) im Ausland hat, kann das Arbeitsverhältnis dennoch engere Verbindungen zur Bundesrepublik Deutschland aufweisen (Art. 30 II a.E. EGBGB), so daß ihn das deutsche Arbeitsrecht schützt. Fehlt es dagegen an einer *engeren Verbindung* zu Deutschland i.S.d. Art. 30 II a.E. EGBGB, wird es regelmäßig auch an einer *Inlandsbeziehung* fehlen, die für eine Sonderanknüpfung deutscher Arbeitsrechtsnormen nach Art. 34 EGBGB erforderlich wäre.

Es gibt überdies – wie im Verbraucherschutzrecht – im Arbeitsrecht nur wenige Vorschriften, die der *Gesetzgeber* ausdrücklich zu international zwingenden Bestimmungen i.S.d. Art. 34 EGBGB erklärt hat. Ein Beispiel ist § 1 I Arbeitnehmer-Entsendegesetz, wonach gewisse Normen eines Tarifvertrages, der für allgemeinverbindlich erklärt ist, ohne Rücksicht darauf anzuwenden sind, welcher Rechtsordnung das Arbeitsverhältnis im übrigen unterliegt (dazu *Junker/Wichmann*, NZA 1996, 505, 506).

Die *Rechtsprechung* bejaht international zwingendes Recht aus dem Sinn und Zweck der Sachnormen, wenn bestimmten Arbeitnehmergruppen ein auch im öffentlichen Interesse liegender, besonderer Schutz zuteil werden soll; ein Beispiel sind die Schutzvorschriften des Schwerbehindertengesetzes (BAG NZA 1988, 135 = SAE 1989, 326 m. Anm. *Junker*). Nur intern zwingendes Recht gemäß Art. 30 I EGBGB, nicht dagegen international zwingendes Recht gemäß Art. 34 EGBGB sind die Vorschriften des „allgemeinen" Arbeitnehmerschutzes, beispielsweise § 1 KSchG (BAG NZA 1990, 841 = SAE 1990, 317 m. Anm. *Junker*) oder der Übergang der Arbeitsverhältnisse bei einem Betriebsübergang nach § 613 a BGB (BAG NZA 1993, 743 = SAE 1994, 28 m. Anm. *Junker*).

3. Ausländische Eingriffsnormen (Art. 7 I EVÜ)

410 Ausländische Eingriffsnormen haben in der Praxis einen anderen Problemschwerpunkt als inländische: Bei *inländischen Eingriffsnormen* stellt sich vor allem die Frage, wie man sie erkennt, wenn der deutsche Gesetzgeber sie nicht – wie in § 12 AGBG – ausdrücklich als solche bezeichnet hat. Wenn sie erkannt sind, muß der deutsche Richter sie ohne Rücksicht auf das Vertragsstatut anwenden, weil er – wie Art. 34 EGBGB bekräftigt – an das deutsche (Eingriffs-) Gesetz gebunden ist. Bei *ausländischen Eingriffsnormen* stellt sich das Problem meistens anders: Die deutsche Praxis hat in der Regel keinen Anlaß, lange nach dem Eingriffscharakter ausländischer Normen zu forschen, der nicht offen zutage liegt; vielmehr ist die Praxis typischerweise mit einem ausländischen Gesetz konfrontiert, etwa einer fremden Devisenvorschrift oder einem fremden Handelsembargo (BGH NJW 1991, 634 = JZ 1991, 719 m. Aufs. *Junker* [699]), das klipp und klar sagt, es wolle ohne Rücksicht auf das Vertragsstatut angewendet werden. Diesem Anwendungswillen, geäußert von einem ausländischen Gesetzgeber, muß der deutsche Richter nur nachgeben, wenn „sein" IPR ihm das vorschreibt oder doch zumindest gestattet.

Art. 7 I EVÜ versucht, eine solche Vorschrift – genauer: eine solche Gestattung – zu geben. Nach dieser Vorschrift kann der inländische Richter ausländischen Eingriffsnormen „Wirkung verleihen" (Art. 7 I 1 EVÜ). Bei der Entscheidung, ob er das tun soll oder nicht, hat er „ihre Natur und ihren Gegenstand sowie die Folgen zu berücksichtigen, die sich aus ihrer Anwendung oder ihrer Nichtanwendung ergeben würden" (Art. 7 I 2 EVÜ). *Kegel* (Rpfleger 1987, 1, 2) hat diese weiche Norm als „gefährliche Qualle" bezeichnet; der Gesetzgeber solle lieber schweigen, als in dieser Weise Entscheidungen auf den Richter zu verlagern (kritisch auch *Coester*, ZVglRWiss 82 [1983], 1; *Martiny*, IPRax 1987, 277; *Sandrock*, RIW 1986, 841, 853). Der deutsche Gesetzgeber hat sich diesem Rat nicht verschlossen und von einem Vorbehalt gegen Art. 7 I EVÜ Gebrauch gemacht, den Art. 22 I a EVÜ erlaubt. Das IPR der vertraglichen Schuldverhältnisse in Artt. 27–37 EGBGB enthält demnach keine Regelung, die dem deutschen Richter vorschreibt, wie er mit ausländischen Eingriffsnormen verfahren soll. Das Problem wird unten im größeren Zusammenhang des Internationalen Wirtschaftsrechts behandelt (Rdnrn. 605–614).

VII. Materielles Einheitsrecht

411 **Literatur:** Zum UN-Kaufrecht: *von Caemmerer/Schlechtriem*, Kommentar zum Einheitlichen UN-Kaufrecht (2. Aufl. 1995); *Schlechtriem*, Internationales UN-Kaufrecht (1996); *Staudinger/Magnus*, Wiener UN-Kaufrecht – CISG (13. Bearb. 1994). Zum internationalen Transportrecht: *Münchener Kommentar zum HGB*, Bd. 7: Transportrecht (1997); *Herber/Piper*, Internationales Straßentransportrecht (1996).

Fälle:

a) Eine Hamburger Ölmühle verkauft einem Londoner Handelshaus 1000 t Palmöl. Der Kaufvertrag enthält eine Rechtswahlklausel zugunsten des deutschen Rechts und eine Gerichtsstandsklausel zugunsten der deutschen Gerichte. Der Vertrag nimmt an einigen Stellen auf die §§ 459 ff. BGB Bezug. Als es zu einem Rechtsstreit vor dem LG Hamburg kommt, trägt der englische Käufer vor, der Vertrag unterliege den Regeln des Wiener UN-Kaufrechtsübereinkommens.

b) Die Compusoft GmbH beauftragt die Air Cargo Europe (ACE) AG mit Sitz in Frankfurt/Main, elektronische Bauteile per Luftfracht von Frankfurt/Main nach Paris zu befördern. Ein Luftfrachtbrief wird ausgestellt. Weil kein Laderaum im Flugzeug zur Verfügung steht, bringt die ACE die Anlage mit dem LKW nach Paris (Orly), wozu sie nach den IATA- (International Air Transport Association-) Bedingungen berechtigt ist. Beim Umladen zur Auslieferung an den Empfänger werden die Bauteile beschädigt.

Internationales Einheitsrecht umfaßt die Vorschriften, die in mehreren Staaten gleichlautend gelten; es kann sich um einheitliches Kollisionsrecht oder um einheitliche Sachnormen handeln (dazu oben Rdnr. 42). *Einheitliches Kollisionsrecht* für Schuldverträge enthält insbesondere das Europäische (Schuld-) Vertragsübereinkommen

kommen von 1980 (EVÜ); diese einheitlichen europäischen Kollisionsregeln sind in Artt. 27–37 EGBGB in das deutsche IPR transformiert und bilden den Kern des deutschen Internationalen Schuldvertragsrechts. *Einheitliches Sachrecht* – materielles Einheitsrecht –, das auch in Deutschland gilt, enthält auf dem Gebiet der Schuldverträge insbesondere das *Wiener UN-Kaufrecht* von 1980; es bestimmt seinen räumlichen Anwendungsbereich selbst und umfaßt insofern auch eigene, vereinheitlichte Kollisionsregeln (dazu sogleich 1). Einheitliches Sachrecht existiert ferner auf dem Gebiet der *Transportverträge*, wo es für die Beförderung im internationalen Luft-, Straßengüter- und Eisenbahnverkehr besondere Übereinkommen gibt, die auch in Deutschland gelten und selbst festlegen, welche grenzüberschreitenden Fälle sie erfassen (dazu 2).

1. Warenkaufverträge (UN-Kaufrecht)

412 Das wichtigste internationale Übereinkommen auf dem Gebiet des Schuldvertragsrechts ist das *Wiener Übereinkommen der Vereinten Nationen* vom 11. 4. 1980 über internationale Warenkaufverträge (BGBl. 1989 II, 588, abgedruckt bei *Jayme/Hausmann* Nr. 48). Es wird meistens als *Wiener Übereinkommen, UN-Kaufrecht* oder *CISG* – Convention on the International Sale of Goods – bezeichnet (zu anderen ebenfalls gebräuchlichen Bezeichnungen und Abkürzungen *Flessner/Kadner*, ZEuP 2 [1995], 347–350). Es ist in Deutschland am 1. 1. 1991 in Kraft getreten und gilt in über 40 weiteren Staaten, darunter die Volksrepublik China, Frankreich, Italien, Kanada, die Niederlande, Österreich, Rußland, die Schweiz, Spanien und die USA (Übersicht – jeweils auf dem neuesten Stand – im BGBl. Teil II, Fundstellennachweis B). Neben dem Wiener Übereinkommen gibt es für internationale Warenkäufe weitere Übereinkommen, die in Deutschland keine Rolle (mehr) spielen:

– Die Haager Konferenz für Internationales Privatrecht (dazu oben Rdnr. 44) hat das *Haager Kaufvertragsübereinkommen vom 15. 6. 1955* geschaffen, das in sieben Artikeln Kollisionsnormen für internationale Kaufverträge über bewegliche Sachen enthält (abgedruckt bei *Jayme/Hausmann* Nr. 47). Dieses Übereinkommen stellt strenge Anforderungen an eine stillschweigende

Rechtswahl. Sie muß „unzweifelhaft aus den Bestimmungen des Vertrages (!) hervorgehen" (Art. 2 II). Es läßt bei der objektiven Anknüpfung das Recht am gewöhnlichen Aufenthaltsort oder am Ort der Geschäftsniederlassung *des Käufers* zum Zuge kommen, wenn der Verkäufer oder sein Vertreter die Bestellung dort entgegengenommen hat (Art. 3 II). Diese Regelungen wurden von deutscher Seite kritisiert: Die Einschränkung der stillschweigenden Rechtswahl sei nicht praxisgerecht; an welchem Ort eine Bestellung entgegengenommen werde, beruhe oft auf Zufall. Deutschland hat das Übereinkommen daher nicht gezeichnet. Die letzte Zeichnung des Übereinkommens erfolgte im Jahre 1972 durch die Schweiz; es gilt außerdem noch in Belgien, Dänemark, Finnland, Frankreich, Italien, Niger, Norwegen und Schweden. In diesen Staaten ist das Übereinkommen als *loi uniforme* auch im Verhältnis zu Nichtvertragsstaaten anzuwenden (Art. 7). Das Übereinkommen hat im *Haager Kaufvertragsübereinkommen vom 22. 12. 1986* ein Nachfolge-Übereinkommen gefunden, das bisher noch in keinem Staat in Kraft ist und in den Vertragsstaaten des EVÜ auch in Zukunft keine Bedeutung bekommen wird.

– Nicht die Haager Konferenz für Internationales Privatrecht, sondern eine von der niederländischen Regierung einberufene Staatenkonferenz hat die beiden *Haager Kaufrechtsübereinkommen vom 1. 7. 1964* erarbeitet: das Übereinkommen zur Einführung eines Einheitlichen Gesetzes *über den internationalen Kauf beweglicher Sachen* (EKG) und das Übereinkommen zur Einführung eines Einheitlichen Gesetzes *über den Abschluß von internationalen Kaufverträgen über bewegliche Sachen* (EAG). Die beiden Übereinkommen enthalten vereinheitlichtes Sachrecht und sind in der Bundesrepublik Deutschland am 16. 4. 1974 in Kraft getreten (Übereinkommenstexte in BGBl. 1973 II 886 und 919; s. ferner *Dölle* [Hrsg.], Kommentar zum Einheitlichen Kaufrecht, 1976). Den beiden Haager Kaufrechtsübereinkommen war kein durchschlagender Erfolg beschieden; sie galten Ende der achtziger Jahre – nachdem Italien den Kreis der Vertragsstaaten verlassen hatte – noch zwischen Belgien, der Bundesrepublik Deutschland, Gambia, Großbritannien, Israel, Luxemburg, den Niederlanden und San Marino (Näheres bei *Piltz*, NJW 1989, 615). Die Bundesrepublik Deutschland kündigte die beiden Übereinkommen zum 1. 1. 1991; seit diesem Tage sind sie durch das Wiener Übereinkommen ersetzt.

413 Das Wiener Übereinkommen (UN-Kaufrecht, CISG) umfaßt nach seinem *sachlichen Anwendungsbereich* gemäß Art. 1 I *Kaufverträge über Waren*. Zu den „Waren" gehören alle beweglichen Sachen im Gegensatz zu Immobilien und zu Rechten (*Staudinger/Magnus*, Art. 1 CISG Rdnrn. 42–57). Den Kaufverträgen sind nach Art. 3 I CISG die Werklieferungsverträge gleichgestellt; der Schwerpunkt der Vertragspflichten darf aber nicht in der Ausführung von Arbeiten oder anderen Dienstleistungen bestehen (Art. 3 II CISG).

Art. 2 CISG nimmt bestimmte Arten von Kaufgeschäften und Kaufgegenständen vom sachlichen Anwendungsbereich des Wiener Übereinkommens aus; die wichtigste Ausnahme betrifft den Kauf von Waren für den persönlichen Gebrauch oder den Gebrauch in der Familie oder im Haushalt (Verbrauchergeschäfte, Art. 2 lit. a CISG). Verbraucherverträge fallen also nicht unter das UN-Kaufrecht.

Über den *persönlichen Anwendungsbereich* bestimmt Art. 1 III CISG, daß es nicht darauf ankommt, welche Staatsangehörigkeit die Parteien haben, ob sie Kaufleute oder Nichtkaufleute sind, oder ob der Vertrag handelsrechtlicher oder bürgerlich-rechtlicher Art ist.

Über den *räumlichen (internationalen) Anwendungsbereich* heißt es in Art. 1 I CISG zunächst, daß die Parteien des Kaufvertrages ihre Niederlassung in verschiedenen Staaten haben müssen. Das Wiener Übereinkommen erfaßt also nicht den nationalen Sachverhalt, sondern beschränkt sich darauf, das Recht des internationalen Warenkaufs zu vereinheitlichen (dazu a). Sodann muß eine der beiden in Art. 1 I a, b CISG genannten Verknüpfungen des Kaufgeschäfts mit einem Vertragsstaat des Wiener Übereinkommens vorliegen (dazu b). Schließlich dürfen die Parteien des Kaufgeschäfts die Anwendung des Wiener Übereinkommens nicht nach Art. 6 CISG ausgeschlossen haben (dazu c).

a) Internationalität des Kaufgeschäfts

414 Das Wiener Übereinkommen erfaßt nur den grenzüberschreitenden (internationalen) Kaufsachverhalt. Die Internationalität des Sachverhalts wird dadurch begründet, daß die Parteien des Kaufvertrages ihre *Niederlassung in verschiedenen Staaten* haben (Art. 1 I CISG); es kommt für die Anwendbarkeit des Übereinkommens nicht darauf an, ob der Kaufgegenstand in das Ausland zu liefern ist oder im selben Staat verbleibt.

Der Anknüpfungspunkt des Wiener Übereinkommens ist – ebenso wie im deutschen IPR beispielsweise in Artt. 28 II, 30 II Nr. 2 EGBGB – die Niederlassung. Der *Begriff der Niederlassung* ist im Wiener Übereinkommen ebensowenig definiert wie in

Artt. 28, 30 EGBGB. Da das Wiener Übereinkommen kein europäisches Recht ist, spielt – anders als nach Art. 36 EGBGB – die Rechtsprechung des EuGH keine entscheidende Rolle. Die Literatur hat eine Definition der Niederlassung für das Wiener Übereinkommen entwickelt: Es muß sich um eine Einrichtung von gewisser Dauer, Stabilität und mit bestimmten Befugnissen handeln, von der aus Geschäfte abgewickelt werden; daran fehlt es etwa bei Messevertretungen oder Messeständen, bei Reisevertretern, bei reinen Auslieferungslagern oder Repräsentanzen, die Bestellungen nur einwerben und weitergeben (*Staudinger/Magnus*, Art. 1 CISG Rdnrn. 63, 64 m.w.N.). Wenn *mehrere Niederlassungen* vorhanden sind, entscheidet nach Art. 10 lit. a CISG die engste Beziehung zu dem Vertrag und zu seiner Erfüllung; hat eine Partei *keine Niederlassung*, kommt es nach Art. 10 lit. b CISG auf ihren gewöhnlichen Aufenthalt an.

Die Internationalität des Sachverhalts darf für eine Partei nicht überraschend kommen: Wenn eine Vertragspartei von einem reinen Inlandsgeschäft ausgehen durfte, soll sie in ihrem Vertrauen auf die Anwendung des entsprechenden Rechts nicht enttäuscht werden. Daher läßt Art. 1 II CISG die Tatsache, daß die Parteien ihre Niederlassung in verschiedenen Staaten haben, unberücksichtigt, wenn sie sich nicht aus dem Vertrag, aus früheren Geschäftsbeziehungen oder aus Verhandlungen oder Auskünften ergibt, die vor oder bei Vertragsabschluß zwischen den Parteien geführt oder von ihnen erteilt worden sind.

Beispiel: Eine aus München stammende Unternehmensberaterin hat sich in Zürich niedergelassen und kauft anläßlich eines Besuches in München einen „Laptop"-Computer. Wenn das internationale Element des Geschäfts für den Verkäufer nicht erkennbar ist, bleibt es nach Art. 1 II CISG beim deutschen Kaufrecht, das nach Art. 28 II 2 EGBGB zur Anwendung kommt.

b) Verbindung mit einem Vertragsstaat

415 Das Wiener Übereinkommen verlangt neben der Internationalität des Kaufgeschäfts dessen Verbindung mit (mindestens) einem Staat, in dem das Wiener Übereinkommen gilt (Vertragsstaat). Diese Verbindung läßt sich alternativ auf zwei Wegen herstellen:

(1) Leicht ist der erste Weg: Das Wiener Übereinkommen wird angewendet, wenn die Parteien ihre Niederlassung in verschiedenen Vertragsstaaten haben (Art. 1 Ia CISG). *Beispiel:* Der Verkäufer hat seine Niederlassung in den USA, der Käufer hat seine Niederlassung in Deutschland (oder umgekehrt). Beide Staaten sind Vertragsstaaten; das Wiener Übereinkommen ist nach Art. 1 Ia CISG anzuwenden. Da das Wiener Übereinkommen in diesem Fall selbst – d.h. ohne Heranziehung des nationalen IPR – über seine Anwendung entscheidet, spricht man von der *autonomen Anwendung* des Übereinkommens (*Staudinger/Magnus*, Art. 1 CISG Rdnrn. 85–92).

(2) Verschlungen ist der zweite Weg: Das Wiener Übereinkommen wird angewendet, wenn die Regeln des Internationalen Privatrechts zur Anwendung des Rechts eines Vertragsstaats führen (Art. 1 Ib CISG). Da bei dieser Variante das nationale IPR der Anwendung des Wiener Übereinkommens vorgeschaltet ist, wird Art. 1 Ib CISG als *Vorschaltlösung* bezeichnet. Ein Beispiel ist *Fall a*: Das Vereinigte Königreich ist nicht Vertragsstaat des Wiener Übereinkommens; der Käufer hat seine Niederlassung in London. Eine autonome Anwendung des UN-Kaufrechts scheidet daher aus. Da die Parteien jedoch gemäß Art. 27 EGBGB das deutsche Recht gewählt haben – es wäre nach Art. 28 II 2 EGBGB auch ohne Rechtswahl Vertragsstatut – und Deutschland zu den Vertragsstaaten des Wiener Übereinkommens gehört, führt die Vorschaltlösung des Art. 1 Ib CISG dazu, daß das Übereinkommen anzuwenden ist (zum Ausschluß durch Parteivereinbarung unten Rdnr. 417).

416 Da Art. 1 Ib CISG die Rechtsanwendung erschwert und das einfache Prinzip des Art. 1 Ia CISG verwässert, war die Vorschaltlösung bei den Verhandlungen über das Wiener Übereinkommen umstritten. Als Kompromiß erlaubt Art. 95 CISG jedem Vertragsstaat die Erklärung, daß Art. 1 Ib CISG für ihn nicht verbindlich ist. Das macht die Rechtsanwendung noch schwieriger. Einen Vorbehalt haben beispielsweise die Vereinigten Staaten und die Volksrepublik China erklärt, so daß Art. 1 Ib CISG für die Gerichte dieser Staaten nicht gilt. Die Bundesrepublik Deutschland hat den Vorbehalt nicht eingelegt, schreibt aber in Art. 2 des Zustimmungsgesetzes zum UN-Kaufrecht (BGBl. 1990 II 1477, abgedruckt bei *Jayme/Hausmann* Nr. 48 a) eine Art *Gegenseitigkeit* vor: Ein deutsches Gericht hat Art. 1 I b CISG nicht anzuwenden, wenn das deutsche IPR zum Recht eines *Vorbehaltsstaates* (z. B. USA) führt.

Beispiel: Der Verkäufer hat seine Niederlassung in den Vereinigten Staaten (Vertragsstaat mit Vorbehalt nach Art. 95 CISG), der Käufer ist im Vereinigten Königreich (kein Vertragsstaat) niedergelassen, und der Rechtsstreit zwischen den beiden ist in Deutschland anhängig. Das deutsche Gericht kommt nicht über Art. 1 I a CISG zum Wiener Übereinkommen, da der Niederlassungsstaat einer Partei – des Käufers – kein Vertragsstaat ist. Das deutsche Gericht käme jedoch an sich über Art. 1 I b CISG zum Wiener Übereinkommen, weil die Regeln des deutschen IPR (Art. 28 II 2 EGBGB) zur Anwendung des Rechts eines Vertragsstaats – der Vereinigten Staaten – führen. Da die Gerichte der USA den Art. 1 I b CISG nicht anwenden würden, wenden wir die Vorschrift nach Art. 2 des Zustimmungsgesetzes auch nicht an; diese Form der „Gegenseitigkeit" dient dem internationalen Entscheidungseinklang.

c) Ausschluß durch Parteivereinbarung

417 Das Wiener Übereinkommen enthält dispositives Recht. Die Parteien können durch ausdrückliche oder stillschweigende Einigung das UN-Kaufrecht ganz oder teilweise ausschließen oder abändern (Art. 6 CISG). Ein *ausdrücklicher Ausschluß* kommt in der Praxis nicht selten vor, weil manche Vertragsparteien den materiellen Regeln des UN-Kaufrechts mit Skepsis begegnen. Ein *stillschweigender Ausschluß* des UN-Kaufrechts muß sich – ähnlich wie eine stillschweigende Rechtswahl nach Art. 27 I 2 EGBGB – mit hinreichender Sicherheit aus den Bestimmungen des Vertrages oder aus den Umständen des Falles ergeben. Der bloße Umstand, daß die Parteien bei Vertragsschluß das Wiener Übereinkommen nicht kannten, genügt nicht, um einen stillschweigenden Ausschluß anzunehmen (so zum Haager Kaufrecht BGHZ 74, 193, 197). Ebenso wie eine nachträgliche Rechtswahl gemäß Art. 27 II EGBGB möglich ist, ist auch ein *nachträglicher Ausschluß* des UN-Kaufrechts zulässig; der Ausschluß muß also nicht schon beim Abschluß des Kaufvertrages erfolgen (*Staudinger/Magnus*, Art. 6 CISG Rdnr. 51).

In *Fall a* liegt allein in der Wahl des deutschen Rechts gemäß Art. 27 EGBGB noch kein Ausschluß des Wiener Übereinkommens, denn das UN-Kaufrecht ist Teil des gewählten deutschen Rechts und gerade für grenzüberschreitende Warenkäufe geschaffen (Denkschrift zum UN-Kaufrecht, BT-Drucks. 11/3076, 41). Die Parteien haben jedoch in ihrem Vertrag auf §§ 459 ff. BGB Bezug genommen und dadurch hinreichend deutlich gemacht, daß das unvereinheitlichte deutsche Recht gelten soll; in dieser Bezugnahme auf BGB-Vorschriften ist daher ein stillschweigender Ausschluß des UN-Kaufrechts zu sehen.

2. Transportverträge

418 Eine spezielle IPR-Norm für *Güter*beförderungsverträge enthält Art. 28 IV EGBGB (dazu oben Rdnr. 359); im übrigen gelten für Güter- und für Personenbeförderungsverträge die allgemeinen Anknüpfungsregeln der Artt. 27 ff. EGBGB. Diese Regeln werden jedoch in vielen Fällen durch Einheitsrecht verdrängt, weil für die grenzüberschreitende Personen- und Güterbeförderung zahlreiche internationale Übereinkommen bestehen. Neben dem Kaufrecht und dem Wertpapierrecht ist das Transportrecht (zum Begriff *Herber*, JZ 1974, 629) das Gebiet, das am stärksten von der Rechtsvereinheitlichung geprägt wird. Die drei wichtigsten Übereinkommen betreffen den internationalen Straßengüterverkehr, den internationalen Eisenbahnverkehr und den internationalen Luftverkehr:

a) Die Beförderungsbedingungen im grenzüberschreitenden *Straßengütertransport* regelt das Genfer Übereinkommen über den Beförderungsvertrag im internationalen Straßengüterverkehr (*Convention relative au Contrat de transport international de marchandises par route – CMR*) vom 19. 5. 1956 (BGBl. 1961 II 1119 mit Änderungen BGBl. 1980 II 721, 733, kommentiert von *Herber/Piper*, CMR – Internationales Straßentransportrecht, 1996). Das Übereinkommen gilt nach Art. 1 I 1 CMR für jeden Vertrag über die entgeltliche Beförderung von Gütern auf der Straße mittels Fahrzeugen, wenn der Ort der Übernahme des Gutes und der für die Ablieferung vorgesehene Ort in zwei verschiedenen Staaten liegen, von denen mindestens einer ein Vertragsstaat des CMR ist. Der Wohnsitz und die Staatsangehörigkeit der Parteien spielen keine Rolle (Art. 1 I 2 CMR). Das Übereinkommen enthält zwingendes

Recht (Art. 41 CMR); es ist unabhängig davon anzuwenden, welchem Recht der Transportvertrag nach den Regeln des nationalen IPR unterliegt (OLG Düsseldorf AWD 1973, 401 m. Anm. *Kropholler*). Dem Vertragsstatut ist jedoch die Lösung der Rechtsfragen zu entnehmen, die von der CMR nicht geregelt werden (BGH IPRax 1982, 240 m. Aufs. *Helm* [225]). Gefahrguttransporte unterliegen besonderen Übereinkommen (einführend *Schrötter*, NJW 1982, 1186).

419 b) Beim *Eisenbahntransport* gibt es – anders als beim Transport auf der Straße – nicht nur für die Güterbeförderung, sondern auch für die Personenbeförderung vereinheitlichtes Recht. Maßgebend ist das Übereinkommen über den internationalen Eisenbahnverkehr (*Convention relative aux transports internationaux ferroviaires – COTIF*) vom 9. 5. 1980, das für die Bundesrepublik Deutschland am 1. 5. 1985 in Kraft getreten ist (BGBl. 1985 II 132, 1001, kommentiert von MünchKomm-HGB-*Mutz*, Bd. 7, 1997). Das COTIF gilt nur für bestimmte Sachverhalte der grenzüberschreitenden Personen- und Güterbeförderung: Der Anhang A des Übereinkommens enthält Einheitliche Rechtsvorschriften für den Vertrag über die internationale Eisenbahnbeförderung von Personen und Gepäck (*Règles uniformes concernant le contrat de transport international ferroviaire des voyageurs et des bagages – CIV*); der Anhang B umfaßt Einheitliche Rechtsvorschriften für den Vertrag über die internationale Eisenbahnbeförderung von Gütern (*Règles uniformes concernant le contrat de transport international ferroviaire des marchandises – CIM*). Von praktischer Bedeutung sind vor allem die Einheitsregeln für die Güterbeförderung (CIM). Sie sind auf alle Sendungen von Gütern anzuwenden, die *mit durchgehendem Frachtbrief* zur Beförderung auf bestimmten internationalen Eisenbahnstrecken aufgegeben werden (Art. 1 § 1 CIM). Die Parteien können die Anwendung der CIM dadurch ausschließen, daß sie auf die Verwendung eines durchgehenden (CIM-) Frachtbriefes verzichten. Dann gelten die allgemeinen Kollisionsregeln (MünchKomm-*Martiny*, Art. 28 EGBGB Rdnrn. 184–188).

420 c) Die Schadensersatzhaftung in der *internationalen Luftfahrt* ist teilweise vereinheitlicht; eine Verweisung auf die einschlägigen internationalen Übereinkommen enthält § 51 LuftVG. Einschlägig sind vor allem das *Warschauer Abkommen (WA)* zur Vereinheitlichung von Regeln über die Beförderung im internationalen Luftverkehr vom 12. 10. 1929 in der Fassung des *Haager Protokolls* vom 28. 9. 1955 (BGBl. 1958 II 312) nebst dem *Zusatzabkommen von Guadalajara* (*ZAG*) zur Vereinheitlichung von Regeln über die von einem anderen als dem vertraglichen Luftfrachtführer ausgeführte Beförderung vom 18. 9. 1961 (BGBl. 1963 II 1159, das WA und das ZAG sind kommentiert von MünchKomm-HGB-*Kronke*, Bd. 7, 1997). Das Warschauer Abkommen regelt die Haftung für die entgeltliche internationale Beförderung von Personen, Reisegepäck oder Gütern durch Luftfahrzeuge (Art. 1 I WA). Eine *internationale Beförderung* setzt voraus, daß nach der Vereinbarung der Parteien der Abflugs- und der Bestimmungsort im Gebiet verschiedener Vertragsstaaten liegen oder eine Zwischenlandung in einem anderen Staat (auch Nichtvertragsstaat) geplant ist (Art. 1 II WA).

Das Warschauer Abkommen sieht eine Haftung aus vermutetem Verschulden vor (Art. 20 WA). Sie umfaßt Körperschäden aus Unfällen („Destination Desaster"), Verspätungsschäden sowie Sachschäden aus Zerstörung und Verlust von Gütern. Ein *Beispiel* für letzteres ist das Abhandenkommen von Reisegepäck („Frühstück in London, Lunch in New York, Koffer in Brisbane"). Außerhalb des Anwendungsbereichs des WA liegen z.B. Nichterfüllungsschäden bei Überbuchung von Flugzeugen (OLG Frankfurt TranspR 1984, 297). Die Haftung des Luftfrachtführers ist zwingend (Art. 23 WA) und kann vor Schadenseintritt nicht durch eine Rechtswahl ausgeschaltet werden (Art. 32 WA).

Wenn der Luftfrachtführer weder vorsätzlich noch leichtfertig gehandelt hat (Art. 25 WA), ist die Haftung summenmäßig auf nur 53300 DM (!) je verletzter oder getöteter Person beschränkt (Art. 22 WA; dazu *Giesen*, ZVglRWiss 82 [1983], 31). Da manche diese Beschränkung als unangemessen ansehen, haben die in der International Air Transport Association (IATA) zusammengeschlossenen Luftfahrtunternehmen unter sanftem Druck der USA das *Intercarrier Agreement on Passenger Liability* gezeichnet. Es ist am

1. 11. 1996 für die beteiligten Luftfahrtunternehmen verbindlich geworden, muß in den Allgemeinen Beförderungsbedingungen der Unternehmen umgesetzt werden und stellt auf das Domizilrecht des Passagiers ab (*Kadletz*, IPRax 1998, 9).

In *Fall b* geht es um die Ersatzbeförderung eines als Luftfracht vorgesehenen Gutes auf der Straße. Die grenzüberschreitende Beförderung von Gütern auf der Straße unterliegt an sich der CMR (oben Rdnr. 418), zu deren Vertragsstaaten Deutschland und Frankreich gehören. Art. 1 I CMR setzt jedoch voraus, daß die Parteien einen Vertrag über die entgeltliche Beförderung von Gütern *auf der Straße* geschlossen haben. An einem solchen Vertrag fehlt es. Die Ersatzbeförderung verwandelt den Luftbeförderungsvertrag nicht in einen Straßenbeförderungsvertrag, denn sonst könnte sich der Luftfrachtführer durch die Wahl eines bestimmten Beförderungsmittels im Wege des Luftersatzverkehrs die ihm günstigere Haftungsregelung – CMR oder WA – im Einzelfall aussuchen. Das Warschauer Abkommen ist ebenfalls nicht einschlägig: Im Gegensatz zu Art. 1 CMR, der allein auf einen entsprechenden Vertrag abstellt, setzt Art. 1 WA („Dieses Abkommen gilt für jede internationale Beförderung von … Gütern, die durch Luftfahrzeuge gegen Entgelt erfolgt") die tatsächliche Beförderung des Frachtguts durch ein Luftfahrzeug voraus (*Brautlacht*, TranspR 1988, 187). Rechtsgrundlage für das Schadensersatzbegehren der Compusoft GmbH ist also der Luftbeförderungsvertrag, der nach Art. 28 IV EGBGB – Hauptniederlassung des Beförderers in Frankfurt/Main – dem deutschen Recht unterliegt (Fall nach OLG Frankfurt/Main VersR 1982, 697).

VIII. Sonderregeln für Versicherungsverträge

421 **Literatur:** *Basedow/Drasch*, Das neue Internationale Versicherungsvertragsrecht, NJW 1991, 785; *Dörner*, Internationales Versicherungsvertragsrecht (1997); *E. Lorenz*, Das auf grenzüberschreitende Lebensversicherungsverträge anwendbare Recht, ZVersWiss 1991, 121; *Wulf-Henning Roth*, Internationales Versicherungsvertragsrecht (1985); *Schnyder*, Internationale Versicherungsaufsicht zwischen Kollisionsrecht und Wirtschaftsrecht (1989).

Das IPR der Versicherungsverträge haben die Organe der Europäischen Union mitgestaltet; es ist „an Kompliziertheit kaum zu überbieten" (*Kropholler* § 52 VI 3). Das Internationale Versicherungsvertragsrecht beruht zunächst auf der Unterscheidung zwischen (Direkt-) Versicherung und Rückversicherung; bei der Rückversicherung nimmt ein Versicherer bei einem anderen Versicherungsschutz. Der Rückversicherungsvertrag wird zwischen

Versicherungsunternehmen geschlossen, so daß im Unterschied zur Direktversicherung ein rechtlicher „Schutz des Schwächeren" – des Versicherungsnehmers – nicht geboten ist. Kollisionsrechtlich gelten nach Art. 37 Nr. 4 Satz 1 EGBGB für Rückversicherungsverträge die allgemeinen Regeln der Artt. 27ff. EGBGB.

Bei (Direkt-) Versicherungsverträgen wird danach unterschieden, ob das versicherte Risiko außerhalb oder innerhalb des Europäischen Wirtschaftsraums (EWR) – hier und im folgenden verstanden unter Einschluß der EU-Staaten – belegen ist: Für Versicherungsverträge, die ein Risiko decken, das *außerhalb des EWR* belegen ist, gelten die allgemeinen Kollisionsregeln der Artt. 27ff. EGBGB. Versicherungsverträge, die *innerhalb des EWR* belegene Risiken decken, sind dagegen vom Anwendungsbereich der Artt. 27ff. EGBGB ausgenommen (Art. 37 Nr. 4 Satz 1 EGBGB). Die Kollisionsregeln für diese Versicherungsverträge finden sich in Artt. 7–14 EGVVG (BGBl. 1990 I, 1249, abgedruckt in *Schönfelder* Nr. 62a und bei *Jayme/Hausmann* Nr. 51); sie beruhen auf Richtlinien der Europäischen Union und sind anders aufgebaut als die Artt. 27ff. EGBGB (einführend *Basedow/Drasch*, NJW 1991, 785).

Nach Art. 37 Nr. 4 Satz 2 EGBGB entscheidet die *lex fori* über die Abgrenzungsfrage, ob ein Risiko außerhalb oder innerhalb des EWR belegen ist. Im deutschen Recht finden sich die Abgrenzungsregeln in Art. 7 II EGVVG. Diese Vorschrift enthält spezielle Regeln für die *Versicherung unbeweglicher Sachen* (Nr. 1: Belegenheitsstaat der Immobilie), die *Fahrzeugversicherung* (Nr. 2: Zulassungsstaat des Fahrzeugs) und die Versicherung von *Reise- und Ferienrisiken* (Nr. 3: Staat, in dem der Versicherungsnehmer die ihn bindende Willenserklärung abgegeben hat). In allen anderen Fällen ist nach der Auffangnorm des Art. 7 II Nr. 4 EGVVG zu differenzieren: Wenn der Versicherungsnehmer eine *natürliche Person* ist, ist das Risiko in dem Staat belegen, in dem er seinen gewöhnlichen Aufenthalt hat. Handelt es sich bei dem Versicherungsnehmer um eine *juristische Person*, ist das Risiko in dem Staat belegen, in dem sich das Unternehmen, die Betriebsstätte oder die Einrichtung befindet, auf die sich der Versicherungsvertrag bezieht.

1. Risikobelegenheit außerhalb des EWR

422 Ist das versicherte Risiko nach den genannten Kriterien außerhalb des EWR belegen, gelten die Kollisionsnormen der Artt. 27 ff. EGBGB (Umkehrschluß aus Art. 37 Nr. 4 Satz 1 EGBGB). Grundsätzlich herrscht gemäß Art. 27 EGBGB Parteiautonomie. Wenn es an einer Rechtswahl fehlt und der Vertrag objektiv anzuknüpfen ist, weist die Vermutung des Art. 28 II 2 EGBGB auf den Ort der (Haupt-) Niederlassung des Versicherers als derjenigen Partei, von der die vertragscharakteristische Leistung zu erbringen ist. Versicherungsverträge mit Verbrauchern gehören als Verträge über die „Erbringung von Dienstleistungen" in den Bereich des Art. 29 EGBGB: Wenn der Versicherungsvertrag unter den in Art. 29 I EGBGB bezeichneten Umständen zustande gekommen ist, schränkt Art. 29 I EGBGB die Rechtswahl durch einen Günstigkeitsvergleich ein; die objektive Anknüpfung führt nach Art. 29 II EGBGB zum Staat des gewöhnlichen Aufenthalts des Versicherungsnehmers (*Fricke*, VersR 1994, 773, 779–780).

2. Risikobelegenheit innerhalb des EWR

423 Ist das versicherte Risiko – wie bei den meisten Versicherungsverträgen, die in Deutschland abgeschlossen werden – innerhalb des EWR belegen, stößt man in Artt. 8–14 EGVVG „auf eine besonders eigenartige Gesetzeslage" (*von Bar* II Rdnr. 458). Sie beruht auf Richtlinien der EG. Wenn man die Regelung stark vereinfacht, stößt man auf drei Gegensatzpaare: Pflichtversicherung und fakultative Versicherung, Großrisiken und Massenrisiken, Konvergenzfälle und Divergenzfälle.

a) Gesetzliche Versicherungspflicht

Eine gesetzliche *Versicherungspflicht* besteht in Deutschland beispielsweise für das Führen von Kraftfahrzeugen (Kfz-Haftpflichtversicherung), aber auch für andere gefährliche Tätigkeiten (z.B. Fliegen, Jagen) und für bestimmte Berufe (z.B. Wirtschaftsprüfer, Notare). Die *Pflichtversicherung* unterliegt nach der allseitigen Kollisionsnorm des Art. 12 I EGVVG dem Recht des Staates, der die

Versicherung vorsieht, sofern dieser Staat die zwingende Anwendung seines Rechts vorschreibt. Für das deutsche Recht enthält die einseitige Kollisionsnorm des Art. 12 II 1 EGVVG gleich die entsprechende Vorschrift: Ein über eine Pflichtversicherung abgeschlossener Vertrag unterliegt deutschem Recht, wenn die gesetzliche Verpflichtung zu seinem Abschluß auf deutschem Recht beruht (s. aber auch Art. 12 II 2 EGVVG).

b) Großrisiken – Massenrisiken

424 Bei den fakultativen Versicherungen ist zwischen Großrisiken und Massenrisiken zu unterscheiden. Das *Großrisiko* wird in Art. 10 I 2 EGVVG nach formalen Kriterien bestimmt: Bestimmte Versicherungen betreffen immer Großrisiken (Art. 10 I 2 Nr. 1 EGVVG, z.B. Transportgüterversicherung), bei anderen kommt es auf die gewerbliche oder berufliche Veranlassung an (Art. 10 I 2 Nr. 2 EGVVG, z.B. Kreditversicherung), und bei wieder anderen sind bestimmte Größenkriterien auf seiten des Versicherungsnehmers maßgeblich (Art. 10 I 2 Nr. 3 EGVVG, z.B. Feuerversicherung). Für einen Versicherungsvertrag über ein Großrisiko ist – entgegen dem mißverständlichen Wortlaut des Art. 10 I 1 EGBGB – die grundsätzlich freie Rechtswahl möglich (zur richtlinienkonformen Auslegung des Gesetzeswortlauts *Imbusch*, VersR 1993, 1059, 1063).

c) Konvergenzfälle – Divergenzfälle

Bei den verbleibenden Risiken – den Massenrisiken – wird die Rechtswahlfreiheit im Interesse eines kollisionsrechtlichen Schutzes des Versicherungsnehmers stark eingeschränkt: Wenn der gewöhnliche Aufenthalt oder die Hauptverwaltung des Versicherungsnehmers in dem Staat liegen, in dem auch das Risiko belegen ist (*Konvergenzfall*), so ist das Recht dieses Staates anzuwenden (Art. 8 EGVVG). Eine Rechtswahl wird – von zwei atypischen Konstellationen abgesehen (Art. 9 III, IV EGVVG) – nicht zugelassen. Liegen der gewöhnliche Aufenthalt oder die Hauptverwaltung des Versicherungsnehmers nicht in dem Staat, in dem das Risiko belegen ist (*Divergenzfall*), ist nach Art. 9 I, II EGVVG eine beschränkte

Rechtswahl möglich: Anders als die Artt. 29, 30 EGBGB, die bestimmte Arten von *Sachnormen* – verbraucherschützendes und arbeitnehmerschützendes Recht – im Wege des Günstigkeitsvergleichs für einseitig rechtswahlfest erklären, beschränkt Art. 9 EGVVG den Kreis der wählbaren *Rechtsordnungen* (dazu *Reichert-Facilides*, IPRax 1990, 1). Darüber hinaus erlaubt Art. 10 III EGVVG die Rechtswahl, wenn und soweit das nach Art. 8 EGVVG bestimmte objektive Vertragsstatut oder eines der nach Art. 9 I, II EGVVG wählbaren Rechte die Rechtswahl gestattet. Art. 10 III EGVVG ist eine Art „Überkollisionsnorm" („Meta-Kollisionsregel"), die auf das IPR – die Rechtswahlvorschriften – bestimmter Staaten verweist und dem IPR dieser Staaten die Entscheidung über die Reichweite der Parteiautonomie überläßt (kritisch *Mankowski*, VersR 1993, 154).

Die nachfolgende Übersicht gibt abschließend einen Überblick über die Anknüpfung von Schuldverträgen:

Anknüpfung von Schuldverträgen

Ist eine „völkerrechtliche Vereinbarung“, insbesondere UN-Kaufrecht, einschlägig?

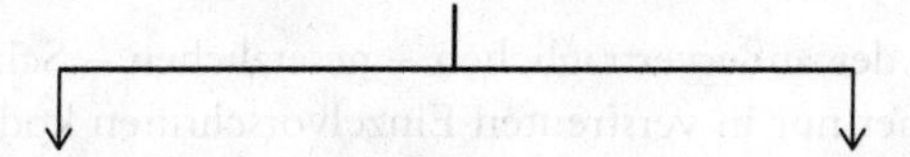

Ja: Vereinbarung hat Vorrang, Art. 3 II 1 EGBGB.	Nein. – Sind die Artt. 27 ff. EGBGB gemäß Art. 37 EGBGB anwendbar?

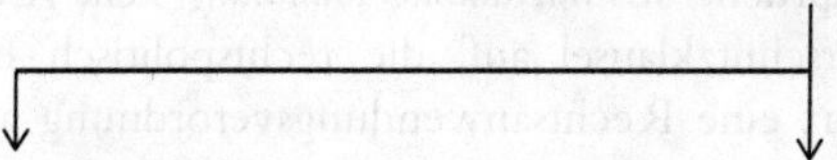

Nein: Dann Anknüpfung nach anderen Normen, z.B. Artt. 8 ff. EGVVG.	Ja. – Haben die Vertragsparteien eine Rechtswahl getroffen?

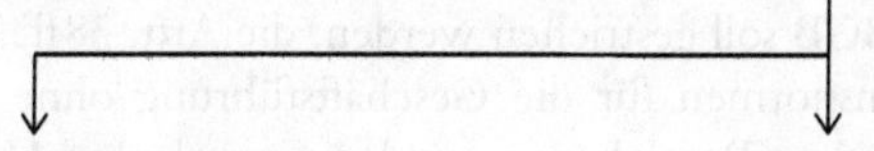

Ja: Art. 27 EGBGB ist anzuwenden, ggf. auch Artt. 29 I, 30 I EGBGB.	Nein. – Handelt es sich um einen Verbraucher- oder Arbeitsvertrag?

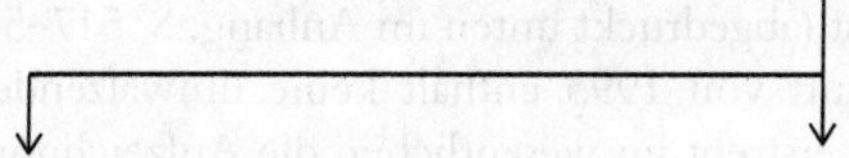

Ja: Objektive Anknüpfung nach Artt. 29 II, 30 II EGBGB.	Nein: Objektive Anknüpfung nach Art. 28 EGBGB.

§ 16. Gesetzliche Schuldverhältnisse

425 **Literatur:** *von Caemmerer* (Hrsg.), Vorschläge und Gutachten zur Reform des deutschen internationalen Privatrechts der außervertraglichen Schuldverhältnisse (1983).

Das IPR der außervertraglichen – gesetzlichen – Schuldverhältnisse ist bisher nur in verstreuten Einzelvorschriften kodifiziert: Für die *Geschäftsführung ohne Auftrag* und die *ungerechtfertigte Bereicherung* folgt aus Art. 32 I Nr. 5 EGBGB, daß Ansprüche, die sich aus der Nichtigkeit eines Vertrages ableiten, dem Vertragsstatut unterliegen. Für Ansprüche aus *unerlaubter Handlung* stellt Art. 38 EGBGB eine Inländerschutzklausel auf, die rechtspolitisch umstritten ist; ferner existiert eine Rechtsanwendungsverordnung aus dem Jahre 1942 (abgedruckt bei *Jayme/Hausmann* Nr. 54). Im übrigen ist das IPR der gesetzlichen Schuldverhältnisse Richterrecht.

Seit langem gibt es Bestrebungen, Kollisionsnormen für gesetzliche Schuldverhältnisse in das EGBGB einzufügen. Der antiquierte Art. 38 EGBGB soll gestrichen werden; die Artt. 38ff. EGBGB sollen Kollisionsnormen für die Geschäftsführung ohne Auftrag, die ungerechtfertigte Bereicherung und die unerlaubte Handlung aufnehmen. Der Deutsche Rat für IPR hat im Jahre 1983 entsprechende Vorschläge vorgelegt, deren jüngstes Ergebnis ein *Referentenentwurf eines Gesetzes zur Ergänzung des Internationalen Privatrechts* vom 1. 12. 1993 ist (abgedruckt unten im Anhang, S. 517–519). Der Referentenentwurf von 1993 enthält keine umwälzenden Neuerungen, sondern erstrebt im wesentlichen die Aufzeichnung der bisherigen Rechtslage; er wird in die folgende Darstellung einbezogen.

I. Geschäftsführung ohne Auftrag

426 **Literatur:** *Degner*, Kollisionsrechtliche Anknüpfung der Geschäftsführung ohne Auftrag, des Bereicherungsrechts und der culpa in contrahendo, RIW 1983, 825; *von Hoffmann*, Das auf die Geschäftsführung ohne Auftrag anzuwendende Recht, in: *von Caemmerer* (Hrsg.), Gutachten (1983), S. 80; *Wandt*, Die Geschäftsführung ohne Auftrag im Internationalen Privatrecht (1989).

Rechtsvergleichend: *Dawson*, Negotiorum Gestio: The Altruistic Intermeddler, 74 Harvard Law Review 817, 1073 (1961).

Fälle:

a) Ein Deutscher mit Wohnsitz in Deutschland befaßt sich als Schiffsdetektiv gewerbsmäßig damit, gestohlene Sportboote aufzuspüren. Bei der Suche nach einer anderen Yacht findet er an der spanischen Küste das Motorboot eines Düsseldorfers, das auf einer Werft in Barcelona entwendet wurde. Der Detektiv verlangt Aufwendungsersatz; der Schiffseigner erwidert, er sei gegen Diebstahl versichert. Nach welchem Recht beurteilt sich der Aufwendungsersatzanspruch?

b) Ein Frankfurter Bankier bittet einen Freund, in der Londoner City „bereits bezahlte" handgefertigte Maßschuhe abzuholen. Beim Schuhmacher stellt sich heraus, daß die Maßfertigung 20 £ (60 DM) teurer war als vorher angenommen. Der Freund zahlt den Betrag, um die Schuhe mitnehmen zu können, und verlangt Auslagenersatz. Welches Recht ist auf diesen Anspruch anzuwenden?

Die Geschäftsführung ohne Auftrag (GoA) spielt in der Praxis des IPR keine große Rolle. Die meisten Fälle betreffen Nothilfemaßnahmen auf hoher See (beispielsweise OLG Hamburg, VersR 1975, 1143 – MS Henriette). Vorrang hat in diesen Fällen das *Brüsseler Internationale Übereinkommen zur einheitlichen Feststellung von Regeln über die Hilfeleistung und Bergung in Seenot (IÜS)* vom 23. 9. 1910 (RGBl. 1913, 66), das in der Bundesrepublik Deutschland und den meisten Seefahrernationen in Kraft ist (Verzeichnis der Vertragsstaaten bei *Soergel/Lüderitz*, Art. 38 EGBGB Anhang I Rdnr. 10). Es ist anwendbar, wenn das rettende oder das gerettete Schiff einem Übereinkommensstaat angehört, und es enthält vereinheitlichtes Sachrecht (lesenswerte Fälle: Deutsches Seeschiedsgericht, VersR 1983, 1058 und VersR 1985, 137).

Die Anknüpfung der Rechte aus GoA muß dem Umstand Rechnung tragen, daß die Grenze zu Ansprüchen aus Bereicherung und Delikt fließend ist (vgl. im deutschen Sachrecht §§ 682, 684, 687 BGB); auch wird im Ausland die Rechtsfigur der *negotiorum gestio* teilweise bereicherungs- oder deliktsrechtlich erfaßt. Die Anknüpfungsregeln für die GoA sollen daher möglichst mit der Anknüpfung bereicherungsrechtlicher und deliktischer Ansprüche harmonieren. Diesem Ziel dient Art. 39 EGBGB-Entwurf, der in einem engen systematischen und sachlichen Zusammenhang mit den Kollisionsnormen für Bereicherung und unerlaubte Handlung steht.

1. Vornahmeort, Art. 39 I EGBGB-Entwurf

427 Nach Art. 39 I EGBGB-Entwurf unterliegen gesetzliche Ansprüche aus der Besorgung eines fremden Geschäfts grundsätzlich dem Recht des Staates, in dem das Geschäft vorgenommen worden ist. Die *handlungsbezogene* Anknüpfung an den Vornahmeort hat mehrere Vorteile: Der Vornahmeort läßt sich in der Regel leicht feststellen. Die Anknüpfung an den Vornahmeort begünstigt keinen der Beteiligten, anders als eine *personenbezogene* Anknüpfung an den gewöhnlichen Aufenthalt des Geschäftsführers oder des Geschäftsherrn (ArbG Düsseldorf, IPRax 1990, 330 m. krit. Aufs. *Junker* [303]). Sie ist auch sachlich angemessen: „Wer bei einem Badeunfall hinzuspringt und dabei selbst zu Schaden kommt, hat die Ansprüche, die ihm das Recht des Unfallortes gewährt; darauf, daß der Retter nicht einen Deutschen, sondern einen Engländer herausgefischt hat, kann es vernünftigerweise nicht ankommen" (*von Bar* II Rdnr. 724). In *Fall a* unterliegt der Anspruch des Schiffsdetektivs nach Art. 39 I EGBGB-Entwurf grundsätzlich dem spanischen Recht als dem Recht des Vornahmeortes.

Liegt der Vornahmeort in staatsfreiem Gebiet – Nothilfe auf hoher See, soweit nicht das IÜS (soeben Rdnr. 426) eingreift –, hilft Art. 39 I EGBGB-Entwurf nicht. Die meisten Autoren stellen auf das Heimatrecht des geretteten Schiffes ab, weil im Heimatstaat des geretteten Schiffes meist ein Gerichtsstand gegeben ist (Gleichlauf von Forum und Ius, *Kropholler* § 53 II 2).

2. Schuldtilgung, Art. 39 II EGBGB-Entwurf

428 Nach Art. 39 II EGBGB-Entwurf unterliegen Ansprüche aus der Tilgung einer fremden Verbindlichkeit dem Recht, das auf die Verbindlichkeit anzuwenden ist. Die *akzessorische Anknüpfung* an das Schuldstatut rechtfertigt sich aus dem sachlichen Zusammenhang des Regreßanspruchs mit der getilgten Schuld. Der Vornahmeort – der Zahlungsort, an dem die Tilgung vorgenommen wurde – eignet sich nicht zur Anknüpfung: Er kann zufällig sein

(Banküberweisung aus dem Ausland) und ist einseitig vom Geschäftsführer bestimmbar. In *Fall b* gilt nach Art. 39 II EGBGB-Entwurf für den Ausgleichsanspruch des Freundes aus GoA das Recht, dem die getilgte Werklohnforderung des englischen Schuhmachers gegen den deutschen Bankier untersteht. Das ist mangels einer Rechtswahl (Art. 27 EGBGB) gemäß Art. 28 II 2 EGBGB das englische Recht.

3. Ausnahmen von den Regelanknüpfungen

429 Nach der Systematik des EGBGB-Entwurfs enthält Art. 39 I, II die primären Anknüpfungen – Regelanknüpfungen – der Geschäftsführung ohne Auftrag. Sie werden ergänzt durch die Ausnahmebestimmungen der Artt. 41, 42 EGBGB-Entwurf. Da die „Ausnahmebestimmungen" in der Praxis ebenso häufig erfüllt sind wie die Regelanknüpfungen, wird diese Systematik kritisiert (*Soergel/Lüderitz*, Art. 38 EGBGB Anhang I Rdnr. 21). Art. 41 I EGBGB-Entwurf besagt: „Besteht mit dem Recht eines Staates eine wesentlich engere Verbindung als mit dem Recht, das nach den vorstehenden Vorschriften maßgebend wäre, so ist jenes Recht anzuwenden." Art. 41 II EGBGB-Entwurf nennt zwei Beispiele für eine wesentlich engere Verbindung.

a) Akzessorische Anknüpfung

Art. 41 II Nr. 1 EGBGB-Entwurf stellt auf eine besondere rechtliche oder tatsächliche Beziehung zwischen den Beteiligten im Zusammenhang mit der Geschäftsführung ab. *Beispiel:* Ein Beauftragter überschreitet den ihm erteilten Auftrag; der Aufwendungsersatzanspruch aus GoA wird nach Art. 41 II Nr. 1 EGBGB-Entwurf vertragsakzessorisch an das Statut des Auftrags angeknüpft. In *Fall b* spielt diese Vorschrift keine Rolle, da sich die vertragsakzessorische Anknüpfung bereits aus Art. 39 II EGBGB-Entwurf ergibt. Keine Rolle spielt Art. 41 II Nr. 1 EGBGB-Entwurf ferner, wenn der Geschäftsführer einen nichtigen Vertrag erfüllt; die vertragsakzessorische Anknüpfung einer GoA folgt in diesem Fall schon aus Art. 32 I Nr. 5 EGBGB (*von Bar* II Rdnr. 722).

b) Gemeinsamer Aufenthalt

430 Nach Art. 41 II Nr. 2 EGBGB-Entwurf kann sich eine „wesentlich engere Verbindung" aus dem gewöhnlichen Aufenthalt der Beteiligten in demselben Staat im Zeitpunkt des rechtserheblichen Geschehens ergeben. Handelt es sich um Gesellschaften, Vereine oder juristische Personen, so steht dem gewöhnlichen Aufenthalt der Ort gleich, an dem die Verwaltung der beteiligten Niederlassung geführt wird (Artt. 41 II Nr. 2 a. E., 40 II 2 EGBGB-Entwurf). Wenn Geschäftsherr und Geschäftsführer in *Fall b* ihren gewöhnlichen Aufenthalt in Deutschland haben – was der Sachverhalt offen läßt –, unterliegt der Aufwendungsersatzanspruch deutschem Recht. Ein Anwendungsfall des Art. 41 II Nr. 2 EGBGB-Entwurf ist auch *Fall a*: Der gemeinsame gewöhnliche Aufenthalt in Deutschland verdrängt die Anknüpfung an den spanischen Vornahmeort; der Aufwendungsersatzanspruch des Schiffsdetektivs unterliegt also deutschem Recht (Fall nach OLG Düsseldorf RIW 1984, 481 = *Schack*, Rechtsprechung Nr. 23; zur Anknüpfung eines Anspruchs auf Finderlohn *Kegel* § 19 II).

c) Nachträgliche Rechtswahl

Die Parteien können nach dem Eintritt des Ereignisses, durch das ein außervertragliches Schuldverhältnis entstanden ist, das Recht wählen, dem das Schuldverhältnis unterliegen soll (Art. 42 Satz 1 EGBGB-Entwurf). Rechte Dritter bleiben von der nachträglichen Rechtswahl unberührt (Art. 42 Satz 2 EGBGB-Entwurf). Eine *vorherige Rechtswahl* für GoA-Ansprüche sieht der Entwurf nicht vor. Es ist aber auch in der Praxis kaum vorstellbar, daß die Parteien nur (!) für den Fall, daß später einmal Ansprüche aus GoA entstehen sollten, eine Rechtswahl vereinbaren. Haben die Parteien bereits vor der Übernahme der Geschäftsführung eine Vereinbarung über das anzuwendende Recht getroffen, wie es etwa bei Schiffsbergungen geschehen kann, liegt in aller Regel ein Auftrag oder eine entgeltliche Geschäftsbesorgung und keine GoA vor (*Firsching/von Hoffmann* § 11 Rdnr. 14). Wenn der Beauftragte dann seine Befugnisse überschreitet, ist das gewählte Recht gemäß

Art. 41 II Nr. 1 EGBGB-Entwurf (vertragsakzessorische Anknüpfung) auf GoA-Ansprüche anzuwenden.

II. Ungerechtfertigte Bereicherung

Literatur: *W. Lorenz*, Der Bereicherungsausgleich im deutschen internationalen Privatrecht und in rechtsvergleichender Sicht, Festschrift Zweigert (1981), S. 199; *Reuter/Martinek*, Ungerechtfertigte Bereicherung (1983), § 26; *Schlechtriem*, Bereicherungsansprüche im internationalen Privatrecht, in: *von Caemmerer* (Hrsg.), Gutachten (1983), S. 29; *Zweigert*, Bereicherungsansprüche im Internationalen Privatrecht, Südd. JZ 1947, Sp. 247. Rechtsvergleichend: *von Caemmerer*, Problèmes fondamentaux de l'enrichissement sans cause, Rev. int. dr. comp. 1966, 573; *Dawson*, Unjust Enrichment (Boston 1951); *Flessner*, Wegfall der Bereicherung, Rechtsvergleichung und Kritik (1970); *Gallo*, Unjust Enrichment: A Comparative Analysis, 40 Am. J. Comp. L. 431 (1992). **431**

Fälle:

a) Der 17jährige B, der aus dem Skiurlaub nach Hause zurückfliegen will, bucht mit Einwilligung seiner Eltern bei den Austrian Airlines (AuA) in Salzburg einen Flug Salzburg-Frankfurt/Main. In Frankfurt/Main bleibt er in der Maschine sitzen und fliegt ohne Flugschein nach New York weiter. Welches Recht gilt für einen Bereicherungsanspruch der AuA gegen B? (frei nach BGHZ 55, 128 – Flugreisefall)

b) Der Dieb D stiehlt dem niedersächsischen Landwirt L zwei Jungbullen und verkauft sie für 1701,– DM an den gutgläubigen B aus Lüneburg, der sie in seiner belgischen Fleischwarenfabrik zu Büchsenfleisch verarbeitet. L verlangt von B 1701,– DM. Welchem Recht unterliegt der Anspruch? (frei nach BGHZ 55, 176 – Jungbullenfall)

c) A (Göttingen) mietet von S (Augsburg) ein Ferienhaus in Peynier/Südfrankreich. Am dritten Tag fällt die automatische Bewässerung aus. Um es während des Urlaubs im Garten schön zu haben, bewässert A täglich 2–3 Stunden mit dem Gartenschlauch. Als A am Ende des Urlaubs sieht, wie prächtig die Pflanzen gediehen sind, verlangt er Ausgleich für seine Arbeitsleistungen. Welches Recht gilt?

1. Regelanknüpfungen, Art. 38 EGBGB-Entwurf

432 Die Vorschriften der ungerechtfertigten Bereicherung dienen dazu, Vermögensverschiebungen rückgängig zu machen. Erfolgte die Vermögensverschiebung mit Bezug auf ein Rechtsverhältnis, liegt es nahe, die Rechtsordnung anzuwenden, die das *Rechtsverhältnis* beherrscht (*Zweigert*, Südd. JZ 1947, Sp. 247, 252: Das

Recht, das über den Hinweg entscheidet, entscheidet auch über den Rückweg). Erfolgte die Vermögensverschiebung ohne Bezug auf ein Rechtsverhältnis, gilt das Recht, dem die *Vermögensverschiebung* unterliegt (*Kegel* § 18 III). Dementsprechend beruft Art. 38 EGBGB-Entwurf für die *Leistungskondiktion* das Recht des zugrundeliegenden Rechtsverhältnisses, für die *Eingriffskondiktion* das Recht des Eingriffsortes und *in sonstigen Fällen* das Recht des Staates, in dem die Bereicherung eingetreten ist.

a) Leistungskondiktion, Art. 38 I EGBGB-Entwurf

433 Nach Art. 38 I EGBGB-Entwurf unterliegen Bereicherungsansprüche wegen erbrachter Leistung dem Recht, das auf das Rechtsverhältnis anzuwenden ist, auf das die Leistung bezogen ist (ebenso BGHZ 73, 391, 393). Für eine wichtige Fallgruppe der Leistungskondiktion, die Rückabwicklung *nichtiger Schuldverträge*, ergibt sich diese Kollisionsregel bereits aus Art. 32 I Nr. 5 EGBGB, der als Spezialvorschrift den allgemeinen Anknüpfungsregeln der ungerechtfertigten Bereicherung vorgeht. Art. 38 I EGBGB-Entwurf erfaßt demgegenüber die Fälle, in denen aufgrund eines *wirksamen Vertrages* zuviel geleistet wurde, oder in denen der mit der Leistung *bezweckte Erfolg* nicht eingetreten ist (OLG Düsseldorf, IPRax 1984, 270, 271 m. Aufs. *Fudickar* [253]). Der Grund für die Anknüpfung an das „Statut der jeweils frustrierten Leistung" (*von Bar* II Rdnr. 735) liegt in der Funktion der Leistungskondiktion, eine gescheiterte schuldrechtliche Verbindung abzuwickeln; mit diesem Rechtsverhältnis besteht ein enger Zusammenhang (*Kropholler* § 53 III 1). Ferner konkurriert die bereicherungsrechtliche Rückabwicklung oft mit vertragsrechtlich zu qualifizierenden Ansprüchen: Wenn der Käufer den Vertrag wegen arglistiger Täuschung über eine Sacheigenschaft anficht, hat er Ansprüche aus §§ 812ff. BGB, wenn er den Vertrag wandelt, hat er Ansprüche aus §§ 346ff. BGB. Daher bietet sich auch aus Harmoniegründen eine vertragsakzessorische Anknüpfung der Leistungskondiktion an.

In *Fall a* macht die AuA einen Anspruch wegen rechtsgrundlos erbrachter Leistung geltend (vgl. BGHZ 55, 128, 130). Nach Art. 38 I EGBGB-Entwurf ist das Statut des Rechtsverhältnisses maßgebend, auf das sich die Leistung bezieht. Ein Beförderungsvertrag hätte nach Art. 28 II 2 EGBGB österreichischem Recht unterlegen; der Bereicherungsanspruch unterliegt ebenfalls österreichischem Recht.

b) Eingriffskondiktion, Art. 38 II EGBGB-Entwurf

434 Nach Art. 38 II EGBGB-Entwurf unterliegen Ansprüche wegen Bereicherung durch Eingriff in einen fremden Gegenstand dem Recht des Staates, in dem der Eingriff geschehen ist. Ein Grund für diese Verweisungsregel liegt darin, daß mit der Eingriffskondiktion häufig deliktsrechtliche Ansprüche konkurrieren. Die Anknüpfung an den Eingriffsort (Deliktsort) bewirkt einen kollisionsrechtlichen Gleichklang bereicherungsrechtlicher und deliktsrechtlicher Ansprüche (*Kropholler* § 53 III 2).

In *Fall b* macht L einen Bereicherungsanspruch wegen Eingriffs – Verarbeitung der Jungbullen – geltend (vgl. BGHZ 55, 175, 177). Nach Art. 38 II EGBGB-Entwurf ist – vorbehaltlich der Ausweichklauseln in Art. 41 EGBGB-Entwurf – das Recht des Eingriffsortes (Verarbeitungsortes) maßgebend: „Wird der Jungbulle zu Büchsenfleisch verarbeitet, entscheidet die (letzte) lex rei sitae" (*Lüderitz* Rdnr. 313).

c) Sonstige Fälle, Art. 38 III EGBGB-Entwurf

Nach Art. 38 III EGBGB-Entwurf unterliegen in sonstigen Fällen Ansprüche aus ungerechtfertigter Bereicherung dem Recht des Staates, in dem die Bereicherung eingetreten ist. Der wichtigste Anwendungsfall dieser Kollisionsregel ist die rechtsgrundlose Verwendung auf fremdes Gut. In *Fall c* hat A keine Leistung an S erbracht, da er nicht dessen Vermögen zweckgerichtet mehren wollte, sondern im eigenen Interesse handelte. Die Verwendungskondiktion unterliegt nach Art. 38 III EGBGB-Entwurf – vorbehaltlich der Ausweichklauseln in Art. 41 EGBGB-Entwurf – französischem Recht, da die Bereicherung in Südfrankreich eingetreten ist.

2. Ausweichklauseln, Art. 41 EGBGB-Entwurf

435 Für das Bereicherungsrecht enthält Art. 41 EGBGB-Entwurf dieselben Ausweichklauseln wie für die Geschäftsführung ohne Auftrag (dazu oben Rdnrn. 429, 430). Nach Art. 41 II Nr. 1

EGBGB-Entwurf kann sich eine wesentlich engere Verbindung aus einer besonderen rechtlichen oder tatsächlichen Beziehung zwischen den Beteiligten im Zusammenhang mit der Bereicherung ergeben. In *Fall c* hat A die Verwendungen im Zusammenhang mit einer Ferienhausmiete gemacht, die nach Art. 28 V EGBGB dem deutschen Recht unterliegt (dazu oben Rdnrn. 360 a.E., 368). Nach Art. 41 II Nr. 1 EGBGB-Entwurf gilt daher auch für die Verwendungskondiktion deutsches Recht.

Gemäß Art. 41 II Nr. 2 EGBGB-Entwurf kann aus dem gewöhnlichen Aufenthalt der Beteiligten in demselben Staat eine wesentlich engere Verbindung mit dem Recht dieses Staates folgen. Das gilt aber nur in den Fällen des Art. 38 II, III EGBGB-Entwurf; für die Leistungskondiktion – Artt. 32 I Nr. 5 EGBGB, 38 I EGBGB-Entwurf – ist eine Auflockerung durch den gemeinsamen gewöhnlichen Aufenthalt der Parteien nicht vorgesehen. Bei dieser Kondiktionsart soll die Verbindung zu dem gescheiterten Vertrag stets überwiegen (*Kropholler* § 53 III 4). Ob diese Regelung im Entwurf den geltenden Rechtszustand wiedergibt, ist allerdings fraglich (*Schlechtriem*, IPRax 1995, 65, 70).

In *Fall b* – Eingriffskondiktion – verdrängt der gewöhnliche Aufenthalt von L und B in Deutschland nach Art. 41 II Nr. 2 EGBGB-Entwurf die Anknüpfung an den Eingriffsort, so daß der Bereicherungsanspruch des bestohlenen Landwirts gegen den Verarbeiter der Jungbullen nicht dem belgischen, sondern dem deutschen Recht unterliegt. In *Fall c* – Verwendungskondiktion – führt auch die Nr. 2 des Art. 41 II EGBGB-Entwurf zum deutschen Recht, da A und S ihren gewöhnlichen Aufenthalt in Deutschland haben. Die Nrn. 1 und 2 des Art. 41 II EGBGB-Entwurf sind Regelbeispiele der „wesentlich engeren Verbindung". Daher läßt sich kumulativ mit Nrn. 1 und 2 des Art. 41 II EGBGB-Entwurf begründen, daß deutsches Bereicherungsrecht auf die Gartenbewässerung in Südfrankreich anzuwenden ist.

3. Nachträgliche Rechtswahl

436 Für die nachträgliche Rechtswahl gilt nach Art. 42 EGBGB-Entwurf bei Bereicherungsansprüchen dasselbe wie bei Ansprüchen aus Geschäftsführung ohne Auftrag (dazu oben Rdnr. 430). Eine *vorherige Rechtswahl* nur (!) für künftige Ansprüche aus Bereicherung ist im Entwurf nicht vorgesehen; sie kommt in der Praxis aber auch nicht vor. Haben die Parteien für einen Vertrag das anwendbare Recht gewählt, ist dieses Recht gemäß Art. 32 I Nr. 5 EGBGB oder Art. 38 I EGBGB-Entwurf auf die Leistungskondiktion anzuwenden, wenn der Vertrag nichtig ist oder eine Partei zuviel geleistet hat.

III. Unerlaubte Handlungen

437

Literatur: *von Bar*, Grundfragen des Internationalen Deliktsrechts, JZ 1985, 961; *Binder*, Zur Auflockerung des Deliktsstatuts, RabelsZ 20 (1955), 401; *von Hoffmann*, Internationales Haftungsrecht im Referentenentwurf des Bundesjustizministeriums vom 1. 12. 1993, IPRax 1996, 1; *Hohloch*, Das Deliktsstatut – Grundlagen und Grundlinien des internationalen Deliktsrechts (1984); *W. Lorenz*, Die allgemeine Grundregel betreffend das auf die außervertragliche Schadenshaftung anzuwendende Recht, in: *von Caemmerer* (Hrsg.), Gutachten (1983), S. 97; *Zimmer*, „Auflockerung" der Tatortregel in kleinen Schritten, JZ 1993, 396. Kollisionsrechtsvergleichend: *Beitzke*, Les obligations delictuelles en droit international privé, Rec. des Cours 115 (1965 II), 63. Sachrechtsvergleichend: *von Bar*, Gemeineuropäisches Deliktsrecht, Band I (1996).

Fälle:

a) Im Auftrag einer in Hamburg erscheinenden Frauenzeitschrift, die auch in Monaco verbreitet wird, lichten Fotografen eine monegassische Prinzessin am Swimming Pool einer Villa im italienischen Badeort San Remo ab. Die Prinzessin verlangt vor dem LG Hamburg von dem Zeitschriftenverlag, die Veröffentlichung der Fotos zu unterlassen, da hierdurch ihr Persönlichkeitsrecht verletzt werde. Welches Deliktsrecht ist anzuwenden?

b) Ein Kölner Unternehmer versprüht auf seinem Ferienhausgrundstück in der Toscana (Italien) ein Pflanzenschutzmittel über seinen Rosenbeeten. Durch unsachgemäße Anwendung gelangt das Mittel ins Grundwasser und verseucht den Brunnen des Nachbargrundstücks. Dieses Grundstück gehört einem hessischen Politiker, der dort ebenfalls regelmäßig Ferien macht. Welches Recht wird das AG Köln auf einen Schadensersatzanspruch aus unerlaubter Handlung anwenden?

c) Ein Niederländer mit Wohnsitz in Maastricht (Niederlande) bucht am „Last Minute"-Schalter des Düsseldorfer Flughafens beim deutschen Reiseveranstalter TTC eine dreiwöchige Pauschalflugreise nach Gran Canaria (Spanien). Am Morgen des Rückreisetages stürzt er von dem Balkon seines Zimmers, weil sich das Holzgeländer der Balkonbrüstung löst, und verletzt sich schwer. Der örtliche Reiseleiter der TTC hat zuvor Beschwerden anderer Reisender über den Bauzustand des Hotels erhalten, aber nichts unternommen. Welchem Recht unterliegt ein Schmerzensgeldanspruch des Niederländers gegen TTC?

Die klassische Hauptanknüpfung einer unerlaubten Handlung ist die Anknüpfung an das Recht des Tatortes (BGH NJW 1964, 2012; BGHZ 87, 95, 98): Ansprüche aus Delikt unterliegen im *Grundsatz* dem Recht des Staates, in dem sich die Tat ereignet hat (*lex loci delicti commissi*, dazu 1). Dieser Anknüpfungsgrundsatz wird von bedeutenden *Ausnahmen* durchbrochen, insbesondere bei einem gemeinsamen gewöhnlichen Aufenthalt von Täter und Opfer in demselben Staat (dazu 2), bei einer besonderen Rechtsbeziehung zwischen Täter und Opfer (dazu 3) und bei einer nachträglichen Rechtswahl (dazu 4).

Ausnahmen und Sonderregeln bestehen nicht nur bei dem Anknüpfungsgrundsatz (der Tatortregel), sondern auch bei dem *Anknüpfungsgegenstand,* dem Delikt: Für einzelne Deliktstypen – etwa die Produkthaftung – haben sich Verfeinerungen der Tatortregel herausgebildet (dazu 5). Schließlich ist der *Umfang des Deliktsstatuts* – des auf eine unerlaubte Handlung anzuwendenden Rechts – zu bestimmen. Es fragt sich insbesondere, wie das deutsche IPR mit exzessiven Ersatzansprüchen nach ausländischem Deliktsrecht umgeht (*punitive damages, treble damages*), wie ein Direktanspruch gegen den Versicherer des Ersatzpflichtigen angeknüpft wird und wie örtliche Verhaltensregeln im Rahmen des Deliktsstatuts zu berücksichtigen sind (dazu 6).

1. Tatortregel (lex loci delicti commissi)

438 Die Anknüpfung an das Recht des Tatortes bildet den unbestrittenen Ausgangspunkt des Internationalen Deliktsrechts. Der BGH nennt als Grund für die Anknüpfung, „daß die deliktischen Beziehungen im allgemeinen aus einer eher zufälligen Interessenberührung der Beteiligten erwachsen, für die ein sachnäherer Schwerpunkt für eine kollisionsrechtliche Anknüpfung regelmäßig fehlt“ (BGHZ 87, 95, 97). Ferner sind ohnehin die Verhaltensregeln des Tatorts – z.B. das Rechtsfahrgebot in Deutschland und das Linksfahrgebot in England – zu beachten (zu solchen Verhaltensregeln unten Rdnrn. 463–464). Die Literatur weist ergänzend darauf hin, daß am Tatort meistens auch ein Gerichtsstand gegeben sei (vgl. Art. 5 Nr. 3 EuGVÜ und § 32 ZPO); die Tatortregel führe daher häufig zur *lex fori* und befriedige das Heimwärtsstreben der Gerichte (*von Bar* II Rdnr. 655).

a) Handlungsort – Erfolgsort

439 Der Tatbestand einer unerlaubten Handlung besteht aus einem Verhalten – einer *Handlung* – und einem *Erfolg*, der in der Verletzung von geschützten Rechten oder Rechtsgütern besteht. Die Anknüpfung nach der Tatortregel bereitet keine Probleme, wenn der Handlungsort und der Erfolgsort in demselben Staat liegen (*Platzdelikt*). Schwierigkeiten entstehen, wenn sich der Handlungsort in einem anderen Staat befindet als der Erfolgsort (*Distanzdelikt*).

Der „Schulfall" ist RGZ 54, 198: Ein Infanteriebataillon hielt im Juni 1900 am badischen Ufer des Rheins in der Nähe von Rastatt eine Schießübung ab; auf der elsässischen Seite des Rheins wurde eine Zivilperson von einem Geschoß getroffen und verletzt. Beide Gebiete gehörten zwar damals zum Deutschen Reich, aber das badische Staatshaftungsrecht (anzuwenden nach Art. 77 EGBGB) war für den Verletzten günstiger als die im Elsaß geltende Regelung.

In solchen Fällen ist zunächst der Handlungs- und der Erfolgsort zu lokalisieren; anschließend wird das Verhältnis der beiden Tatorte zueinander bestimmt.

440 (1) Der *Handlungsort* ist jeder Ort, an dem sich eine tatbestandsmäßige Ausführungshandlung mit Außenwirkung ereignet (*Staudinger/von Hoffmann*, Art. 38 EGBGB n. F. Rdnrn. 114, 115). Bloße *Vorbereitungshandlungen* begründen noch keinen Handlungsort im Sinne des Internationalen Deliktsrechts. In *Fall a* macht die Monegassin gegen den Verlag Ansprüche wegen der Veröffentlichung der Bilder geltend; das Fotografieren in Italien ist insoweit bloße Vorbereitungshandlung, so daß in Italien kein Handlungsort liegt (vgl. OLG Oldenburg NJW 1989, 400 – „Oben Ohne"-Fotos auf Gran Canaria; OLG München RIW 1988, 647 – Interview in Paris).

Bei einer Mehrzahl von Handlungen nimmt die herrschende Ansicht auch eine *Mehrheit von Handlungsorten* an (*Kegel* § 18 IV 1 a, bb; MünchKomm-

Kreuzer, Art. 38 EGBGB Rdnrn. 47, 50 m.w.N.). In *Fall a* ist der Erscheinungsort des Printmediums ein Handlungsort des Pressedelikts (BGHZ 131, 332, 335 = NJW 1996, 1128 – Caroline II). Manche Autoren wollen auch die Verbreitungsorte des Presseerzeugnisses als Handlungsorte ansehen; allerdings wird ein regelmäßiger Vertrieb mit einem nennenswerten Marktanteil gefordert, damit die Zahl der Handlungsorte nicht ausufert (dazu unten Rdnr. 454).

Bei der *Unterlassenshaftung* wäre es ungenau, an das Recht des Ortes anzuknüpfen, an dem gehandelt werden sollte. Denn ob eine Pflicht zum Handeln bestand, kann sich erst aus dem anwendbaren Sachrecht ergeben (Zirkelschluß). Auch bei denjenigen Formen der *Gefährdungshaftung*, die nicht an ein bestimmtes rechtswidriges Verhalten (z.B. Gewässerverunreinigung) anknüpfen, sondern an eine abstrakte Gefahr (z.B. Halterhaftung, Betreiberhaftung), existiert kein Handlungsort im eigentlichen Sinne (*von Bar* II Rdnr. 659). Maßgebend ist beim Unterlassungsdelikt das Recht des Staates, in dem sich die zu beaufsichtigende Person oder Sache befand; beim Gefährdungsdelikt wird an das Recht des Staates angeknüpft, auf dessen Territorium sich die abstrakte Gefahr zu einer konkreten verdichtet hat (Art. 40 I 1 EGBGB-Entwurf: „in dem das der Haftung zugrunde liegende Ereignis eingetreten ist").

441 (2) Der *Erfolgsort* ist der Ort, an dem ein (dort !) geschütztes Recht oder Rechtsgut verletzt wurde (*Soergel/Lüderitz*, Art. 38 EGBGB Rdnr. 11). Maßgebend ist also der *Verletzungsort* (Art. 40 I 2 EGBGB-Entwurf: „der Staat, in dem das geschützte Interesse verletzt worden ist"), nicht der *Schadensort*: In welchem Staat „der Angeschossene im Krankenhaus einen Rückfall erleidet" (*Kropholler* § 53 IV 1c), spielt für die Bestimmung des Erfolgsortes keine Rolle. Ein Schaden am Vermögen zählt allerdings dann zum Erfolg, wenn nicht ein anderes Rechtsgut (vgl. § 823 I BGB), sondern das Vermögen selbst durch die Deliktsnorm geschützt ist (vgl. § 826 BGB).

Ebenso wie mehrere Handlungsorte vorliegen können, kann es auch eine *Mehrheit von Erfolgsorten* geben. *Beispiel:* Durch einen Chemieunfall in Basel (Schweiz) wird der Rhein verunreinigt, so daß sowohl in Deutschland als auch in den Niederlanden die Trinkwasserentnahme beeinträchtigt ist (zur Anknüpfung in diesem Fall – „Mosaikbeurteilung" – unten Rdnr. 443). Bei Persönlichkeitsverletzungen (*Fall a*) ist streitig, ob es – neben dem Handlungsort oder den Handlungsorten – einen Erfolgsort gibt und wie der Erfolgsort zu bestimmen ist; eine verbreitete Ansicht stellt auf den gewöhnlichen Aufenthalt der betroffenen Person ab (dazu unten Rdnr. 455).

442 (3) Wenn der Handlungsort und/oder der Erfolgsort in *staatsfreiem Gebiet* liegt, bedarf die Anknüpfung an das Recht des Tatortes einer Ersatzanknüpfung:

– Wird an Bord von *Schiffen auf hoher See* ein Delikt begangen, kommt nach der Tatortregel das Recht der Flagge, bei nicht registrierten Schiffen hilfsweise das Recht des Heimathafens zum Zuge. Bei *Kollisionen von Schiffen* unterschiedlicher Flagge außerhalb von nationalen Gewässern wird nach dem Günstigkeitsprinzip alternativ an die Rechte der beiden Flaggen angeknüpft (RGZ 138, 243; str.), soweit nicht das *Brüsseler Übereinkommen zur einheitlichen Feststellung von Regeln über den Zusammenstoß von Schiffen (IÜZ)* vom 23. 9. 1910 (RGBl. 1913, 49, 89) mit seinem materiellen Einheitsrecht gilt (zu weiteren Übereinkommen *Soergel/Lüderitz*, Art. 38 EGBGB Rdnrn. 51, 52).

– Bei Delikten auf *internationalen Flügen* ist das Recht des Hoheitszeichens des Flugzeuges maßgebend, wenn sich die Tat während des Fluges ereignet: Werden zwei Passagiere einer Texas Airline „wegen einer verschwundenen Flasche Rum handgemein" (Fall bei *Kegel* § 1 IV 2a), gilt das Recht von Texas; das Recht der Staaten, die überflogen werden, spielt keine Rolle. Anders ist es, wenn sich das Geschehen – etwa ein Absturz durch Pilotenfehler bei Start, Landung oder Notlandung – eindeutig einem Staat zuordnen läßt (*In re Paris Air Crash of March 3, 1974*, 399 F. Supp. 732 (1975); s. auch *Kegel* § 1 I 1, § 18 IV 1a, bb – Sturz in den Potomac). Das Einheitsrecht des *Warschauer Abkommens* hat in seinem Anwendungsbereich allerdings den Vorrang vor staatlichem Deliktsrecht (dazu oben Rdnr. 420).

– Über die privatrechtliche Haftung für Delikte auf *Raumstationen* – ein russischer Kosmonaut verletzt in der Freizeit durch Ungeschick einen amerikanischen Astronauten – entscheidet das Recht der Herkunft (Nationalität) der Station. Bei Kollisionen im Weltraum gilt das *Übereinkommen über die völkerrechtliche Haftung für Schaden durch Weltraumgegenstände* vom 29. 3. 1972 (BGBl. 1975 II, 1209): Verantwortlich ist der Staat, von dem aus der „Weltraumkörper" gestartet ist („Startstaat").

b) Ubiquitätsregel – Günstigkeitsprinzip

443 Wenn der Handlungsort und der Erfolgsort auseinanderfallen, ist nach der *Ubiquitätsregel* („ubique" = wo auch immer) die unerlaubte Handlung an beiden Orten begangen; der Verletzte kann seine Ansprüche sowohl aus dem Recht des Handlungsortes als auch aus dem Recht des Erfolgsortes herleiten (BGH NJW 1981, 1606). Das Gleiche gilt, wenn *mehrere Handlungsorte* existieren, die in verschiedenen Staaten liegen. Hat die unerlaubte Handlung *mehrere Erfolgsorte* in verschiedenen Staaten (Streudelikt), gelten die Rechte dieser Staaten zwar alternativ zu dem Recht des Handlungsortes. Untereinander konkurrieren die Erfolgsorte jedoch nicht: Vielmehr gilt im Wege einer „Mosaikbeurteilung" das Recht jedes Erfolgsortes nur für solche Schäden, die aus der dort eingetretenen Rechtsgutverletzung entstehen (*Kegel* § 18 IV 1 a, bb, dazu das Beispiel oben Rdnr. 441).

444 Soweit nach der Ubiquitätsregel mehrere Rechte anwendbar sind, ist nach dem *Günstigkeitsprinzip* das für den Verletzten vorteilhaftere Recht anzuwenden. Dieses Prinzip hat bereits die Rechtsprechung des RG beherrscht (angedeutet in RGZ 23, 305, 306 – Brief mit falscher Kreditauskunft von Lyon nach Zürich; angewandt in RGZ 54, 198, 205 – Gewehrschuß über die Grenze). Auch der BGH entscheidet in diesem Sinne (BGH NJW 1964, 2012 – Handlungsorte in Düsseldorf und in Teheran; BGH IPRax 1989, 384 – Handlungsort in Deutschland, Erfolgsort im Ausland). Die meistzitierte Begründung des Günstigkeitsprinzips stammt von *Kegel* (§ 18 IV 1 a, aa): „Die Sympathie mit dem Opfer ist im allgemeinen größer als die Sympathie mit dem Täter; deswegen darf der Täter selbst dann noch haftbar gemacht werden, wenn er dort, wo er gehandelt hat, Erlaubtes getan hat." Andere Autoren stützen das Günstigkeitsprinzip beim Auseinanderfallen von Handlungsort (Verhaltensort) und Erfolgsort (Verletzungsort) auf die – allerdings umstrittene – doppelte Funktion des Haftungsrechts, das Verhalten zu steuern und Rechtsgüter zu schützen (*Firsching/von Hoffmann* § 11 Rdnr. 23).

Viele Autoren stehen dem Günstigkeitsprinzip heute skeptisch gegenüber: Einige von ihnen wollen das Günstigkeitsprinzip auf Vorsatztaten beschränken (*von Bar* II Rdnr. 668) oder es als „Verlegenheitslösung" nur anwenden, wenn keiner der möglichen Tatorte ein Übergewicht hat (*Soergel/Lüderitz*, Art. 38 EGBGB Rdnr. 16); andere wollen es lediglich bei Deliktstypen heranziehen, bei denen besondere rechtspolitische Gründe für einen verstärkten Schutz des Geschädigten sprechen (*Kropholler* § 53 IV 1 d: grenzüberschreitende Umweltbeeinträchtigungen, Produkthaftungsfälle und Persönlichkeitsverletzungen). Es gibt in der Tat keinen Grund, den Verletzten bei jedem internationalen Delikt in den Genuß der Alternativanknüpfung kommen zu lassen. Allerdings ist der Streit, ob im Zweifel der Handlungsort oder der Verletzungsort zum Zuge kommt, derzeit noch völlig offen.

Die Rechtsprechung hält eisern am Günstigkeitsprinzip fest. Manche vermuten den Grund darin, „daß der Günstigkeitsvergleich eine unerhört effiziente Methode ist, um einem deutschen Gericht die Anwendung deutschen Sachrechts zu ermöglichen" (*von Bar* II Rdnr. 668): Die Ubiquitätsregel gilt auch für die Internationale Zuständigkeit deutscher Gerichte (*Schack*, IZVR Rdnr. 293); ist ein deutscher Gerichtsstand vorhanden, liegt in der Regel auch einer der Tatorte in Deutschland. Dann kann das deutsche Gericht nach dem Günstigkeitsprinzip der Klage bereits stattgeben, wenn der geltend gemachte Schadensersatzanspruch nach deutschem Recht begründet ist. Der Geschädigte bekommt, was er begehrt; ausländisches Recht spielt keine Rolle mehr (deutlich in BGH NJW 1964, 2012). Das Günstigkeitsprinzip führt also regelmäßig nicht zu einem Rechtsvergleich, sondern zur Anwendung des deutschen Deliktsrechts.

c) Optionsrecht, Art. 40 I EGBGB-Entwurf

445 Der EGBGB-Entwurf verwirklicht das Günstigkeitsprinzip in modifizierter Form. Nach Art. 40 I 1 unterliegen Ansprüche aus unerlaubter Handlung dem Recht des Staates, in dem das der Haftung zugrunde liegende Ereignis eingetreten ist. Diese Formulierung meint, wie sich aus dem systematischen Zusammenhang mit Art. 40 I 2 EGBGB-Entwurf ergibt, den Handlungsort (*von Hoffmann*, IPRax 1996, 1, 4). In Art. 40 I 1 EGBGB-Entwurf ist von *Ereignis* und nicht von *Handlung* die Rede, um auch Unterlassungs- und Gefährdungsdelikte erfassen zu können. Nach Art. 40 I 2 EGBGB-Entwurf kann der Verletzte verlangen, daß das Recht des Staates angewandt wird, in dem das geschützte Interesse verletzt worden ist. Der Verletzte kann also für das Recht des Erfolgsortes optieren. Das Günstigkeitsprinzip wird auf ein Optionsrecht verkürzt, das der Verletzte auch noch im Schadensersatzprozeß ausüben kann. Der letztmögliche Zeitpunkt ergibt sich aus den Präklusions- (Verspätungs-) Regeln des Zivilprozeßrechts (*von Hoffmann*, IPRax 1996, 1, 5).

2. Gemeinsamer gewöhnlicher Aufenthalt

446 Die Anknüpfung der unerlaubten Handlung an das Recht des Tatortes dient dem *Verkehrsinteresse*: „Der Bewegungsraum des Täters und der Schutzkreis des Verletzten werden beurteilt nach dem Recht, das dort gilt, wo gehandelt und gelitten wird" (*Kegel* § 18 IV 1 b). Im *Parteiinteresse* kann die Tatortregel verdrängt werden, wenn Täter und Opfer einer gemeinsamen Rechtsordnung so eng verbunden sind, daß diese Verbindung schwerer wiegt als die Beziehung zu einem eher als zufällig empfundenen Schadensort. Das Schulbeispiel ist ein Delikt innerhalb einer deutschen Reisegruppe, die in ihrem Reisebus „ein Stück Heimat in das fremde Land trägt" (*Ferid* Rdnr. 6–131) und dort im gewohnten Dunstkreis gewissermaßen unter einer gemeinsamen Käseglocke existiert („Käseglockentheorie").

a) Rechtsanwendungsverordnung von 1942

447 Die engere Verbindung des Sachverhalts zu einem anderen Recht als dem Tatortrecht wurde früher in der gemeinsamen Staatsangehörigkeit von Täter und Opfer gesehen (*lex communis* *patriae*). Das geht zurück auf die *Verordnung über die Rechtsanwendung bei Schädigungen deutscher Staatsangehöriger außerhalb des Reichsgebietes* vom 7. 12. 1942 (RGBl. 1942 I, 706, abgedruckt bei *Jayme/Hausmann* Nr. 54). § 1 I 1 lautet: „Für außervertragliche Schadensersatzansprüche wegen einer Handlung oder Unterlassung, die ein deutscher Staatsangehöriger außerhalb des Reichsgebietes begangen hat, gilt, soweit ein deutscher Staatsangehöriger geschädigt worden ist, deutsches Recht." Diese Verordnung sollte eine Rechtsunsicherheit beseitigen, die bei kriegsbedingten Verkehrsunfällen zwischen Deutschen im Ausland aufgetreten war (DJ 1943, 20); sie sollte aber nicht auf kriegsbedingte Auslandsaufenthalte beschränkt sein und ist nach der Rechtsprechung immer noch geltendes Recht (BGHZ 34, 222, 224; BGHZ 87, 95, 99).

b) Rechtsprechung des BGH

448 Der BGH hat nicht am Wortlaut der Verordnung von 1942 festgehalten, sondern sie in zweifacher Hinsicht modifiziert: Zum einen wurde die einseitige Kollisionsregel – von Deutschen im Ausland begangene Delikte – zu einer allseitigen Kollisionsnorm ausgebaut. Zum anderen hat der gemeinsame gewöhnliche Aufenthalt *(lex communis habitationis)* zunehmend die gemeinsame Staatsangehörigkeit als Anknüpfungspunkt verdrängt. Diese Entwicklung trägt dem Umstand Rechnung, daß es weniger die gemeinsame Staatsangehörigkeit als vielmehr die gemeinsame Umwelt von Schädiger und Geschädigtem ist („Käseglocke"), die eine Anknüpfung an den Tatort verdrängt. Die Entwicklung vollzog sich in mehreren Etappen:

(1) BGHZ 57, 265: Niederländische Gastarbeiter waren in Deutschland als Schädiger und Geschädigter in einen Verkehrsunfall verwickelt. Nach dem Grundgedanken der – zu einer allseitigen Kollisionsnorm ausgebauten – Rechtsanwendungsverordnung von 1942 hätte die *gemeinsame niederländische Staatsangehörigkeit* zum niederländischen Deliktsrecht führen müssen. Der BGH zog jedoch den *gemeinsamen gewöhnlichen Aufenthalt* in Deutschland heran: Die Bindung der Beteiligten an das niederländische Heimatrecht sei nicht mehr eng genug, um bei einem Verkehrsunfall zwischen den Niederländern das Recht des Tatorts zu verdrängen (BGHZ 57, 265, 268 = NJW 1972, 387).

(2) BGHZ 87, 95: Ein Deutscher hatte eine in Polen lebende Verwandte besucht, die ebenfalls deutsche Staatsangehörige war; beide waren auf schnee-

glatter Straße im PKW des Besuchers verunglückt. Der BGH hielt die gemeinsame deutsche Staatsangehörigkeit nicht für ausschlaggebend. Entscheidend sei vielmehr, daß einer der Beteiligten seinen gewöhnlichen Aufenthalt im Tatortland Polen habe. Danach entwertet schon der gewöhnliche Aufenthalt eines der Beteiligten im Tatortland die gemeinsame Staatsangehörigkeit als Anknüpfungskriterium; anzuwenden war deshalb das polnische Recht des Tatortes (BGHZ 87, 95, 102 = NJW 1983, 1972 = IPRax 1984, 30 m. Aufs. *Hohloch* [14]).

449 (3) BGHZ 90, 294: Jugoslawen, die in München in Hausgemeinschaft lebten, waren auf der Fahrt von Jugoslawien nach Deutschland in Österreich durch Verschulden des Fahrers verunglückt; dabei wurde ein Insasse verletzt. Der BGH wandte weder das österreichische Tatortrecht noch das jugoslawische Heimatrecht der Beteiligten an, sondern das deutsche Recht: Das Gericht ließ offen, ob allgemein der gewöhnliche Aufenthalt in demselben Staat (hier: Deutschland) die gemeinsame Staatsangehörigkeit verdränge. *Jedenfalls dann*, wenn Schädiger und Verletzter nicht erstmals am Unfallort zusammenträfen, sondern schon vorher ein sozialer Kontakt bestanden habe, gebe der gemeinsame gewöhnliche Aufenthalt den Ausschlag (BGHZ 90, 294, 299–302).

(4) BGHZ 93, 214: Bei einem Verkehrsunfall in Portugal waren ein in Deutschland lebender Spanier und ein in Deutschland lebender Deutscher zusammengestoßen; der Deutsche nahm die Haftpflichtversicherung des Spaniers auf Schadensersatz in Anspruch. Eine Durchbrechung des Tatortprinzips durch eine gemeinsame Staatsangehörigkeit kam nicht in Betracht. Der BGH bejahte aber eine Anknüpfung an das Recht des gemeinsamen gewöhnlichen Aufenthalts (Deutschland) *jedenfalls dann*, wenn Schädiger und Geschädigter in einen Verkehrsunfall verwickelt werden mit Kraftfahrzeugen, die im Aufenthaltsland zugelassen und versichert sind (BGHZ 93, 214, 217 = IPRax 1986, 108 m. Aufs. *von Hoffmann* [90] = *Schack*, Rechtsprechung Nr. 17).

(5) BGHZ 119, 137: Eine in Deutschland lebende türkische Familie unternahm in ihrem PKW mit deutschem Kennzeichen eine Reise in die Türkei, wo ein Familienmitglied durch Verschulden der Fahrerin schwer verletzt wurde. Der BGH entschied: Selbst bei einem Verkehrsunfall türkischer Staatsangehöriger in der Türkei könne das deutsche Recht das dortige Tatortrecht verdrängen. Dem gemeinsamen gewöhnlichen Aufenthalt der Beteiligten komme kollisionsrechtlich ein hoher Stellenwert zu, der *jedenfalls dann* den Ausschlag gebe, wenn das von dem Fahrer und dem geschädigten Insassen benutzte Fahrzeug am gemeinsamen Aufenthaltsort zugelassen und versichert sei (BGHZ 119, 137, 141–143 = JR 1994, 18 m. Aufs. *Dörner* [6]).

c) Art. 40 II EGBGB-Entwurf

450 In den Entscheidungen des BGH hat der gemeinsame gewöhnliche Aufenthalt die gemeinsame Staatsangehörigkeit als Anknüpfungsmoment fast vollständig verdrängt; der Abschied von den zögerlichen „jedenfalls dann"-Sätzen bedarf nur noch eines kleinen Schrittes (*von Bar* II Rdnr. 675). Diesen Schritt unternimmt

Art. 40 II EGBGB-Entwurf: „Hatten der Ersatzpflichtige und der Verletzte zur Zeit des Haftungsereignisses ihren gewöhnlichen Aufenthalt in demselben Staat, so ist das Recht dieses Staates anzuwenden. Handelt es sich um Gesellschaften, Vereine oder juristische Personen, so steht dem gewöhnlichen Aufenthalt der Ort gleich, an dem die Verwaltung der beteiligten Niederlassung geführt wird.“ Sollte dieser Entwurf Gesetz werden, geht der gemeinsame gewöhnliche Aufenthalt ohne die „jedenfalls dann“-Einschränkungen des BGH der Tatortregel vor (so bereits de lege lata OLG Düsseldorf IPRax 1997, 422 m. Aufs. *Deville* [409]).

Nach Art. 40 II EGBGB-Entwurf käme in *Fall b* (deutsche Nachbarn in der Toscana) das Recht des gemeinsamen gewöhnlichen Aufenthalts (Deutschland) zum Zuge. Das geht manchen zu weit, wenn die Gefahrenquelle ihren gewöhnlichen Lageort im Ausland hat, etwa bei Umweltschäden, die von einem Ferienhausgrundstück ausgehen. In diesem Fall soll nach der allgemeinen Ausweichklausel des Art. 41 I EGBGB-Entwurf – dazu bereits oben Rdnr. 429 – das Tatortrecht als Recht der „wesentlich engeren Verbindung“ anzuwenden sein, wenn es für den Schädiger ein unvorhersehbarer Zufall ist, daß er gerade mit einem Landsmann in eine Haftungsbeziehung verwickelt wird (*von Hoffmann*, IPRax 1996, 1, 6; wohl auch *Wandt*, VersR 1993, 409, 414). In der breitflächig von Deutschen besiedelten Toscana ist es aber schwerlich ein „Zufall“, daß ein Deutscher geschädigt wird. Daher bleibt es beim Recht des gemeinsamen gewöhnlichen Aufenthalts.

3. Akzessorische Anknüpfung

451 Im materiellen Recht treffen deliktische Ansprüche häufig mit Ansprüchen aus Vertragsverletzung zusammen. Dann liegt es im Parteiinteresse, den gesamten Lebenssachverhalt ein und derselben Rechtsordnung zu unterstellen. Der Sachverhalt wird nicht kollisionsrechtlich in vertragliche und deliktische Beziehungen aufgespalten; vielmehr unterliegen auch deliktische Schadensersatzansprüche dem Vertragsstatut. Die vertragsakzessorische Anknüpfung verdrängt das Tatortrecht und das Recht des gemeinsamen gewöhnlichen Aufenthalts. Sie hat sich in der Rechtsprechung zwar noch nicht durchgesetzt (vgl. BGHZ 87, 95, 104; BGHZ 119, 137, 145), wird aber von der Literatur überwiegend gebilligt (*Kropholler*, RabelsZ 33 [1969], 602, 629; *Mansel*, ZVglRWiss 86 [1987], 1, 15; *Stoll*, IPRax 1989, 89, 90; ablehnend *von Bar* II Rdnr. 561).

Das Deliktsstatut kann nicht nur an eine *schuldvertragliche*, sondern auch an eine andere rechtliche – beispielsweise *familienrechtliche* – oder tatsächliche Sonderbeziehung angeknüpft werden. Der BGH hat eine akzessorische Anknüpfung des Deliktsstatuts an ein Verlöbnis erwogen, aber im Streitfall – deliktische Schadensersatzansprüche wegen Verlöbnisbruchs – verworfen: Erstens sei ein Verlöbnis kein vergleichbar stabiles und durch äußere Merkmale gekennzeichnetes Rechtsverhältnis wie beispielsweise ein schuldrechtlicher Vertrag. Zweitens gingen die im Streitfall geltend gemachten Schadensersatzansprüche – Erschleichen von Geschenken durch Betrug (Heiratsschwindel) – nach Voraussetzungen und Inhalt wesentlich über die Tatbestände des Verlöbnisbruchs hinaus (BGH NJW 1996, 1411 = IPRax 1997, 187 m. Aufs. *Mankowski* [173]; zu familienrechtlichen Ansprüchen unten Rdnr. 495).

Der Entscheidung ist zu entnehmen, daß der BGH einer akzessorischen Anknüpfung des Deliktsstatuts nicht grundsätzlich ablehnend gegenübersteht, wenn die verletzten Pflichten einen Bezug zu der rechtlichen Sonderbeziehung haben und nicht allgemeine Rechtspflichten (wie etwa im Straßenverkehr) verletzt werden. *De lege ferenda* ermöglicht Art. 41 II Nr. 1 EGBGB-Entwurf die akzessorische Anknüpfung des Deliktsstatuts an eine besondere rechtliche oder tatsächliche Beziehung zwischen den Beteiligten im Zusammenhang mit der unerlaubten Handlung (zu dieser Vorschrift bereits oben Rdnrn. 429, 435).

Ein Beispiel für eine *vertragsakzessorische* Anknüpfung ist *Fall c* (frei nach BGH IPRax 1989, 102 m. Aufs. *Stoll* [89]): Der Niederländer hat mit dem Reiseveranstalter TTC einen Reisevertrag geschlossen. Es besteht kein Anhaltspunkt, daß eine der Voraussetzungen des Art. 29 I Nrn. 1–3 EGBGB erfüllt ist (zur Anknüpfung von Reiseverträgen als Verbraucherverträge: Art. 29 II, IV 2 EGBGB). Nach Art. 28 II 2 EGBGB unterliegt der Reisevertrag dem deutschen Recht, weil der deutsche Reiseveranstalter die charakteristische Leistung erbringt. Der Niederländer hat einen vertraglichen Schadensersatzanspruch aus § 651 f I BGB, der aber kein Schmerzensgeld umfaßt. Der Schmerzensgeldanspruch ergibt sich jedoch aus §§ 831 I, 847 I BGB: Der Sachverhalt ist „für eine vertragsakzessorische Anknüpfung des Deliktsstatuts typisch" (*Stoll*, IPRax 1989, 89, 90; ähnlich *Dörner*, Jura 1990, 57, 58). Das deutsche Deliktsrecht verdrängt das spanische Tatortrecht.

4. Nachträgliche Rechtswahl

452 Nach Art. 42 EGBGB-Entwurf können die Parteien für das Schuldverhältnis aus unerlaubter Handlung – ebenso wie für Ansprüche aus Geschäftsführung ohne Auftrag und ungerechtfertigter Bereicherung (dazu oben Rdnrn. 430, 436) – eine nachträgliche Rechtswahl vereinbaren. Während es die deutsche Gerichtspraxis bisher nur mit der nachträglichen Wahl *des deutschen Rechts* zu tun hatte (BGH NJW 1974, 410; BGHZ 98, 263, 274), gestattet Art. 42 Satz 1 EGBGB-Entwurf die Wahl *einer beliebigen Rechtsordnung* (befürwortend *Staudinger/von Hoffmann*, Art. 38 EGBGB n. F. Rdnr. 147; ablehnend *von Bar* II Rdnr. 677). Der Versuchung der Parteien, sich zu Lasten einer Versicherung auf ein haftungsfreudiges Recht zu einigen, wird von Art. 42 Satz 2 EGBGB-Entwurf gedämpft. Danach bleiben Rechte Dritter von der Rechtswahl unberührt. Eine Haftpflichtversicherung muß also nur für den Schaden einstehen, der bei objektiver Anknüpfung des Delikts nach Artt. 40, 41 EGBGB-Entwurf zu ersetzen ist.

Eine *vorherige Rechtswahl* ist im EGBGB-Entwurf für Ansprüche aus unerlaubter Handlung ebensowenig vorgesehen wie für Schuldverhältnisse aus Geschäftsführung ohne Auftrag oder ungerechtfertigter Bereicherung. Sie ist in der Praxis vor allem denkbar, wenn die Parteien vor dem Schadensereignis in einer rechtlichen Sonderverbindung gestanden haben, für die – insbesondere nach Art. 27 EGBGB – eine zulässige Rechtswahl getroffen wurde. Diese Rechtswahl spielt für deliktische Ansprüche – ebenso wie für Ansprüche aus Geschäftsführung ohne Auftrag oder aus Bereicherung – mittelbar eine Rolle, wenn die Voraussetzungen einer akzessorischen Anknüpfung an das gewählte Recht nach Art. 41 II Nr. 1 EGBGB-Entwurf vorliegen (*Staudinger/von Hoffmann*, Art. 38 EGBGB n. F. Rdnr. 146).

5. Besondere Fallgruppen

453 Für einzelne Deliktstypen haben sich Verfeinerungen der allgemeinen Deliktskollisionsregeln herausgebildet: Bei *Persönlichkeits-*

verletzungen steht das IPR insbesondere vor der Aufgabe, den Erfolgsort zu bestimmen, weil sich die Persönlichkeit eines Menschen nur schwer lokalisieren läßt. Bei *Straßenverkehrsunfällen*, die in der gerichtlichen Praxis des Internationalen Deliktsrechts im Vordergrund stehen, stellt sich beispielsweise die Frage, in welchem Umfang der Zulassungsort der beteiligten Fahrzeuge zu berücksichtigen ist. In Fällen der *Produkthaftung* gibt es eine Fülle von Anknüpfungspunkten, unter denen eine sinnvolle Auswahl zu treffen ist.

a) Persönlichkeitsverletzungen

454 **Literatur:** *Ehmann/Thorn*, Erfolgsort bei grenzüberschreitenden Persönlichkeitsverletzungen, AfP 1996, 20; *Heldrich*, Persönlichkeitsverletzungen im Internationalen Privatrecht, Festschrift Zajtay (1982), S. 215; *Spindler*, Deliktsrechtliche Haftung im Internet – nationale und internationale Rechtsprobleme, ZUM 1996, 553; *R. Wagner*, Das deutsche internationale Privatrecht bei Persönlichkeitsrechtsverletzungen (1986).

Die Ansprüche aus der Verletzung des allgemeinen Persönlichkeitsrechts beurteilen sich nach dem *Deliktsstatut*; das Deliktsstatut entscheidet auch darüber, ob überhaupt ein Persönlichkeitsrecht anerkannt wird. Ansprüche wegen Persönlichkeitsverletzung sind insbesondere dann schwer anzuknüpfen, wenn das Persönlichkeitsrecht durch ein Massenkommunikationsmittel verletzt wurde. Grundsätzlich gilt die Tatortregel (Art. 40 I EGBGB-Entwurf):

(1) Ein *Handlungsort* ist bei Pressedelikten unstreitig der Verlagsort – der Sitz des Verlages –, der mit dem Erscheinungsort des Druckwerks identisch ist (BGHZ 131, 332, 335 = NJW 1996, 1128 – Caroline II). Bei Delikten durch Fernsehen oder Rundfunk lokalisiert die überwiegende Ansicht den Handlungsort am Sitz des Fernseh- oder Rundfunkunternehmens (z.B. *Staudinger/von Hoffmann*, Art. 38 EGBGB n.F. Rdnr. 482), während andere auf den Ausstrahlungsort – Sendeort – abstellen wollen (z.B. MünchKomm-*Kreuzer*, Art. 38 EGBGB Rdnr. 213). In einer Zeit des weltweiten Satellitenempfangs hat der „Ausstrahlungsort" immer weniger Bedeutung; sinnvoller ist es, auf den Sitz des Fernseh- oder Rundfunkunternehmens abzustellen.

Streit herrscht darüber, ob außer dem Sitz des Verlages oder des Sendeunternehmens weitere Anknüpfungspunkte in Betracht kommen. Einige Autoren wollen bei Presse- und anderen Massenkommunikationsdelikten allein auf den *Handlungsort* abstellen: Die Persönlichkeit eines Menschen entfalte „ihre Macht über die ganze Welt"; für die Annahme eines bestimmten *Erfolgsortes* sei kein Raum (*von Bar* II Rdnr. 664; *Schack*, UFITA 108 [1988], 51, 64). Diese Autoren betrachten jedoch auch den Verbreitungsort des Mediums, den die herrschende Meinung als Erfolgsort wertet, als Handlungsort. Die Zahl der Handlungsorte – Verbreitungsorte – wollen sie dadurch beschränken, daß sie eine planmäßige Verbreitung mit einem nennenswerten Marktanteil fordern (*von Bar* II Rdnr. 662). Diese Ansicht ist abzulehnen, denn aus der Sicht des Betroffenen gibt es keinen Grund, bei Persönlichkeitsverletzungen durch Massenmedien auf das planmäßige Verbreitungsgebiet abzustellen: Wird eine Zeitung, die ehrverletzende Behauptungen enthält, in Deutschland vertrieben und von einzelnen Urlaubern in Griechenland gelesen, wird auch in Griechenland die Ehre des Betroffenen verletzt (*Staudinger/von Hoffmann*, Art. 38 EGBGB n. F. Rdnr. 486).

455 (2) Die herrschende Ansicht wendet daher zu Recht die Tatortregel einschließlich des *Erfolgsortes* an. Sie steht bei Massenkommunikationsdelikten vor dem Problem, die Zahl der Erfolgsorte – Verbreitungsorte (!) – sinnvoll einzugrenzen: Wer Persönlichkeitsgüter verletzt, greift in eine Beziehung der Person zur Umwelt ein; die Umweltbeziehung einer Person wird überall dort beeinträchtigt, wo andere Personen Kenntnis von der Persönlichkeitsverletzung erhalten. Wird eine Person durch einen der großen Fernsehsender in ihrer Ehre verletzt, ist die ganze Welt der Erfolgsort. Niemand will die Ubiquitätsregel und das Günstigkeitsprinzip in der Weise anwenden, daß in solchen Fällen das für den Verletzten günstigste Recht der Welt heranzuziehen ist. Diskutiert werden vor allem zwei Möglichkeiten, die Anknüpfung an den Erfolgsort zu begrenzen:

– *Mosaikbeurteilung:* Eine verbreitete Ansicht will es bei der Ubiquitätsregel – alle Erfolgsorte sind maßgebend – belassen und das Günstigkeitsprinzip einschränken. Das Recht des Handlungsortes soll für den gesamten Schaden gelten; das Recht des Erfolgsortes wird nur für den Schaden herangezogen, der in dem betreffenden Rechtsgebiet eingetreten ist (*Kropholler* § 53 VI 4; *Spindler*, ZUM 1996, 533, 559). Eine solche Mosaikbeurteilung ist bei einer begrenzten Zahl von Erfolgsorten sinnvoll (oben Rdnr. 443); bei Massenkommunikationsdelikten sprechen gegen eine Mosaikbeurteilung die praktischen Schwierigkeiten eines solchen Vorgehens. Ferner sind ideelle Rechtsgüter anders als materielle nicht nach Gebieten teilbar (*Beitzke*, Rec. des Cours 115 [1965 II], 63, 88; *Hohloch*, ZUM 1986, 165, 178).

– *Soziale Umwelt:* Die Gegenansicht will die Ubiquitätsregel begrenzen. Von mehreren Erfolgsorten wird allein derjenige berücksichtigt, mit dem der Verletzte durch seinen gewöhnlichen Aufenthalt oder auf andere Weise am engsten verbunden ist (*Erman/Hohloch*, Art. 38 EGBGB Rdnr. 45; *Ehmann/Thorn*, AfP 1996, 20, 23). Dem ist zuzustimmen: Das Verhältnis des Verletzten zu seiner sozialen Umwelt wird im Regelfall an seinem gewöhnlichen Aufenthaltsort am stärksten beeinträchtigt. Dem naheliegenden Einwand, daß bei „Weltstars" die Verwurzelung mit dem gewöhnlichen Aufenthalt – etwa aus steuerlichen Gründen in der Schweiz – nur schwach ist, wird durch eine Ausweichregel Rechnung getragen: Bei ihnen ist ersatzweise an den Staat mit der größten „Fangemeinde" anzuknüpfen.

In *Fall a* hat die monegassische Prinzessin nach alledem die Wahl zwischen dem deutschen Recht – Verlagsort Hamburg als *Handlungsort* – und dem monegassischen (= französischen) Recht ihres gewöhnlichen Aufenthalts als Recht des *Erfolgsortes*.

456 (3) Keine grundsätzlichen Besonderheiten weisen Delikte in weltweiten Datennetzen (*Internet*) auf: Gehandelt wird dort, wo die Information in das Netz eingespeichert wird; der Erfolg tritt in dem Staat ein, mit dem der Verletzte durch seinen gewöhnlichen Aufenthalt oder auf andere Weise am engsten verbunden ist. Der Nutzer des Internet muß nicht den Verhaltensnormen sämtlicher Rechtsordnungen genügen, sondern nur denjenigen seines Handlungsortes und der sozialen Umwelt des Betroffenen. Das Internet zeigt zugleich, daß das Kriterium des „planmäßigen Verbreitungsgebiets" (dazu soeben Rdnr. 454) in den Zeiten der Globalisierung kein geeignetes Abgrenzungsmerkmal mehr ist: Bestimmungsgemäßer Verbreitungsraum der Nachricht ist das weltweite Netz (*Spindler*, ZUM 1996, 533, 557–558).

b) Straßenverkehrsunfälle

457 **Literatur:** *Dörner*, Internationales Verkehrsunfallrecht, Jura 1990, 57; *S. Lorenz*, Verkehrsunfälle in der Türkei vor deutschen Gerichten, DAR 1991, 126; *Stoll*, Anknüpfungsgrundsätze bei der Haftung für Straßenverkehrsunfälle und der Produktenhaftung nach der neueren Entwicklung des internationalen Deliktsrechts, Festschrift Kegel (1977), S. 113; *Wandt*, Die Staatsangehörigkeit in der Rechtsprechung zum IPR des Straßenverkehrsunfalls, VersR 1992, 156.

Der EGBGB-Entwurf enthält keine Sondervorschriften für Verkehrsunfälle. Das *Haager Übereinkommen über das auf Straßenverkehrsunfälle anzuwendende Recht* vom 4. 5. 1971 (abgedruckt bei *Jayme/Hausmann* Nr. 52) ist in den meisten unserer Nachbarstaaten in Kraft, beispielsweise in Belgien, Frankreich, Luxemburg, den Niederlanden, Österreich, der Schweiz und der Tschechischen Republik. Manche Autoren halten eine Ratifikation durch die Bundesrepublik Deutschland für überfällig (*Firsching/von Hoffmann* § 11 Rdnr. 41), andere für überflüssig (*Kropholler* § 53 VI 1): Das Übereinkommen geht zwar in die richtige Richtung, indem es die Tatortregel modifiziert. Die Ausnahmen vom Tatortrecht sind aber sehr verwickelt; der Zulassungsort der beteiligten Fahrzeuge hat einen zu hohen Stellenwert (*Kegel* § 18 IV 3a). Solange das Übereinkommen von der Bundesrepublik Deutschland nicht ratifiziert wird, gilt für Straßenverkehrsunfälle das autonome deutsche Deliktskollisionsrecht, das durch Richterrecht geprägt ist.

Die *Tatortregel* anzuwenden ist bei Straßenverkehrsunfällen nicht schwer, weil der Handlungs- und der Erfolgsort in aller Regel zusammenfallen (*Platzdelikt*, oben Rdnr. 439). Im Vordergrund steht vielmehr die Frage, unter welchen Voraussetzungen die Tatortregel durch den *gemeinsamen gewöhnlichen Aufenthalt* der Beteiligten ersetzt wird (dazu oben Rdnrn. 448, 449). Nach der Rechtsprechung verdrängt der gemeinsame gewöhnliche Aufenthalt die Tatortregel *jedenfalls dann,* wenn die Beteiligten bereits vor dem Unfall im Land des gemeinsamen gewöhnlichen Aufenthalts soziale Kontakte unterhielten (BGHZ 90, 294, 299–302) oder wenn die beteiligten Kraftfahrzeuge beide im Land des gewöhnlichen Aufenthalts zugelassen und versichert sind (BGHZ 93, 214, 217; BGHZ 119, 137, 141–143). Der gemeinsame Zulassungsort der beteiligten Kraftfahrzeuge ist demnach kein selbständiges Anknüpfungsmerkmal, sondern wird nur unterstützend herangezogen.

c) Produkthaftung

458 **Literatur:** *Hohloch*, Harmonisierung der Produkthaftung in der EG und Kollisionsrecht, Festschrift Max Keller (1989), S. 433; *Kreuzer*, Apfelschorf im „Alten Land" – Kollisionsrechtliche Probleme der Produkthaftung, IPRax 1982, 1; *W. Lorenz*, Das internationale Privatrecht der Produktenhaftpflicht, Festschrift Wahl (1973), S. 185; *Wandt*, Internationale Produkthaftung (1995).

Für Produkthaftungsfälle enthält der EGBGB-Entwurf ebenfalls keine Spezialregeln. Das *Haager Übereinkommen über das auf die Produkthaftung anzuwendende Recht* vom 2. 10. 1973 (abgedruckt bei *Staudinger/von Hoffmann*, Art. 38 EGBGB n. F. Rdnr. 472) ist in einigen europäischen Staaten in Kraft, beispielsweise in Finnland, Frankreich, Luxemburg, den Niederlanden, Norwegen und Spanien. Die Bundesrepublik Deutschland hat nicht die Absicht, das Übereinkommen zu zeichnen: Es kombiniert eine Vielzahl von Anknüpfungen, anstatt sich für einige Anknüpfungspunkte zu entscheiden, und verliert damit den Zusammenhang mit dem übrigen Internationalen Deliktsrecht (*Kegel* § 18 IV 3b: „Kaleidoskop-Regeln"). Da auch die *EG-Produkthaftungsrichtlinie* vom 25. 7. 1985 (ABlEG 1985 Nr. L 210/29) keine Kollisionsregeln vorschreibt, werden Produkthaftungsfälle nach dem autonomen deutschen IPR angeknüpft (MünchKomm-*Kreuzer*, Art. 38 EGBGB Rdnrn. 200–203).

Nach deutschem IPR sind Deliktsansprüche aus Produkthaftung grundsätzlich nach der *Tatortregel* zu beurteilen. Als *Handlungsort* wird überwiegend der Absatz-, Markt- oder Vertriebsort angesehen. Das ist nach verbreiteter Ansicht der Ort, an dem der private Ersterwerber das Produkt zum Gebrauch oder Verbrauch erworben hat (Nachw. bei *Soergel/Lüderitz*, Art. 38 EGBGB Rdnr. 62; sehr str.). Der *Erfolgsort* ist dann der Ort, an dem ein Rechtsgut des Ersterwerbers oder einer anderen Person verletzt wird, weil beispielsweise das Produkt außer Kontrolle gerät oder sonst seinen Dienst versagt (*von Bar* II Rdnr. 666, str.). Wenn ausnahmsweise eine vertragliche Beziehung zwischen dem Produzenten und dem

Hersteller besteht, folgt der Produkthaftungsanspruch im Wege der akzessorischen Anknüpfung dem Vertragsstatut (Art. 41 II Nr. 1 EGBGB-Entwurf; *Kropholler* § 53 IV 3 a. E.).

Die Rechtsprechung hatte sich mit dem IPR der Produkthaftung bisher kaum zu beschäftigen. Eines der seltenen *Beispiele* ist BGHZ 80, 199: Ein Obstbauer aus dem „Alten Land" bei Hamburg verlangte von einem US-amerikanischen Hersteller eines Pflanzenschutzmittels Schadensersatz, weil sich das in Deutschland gekaufte Mittel als unwirksam zur Bekämpfung des Apfelschorfs erwiesen hatte. Der BGH ging davon aus, daß die Parteien im Prozeß eine stillschweigende Rechtswahl zugunsten des deutschen Deliktsrechts getroffen hatten (vgl. Art. 42 EGBGB-Entwurf). In den Urteilsgründen ließ der BGH erkennen, daß auch in Produkthaftungsfällen mangels einer Rechtswahl die – vom Gericht nicht konkretisierte – Tatortregel heranzuziehen sei (BGHZ 80, 199 = IPRax 1982, 13 m. Aufs. *Kreuzer* [1]).

6. Umfang und Grenzen des Deliktsstatuts

459 Dem Deliktsstatut sind grundsätzlich alle *Voraussetzungen* einer Haftung aus unerlaubter Handlung zu entnehmen, beispielsweise der Kreis der geschützten Rechtsgüter, die Kausalität, die Rechtswidrigkeit und das Verschulden einschließlich der Deliktsfähigkeit und des erforderlichen Verschuldensgrades, ferner die Haftung für Verrichtungsgehilfen oder für aufsichtsbedürftige Personen. Eine Ausnahme vom Deliktsstatut gilt für örtliche Verhaltensregeln (z. B. Rechtsfahrgebot, Gurtanlegepflicht); sie sind auch dann dem Recht des Handlungsortes zu entnehmen, wenn dieses Recht nicht Deliktsstatut ist (dazu unten Rdnrn. 463, 464). Nach dem Deliktsstatut richten sich ferner die *Rechtsfolgen* der unerlaubten Handlung, insbesondere Art, Umfang und Höhe des Schadensersatzes, die Vorteilsausgleichung und die Frage, ob ein Anspruch auf Schmerzensgeld besteht. Bei der Höhe des Schmerzensgeldes sind aber die Richtsätze am gewöhnlichen Aufenthalt des Verletzten als *local data* zu berücksichtigen (OLG München VersR 1984, 745 m. Anm. *Mansel*; *Palandt/Heldrich*, Art. 38 EGBGB Rdnr. 25).

a) Begrenzung des Schadensersatzes

460 Das geltende Recht enthält in Art. 38 EGBGB eine spezielle Vorbehaltsklausel, die zugunsten deutscher Staatsangehöriger ausländisches Schadensersatzrecht begrenzt: Aus einer im Ausland begangenen unerlaubten Handlung können gegen einen Deutschen nicht weitergehende Ansprüche geltend gemacht werden als nach den deutschen Gesetzen. Diese Vorschrift verstößt bei gemeinschaftsbezogenen Sachverhalten gegen das Diskriminierungsverbot des EG-Vertrages und bedarf der europarechtskonformen Auslegung (dazu bereits oben Rdnr. 53): Gegenüber EU-Angehörigen, die Schadensersatzansprüche gegen einen Deutschen geltend machen, ist die Norm nicht anzuwenden; soweit keine EU-Angehörigen geschädigt sind, schützt Art. 38 EGBGB alle Angehörigen eines EU-Staates mit Lebensmittelpunkt im deutschen Inland (*Staudinger/von Hoffmann*, Art. 38 EGBGB n. F. Rdnr. 247 a). Wenn die Vorschrift so ausgelegt wird, diskriminiert sie – wie zahlreiche andere Regelungen in Europa – die Angehörigen von Drittstaaten. Rechtspolitisch ist Art. 38 EGBGB verfehlt: Der Schutz von Deutschen oder Europäern ist nicht der Zweck des IPR (*Kropholler* § 53 IV 3).

461 Die Reform des IPR der gesetzlichen Schuldverhältnisse soll Art. 38 EGBGB durch eine Vorschrift ersetzen, die in ihrem persönlichen Anwendungsbereich offen ist. Nach Art. 40 III EGBGB-Entwurf ist der Ersatzpflichtige nicht zu Leistungen nach fremdem Recht verpflichtet, soweit sie den eingetretenen Schaden wesentlich überschreiten oder offensichtlich anderen Zwecken als einer angemessenen Entschädigung des Verletzten dienen. Diese spezielle Vorbehaltsklausel kann beispielsweise *punitive damages* nach US-Recht erfassen, soweit sie nicht dem Ausgleich immaterieller Schäden oder der Kosten des Rechtsstreits dienen, sondern Straf- und Abschreckungsziele verfolgen (BGHZ 118, 312, 337). Da die Anknüpfungsregeln des deutschen IPR in der Praxis der heimwärtsstrebenden Gerichte selten zur Anwendung ausländischen Deliktsrechts führen (dazu oben Rdnrn. 438, 444), wird die Bedeutung des Art. 40 III EGBGB-Entwurf für die Praxis gering bleiben.

b) Direktanspruch gegen einen Versicherer

462 Nach dem deutschen materiellen Recht hat der Geschädigte einen „Direktanspruch" gegen den Kfz-Haftpflichtversicherer; der

Versicherer haftet dem Geschädigten in jeder Beziehung wie der versicherte haftpflichtige Schädiger selbst (§ 3 Nr. 1 PflVG). Diese Regelung beruht auf französischem Vorbild („action directe") und besteht in den meisten Staaten Europas. Aber es gibt Rechtsordnungen, die keinen Direktanspruch gegen die Kfz-Versicherung kennen, und umgekehrt Rechtsordnungen, in denen auch bei anderen Versicherungszweigen Direktansprüche bestehen. In solchen Konstellationen fragt sich, welche Rechtsordnung darüber bestimmt, ob dem Geschädigten ein Direktanspruch gegen die Haftpflichtversicherung des Schädigers zusteht.

Die Rechtsprechung beantwortet diese Frage nach dem Deliktsstatut: Der Direktanspruch sei kein vertraglicher, sondern ein gesetzlicher Anspruch, der die deliktsrechtliche Stellung des Verletzten stärken solle (BGHZ 57, 265). Ein Teil der Literatur qualifiziert den Direktanspruch demgegenüber als versicherungsvertraglich und entnimmt dem Statut des Versicherungsvertrages, ob ein solcher Anspruch besteht (*Beitzke*, Rec. des Cours 115 [1965 II], 63, 127). Art. 40 IV EGBGB-Entwurf entscheidet den Streit salomonisch durch eine Alternativanknüpfung in Gestalt des Günstigkeitsprinzips: Der Verletzte kann seinen Anspruch unmittelbar gegen einen Versicherer des Ersatzpflichtigen geltend machen, wenn entweder das Deliktsstatut oder das Statut des Versicherungsvertrages einen solchen Direktanspruch vorsieht (in diesem Sinne auch MünchKomm-*Kreuzer*, Art. 38 EGBGB Rdnr. 127).

c) Verhaltensregeln (local data)

463 *Albert A. Ehrenzweig* (1906–1974) hat die Lehre begründet, daß bestimmte Verhaltensregeln des Tatorts unbedingte Anwendung verlangen; sie konkretisieren als *local data* die Tatbestandsmerkmale eines fremden Deliktsstatuts (grundlegend für das deutsche IPR *Jayme*, Gedächtnisschrift Ehrenzweig, 1976, S. 37; s. ferner *Mülbert*, IPRax 1986, 140, 141). Je stärker die Tatortregel durch andere, vom Tatort wegführende Anknüpfungspunkte „aufgelockert" wird, desto häufiger kommen Verhaltensregeln des Tatorts ins Spiel, die unabhängig vom Deliktsstatut anzuwenden sind. *Beispiele:* Kollidiert „einer der bekannt rücksichtslosen Münchener Wochenendskifahrer" (so das Urteil von *Ferid* Rdnr. 6–127) auf österreichischer Piste mit einem anderen Münchener, ist als Recht des gemeinsamen gewöhnlichen Aufenthalts § 823 I BGB anzuwenden; die Sorgfaltspflichten werden jedoch, soweit keine internationalen FIS-Standards weiterhelfen, durch die örtlichen Pistenregeln konkretisiert. – Wer in Rom Auto fährt, darf nicht nach deutscher Sitte unbeugsam auf seiner Fahrspur beharren, sondern muß sich den örtlichen Gepflogenheiten des Spurwechsels anpassen: „Who goes to Rome, must do as those at Rome do."

464 So unbestritten das Prinzip ist, so problematisch kann es sein, die Verhaltensnormen zu bestimmen, die im Wege der Sonderanknüpfung unbedingt anzuwenden sind; nicht immer liegt es so einfach wie beim Rechts- oder Linksfahrgebot: Eine Gurtanlegepflicht im Tatortland ist gewiß zu beachten. Aber wie ist es mit dem Einwand des Mitverschuldens gemäß § 254 BGB, wenn im Tatortland keine Gurtanlegepflicht bestand und die verletzte Beifahrerin den Sicherheitsgurt nicht angelegt hatte? Das *KG* sieht in der Freiheit, auch ohne angelegten Sicherheitsgurt zu fahren, kein *local datum*, das im Rahmen des § 254 BGB zu berücksichtigen ist: „Von ihrer Kenntnis über einen wirksamen Selbstschutz mußte [die Beifahrerin] auch im Ausland Gebrauch machen" (KG VersR 1982, 1199). Ähnlich ist es in *Fall c* (vgl. oben Rdnr. 451): Der Reisende erwartet, daß die von einem deutschen Reiseveranstalter beschaffte Ferienunterkunft nach deutschen Maßstäben „sicher" ist und der Reiseveranstalter das durch geeignete Vorkehrungen gewährleistet; der Sicherheitsstandard des Reiselandes ist nicht maßgebend (*Stoll*, IPRax 1989, 89, 93).

§ 17. Sachenrecht

465 **Literatur:** *Henrich* (Hrsg.), Vorschläge und Gutachten zur Reform des deutschen internationalen Sachen- und Immaterialgüterrechts (1991); *Knott*, Der Anspruch auf Herausgabe gestohlenen und illegal exportierten Kulturguts (1990); *Mansel*, De Weerth v. Baldinger – Kollisionsrechtliches zum Erwerb gestohlener Kunstwerke, IPRax 1988, 268; *Richard/Junker*, Hans und Felicitas Tucher in New York – Deutsches Sachenrecht vor amerikanischen Gerichten, Jura 1985, 415; *Wittuhn*, Das internationale Privatrecht des trust (1987). Rechtsvergleichend: *von Bernstorff*, Der Eigentumsvorbehalt in den EG-Staaten, RIW 1993, 365; *ders.*, Das Hypothekenrecht in den EU-Staaten, RIW 1997, 181; *von Hoffmann*, Das Recht des Grundstückskaufs (1982); *Siehr*, Der gutgläubige Erwerb beweglicher Sachen, ZVglRWiss 80 (1981), 273.

Fälle:

a) Ein Kölner Unternehmer (K) stellte 1984 seine Segelyacht einem Freund zur Verfügung, der sie in seinen Charterbetrieb im Hafen von Split (damals Jugoslawien) eingliedern und K an den Charter-Erlösen beteiligen sollte. Als die Lage wegen des Krieges in Jugoslawien brenzlig wurde, verkaufte der Freund die Yacht an einen Berliner Zahnarzt (B) und überführte sie vereinbarungsgemäß in den neuen Heimathafen Brindisi (Italien), wo der Kaufpreis bezahlt und die Schlüssel übergeben wurden. K erfuhr kurz darauf von diesen Vorgängen. Er verlangt von B die Herausgabe des Schiffes.

b) Der Sizilianer S kaufte in seiner Heimat einen PKW Ferrari 208 Turbo. Um den Kaufpreis zu bezahlen, nahm S bei der Bank K einen Kredit auf, der durch eine Kraftfahrzeughypothek gesichert wurde. Eine solche Hypothek wird nach italienischem Recht – ebenso wie ein Eigentumswechsel am Fahrzeug – in ein Zusatzblatt zum Fahrzeugbrief eingetragen. S brachte den Ferrari nach Frankfurt/Main. Er verkaufte und übereignete ihn dem B, der von der Existenz eines Zusatzblattes zum italienischen Kraftfahrzeugbrief nichts wußte. K verlangt von B, gestützt auf die Autohypothek, die Herausgabe des Fahrzeugs.

c) Die italienische Maschinenbaufirma V lieferte an den deutschen Strickwarenhersteller K Strickmaschinen auf Kredit. Durch Briefwechsel hatten V und K einen Eigentumsvorbehalt vereinbart. Nachdem die Maschinen aufgestellt waren, wurden sie auf Betreiben des G, eines Gläubigers des K, gepfändet. Nach italienischem Recht wirkt ein Eigentumsvorbehalt, bei dem die Unterschrift des Käufers nicht notariell beglaubigt ist, nur zwischen den Parteien, nicht aber gegenüber Gläubigern des Käufers (Artt. 1523, 1524 I Codice civile). Hat eine Drittwiderspruchsklage von V gegen G Erfolg?

Das Internationale Sachenrecht enthält die Kollisionsnormen, die das auf sachenrechtliche Fragen anzuwendende Recht bestimmen.

Sachen sind im deutschen Kollisionsrecht – ebenso wie im deutschen materiellen Recht – körperliche Gegenstände (§ 90 BGB). *Sachenrecht* umfaßt insbesondere die Vorschriften über den Besitz, das Eigentum und beschränkte dingliche Rechte an beweglichen und unbeweglichen Sachen. *Internationales Sachenrecht* ist im EGBGB nicht kodifiziert; ebenso wie das IPR der gesetzlichen Schuldverhältnisse ist es Richterrecht. Der *Referentenentwurf eines Gesetzes zur Ergänzung des Internationalen Privatrechts* vom 1. 12. 1993 enthält auch Anknüpfungsregeln für das Sachenrecht (abgedruckt unten im Anhang, S. 517–519). Sie werden in die folgende Darstellung einbezogen.

I. Anknüpfung des Sachstatuts

466 Das Sachenrecht handelt von der Güterzuordnung; es gewährt Rechte, die gegenüber jedermann gelten. Im Internationalen Sachenrecht spielt daher das Verkehrsinteresse eine größere Rolle als das Parteiinteresse, wobei das Interesse des Rechtsverkehrs an einer sicheren Anknüpfung bei Grundstücken noch größer ist als bei beweglichen Sachen: Auf dingliche Rechte an *Grundstücken* wird das Recht des Lageortes (*lex rei sitae*) angewandt, seit man sich mit der Rechtsanwendungsfrage beschäftigt. Rechte an *beweglichen Sachen* wurden dagegen früher am Wohnsitz des Sachinhabers lokalisiert; die Regel *mobilia personam sequuntur* war noch im Preußischen Allgemeinen Landrecht (Einleitung § 28) enthalten. Unter dem Einfluß von *Savigny* setzte sich im 19. Jahrhundert auch für bewegliche Sachen die Regel durch, daß Rechte an einer Sache der Rechtsordnung unterstehen, die am Belegenheitsort der Sache gilt (*Savigny*, System 172–181).

1. Lageort (lex rei sitae)

467 Art. 43 I EGBGB-Entwurf enthält die unbestrittene Grundregel des Internationalen Sachenrechts: „Rechte an einer Sache unterliegen dem Recht des Staates, in dem sich die Sache befindet." Die Geltung der *lex rei sitae* („Situs-Regel") im Sachenrecht läßt sich mit der Herrschaft der Tatortregel im Deliktsrecht vergleichen: Wie dingliche Rechte gegenüber jedermann wirken, ist die unerlaubte Handlung der Eingriff einer *beliebigen* Person in die Rechtsgüter einer *beliebigen* anderen Person (*Kegel* § 18 IV 1 a). Der BGH wendet die Situs-Regel als Gewohnheitsrecht an (BGHZ 100, 321, 324). Sie ist unproblematisch bei Grundstücken, denn deren Lage ist unveränderlich. Bewegliche Sachen können dagegen von einem Staat in den anderen gelangen. Das gilt insbesondere für Transportmittel, da sie bestimmungsgemäß ihren Lageort wechseln (dazu a). Besonderen Regeln unterliegt auch die Verfügung über Güter während der Beförderung (*res in transitu*, dazu b).

a) Transportmittel

468 Bei Transportmitteln, die grenzüberschreitend eingesetzt werden, wäre eine sachenrechtliche Anknüpfung an den jeweiligen Lageort unpraktisch, zumal sich Seeschiffe oder Luftfahrzeuge oft im staatsfreien Raum befinden. Art. 45 I EGBGB-Entwurf enthält eine Sonderregel für *Luft-, Wasser- und Schienenfahrzeuge*, wobei die Art des Gebrauchs – gewerblich oder privat – keine Rolle spielt: Rechte an Luft-, Wasser- und Schienenfahrzeugen unterliegen dem Recht des Herkunftsstaats. Das ist bei *Luftfahrzeugen* der Staat ihrer Staatsangehörigkeit, bei *Wasserfahrzeugen* der Staat der Registereintragung, hilfsweise des Heimathafens oder des Heimatorts, und bei *Schienenfahrzeugen* der Staat der Zulassung.

In *Fall a* ist mangels entsprechender Sachverhaltsangaben nicht davon auszugehen, daß die Segelyacht in ein Schiffsregister eingetragen ist (zur Registrierungspflicht bei kleineren Schiffen *Stoll*, JZ 1995, 786, 787). Das Sachstatut der Yacht ist daher das Recht des Heimathafens (Art. 45 I Nr. 2 EGBGB-Entwurf, BGH NJW 1995, 2097, 2098). Das war zunächst Split im damaligen Jugoslawien, anschließend Brindisi in Italien; es kommt nicht darauf an, ob der Heimathafen mit Wissen und Wollen des Schiffseigners wechselt. Da das Recht des ehemaligen Jugoslawien für den Eigentumsübergang die Übergabe der Sache verlangte, kann ein Eigentumserwerb erst bei der Schlüsselübergabe in Brindisi stattgefunden haben. Dann unterliegt die Übereignung den Artt. 1153–1157 des italienischen Codice civile, die einen gutgläubigen Eigentumserwerb zulassen. Der Herausgabeanspruch des K ist daher wegen des gutgläubigen Erwerbs des B unbegründet (Fall nach BGH NJW 1995, 2097 = JZ 1995, 784 m. Anm. *Stoll* = JuS 1996, 77 [*Hohloch*]).

Die Anknüpfung an das Recht des Herkunftsstaates eines Luft-, Wasser- oder Schienenfahrzeuges gilt nicht für *gesetzliche Sicherungsrechte*; sie unterliegen dem Recht, das auf die zu sichernde Forderung anzuwenden ist (Art. 45 II EGBGB-Entwurf). Diese Vorschrift spielt vor allem für gesetzliche Pfandrechte an einem Schiff wegen schiffsbezogener Ansprüche eine Rolle (vgl. im deutschen Recht §§ 754, 761 HGB); so entsteht ein Schiffsgläubigerrecht an einem deutschen Schiff wegen Lieferung von Bunkeröl auf der griechischen Insel Syros nicht nach deutschem, sondern nach griechischem Recht (OLG Hamburg IPRax 1990, 400 m. Aufs. *Mankowski/Kerfack* [372]).

469 Für dingliche Rechte an *Kraftfahrzeugen* sieht der EGBGB-Entwurf keine spezielle Kollisionsnorm vor. Bei *privat genutzten* Personenkraftwagen hält die ganz herrschende Ansicht an der Belegenheitsregel fest; sie können jederzeit an Ort und Stelle nach dem dort geltenden Recht veräußert werden (*Kropholler* § 54 V; *Erman/Hohloch*, Anhang nach Art. 38 EGBGB Rdnr. 31). Das Recht des Herkunfts- oder Zulassungsstaates (*lex stabuli* – „Recht des Stalles") ist nicht maßgebend.

In *Fall b* wird also die Frage, ob B durch Einigung und Übergabe in Frankfurt/Main gutgläubig lastenfrei Eigentum an dem in Italien zugelassenen Ferrari erworben hat, nicht nach der italienischen *lex stabuli*, sondern nach der *lex rei sitae* beantwortet (BGH NJW 1991, 1415, 1416; zum maßgebenden Zeitpunkt unten Rdnr. 480).

Für *gewerblich genutzte* Kraftfahrzeuge, die auf Dauer dem grenzüberschreitenden Personen- und Güterverkehr gewidmet sind, wollen manche entsprechend Art. 45 I Nr. 3 EGBGB-Entwurf (Schienenfahrzeuge) auf das Recht des Zulassungsstaates abstellen (*Firsching/von Hoffmann* § 12 Rdnr. 39; ähnlich *Palandt/Heldrich*, Anhang zu Art. 38 EGBGB Rdnr. 10). Die Kriterien der gewerblichen Nutzung und der Bestimmung zum Auslandsverkehr sind jedoch für das Sachenrecht zu unsicher: Weder ist ein gestohlener PKW ohne weiteres als Mietwagen (gewerbliche Nutzung) zu erkennen, noch ist einem LKW oder einem Reisebus der planmäßige Auslandseinsatz anzusehen. Es sollte daher für Kraftfahrzeuge generell bei der (jeweiligen) *lex rei sitae* bleiben

(*Soergel/Lüderitz*, Art. 38 EGBGB Anhang II Rdnr. 87; *von Bar* II Rdnr. 768).

b) Res in transitu

470 Für den Erwerb und Verlust dinglicher Rechte an Sachen, die sich auf dem Transport befinden (*res in transitu* – „Sachen im Übergang"), gelten kollisionsrechtlich drei Grundprinzipien:

(1) Der Eigentumserwerb an Waren, die aufgrund eines *Versendungskaufs* über die Grenze transportiert werden, unterliegt den allgemeinen Anknüpfungsregeln des Sachenrechts: Läßt das Recht des *Absendestaates* eine Übereignung auch ohne Übergabe zu, kann die Ware – die dingliche Einigung vorausgesetzt – als Eigentum des Käufers auf die Reise gehen; verlangt das Recht des Absendestaates dagegen für den Eigentumswechsel die Übergabe der Sache, kann der Eigentumserwerb des Käufers erst im *Bestimmungsland* – und nach dem dortigen Sachenrecht – stattfinden. Das Recht eines *Durchgangslandes* – *Beispiel*: die verkaufte Ware wird von Mailand via Österreich nach München transportiert – spielt für den Eigentumsübergang keine Rolle (MünchKomm-*Kreuzer*, Art. 38 EGBGB Anhang I Rdnr. 72 m. w. N.). Die strikte Anwendung der Situs-Regel kann im Beispiel die Frage eines gutgläubigen Erwerbs entscheiden: Nach dem Recht des Absendeortes (Mailand), das auch an gestohlenen Sachen einen gutgläubigen Erwerb zuläßt (Artt. 1153–1157 Codice civile), hat ein Eigentumswechsel mangels Übergabe nicht stattgefunden; nach dem Recht des Bestimmungsortes (München), an dem die Ware übergeben wurde, ist ein gutgläubiger Erwerb gestohlener Sachen ausgeschlossen (§ 935 I BGB). Das Recht des Durchgangslandes Österreich ist im Beispiel für den Gutglaubenserwerb ohne Belang.

(2) Das Recht des Durchgangslandes (Transitlandes) beherrscht alle *lageortsbezogenen Vorgänge*: Wenn im Beispiel – Versendung der Kaufsache von Mailand nach München – der LKW-Fahrer den Transport in Österreich abbricht und dort die Ware an einen Dritten veräußert, richtet sich der gutgläubige Eigentumserwerb nach österreichischem Recht. Auch Pfändungspfandrechte oder

gesetzliche Sicherungsrechte werden nach dem Recht des jeweiligen Lageortes begründet (*Staudinger/Stoll*, IntSachenR Rdnr. 365; *von Bar* II Rdnr. 766).

471 (3) Die eigentliche Problematik der *res in transitu* beschränkt sich auf solche Vorgänge, die während eines internationalen Transports die Ware erfassen, ohne eine besondere Beziehung zu einem der räumlich berührten Staaten zu haben (MünchKomm-*Kreuzer*, Art. 38 EGBGB Anhang I Rdnr. 126). *Beispiel*: Eine Schiffsladung Tropenholz, die sich auf dem Weg von Cape Palmas (Liberia) via Lissabon nach Hamburg befindet, wird während des Seetransports vom englischen Eigentümer an einen deutschen Erwerber veräußert. Unstreitig ist: Das Recht des Durchgangslandes Portugal spielt selbst dann für den Eigentumserwerb keine Rolle, wenn sich die Ware im Zeitpunkt der dinglichen Einigung gerade im Hafen von Lissabon befunden hat. Ferner kann nicht das Recht eines Staates gelten, in dem sich die Ware nie befunden hat und nie befinden wird (*Kegel* § 19 IV); das englische Recht – Sitz des Eigentümers – muß daher für die dingliche Rechtslage außer Betracht bleiben.

Streitig ist, ob bei Verfügungen *in transitu* vergangenheitsbezogen auf das Recht des Absendestaates (Liberia) oder zukunftsorientiert auf das Recht des Bestimmungsstaates (Deutschland) abzustellen ist. Der EGBGB-Entwurf spart das Problem der *res in transitu* aus und überläßt die Lösung der Lehre und Rechtsprechung, weil es bisher nur selten praktisch geworden ist. Da die Beziehungen der Sache zum Absendestaat im Zeitpunkt der Verfügung bereits abgebrochen sind, halten viele das Recht des Bestimmungsstaates für maßgebend (*Palandt/Heldrich*, Anhang zu Art. 38 EGBGB Rdnr. 10; MünchKomm-*Kreuzer*, Art. 38 EGBGB Anhang I Rdnr. 127, jeweils m. w. N.). Andere wollen den Parteien erlauben, die alte oder neue *lex rei sitae* – das Recht des Absende- oder Bestimmungslandes – zu wählen: Für beide Rechtsordnungen spreche objektiv gleich viel; Verkehrsinteressen stünden bei Verfügungen während des Transports einer Wahl des Sachenrechtsstatuts nicht entgegen (*Kegel* § 19 IV; *Kropholler* § 54 IV; weitergehend – auch Wahl des Rechts des Durchgangsstaates – *Raape* 616–617).

2. Rechtswahlmöglichkeit

472 Streitig ist, ob die Parteien eines dinglichen Rechtsgeschäfts über eine *bewegliche Sache* – insbesondere einer Übereignung – das auf dieses Rechtsgeschäft anzuwendende Sachenrecht wählen können. Der EGBGB-Entwurf sieht eine Rechtswahlmöglichkeit nicht vor; in der Literatur werden zwei Fallgruppen diskutiert:

(1) Bei einer Verfügung während des grenzüberschreitenden Transports der Sache spricht sich ein Teil der Literatur dafür aus, den Parteien die Wahl zwischen dem Recht des Absendeortes und dem Recht des Bestimmungsortes zu erlauben (dazu soeben Rdnr. 471); die Rechtsprechung hatte sich damit noch nicht zu befassen.

(2) Bei Geschäften, die außerhalb des Belegenheitsstaates der Sache ihren Schwerpunkt haben, wollen einige Autoren den Parteien die Möglichkeit geben, die dingliche Verfügung durch Rechtswahl dem Schuldvertragsstatut zu unterstellen (*Staudinger/Stoll*, IntSachenR Rdnrn. 262, 282–285 m. w. N.).

Beispiel: Die Handelskette R AG läßt sich von ihrem Nürnberger Lieferanten Z zur Sicherung von Ansprüchen 2 Mio. Konservendosen übereignen, die in Polen lagern; Z fällt in Konkurs. – Da der Lageort der Dosen für die Parteien nicht wichtig ist und sonst aus der Sicht der Parteien kein Bezug zu Polen besteht, könnte man daran denken, daß die Parteien durch schlüssige Rechtswahl die Sicherungsübereignung dem deutschen Recht unterstellt haben, das auch ihre schuldrechtlichen Beziehungen beherrscht. Der *BGH* hat dagegen argumentiert: Es gehe im Sachenrecht nicht allein um die Interessen der Vertragsparteien, sondern gerade auch um den Schutz dritter Personen. Die Gläubiger des Z dürfen sich darauf verlassen, daß das polnische Recht eine Sicherungsübereignung ohne Besitzwechsel nicht anerkennt; ihr Vertrauen wird enttäuscht, wenn das polnische Sachenrecht nach deutschem IPR durch Rechtswahl ausgeschaltet werden kann. Außerdem müßte ein polnisches Gericht auf eine Herausgabeklage des Konkursverwalters gegen den Lagerhalter nach Art. 24 § 2 des polnischen IPR-Gesetzes die *lex rei sitae* anwenden, so daß der internationale Entscheidungseinklang gestört wäre. Eine Rechtswahl ist daher nicht möglich; die Wirksamkeit der Sicherungsübereignung beurteilt sich nach polnischem Recht (BGH NJW 1997, 461, 462 = IPRax 1997, 422 m. Aufs. *Stoll* [411]).

3. Wesentlich engere Verbindung

473 Eine objektive Einschränkung der Belegenheitsregel schlägt Art. 43 IV EGBGB-Entwurf vor: Wenn mit dem Recht des Staates A offensichtlich eine wesentlich engere Verbindung besteht als mit der *lex rei sitae*, soll das Recht des Staates A anzuwenden sein. Der Vorschlag zeigt, daß sich selbst das strenge Internationale Sachenrecht modernen „Auflockerungstendenzen" nicht entziehen kann (befürwortend *Kropholler* § 54 I 1). Als Beispiel wird die *Veräußerung von Reisegepäck* genannt: Ein deutscher Tourist verkauft und übereignet einer deutschen Touristin auf Mallorca seine Kamera. Gemäß Art. 28 II 1 EGBGB unterliegt der Kaufvertrag dem deutschen Recht; als Recht der „offensichtlich wesentlich engeren Verbindung" gemäß Art. 43 IV EGBGB-Entwurf soll das deutsche Recht auch hinsichtlich der Übereignung die spanische *lex rei sitae* verdrängen. Befürworter der Ausweichklausel des Art. 43 IV EGBGB-Entwurf befinden sich gerade in den Reihen derer, die im Beispielsfall eine Rechtswahl zugunsten des deutschen Sachenrechts ablehnen würden (*Firsching/von Hoffmann* § 12 Rdnrn. 10, 40). Die Bedenken, die gegen eine Rechtswahl sprechen, bestehen jedoch ebenso gegen eine Ausweichklausel: Ein kleiner Gewinn an Einzelfallgerechtigkeit wird mit einem großen Verlust an Rechtssicherheit erkauft, die im Internationalen Sachenrecht einen überragenden Stellenwert haben sollte.

II. Umfang des Sachstatuts

474 Das Sachstatut gilt für alle sachenrechtlichen Tatbestände. Es bestimmt also beispielsweise darüber, ob eine Sache wesentlicher Bestandteil einer anderen Sache ist, ob sie als bewegliche oder unbewegliche Sache gilt, und ob sie als Grundstückszubehör zum Haftungsverband einer Hypothek gehört oder als bewegliche Sache pfändbar ist (*Kegel* § 19 II). Das Sachstatut entscheidet, welche dinglichen Rechte an einer Sache entstehen können. Nach dem Sachstatut beurteilt sich ferner der Besitz an einer Sache und die Frage, ob eine Verfügung über eine Sache wirksam ist. Die Form der sachenrechtlichen Geschäfte richtet sich gemäß Art. 11 V EGBGB ausschließlich nach dem Sachstatut (dazu oben Rdnr. 327).

475 Das Sachstatut überschneidet sich mit dem Deliktsstatut bei *Umweltbeeinträchtigungen*, die von einem Grundstück ausgehen (vgl. den Toscana-Fall oben Rdnr. 450): Es kommen sachenrechtliche und deliktische Ansprüche in Betracht. Art. 44 EGBGB-Entwurf beruft für dingliche Ansprüche aus beeinträchtigenden Einwirkungen, die von einem Grundstück ausgehen, das Deliktsstatut. Die Vorschrift verweist nicht auf alle Anknüpfungsregeln des Internationalen Deliktsrechts, sondern nur auf die Tatortregel des Art. 40 I EGBGB-Entwurf. Bei Emissionen über die Grenze kann der betroffene Eigentümer also verlangen, daß statt des Rechts des einwirkenden Grundstücks das Recht des betroffenen Grundstücks zur Anwendung kommt (Artt. 44, 40 I EGBGB-Entwurf).

Beispiel: Rauch und Ruß eines Elektrizitätswerks am französischen Ufer der Saar schädigen ein Gartenrestaurant am deutschen Saarufer. – Der Eigentümer des Restaurants kann sich auf das für ihn günstigere französische Recht berufen, und zwar sowohl hinsichtlich der deliktischen als auch hinsichtlich der sachenrechtlichen Ansprüche (OLG Saarbrücken NJW 1958, 752).

1. Gegenstände des Sachenrechts

476 Bei einer Reihe von Gegenständen und Rechtsinstituten stellt sich die Frage, inwieweit sie dem Sachenrechtsstatut unterliegen. Das gilt zum einen für sog. *gemischte Rechtsinstitute* (dazu a). Zum anderen spielt bei *Wertpapieren* die Unterscheidung zwischen dem Recht am Papier und dem Recht aus dem Papier auch kollisionsrechtlich eine Rolle (dazu b).

a) Gemischte Rechtsinstitute (trust)

Bei den sog. gemischten Rechtsinstituten sind sachenrechtliche Strukturen mit solchen aus anderen Rechtsgebieten untrennbar verbunden (*Kropholler* § 54 I 2). Der Prototyp ist der anglo-amerikanische *trust*: Das ist ein Sondervermögen, das von einer Person, dem *settlor* (Begründer) durch Rechtsgeschäft unter Lebenden oder für den Todesfall zugunsten eines *beneficiary* (Begünstigten) oder für einen bestimmten Zweck errichtet wurde und von einem *trustee* (Treuhänder) zu verwalten ist, der über das Vermögen verfügen kann (*Zweigert/Kötz* § 14 III). Die Kernfrage bei der Qualifikation des *trust* lautet, ob den dinglichen Elementen ein solches Gewicht zukommt, daß man von einer sachenrechtlichen Institution sprechen kann (*Graue*, Festschrift Ferid, 1978, S. 151, 162), oder ob es sich um ein stiftungsähnliches Institut handelt, für das eine Analogie zu den Kollisionsnormen über juristische Personen zu ziehen ist (umfangreiche Nachw. bei *Staudinger/Stoll*, IntSachenR Rdnrn. 171–176). Der BGH enthält sich einer Qualifikation des *trust* und begnügt sich mit der Feststellung, daß der *trustee* jedenfalls als Volleigentümer anzusehen sei und die *beneficiaries* lediglich schuldrechtliche Ansprüche haben (BGH NJW 1984, 2762 = IPRax 1985, 221 m. Aufs. *Kötz* [205]; BGH NJW 1995, 1671).

Das *Haager Übereinkommen über das auf den trust anzuwendende Recht und seine Anerkennung* vom 20. 10. 1984 (abgedruckt in RabelsZ 50 [1986], 698) ist nur in wenigen Staaten in Kraft und von der Bundesrepublik Deutschland bisher nicht gezeichnet. Es beruft das vom Begründer ausdrücklich oder stillschweigend gewählte Recht, hilfsweise das Recht, mit dem der *trust* die engsten Verbindungen aufweist. Dabei sind insbesondere der vom Gründer bestimmte Verwaltungsort, die Lage des Trustvermögens, der Ort des Aufenthalts oder der Niederlassung des *trustee*, die Ziele des *trust* und die Orte, an denen sie erfüllt werden sollen, zu „berücksichtigen“ (Art. 7 II). Wegen dieser unbestimmten Anknüpfungskriterien wird das Übereinkommen kritisch betrachtet (*Kegel* § 17 III 2).

b) Wertpapiere (lex cartae sitae)

477 Bei Wertpapieren ist die Unterscheidung zwischen dem *Recht aus dem Papier* und dem *Recht am Papier* auch kollisionsrechtlich bedeutsam: Ob eine Urkunde ein Wertpapier ist und welche Folgen sich daraus ergeben, bestimmt die Rechtsordnung, der das verbriefte Recht – etwa der Gesellschaftsanteil – unterliegt (*Wertpapierrechtsstatut*). *Beispiel*: Ob der Erwerb der Mitgliedschaft in einer schweizerischen AG aus dem sachenrechtlichen Erwerb von Aktien folgt (Inhaberaktien: das Recht aus dem Papier folgt dem Recht am Papier), ist dem Gesellschaftsstatut der AG zu entnehmen; das auf die Gesellschaft anzuwendende schweizerische Recht – das Gesellschaftsstatut – ist das Wertpapierrechtsstatut.

Die Verfügung über die Urkunde unterliegt dann nach Internationalem Sachenrecht der *lex cartae sitae*, also dem Recht des Lageorts der Urkunde; dieses Recht wird als *Wertpapiersachstatut* bezeichnet (BGHZ 108, 353 = IPRax 1991, 338 m. Aufs. *Kronke/Berger* [316]). *Beispiel*: Wenn ein Besitzer von Inhaberaktien einer schweizerischen AG in Deutschland über die Papiere verfügt, streitet für ihn die Eigentumsvermutung des § 1006 I BGB (BGH NJW 1994, 939, 940).

2. Verfügungen über Sachen

478 Dingliche Rechtsgeschäfte – Verfügungen – unterliegen dem Sachstatut. Davon zu unterscheiden ist der Erwerb dinglicher Rechte durch eine *Gesamtrechtsnachfolge*, beispielsweise im Wege der Erbschaft. In diesem Fall entscheidet das Recht, das die Gesamtrechtsnachfolge anordnet, unabhängig von der *lex rei sitae* über die sachenrechtliche Zuordnung. Im Erbfall richtet sich also der Eigentumsübergang an den Nachlaßgegenständen nicht nach der *lex rei sitae*, sondern nach dem Erbstatut. Wenn keine Gesamtrechtsnachfolge, sondern eine Verfügung über eine Sache vorliegt, ist auch kollisionsrechtlich zwischen der dinglichen Einigung und dem Grundgeschäft (Kauf, Schenkung) zu unterscheiden:

a) Abstraktionsprinzip

479 Dem Sachstatut ist zu entnehmen, ob – wie in Deutschland – das Verfügungsgeschäft und das zugrunde liegende Verpflichtungsgeschäft in ihrem rechtlichen Bestand voneinander unabhängig sind (Abstraktionsgrundsatz), oder ob – wie in vielen anderen Rechtsordnungen – der dingliche Rechtsübergang ein gültiges Kausalgeschäft voraussetzt (*Junker*, JZ 1994, 921, 926). In beiden Fällen gilt jedoch kollisionsrechtlich das Trennungsprinzip: Auch wenn nach dem maßgebenden Sachstatut die Verfügung in ihrem rechtlichen Bestand von dem Grundgeschäft abhängig – kausal – ist, sind beide Rechtsgeschäfte getrennt anzuknüpfen. Der schuldrechtliche Vertrag wird nach Artt. 27 ff. EGBGB angeknüpft, die dingliche Einigung, auch wenn sie mit dem Kaufabschluß zusammenfällt, nach der Situs-Regel (BGHZ 52, 239).

b) Gutgläubiger Erwerb

480 Das Sachstatut bestimmt darüber, unter welchen Voraussetzungen ein gutgläubiger Erwerb des Eigentums oder sonstiger dinglicher Rechte vom Nichtberechtigten stattfindet (vgl. §§ 932–935 BGB). Die Rechtsordnungen unterscheiden sich in den Voraussetzungen eines gutgläubigen Erwerbs erheblich: Nach manchen Rechtsordnungen – etwa der italienischen oder der englischen – ist beispielsweise ein gutgläubiger Erwerb abhanden gekommener Sachen möglich (*Siehr*, ZVglRWiss 80 [1981], 273). Den Interessen des Eigentümers wäre am besten gedient, wenn ein gutgläubiger Erwerb an den Lageort der Sache im *Zeitpunkt des Abhandenkommens* angeknüpft würde. Damit wären aber die Verkehrsinteressen zu stark beeinträchtigt, weil der Erwerber – beispielsweise der Ersteigerer auf einer Auktion in London – die Herkunft der Sache häufig nicht kennt. Aus Verkehrsschutzgründen ist daher der Lageort im *Zeitpunkt des gutgläubigen Erwerbs* maßgebend (*Palandt/Heldrich*, Anhang zu Art. 38 EGBGB Rdnr. 2 m. w. N.).

In *Fall b* richtet sich der gutgläubige lastenfreie Erwerb des Ferrari durch B also nach §§ 936 II, 932 II BGB. Bei der Anwendung dieser Sachnormen kommt der *BGH* zu dem Ergebnis, daß B nicht auf die Behauptungen des italienischen Verkäufers vertrauen durfte, sondern sich über die nach italienischem Recht erforderlichen Fahrzeugpapiere hätte informieren müssen. Da er das nicht getan habe, liege grobe Fahrlässigkeit vor, so daß ein gutgläubiger lastenfreier Erwerb ausgeschlossen sei. Die Bank könne unter Berufung auf ihre Kraftfahrzeughypothek die Herausgabe des Fahrzeugs zum Zwecke der Verwertung verlangen (BGH NJW 1991, 1415, 1417 = IPRax 1993, 176 m. Aufs. *Kreuzer* [157] = *Schack*, Rechtsprechung Nr. 24).

3. Schutz von Kulturgütern

481 Der internationale Schutz von Kulturgütern hat nach dem Zweiten Weltkrieg reges Interesse gefunden (umfangreiche Nachw. bei *Kegel* § 23 X). Das Internationale Sachenrecht, das für den gutgläubigen Erwerb auf den Lageort im Zeitpunkt des Erwerbs abstellt, schafft eine naheliegende Möglichkeit, gestohlene Kunstwerke rechtsbeständig zu veräußern: Das gestohlene Kunstwerk wird in ein Land verbracht, dessen Rechtsordnung den gutgläubigen Erwerb auch von abhandengekommenen Sachen ermöglicht oder zumindest die Ersitzung erleichtert (*Soergel/Lüderitz*, Art. 38 EGBGB Anhang II Rdnrn. 107–110). Eine gewisse Abhilfe schafft zum einen die Sonderanknüpfung von Exportverboten, die zahlreiche Staaten für besonders wertvolle Kulturgüter erlassen haben (dazu unten Rdnr. 614). Zum anderen gibt es die *Richtlinie 93/7/EWG über die Rückgabe von unrechtmäßig aus dem Hoheitsgebiet eines Mitgliedstaats verbrachten Kulturgütern* vom 15. 3. 1993 (ABlEG Nr. L 74/1994, S. 74), die aber von den Mitgliedstaaten der Europäischen Union noch umgesetzt werden muß. Die gegenwärtige Rechtslage ist „trübe, aber nicht ganz aussichtslos" (*Siehr*, Festschrift Trinkner, 1995, S. 703, 722): Die nationalen Sachenrechtsordnungen lassen den gutgläubigen Erwerb, die Ersitzung und die Klageverjährung zu, während die Bemühungen um einen internationalen Kulturgüterschutz erst am Anfang stehen.

III. Statutenwechsel (Wechsel des Lageortes)

482 Wenn eine bewegliche Sache von einem Staat in einen anderen gelangt, findet ein Statutenwechsel statt, weil sachenrechtliche Tatbestände dem Recht des *Lageortes* unterliegen und nach dem Zeitpunkt ihres *Eintritts* beurteilt werden. Beim Statutenwechsel wird zwischen abgeschlossenen, offenen und gemischten Tatbeständen unterschieden (dazu bereits oben Rdnrn. 221–223).

1. Abgeschlossener Tatbestand

Ist der sachenrechtliche Tatbestand – beispielsweise eine Eigentumsübertragung – nach dem Recht des bisherigen Lageortes bereits vollendet, wenn die Sache das Land wechselt, bleibt es bei diesem *fait accompli* (*Kegel* § 19 III): Die Sache muß nicht nach dem Recht des neuen Lageortes erneut übereignet werden. Die neue *lex rei sitae* übernimmt die Sache grundsätzlich in der sachenrechtlichen Prägung, die ihr das bisherige Statut gegeben hat (*Kropholler* § 54 III 1 a). *Beispiel:* Ein deutscher Tourist kauft in Italien eine Antiquität; die Kaufsache soll auf seinen Wunsch nach Deutschland versendet werden. Nach italienischem Recht erwirbt der Käufer durch den Abschluß des Kaufvertrages das Eigentum an einer Speziessache; daran ändert sich nichts, wenn die Sache Deutschland erreicht, denn der Eigentumserwerb ist bereits in Italien abgeschlossen (LG Hamburg AWD 1958, 190).

483 Auch eine Ersitzung kann ein abgeschlossener Tatbestand sein: Wenn jemand ein gestohlenes Gemälde in Deutschland zehn Jahre gutgläubig in Eigenbesitz hat, ist er durch Ersitzung gemäß § 937 BGB Eigentümer geworden und bleibt es auch, wenn er das Gemälde anschließend nach New York bringt. Schafft er das Bild dagegen vor Ablauf der Zehnjahresfrist nach New York, ist die Ersitzung nach deutschem Recht fehlgeschlagen; aus der Sicht des alten Statuts – des deutschen Rechts – liegt insoweit ein abgeschlossener Tatbestand vor (anschaulich *Raape* 595–596). Aus der Sicht des neuen Statuts liegt beim Statutenwechsel ein offener Tatbestand vor (dazu bereits oben Rdnr. 222). Die Ersitzung bestimmt sich nunmehr nach New Yorker Recht, das zwar nur eine Dreijahresfrist kennt, diese Frist aber erst mit der *open and notorious possession* beginnen läßt (*Kunstsammlungen zu Weimar v. Elicofon*, 678 F.2d 1150 [2d Cir. 1982], besprochen von *Richard/Junker*, Jura 1985, 415, 422).

2. Offener Tatbestand

484 Wenn eine Sache das Land wechselt, während sich ein sachenrechtlicher Tatbestand verwirklicht – beispielsweise zwischen Einigung und Übergabe –, entscheidet grundsätzlich das neue Statut über den gesamten Erwerbsvorgang (*Fall a*, oben Rdnr. 468). Art. 43 III EGBGB-Entwurf enthält für diese Fälle im Einklang mit dem bisherigen Recht eine materiellrechtliche Anrechnungsregel: Ist ein Recht an einer Sache, die in das Inland gelangt, nicht schon vorher erworben worden, sind für einen solchen Erwerb im Inland Vorgänge in einem anderen Staat wie inländische zu berücksichtigen. *Beispiel:* Wenn eine Sache nach Deutschland gebracht wird, sind im Ausland zurückgelegte Zeiten eines gutgläubigen Eigenbesitzes im Rahmen des § 937 BGB anzurechnen.

485 Der wichtigste Fall eines offenen Tatbestandes ist der grenzüberschreitende Versendungskauf (dazu bereits oben Rdnr. 471). Wenn der Eigentumsübergang bei dem Absenden der Sache nach dem Recht des Absendestaates noch nicht vollzogen war, kann er beim Eintreffen der Sache im Bestimmungsland mit Grenzübertritt wirksam werden, wenn die Übereignungsvoraussetzungen des Bestimmungslandes erfüllt sind. *Beispiel:* Bei einem Versendungskauf von Deutschland nach Frankreich fehlt es in Deutschland mangels Übergabe oder Übergabesurrogats an der Übereignung; mit dem Überschreiten der Grenze geht das Eigentum auf den Erwerber über, weil nach französischem Recht der Wille zur Übereignung genügt (*Kropholler* § 54 III 2a).

In *Fall c* nutzt der in Italien begründete Eigentumsvorbehalt dem V gegenüber dem Gläubiger des K nichts, da dieser Vorbehalt nur zwischen V und K wirkt. V und K hatten jedoch nach der Interessenlage den Willen, im Bestimmungsland der Ware – Deutschland – einen absolut wirkenden Eigentumsvorbehalt zu begründen. Da ein solcher Eigentumsvorbehalt nach deutschem Recht formlos vereinbart werden kann, ist man sich über das Ergebnis – Vorbehaltseigentum des V – einig (*Kegel*, JuS 1968, 162 m.w.N.). Würde Art. 43 III EGBGB-Entwurf geltendes Recht, ließe sich das Ergebnis auf diese Vorschrift stützen: Es läge ein gestreckter Erwerbstatbestand im Sinne dieser Vorschrift vor. Deutsches Recht würde ab Eintritt der Kaufsache in deutsches Gebiet dem schon in Italien vereinbarten Vorbehalt zur Wirksamkeit verhelfen (Fall nach BGHZ 45, 95).

3. Gemischter Tatbestand

486 Ein gemischter Tatbestand liegt vor, wenn ein dingliches Recht zwar vor dem Statutenwechsel entstanden ist, seine spezifischen Wirkungen aber nach dem Statutenwechsel entfalten soll. Das betrifft insbesondere dingliche Sicherheiten: Ein Sicherungsrecht unterliegt bis zum Eintreffen der Sache im Bestimmungsland dem Recht des Absendestaates, ab dem Eintreffen im Bestimmungsland dem Recht dieses Landes. Auch bei anderen Rechten als Sicherungsrechten kann zwischen Entstehung und Wirkung ein Statutenwechsel liegen. Das gilt etwa für das sog. Lösungsrecht des gutgläubigen Erwerbers gestohlener Sachen.

Ein *Beispiel* ist BGHZ 100, 321: Ein Kölner Händler ersteigerte in Zürich Münzen, die dem Land Schleswig-Holstein gestohlen worden waren, brachte die ersteigerten Münzen nach Deutschland und veräußerte sie an einen Kunden weiter. – Nach schweizerischem Recht erwerben der gutgläubige Ersteigerer und seine Rechtsnachfolger zwar kein Eigentum an gestohlenen Sachen; sie müssen die Sachen aber nur gegen Erstattung des bezahlten Preises herausgeben (Art. 934 II ZGB, *Lösungsrecht*). Dieses Lösungsrecht erlischt nicht, wenn die Sache nach Deutschland gebracht wird, denn es ist dem dinglichen Zurückbehaltungsrecht des § 1000 BGB verwandt und deshalb mit der deutschen Sachenrechtsordnung vereinbar. Es erlischt jedoch, wenn die Sache in Deutschland weiterveräußert wird, weil §§ 929–936 BGB – die auf diese Weiterveräußerung anzuwenden sind – kein Lösungsrecht des gutgläubigen Erwerbers gestohlener Sachen vorsehen. Da das Land Schleswig-Holstein weder durch den Ersterwerb nach schweizerischem Recht noch durch den Zweiterwerb nach deutschem Recht (§ 935 BGB) das Eigentum verloren hat, kann es die Münzen nach § 985 BGB herausverlangen, ohne daß der Kunde des Händlers ein Lösungsrecht geltend machen kann (BGHZ 100, 321 = IPRax 1987, 374 m. Aufs. *Stoll* [357] = *Schack,* Rechtsprechung Nr. 26).

a) Hinnahmetheorie

In Fällen mit Auslandsberührung halten sich die deutschen Gerichte nicht strikt an den *numerus clausus* der deutschen Sachenrechte, wie das vorstehende Beispiel zeigt: Der *BGH* hat es nicht etwa abgelehnt, ein dem deutschen Sachenrecht unbekanntes Lösungsrecht gemäß Art. 934 II ZGB anzuwenden; der *BGH* ist nur zu dem Ergebnis gekommen, daß das Lösungsrecht im konkreten Fall erloschen war. Allgemein gesprochen: Das deutsche IPR erkennt im Interesse des internationalen Rechtsverkehrs nach ausländischem Recht begründete, aber dem deutschen Recht fremde dingliche Rechte an (Hinnahmetheorie). Man bezeichnet dies auch als einen Schutz „wohlerworbener Rechte".

b) Transpositionslehre

487 Diese Rechte müssen sich jedoch mit dem deutschen Sachenrecht „vertragen" (*Kegel* § 19 III). Daher können sie nur nach Maßgabe der im deutschen Sachenrecht möglichen Berechtigungen ausgeübt und müssen in das ihnen am nächsten kommende Rechtsinstitut des deutschen Rechts „umgesetzt" – transponiert – werden (grundlegend *Lewald* 184–186). Das Lösungsrecht nach

Art. 934 II ZGB wirkt in Deutschland als Zurückbehaltungsrecht nach § 1000 BGB, wobei die Voraussetzungen dem schweizerischen Recht zu entnehmen sind. Art. 43 II EGBGB-Entwurf formuliert diesen Gedanken als allseitige Kollisionsregel: „Gelangt eine Sache, an der Rechte begründet sind, in einen anderen Staat, so können diese Rechte nicht im Widerspruch zu der Rechtsordnung dieses Staates ausgeübt werden."

In *Fall b* ist die italienische Autohypothek als ein besitzloses Pfandrecht, das dem Sicherungseigentum ähnelt, in Deutschland anzuerkennen und nach den für das Sicherungseigentum entwickelten Regeln zu verwerten (BGH NJW 1991, 1415, 1417; s. auch BGHZ 39, 173, 175 – besitzloses Registerpfandrecht an einem französischen LKW). Der Inhalt solcher Rechtsinstitute – Autohypothek, Registerpfandrecht – bestimmt sich nach dem Recht des neuen Belegenheitsstaats, und zwar nach den Regeln des ähnlichsten Rechtsinstituts.

Gibt es kein ähnliches Rechtsinstitut, entfaltet das ausländische dingliche Recht nach dem Statutenwechsel in Deutschland keine Wirkung. Ein Beispiel ist die *floating charge* des englischen Rechts, ein Sicherungsrecht, das auf dem gesamten Vermögen einer Gesellschaft (einschließlich des Unternehmenswertes) lastet und in einem besonderen Verfahren zu einem Verwertungsrecht verdichtet wird (*von Bar* II Rdnr. 761 m. w. N.). Eine *floating charge* entfaltet keine Wirkung, soweit sie sich auf eine Sache bezieht, die nach Deutschland gelangt, da sie sich weder materiellrechtlich noch verfahrensrechtlich mit dem deutschen Recht „verträgt".

Die Frage der Transposition beantwortet für einige Gegenstände das Internationale Einheitsrecht. Solches Einheitsrecht enthält das *Genfer Übereinkommen über die internationale Anerkennung von Rechten an Luftfahrzeugen* vom 19. 6. 1948 (BGBl. 1959 II, 130, abgedruckt bei *Jayme/Hausmann* Nr. 55). Es schafft als einzig mögliche Art der Belastung eines Luftfahrzeugs ein besitzloses Registerpfandrecht und verpflichtet die Vertragsstaaten, ein solches Pfandrecht anzuerkennen (*von Kistowsky*, ZLW 1989, 215). Es gilt das Recht des Registers, in dem das Pfandrecht eingetragen ist (*lex libri siti*). *Beispiel:* Ein in das *FAA Aircraft Registry* von Oklahoma City eingetragenes Pfandrecht an einem Sportflugzeug unterliegt nach dem Übereinkommen dem Recht des US-amerikanischen Registerorts; es ist in Deutschland anzuerkennen und wie ein nach deutschem Recht bestelltes Registerpfandrecht zu behandeln (BGH WM 1992, 29 = IPRax 1993, 178 m. Aufs. *Kreuzer* [157]).

IV. Internationales Enteignungsrecht

488 Enteignungen, die politische oder wirtschaftliche Zwecke verfolgen, dienen als Akte hoheitlicher Gewalt den Interessen des Staates, der seine Macht einsetzt. Enteignungsrecht ist öffentliches Recht. *Internationales Enteignungsrecht* beantwortet daher nicht die Frage, welches von mehreren in Betracht kommenden Rechten auf eine Enteignung von Sachen oder anderen Vermögenswerten anzuwenden ist – dieses Recht steht von vornherein fest, es ist das Recht des enteignenden Staates (anschaulich *von Bar* I Rdnr. 268). Das deutsche Internationale Enteignungsrecht beantwortet vielmehr die Frage, ob und unter welchen Voraussetzungen die privatrechtlichen Folgen ausländischer Enteignungen im Inland anzuerkennen sind (MünchKomm-*Kreuzer*, Art. 38 EGBGB Anhang III Rdnr. 1): Wie gestalten sich aus deutscher Sicht die Eigentumsverhältnisse an einer Sache, die nach dem Recht des enteignenden Staates dem Enteignungsbenachteiligten entzogen und dem Enteignungsbegünstigten zugeteilt wurde?

Die Rechtsnatur ausländischer Enteignungen würde an sich dafür sprechen, solche Hoheitsakte in Deutschland überhaupt nicht zu beachten. Dann wäre aber Streit mit dem enteignenden Staat programmiert. *Beispiel* (nach OLG Bremen RIW/AWD 1959, 207): Sumatra-Tabak wird vom indonesischen Staat enteignet, nach Bremen verschifft und dort vom Enteignungsbenachteiligten herausverlangt. Im Interesse des internationalen Handels und des friedlichen Zusammenlebens der Völker haben sich Rechtsprechung und Lehre dazu durchgerungen, Enteignungsmacht in Recht zu verwandeln: Wir erkennen ausländische Enteignungen an, wenn und soweit sie Gegenstände betreffen, über die der enteignende Staat Macht hat. *Kegel* § 23 II 1: „Enteignungen sind selten edel. Aber es ist richtig, Rechtsänderungen, die der fremde Staat innerhalb seiner Grenzen durchgeführt hat, auch im Ausland gelten zu lassen, wenn man politischen und wirtschaftlichen Streit vermeiden will."

489 Der zugreifende Staat hat Macht über Sachen, die zur Zeit der Enteignung in seinem Territorium belegen sind. Die *lex rei sitae* findet also ihr öffentlich-rechtliches Gegenstück im Territorialitätsprinzip des Internationalen Enteignungsrechts: Der hoheitliche Zugriff auf Sachen, die im Zugriffsstaat belegen sind, wird auch in Deutschland anerkannt. Die Enteignung von Sachen, die nicht im Eingriffsstaat belegen sind, wird dagegen nicht anerkannt, und zwar unabhängig davon, ob die Enteignung gegen Entschädigung erfolgte oder nicht (BVerfG NJW 1991, 1597, 1599). *Beispiel* (chilenischer Kupferstreit, dazu *Meessen*, AWD 1973, 177, 181): Lag vom chilenischen Staat enteignetes Kupfer im Zeitpunkt der Enteignung noch in Chile, erkennen wir die Enteignung an (*positives Territorialitätsprinzip*); war das Kupfer bereits im Hamburger Hafen, erkennen wir die Enteignung nicht an (*negatives Territorialitätsprinzip*).

§ 18. Familienrecht

490 **Literatur:** *Henrich*, Internationales Familienrecht (1989); *Jayme*, Internationales Familienrecht heute, Festschrift Müller-Freienfels (1986), S. 341; *Rausch*, Internationales Privatrecht in der familiengerichtlichen Praxis, NJW 1994, 2120; *Spickhoff*, Die engste Verbindung im interlokalen und internationalen Familienrecht, JZ 1993, 336; *Wegmann*, Die Rechtswahlmöglichkeiten im internationalen Familienrecht, NJW 1987, 1740. Rechtsvergleichend: *Bergmann/Ferid*, Internationales Ehe- und Kindschaftsrecht (Loseblatt, 12 Bände.).

Die Kollisionsnormen des Internationalen Familienrechts bezeichnen das auf familienrechtliche Beziehungen mit Auslandsberührung (Art. 3 I 1 EGBGB) anzuwendende Recht. Den Kernbereich des Internationalen Familienrechts bildet das Internationale Eherecht. Es ist in zweifacher Weise durch das Grundgesetz von 1949 geprägt:

- Zum einen verlangt Art. 3 II GG gleiches Recht für Männer und Frauen. Das EGBGB von 1896 verwirklichte die Gleichberechtigung noch nicht, sondern ließ bei unterschiedlicher Staatsangehörigkeit der Ehegatten das Heimatrecht des Mannes entscheiden. Das *BVerfG* hat diese Kollisionsregeln wegen Verstoßes gegen Art. 3 II GG für nichtig erklärt (BVerfGE 63, 181, 194; BVerfGE 68, 384, 390).
- Zum anderen ist auch das Kollisionsrecht an Art. 6 I GG zu messen: In der *Spanierentscheidung* vom 4. 5. 1971 erklärte das *BVerfG*, das damalige spanische Eherecht sei wegen Verstoßes gegen die durch Art. 6 I EGBGB garantierte Eheschließungsfreiheit nicht anzuwenden. Denn die Folge wäre, daß ein Spanier eine geschiedene Deutsche nicht heiraten könne (BVerfGE 31, 58, 80ff.).

491 Das IPR-Neuregelungsgesetz von 1986 trägt diesen verfassungsrechtlichen Vorgaben Rechnung. Das Schwergewicht der IPR-Reform von 1986 liegt – neben dem Internationalen Schuldvertragsrecht der Artt. 27–37 EGBGB – im Bereich des Internationalen Familienrechts. Der *Dritte Abschnitt: Familienrecht* (Artt. 13–24 EGBGB) beruht auf drei Leitgedanken: *Erstens* sollen die Anknüpfungen des Internationalen Eherechts die Gleichberechtigung von Mann und Frau und das Grundrecht auf Eheschließung verwirklichen; Art. 13 II EGBGB, eine spezielle ordre public-Klausel, gibt den Tenor der *Spanierentscheidung* fast wörtlich wieder. *Zweitens* wird zwar – wie vor 1986 – an die Staatsangehörigkeit angeknüpft; diese Anknüpfung ist aber aufgelockert, insbesondere durch Rechtswahlmöglichkeiten (z.B. Artt. 14 II, III, 15 II EGBGB). *Drittens* schaffen die Artt. 14 ff. EGBGB ein einheitliches Familienstatut, indem sie die Kollisionsnorm für die allgemeinen Ehewirkungen (Art. 14 EGBGB) auch im ehelichen Güterrecht und im Scheidungsrecht für maßgebend erklären; ferner nimmt Art. 19 I 3 EGBGB für die Abstammung eines Kindes auf Art. 14 I EGBGB Bezug.

I. Eheschließung (Art. 13 EGBGB)

492

Literatur: *von Bar*, Die eherechtlichen Konventionen der Haager Konferenz(en), RabelsZ 57 (1993), 63; *Gamillscheg*, Das Verlöbnis im deutschen internationalen Privatrecht, RabelsZ 32 (1968), 473; *Henrich*, Das internationale Eherecht nach der Reform, FamRZ 1986, 841; *Siehr*, Die gemischt-nationale Ehe im internationalen Privatrecht, Festschrift Ferid (1988), S. 433; *Stoll*, Zur Reform des internationalen Eheschließungsrechts in Deutschland, Festschrift Schwind (1978), S. 293. Rechtsvergleichend: *Coester*, Probleme des Eheschließungsrechts in rechtsvergleichender Sicht, StAZ 1988, 122.

Fälle:

a) Ein in Hamburg ansässiger, nicht unvermögender Deutscher verlobt sich mit einer Brasilianerin, die in Madrid lebt. Er schenkt ihr unter anderem 245 000 DM in bar und einen PKW Mercedes SL Roadster. Die Beziehung gestaltet sich wechselvoll. Die Verlobung wird gelöst, nachdem die Brasilianerin von einem anderen Mann ein Kind bekommen hat. Der Deutsche fordert seine Geschenke zurück. Ort und Datum der Verlobung sind zwischen den Parteien streitig; unstreitig bestand das Verlöbnis jedoch zur Zeit der Schenkungen.

b) Eine Italienerin ging im Jahre 1947 mit einem Deutschen die Ehe ein. Das geschah wie folgt: Vor dem Standesbeamten in Florenz erschienen die Italienerin in Person und – für den in Deutschland unabkömmlichen Deutschen – ein Verwandter der Italienerin. Sie gaben die nach italienischem Recht zur Eheschließung erforderlichen Erklärungen ab. Der Deutsche hatte den Verwandten durch eine in Hannover errichtete notarielle Urkunde ermächtigt, für ihn in dieser Weise tätig zu werden. Ist die Ehe gültig geschlossen?

Kollisionsnormen für die Eheschließung sind in drei völkerrechtlichen Vereinbarungen enthalten, die aber die Bundesrepublik kaum berühren: Das *Haager Abkommen zur Regelung des Geltungsbereichs der Gesetze auf dem Gebiete der Eheschließung* vom 12. 6. 1902 (RGBl. 1904, 221, abgedruckt bei *Jayme/Hausmann* Nr. 20) gilt heute nur noch zwischen Deutschland und Italien. Es galt allerdings nach dem Zweiten Weltkrieg erst wieder ab 1952, so daß es in *Fall b* – Eheschließung 1947 – keine Rolle spielt. Das *Haager Abkommen über die Schließung und Anerkennung der Gültigkeit von Ehen* vom 14. 3. 1978 (abgedruckt in Am. J. Comp. L. 25 [1977], 399) ist 1991 in Kraft getreten. Deutschland gehört aber nicht zu den Vertragsstaaten. Das *Pariser CIEC-Übereinkommen zur Erleichterung der Eheschließung im Ausland* vom 10. 9. 1964 (BGBl. 1969 II, 451, abgedruckt bei *Jayme/Hausmann* Nr. 21) ist zwischen der Bundesrepublik Deutschland, den Niederlanden, der Türkei, Spanien und Griechenland in Kraft; die Bundesrepublik hat jedoch die wichtigsten Normen des Übereinkommens – diejenigen über die Befreiung von Ehehindernissen – von der Anwendung ausgeschlossen.

493 Da Staatsverträge nur einen kleinen Bereich abdecken, sind die Voraussetzungen und die Form der Eheschließung in den allermeisten Fällen nach Art. 13 EGBGB anzuknüpfen. Diese Kollisionsnorm hat in der Praxis große Bedeutung, da in Deutschland pro Jahr durchschnittlich 35000 Ehen geschlossen werden, bei denen wenigstens ein Partner Ausländer ist; es handelt sich dabei um etwa 10% aller in Deutschland geschlossenen Ehen. Die Anknüpfungsregeln des Art. 13 EGBGB sprechen von den *Verlobten* und meinen damit schlicht die künftigen Ehegatten. Eine *Verlobung* im Rechtssinne – im deutschen Recht: ein Vertrag, durch den sich zwei Personen verschiedenen Geschlechts gegenseitig versprechen, die Ehe miteinander einzugehen (§§ 1297–1302 BGB) – wird von Art. 13 EGBGB nicht vorausgesetzt. Die Vorschrift enthält auch keine ausdrückliche Kollisionsregel für die Anknüpfung des gegenseitigen Eheversprechens (der Verlobung) und des sich daran anschließenden Rechtsverhältnisses (des Verlöbnisses).

1. Verlobung und Verlöbnis

494 Die Verlobung als ein Rechtsgeschäft, das die – nach deutschem Recht: nicht erzwingbare (§ 1297 I BGB) – Verpflichtung begründet, die Ehe einzugehen, verliert heute rechtstatsächlich und materiellrechtlich an Bedeutung (rechtsvergleichend *Staudinger/von Bar/Mankowski*, Anhang zu Art. 13 EGBGB Rdnrn. 1–8). Kollisionsrechtlich wird allgemein zwischen dem Zustandekommen der Verlobung und ihren Wirkungen – dem Verlöbnis – unterschieden.

a) Auf die sachlichen *Voraussetzungen* der Verlobung wird die Kollisionsnorm für die Eheschließung (Art. 13 I EGBGB) analog angewandt, da die Verlobung eine Vorstufe der Eheschließung ist. Es entscheidet also das Heimatrecht jedes Verlobten nach dem *Grundsatz des ärgeren Rechts*: Wenn nach dem Personalstatut eines der beiden Verlobten die Voraussetzungen der Verlobung nicht vorliegen, kommt das Verlöbnis nicht zustande (*Soergel/Schurig*, vor Art. 13 EGBGB Rdnr. 14). Jeder Verlobungswillige muß sich nach seinem Heimatrecht mit diesem konkreten anderen Verlobungswilligen verloben dürfen (BGHZ 28, 375, 377).

495 b) Hinsichtlich der *Wirkungen* der Verlobung – des Verlöbnisses – richtet sich das Augenmerk weniger auf den Primäranspruch. Denn die Eingehung der Ehe ist nach keiner Rechtsordnung erzwingbar. Im Blickpunkt stehen vielmehr Sekundäransprüche, insbesondere auf Rückgabe von Geschenken nach Rücktritt vom Verlöbnis (vgl. § 1301 BGB).

In *Fall a* will der BGH auf das Heimatrecht des in Anspruch genommenen Partners abstellen; da eine Brasilianerin in Anspruch genommen wird, wäre also im brasilianischen Recht nach einer Anspruchsgrundlage zu suchen (BGHZ 132, 105, 116 = IPRax 1997, 187 m. Aufs. *Mankowski* [173]). Gegen diese Anknüpfung wird zutreffend vorgebracht, daß sich das anzuwendende Recht nicht danach bestimmen sollte, ob der eine oder der andere Partner in Anspruch genommen wird. Deshalb will die neuere Literatur die Verlöbniswirkungen ebenso anknüpfen wie die Ehewirkungen: Die Anknüpfungsleiter des Art. 14 I EGBGB wird analog herangezogen (*Kropholler* § 44 IV 3; *Lüderitz* Rdnr. 359 m. w. N.). Dann wäre in *Fall a* analog Art. 14 I Nr. 3 EGBGB nach dem Recht des Staates zu suchen, mit dem die Verlobten *gemeinsam* am engsten verbunden waren. Wenn sich die beiden – was der Sachverhalt des BGH-

Urteils nahelegt – meistens in Madrid getroffen haben, wäre auf den Rückgabeanspruch das spanische Recht anzuwenden. Nach spanischem Recht hat ein Verlobter, der „grundlos" das Eheversprechen bricht, empfangene Geschenke zurückzugewähren (Art. 43 Código civil). Wenn die Brasilianerin keine anerkennenswerten Gründe für ihr Verhalten vorbringt, muß sie also die Geschenke zurückgeben.

2. Sachliche Ehevoraussetzungen

496 Nach Art. 13 I EGBGB unterliegen die Voraussetzungen der Eheschließung für jeden Verlobten dem Recht des Staates, dem er angehört: „Die Heirat als höchst persönliches Tun wird angeknüpft im Parteiinteresse" (*Kegel* § 20 IV 1 a). Art. 13 I EGBGB betrifft nur die sachlichen Voraussetzungen der Eheschließung; die Form der Eheschließung wird nach Artt. 11, 13 III EGBGB angeknüpft (dazu unter 3). Zu den sachlichen Voraussetzungen der Eheschließung gehören insbesondere die Ehemündigkeit, das Fehlen von Ehehindernissen und die fehlerfreie Willensbildung (BegrRegE, BT-Drucks. 10/504, S. 52).

Die Abgrenzung der sachlichen Voraussetzungen von der Form der Eheschließung ist eine Frage der Qualifikation. Sie stellt sich beispielsweise, wenn einer der künftigen Gatten nicht persönlich zur Hochzeit erscheint. Man spricht von einer *Handschuhehe*, abgeleitet vom Handschuh als mittelalterlichem Boten- und Vollmachtszeichen (*Fall b)*: Wenn das persönliche Erscheinen bei der Eheschließung (oder eine Regel, wonach das persönliche Erscheinen entbehrlich ist) die *sachlichen Ehevoraussetzungen* betrifft, ist nach Art. 13 I EGBGB an das Personalstatut des oder der Verlobten anzuknüpfen. Handelt es sich dagegen um eine Frage der *Form der Eheschließung*, gilt nach Art. 11 I EGBGB alternativ Geschäftsrecht und Ortsrecht (dazu oben Rdnr. 321). In *Fall b* sollte der Mittelsmann weder über das Ob der Heirat entscheiden noch die Gattin auswählen. Er sollte keinen eigenen Willen bilden, sondern einen fremden Willen erklären. Es handelt sich entweder um eine bloße Botenschaft (so zutreffend *Kegel* § 20 IV 2 a) oder – wie der BGH meint – um eine Stellvertretung „mit gebundener Marschroute" (BGHZ 29, 137, 144; zweifelhaft). Die Zulässigkeit dieser Art der Handschuhehe wird im Ergebnis einhellig als Formfrage qualifiziert (zur Anknüpfung unten Rdnr. 501).

a) Personalstatut, Art. 13 I EGBGB

497 Die sachlichen Voraussetzungen der Eheschließung unterliegen nach Art. 13 I EGBGB für jeden der künftigen Ehegatten dem

Recht des Staates, dem er unmittelbar vor der Eheschließung angehört (nicht: dem Recht des Staates, dessen Staatsangehörigkeit er durch die Heirat erwirbt). Zu unterscheiden ist zwischen einseitigen und zweiseitigen Ehevoraussetzungen: *Einseitige* Ehevoraussetzungen – Beispiel: die Ehemündigkeit – werden nach dem Heimatrecht jedes Verlobten beurteilt; die Vorschrift des § 1303 BGB gilt daher bei einer gemischt-nationalen Ehe nur für den deutschen Partner. *Zweiseitige* Ehevoraussetzungen – Beispiel: keiner der Ehegatten darf zur Zeit der Eheschließung mit einem Dritten verheiratet sein (§ 1306 BGB) – gelten dagegen für beide Verlobten. Das Heimatrecht des Verlobten, das ein zweiseitiges Ehehindernis enthält, ist nach Art. 13 I EGBGB auch auf den anderen Verlobten anzuwenden (BegrRegE, BT-Drucks. 10/504, S. 52). Das bedeutet: Eine ledige Deutsche kann die Ehe mit einem verheirateten Jordanier nicht eingehen, obwohl dessen Heimatrecht die Mehrehe gestattet.

Wenn bei unterschiedlicher Staatsangehörigkeit der Ehegatten eine Ehevoraussetzung fehlt, gilt für die Rechtsfolgen der mangelhaften Eheschließung der *Grundsatz des ärgeren Rechts*. *Beispiel*: Bigamische Ehe eines Ausländers mit einer Deutschen; nach dem Heimatrecht des Ausländers ist die Ehe nichtig, nach deutschem Recht ist sie aufhebbar (§ 1313 BGB). – Anzuwenden ist ausländisches Recht als das „ärgere" Recht (OLG Düsseldorf IPRax 1993, 251 m. Aufs. *Henrich* [236]). Die Verweisung des Art. 13 I EGBGB ist eine *Gesamtverweisung*; ein Renvoi wird also beachtet (Art. 4 I EGBGB). *Beispiel:* Eheschließung eines in Deutschland domizilierten Ghanaers. – Art. 13 I EGBGB folgt dem Staatsangehörigkeitsprinzip und verweist auf ghanaisches Recht. Sec. 66(3) des ghanaischen Court Act 1960 folgt dem Domizilprinzip und verweist damit auf deutsches Recht zurück (BGH NJW 1991, 3088, 3090).

b) Deutsches Recht, Art. 13 II EGBGB

498 Art. 13 II EGBGB normiert eine Ausnahme zu Art. 13 I EGBGB. Nach Art. 13 II EGBGB ist deutsches Recht anzuwenden, wenn kumulativ drei Bedingungen erfüllt sind:

(1) Ein Verlobter muß seinen gewöhnlichen Aufenthalt im Inland haben oder Deutscher sein; es bedarf also eines Inlandsbezuges.

(2) Die Verlobten müssen die zumutbaren Schritte unternommen haben, um Ehehindernisse des ausländischen Rechts zu beseitigen, das nach Art. 13 I EGBGB zur Anwendung berufen ist. Dieses Erfordernis soll vermeiden, daß nach vorschneller Anwendung des deutschen Rechts „hinkende Ehen“ zustandekommen. Das sind Ehen, die nach einer Rechtsordnung – hier: der deutschen – wirksam sind, nach einer anderen jedoch nicht (dazu bereits oben Rdnr. 94).

(3) Es muß mit der Eheschließungsfreiheit unvereinbar sein, die Eheschließung zu versagen. Art. 13 II Nr. 3 EGBGB („insbesondere“) nennt zwei Regelbeispiele: (a) Das Heimatrecht eines Verlobten sieht einen geschiedenen Ehegatten noch als verheiratet an (*Spanierfall*, BVerfGE 31, 58, 59f.). (b) Das Heimatrecht eines Verlobten erkennt nicht an, daß der Ehegatte eines der Verlobten nach deutschem Recht für tot erklärt ist („hinkende Todeserklärung“). Ein weiteres, in der Vorschrift nicht ausdrücklich angeführtes Beispiel wäre ein überzogenes, aus entfernter Verwandtschaft abgeleitetes Ehehindernis (BegrRegE, BT-Drucks. 10/504, S. 53).

Die Kollisionsnormen des Art. 13 I, II EGBGB sind im Zusammenhang mit § 1309 BGB zu sehen, einer Sachnorm des deutschen Rechts mit Auslandsbezug. Danach haben Ausländer vor einer Eheschließung in Deutschland eine Bescheinigung ihres Heimatstaates vorzulegen, daß nach ihrem Heimatrecht keine Ehehindernisse bestehen (*Ehefähigkeitszeugnis*). Diese Vorschrift soll es dem Standesbeamten erleichtern, das ausländische Recht anzuwenden, auf das Art. 13 I EGBGB verweist. Der Präsident des OLG, in dessen Bezirk die Ehe geschlossen werden soll, kann den Ausländer davon befreien, ein Ehefähigkeitszeugnis vorzulegen, wenn der Heimatstaat keine Ehefähigkeitszeugnisse ausstellt (§ 1309 II 2 BGB) oder das Heimatrecht ein Ehehindernis enthält, das gegen den deutschen ordre public verstößt (§ 1309 II 3 BGB). Die Frage, ob der spezielle ordre public-Vorbehalt des Art. 13 II EGBGB zugunsten des deutschen Rechts erfüllt ist, stellt sich daher in der Praxis meistens im Rahmen der Prüfung, ob der Ausländer nach § 1309 II BGB davon zu befreien ist, ein Ehefähigkeitszeugnis vorzulegen.

Beispiel: Ein israelischer Staatsangehöriger jüdischen Glaubens möchte in Deutschland eine evangelische Deutsche heiraten. – Israel wird kein Ehefähigkeitszeugnis erteilen, weil das interreligiöse Kollisionsrecht Israels auf jüdisches Recht verweist und nach jüdischem Recht das Eheverbot der Religionsverschiedenheit besteht. Dieses Eheverbot ist jedoch mit der in Art. 6 I GG garantierten Eheschließungsfreiheit unvereinbar (Art. 13 II Nr. 3 EGBGB). Da die Verlobte Deutsche ist (Art. 13 II Nr. 1 EGBGB) und es aussichtslos wäre, in Israel um Befreiung von dem streng gehandhabten Eheverbot der Religionsverschiedenheit nachzusuchen (Art. 13 II Nr. 2 EGBGB), ist insoweit deutsches Recht anzuwenden. Da die Bedingungen des Art. 13 II EGBGB erfüllt sind, wird der Präsident des OLG den Israeli davon befreien, ein Ehefähigkeitszeugnis vorzulegen (BGHZ 56, 180, 184).

3. Form der Eheschließung

499 Die Form der Eheschließung ist von den sachlichen Voraussetzungen der Heirat zu unterscheiden. Als Formfrage ist insbesondere die Art und Weise der Erklärung des Ehekonsenses zu qualifizieren; nach deutschem materiellen Recht müssen die Verlobten vor dem Standesbeamten persönlich und bei gleichzeitiger Anwesenheit erklären, die Ehe miteinander eingehen zu wollen (§§ 1310 I 1, 1311 BGB). Das Kollisionsrecht unterscheidet, ob die Ehe im Inland oder im Ausland geschlossen wird.

a) Eheschließung im Inland, Art. 13 III EGBGB

500 Art. 13 III 1 EGBGB enthält den Grundsatz, daß eine Ehe in Deutschland nur nach deutschen Formvorschriften geschlossen werden kann. Dieser Grundsatz folgt aus dem staatlichen Eheschließungsmonopol. Er ist rechtspolitisch umstritten, weil eine Reihe ausländischer Staaten – insbesondere des islamischen Rechtskreises – Heiraten ihrer Staatsangehörigen vor deutschen Standesbeamten nicht anerkennen (Näheres bei *Kegel* § 20 IV 2b). Deshalb mildert die Ausnahmevorschrift des Art. 13 III 2 EGBGB die strenge Regel des Art. 13 III 1 EGBGB: Ist *keiner der Verlobten* Deutscher, so kann die Ehe in Deutschland vor einer „ordnungsgemäß ermächtigten Person" des Staates geschlossen werden, dem einer der Verlobten angehört. Generell ermächtigte Trauungspersonen sind gemäß Art. 5 lit. f des *Wiener Übereinkommens über konsularische Beziehungen* (WÜK) vom 24. 4. 1963 (BGBl. 1969 II, 1587) konsularische Vertreter. Art. 13 III 2 EGBGB ist nicht einschlägig, wenn *einer der Verlobten* die deutsche Staatsangehörigkeit hat, und sei es auch nur neben der ausländischen Staatsangehörigkeit (vgl. Art. 5 I 2 EGBGB). Wenn *beispielsweise* der marokkanische Konsul in Berlin die Trauung einer Deutschen mit einem Marokkaner vollzieht, mag die Ehe in Marokko gültig sein; in Deutschland ist sie ungültig („hinkende Ehe"). Die Befugnisse deutscher Konsuln im Ausland ergeben sich aus § 8 Konsulargesetz (abgedruckt bei *Jayme/Hausmann* Nr. 26).

b) Eheschließung im Ausland, Art. 11 EGBGB

501 Während bei der *Heirat in Deutschland* die Spezialregeln des Art. 13 III EGBGB die allgemeinen Formanknüpfungen des Art. 11 EGBGB verdrängen, wird die Form der *Heirat im Ausland* nach der allgemeinen Vorschrift des Art. 11 I EGBGB angeknüpft (dazu oben Rdnrn. 320–322): Eine im Ausland geschlossene Ehe ist formgültig, wenn sie die Formerfordernisse des Geschäftsrechts oder die am Ort der Eheschließung geltenden Formvorschriften erfüllt. Das nach Art. 11 I, 1. Alt. EGBGB maßgebende *Geschäftsrecht* des Rechtsgeschäfts „Eheschließung" ist in Anwendung des Art. 13 I EGBGB das gemeinsame Personalstatut der Verlobten; haben die Verlobten verschiedene Staatsangehörigkeit, ist das maßgebende Geschäftsrecht die der Ehegültigkeit feindlichere Rechtsordnung (*Grundsatz des ärgeren Rechts*). Der in Art. 11 I, 2. Alt. EGBGB normierte Grundsatz *locus regit actum* bedeutet, daß auch Deutsche im Ausland in der jeweiligen Ortsform heiraten können. So bringt die *kirchliche Heirat* Deutscher in Spanien oder in Griechenland eine formgültige Ehe i.S.d. deutschen Rechts zustande, weil in diesen Staaten nicht der Grundsatz der obligatorischen Zivilehe gilt. Wenn das Ortsrecht keine Form verlangt und sich mit dem schlichten Konsens der Heiratswilligen begnügt – so früher in zahlreichen US-Bundesstaaten bei der *Common Law-Ehe* –, ist die Ehe nach dem Günstigkeitsprinzip des Art. 11 I EGBGB formgültig (*Kropholler* § 44 II 2).

Die *Folgen eines Formfehlers* sind der verletzten Rechtsordnung zu entnehmen. Das bedeutet im Rahmen des Art. 11 I EGBGB: Wenn die Brautleute („Nupturienten") weder die Formerfordernisse des Geschäftsrechts noch diejenigen des Ortsrechts eingehalten haben, ist nach dem Günstigkeitsprinzip, das der Alternativanknüpfung in Art. 11 I EGBGB zugrunde liegt, die mildeste Sanktion anzuwenden. Wenn also das Geschäftsrecht die Nichtigkeit der Ehe anordnet, das Ortsrecht dagegen nur die Aufhebbarkeit, ist die Ehe wirksam, aber aufhebbar (vgl. oben Rdnr. 325).

In *Fall b* ist das Erfordernis gleichzeitiger Anwesenheit beider Nupturienten vor dem Standesbeamten – und demzufolge auch eine Ausnahme von diesem Erfordernis – als Formfrage zu qualifizieren (oben Rdnr. 496). Eine Ehe, an der für den abwesenden Verlobten ein Bote oder Stellvertreter mitgewirkt hat (*Handschuhehe*), wird nur an dem Ort der Trauungszeremonie – Florenz – geschlossen (*Kegel* § 20 IV 2a: dort, wo „der Bote oder Stellvertreter sein Sprüchlein sagt"), nicht auch an dem Ort, an dem der abwesende Verlobte den Auftrag erteilt hat (Hannover). Nach Art. 11 I, 2. Alt. EGBGB genügt es folglich, wenn das Ortsrecht die Handschuhehe zuläßt. So ist es in Italien (Art. 111 II–V Codice civile). Die Ehe ist demnach wirksam (Fall nach BGHZ 29, 137, 140 = *Schack*, Rechtsprechung Nr. 27).

II. Allgemeine Ehewirkungen (Art. 14 EGBGB)

502

Literatur: *Firsching*, Parteiautonomie und Ehewirkungsstatut im IPR-Gesetzentwurf, IPRax 1984, 125; *Jayme*, Schlüsselgewalt des Ehegatten und IPR, IPRax 1993, 80. Kollisionsrechtsvergleichend: *von Bar*, Private International Law – Personal Effects of Marriage, International Encyclopedia of Comparative Law III 17 (1986). Sachrechtsvergleichend: *Rheinstein/Glendon*, Persons and Family – Interspousal Relations, International Encyclopedia of Comparative Law IV 4 (1980).

Fälle:

a) Ein Italiener betreibt mit seiner österreichischen Frau von April bis September eine Eisdiele in Regensburg. Von Oktober bis März leben die Eheleute in ihrem Haus in Italien. In Italien gehen auch die Kinder zur Schule, die im Sommer von der Großmutter betreut werden. Der Ehemann gibt den von der Familie genutzten PKW zu einer größeren Reparatur in eine Regensburger Werkstatt. Kurz darauf trennen sich die Eheleute. Der Werkstattinhaber fragt, ob er von der Ehefrau Zahlung der Reparatur verlangen kann.

b) Ein in Hamburg ansässiger, nicht unvermögender Deutscher heiratet in Madrid eine Brasilianerin, die in Madrid lebt. Die beiden behalten ihre Wohnsitze bei und treffen sich abwechselnd in Hamburg und in Madrid. Nachdem die Ehefrau von einem anderen Mann ein Kind bekommen hat, beantragt der Ehemann beim AG Hamburg die Ehescheidung. Welches Scheidungsrecht ist anzuwenden? (Abwandlung von BGHZ 132, 105; oben Rdnr. 492)

Die kollisionsrechtliche Frage, welchem Recht die Wirkungen einer Ehe unterliegen, ist Gegenstand von zwei Staatsverträgen, die aber in Deutschland nicht (mehr) in Kraft sind: Das *Haager Ehewirkungsabkommen* vom 17. 7. 1905 (RGBl. 1912, 453, 475) umfaßt allgemeine Ehewirkungen und das Ehegüterrecht. Es knüpft den gesetzlichen Güterstand an die Staatsangehörigkeit des Mannes an. Diese Anknüpfung verstößt gegen das Gleichberechtigungsgebot des Art. 3 II GG (BGH IPRax 1987, 114 m. Aufs. *Henrich* [93]). Die Bundesrepublik Deutschland hat das Abkommen zum 23. 8. 1987 wirksam gekündigt (BGBl. 1986 II, 505). Das *Haager Ehegüterstandsübereinkommen* vom 14. 3. 1978 (abgedruckt in RabelsZ 41 [1977], 554–569) gilt nur zwischen Frankreich, Luxemburg und den Niederlanden. Es deckt sich bei der Anknüpfung an den Parteiwillen weitgehend mit Art. 15 II EGBGB, ist aber hinsichtlich der anderen Anknüpfungen übermäßig kompliziert (näher *Beitzke*, RabelsZ 41 [1977], 457–478). Es steht nicht zu erwarten, daß die Bundesrepublik das Übereinkommen in naher Zukunft zeichnet.

503 Das autonome deutsche Kollisionsrecht behandelt in Art. 14 EGBGB die „allgemeinen Wirkungen der Ehe", auch „persönliche" Ehewirkungen genannt, und in Art. 15 EGBGB die „güterrechtlichen Wirkungen der Ehe". Art. 16 EGBGB enthält einseitige Kollisionsregeln zum Schutz des inländischen Rechtsverkehrs, die teilweise die allgemeinen, teilweise die güterrechtlichen Wirkungen der Ehe betreffen. Alle drei Kollisionsvorschriften – Artt. 14, 15 und 16 EGBGB – beziehen sich auf die Rechtsfolgen einer Ehe (*Ehewirkungsstatut*). Die Vorfrage, ob eine gültige Ehe geschlossen wurde, ist nach Art. 13 EGBGB anzuknüpfen (*Eheschließungsstatut*).

1. Anwendungsbereich des Art. 14 EGBGB

504 Der Anwendungsbereich des Art. 14 EGBGB – der Umfang des Statuts der allgemeinen Ehewirkungen – ist in Abgrenzung zu anderen Kollisionsnormen zu bestimmen: Allgemeine Ehewirkungen sind alle Wirkungen der Ehe, für die keine besonderen Anknüpfungsregeln bestehen. Besondere Anknüpfungsvorschriften auf dem Gebiet der Ehewirkungen gibt es für das *Ehenamensrecht* in Art. 10 EGBGB (dazu oben Rdnrn. 310–312), für das *Ehegüterrecht* in Art. 15 EGBGB (dazu sogleich III, Rdnrn. 515–526) und für das Recht des *Ehegattenunterhalts* in Art. 18 EGBGB (dazu unten V, Rdnrn. 540–549).

a) Unmittelbarer Anwendungsbereich

505 Da für wichtige Wirkungen der Ehe – den Ehenamen, das Ehegüterrecht und den Ehegattenunterhalt – besondere Anknüpfungsregeln bestehen, ist der unmittelbare Anwendungsbereich des Art. 14 EGBGB klein. Er umfaßt die persönlichen Rechtsbeziehungen der Ehegatten zueinander und die Außenwirkungen der ehelichen Gemeinschaft gegenüber Dritten. Dazu zählen insbesondere die Pflicht zur ehelichen Lebensgemeinschaft (vgl. § 1353 BGB), die Haushaltsführung und Erwerbstätigkeit (vgl. § 1356 BGB), die Verpflichtungsermächtigung für Geschäfte zur Deckung des Lebensbedarfs (vgl. § 1357 BGB), der Haftungsmaßstab in der Ehe (vgl. § 1359 BGB) und Eigentumsvermutungen (vgl. § 1362 BGB).

In *Fall a* stellt sich die Rechtsfrage, ob ein Vertrag des Ehemannes über die Reparatur eines von der Familie genutzten PKW auch die Ehefrau berechtigt und verpflichtet; diese Frage betrifft die Außenwirkungen der ehelichen Gemeinschaft und gehört damit in den Bereich des Art. 14 EGBGB (*Jayme*, IPRax 1993, 80, 81; unzutreffend BGH NJW 1992, 909, 910 = IPRax 1993, 97).

Die *Qualifikation* einer materiellen Regelung als allgemeinehewirkungsrechtlich (Art. 14 EGBGB) oder ehegüterrechtlich (Art. 15 EGBGB) kann in vermögensrechtlichen Angelegenheiten problematisch sein. *Beispiel:* Nach *deutschem Familienrecht* ist ein Ehegatte im gesetzlichen Güterstand der Zugewinngemeinschaft in der Verfügung über Haushaltsgegenstände beschränkt (§ 1369 BGB); eine solche Verfügungsbeschränkung infolge des Güterstandes unterliegt dem Ehegüterstatut und wird nach Art. 15 EGBGB angeknüpft (MünchKomm-*Siehr*, Art. 14 EGBGB Rdnr. 114; str.). Nach *französischem Recht* ist ein Ehepartner unabhängig vom ehelichen Güterstand in der Verfügung über den ehelichen Hausrat beschränkt (Art. 215 III Code civil); solche Verfügungsbeschränkungen, die für alle Ehen ohne Rücksicht auf eine besondere Vermögensordnung bestehen, unterfallen dem allgemeinen Ehewirkungsstatut und sind nach Art. 14 EGBGB anzuknüpfen (*Staudinger/von Bar/Mankowski*, Art. 14 EGBGB Rdnrn. 320, 321).

b) Einheitliches Familienstatut

506 Größer als der unmittelbare Geltungsbereich des Art. 14 EGBGB ist der mittelbare Anwendungsbereich. Zwei wichtige Vorschriften des *Internationalen Eherechts* nehmen auf Art. 14 EGBGB Bezug:

- Für die *güterrechtlichen Wirkungen der Ehe* verweist Art. 15 I EGBGB auf die gesamte Vorschrift des Art. 14 EGBGB; dabei wird *unwandelbar* auf den Zeitpunkt der Eheschließung abgestellt.
- Für die *Scheidung der Ehe* verweist Art. 17 I EGBGB ebenfalls auf die gesamte Norm des Art. 14 EGBGB; dabei wird *unwandelbar* auf den maßgeblichen Zeitpunkt des Scheidungsantrags abgestellt.

Im *Internationalen Kindschaftsrecht* verweist Art. 19 I 3 EGBGB für die Abstammung des Kindes auf Art. 14 I EGBGB – also nur auf das objektive Ehewirkungsstatut, nicht aber auf ein gewähltes Ehewirkungsstatut (Art. 14 II–IV EGBGB). Für die Adoption eines Kindes durch einen oder beide Ehegatten nimmt Art. 22 Satz 2 EGBGB ebenfalls auf Art. 14 I EGBGB Bezug.

Durch diese Bezugnahmen ist Art. 14 I EGBGB „die wichtigste Bestimmung des deutschen Internationalen Familienrechts“ (*Kropholler* § 45 I). Die Bezugnahmen haben das Ziel, ein einheitliches *Familienstatut* zu schaffen, das nicht nur die allgemeinen Wirkungen der Ehe beherrscht, sondern auch andere familienrechtliche Fragen.

In *Fall b* – Scheidung einer deutsch-brasilianischen Ehe – sind die Anknüpfungspunkte des Art. 14 EGBGB mittelbar von Bedeutung: Art. 17 I 1 EGBGB unterstellt die Ehescheidung dem Statut der allgemeinen Wirkungen der Ehe zur Zeit der Rechtshängigkeit des Scheidungsantrags.

2. Anknüpfungspunkte des Art. 14 EGBGB

507 Im Vordergrund steht die *objektive Anknüpfung* nach Art. 14 I EGBGB (dazu a). Unter engen Voraussetzungen ermöglicht Art. 14 II–IV EGBGB eine *Rechtswahl* bezüglich der allgemeinen Wirkungen der Ehe (dazu b).

a) Anknüpfungsleiter, Art. 14 I EGBGB

Nach Art. 14 I Nrn. 1–3 EGBGB wird das Ehewirkungsstatut ermittelt, indem man an den Sachverhalt eine Anknüpfungsleiter mit drei Stufen anlegt. Die zweite Stufe darf nur beschritten werden, wenn auf der ersten Stufe keine Entscheidung gefallen ist; die dritte Stufe ist nur zu besteigen, wenn die zweite Stufe nicht zum Ziel geführt hat (BGH IPRax 1995, 111, 113 m. Aufs. *Henrich* [86]). Der Denkansatz geht auf *Kegel* (als Gutachter des Deutschen Rates für IPR) zurück, der allerdings auf der dritten Stufe den gemeinsamen schlichten Aufenthalt, hilfsweise den letzten gemeinsamen schlichten Aufenthalt und äußerst hilfsweise den *Grundsatz des ärgeren Rechts* heranziehen wollte. Art. 14 I Nr. 3 EGBGB sieht dagegen als dritte Stufe die Generalklausel der „engsten Verbindung" vor. Obwohl sich *Kegel* (§ 20 V 1a), kein Freund von Generalklauseln, mit der Gesetz gewordenen Fassung des Art. 14 I Nr. 3 EGBGB nicht anfreunden kann, tut man ihm als dem Urheber des Gedankens kein Unrecht, wenn man von der *Kegelschen Leiter* spricht (zur Entstehungsgeschichte *Staudinger/von Bar/Mankowski*, Art. 14 EGBGB Rdnrn. 8, 28). Nach Art. 14 I EGBGB ist in folgender Reihenfolge anzuknüpfen:

508 (1) Nach Art. 14 I Nr. 1, 1. Alt. EGBGB unterliegen die allgemeinen Wirkungen der Ehe dem Recht des Staates, dem beide Ehegatten angehören (*Recht der gemeinsamen Staatsangehörigkeit*). Diese Anknüpfung wird in Art. 14 I Nr. 1, 2. Alt. EGBGB für den Fall modifiziert, daß ein Ehegatte die gemeinsame Staatsangehörigkeit verliert, während der andere sie beibehält: Dann unterliegen die allgemeinen Wirkungen der Ehe dem Recht des Staates, dem beide Ehegatten während der Ehe zuletzt angehörten (*letzte gemeinsame Staatsangehörigkeit*).

Die 2. Alternative des Art. 14 I Nr. 1 EGBGB gibt dem Bedürfnis nach Kontinuität den Vorrang, indem sie am ehemals gemeinsamen Heimatrecht der Ehepartner festhält. Diese Lösung wird aus rechtspolitischer Sicht kritisiert: „Warum soll beispielsweise das Familienstatut für Spanier, die seit langem in Deutschland leben und hier bleiben wollen, auch dann noch das spanische Recht sein, wenn ein Ehegatte bereits die Konsequenzen gezogen und die deutsche Staatsangehörigkeit erworben hat?" (*Kropholler* § 45 I 3b) Sie ist aber geltendes Recht und kann nur durch den Gesetzgeber geändert werden. Für Personen, die mehrere Staatsangehörigkeiten haben – *Mehrstaater* –, gelten die Grundsätze des Art. 5 I EGBGB (dazu oben Rdnrn. 126–128).

509 (2) Wenn eine gemeinsame Staatsangehörigkeit nicht besteht oder bestand, unterliegen die allgemeinen Wirkungen der Ehe nach Art. 14 I Nr. 2, 1. Alt. EGBGB dem Recht des Staates, in dem beide Ehegatten ihren gewöhnlichen Aufenthalt haben (*Recht des gemeinsamen gewöhnlichen Aufenthalts*). Diese Anknüpfung modifiziert Art. 14 I Nr. 2, 2. Alt. EGBGB für den Fall, daß ein Ehegatte den gemeinsamen gewöhnlichen Aufenthalt der Ehegatten in Staat A aufgibt, während der andere Ehegatte den gewöhnlichen Aufenthalt in Staat A beibehält: Dann richten sich die allgemeinen Wirkungen der Ehe nach dem Recht des Staates A, in dem beide Ehegatten während der Ehe zuletzt ihren gewöhnlichen Aufenthalt hatten (*letzter gemeinsamer gewöhnlicher Aufenthalt*).

Die 2. Alternative des Art. 14 I Nr. 2 EGBGB gibt der Kontinuität den Vorrang: Die Aufenthaltsanknüpfung wird fortgeschrieben, wenn der letzte gemeinsame gewöhnliche Aufenthalt von einem Ehegatten beibehalten wird. Diese Lösung ist „eine Art Griff in die gemeinsame Vergangenheit" (*Staudinger/von Bar/Mankowski*, Art. 14 EGBGB Rdnr. 59): Der Gesetzgeber hält solange wie möglich an dem einmal gewählten Anknüpfungsprinzip fest, um einen Statutenwechsel zu vermeiden. Art. 14 I Nr. 2, 2. Alt. EGBGB spielt häufig eine Rolle, wenn gemischtnationale Ehen scheitern. *Beispiel:* Ein englisch-deutsches Ehepaar lebt in Deutschland; nach der Trennung kehrt der englische Ehemann nach England zurück (vgl. OLG Hamm NJW 1991, 3101). In diesen Fällen macht es auch rechtspolitisch Sinn, die Anknüpfung an den letzten gemeinsamen gewöhnlichen Aufenthalt beizubehalten.

Der *gewöhnliche Aufenthalt* wird nach allgemeinen Kriterien definiert als der Daseins- oder Lebensmittelpunkt einer Person, an dem der Schwerpunkt der Beziehungen dieser Person in familiärer und beruflicher Hinsicht liegt (BGHZ 19, 240, 245; dazu oben Rdnrn. 137–139). Ein *gemeinsamer* gewöhnlicher Aufenthalt verlangt nicht, daß die Ehegatten an demselben Ort wohnen. Es ist notwendig und hinreichend, daß sie ihren gewöhnlichen Aufenthalt in ein und demselben Staat haben (BegrRegE, BT-Drucks. 10/504, S. 55). *Beispiel:* Eine deutsche Ehefrau lebt in München, der von ihr getrennt lebende englische Ehemann in Hamburg – Fall des Art. 14 I Nr. 2, 1. Alt. EGBGB.

In *Fall a* haben die Eheleute – er ist Italiener, sie Österreicherin – keine gemeinsame Staatsangehörigkeit (Art. 14 I Nr. 1 EGBGB), so daß sich die Frage stellt, ob das Ehewirkungsstatut nach Art. 14 I Nr. 2 EGBGB angeknüpft werden kann. Zwei gemeinsame gewöhnliche Aufenthalte der Eheleute – in Deutschland und in Italien – sind im Rahmen des Art. 14 I EGBGB nicht anzuerkennen, da nicht zwei unterschiedliche Rechte gleichermaßen für anwendbar erklärt werden können. Das Ehewirkungsstatut kann auch nicht in der Weise wandelbar sein, daß sich die allgemeinen Wirkungen der Ehe im Sommer nach deutschem Recht und im Winter nach italienischem Recht richten. Bei einem regelmäßigen Wechsel zwischen zwei Aufenthaltsorten ist entweder eine *Wertung zugunsten eines dieser Orte* möglich (dann gilt Art. 14 I Nr. 2 EGBGB), oder beide Aufenthaltsorte sind gleichwertig (dann ist nach Art. 14 I Nr. 3 EGBGB anzuknüpfen). Da die Kinder in Italien zur Schule gehen und dort auch ganzjährig leben, ist – obwohl die berufliche Existenz der Eheleute in Deutschland liegt – die soziale Integration des Ehepaares in Italien stärker. Daher besteht in Italien ein gemeinsamer gewöhnlicher Aufenthalt. Die allgemeinen Ehewirkungen – und damit auch die Verpflichtung der Ehefrau aus Rechtsgeschäften des Ehemannes – beurteilen sich daher gemäß Art. 14 I Nr. 2 EGBGB nach italienischem Recht (Fall nach *Henrich*, IntFamR, § 2 I 2 b; zum Schutz des deutschen Rechtsverkehrs unten Rdnr. 514).

510 (3) Wenn ein gemeinsamer gewöhnlicher Aufenthalt nicht besteht oder bestand, unterliegen die allgemeinen Wirkungen der Ehe nach Art. 14 I Nr. 3 EGBGB dem Recht des Staates, mit dem die Ehegatten auf andere Weise gemeinsam am engsten verbunden sind (*andere engste gemeinsame Verbindung*).

Diese dritte und letzte Stufe der Anknüpfungsleiter ist als Auffangtatbestand für diejenigen atypischen Fälle gedacht, die sich den festen Anknüpfungsregeln des Art. 14 I Nrn. 1 und 2 EGBGB entziehen. Die Gesetzesmaterialien nennen *beispielhaft* fünf Faktoren, die eine enge Verbindung der Ehegatten mit einem Staat begründen können: (1) die *gemeinsame soziale Bindung* der Ehegatten an einen Staat durch Herkunft im weiteren Sinne, Kultur, Sprache oder berufliche Tätigkeit, (2) den *gemeinsamen einfachen*, nicht nur ganz vorübergehenden *Aufenthalt* der Ehegatten in einem Staat, (3) den *letzten gemeinsamen gewöhnlichen Aufenthalt* in einem Staat, wenn keiner der Ehegatten sich mehr dort befindet, einer der Ehegatten aber diesem Staat angehört, (4) die gemeinsame Verbundenheit der Ehegatten mit einem Staat durch die *beabsichtigte Begründung* einer gemeinsamen Staatsangehörigkeit oder eines ersten gemeinsamen gewöhnlichen Aufenthalts in einem Staat und (5) den *Ort der Eheschließung*, sofern dieser Aspekt durch die Staatsangehörigkeit, den gewöhnlichen Aufenthalt eines Ehegatten oder sonstige Momente gemeinsamer Verbindung verstärkt wird und nicht als zufällig erscheint (Bericht des Rechtsausschusses, BT-Drucks. 10/5632, 41).

In *Fall b* besteht oder bestand weder eine gemeinsame Staatsangehörigkeit noch ein gemeinsamer gewöhnlicher Aufenthalt der Ehegatten, so daß nach der Auffangklausel des Art. 14 I Nr. 3 EGBGB anzuknüpfen ist. Von den fünf Kriterien paßt nur das letztgenannte: Da weitere Faktoren einer gemeinsamen engsten Verbindung mit einem Staat nicht ersichtlich sind, führt der Ort der Eheschließung – Madrid – in Verbindung mit dem gewöhnlichen Aufenthalt der Ehefrau in Madrid zum spanischen Recht als Ehewirkungsstatut. Nach Art. 17 I 1 EGBGB – maßgebender Zeitpunkt: Rechtshängigkeit des Scheidungsantrags – sind die Voraussetzungen der Ehescheidung dem spanischen Recht zu entnehmen.

511 Das Statut der allgemeinen Ehewirkungen ist *wandelbar*: Es kommt nicht auf den Zeitpunkt der Eheschließung an. Maßgebend ist vielmehr, welcher der Anknüpfungspunkte des Art. 14 I EGBGB zu dem Zeitpunkt erfüllt ist, an dem sich der anzuknüpfende Sachverhalt verwirklicht. In *Fall a* – Abschluß des Werkvertrages über die Reparatur des Familien-PKW durch den Ehemann, kurz darauf Trennung der Eheleute – kommt es also an auf das Ehewirkungsstatut zur Zeit des Abschlusses des Werkvertrages.

Die Verweisungen des Art. 14 I Nrn. 1 und 2 EGBGB sind unstreitig Gesamtverweisungen; die Verweisung des Art. 14 I Nr. 3

EGBGB ist nach herrschender Meinung eine Gesamtverweisung (dazu oben Rdnr. 196). In *Fall a* wäre daher nach Art. 4 I EGBGB ein *Renvoi* zu beachten. Das italienische Recht nimmt die Verweisung auf den gemeinsamen gewöhnlichen Aufenthalt jedoch an. Art. 29 Nr. 2 des italienischen IPR-Gesetzes bestimmt: „Die persönlichen Beziehungen zwischen den Ehegatten mit verschiedenen Staatsangehörigkeiten unterliegen dem Recht des Staates, in dem das eheliche Leben überwiegend geführt wird." Das gleiche gilt in *Fall b*: Auch das spanische Recht nimmt die Verweisung an (Art. 107 a.E. Código civil).

b) Rechtswahl, Art. 14 II–IV EGBGB

512 Erst die IPR-Reform von 1986 hat die Möglichkeit der Rechtswahl für die allgemeinen Wirkungen der Ehe eingeführt. Es handelt sich – anders als bei Art. 27 EGBGB – nicht um eine freie, sondern um eine beschränkte Rechtswahl: Die Voraussetzungen der Rechtswahl und der Kreis der wählbaren Rechtsordnungen sind eng begrenzt; gewählt werden kann nur das Heimatrecht (mindestens) eines Ehegatten. Diese Zurückhaltung des deutschen Gesetzgebers erklärt sich aus der Kollisionsrechtsvergleichung: Während die Rechtswahl im Ehegüterrecht (Art. 15 II EGBGB) international weit verbreitet ist, erkennen nur wenige Staaten die Parteiautonomie im Recht der allgemeinen Ehewirkungen an, so daß bei einer Rechtswahl nach Art. 14 II, III EGBGB in besonderem Maße die Gefahr „hinkender Rechtsverhältnisse" besteht (*Staudinger/von Bar/Mankowski*, Art. 14 EGBGB Rdnr. 114).

Hinsichtlich der *Form der Rechtswahl* unterscheidet Art. 14 IV EGBGB zwischen einer im Inland und einer im Ausland vorgenommenen Wahl: Eine *im Inland* erklärte Rechtswahl muß – ebenso wie ein Ehevertrag im materiellen deutschen Recht (§ 1410 BGB) – notariell beurkundet werden (Art. 14 IV 1 EGBGB). Erfolgt die Rechtswahl *im Ausland*, genügt es, wenn sie den Formerfordernissen für einen Ehevertrag nach dem gewählten Recht oder am Ort der Rechtswahl entspricht (Alternativanknüpfung, Art. 14 IV 2 EGBGB). Im einzelnen gestattet Art. 14 II, III EGBGB in drei Fallkonstellationen die Rechtswahl:

(1) Wenn ein Ehegatte *mehrere Staatsangehörigkeiten* hat, können die Ehegatten ungeachtet des Art. 5 I EGBGB das Recht eines dieser Staaten wählen, falls ihm auch der andere Ehegatte angehört (Art. 14 II EGBGB).

Beispiel: Die Ehefrau hat die deutsche und die spanische Staatsangehörigkeit, der Ehemann ist Spanier. – Wegen Art. 5 I 2 EGBGB (Vorrang der deutschen Staatsangehörigkeit) besteht kein gemeinsames Personalstatut i. S. d. Art. 14 I Nr. 1 EGBGB. In diesem Fall ermöglicht Art. 14 II EGBGB („ungeachtet des Art. 5 I EGBGB") die Wahl des spanischen Rechts als Ehewirkungsstatut.

513 (2) In einer gemischtnationalen Ehe *mit einem gemeinsamen gewöhnlichen Aufenthalt der Ehegatten in demselben Staat* können die Ehegatten das Recht des Staates wählen, dem einer von ihnen angehört, wenn keiner der Ehegatten die Staatsangehörigkeit des Aufenthaltsstaats besitzt (Art. 14 III Nr. 1 EGBGB).

Beispiel: Ein Italiener und seine österreichische Ehefrau (gemischtnationale Ehe) leben in Regensburg, wo sie ganzjährig eine Pizzeria betreiben (gemeinsamer gewöhnlicher Aufenthalt in Deutschland, keiner der Ehegatten hat die Staatsangehörigkeit des Aufenthaltsstaates). Die Ehegatten können nach Art. 14 III Nr. 1 EGBGB das italienische oder das österreichische Recht als Ehewirkungsstatut wählen. – Kein Beispiel für Art. 14 III Nr. 1 EGBGB ist *Fall a*: Der Italiener und die Österreicherin, die in Regensburg von April bis September eine Eisdiele betreiben, haben ihren gemeinsamen gewöhnlichen Aufenthalt im Staat Italien, dem einer der Ehegatten angehört. Nach Art. 14 III Nr. 1 EGBGB können die Ehepartner das nach Art. 14 I Nr. 2 EGBGB maßgebliche Recht des gemeinsamen gewöhnlichen Aufenthalts nur abwählen, wenn der gemeinsame gewöhnliche Aufenthalt nicht durch die Staatsangehörigkeit eines Ehegatten oder beider Ehegatten verstärkt wird.

(3) In einer gemischtnationalen Ehe *ohne einen gemeinsamen gewöhnlichen Aufenthalt der Ehegatten in demselben Staat* können die Ehegatten das Recht des Staates wählen, dem einer von ihnen angehört (Art. 14 III Nr. 2 EGBGB).

Beispiel: Eine deutsche Ehefrau und ihr englischer Ehemann haben ihren gemeinsamen gewöhnlichen Aufenthalt in Deutschland. Sie trennen sich; der Ehemann kehrt nach England zurück und begründet dort einen neuen gewöhnlichen Aufenthalt (vgl. OLG Hamm NJW 1991, 3101; oben Rdnr. 509). In diesem Fall ermöglicht es Art. 14 III Nr. 2 EGBGB, die schwache Anknüpfung an den letzten gemeinsamen gewöhnlichen Aufenthalt (Art. 14 I Nr. 2 EGBGB) durch eine Rechtswahl zugunsten des englischen Rechts abzubedingen, etwa um eine Scheidung nach englischem Recht kollisionsrechtlich vorzubereiten (*von Bar* II Rdnr. 200). – Ein weiteres Beispiel ist *Fall b:* Der Deutsche und die Brasilianerin haben keinen gemeinsamen gewöhnlichen Aufenthalt; nach Art. 14 I Nr. 3 EGBGB führt das äußerst schwache Merkmal des Ortes der Eheschließung zum spanischen Recht (oben Rdnr. 510). Art. 14 III Nr. 2 EGBGB ermöglicht es den Ehegatten, das deutsche oder das brasilianische Recht als Ehewirkungsstatut zu wählen.

Den *Zeitpunkt der Rechtswahl* legt Art. 14 II, III EGBGB nicht fest. Wenn die Voraussetzungen des Art. 14 II, III EGBGB vorliegen, kann die Rechtswahl jederzeit erfolgen. Sie kann sogar schon vor der Eheschließung oder vor dem geplanten Erwerb einer anderen Staatsangehörigkeit getroffen werden, wirkt dann aber erst, wenn die Ehe geschlossen oder die Staatsangehörigkeit erworben ist (BegrRegE, BT-Drucks. 10/504, S. 56). Die *Aufhebung der Rechtswahl* durch Vereinbarung ist in der Form des Art. 14 IV EGBGB ebenfalls jederzeit möglich. Eine Aufhebung der Rechtswahl kraft Gesetzes sieht Art. 14 III 2 EGBGB vor, wenn die Ehegatten eine gemeinsame Staatsangehörigkeit erlangen. In beiden Fällen enden die Wirkungen der Rechtswahl *ex nunc* (*Firsching/von Hoffmann* § 8 Rdnr. 28). Bei der Rechtswahl gemäß Art. 14 II, III EGBGB handelt es sich um eine Sachnormverweisung (Art. 4 II EGBGB); ein *Renvoi* ist folglich ausgeschlossen.

3. Verkehrsschutz, Art. 16 II EGBGB

514 Wenn die allgemeinen Wirkungen der Ehe einem ausländischen Recht unterliegen, gilt Art. 16 II EGBGB: Auf in Deutschland vorgenommene Rechtsgeschäfte ist § 1357 BGB (Vertretungs- oder Mitverpflichtungsbefugnis des Ehegatten), auf in Deutschland befindliche bewegliche Sachen ist § 1362 BGB (Eigentumsvermutungen zugunsten der Gläubiger des Mannes und der Frau) sinngemäß anzuwenden. Das gilt aber nur, soweit diese Vorschriften für gutgläubige Dritte günstiger sind als das ausländische Ehewirkungsstatut. Art. 16 II EGBGB ist – ähnlich wie Art. 12 EGBGB – als einseitige Kollisionsnorm zum Schutz des inländischen Rechtsverkehrs formuliert.

In *Fall a* ist zu prüfen, inwiefern das italienische Ehewirkungsstatut einen Anspruch gegen die Ehefrau gewährt. Sollte danach keine Mitverpflichtung der Ehefrau bestehen und der Inhaber der Reparaturwerkstatt weder positive Kenntnis noch grob fahrlässige Unkenntnis von der Anwendbarkeit des italienischen Ehewirkungsstatuts haben, ist § 1357 BGB heranzuziehen. Die Reparatur des von der Familie genutzten PKW stellt ein Geschäft i. S. d. § 1357 I 1 BGB dar, so daß die Ehefrau nach § 1357 I 2 BGB mitverpflichtet ist (LG Freiburg FamRZ 1988, 1052).

Nach den Gesetzesmaterialien soll es möglich sein, den Rechtsgedanken des Art. 16 II EGBGB gegenüber Beschränkungen nach ausländischem Ehewirkungsstatut analog heranzuziehen (BegrRegE, BT-Drucks. 10/504, S. 59). *Beispiel:* Nach niederländischem Eherecht ist ein Ehegatte in der Übernahme einer Bürgschaft beschränkt; analog Art. 16 II EGBGB bleibt diese Beschränkung gegenüber gutgläubigen Dritten außer Betracht. Ferner baut die herrschende Ansicht die einseitige Verkehrsschutznorm des Art. 16 EGBGB zu einer *allseitigen Norm* aus: Um einen ausländischen Rechtsverkehr zu schützen, können im Ausland geltende Verkehrsschutznormen entsprechend Art. 16 EGBGB berücksichtigt werden (dazu oben Rdnr. 111).

III. Güterrechtliche Wirkungen (Art. 15 EGBGB)

515 **Literatur:** *Brondics/Mark*, Gleichberechtigungsgebot und Rechtswahl im Internationalen Ehegüterrecht, DNotZ 1985, 131; *S. Lorenz*, Das intertemporale internationale Ehegüterrecht nach Art. 220 III EGBGB und die Folgen eines Statutenwechsels (1991); *Lichtenberger*, Verfassungsmäßigkeit des internationalen Ehegüterrechts, DNotZ 1987, 292; *Pakuscher*, Die Unwandelbarkeit des Ehegüterrechtsstatuts im Licht der Reform des internationalen Privatrechts (1987). Rechtsvergleichend: *Rieg* u. a., Le regime juridique des biens déstinés à l'usage commun des époux, Rev. int. dr. comp. 1990, 1105–1325.

Fälle:

a) Eine Deutsche und ein Italiener heirateten 1956; die Deutsche erwarb durch die Heirat auch die italienische Staatsangehörigkeit. Die Ehegatten lebten in Deutschland und schlossen einen Ehevertrag, der nach § 1414 BGB den gesetzlichen Güterstand aufhob. 1984 wurde die Ehe geschieden. Welchem Recht unterliegen die güterrechtlichen Wirkungen der Ehe? *Abwandlung:* Die Eheleute haben keinen Ehevertrag geschlossen und auch sonst nicht zum Ausdruck gebracht, in dem Güterstand eines bestimmten Rechts leben zu wollen.

b) Ein Automobilmanager hat 1984 geheiratet und lebt mit seiner Ehefrau in Wolfsburg. Beide haben die österreichische Staatsangehörigkeit. Sie hat seit der Geburt auch die italienische Staatsangehörigkeit, ist aber in Österreich aufgewachsen und mit Italien nicht weiter verbunden. Welchem Recht unterliegen die güterrechtlichen Wirkungen der Ehe? Welches Ehegüterrecht können die Ehegatten wählen? Können sie die güterrechtlichen Wirkungen ihrer Ehe für eines von zwei in Spanien belegenen Hausgrundstücken dem spanischen Recht unterstellen?

Das Internationale Ehegüterrecht, das Art. 15 EGBGB regelt (zu staatsvertraglichen Kollisionsnormen oben Rdnr. 502), ist in der Praxis wichtig: Nach Art. 15 EGBGB werden die aus rechtlicher Sicht bedeutsamsten Ehewirkungen angeknüpft. Art. 15 I EGBGB nimmt für die *güterrechtlichen Wirkungen* der Ehe auf das Statut der *allgemeinen Wirkungen* der Ehe Bezug – und zwar nicht nur auf Art. 14 I EGBGB, sondern auch auf ein nach Art. 14 II–IV EGBGB gewähltes Recht. Unabhängig davon, ob die Ehegatten nach Art. 14 II–IV EGBGB eine Rechtswahl für die allgemeinen Ehewirkungen getroffen haben oder nicht, können sie nach Art. 15 II EGBGB (nur) für die güterrechtlichen Ehewirkungen eine Rechtsordnung wählen. Während nach Art. 14 II–IV EGBGB – einer kollisionsrechtsvergleichend eher exotischen Regelung – die Rechtswahl nur unter ganz speziellen Bedingungen erlaubt ist (dazu oben Rdnrn. 512–513), sind die Rechtswahlmöglichkeiten des Art. 15 II EGBGB weiter gefaßt. Das Internationale Ehegüterrecht des Art. 15 I, II EGBGB beruht auf zwei Prinzipien:

516

– *Grundsatz der Unwandelbarkeit:* Art. 15 I EGBGB nimmt auf Art. 14 EGBGB Bezug, stellt aber auf den Zeitpunkt der Eheschließung ab. Das bedeutet: Änderungen nach der Heirat, die zu einem Wechsel des Statuts der *allgemeinen Ehewirkungen* führen (z.B. der Wechsel der Staatsangehörigkeit oder des gewöhnlichen Aufenthalts beider Ehegatten), haben auf das Statut der *güterrechtlichen Ehewirkungen* keinen Einfluß, weil es für das Ehegüterstatut auf den Zeitpunkt der Eheschließung ankommt (Art. 15 I EGBGB). Das Ehegüterstatut ist demnach grundsätzlich unwandelbar. Eine *Ausnahme* enthält Art. 15 II EGBGB: Die Ehegatten können, wenn die Voraussetzungen dieser Vorschrift vorliegen, jederzeit eine Rechtswahl treffen, die zu einem Statutenwechsel führt; das gewählte – neue – materielle Recht bestimmt, ob nur das neuerworbene Vermögen oder auch das beim Statutenwechsel vorhandene Vermögen dem neuen Güterstand untersteht (BegrRegE, BT-Drucks. 10/504, S. 58). Eine weitere Ausnahme von der Unwandelbarkeit enthält das *Gesetz über den ehelichen Güterstand von Vertriebenen und Flüchtlingen* vom 4. 8. 1969 (BGBl. 1969 I, 1067, abgedruckt bei *Jayme/Hausmann* Nr. 27); es überführt den gesetzlichen Güterstand von Vertriebenen und Flüchtlingen in den Güterstand der Zugewinngemeinschaft und ist gegenüber Art. 15 EGBGB lex specialis (Art. 15 IV EGBGB).

517 – *Grundsatz der Einheitlichkeit:* Die güterrechtlichen Verhältnisse unterliegen grundsätzlich einer einzigen Rechtsordnung, unabhängig davon, an welchem Ort die einzelnen Vermögensgegenstände – insbesondere Grundstücke – belegen sind (*Erman/Hohloch*, Art. 15 EGBGB Rdnr. 13). Das bedeutet: Inländische Grundstücke werden hinsichtlich ihres güterrechtlichen Schicksals nach ausländischem Recht beurteilt, wenn Art. 15 EGBGB auf ausländisches Recht verweist; ausländische Grundstücke unterliegen hinsichtlich der Güterrechtsverhältnisse dem deutschen Recht, wenn Art. 15 EGBGB auf deutsches Ehegüterrecht verweist. Von diesem Grundsatz gibt es *drei Ausnahmen:* Erstens gilt der Vorrang zwingender Vorschriften des Belegenheitsrechts gemäß Art. 3 III EGBGB (Einzelstatut vor Gesamtstatut, dazu oben Rdnrn. 211–217). Zweitens können die Ehegatten gemäß Art. 15 II Nr. 3 EGBGB für unbewegliches Vermögen das Recht des Lageorts wählen (dazu unten Rdnr. 524). Drittens ist es nach Art. 4 I EGBGB grundsätzlich zu beachten, wenn das von Art. 15 I EGBGB berufene Recht für Immobilien auf das Recht des Lageortes zurück- oder weiterverweist. Bei einem nach Art. 15 II EGBGB gewählten Ehegüterstatut spielt die Rück- und Weiterverweisung dagegen keine Rolle, weil Art. 4 II EGBGB den Renvoi ausschließt (dazu oben Rdnr. 195).

1. Anwendungsbereich des Art. 15 EGBGB

518 Wie bei allen Kollisionsnormen ist auch bei Art. 15 EGBGB der sachliche und der zeitliche Anwendungsbereich zu ermitteln: Was gehört zu den „güterrechtlichen Wirkungen"? Auf welche Ehen ist der am 1. 9. 1986 in Kraft getretene Art. 15 EGBGB anzuwenden?

a) Umfang des Ehegüterstatuts

Als ehegüterrechtlich sind die Regeln zu qualifizieren, die eine Sonderordnung des Vermögens von Mann und Frau während und aufgrund der Ehe schaffen, ferner die Vorschriften, nach denen die Vermögensordnung zwischen den Ehegatten abgewickelt wird, wenn die Ehe aufgelöst ist (BegrRegE, BT-Drucks. 10/504, S. 57). Das deutsche materielle Familienrecht hält drei Vermögensordnungen bereit: Der *gesetzliche Güterstand* ist die Zugewinngemeinschaft (§§ 1363–1390 BGB); als *vertragliche Güterstände* können die Ehegatten die Gütertrennung (§ 1414 BGB) oder die Gütergemeinschaft vereinbaren (§§ 1415–1518 BGB). Rechtsvergleichend lassen sich ebenfalls Gütertrennung und Gütergemeinschaft sowie Mischformen unterscheiden, bei denen – wie bei der Zugewinngemeinschaft nach deutschem Recht – Elemente der Trennung und der Gemeinschaft kombiniert werden. Unterschiede zwischen den Rechtsordnungen bestehen auch bei der *Vertragsfreiheit* im Ehegüterrecht (rechtsvergleichende Hinweise bei *Staudinger/von Bar/Mankowski*, Art. 15 EGBGB Rdnrn. 235–252, 293–295).

519 Im einzelnen beantwortet das nach Art. 15 EGBGB anzuknüpfende Ehegüterstatut die Rechtsfragen, welcher *Güterstand* zwischen den Ehegatten kraft Gesetzes entsteht, inwieweit sie durch *Ehevertrag* ihre güterrechtlichen Beziehungen regeln können, ob verschiedene Gütermassen bestehen (z.B. Gesamtgut, Vorbehaltsgut), wie die Güterstände beendet und wie die Vermögensbeziehungen der Ehegatten abgewickelt werden (MünchKomm-*Siehr*, Art. 15 EGBGB Rdnrn. 68–100). Das Ehegüterstatut kann bei der Beendigung des Güterstandes durch den Tod eines Ehegatten vom Erbstatut abzugrenzen sein (Art. 25 EGBGB). *Beispiel:* Nach § 1371 I BGB wird der Zugewinnausgleich nach dem Tod eines Ehegatten dadurch verwirklicht, daß sich der gesetzliche Erbteil des überlebenden Ehegatten um ein Viertel der Erbschaft erhöht. Es fragt sich, ob diese Vorschrift güterrechtlich oder erbrechtlich zu qualifizieren ist (dazu unten Rdnr. 584).

b) Intertemporales Recht, Art. 220 III EGBGB

520 Der zeitliche Geltungsbereich der Artt. 13ff. EGBGB richtet sich grundsätzlich nach den allgemeinen Regeln des intertemporalen Kollisionsrechts (dazu oben Rdnr. 20): Auf Vorgänge, die vor dem 1. 9. 1986 „abgeschlossen" sind, bleibt das frühere IPR anwendbar (Art. 220 I EGBGB); die Wirkungen familienrechtlicher Rechtsverhältnisse – beispielsweise die *allgemeinen Wirkungen* der Ehe – unterliegen ab dem 1. 9. 1986 dem neuen IPR (Art. 220 II EGBGB). Für die *güterrechtlichen Wirkungen* der Ehe trifft Art. 220 III EGBGB eine besondere intertemporale Regelung, die den allgemeinen Regeln des Art. 220 I, II EGBGB vorgeht. Sie erklärt sich aus zwei Umständen:

– Art. 15 I EGBGB a. F. knüpfte die güterrechtlichen Wirkungen der Ehe an das Heimatrecht des Mannes an. Diese Vorschrift verstieß gegen das Gleichberechtigungsgebot des Art. 3 II GG und trat gemäß Art. 117 I GG nach Ablauf einer Übergangsfrist am 1. 4. 1953 außer Kraft. Das wurde aber vom BGH bis in die achtziger Jahre hinein verkannt (BGHZ 42, 7, 8; BGH IPRax 1981, 23, 25).

– Am 8. 4. 1983 wurde die Entscheidung BVerfGE 63, 181, die wesentliche Teile des Art. 15 EGBGB a. F. wegen Verstoßes gegen das Gleichberechtigungsgebot für nichtig erklärte, im Bundesgesetzblatt veröffentlicht. Damit war die objektiv bereits am 1. 4. 1953 eingetretene Nichtigkeit der Vorschrift „auch für die letzten Zweifler klargestellt" (*Kropholler* § 45 III 4b).

Die intertemporale Regelung bei Ehen, die *nach dem 8. 4. 1983* geschlossen worden sind, ist einfach: Auf die güterrechtlichen Wirkungen solcher Ehen wird Art. 15 EGBGB n. F. angewendet (Art. 220 III 5 EGBGB). Unproblematisch ist auch die intertemporale Regelung bei Ehen, die *vor dem 1. 4. 1953* geschlossen wurden: Bei diesen Ehen bleibt es im Interesse der Rechtssicherheit grundsätzlich bei der – verfassungswidrigen, aber bis zum 31. 3. 1953 gültigen – Kollisionsregel des Art. 15 a. F. EGBGB. Die Ehegatten können jedoch eine Rechtswahl gemäß Art. 15 II EGBGB n. F. treffen (Art. 220 III 6 EGBGB).

521 Kompliziert ist die Übergangsregelung bei allen Ehen, die in der Zeit *vom 1. 4. 1953 bis zum 8. 4. 1983* geschlossen wurden (Art. 220 III 1–4 EGBGB). Der Gesetzgeber meinte, einen gewissen Vertrauensschutz gewähren zu müssen, weil die Rechtsprechung den seit dem 1. 4. 1953 ungültigen Art. 15 EGBGB a. F. bis in die achtziger Jahre hinein für gültig hielt. Art. 220 III 1–4 EGBGB trennt hinsichtlich der güterrechtlichen Wirkungen von Ehen, die in der Zeit vom 1. 4. 1953 bis zum 8. 4. 1983 geschlossen wurden, zwei Zeiträume:

(1) Bis zum 8. 4. 1983 unterliegen die güterrechtlichen Wirkungen dieser Ehen dem gemeinsamen Heimatrecht bei der Heirat, hilfsweise dem Recht, dem die Ehegatten sich unterstellt haben oder von dessen Anwendung sie ausgegangen sind, äußerst hilfsweise dem Heimatrecht des Mannes bei der Heirat (Art. 220 III 1 Nrn. 1–3 EGBGB).

(2) Für die Zeit nach dem 8. 4. 1983 ist Art. 15 EGBGB n. F. anzuwenden (Art. 220 III 2–4 EGBGB).

522 Der *BGH* gibt dieser Vorschrift eine Deutung, die nicht nur eine unpraktikable Aufspaltung in zwei Vermögensmassen – vor dem 9. 4. 1983 und nach dem 8. 4. 1983 erworbenes Vermögen – vermeidet, sondern auch verfassungsrechtlichen Bedenken gegen die Hilfsanknüpfung an das Heimatrecht des Mannes in Art. 220 III 1 Nr. 3 EGBGB die Spitze abbricht: Nach Ansicht des *BGH* bezieht sich der Stichtag des 8. 4. 1983 nicht auf den Vermögenserwerb, sondern auf den zu beurteilenden güterrechtsrelevanten Vorgang wie beispielsweise die Scheidung der Ehe oder den Tod eines Ehegatten (BGH IPRax 1987, 114, 115). Allerdings sind zwei Einschränkungen zu machen: *Erstens* gilt für eine Rechtswahl, die vor dem 9. 4. 1983 vereinbart wurde, nicht Art. 15 II, III EGBGB n. F. (im Inland notarielle Beurkundung), sondern Art. 220 III 1 Nr. 2 EGBGB, wonach eine formfreie und sogar eine schlüssige Rechtswahl möglich ist; eine solche Rechtswahl bleibt nach dem 8. 4. 1983 wirksam (BGHZ 119, 392, 398 = IPRax 1995, 399, 400 m. Aufs. *Winkler von Mohrenfels* [379]). *Zweitens* ist in den Fällen, in denen vor dem 9. 4. 1983 Art. 220 III 1 Nr. 3 EGBGB (Heimatrecht des Mannes zur Zeit der Eheschließung) anzuwenden war, der Stichtag bei der Anwendung des Art. 15 EGBGB n. F. nicht der Zeitpunkt der Eheschließung, sondern der 9. 4. 1983 (Art. 220 III 3 EGBGB).

Wie diese komplizierten Regeln in einem einfachen Fall funktionieren, zeigt *Fall a*: Anzuwenden ist Art. 220 III 1–4 EGBGB, weil die Ehe 1956 geschlossen wurde. Da eine vor dem 9. 4. 1983 schlüssig getroffene Rechtswahl der Ehegatten nach dem 8. 4. 1983 fortwirkt (BGHZ 119, 392, 398), ist zuerst zu prüfen, ob eine solche Rechtswahl nach Art. 220 III 1 Nr. 2 EGBGB vorliegt. Eine Rechtswahl nach dieser Vorschrift (Hilfsanknüpfung!) war jedoch nur möglich, wenn die beiden Ehegatten bei der Eheschließung verschiedenen Staaten angehörten (Art. 220 III 1 Nr. 1 EGBGB, Hauptanknüpfung). Das ist der Fall, denn die Ehefrau erwarb erst *durch* die Eheschließung die italienische Staatsangehörigkeit. Damit war eine Rechtswahl möglich; in dem Abschluß eines Ehevertrages nach deutschem Recht ist eine Rechtswahl zugunsten des deutschen Ehegüterrechts zu sehen (Art. 220 III 1 Nr. 2 EGBGB).

In der *Abwandlung* zu *Fall a* fehlt es an Anhaltspunkten für eine Rechtswahl nach Art. 220 III 1 Nr. 2 EGBGB. Daher ist gemäß Art. 220 III 2 EGBGB für die Zeit nach dem 8. 4. 1983 die Kollisionsnorm des Art. 15 EGBGB n. F. anzuwenden. Der zu beurteilende güterrechtsrelevante Vorgang – die Ehescheidung – fand 1984 statt, so daß für die güterrechtlichen Wirkungen während der gesamten Ehezeit (1956–1984) das nach Art. 15 EGBGB n. F. ermittelte Recht maßgebend ist (BGH IPRax 1987, 114, 115). Nach Art. 220 III 3 EGBGB ist der Stichtag für die Beurteilung, welcher der Anknüpfungspunkte der Artt. 15 I, 14 EGBGB vorliegt, nicht der Zeitpunkt der Eheschließung, sondern der 9. 4. 1983. An diesem Stichtag hatten zwar beide Ehegatten die italienische Staatsangehörigkeit; diese Staatsangehörigkeit ist jedoch wegen Art. 5 I 2 EGBGB bei der Ehefrau nicht maßgebend, so daß wir nicht gemäß Artt. 15 I, 14 I Nr. 1 EGBGB zum italienischen Recht kommen. Die güterrechtlichen Wirkungen der Ehe unterliegen vielmehr gemäß Artt. 15 I, 14 I Nr. 2 EGBGB dem deutschen Recht als dem Recht des Staates, in dem beide Ehegatten am 9. 4. 1983 ihren gewöhnlichen Aufenthalt hatten (Fall nach BGH IPRax 1987, 114 m. Aufs. *Henrich* [93], dort – a. a. O. S. 115 – auch zur Nichtanwendung des *Haager Ehewirkungsabkommens* von 1905).

2. Anknüpfungspunkte des Art. 15 EGBGB

523 In den meisten Fällen ist die *Bezugnahme* des Art. 15 I EGBGB anzuwenden, die zu den Anknüpfungsregeln des Art. 14 EGBGB führt (dazu a). Eine beschränkte *Rechtswahl* (nur) für die güterrechtlichen Wirkungen der Ehe ermöglicht Art. 15 II, III EGBGB (dazu b).

a) Bezugnahme, Art. 15 I EGBGB

Nach Art. 15 I EGBGB unterliegen die güterrechtlichen Wirkungen der Ehe dem *bei der Eheschließung* für die allgemeinen Wirkungen der Ehe maßgebenden Recht. Maßgebend ist in erster Linie eine gemeinsame Staatsangehörigkeit der Ehegatten bei der Eheschließung (Art. 14 I Nr. 1 EGBGB), hilfsweise ein gemeinsamer gewöhnlicher Aufenthalt bei der Eheschließung (Art. 14 I Nr. 2 EGBGB) und äußerst hilfsweise das Recht des Staates, mit dem die Ehegatten bei der Eheschließung auf andere Weise gemeinsam am engsten verbunden waren (Art. 14 I Nr. 3 EGBGB). Es kommt stets auf den Zeitpunkt der Eheschließung an: Wenn beispielsweise Ehegatten mit verschiedener Staatsangehörigkeit erst *nach der Eheschließung* einen gewöhnlichen Aufenthalt in ein und demselben Staat begründet haben, ist das Ehegüterstatut nach Art. 14 I Nr. 3 i. V. m. Art. 15 I EGBGB zu ermitteln (Recht der sonstigen engsten Verbindung). Die Verweisung in Art. 15 I EGBGB bezieht sich auch auf eine Rechtswahl nach Art. 14 II, III EGBGB. Eine Rechtswahl nach Art. 14 II, III EGBGB hat aber nur güterrechtliche Auswirkungen, wenn sie spätestens bei der Eheschließung erfolgt, denn Art. 15 I EGBGB stellt *unwandelbar* auf diesen Zeitpunkt ab.

In *Fall b* ist davon auszugehen, daß die Ehegatten schon bei der Eheschließung – sei es in Österreich, sei es in Deutschland – die österreichische Staatsangehörigkeit besaßen; die daneben bestehende italienische Staatsbürgerschaft der Ehefrau ist kollisionsrechtlich ohne Belang, da es sich nicht um die effektive Staatsangehörigkeit handelt (Art. 5 I 1 EGBGB). Die güterrechtlichen Wirkungen der Ehe unterliegen daher dem österreichischen Recht (Art. 15 I i. V. m. Art. 14 I Nr. 1 EGBGB). Eine Rück- oder Weiterverweisung wäre nach Art. 4 I EGBGB zu beachten; da jedoch auch Artt. 19, 18 I Nr. 1 des österreichischen IPRG an die gemeinsame Staatsangehörigkeit anknüpfen, findet kein *Renvoi* statt.

b) Rechtswahl, Art. 15 II, III EGBGB

524 Art. 15 II EGBGB gestattet in drei Fallkonstellationen eine Rechtswahl für die güterrechtlichen Wirkungen der Ehe, wobei Art. 15 III EGBGB hinsichtlich der *Form der Rechtswahl* auf Art. 14 IV EGBGB verweist (zu dieser Vorschrift oben Rdnr. 512):

(1) Die Ehegatten können das Recht des Staates wählen, dem *einer von ihnen angehört* (Art. 15 II Nr. 1 EGBGB).

Die herrschende Meinung liest die Vorschrift so, daß *mindestens* einer der Ehegatten dem Staat angehören muß (*Soergel/Schurig*, Art. 15 EGBGB Rdnr. 17 m.w.N.; a.A. *Wegmann*, NJW 1987, 1740, 1742). Die Wahl des gemeinsamen Heimatrechts beider Ehegatten hat neben der objektiven Anknüpfung gemäß Artt. 15 I, 14 I Nr. 1 EGBGB i.V.m. Art. 4 I EGBGB insofern Bedeutung, als sie – anders als die genannten Vorschriften – eine Sachnormverweisung begründet und dadurch eine eventuelle Rück- oder Weiterverweisung des Heimatstaates ausschließt (Art. 4 II EGBGB). Umstritten ist, ob Art. 15 II Nr. 1 EGBGB bei Mehrstaatern nur die Wahl des *effektiven* Heimatrechts jedes Ehegatten erlaubt (*Henrich*, IntFamR, § 3 I 3b; *Dethloff*, JZ 1995, 64, 68) oder auch die Wahl eines *nicht effektiven* Heimatrechts (MünchKomm-*Siehr*, Art. 15 EGBGB Rdnrn. 25, 26). Für die erstgenannte Ansicht spricht, daß in Art. 15 II Nr. 1 EGBGB vom Recht *des* Staates (und nicht vom Recht *eines* Staates) die Rede ist und – anders als in Art. 14 II EGBGB – der Zusatz „ungeachtet des Art. 5 I EGBGB" fehlt. In *Fall b* können die Ehegatten daher nicht das italienische Recht wählen, da es sich nicht um das effektive Heimatrecht der Ehefrau handelt.

525 (2) Die Ehegatten können das Recht des Staates wählen, in dem – mindestens – *einer von ihnen seinen gewöhnlichen Aufenthalt hat* (Art. 15 II Nr. 2 EGBGB).

Diese Vorschrift gestattet die Wahl eines Aufenthaltsrechts gerade auch in den Fällen, in denen beide Ehegatten dieselbe Staatsangehörigkeit besitzen und damit nach Artt. 15 I, 14 I Nr. 1 EGBGB das gemeinsame Heimatrecht für die güterrechtlichen Wirkungen der Ehe maßgebend ist. In *Fall b* können die österreichischen Eheleute daher für die güterrechtlichen Wirkungen ihrer Ehe das deutsche Recht als das Recht ihres gewöhnlichen Aufenthalts wählen und damit die objektive Anknüpfung, die zum österreichischen Ehegüterrecht führt, verdrängen.

(3) Die Ehegatten können für unbewegliches Vermögen *das Recht des Lageorts* wählen (Art. 15 II Nr. 3 EGBGB).

Was zum unbeweglichen Vermögen gehört, bestimmt die jeweilige *lex rei sitae* (h. M., *Soergel/Schurig*, Art. 15 EGBGB Rdnr. 22 m. w. N.; anders – Qualifikation nach der *lex fori* – z. B. *Palandt/Heldrich*, Art. 15 EGBGB Rdnr. 22). Nach Art. 15 II Nr. 3 EGBGB ist es nicht möglich, für ein in mehreren Staaten belegenes Immobilienvermögen ein einziges Recht zu wählen; es kann für das in Staat A belegene Immobilienvermögen nur das Recht des Staates A gewählt werden. Die Ehegatten können aber das in verschiedenen Staaten belegene Immobiliarvermögen unterschiedlich behandeln, indem sie beispielsweise für in Spanien belegene Immobilien das Recht des Lageorts wählen, für unbewegliches Vermögen in Deutschland dagegen keine Rechtswahl treffen. Die herrschende Ansicht gestattet es den Eheleuten sogar, die Wahl des Lageortsrechts auf einen einzigen Gegenstand des unbeweglichen Vermögens – z. B. ein einziges Grundstück – zu beschränken, auch wenn ihnen in dem Staat noch andere Immobilien gehören (*Fall b*): Die Ehegatten sollen bei jedem Grundstückserwerb entscheiden können, ob sie hinsichtlich der güterrechtlichen Wirkungen das Recht des Lageorts wählen wollen (*Henrich*, IntFamR, § 3 I 3 b; LG Mainz NJW-RR 1994, 73, 74).

Wie bei Art. 14 II, III EGBGB können die Ehegatten auch bei Art. 15 II EGBGB die Rechtswahl jederzeit aufheben oder ändern (dazu oben Rdnr. 513). Die Rechtswahl gemäß Art. 15 II EGBGB ist eine Sachnormverweisung (Art. 4 II EGBGB); ein *Renvoi* ist demnach ausgeschlossen.

3. Verkehrsschutz, Art. 16 I, II EGBGB

526 Wenn die güterrechtlichen Wirkungen der Ehe einem ausländischen Recht unterliegen und einer der Ehegatten seinen gewöhnlichen Aufenthalt in Deutschland hat oder hier ein Gewerbe betreibt, ist nach Art. 16 I EGBGB die Vorschrift des § 1412 BGB entsprechend anzuwenden. Das bedeutet: Die Ehegatten können Dritten gegenüber Einwendungen gegen ein Rechtsgeschäft aus dem fremden Güterstand nur herleiten, wenn der Güterstand im Güterrechtsregister des zuständigen Amtsgerichts eingetragen oder dem Dritten bekannt war. Ferner sind, wenn die güterrechtlichen Wirkungen der Ehe einem ausländischen Recht unterliegen, auf ein in Deutschland betriebenes Erwerbsgeschäft die §§ 1431, 1456 BGB sinngemäß anzuwenden. Das gilt aber nur, soweit diese Vorschriften für gutgläubige Dritte günstiger sind als das fremde Recht (Art. 16 II EGBGB). Damit soll sichergestellt werden, daß ein Geschäft mit einem unternehmerisch tätigen Ehegatten nicht der Zustimmung des anderen Ehegatten bedarf; der inländische Rechtsverkehr soll insoweit vor Überraschungen geschützt werden, die ausländisches Güterrecht mit sich bringen kann.

IV. Ehescheidung (Art. 17 EGBGB)

527 **Literatur:** *Adam*, Internationaler Versorgungsausgleich (1985); *Dopffel*, Die Voraussetzungen der Ehescheidung im neuen Internationalen Privat- und Verfahrensrecht, FamRZ 1987, 1205; *Henrich*, Internationales Scheidungsrecht (6. Aufl. 1992); *Jayme*, Internationales Ehescheidungsrecht in der Fallbearbeitung, JuS 1989, 387; *Lüderitz*, Die Ehescheidung nach dem Gesetz zur Neuregelung des Internationalen Privatrechts, IPRax 1987, 74; *Piltz*, Internationales Scheidungsrecht (1988). Rechtsvergleichend: *Dethloff*, Die einverständliche Scheidung – Eine rechtsvergleichende und rechtshistorische Untersuchung zu Umfang und Grenzen der Parteiautonomie im Scheidungsrecht (1994); *Zacher* (Hrsg.), Der Versorgungsausgleich im internationalen Vergleich und in der zwischenstaatlichen Praxis (1985).

Fälle:

a) Eine Irin und ein Ire heirateten 1966. Das Ehepaar trennte sich 1981; die Ehefrau ging nach Deutschland, brach ihre Beziehungen nach Irland ab und lebte fortan in Bonn mit einem Deutschen zusammen. 1988 stellte sie beim Amtsgericht Bonn einen Antrag auf Ehescheidung. Das irische Recht kannte damals noch keine Scheidung der Ehegatten; der *Domicile and Recognition of Foreign Divorces Act 1986* der Republik Irland enthielt aber die Vorschrift, „that a divorce shall be recognized if granted in the country where either spouse is domiciled".

b) Eine Deutsche und ein Niederländer heirateten 1967, lebten bis 1987 zusammen in Deutschland, waren berufstätig und erwarben Rentenanwartschaften. Trotz einer Ehekrise verzogen beide gemeinsam 1987 in die Niederlande; die Ehefrau machte den Vorbehalt, daß sie dort nur bleibe, wenn das Verhalten des Mannes sich ändere. Nach drei Wochen ging sie nach Deutschland zurück. Die Ehe wurde in den Niederlanden geschieden. Die Ehefrau beantragt beim Amtsgericht Kleve die Durchführung des Versorgungsausgleichs.

Das Internationale Ehescheidungsrecht – das Kollisionsrecht der Ehescheidung – ist in Art. 17 EGBGB normiert. Das Scheidungsstatut bestimmt über die Voraussetzungen, die Durchführung und die Rechtsfolgen der Ehescheidung, soweit die Rechtsfolgen nicht nach anderen Kollisionsnormen angeknüpft werden (dazu unten 2a, Rdnrn. 535–536). Art. 17 EGBGB hat den Zweck, alle Eheauflösungen *ex nunc* zu erfassen. Daher umfaßt der Begriff der Ehescheidung nicht nur die gerichtliche Auflösung der Ehe, sondern auch Formen der Privatscheidung. Dazu gehört die in ostasiatischen Staaten vorgesehene Möglichkeit, die Ehe durch privaten Aufhebungsvertrag zu beenden. Als Ehescheidung zu qualifizieren ist auch die in den islamisch geprägten Rechten des Orients, Asiens und Afrikas zugelassene Verstoßung der Ehefrau durch den Ehemann (Talaq: „Ich verstoße Dich", rechtsvergleichend *Staudinger/von Bar/Mankowski*, Art. 17 EGBGB Rdnrn. 58–72).

528 Dem Ehescheidungsstatut unterliegt ferner die sog. *Trennung von Tisch und Bett*. Dabei handelt es sich um eine in vielen Rechtsordnungen (z.B. in Italien, Spanien, Portugal und der Schweiz) vorgesehene Form der Eheauflösung: Bei ihr bleibt zwar das Eheband aufrechterhalten, so daß die Wiederheirat ausgeschlossen ist, aber durch die Trennung der Ehegatten werden die Wirkungen der Ehe verändert. Die Trennung von Tisch und Bett ist eine Vorstufe zur Scheidung; daher wird Art. 17 EGBGB zumindest entsprechend angewandt (BGHZ 47, 324, 333; *Henrich*, IntFamR § 4 I 3a).

Nicht in den Anwendungsbereich des Art. 17 EGBGB, sondern in den Bereich des Art. 13 EGBGB gehören die Nichtigerklärung, die Aufhebung und die Anfechtung der Ehe. Diese Rechtsinstitute ziehen die Konsequenzen aus Fehlern bei der Eheschließung; über diese Fehler und ihre Folgen entscheidet nicht das *Ehescheidungsstatut* (Art. 17 EGBGB), sondern das *Eheschließungsstatut* (Art. 13 EGBGB). Die *Vorfrage*, ob überhaupt eine wirksame Ehe besteht, ist selbständig nach Art. 13 EGBGB anzuknüpfen (*Lüderitz*, IPRax 1987, 74, 76).

1. Voraussetzungen und Vollzug

529 Die Voraussetzungen und der Vollzug der Scheidung werden grundsätzlich nach Art. 17 I EGBGB angeknüpft (dazu a); für den Vollzug einer Ehescheidung in Deutschland enthält Art. 17 II EGBGB eine Spezialvorschrift (dazu b).

a) Anknüpfungspunkte des Art. 17 I EGBGB

Art. 17 I EGBGB enthält in *Satz 1* die Grundregel, nach der das Ehescheidungsstatut zu bestimmen ist. *Satz 2* verdrängt unter bestimmten Voraussetzungen das nach Satz 1 ermittelte Ehescheidungsstatut zugunsten des deutschen Rechts.

(1) Nach Art. 17 I 1 EGBGB unterliegt die Scheidung dem Recht, das *im Zeitpunkt des Eintritts der Rechtshängigkeit des Scheidungsantrags* für die allgemeinen Wirkungen der Ehe maßgebend ist. Auch Art. 17 I 1 EGBGB nimmt also auf Art. 14 EGBGB Bezug. Maßgebend ist in erster Linie eine gemeinsame Staatsangehörigkeit der Ehegatten (Art. 14 I Nr. 1 EGBGB), hilfsweise ein gemeinsamer gewöhnlicher Aufenthalt (Art. 14 I Nr. 2 EGBGB) und äußerst hilfsweise das Recht des Staates, mit dem die Ehegatten auf andere Weise gemeinsam am engsten verbunden sind (Art. 14 I Nr. 3 EGBGB). Die Bezugnahme in Art. 17 I 1 EGBGB erstreckt sich auch auf eine Rechtswahl nach Art. 14 II, III EGBGB.

530 Entscheidend ist der Zeitpunkt, zu welchem der Scheidungsantrag rechtshängig wird (Art. 17 I 1 EGBGB). Wenn jemand einen Scheidungsantrag *im Inland* einreicht, tritt Rechtshängigkeit ein, sobald die Antragsschrift dem Antragsgegner förmlich zugestellt wird (§§ 622 II, 261 I, 253 I ZPO). Begehrt jemand die Scheidung *im Ausland*, ist der Eintritt der Rechtshängigkeit dem Verfahrensrecht des ausländischen Forums zu entnehmen (BGH NJW 1987, 3093 = FamRZ 1987, 580, 581 m. Anm. *Gottwald*). Das Scheidungsstatut ist bis zur Rechtshängigkeit des Scheidungsantrags *wandelbar*; danach ist es *unwandelbar*.

In *Fall a* ist das Amtsgericht Bonn zur Durchführung des Scheidungsverfahrens international zuständig, weil die irische Ehefrau ihren gewöhnlichen

Aufenthalt in Deutschland hat und ein deutsches Scheidungsurteil in Irland anerkannt würde (§ 606a I 1 Nr. 4 ZPO; zur internationalen Zuständigkeit in Ehesachen *Schack*, IZVR Rdnrn. 370–375). Nach Art. 17 I 1 i.V.m. 14 I Nr. 1 EGBGB ist Scheidungsstatut das irische Recht, da beide Ehegatten irische Staatsangehörige sind. Das irische Recht kannte 1988 noch keine Ehescheidung (1996 hat sich das geändert). Aber aus der zitierten Vorschrift des *Domicile and Recognition of Foreign Divorces Act 1986* ergibt sich, daß nach dem Willen des irischen Gesetzgebers die Ehe nach ausländischem Recht geschieden werden kann und diese Scheidung in Irland anerkannt wird, wenn auch nur einer der Ehegatten sein *domicile* im Ausland hat. In diesem Fall enthält das irische Recht also eine *versteckte Rückverweisung* auf das deutsche Sachrecht, die gemäß Art. 4 I EGBGB zu beachten ist (zu dieser Rechtsfigur oben Rdnr. 208). Indem die Irin sich auf unbestimmte Zeit in Bonn niedergelassen hat, hat sie in Deutschland ein *domicile of choice* begründet (zum Domizilbegriff oben Rdnrn. 131, 132). Das Amtsgericht Bonn wird also auf den Scheidungsantrag das deutsche Recht anwenden (Fall nach OLG Köln IPRax 1989, 297 m. Aufs. *Coester-Waltjen* [282] = *Schack*, Rechtsprechung Nr. 28; der Scheidungsantrag wird dem Ehemann in Irland zugestellt nach den Regeln des *Haager Zustellungsübereinkommens*, abgedruckt bei *Jayme/Hausmann* Nr. 107).

531 (2) Nach Art. 17 I 2 EGBGB unterliegt die Scheidung dem deutschen Recht, wenn (a) die Ehe nach dem Ehescheidungsstatut nicht geschieden werden kann und (b) der die Scheidung begehrende Ehegatte entweder bei Rechtshängigkeit des Scheidungsantrags Deutscher ist oder bei der Eheschließung Deutscher war. Das nach Artt. 17 I 1, 14 EGBGB ermittelte Scheidungsstatut muß die Ehescheidung nicht generell ablehnen; es genügt vielmehr, daß die Ehe nach diesem Recht im konkreten Fall nicht oder noch nicht geschieden werden kann. *Beispiel:* Eine mit einem Italiener verheiratete, in Italien lebende Deutsche erwirkt beim Gericht in Mailand die Trennung von Tisch und Bett, aufgrund deren sie nach fünf Jahren Scheidung verlangen könnte. Nach vier Jahren beantragt sie die Scheidung in Deutschland. – Art. 17 I 2 EGBGB ermöglicht die Scheidung nach deutschem Recht, das in §§ 1565, 1566 II BGB nach dreijährigem Getrenntleben das Scheitern der Ehe unwiderlegbar vermutet (Fall nach *Henrich*, FamRZ 1986, 841, 850–851).

Die zweite Voraussetzung des Art. 17 I 2 EGBGB – die deutsche Staatsangehörigkeit des Antragstellers – muß entweder bei Rechtshängigkeit des Scheidungsantrags vorliegen oder zum Zeitpunkt der Eheschließung vorgelegen haben. Im letzteren Fall wird das deutsche Recht auch als *Antrittsrecht* – das Personalstatut, unter dem der Ehegatte die Ehe „angetreten" hat – bezeichnet (zurückgehend auf *Beitzke*). Diese Variante des Art. 17 I 2 EGBGB erfaßt nicht nur den automatischen Verlust der deutschen Staatsangehörigkeit durch Eheschließung (der heute kaum noch vorkommt), sondern auch die freiwillige Aufgabe der deutschen Staatsangehörigkeit nach der Eheschließung. Die Inländerschutzklausel des Art. 17 I 2 EGBGB ist rechtspolitisch umstritten: Sie geht zu Lasten des internationalen Entscheidungseinklangs und provoziert durch das Abstellen auf die Parteirolle – maßgebend ist die Staatsangehörigkeit des Antragstellers – zufällige Ergebnisse (*Kropholler* § 46 II 5).

b) Ehescheidung im Inland, Art. 17 II EGBGB

532 Art. 17 II EGBGB enthält eine verfahrensrechtliche Bestimmung, die im Zusammenhang mit § 1564 Satz 1 BGB zu lesen ist: Nach § 1564 Satz 1 BGB sind ausschließlich Gerichte zur Scheidung einer Ehe berufen; das gilt nach Art. 17 II EGBGB für die Scheidung im Inland auch bei ausländischem Ehescheidungsstatut. Art. 17 II EGBGB zementiert im Interesse der Rechtsklarheit, der Rechtssicherheit sowie des Schutzes von Ehegatten und Kindern das *Scheidungsmonopol der deutschen Gerichte* für Ehescheidungen, die in Deutschland vollzogen werden (BegrRegE, BT-Drucks. 10/504, S. 61). Die Vorschrift betrifft insbesondere Privatscheidungen (oben Rdnr. 527), wobei zwei Fälle zu unterscheiden sind:

533 (1) *Im Inland* kann eine Privatscheidung – *Beispiel:* Scheidung durch schriftlichen Eheaufhebungsvertrag nach § 1049 des Taiwanesischen Zivilgesetzbuches – wegen Art. 17 II EGBGB nicht wirksam vollzogen werden: Ohne gerichtliches Urteil gibt es in Deutschland keine Scheidung. Das bedeutet aber nicht, daß die taiwanesische Vorschrift in Deutschland bedeutungslos wäre: Haben beide Ehegatten die Staatsangehörigkeit Taiwans, ist das taiwanesische Recht Ehescheidungsstatut (Art. 17 I 1 i.V.m. Art. 14 I Nr. 1 EGBGB). Die Ehegatten können dann in Deutschland den Eheaufhebungsvertrag nach taiwanesischem Recht schließen, um auf dieser Grundlage beim zuständigen deutschen Gericht ein Scheidungsurteil zu beantragen, das die Wirkungen der Scheidung herbeiführt: Das verfahrensrechtliche Gewand liefert das deutsche Recht, den Inhalt liefert das ausländische Scheidungsstatut (anschaulich *Staudinger/von Bar/Mankowski* Art. 17 EGBGB Rdnr. 185).

Dieses Vorgehen funktioniert allerdings nur, wenn das ausländische Scheidungsrecht in seiner konkreten Anwendung auf den Fall nicht den deutschen ordre public verletzt: Wegen Art. 6 EGBGB kann eine einseitige Verstoßung der Frau durch den Mann nach islamischem Recht nicht die materiellrechtliche Basis für ein Scheidungsurteil eines deutschen Gerichts sein. Anders ist die ordre public-Frage jedoch zu beurteilen, wenn sich die Frau in freier Willensentschließung mit dieser Form der Ehescheidung einverstanden erklärt (AG Esslingen IPRax 1993, 250, 251 m. Aufs. *Beitzke* [231]: Libanesisches Ehepaar; der Ehemann spricht im Scheidungstermin mit Zustimmung der Ehefrau dreimal die Verstoßung der Ehefrau aus).

534 (2) *Im Ausland* vollzogene Privatscheidungen werfen die Frage auf, ob diese Form der Scheidung in Deutschland anerkannt wird. Das Verfahren zur Anerkennung ausländischer „Entscheidungen“ in Ehesachen ist in Art. 7 § 1 FamRÄndG geregelt (abgedruckt bei *Jayme/Hausmann* Nr. 101). Zuständig sind nicht die Gerichte, sondern die Landesjustizverwaltungen (Art. 7 § 1 II FamRÄndG). Während die Landesjustizverwaltung bei *Scheidungsurteilen* ausländischer Gerichte die materiellen Voraussetzungen der Anerkennung aus § 328 I Nrn. 1–4 ZPO zu entnehmen hat, sind bei ausländischen *Privatscheidungen* wiederum zwei Fälle zu unterscheiden:

a) War an einer Privatscheidung im Ausland in irgendeiner Form eine Behörde beteiligt – sei es auch nur durch eine rein deklaratorisch wirkende Registrierung (wie in Japan, Taiwan und Südkorea) –, handelt es sich um eine „Entscheidung“ in Ehesachen, die nach Art. 7 § 1 I FamRÄndG von der Landesjustizverwaltung anzuerkennen ist, wenn die Voraussetzungen des § 328 I Nrn. 1–4 ZPO vorliegen (genauer BGHZ 82, 34 = IPRax 1983, 37 m. Aufs. *Kegel* [22] = *Schack*, Rechtsprechung Nr. 46).

b) Bei einer Privatscheidung im Ausland ohne jegliche Mitwirkung einer Behörde fehlt es dagegen an einer „Entscheidung“, so daß eine förmliche Anerkennung nach Art. 7 § 1 FamRÄndG nicht möglich ist (str., wie hier *Schack*, IZVR Rdnr. 895). Eine solche Privatscheidung kann aber dennoch – auch ohne förmliche Anerkennung durch die Landesjustizverwaltung – in Deutschland Wirkung erzeugen: Wenn es in einem Rechtsstreit vor einem deutschen Gericht darauf ankommt, ob die ausländischen Ehegatten noch verheiratet sind, muß das Gericht nach Artt. 17 I, 14 EGBGB das ausländische Scheidungsrecht konsultieren. Verstößt die Privatscheidung nicht gegen den deutschen ordre public, wird es zu dem Ergebnis kommen, daß die Ehe wirksam geschieden ist (*Schack*, IZVR Rdnrn. 815, 900; *Henrich*, Int. ScheidungsR 18–25).

2. Rechtsfolgen der Ehescheidung

535 Die Rechtsfolgen der Ehescheidung werden nur zum Teil nach Art. 17 I EGBGB angeknüpft; zum Teil unterliegen sie anderen Kollisionsnormen (dazu a). Ferner enthält Art. 17 III EGBGB eine Spezialvorschrift für den Versorgungsausgleich (dazu b).

a) Umfang des Ehescheidungsstatuts

Das nach Art. 17 I 1 EGBGB (grundsätzliche Anknüpfungsregel) oder nach Art. 17 I 2 EGBGB (deutsches Recht) ermittelte Ehescheidungsstatut regelt die *Hauptfolge* der Ehescheidung. Dazu gehört insbesondere die Klärung, ob die Ehe „dem Bande nach oder unter Aufrechterhaltung des Ehebandes geschieden ist" (so die Formulierung in Art. 7 § 1 I 1 FamRÄndG). Wenn das ausländische Scheidungsstatut – anders als das deutsche Recht (Zerrüttungsprinzip) – dem Verschuldensprinzip anhängt und einen Schuldausspruch vorsieht, muß das deutsche Gericht auch einen Schuldausspruch tenorieren (*Staudinger/von Bar/Mankowski*, Art. 17 EGBGB Rdnrn. 236, 237).

536 Die *Nebenfolgen* der Ehescheidung werden unterschiedlich angeknüpft. Kraft einer Bezugnahme in Art. 18 IV 1 EGBGB richtet sich der Unterhalt nach dem Ehescheidungsstatut (dazu unten Rdnr. 544). Ausgenommen vom Ehescheidungsstatut sind die *namensrechtlichen Folgen* der Ehescheidung; sie werden nach Art. 10 EGBGB angeknüpft (dazu oben Rdnr. 312). Die *güterrechtliche Aus-*

einandersetzung aus Anlaß der Ehescheidung unterliegt nicht dem Ehescheidungs-, sondern dem Ehegüterstatut (Art. 15 EGBGB). Die *elterliche Sorge* über eheliche Kinder gehört ebenfalls nicht zum Ehescheidungsstatut, sondern in das Internationale Kindschaftsrecht (dazu unten Rdnrn. 550–566).

b) Versorgungsausgleich, Art. 17 III EGBGB

537 Der Versorgungsausgleich ist eine eigenständige, vom güterrechtlichen Ausgleich zu trennende Scheidungsfolge des deutschen materiellen Rechts. Für den Versorgungsausgleich enthält Art. 17 III EGBGB eine besondere Kollisionsnorm, nach Ansicht von Kritikern „ein unausgereiftes, prinzipienloses Gemisch von Anknüpfungspunkten, das mit einer materiellrechtlichen Korrekturmöglichkeit durch die Billigkeit endet – ein Dokument gesetzgeberischer Hilflosigkeit" (*Kropholler* § 46 III). Der Versorgungsausgleich unterliegt nach Art. 17 III 1, 1. Halbs. EGBGB *primär* dem nach Art. 17 I 1 EGBGB ermittelten Scheidungsstatut; die *sekundäre* Anknüpfung erfolgt jedoch nicht nach Art. 17 I 2 EGBGB, sondern nach der Sondervorschrift des Art. 17 III 2 EGBGB.

(1) Nach Art. 17 III 1, 2. Halbs. EGBGB kann ein Versorgungsausgleich nur stattfinden, wenn ihn das Heimatrecht mindestens eines Ehegatten vorsieht. Zwar kennen nur wenige Staaten einen Versorgungsausgleich, der demjenigen nach deutschem Recht entspricht (rechtsvergleichend *Staudinger/von Bar/Mankowski*, Art. 17 EGBGB Rdnrn. 306–316). Im Wege einer funktionellen Qualifikation genügt es aber, wenn das Heimatrecht mindestens eines der Ehegatten eine dem deutschen Recht funktionell vergleichbare Regelung enthält, die dazu führt, daß die in der Ehe erworbenen Anwartschaften auf Invaliditäts- und Alterssicherung bei der Ehescheidung ausgeglichen werden (*Firsching/von Hoffmann* § 8 Rdnr. 54).

538 (2) Kann nach Art. 17 III 1, 2. Halbs. EGBGB kein Versorgungsausgleich stattfinden, kommt nach Art. 17 III 2 EGBGB in zwei Fallgruppen deutsches Recht zur Anwendung: Der Antragsgegner hat eine inländische Versorgungsanwartschaft erworben (Art. 17 III 2 Nr. 1 EGBGB), oder die Rechtsordnung, die während eines Teils der Ehe über die allgemeinen Ehewirkungen bestimmte, kennt den Versorgungsausgleich (Art. 17 III 2 Nr. 2 EGBGB). Der Versorgungsausgleich wird jedoch nur durchgeführt, wenn er der Billigkeit nicht widerspricht (Art. 17 III a. E. EGBGB).

In *Fall b* ist das Ehescheidungsstatut gemäß Art. 17 I 1 i. V. m. Art. 14 I EGBGB zu ermitteln. Die Ehegatten haben keine gemeinsame Staatsangehörigkeit; sie hatten aber einen gemeinsamen gewöhnlichen Aufenthalt in Deutschland. Bei dem Antrag auf Ehescheidung hatte nur der Ehemann seinen gewöhnlichen Aufenthalt in den Niederlanden; die Ehefrau hatte in dieser Zeit weder in den Niederlanden noch in Deutschland einen gewöhnlichen Aufenthalt, so daß Art. 14 I Nr. 3 EGBGB anzuwenden ist. Die Ehegatten waren gemeinsam am engsten mit Deutschland verbunden, da sie hier über 20 Jahre zusammengelebt und gearbeitet hatten. Das deutsche Recht ist Ehescheidungsstatut und entscheidet über den Versorgungsausgleich (Art. 17 III 1 i. V. m. Art. 17 I 1 EGBGB). Da die Ehefrau Deutsche ist, ist Art. 17 III 2 EGBGB nicht zu prüfen.

3. Nichteheliche Lebensgemeinschaften

539 Im Gegensatz zu anderen Rechtsordnungen kennt das deutsche Recht keine speziellen gesetzlichen Regeln für die nichteheliche Lebensgemeinschaft (rechtsvergleichend *Staudinger/von Bar/Mankowski*, Anhang zu Art. 13 EGBGB Rdnrn. 42–47). Auf Unterhaltsansprüche während der Beziehung und nach Auflösung der Gemeinschaft wendet die ganz h. M. die Anknüpfungsregeln des Art. 18 EGBGB an, da sie das Bestehen einer Ehe nicht voraussetzen (*Henrich*, IntFamR § 1 VIII 2b, bb m. w. N.). Im übrigen gilt: Obwohl das deutsche materielle Recht keine eigenständige Kategorie der nichtehelichen Lebensgemeinschaft kennt und schuldrechtliche Anspruchsgrundlagen angewendet werden, befürwortet die überwiegende Ansicht im deutschen Kollisionsrecht keine schuldrechtliche, sondern eine familienrechtliche Qualifikation. Sie trägt damit dem Umstand Rechnung, daß eine Reihe ausländischer Rechtsordnungen die nichteheliche Lebensgemeinschaft als eine Art Ehe minderen Ranges ansieht (z. B. das schwedische Gesetz von 1987). Die Ansprüche nach Auflösung der Gemeinschaft sind daher analog Artt. 17 I 1, 14 I EGBGB anzuknüpfen, güterrechtliche Ansprüche analog Art. 15 EGBGB (*von Bar* II Rdnr. 122 m. w. N.; OLG Zweibrücken FamRZ 1994, 982, 983).

V. Unterhaltspflichten (Art. 18 EGBGB)

540

Literatur: *Brückner*, Unterhaltsregreß im internationalen Privat- und Verfahrensrecht (1994); *Hausmann*, Der Unterhaltsbegriff in Staatsverträgen des internationalen Privat- und Verfahrensrechts, IPRax 1990, 382; *Henrich*, Kollisionsrechtliche Fragen zum Geschiedenenunterhalt, IPRax 1992, 84; *Reng*, Unterhaltsansprüche aufgrund nichtehelicher Lebensgemeinschaft (1994). Kollisionsrechtsvergleichend: *Martiny*, Maintainance Obligations in the Conflict of Laws, Rec. des Cours 247 (1994-III), 131. Sachrechtsvergleichend: *Dopffel/Buchhofer*, Unterhaltsrecht in Europa – Eine Zwölf-Länder-Studie (1983).

Fälle:

a) Ein deutsches Ehepaar lebt in der Dominikanischen Republik, wo der Ehemann als Ingenieur tätig ist. Die Ehe wird von einem dortigen Gericht nach dominikanischem Recht geschieden. Die Ehefrau kehrt nach Frankfurt/Main zurück und verklagt ihren geschiedenen Gatten, der inzwischen in den USA lebt und arbeitet, vor dem AG Frankfurt/Main auf Unterhalt.

b) Ein türkisches Ehepaar lebt in Deutschland. Die Ehefrau trennt sich von ihrem Ehemann. Nach welchem Recht kann sie Unterhalt verlangen? Wie ist die Rechtsanwendungsfrage zu beurteilen, wenn die Ehefrau nach der Trennung auf Dauer in die Türkei zurückgeht? Nach welchen Maßstäben ist im letzteren Fall der Unterhalt zu bemessen, wenn die Lebenshaltungskosten in der Türkei deutlich geringer sind als in Deutschland?

Unterhalt sind Geld-, Sach- oder Dienstleistungen, die eine Person zum angemessenen Leben benötigt. In der Terminologie des Internationalen Unterhaltsrechts ist Unterhalts*verpflichteter* die Person, von der Unterhalt begehrt wird; *Berechtigter* ist die Person, die Unterhalt verlangt (Bericht *Verwilghen*, BT-Drucks. 10/258, S. 60). Unterhaltspflichten unterliegen als Anknüpfungsgegenstand des IPR drei völkerrechtlichen Verträgen, die von unterschiedlicher Bedeutung sind:

– Das *Niederlassungsabkommen zwischen dem Deutschen Reich und dem Kaiserreich Persien* vom 17. 2. 1929 (RGBl. 1930 II, 1006, abgedruckt bei *Jayme/Hausmann* Nr. 17) hat als speziellste Regelung den Vorrang. Es gilt aber nur, wenn sowohl der Unterhaltsverpflichtete als auch der Unterhaltsberechtigte die iranische Staatsangehörigkeit besitzt. In diesem Fall bestimmt Art. 8 III 1 des Niederlassungsabkommens, daß Unterhaltsansprüche dem gemeinsamen (iranischen) Heimatrecht der Beteiligten unterliegen.

– Das *Haager Übereinkommen über das auf Unterhaltsverpflichtungen gegenüber Kindern anzuwendende Recht* vom 24. 10. 1956 (BGBl. 1961 II, 1013, abgedruckt bei *Jayme/Hausmann* Nr. 28) gilt nur für Unterhaltsansprüche von Kindern, die das 21. Lebensjahr noch nicht vollendet (Art. 1 IV) und ihren gewöhnlichen Aufenthalt in einem Vertragsstaat haben (Artt. 6, 1 I). Anzuwenden ist das Übereinkommen heute nur noch im Verhältnis zu Belgien, Liechtenstein und Österreich, die das HUntÜ von 1973 nicht ratifiziert haben.

541 – Das *Haager Übereinkommen über das auf Unterhaltspflichten anzuwendende Recht* (Haager Unterhaltsübereinkommen, HUntÜ) vom 2. 10. 1973 (BGBl. 1986 II, 837, abgedruckt bei *Jayme/Hausmann* Nr. 29) ist eines der wichtigsten Übereinkommen auf dem Gebiet des Internationalen Privatrechts. Es ist für Deutschland am 1. 4. 1987 in Kraft getreten und nach Art. 3 HUntÜ allseitig anzuwenden; die Kollisionsnormen des HUntÜ sind also auch heranzuziehen, wenn sie auf das Recht eines Nichtvertragsstaates verweisen.

Der deutsche Gesetzgeber hat die Regelungen des Haager Unterhaltsübereinkommens in leicht verändertem Wortlaut in Art. 18 EGBGB übernommen. Da das Übereinkommen in Deutschland unmittelbar anwendbares Recht enthält, ist Art. 18 EGBGB an sich überflüssig (*Mansel*, StAZ 1986, 315, 316). Die Vorschrift wurde in die IPR-Novelle von 1986 aufgenommen, um das Internationale Familienrecht in Artt. 13ff. EGBGB vollständig zu regeln und zugleich im EGBGB auf das Haager Unterhaltsübereinkommen aufmerksam zu machen.

Einen guten Rat für die Lösung von IPR-Fällen gibt *Kropholler* (§ 47 I 4): Die unmittelbare Anwendung des HUntÜ ist in jedem Falle korrekt. Aber auch wer stattdessen auf Art. 18 EGBGB zurückgreift, begeht keinen Fehler. Er sollte nur auf die staatsvertragliche Herkunft des Art. 18 EGBGB hinweisen und muß die Vorschrift übereinkommenskonform anwenden. Im folgenden werden stets beide Rechtsquellen – Art. 18 EGBGB und die entsprechende Norm des HUntÜ – genannt.

1. Anknüpfung des Unterhaltsstatuts

542 Die Bestimmung des auf Unterhaltspflichten anzuwendenden Rechts folgt zwei Prinzipien. Beide dienen dazu, den Unterhaltsberechtigten zu begünstigen (*favor alimenti*): *Erstens* stellt die Regelanknüpfung nicht auf das Recht des *Unterhaltsverpflichteten* ab; der *Unterhaltsberechtigte* kann sich vielmehr auf das Unterhaltsrecht stützen, das an seinem jeweiligen gewöhnlichen Aufenthalt gilt (Art. 18 I 1 EGBGB, Art. 4 I HUntÜ). *Zweitens* stehen in Art. 18 I 2, II EGBGB (Artt. 5, 6 HUntÜ) Korrekturanknüpfungen zur Verfügung, wenn der Unterhaltsberechtigte nach dem sonst anwendbaren Recht keinen Unterhalt erhalten kann. Rechtspolitisch wird diese Schutztendenz unterschiedlich bewertet: Während einige den „Reichtum an sozialen Werten" (*Kropholler* § 47 I 2 a.E.) loben, bewerten andere die Orientierung des IPR an den Schutzzwecken des materiellen Rechts zurückhaltender. *Kegel* (§ 20 VIII 1 a): Die Regeln des Art. 18 I, II EGBGB „begünstigen einäugig, aber modisch den Unterhaltsberechtigten, indem sie ihm alle erdenklichen Rechte anbieten." Bei – praktisch relativ bedeutungslosen – Unterhaltspflichten zwischen Verwandten in der Seitenlinie oder Verschwägerten kommt anspruchsbegrenzend Art. 18 III EGBGB (Art. 7 HUntÜ) zum Zuge. Die allgemeinen Regeln des Art. 18 I–III EGBGB (Artt. 5–7 HUntÜ) werden durch zwei spezielle Anknüpfungen verdrängt:

- *Erstens* gilt für Unterhaltspflichten zwischen geschiedenen Ehegatten das Ehescheidungsstatut; ebenso ist es bei einer Trennung ohne Auflösung des Ehebandes und bei einer für nichtig oder als ungültig erklärten Ehe (Art. 18 IV EGBGB, Art. 8 HUntÜ).
- *Zweitens* erklärt die Exklusivnorm des Art. 18 V EGBGB (Art. 15 HUntÜ) deutsches Recht für anwendbar, wenn sowohl der Unterhaltsberechtigte als auch der Verpflichtete Deutsche sind und der Verpflichtete seinen gewöhnlichen Aufenthalt in Deutschland hat.

Bei der Lösung eines Falles ist zuerst die Exklusivnorm des Art. 18 V EGBGB, Art. 15 HUntÜ zu prüfen, die den anderen Anknüpfungen vorgeht (dazu a). Sind die Voraussetzungen dieser Vorschrift nicht erfüllt, stellt sich als nächstes die Frage, ob einer der Fälle des Art. 18 IV EGBGB, Art. 8 HUntÜ – insbesondere nachehelicher Unterhalt – vorliegt (dazu b). Wird diese Frage verneint, sind die Regelanknüpfung des Art. 18 I 1 EGBGB, Art. 4 HUntÜ (dazu c) und nötigenfalls die Korrekturen nach Art. 18 I 2, II, III EGBGB, Artt. 5–7 HUntÜ heranzuziehen (dazu d).

Das Haager Unterhaltsübereinkommen bringt durch die Verweisung auf das „innerstaatliche Recht" (z.B. in Art. 4 I HUntÜ) zum Ausdruck, daß es sich grundsätzlich um Sachnormverweisungen handelt und ein *Renvoi* ausgeschlossen sein soll. Entsprechend ist in Art. 18 EGBGB grundsätzlich von „Sachvorschriften" (z.B. in Art. 18 I 1 EGBGB) die Rede. Eine Ausnahme gilt für den Geschiedenen-Unterhalt: Art. 18 IV EGBGB – Art. 8 HUntÜ – nimmt auf das Ehescheidungsstatut Bezug, so daß eine Rück- oder Weiterverweisung zu beachten ist (dazu oben Rdnr. 530).

a) Exklusivnorm, Art. 18 V EGBGB

543 Nach Art. 15 HUntÜ kann jeder Vertragsstaat den Vorbehalt einlegen, daß sein innerstaatliches Recht anzuwenden ist, wenn sowohl der Berechtigte als auch der Verpflichtete Staatsangehörige dieses Vertragsstaates sind und der Verpflichtete dort seinen gewöhnlichen Aufenthalt hat. Wie die meisten anderen Vertragsstaaten hat auch Deutschland diese Möglichkeit genutzt: Deutsches Recht ist nach Art. 18 V EGBGB anzuwenden, wenn sowohl der Berechtigte als auch der Verpflichtete Deutsche sind und der Verpflichtete seinen gewöhnlichen Aufenthalt in Deutschland hat. Bei gemeinsamer deutscher Staatsangehörigkeit *und* gewöhnlichem Aufenthalt des *Unterhaltsverpflichteten* in Deutschland ist der Inlandsbezug so stark, daß der gewöhnliche Aufenthalt des Berechtigten keine Rolle mehr spielen soll. *Beispiel:* Die Tochter geht in die USA, um dort mehrere Jahre lang zu studieren. – Der Unterhaltsanspruch gegen den in Deutschland lebenden Vater richtet sich, wenn Vater und Tochter Deutsche sind, gemäß Art. 18 V EGBGB nach deutschem Recht.

Die Exklusivnorm des Art. 18 V EGBGB geht auch der Regelung des Art. 18 IV EGBGB (Art. 8 HUntÜ) für den Geschiedenen-Unterhalt vor. In

Fall a fehlt es jedoch an den Voraussetzungen des Art. 18 V EGBGB, da der Verpflichtete seinen gewöhnlichen Aufenthalt in den USA hat (BGH NJW 1991, 2212, 2213).

b) Geschiedenen-Unterhalt, Art. 18 IV 1 EGBGB

544 Für die Unterhaltspflichten zwischen geschiedenen Ehegatten ist das auf die Ehescheidung angewandte Recht maßgebend, wenn die Ehescheidung in Deutschland ausgesprochen *oder anerkannt worden ist* (Art. 18 IV 1 EGBGB, Art. 8 I HUntÜ). Ist die Ehe im Ausland geschieden worden, hängt die Zusprechung von Geschiedenen-Unterhalt durch deutsche Gerichte folglich davon ab, ob die ausländische Ehescheidung im Inland anerkannt worden ist. Nach Art. 7 § 1 I 1, II FamRÄndG (abgedruckt bei *Jayme/Hausmann* Nr. 101, dazu bereits oben Rdnr. 534) haben die Landesjustizverwaltungen ein Anerkennungsmonopol für ausländische Entscheidungen in Ehesachen. Hat allerdings ein Gericht des Heimatstaats beider Ehegatten die Scheidung ausgesprochen, bedarf es nach Art. 7 § 1 I 3 FamRÄndG keiner förmlichen Anerkennung, sondern die Ehescheidung wird bei uns ohne weiteres anerkannt (genauer *Schack*, IZVR Rdnr. 893; s. auch BGHZ 112, 127, 130).

In *Fall a* muß die Ehefrau zunächst nach Art. 7 § 1 I 1, III FamRÄndG die Anerkennung der ausländischen Ehescheidung betreiben. Der Unterhaltsprozeß – das deutsche Gericht ist nach § 23a ZPO (Klägergerichtsstand in Unterhaltssachen) zuständig – wird für die Dauer des Anerkennungsverfahrens ausgesetzt. Die materiellen Voraussetzungen, unter denen das ausländische Scheidungsurteil anzuerkennen ist, ergeben sich nicht aus Artt. 17 I 1, 14 EGBGB, sondern aus § 328 I Nrn. 1–4 ZPO. Es spielt für die Anerkennung keine Rolle, daß nach deutschem IPR (Artt. 17 I 1, 14 I Nr. 1 EGBGB) auf die Ehescheidung nicht das Recht der Dominikanischen Republik, sondern das deutsche Recht anzuwenden wäre. Da keines der Anerkennungshindernisse des § 328 I Nrn. 1–4 ZPO vorliegt, wird die Landesjustizverwaltung die ausländische Ehescheidung anerkennen (Art. 7 § 1 VIII FamRÄndG).

Diese Anerkennung ist für das AG Frankfurt/Main bindend. Auf die Ehescheidung wurde das dominikanische Recht angewandt; dieses Recht ist nach Art. 18 IV 1 EGBGB (Art. 8 I HUntÜ) auch für die Unterhaltspflicht des Ehemannes maßgebend. Das Unterhaltsstatut der geschiedenen Ehegatten wird durch die Maßgeblichkeit des Scheidungsstatuts *unwandelbar*; ein geschiedener Ehegatte kann daher durch Umzug in ein „unterhaltsfreundliches" Land seinen Anspruch nicht erweitern. Wenn das Recht der Dominikanischen Republik der Ehefrau keinen Unterhaltsanspruch gibt, helfen auch die Korrekturen nach

Art. 18 I 2, II EGBGB (Artt. 5, 6 HUntÜ) nicht weiter: Diese Vorschriften beziehen sich nur auf Art. 18 I 1 EGBGB/Art. 4 HUntÜ, nicht auf Art. 18 IV EGBGB/Art. 8 HUntÜ (OLG Karlsruhe FamRZ 1989, 748, 749). Es bleibt lediglich zu prüfen, ob der Ausschluß nachehelichen Unterhalts im konkreten Fall gegen den deutschen *ordre public* verstößt (Fall nach BGH NJW 1991, 2212 = IPRax 1992, 101 m. Aufs. *Henrich* [84]).

c) Regelanknüpfung, Art. 18 I 1 EGBGB

545 Wenn die Spezialanknüpfungen des Art. 18 IV, V EGBGB (Artt. 8, 15 HUntÜ) nicht einschlägig sind, ist die Grundregel des Art. 18 I 1 EGBGB (Art. 4 I HUntÜ) heranzuziehen: Auf Unterhaltspflichten sind die Sachvorschriften des Rechts anzuwenden, das am jeweiligen *gewöhnlichen Aufenthalt* des Unterhaltsberechtigten gilt (zum Begriff des gewöhnlichen Aufenthalts unten Rdnrn. 137–139). Die Worte „am jeweiligen gewöhnlichen Aufenthalt" bringen zum Ausdruck, daß das nach Art. 18 I 1 EGBGB ermittelte Unterhaltsstatut *wandelbar* ist (so ausdrücklich Art. 4 II HUntÜ). Während für den nachehelichen Unterhalt Geschiedener unwandelbar auf das Scheidungsstatut abgestellt wird, beruht die unterhaltsrechtliche Regelanknüpfung auf dem Gedanken, das Recht des Landes entscheiden zu lassen, in dem der Unterhaltsbedarf entsteht. Allerdings bleibt eine gerichtlich festgestellte Unterhaltspflicht solange wirksam, bis sie durch eine neue Entscheidung abgeändert wird (*Kropholler* § 47 II 1).

In *Fall b* – getrenntlebendes türkisches Ehepaar – ist das Unterhaltsstatut das deutsche Recht, solange die Ehefrau ihren gewöhnlichen Aufenthalt in Deutschland hat. Wenn sie einen gewöhnlichen Aufenthalt in der Türkei begründet, tritt ein Statutenwechsel ein; die Unterhaltspflicht des Ehemanns beurteilt sich fortan nach türkischem Recht. Hat die Ehefrau vor dem Statutenwechsel ein Urteil über den Unterhaltsanspruch erwirkt, muß der Ehemann nach § 323 ZPO auf Abänderung dieses Urteils klagen, wenn er einen veränderten Unterhaltsbedarf seiner Ehefrau geltend machen will.

d) Korrekturen, Art. 18 I 2, II, III EGBGB

546 Die Regelanknüpfung an den jeweiligen gewöhnlichen Aufenthalt des Unterhaltsberechtigten wird in zwei Fallgruppen *zugunsten des Berechtigten* korrigiert; in einer dritten Fallgruppe wird die Regelanknüpfung *zugunsten des Verpflichteten* abgemildert:

(1) Wenn der Berechtigte nach dem Recht seines jeweiligen gewöhnlichen Aufenthalts keinen Unterhalt vom Verpflichteten erhalten kann, sind die Sachvorschriften des Staates anzuwenden, dem der Berechtigte und der Verpflichtete *gemeinsam angehören* (Art. 18 I 2 EGBGB, Art. 5 HUntÜ).

(2) Wenn der Berechtigte weder nach dem Recht seines jeweiligen gewöhnlichen Aufenthalts noch nach dem Recht des Staates, dem er und der Verpflichtete gemeinsam angehören, Unterhalt erhalten kann, ist *deutsches Recht als Ersatzrecht* anzuwenden (Art. 18 II EGBGB, Art. 6 HUntÜ).

Diese beiden Korrekturanknüpfungen begünstigen den Unterhaltsberechtigten. Um die Begünstigung nicht zu übertreiben, greifen sie jedoch nur ein, wenn das jeweils vorrangig berufene Recht im konkreten Fall überhaupt keinen Unterhalt gewährt und keine anzuerkennenden Gründe für die Nichtgewährung bestehen. Es genügt also nicht, wenn lediglich ein bescheidenerer Unterhalt gewährt wird oder bloß einzelne Ansprüche, etwa auf Prozeßkostenvorschuß, nicht vorgesehen sind (KG IPRax 1988, 234 m. Aufs. *von Bar* [220]). Für eine Korrektur ist ferner kein Raum, wenn wir bei wertender Betrachtung die Gründe für die Versagung des Unterhalts anerkennen müssen, wie z. B. die Mittellosigkeit des Verpflichteten: Wenn der Verpflichtete nicht zahlen kann, kann er nicht zahlen, egal welches Recht die Unterhaltspflicht beherrscht (*Staudinger/von Bar/Mankowski*, Anhang I zu Art. 18 EGBGB Rdnr. 185). Für eine Korrektur bleiben damit in der Praxis vor allem die Fälle übrig, in denen das an sich anzuwendende Recht Unterhaltsansprüche unter Voraussetzungen ausschließt, die unserem Recht fremd sind. *Beispiel:* Das an sich maßgebende Recht kennt keine gesetzliche Unterhaltspflicht von Eltern gegenüber Kindern, die älter als 21 Jahre sind (MünchKomm-*Siehr*, Anhang I zu Art. 18 EGBGB Rdnr. 118).

(3) Werden Unterhaltspflichten *zwischen Verwandten in der Seitenlinie oder Verschwägerten* geltend gemacht, kann der Verpflichtete dem Berechtigten die Einrede entgegenhalten, daß nach ihrem gemeinsamen Heimatrecht – bei Fehlen eines gemeinsamen Heimatrechts hilfsweise nach dem Recht des gewöhnlichen Aufenthalts des Verpflichteten – eine solche Unterhaltspflicht nicht besteht (Art. 18 III EGBGB, Art. 7 HUntÜ). Diese Einrede rechtfertigt sich daraus, daß die meisten Rechtsordnungen – so auch die deutsche (vgl. § 1601 BGB) – Unterhaltspflichten zwischen Verwandten in der Seitenlinie oder Verschwägerten nicht kennen. Deshalb ist auch kollisionsrechtlich Zurückhaltung geboten.

2. Umfang des Unterhaltsstatuts, Art. 18 VI EGBGB

547 Das Unterhaltsstatut umfaßt alle Unterhaltspflichten aus Familie, Verwandtschaft, Ehe oder Schwägerschaft einschließlich der Unterhaltspflicht gegenüber einem nichtehelichen Kind (Art. 1 HUntÜ). Ein *Auskunftsanspruch* ist nach demselben Statut zu beurteilen wie der Unterhaltsanspruch, dessen Feststellung er ermöglichen soll (OLG Nürnberg FamRZ 1996, 353). Auch der Anspruch auf *Prozeßkostenvorschuß* (vgl. § 1360a IV BGB) ist nach herrschender Meinung ein unterhaltsrechtlicher Anspruch (*Palandt/Heldrich*, Art. 18 EGBGB Rdnr. 17 m.w.N.). Die *Hausratsverteilung* und die *Wohnungszuweisung* (vgl. §§ 1361a, 1361b BGB) wird nach verbreiteter Auffassung – entsprechend der systematischen Stellung der Vorschriften im deutschen Recht – den allgemeinen Ehewirkungen zugeordnet und nach Art. 14 EGBGB angeknüpft (KG FamRZ 1991, 1190; *von Bar* II Rdnr. 190 m.w.N.). Andere wollen die Ansprüche auf Hausratsverteilung und Wohnungszuweisung unterhaltsrechtlich qualifizieren und damit nach Art. 18 EGBGB anknüpfen, weil mit ihnen typischerweise ein Unterhaltsbedürfnis befriedigt werde (*Henrich*, Int. ScheidungsR 54–57 m.w.N.). Das Unterhaltsstatut bestimmt ferner,

- ob, in welchem Ausmaß und von wem der Berechtigte Unterhalt verlangen kann (Art. 18 VI Nr. 1 EGBGB, Art. 10 Nr. 1 HUntÜ). Dazu gehört beispielsweise die Form der Unterhaltsleistung (Unterhaltsrente oder einmalige Geldleistung), die Berechnung des Unterhalts und die Dauer der Unterhaltspflicht (genauer MünchKomm-*Siehr*, Anhang I zu Art. 18 EGBGB Rdnrn. 199–240).
- wer zur Einleitung des Unterhaltsverfahrens berechtigt ist und welche Fristen für die Einleitung gelten (Art. 18 VI Nr. 2 EGBGB, Art. 10 Nr. 2 HUntÜ). Klagebefugnis und Klagefristen sollen also nicht verfahrensrechtlich qualifiziert und der jeweiligen *lex fori* unterstellt werden, sondern im Interesse des internationalen Entscheidungseinklangs dem Unterhaltsstatut unterliegen.
- das Ausmaß der Erstattungspflicht an öffentliche Einrichtungen, die an den Unterhaltsberechtigten Leistungen erbracht haben

(Art. 18 VI Nr. 3 EGBGB, Art. 10 Nr. 3 HUntÜ). Diese Vorschrift beruht auf dem Gedanken, daß die Rechtsposition des Unterhaltsschuldners durch die Vorleistung eines öffentlichen Fürsorgeträgers nicht verändert werden soll (vgl. die entsprechende Regelung des Art. 33 III EGBGB bei der Legalzession, dazu oben Rdnr. 396).

3. Bemessung des Unterhalts, Art. 18 VII EGBGB

548 Nach der *Kollisionsnorm* des Art. 18 VI Nr. 1 EGBGB (Art. 10 Nr. 1 HUntÜ) entscheidet das Unterhaltsstatut, „in welchem Ausmaß" Unterhalt verlangt werden kann. Diese Vorschrift wird ergänzt durch die *Sachnorm* des Art. 18 VII EGBGB (Art. 11 II HUntÜ), wonach bei der Bemessung der Unterhaltsbeträge die Bedürfnisse des Berechtigten und die wirtschaftlichen Verhältnisse des Verpflichteten zu berücksichtigen sind, selbst wenn das Unterhaltsstatut etwas anderes bestimmt. Es handelt sich um eine besondere Sachnorm des *ordre public.* Allgemein bereitet die Festsetzung der Unterhaltshöhe materiellrechtliche Schwierigkeiten, wenn Berechtigter und Verpflichteter in verschiedenen Staaten mit unterschiedlich hohen Lebenshaltungskosten leben:

a) Ist das *Unterhaltsstatut deutsches Recht*, beispielsweise weil die Ehe nach deutschem Recht geschieden worden ist (Art. 18 IV 1 EGBGB, Art. 8 I HUntÜ), und lebt der Unterhaltsberechtigte im Ausland, so sind nach § 1578 I 1 BGB die ehelichen Lebensverhältnisse im Zeitpunkt der Scheidung zu ermitteln. Für die Höhe des Unterhaltsanspruchs kommt es auf die Geldbeträge an, die der Berechtigte an seinem ausländischen Aufenthaltsort aufwenden muß, um den ihm gebührenden Lebensstandard aufrechtzuerhalten. *Beispiel:* Kehrt die Ehefrau nach der Scheidung in die Türkei zurück, kann sie so viel Kaufkraft beanspruchen, daß sie in der Lage ist, in der Türkei die dem ehelichen Lebensstandard in Deutschland entsprechenden Bedarfsgüter zu beschaffen (BGH FamRZ 1987, 682, 683–684).

549 b) Ist das *Unterhaltsstatut ausländisches Recht*, etwa weil die Ehe in Deutschland nach ausländischem Recht geschieden worden ist, sorgt Art. 18 VII EGBGB (Art. 11 II HUntÜ) – Bedürfnisse des Berechtigten, wirtschaftliche Verhältnisse des Verpflichteten – dafür, daß die Unterhaltsberechnung dieselbe ist, wie wenn das Unterhaltsstatut das deutsche Recht wäre. In *Fall b* – getrenntlebendes Ehepaar, die Ehefrau geht in die Türkei zurück – wird der Unterhalt auch bei Anwendung des türkischen Unterhaltsrechts weder allein am Bedarf einer in der Türkei lebenden Frau bemessen noch daran, was der Ehemann aufgrund seines Einkommens in Deutschland zahlen müßte. Vielmehr ist ein Mittelweg zu beschreiten; die in die Türkei übergesiedelte Ehefrau hat Anspruch auf Teilhabe an dem höheren Lebensstandard ihres früheren Mannes in Deutschland (*Henrich*, IntFamR § 5 IV 4).

VI. Kindschaftsrecht und Minderjährigenschutz

550 **Literatur:** *Henrich*, Das Kollisionsrecht im Kindschaftsrechtsreformgesetz, StAZ 1998, 1; *Pirrung*, Sorgerechts- und Adoptionsübereinkommen der Haager Konferenz und des Europarats, RabelsZ 57 (1993), 124. Rechtsvergleichend: *D. Schwab/Henrich*, Entwicklungen des Europäischen Kindschaftsrechts (2. Aufl. 1996). **Zum MSA:** *Allinger*, Das Haager Minderjährigenschutzabkommen – Probleme, Tendenzen und Perspektiven (1988); *Boelck*, Reformüberlegungen zum Haager Minderjährigenschutzabkommen von 1961 (1994). **Zum HEntfÜ:** *Dörner*, Kindesherausgabe contra Sorgerechtsänderung nach Inkrafttreten der Entführungsübereinkommen, IPRax 1993, 83; *Hüßtege*, Der Uniform Child Custody Jurisdiction Act – Rechtsvergleichende Betrachtungen zu internationalen Kindesentführungen (1982).

Fälle:

a) Im August 1993 wurde die in Deutschland aufgewachsene, volljährige türkische Staatsangehörige T von ihren Eltern in die Türkei gebracht, um dort ihren Landsmann L zu heiraten. Aus der Ehe ging im Mai 1994 die Tochter Aylin hervor. Im Juni 1997 reiste T mit Aylin nach Deutschland. Im Januar 1998 beantragte T bei dem zuständigen deutschen Familiengericht, ihr die elterliche Sorge für Aylin zu übertragen: Sie habe sich von ihrem Mann getrennt und wolle mit ihrer Tochter auf Dauer in Deutschland leben; Aylin gehe hier in den Kindergarten, habe Freunde gefunden und lerne die deutsche Sprache.

b) Die deutsche Staatsangehörige D ist mit dem US-Amerikaner A verheiratet. Die Eheleute lebten im US-Staat Maryland. Aus der Ehe ging im Oktober 1995 der Sohn Kevin hervor. Nach dem Recht von Maryland steht D und A das gemeinsame Sorgerecht zu, das sie auch ausüben. Im Januar 1998 reiste D ohne Wissen des A mit Kevin nach Deutschland, wo sie seither lebt. Im

April 1998 beantragte A beim Generalbundesanwalt beim BGH, die Herausgabe von Kevin an ihn – A – zum Zwecke der sofortigen Rückführung in die USA anzuordnen. D trägt vor, sie sei die Hauptbezugsperson des Kindes; A sei ganztags berufstätig und nicht in der Lage, sich um Kevin zu kümmern.

Das Internationale Kindschaftsrecht ist in Artt. 19–21 EGBGB geregelt, wobei die Artt. 19, 20 EGBGB die Kollisionsregeln für die Abstammung und Art. 21 EGBGB die Kollisionsnorm für das Rechtsverhältnis zwischen Eltern und Kind enthalten. Art. 21 EGBGB wird jedoch weitgehend durch Staatsverträge verdrängt, die als unmittelbar anwendbares innerstaatliches Recht gemäß Art. 3 II 1 EGBGB den autonomen deutschen Kollisionsregeln vorgehen.

1. Haager Minderjährigenschutzabkommen

551 Der wichtigste Bereich des materiellen Kindschaftsrechts ist das Rechtsverhältnis zwischen den Eltern und ihrem Kind, das die elterliche Sorge und die in ihrem Rahmen vorgesehenen Schutzmaßnahmen für das Kind umfaßt. Für diesen Bereich hat das *Haager Übereinkommen über die Zuständigkeit der Behörden und das anwendbare Recht auf dem Gebiet des Schutzes von Minderjährigen* vom 5. 10. 1961 überragende Bedeutung (BGBl. 1971 II, 219, abgedruckt bei *Jayme/Hausmann* Nr. 35). Es wird üblicherweise als Minderjährigenschutz*abkommen* (MSA) bezeichnet und ist in Deutschland seit dem 17. 9. 1971 in Kraft (BGBl. 1971 II, 1150). Die 18. Tagung der Haager Konferenz hat 1996 eine Neufassung des MSA beschlossen (abgedruckt in RabelsZ 62 [1998], 502–518). Sie ist noch nicht in Kraft getreten.

a) Anwendungsbereich des MSA

552 Artt. 1, 13 I legen den Anwendungsbereich des MSA fest. Art. 13 I MSA umschreibt den *persönlich-räumlichen* Anwendungsbereich: Das Abkommen ist auf alle *Minderjährigen* anzuwenden, die ihren gewöhnlichen Aufenthalt in einem der *Vertragsstaaten* haben.

(1) *In persönlicher Hinsicht* ist das Abkommen anwendbar, wenn eine Person sowohl nach dem Recht des Staates, dem sie angehört,

als auch nach dem Recht des Staates, in dem sie ihren gewöhnlichen Aufenthalt hat, *minderjährig* ist (Art. 12 MSA). Wenn eine Person nach einem dieser beiden Rechte nicht minderjährig ist, wird das Abkommen nicht angewandt. *Beispiel:* Eine 19jährige Irin ist minderjährig im Sinne des Art. 12 MSA, wenn sie ihren gewöhnlichen Aufenthalt in Irland hat (Volljährigkeitsalter 21 Jahre), nicht dagegen, wenn sie ihren gewöhnlichen Aufenthalt in Deutschland hat (Volljährigkeitsalter 18 Jahre).

(2) *In räumlicher Hinsicht* ist das Abkommen anwendbar, wenn der Minderjährige seinen *gewöhnlichen Aufenthalt* in einem der Vertragsstaaten hat (Art. 13 I MSA). Vertragsstaaten des MSA waren am 1. 1. 1998 Deutschland, Frankreich, Italien, Luxemburg, die Niederlande, Österreich, Polen, Portugal, die Schweiz, Spanien und die Türkei (aktuelle Übersicht im BGBl. Teil II, Fundstellennachweis B). Die Bundesrepublik Deutschland hat keinen Gebrauch gemacht von Art. 13 III MSA. Danach kann die Anwendung des MSA auf Minderjährige beschränkt werden, die die *Staatsangehörigkeit* eines der Vertragsstaaten haben. Es kommt also nur darauf an, ob der Minderjährige – gleichgültig, welche Staatsangehörigkeit er besitzt – seinen gewöhnlichen Aufenthalt in einem der Vertragsstaaten des MSA hat. *Beispiel:* Wenn ein 14jähriger Däne (Dänemark ist Nichtvertragsstaat) in Deutschland oder in einem anderen Vertragsstaat (z.B. Frankreich) lebt, ist das MSA anwendbar.

553 (3) *In sachlicher Hinsicht* ist das Abkommen anwendbar auf Maßnahmen zum Schutz der Person und des Vermögens des Minderjährigen (Art. 1 a.E. MSA). Schutzmaßnahmen in diesem Sinne sind alle Maßnahmen, die im Interesse des Minderjährigen erforderlich sind (BGHZ 60, 68, 72). Sie lassen sich in drei Gruppen einteilen: Regelungen im Eltern-Kind-Verhältnis, Vormundschaft und Pflegschaft sowie öffentlichrechtliche Schutzmaßnahmen. Im deutschen Familienrecht gehören zur ersten Gruppe beispielsweise: die Anordnung der Herausgabe eines Kindes nach § 1632 BGB, die Regelung des Umgangsrechts nach § 1684 BGB, Maßnahmen bei Gefährdung des Kindeswohls oder des Kindesvermögens nach §§ 1666, 1667 BGB und die Regelung der elterlichen Sorge bei getrenntlebenden oder geschiedenen Eltern nach §§ 1671, 1672 BGB (umfassend *Staudinger/Kropholler*, vor Art. 19 EGBGB Rdnrn. 38–97). Das MSA bezieht sich nur auf behördliche oder gerichtliche Maßnahmen; gesetzliche Vorschriften, die allgemein den Schutz des Minderjährigen bezwecken (z.B. das Jugendarbeitsschutzgesetz) fallen nicht unter das Abkommen (zur Sonderregel des Art. 3 MSA unten Rdnrn. 557–558).

b) Internationale Zuständigkeit

554 Nach dem Minderjährigenschutzabkommen bestimmt die internationale Zuständigkeit das anwendbare Recht (*Gleichlaufprinzip*): Gerichte oder Verwaltungsbehörden (im folgenden nur: „Behörden"), die nach den Regeln des MSA international zuständig sind, haben gemäß Art. 2 MSA ihr eigenes Recht – also die *lex fori* – anzuwenden.

(1) *International zuständig* sind nach Art. 1 MSA die Behörden des Staates, in dem der Minderjährige seinen gewöhnlichen Aufenthalt hat. Der *gewöhnliche Aufenthalt* ist der Daseins- oder Lebensmittelpunkt einer Person, an dem der Schwerpunkt der Beziehungen dieser Person insbesondere in familiärer und – soweit bei Minderjährigen einschlägig – in beruflicher Hinsicht liegt (dazu oben Rdnrn. 137–139). Der Minderjährige hat einen eigenen gewöhnlichen Aufenthalt, der nicht mit demjenigen des sorgeberechtigten Elternteils identisch sein muß. Bei einem Aufenthaltswechsel von Minderjährigen sind zwei Fälle zu unterscheiden:

- Ist der Minderjährige zusammen mit seinen Eltern, mit dem allein sorgeberechtigten Elternteil oder *mit Zustimmung* des oder der Sorgeberechtigten in ein anderes Land übersiedelt, kann er schon mit der Niederlassung am neuen Wohnort einen neuen gewöhnlichen Aufenthalt erwerben (OLG Hamburg IPRax 1986, 386, 387).
- Ist der Minderjährige *ohne Zustimmung* des sorgeberechtigten oder eines mitsorgeberechtigten Elternteils in ein anderes Land gebracht worden, ist auf die *Dauer des Aufenthalts* und *soziale Bindungen* im neuen Aufenthaltsstaat abzustellen (BGHZ 78, 293, 295 = IPRax 1981, 139 m. Aufs. *Henrich* [125]; BayObLG

IPRax 1982, 106, 109 m. Aufs. *Siehr* [85]). Nach einer Faustformel wird bei Minderjährigen ein gewöhnlicher Aufenthalt nach einer Aufenthaltsdauer von *sechs Monaten* angenommen, sofern nicht andere Gesichtspunkte – familiäre Bindungen, Ort der Schul- und Berufsausbildung, Sprachkenntnisse – dagegen sprechen, daß der Schwerpunkt der sozialen Bindungen am neuen Aufenthaltsort liegt (*Henrich*, Int. ScheidungsR 113–115).

555 Hat der Minderjährige nach diesen Kriterien seinen gewöhnlichen Aufenthalt *im Inland*, sind die deutschen Gerichte für Maßnahmen zum Schutz der Person und des Vermögens des Minderjährigen international zuständig (Art. 1 MSA). Sie entscheiden materiell nach deutschem Recht (Art. 2 MSA, Gleichlaufprinzip). Hat der Minderjährige seinen gewöhnlichen Aufenthalt *im Ausland*, sind zwei Fälle zu unterscheiden:

- Liegt der gewöhnliche Aufenthalt des Minderjährigen in einem *Vertragsstaat* des MSA, beispielsweise in Frankreich oder Italien, fehlt den deutschen Behörden – vorbehaltlich einer besonderen Zuständigkeit nach Artt. 4ff. MSA, dazu sogleich Rdnr. 556 – die internationale Zuständigkeit. Da die deutschen Gerichte über Schutzmaßnahmen nicht zu entscheiden haben, stellt sich aus deutscher Sicht auch nicht die Frage des anwendbaren Rechts.
- Liegt der gewöhnliche Aufenthalt des Minderjährigen in einem *Nichtvertragsstaat* des MSA, ist das Abkommen nicht anwendbar (Art. 13 I MSA, dazu soeben Rdnr. 552). Wenn nach den autonomen Zuständigkeitsvorschriften des deutschen Rechts – etwa wegen deutscher Staatsangehörigkeit des Minderjährigen (§§ 43 I, 35a I Nr. 1 FGG) – die deutschen Behörden zur Entscheidung berufen sind, haben sie das anwendbare Recht nach Art. 21 EGBGB zu bestimmen (vgl. *Henrich*, Int. ScheidungsR 111–113).

In *Fall a* ist das MSA anwendbar, da Aylin in jedem Fall in einem Vertragsstaat – entweder in der Türkei oder in Deutschland – ihren gewöhnlichen Aufenthalt hat und die Verteilung der elterlichen Sorge bei Getrenntleben (vgl. § 1672 BGB) zu den Schutzmaßnahmen i. S. d. Art. 1 MSA gehört. Die internationale Zuständigkeit des Familiengerichts hängt davon ab, ob Aylin in Deutschland ihren gewöhnlichen Aufenthalt hat. Nach türkischem Recht sind T und L sorgeberechtigt. Da Aylin ohne Zustimmung des Mitsorgeberechtigten L nach Deutschland gebracht wurde, ist darauf abzustellen, ob eine Zeitdauer von sechs Monaten verstrichen ist und nicht besondere Gründe gegen eine soziale Einbindung am neuen Aufenthaltsort sprechen. Aylin ist länger als sechs Monate in Deutschland; die im Sachverhalt genannten Umstände sprechen für eine soziale Einbindung des Kindes in Deutschland. Das Familiengericht ist zuständig und wird gemäß Art. 2 MSA nach deutschem Recht über die Verteilung der elterlichen Sorge entscheiden.

556 (2) Die Grundregel des Art. 1 MSA wird durch *besondere Zuständigkeiten* in Ausnahmefällen ergänzt. Diese Ausnahmezuständigkeiten sind für das IPR wichtig, weil grundsätzlich auch bei ihnen die Internationale Zuständigkeit über das anwendbare Recht bestimmt.

- Nach Art. 4 MSA können die Behörden des Staates, dem der Minderjährige angehört, nach ihrem innerstaatlichen Recht Maßnahmen zum Schutz der Person oder des Vermögens des Minderjährigen treffen, *wenn das Wohl des Minderjährigen es erfordert.* Die Ausnahmezuständigkeit der Behörden des Heimatstaates ist eng auszulegen (BGH NJW 1997, 3024 = JuS 1998, 180 [*Hohloch*]). Denn die Behörden des Aufenthaltsstaates, die nach Art. 1 MSA grundsätzlich zur Entscheidung berufen sind, können aufgrund der Nähe zum Minderjährigen die Lage regelmäßig am besten beurteilen.
- Eine (Unter-) Ausnahme zu Art. 4 MSA enthält Art. 8 MSA: Die ausnahmsweise Zuständigkeit der Gerichte des Heimatstaates nach Art. 4 MSA schließt es nicht aus, daß die Gerichte des Aufenthaltsstaates Schutzmaßnahmen treffen, soweit der Minderjährige *in seiner Person oder in seinem Vermögen ernstlich gefährdet ist. Beispiel:* Die Eltern verweigern ihre Zustimmung zu einer notwendigen ärztlichen Behandlung (vgl. § 1666 I BGB).
- Noch weitergehend gewährt Art. 9 MSA in dringenden Fällen eine Eilzuständigkeit der Gerichte am schlichten Aufenthalt des Minderjährigen oder am Belegenheitsort seines Vermögens. *Beispiel* für einen dringenden Fall: Die Eltern sind mit ihrem Kind auf der Durchreise und werden in Deutschland als Drogenkuriere in Haft genommen. Nach Art. 9 MSA können die deutschen Behörden und Gerichte die notwendigen Schutzmaßnahmen treffen, bis die nach Artt. 1, 4 oder 8 MSA zuständigen Stellen entscheiden. Bei Art. 9 MSA wird eine Ausnahme vom

Gleichlaufprinzip gemacht: Die nach Art. 9 MSA (eil-) zuständigen Stellen können ihre Maßnahmen auch nach dem Recht des gewöhnlichen Aufenthalts des Minderjährigen oder nach dessen Heimatrecht treffen (Grundsatz der fakultativen lex fori, MünchKomm-*Siehr*, Anhang zu Art. 19 EGBGB Rdnrn. 314, 328).

c) Ex-lege-Gewaltverhältnisse

557 Art. 1 MSA gewährt den Gerichten des Staates, in dem ein Minderjähriger seinen gewöhnlichen Aufenthalt hat, die Internationale Zuständigkeit vorbehaltlich des Art. 3 MSA. Nach dieser Vorschrift ist in allen Vertragsstaaten ein Gewaltverhältnis anzuerkennen, das kraft Gesetzes nach dem innerstaatlichen Recht des Staates besteht, dem der Minderjährige angehört (*Ex-lege-Gewaltverhältnis*). Was unter „anzuerkennen" zu verstehen ist, ist umstritten. Der Streit spielt eine Rolle in *Fall a*: Das Kind hat die türkische Staatsangehörigkeit; nach türkischem Familienrecht kann der Vater durch *Stichentscheid* den Aufenthalt des Kindes bestimmen, wenn sich die Eltern nicht auf einen Aufenthaltsort einigen.

(1) Nach der *Anerkennungstheorie* ist ein nach dem Heimatrecht des Minderjährigen bestehendes gesetzliches Gewaltverhältnis – in *Fall a* das türkische Recht der elterlichen Sorge einschließlich des Stichentscheids des Vaters – zwar anzuerkennen; es beschränkt aber die Befugnisse der Gerichte des Aufenthaltsstaates nicht. Sie können alle nach dem Aufenthaltsrecht vorgesehenen Maßnahmen treffen, beispielsweise die alleinige Sorge nach § 1671 BGB der Mutter übertragen (*Staudinger/Kropholler*, vor Art. 19 EGBGB Rdnrn. 155, 162–219).

(2) Nach der früher von der Rechtsprechung vertretenen *Schrankentheorie* beschränkt ein gesetzliches Gewaltverhältnis nach dem Heimatrecht des Kindes die Zuständigkeit der Gerichte des Aufenthaltsstaates nach Art. 1 MSA. Das deutsche Familiengericht könnte danach in *Fall a* nur tätig werden, wenn entweder das Kind in seiner Person oder in seinem Vermögen ernstlich gefährdet ist (Art. 8 MSA als Ausnahme zu Art. 3 MSA) oder wenn es sich um einen Eilfall gemäß Art. 9 MSA handelt (so früher BGHZ 60, 68, 73).

(3) Eine vermittelnde Auffassung vertritt die *Heimatrechtstheorie*, der die Rechtsprechung heute folgt: Ein nach dem Heimatrecht des Kindes bestehendes gesetzliches Gewaltverhältnis schließt die internationale Zuständigkeit der Gerichte des Aufenthaltsstaates nach Art. 1 MSA nicht aus. Sie können im Rahmen ihrer Zuständigkeit nach Art. 1 MSA aber nur solche Schutzmaßnahmen treffen, die auch im Heimatstaat des Kindes nach dem dort geltenden Recht getroffen werden könnten (BGH IPRax 1985, 40, 41 m. Aufs. *Jayme* [23]). **558**

Nach der Heimatrechtstheorie ist es in *Fall a* mit dem nach türkischem Recht – dem Heimatrecht des Kindes – bestehenden gesetzlichen Gewaltverhältnis nicht vereinbar, durch eine Entscheidung auf der Grundlage des Art. 1 MSA das Sorgerecht auf die Mutter zu übertragen und damit den Stichentscheid des Vaters zu unterlaufen (OLG Köln FamRZ 1991, 362; anders OLG Koblenz FamRZ 1990, 552). Da nach dem Sachverhalt keine Anhaltspunkte für eine Zuständigkeit nach Artt. 8, 9 MSA bestehen, bleibt gemäß Art. 16 MSA i. V. m. Art. 6 EGBGB der deutsche ordre public zu prüfen. Nach Ansicht des BGH widerspricht der Stichentscheid des Vaters dem Art. 3 II GG und ist daher wegen Verstoßes gegen den deutschen ordre public unbeachtlich, so daß der Stichentscheid einer Sorgerechtsentscheidung nach deutschem Recht zugunsten der Mutter nicht entgegensteht (BGH FamRZ 1992, 794, 795; zum ordre public s. auch BGHZ 120, 29, 34 = IPRax 1993, 102 m. Aufs. *Henrich* [81]).

Art. 3 MSA ist nach der Rechtsprechung des BGH keine selbständige Kollisionsnorm, sondern nur eine Hilfsnorm zu Art. 1 MSA. Das bedeutet: Wenn es – anders als in *Fall a* (Antrag auf gerichtliche Übertragung des alleinigen Sorgerechts) – nicht um Schutzmaßnahmen i. S. d. Art. 1 MSA geht, spielt Art. 3 MSA keine Rolle. Ist also beispielsweise in einem Rechtsstreit zu beurteilen, wer gesetzlicher Vertreter des Minderjährigen ist (keine Entscheidung über eine „Schutzmaßnahme“), ist nicht nach Art. 3 MSA das Heimatrecht, sondern nach Art. 21 EGBGB das Aufenthaltsrecht maßgebend (BGHZ 111, 199, 204 = *Schack*, Rechtsprechung Nr. 29; in der Literatur sehr str.).

2. Staatsverträge gegen Kindesentführungen

Es kommt vor, daß ein nicht oder nicht allein sorgeberechtigter Elternteil ein Kind in einen anderen Staat mitnimmt („entführt“), **559** um dem anderen Elternteil das Kind zu entziehen und eine für sich günstigere Sorgerechtsentscheidung zu erreichen. Solche Fälle ereignen sich typischerweise nach der Trennung oder Scheidung, wenn ein Elternteil, dem nicht das alleinige Sorgerecht zusteht, in seinen Heimatstaat zurückkehrt und das Kind mitnimmt. Die Zuständigkeits- und Kollisionsregeln des MSA erleichtern das *legal kidnapping* – das Verbringen des Kindes in einen anderen Staat, um eine andere Sorgerechtsentscheidung zu erreichen –, indem sie auf den gewöhnlichen Aufenthalt abstellen (vgl. oben Rdnrn. 554, 555):

– Wird der gewöhnliche Aufenthalt eines Minderjährigen aus einem Vertragsstaat *in einen anderen Vertragsstaat* verlegt, bleiben Schutzmaßnahmen nur solange in Kraft, bis die Gerichte des neuen Aufenthaltsstaates sie aufheben oder ersetzen (Art. 5 I MSA). Sobald in einem anderen Vertragsstaat des MSA ein neuer gewöhnlicher Aufenthalt begründet ist, sind die dortigen Gerichte nach Art. 1 MSA zuständig (OLG Hamburg IPRax 1986, 386, 387 m. Aufs. *Henrich* [364]).
– Wird der gewöhnliche Aufenthalt eines Minderjährigen aus einem Vertragsstaat des MSA – beispielsweise aus Deutschland – *in einen Nichtvertragsstaat* verlegt, ist das MSA nicht mehr anwendbar. Das autonome deutsche Internationale Zivilverfahrensrecht entscheidet, ob die Zuständigkeit der deutschen Gerichte fortdauert (*perpetuatio fori*) oder ob die deutschen Gerichte die Zuständigkeit verlieren (OLG München IPRax 1994, 42, 43 m. Aufs. *Herbert Roth* [19]).

Zwei internationale Übereinkommen sollen sicherstellen, daß ein widerrechtlich in einen anderen Vertragsstaat verbrachtes Kind schnellstmöglich zurückgeführt wird, damit keine vollendeten Tatsachen geschaffen werden und gegebenenfalls eine Sorgerechtsentscheidung im früheren Aufenthaltsstaat getroffen werden kann. Diese Übereinkommen enthalten keine Kollisionsnormen i. S. d. Art. 3 I 1 EGBGB, sondern gehören in den Bereich der internationalen Rechtshilfe. Sie stehen aber in einem engen Zusammenhang mit den Kollisionsnormen des Internationalen Kindschaftsrechts, da sie die Rückführung des Kindes vorsehen und dadurch das Bemühen um international-privatrechtliche Gerechtigkeit unterstützen.

a) Haager Kindesentführungsübereinkommen

560 Das *Haager Übereinkommen über die zivilrechtlichen Aspekte internationaler Kindesentführung* (HEntfÜ) vom 25. 10. 1980 (BGBl. 1990 II, 207, abgedruckt bei *Jayme/Hausmann* Nr. 114) ist in Deutschland am 1. 12. 1990 in Kraft getreten. Es gilt in über 40 Staaten, darunter Australien, Frankreich, Italien, Kanada, Mexiko, Neuseeland, die Niederlande, Österreich, die Schweiz, Spanien, das Vereinigte Königreich und die Vereinigten Staaten (aktuelle Übersicht im BGBl. Teil II, Fundstellenverzeichnis B).

(1) Der *räumlich-persönliche* Anwendungsbereich ist in Art. 4 HEntfÜ festgelegt: Das Übereinkommen wird auf jedes Kind angewendet, das unmittelbar vor einer Verletzung des *Sorgerechts* oder des *Rechts zum persönlichen Umgang* seinen gewöhnlichen Aufenthalt in einem Vertragsstaat hatte; es wird nicht mehr angewendet, sobald das Kind das 16. Lebensjahr vollendet hat.

Das *Sorgerecht* im Sinne des Übereinkommens ist die Sorge für die Person des Kindes; dazu gehört das Recht, den Aufenthalt des Kindes zu bestimmen (Art. 5 lit. a HEntfÜ). Der Verletzung des Sorgerechts steht nach Art. 21 HEntfÜ die Verletzung des Rechts zum persönlichen Umgang gleich. Das *Recht zum persönlichen Umgang* umfaßt das Recht, das Kind für eine begrenzte Zeit an einen anderen Ort als seinen gewöhnlichen Aufenthaltsort zu bringen (Art. 5 lit. b HEntfÜ).

(2) *In sachlicher Hinsicht* hat das Übereinkommen das Ziel, die sofortige Rückgabe widerrechtlich in einen Vertragsstaat verbrachter oder dort zurückgehaltener Kinder sicherzustellen (Art. 1 lit. a HEntfÜ) und zu gewährleisten, daß das in einem Vertragsstaat bestehende Sorgerecht und Recht zum persönlichen Umgang in den anderen Vertragsstaaten tatsächlich beachtet wird (Art. 1 lit. b HEntfÜ).

Diese Aufgaben nehmen *zentrale Behörden* wahr, die jeder Vertragsstaat einzurichten hat (Art. 6 HEntfÜ). Nach § 1 des deutschen Ausführungsgesetzes vom 5. 4. 1990 (BGBl. 1990 I, 701, abgedruckt bei *Jayme/Hausmann* Nr. 114a) ist der *Generalbundesanwalt beim BGH* die zentrale Behörde in Deutschland (zu dessen Tätigkeit *Bach*, FamRZ 1997, 1051, 1052–1059). Wenn eine Person, eine Behörde oder eine sonstige Stelle geltend macht, ein Kind sei unter Verletzung des Sorgerechts verbracht oder zurückgehalten worden, kann sie sich entweder an die für den gewöhnlichen Aufenthalt des Kindes zuständige zentrale Behörde oder an die zentrale Behörde irgendeines anderen Vertragsstaats wenden, um mit deren Unterstützung die Rückgabe des Kindes sicherzustellen (Art. 8 HEntfÜ).

561 (3) Auf Betreiben der zentralen Behörde (Art. 7 II lit. f HEntfÜ) ordnet das zuständige Gericht oder die Verwaltungsbehörde des Vertragsstaats, in dem sich das Kind befindet, die sofortige Rückgabe des Kindes an, wenn zwei Voraussetzungen erfüllt sind: (a) Ein Kind muß widerrechtlich verbracht oder zurückgehalten worden sein (Art. 3 HEntfÜ). (b) Bei Eingang des Antrags auf Rückgabe darf grundsätzlich nicht mehr als ein Jahr seit dem Verbringen oder Zurückhalten verstrichen sein (Art. 12 I HEntfÜ).

(a) *Widerrechtlich* ist das Verbringen oder Zurückhalten eines Kindes, wenn dadurch das Sorgerecht oder ein Mitsorgerecht nach dem Recht des Staates verletzt wird, in dem das Kind unmittelbar vor dem Verbringen oder Zurückhalten seinen gewöhnlichen Aufenthalt hatte (Art. 3 I lit. a HEntfÜ). Ferner verlangt Art. 3 I lit. b HEntfÜ, daß das Sorgerecht im Zeitpunkt des Verbringens oder Zurückhaltens tatsächlich ausgeübt wurde oder ausgeübt worden wäre, wenn das Verbringen oder Zurückhalten nicht stattgefunden hätte.

562 (b) Ist *weniger als ein Jahr* zwischen dem Verbringen oder dem Zurückhalten und dem Rückgabeantrag verstrichen (Art. 12 I HEntfÜ), dürfen Rückgabeanträge nur unter den strengen Voraussetzungen des Art. 13 HEntfÜ abgelehnt werden. Wenn der Rückführungsantrag *nach Ablauf der Jahresfrist* eingegangen ist, hat das ersuchte Gericht zwar grundsätzlich ebenfalls die Rückgabe des Kindes anzuordnen; es kann aber die Rückgabe ablehnen, wenn sich das Kind in die neue Umgebung eingelebt hat (Art. 12 II HEntfÜ).

In *Fall b* ist zwischen dem Verbringen des Kindes und dem Eingang des Rückgabeantrages weniger als ein Jahr vergangen. Das Kind wurde auch im Sinne des Art. 3 HEntfÜ widerrechtlich nach Deutschland verbracht, weil das Recht des Vaters verletzt wurde, den Aufenthalt des Kindes mitzubestimmen. Das zuständige Familiengericht hat daher auf Antrag des Generalbundesanwalts nach Art. 12 I HEntfÜ die Rückgabe des Kindes anzuordnen, wenn nicht einer der in Art. 13 HEntfÜ genannten Ablehnungsgründe eingreift. Diese Ablehnungsgründe sind im Lichte der Ziele des Übereinkommens (Art. 1 HEntfÜ) eng auszulegen. Ein Ablehnungsgrund nach Art. 13 I lit. a HEntfÜ liegt nicht vor, da der Vater das Sorgerecht zur Zeit des Verbringens ausgeübt und dem Verbringen nicht zugestimmt hat. Nach Art. 13 I lit. b HEntfÜ ist das Gericht nicht verpflichtet, die Rückgabe anzuordnen, wenn die Rückgabe mit der schwerwiegenden Gefahr eines körperlichen oder seelischen Schadens für das Kind verbunden ist oder das Kind auf andere Weise in eine unzumutbare Lage bringt. Das *AG Saarbrücken* hat im vorliegenden Fall diese Voraussetzung bejaht: Durch den plötzlichen Wechsel in der Bezugsperson könnten bei dem Kind erhebliche seelische Schäden entstehen; das gelte um so mehr, als der berufstätige Vater sich nicht um das Kind kümmern könne (IPRax 1992, 387, 388). Diese Begründung wird zu Recht kritisiert: Es handelt sich um Gründe, die in einem Sorgerechtsverfahren maßgeblich sind; sie können berücksichtigt werden, wenn es um die Verteilung der elterlichen Sorge in den Vereinigten Staaten geht (*Hüßtege*, IPRax 1992, 369, 372). Gerade in Fällen des gemeinsamen Sorgerechts verheirateter Eltern wird dem Kindeswohl gedient, wenn das Kind möglichst schnell rückgeführt und die Sorgerechtsentscheidung am Ort des früheren Aufenthalts sichergestellt wird (BVerfG NJW 1997, 3301, 3302).

b) Europäisches Sorgerechtsübereinkommen

563 Das *Europäische Übereinkommen über die Anerkennung und Vollstreckung von Entscheidungen über das Sorgerecht für Kinder und die Wiederherstellung des Sorgeverhältnisses* (Europäisches Sorgerechtsübereinkommen, ESÜ) vom 20. 5. 1980 (BGBl. 1991 II, 392, abgedruckt bei *Jayme/Hausmann* Nr. 91) wurde vom Europarat erarbeitet. Es ist in Deutschland am 1. 2. 1991 in Kraft getreten und gilt in den meisten westeuropäischen Staaten. Nach § 12 des deutschen *Ausführungsgesetzes* vom 5. 4. 1990 (BGBl. 1990 I, 701, abgedruckt bei *Jayme/Hausmann* Nr. 114 a) geht das Haager Kindesentführungsübereinkommen dem Europäischen Sorgerechtsübereinkommen grundsätzlich vor, wenn im Einzelfall die Rückgabe des Kindes nach beiden Staatsverträgen in Betracht kommt. Das ESÜ hat für die Rückführung entführter Kinder geringe Bedeutung (*Pirrung*, RabelsZ 57 [1993], 124, 138–141). Eine größere Rolle spielt es auf dem Gebiet der Anerkennung und Vollstreckung ausländischer Sorgerechtsentscheidungen (Art. 7). Eine Sorgerechtsentscheidung, die in einem Vertragsstaat ergangen ist, wird in jedem anderen Vertragsstaat anerkannt, wobei die Anforderungen im Vergleich zur Anerkennung sonstiger ausländischer zivilgerichtlicher Entscheidungen deutlich herabgesetzt sind (Artt. 8–10).

3. Autonomes Kollisionsrecht (Artt. 19–21 EGBGB)

564 Das *Gesetz zur Reform des Kindschaftsrechts* vom 16. 12. 1997 (BGBl. 1997 I, 2942), das am 1. 7. 1998 in Kraft getreten ist, hat das Internationale Kindschaftsrecht der Artt. 19–21 EGBGB völlig neu gefaßt. Die kollisionsrechtliche Unterscheidung zwischen ehelichen und nichtehelichen Kindern wurde beseitigt; es gibt nur noch „Kinder". Damit ist auch die Kollisionsregel über die Legitimation nichtehelicher Kinder weggefallen. Im neuen Kollisionsrecht regelt Art. 19 EGBGB die Abstammung, Art. 20 EGBGB die Anfechtung der Abstammung und Art. 21 EGBGB die Wirkungen des Eltern-Kind-Verhältnisses.

a) Abstammung des Kindes, Artt. 19, 20 EGBGB

565 Nach der Grundregel des Art. 19 I 1 EGBGB unterliegt die Abstammung eines Kindes dem Recht des Staates, in dem das Kind seinen gewöhnlichen Aufenthalt hat. Kommt ein Kind in Deutschland zur Welt, hat die Mutter – und damit auch das Neugeborene – regelmäßig den gewöhnlichen Aufenthalt in Deutschland, so daß im Regelfall das deutsche Recht das Abstammungsstatut ist. Das Statut der Abstammung umfaßt die Gegenstände, die das deutsche materielle Recht in §§ 1591–1600e regelt, insbesondere die Mutterschaft, die Vaterschaft sowie die Anerkennung und die Anfechtung der Vaterschaft. Die grundsätzliche Anknüpfung an den gewöhnlichen Aufenthalt des Kindes harmonisiert das Kindschaftsstatut mit dem Unterhaltsstatut (Art. 18 I 1 EGBGB/Art. 4 I HUntÜ) und der Zuständigkeitsnorm des Art. 1 MSA. Die Grundregel des Art. 19 I 1 EGBGB wird durch drei Vorschriften ergänzt:

(1) Die Abstammung des Kindes kann im Verhältnis zu jedem Elternteil auch nach dem Recht des Staates bestimmt werden, dem dieser Elternteil angehört (Art. 19 I 2 EGBGB). Es wird also nicht die Ehelichkeit des Kindes festgestellt, sondern nur die Abstam-

mung von der Mutter (vgl. § 1591 BGB) – die infolge der Fortschritte der Medizin zweifelhaft sein kann („Leihmutterschaft") – und vom Vater (vgl. § 1592 BGB), und zwar gesondert nach dem Heimatrecht von Mutter und Vater.

Beispiel: Kurz nachdem die Ehe zweier Griechen, die in Deutschland leben, geschieden ist, bringt die geschiedene Ehefrau ein Kind zur Welt. Ihr Lebensgefährte L erkennt mit ihrer Zustimmung in öffentlicher Urkunde die Vaterschaft an. – Nach der Grundregel des *Art. 19 I 1 EGBGB* wird die Abstammung nach deutschem Recht festgestellt, weil das Kind hier seinen gewöhnlichen Aufenthalt hat. Das deutsche Kindschaftsrecht sieht den geschiedenen Ehemann nicht als gesetzlichen Vater an (vgl. § 1592 Nr. 1 BGB); die Anerkennung des Kindes durch L ist ohne weiteres wirksam (§§ 1592 Nr. 2, 1594 ff. BGB). Gemäß *Art. 19 I 2 EGBGB* kann die Abstammung im Verhältnis zu dem geschiedenen Ehemann aber auch nach griechischem Recht festgestellt werden. Danach wird ein Kind, das innerhalb der Empfängnisfrist nach Auflösung der Ehe seiner Mutter geboren wird, so angesehen, als habe es den früheren Ehemann der Mutter zum Vater (§ 1465 I griech. ZGB). Damit die Anerkennung der Vaterschaft durch L wirksam wird, wäre zunächst die gesetzliche Vaterschaft des Griechen durch Anfechtung zu beseitigen. Das EGBGB sagt nichts über das Rangverhältnis von Art. 19 I 1 und Art. 19 I 2 EGBGB. Abzustellen ist auf das Kindeswohl: Gewählt werden soll die Anknüpfung, die am einfachsten zur Feststellung des wirklichen Vaters führt. Das ist im vorliegenden Fall das deutsche Recht (Fall nach *Henrich*, StAZ 1996, 353, 354).

566 (2) Ist die Mutter verheiratet, kann die Abstammung eines Kindes ferner nach dem Recht bestimmt werden, dem nach Art. 14 I EGBGB die allgemeinen Wirkungen der Ehe unterliegen. Maßgebender Anknüpfungszeitpunkt ist die Geburt des Kindes; wurde die Ehe vorher durch Tod aufgelöst, so ist der Zeitpunkt der Auflösung maßgebend (Art. 19 I 3 EGBGB). Im obigen *Beispiel* hat Art. 19 I 3 EGBGB keine Bedeutung, da das Kind erst nach der Ehe geboren und die Ehe nicht durch Tod aufgelöst wurde.

(3) Wenn die Eltern nicht miteinander verheiratet sind, so unterliegen die Verpflichtungen des Vaters gegenüber der Mutter aufgrund der Schwangerschaft dem Recht des Staates, in dem die Mutter ihren gewöhnlichen Aufenthalt hat (Art. 19 II EGBGB). Diese Vorschrift umfaßt beispielsweise die Entbindungskosten, die nach manchen Rechtsordnungen vom Vater zu tragen sind. Unterhaltsansprüche aufgrund der Schwangerschaft werden nach § 18 EGBGB/Art. 4 ff. HUntÜ angeknüpft.

Die Abstammung kann gemäß Art. 20 Satz 1 EGBGB nach jedem Recht angefochten werden, aus dem sich die Voraussetzungen der Abstammung ergeben. Das bedeutet: Angefochten werden kann nach dem Recht, aus dem sich im Einzelfall die Abstammung ergeben hat, und nach einer Rechtsordnung, deren Abstammungsvoraussetzungen ebenfalls erfüllt wären (BegrRegE, BT-Drucks. 13/4899, S. 139). Im obigen *Beispiel* könnte der Lebensgefährte der Mutter die Vaterschaft des Griechen also auch nach deutschem Recht anfechten (vgl. §§ 1600, 1592 Nr. 2 BGB), wenn man – entgegen der hier vertretenen Auffassung – gemäß Art. 19 I 2 EGBGB die Vaterschaft im Verhältnis zum früheren Ehemann der Mutter nach griechischem Recht bestimmen würde. – Art. 20 Satz 2 EGBGB enthält eine bloße Klarstellung: Daß das Kind die Abstammung nach dem Recht seines gewöhnlichen Aufenthalts anfechten kann, ergibt sich bereits aus Art. 20 Satz 1 i. V. m. Art. 19 I 1 EGBGB (*Henrich*, StAZ 1996, 353, 356).

b) Eltern-Kind-Verhältnis, Art. 21 EGBGB

567 Nach Art. 21 EGBGB unterliegt das Rechtsverhältnis zwischen einem Kind und seinen Eltern dem Recht des Staates, in dem das Kind seinen gewöhnlichen Aufenthalt hat: Die Wirkungen des Eltern-Kind-Verhältnisses werden nach der Rechtsordnung bestimmt, in deren Bereich vorrangig das praktische Bedürfnis zum Handeln besteht; die Anknüpfungsnorm bezieht sich auch auf die kindbezogenen Rechte und Pflichten der Eltern untereinander wie etwa das Umgangsrecht (BegrRegE, BT-Drucks. 13/4899, S. 138). Für die autonome Kollisionsregel des Art. 21 EGBGB bleibt im Geltungsbereich des MSA nur wenig Raum, da die wichtigsten Fragen des Eltern-Kind-Verhältnisses dem MSA unterfallen (dazu oben Rdnr. 553). Im Anwendungsbereich des Art. 21 EGBGB verbleibt vor allem die Anknüpfung der Frage, wer gesetzlicher Vertreter des Kindes ist (keine „Schutzmaßnahme" i. S. d. MSA).

VII. Adoption (Artt. 22, 23 EGBGB)

568 **Literatur:** *Baumann*, Verfahren und anwendbares Recht bei Adoptionen mit Auslandsberührung (1992); *Benicke*, Typenmehrheit im Adoptionsrecht und deutsches Internationales Privatrecht (1995); *Klinkhardt*, Zur Anerkennung ausländischer Adoptionen, IPRax 1987, 157; *Lüderitz*, Hauptfragen des Internationalen Adoptionsrechts, Festschrift Beitzke (1979), S. 589.

Auf dem Gebiet der Adoption gibt es mehrere internationale Übereinkommen, die für Deutschland allerdings nicht in Kraft sind. Das *Haager Übereinkommen über die behördliche Zuständigkeit, das anwendbare Recht und die Anerkennung von Entscheidungen auf dem Gebiet der Annahme an Kindes Statt* vom 15. 11. 1965 (abgedruckt bei *Jayme/Hausmann* Nr. 33) gilt für Österreich, die Schweiz und das Vereinigte Königreich. Das *Haager Übereinkommen über den Schutz von Kindern und die Zusammenarbeit auf dem Gebiet der internationalen Adoption* vom 1. 5. 1995 gilt bisher nur in wenigen Staaten; in der Bundesrepublik Deutschland wird es in naher Zukunft wohl nicht in Kraft treten (zum ganzen *Pirrung*, RabelsZ 57 [1993], 124, 142–152).

1. Anknüpfung des Adoptionsstatuts

569 Mit der Anknüpfungsregel des Art. 22 EGBGB für die „Annahme als Kind" (Adoption) folgt das deutsche IPR – wie auch sonst in personenrechtlichen Fragen – dem Staatsangehörigkeitsprinzip. Es kommt darauf an, ob der Adoptierende verheiratet ist oder nicht:

a) Ist der Adoptierende nicht verheiratet, unterliegt die Adoption dem Recht des Staates, dem der Adoptierende angehört (Art. 22 Satz 1 EGBGB). Abgestellt wird auf den Zeitpunkt der Adoption; das Adoptionsstatut ist unwandelbar.

b) Wenn ein oder beide Ehegatten ein Kind adoptieren, unterliegt die Adoption dem allgemeinen Ehewirkungsstatut (Art. 22 Satz 2 i.V.m. Art. 14 I EGBGB). Verwiesen wird nur auf Art. 14 I EGBGB; eine Wahl des Ehewirkungsstatuts nach Art. 14 II–IV EGBGB spielt für die Adoption keine Rolle. Die Annahme eines Kindes durch ein Ehepaar ist der praktisch häufigste Fall der Adoption. Wenn es sich um ein ausländisches Kind handelt, gelangt man über die Anknüpfungsleiter des Art. 14 I EGBGB in der Praxis meist zum deutschen Recht.

2. Zustimmung, Art. 23 EGBGB

570 Wenn das Heimatrecht des Kindes die Zustimmung des Kindes oder einer Person vorschreibt, zu der das Kind in einem familienrechtlichen Verhältnis steht, ist Art. 23 Satz 1 EGBGB zu beachten: Ein solches Zustimmungserfordernis unterliegt nicht nur dem Adoptionsstatut, sondern auch dem Heimatrecht des Kindes. Diese *kumulative Anknüpfung* dient den Interessen des Kindes. Bei der Verweisung des Art. 23 Satz 1 EGBGB handelt es sich um eine Gesamtverweisung; das folgt aus dem Zweck der kumulativen Anknüpfung, den Entscheidungseinklang mit dem Heimatstaat des Kindes herzustellen (*Henrich*, IntFamR § 9 IV 2; *von Bar* II Rdnr. 323; a. A. *Kropholler* § 49 IV 2).

Soweit es das Wohl des Kindes erfordert, ist gemäß Art. 23 Satz 2 EGBGB statt der kumulativen Anknüpfung an das Heimatrecht des Kindes das deutsche Recht anzuwenden. Die Vorschrift soll Schwierigkeiten bei der inländischen Adoption eines ausländischen Kindes vermeiden. Solche Schwierigkeiten treten beispielsweise auf, wenn eine rechtlich zweifelhafte Auslandsadoption im Inland wiederholt werden muß und die nach dem Heimatrecht des Kindes zustimmungsberechtigten Angehörigen nicht erreichbar sind (*Staudinger/Henrich*, Art. 23 EGBGB Rdnr. 32). Dann erlaubt es Art. 23 Satz 2 EGBGB, das deutsche Recht heranzuziehen (§§ 1741–1772 BGB).

3. Umfang des Adoptionsstatuts

571 Das Adoptionsstatut bestimmt über die Voraussetzungen und die Wirkungen der Adoption (*Lüderitz* Rdnrn. 388–394), soweit sie nicht von speziellen Anknüpfungen erfaßt werden. Letzteres gilt für die Namensführung (Art. 10 EGBGB), für Unterhaltsansprüche des Adoptivkindes (Art. 18 EGBGB/Artt. 4 HUntÜ) und für das Eltern-Kind-Verhältnis (MSA und Art. 21 EGBGB). Abgrenzungsprobleme entstehen im Verhältnis von Adoptionsstatut und Erbstatut, wenn die beiden Staaten in den Fragen divergieren, ob die Adoption wirksam ist, welche Wirkungen die Adoption erzeugt und/oder ob Adoptivkinder erbberechtigt sind (dazu unten Rdnr. 585).

VIII. Vormundschaft, Betreuung und Pflegschaft (Art. 24 EGBGB)

572 **Literatur:** *Dörner*, Der Anwendungsbereich von Art. 3 MSA, JR 1988, 265; *Kegel*, Zur Reform des Internationalen Vormundschafts- und Pflegschaftsrechts in der Bundesrepublik Deutschland, Festschrift Lipstein (1980), S. 117; *Mitzkus*, Internationale Zuständigkeit im Vormundschafts-, Pflegschafts- und Sorgerecht (1982); *Oelkers*, Internationales Betreuungsrecht (1996).

Vormundschaft, Betreuung und Pflegschaft dienen der Fürsorge für den Mündel, den Betreuten oder den Pflegling. Sie treten grundsätzlich nicht kraft Gesetzes ein, sondern bedürfen einer gerichtlichen oder behördlichen Anordnung. Das deutsche materielle Recht kennt die Vormundschaft über Minderjährige (§§ 1773 ff. BGB), die Betreuung Volljähriger (§§ 1896 ff. BGB) und die Pflegschaft, die bei Minderjährigen wie bei Volljährigen ein Fürsorgebedürfnis in besonderen Angelegenheiten erfüllt (§§ 1909 ff. BGB). Das IPR der Vormundschaft und der Pflegschaft für *Minderjährige* ist Gegenstand von Staatsverträgen; wegen des Vorrangs dieser Staatsverträge gemäß Art. 3 II 1 EGBGB spielt die autonome Kollisionsregel des Art. 24 EGBGB vor allem für die Betreuung und Pflegschaft bei *Volljährigen* eine Rolle.

1. Haager Minderjährigenschutzabkommen

573 Bei der Anordnung von Vormundschaft und Pflegschaft handelt es sich um Schutzmaßnahmen im Sinne des Art. 1 MSA. Im Rahmen seines räumlich-persönlichen Anwendungsbereichs (dazu oben Rdnr. 550) regelt daher das Haager Minderjährigenschutzabkommen die internationale Zuständigkeit und damit auch das anwendbare Recht bei Vormundschaft und Pflegschaft über Minderjährige.

2. Sonstige internationale Übereinkommen

Das *Vormundschaftsabkommen zwischen dem Deutschen Reich und der Republik Österreich* vom 5. 2. 1927 (RGBl. 1927 II, 511, abgedruckt bei *Jayme/Hausmann* Nr. 36) gilt zwischen den beiden Staaten nach wie vor, da es vom Haager Minderjährigenschutzabkommen unberührt gelassen wird (Art. 18 II MSA). Es folgt dem Aufenthaltsprinzip (Art. 1 I); die Behörden des Heimatstaates können aber jederzeit die Aufhebung der Vormundschaft über den Minderjährigen verlangen (Art. 1 II).

Das *Haager Abkommen zur Regelung der Vormundschaft über Minderjährige* vom 12. 6. 1902 (RGBl. 1904, 240, abgedruckt bei *Jayme/Hausmann* Nr. 34) gilt für die Bundesrepublik Deutschland heute nur noch im Verhältnis zu Belgien, da es gegenüber den anderen Vertragsstaaten durch das Haager Minderjährigenschutzabkommen abgelöst wurde (Art. 18 I MSA). Das Haager Vormundschaftsabkommen beruht auf dem Staatsangehörigkeitsprinzip (Art. 1). Diese Anknüpfung hat sich nicht bewährt, weil es schwierig ist, eine Vormundschaft im fernen Heimatstaat des Minderjährigen zu führen (*Kropholler* § 50 I 2).

3. Autonomes Kollisionsrecht, Art. 24 EGBGB

574 Soweit Staatsverträge nicht vorgehen, sind die Vormundschaft und die Pflegschaft – ebenso wie die Betreuung – nach Art. 24 EGBGB anzuknüpfen. Danach unterliegen die Entstehung, die Änderung und das Ende der Vormundschaft, Pflegschaft und Betreuung sowie der Inhalt der *gesetzlichen* Vormundschaft und Pflegschaft dem Recht des Staates, dem der Mündel, Pflegling oder Betreute angehört (Art. 24 I 1 EGBGB). Bei der Betreuung gilt das Staatsangehörigkeitsprinzip jedoch nur eingeschränkt: Für einen Angehörigen eines fremden Staates, der seinen gewöhnlichen Aufenthalt – oder mangels eines *gewöhnlichen* Aufenthalts seinen schlichten Aufenthalt – in Deutschland hat, kann ein Betreuer nach deutschem Recht bestellt werden (Art. 24 I 2 EGBGB). Die deutschen Gerichte wenden nach dieser Vorschrift in der Praxis regelmäßig die §§ 1896ff. BGB an.

Die Pflegschaft für unbekannte oder verhinderte Beteiligte unterliegt gemäß Art. 24 II EGBGB dem in der betreffenden Angelegenheit maßgebenden Statut. *Beispiel:* Für einen Nacherben, der noch nicht erzeugt ist, soll ein Pfleger bestellt werden (vgl. §§ 1913, 2101 I BGB). – Die Anordnung der Pflegschaft richtet sich nach dem Erbstatut.

Der Inhalt der Betreuung und der *angeordneten* Vormundschaft und Pflegschaft – verstanden im Gegensatz zur *gesetzlichen* Vormundschaft und Pflegschaft (Art. 24 I EGBGB) – unterliegen stets dem Recht des anordnenden Staates. Auch vorläufige Maßregeln unterliegen dem Recht des anordnenden Staates (Art. 24 III EGBGB).

§ 19. Erbrecht

575 **Literatur:** *T. Brandi*, Das Haager Abkommen von 1989 über das auf die Erbfolge anzuwendende Recht (1996); *Dörner*, Probleme des neuen Internationalen Erbrechts, DNotZ 1988, 67; *Kühne*, Die Parteiautonomie im internationalen Erbrecht (1973); *Siehr*, Das internationale Erbrecht nach dem Gesetz zur Neuregelung des IPR, IPRax 1987, 4; *A. Tiedemann*, Die Rechtswahl im deutschen Internationalen Erbrecht, RabelsZ 55 (1991), 17. Rechtsvergleichend: *Ferid/Firsching/Lichtenberger*, Internationales Erbrecht (1996).

Fälle:

a) Ein Deutscher erwarb 1963 die Staatsangehörigkeit der USA. Er hatte sein Domizil in Texas, wo ihm ein Haus gehörte, und heiratete 1985 eine US-Amerikanerin. 1986 erwarb er in Deutschland ein Grundstück. 1987 verstarb er. Die drei Geschwister des Verblichenen beantragen beim deutschen Nachlaßgericht einen Erbschein, der sie hinsichtlich des Grundstücks als Miterben zu je 1/6 ausweist. Die Witwe meint dagegen, ihr stehe ein gesetzlicher Erbteil in Höhe von 3/4 zu, und beantragt einen entsprechenden Erbschein.

b) Ein ägyptischer Staatsangehöriger islamischen Glaubens heiratete 1988 in München eine Deutsche. Das Ehepaar hatte seinen gewöhnlichen Aufenthalt in Deutschland. Im Jahre 1989 adoptierte der Ägypter die 10jährige Tochter seiner Ehefrau. 1998 verstarb er. Die Adoptivtochter fragt, ob ihr am Nachlaß ihres Adoptivvaters ein Erbrecht zustehe.

c) Ein Italiener war seit 1964 mit einer Deutschen verheiratet; das Ehepaar lebte in Herford. Im Jahre 1990 verfaßte er eigenhändig ein Testament, das auch die Ehefrau unterzeichnete. Darin setzten sich die beiden gegenseitig zu Erben ein und bestimmten, daß nach dem Tode des Überlebenden der Nachlaß an die gemeinsame Tochter Claudia fallen solle. Der Italiener starb im Jahre 1995. Die Tochter meint, es sei gesetzliche Erbfolge eingetreten.

Das Internationale Erbrecht bestimmt, nach welcher Rechtsordnung sich die Folgen richten, die der Tod eines Menschen für seine Rechts- und Pflichtenstellung hat. Es ist in Artt. 25, 26 EGBGB normiert. Art. 25 EGBGB handelt von der Anknüpfung des Erbstatuts (dazu I, II). Art. 26 EGBGB stellt Anknüpfungsregeln für Verfügungen von Todes wegen auf (dazu III); sie beruhen überwiegend auf dem *Haager Übereinkommen über das auf die Form letztwilliger Verfügungen anzuwendende Recht* vom 5. 10. 1961 (BGBl. 1965 II, 1145, abgedruckt bei *Jayme/Hausmann* Nr. 39). Das *Haager Übereinkommen über das auf die Rechtsnachfolge von Todes wegen anzu-*

wendende Recht vom 1. 8. 1989 (abgedruckt in Rev. dr. unif. 1989 I, 256) ist noch nicht in Kraft getreten und von der Bundesrepublik Deutschland noch nicht einmal gezeichnet worden. Kritisiert wird vor allem eine seltsame Mixtur von Staatsangehörigkeits- und Domizilprinzip (dazu *Kegel* § 21 V 3e m. w. N.).

I. Anknüpfung des Erbstatuts

576 Art. 25 EGBGB enthält zwei Kollisionsnormen: Die Rechtsnachfolge von Todes wegen unterliegt dem Recht des Staates, dem der Erblasser im Zeitpunkt seines Todes angehörte (Art. 25 I EGBGB). Für im Inland belegenes unbewegliches Vermögen kann der Erblasser das deutsche Recht wählen (Art. 25 II EGBGB). Das deutsche Internationale Erbrecht folgt also dem Staatsangehörigkeitsprinzip, ergänzt durch eine begrenzte Rechtswahlmöglichkeit.

1. Objektive Anknüpfung, Art. 25 I EGBGB

Die Rechtsnachfolge von Todes wegen richtet sich gemäß Art. 25 I EGBGB nach der Staatsangehörigkeit des Erblassers bei seinem Tode. Hatte der Erblasser mehrere Staatsangehörigkeiten, ist das Recht des Staates maßgebend, mit dem der Erblasser am engsten verbunden war (Art. 5 I 1 EGBGB); die deutsche Staatsangehörigkeit geht in jedem Fall vor (Art. 5 I 2 EGBGB). War der Erblasser staatenlos, gilt nach Art. 5 II EGBGB das Recht seines gewöhnlichen, hilfsweise das Recht seines schlichten Aufenthalts (genauer oben Rdnrn. 126–129).

Die Anknüpfung an das Heimatrecht des Erblassers entspricht zum einen schon dem früheren Recht (Artt. 24, 25 EGBGB a. F.); zum anderen stimmt sie mit den personenrechtlichen Anknüpfungen der Artt. 7ff. EGBGB überein. Sie hat zwei praktische Konsequenzen: *Erstens* wird ausländisches Erbrecht vor deutschen Nachlaßgerichten um so bedeutsamer, je mehr ausländische Mitbürger in Deutschland leben – allerdings nur, soweit die Herkunftsstaaten ebenfalls dem Staatsangehörigkeitsprinzip folgen und nicht auf das deutsche Recht als Recht des Wohnsitzes zurückverweisen. *Zwei-*

tens kann sich die Erbfolge in gemischt-nationalen Ehen nach zwei Heimatrechten richten. Dann ist nach zwei Rechtsordnungen zu prüfen, ob ein gemeinschaftliches Testament oder ein Erbvertrag von Eheleuten mit verschiedener Staatsangehörigkeit gültig ist (dazu unten Rdnrn. 590, 591).

577 Neben der Anknüpfung nach dem Staatsangehörigkeitsprinzip beruht Art. 25 I EGBGB auf drei weiteren Prinzipien: der Unwandelbarkeit des Erbstatuts, dem Grundsatz der Gesamtverweisung und dem Prinzip der Nachlaßeinheit.

a) Unwandelbarkeit des Erbstatuts

Art. 25 I EGBGB verweist auf das Heimatrecht des Erblassers *im Zeitpunkt seines Todes*. Das Erbstatut ist also unwandelbar; das Problem des Statutenwechsels ergibt sich nicht. Das intertemporale Kollisionsrecht ist ebenfalls einfach: „Abgeschlossener Vorgang" i. S. d. Art. 220 I EGBGB ist der Tod; bei einem Todeseintritt nach dem 31. 8. 1986 wird nach Art. 25 EGBGB n. F. angeknüpft.

In *Fall a* verweist Art. 25 I EGBGB auf das Recht der Vereinigten Staaten, da der Erblasser im Zeitpunkt seines Todes die Staatsangehörigkeit der USA hatte. Es spielt kollisionsrechtlich keine Rolle, daß er früher einmal deutscher Staatsangehöriger war.

b) Gesamtverweisung (Art. 4 I 1 EGBGB)

Eine Verweisung des Art. 25 I EGBGB auf ein ausländisches Heimatrecht des Erblassers umfaßt auch die IPR-Normen des Heimatstaates (Gesamtverweisung, Art. 4 I 1 EGBGB). Folgt das IPR des Heimatstaates ebenfalls dem *Staatsangehörigkeitsprinzip*, akzeptiert es die Verweisung des Art. 25 I EGBGB, so daß wir das materielle Erbrecht des Heimatstaates anzuwenden haben. Dem Staatsangehörigkeitsprinzip folgt beispielsweise das Internationale Erbrecht Österreichs, Italiens, Spaniens, der Niederlande, Polens und Ungarns. Zu einer Rück- oder Weiterverweisung kann es dagegen kommen, wenn das IPR des Heimatstaates dem *Wohnsitzprinzip* folgt; das gilt beispielsweise für die skandinavischen Staaten. Verstirbt also ein Däne mit letztem Wohnsitz in Deutschland, verweist Art. 25 I EGBGB auf das dänische Recht, das auf das deutsche Recht als Wohnsitzrecht zurückverweist. Anzuwenden ist deutsches Erbrecht (Abbruch der Rückverweisung, Art. 4 I 2 EGBGB).

In *Fall a* gilt: Da es in den USA hinsichtlich der Erbfolge kein bundesstaatliches Kollisionsrecht gibt, führt die Gesamtverweisung des Art. 25 I EGBGB im Wege der Unteranknüpfung an den letzten gewöhnlichen Aufenthalt gem. Art. 4 III 2 EGBGB zum Kollisionsrecht des Staates Texas (dazu bereits oben Rdnr. 227).

c) Nachlaßeinheit – Nachlaßspaltung

578 In Deutschland hat sich Mitte des 19. Jahrhunderts unter dem Einfluß von *Savigny* (System 295–308) das Prinzip der kollisionsrechtlichen *Nachlaßeinheit* durchgesetzt: Das Heimatrecht des Erblassers gilt grundsätzlich für den gesamten Nachlaß; es wird nicht zwischen verschiedenen Arten von Nachlaßgegenständen unterschieden. Dieses Prinzip entspricht dem römisch-rechtlichen Gedanken der Universalsukzession (Gesamterbfolge, § 1922 I BGB). Das Gegenstück ist die kollisionsrechtliche *Nachlaßspaltung*, bei der für verschiedene Teile des Nachlasses verschiedene Rechtsordnungen berufen sind. Sie betrifft typischerweise unbewegliches und bewegliches Vermögen: Grundstücke werden der *lex rei sitae* unterstellt, bewegliches Vermögen dagegen dem Personalstatut des Erblassers, und zwar meistens dem Recht seines letzten *Wohnsitzes* (z.B. in England, in den USA, in Frankreich, in Belgien oder in Luxemburg) und nur in wenigen Staaten dem Recht der letzten *Staatsangehörigkeit* des Erblassers (z.B. in Rumänien und in der Türkei).

Die Nachlaßspaltung hat *materiellrechtlich* ihre Wurzeln im früheren Lehnsrecht, das eine Sondererbfolge in Grundstücke kannte. Obwohl fast alle Staaten der Welt heute materiellrechtlich die Nachlaßspaltung aufgegeben haben und die Gesamterbfolge anwenden, gilt *kollisionsrechtlich* nach wie vor in vielen Staaten die Nachlaßspaltung (z.B. in England, in den USA, in Frankreich, in Belgien, in Luxemburg, in Rumänien und – hinsichtlich der dort belegenen Immobilien – in der Türkei). Beispielsweise lauten in England die Kollisionsregeln, die sich aus dem *case law* gewinnen lassen: „Movable property is to be distributed according to the law of the domicile of the [deceased] at the time of his death.

Under the principle of scission succession to immovables is governed by the law of the situs" (*Cheshire/North* 837, 851). Eine solche Nachlaßspaltung (*principle of scission*) spielt im Rahmen des Art. 25 I EGBGB insbesondere in zwei Fallkonstellationen eine Rolle:

579 (1) *Teilweiser Renvoi des ausländischen Heimatrechts (Art. 4 I EGBGB).* Wenn einem Erblasser, dessen Heimatrecht die kollisionsrechtliche Nachlaßspaltung vorsieht, eine in Deutschland belegene Immobilie gehörte, kommt es zu einer partiellen Rückverweisung. *Beispiel:* Ein Engländer mit letztem Wohnsitz in London hinterläßt ein Grundstück in Hamburg. – Art. 25 I EGBGB verweist hinsichtlich des gesamten Nachlasses auf englisches Erbrecht; das englische IPR verweist hinsichtlich des Grundstücks auf deutsches Erbrecht zurück. Art. 4 I 2 EGBGB bricht die Teilrückverweisung ab (dazu oben Rdnr. 207).

In *Fall a* nimmt das Kollisionsrecht von Texas hinsichtlich des unbeweglichen Vermögens (*lex domicilii*) und des in Texas belegenen beweglichen Vermögens (*lex rei sitae*) die Verweisung an; hinsichtlich des in Deutschland belegenen Grundstücks spricht es eine Rückverweisung auf das deutsche Recht aus, die wir nach Art. 4 I 2 EGBGB beachten. Dieser partielle Renvoi führt zu einer Nachlaßspaltung.

(2) *Vorrang des Einzelstatuts vor dem Gesamtstatut (Art. 3 III EGBGB).* Wenn einem Deutschen eine Immobilie in einem Staat gehört, der die kollisionsrechtliche Nachlaßspaltung vorsieht, gilt hinsichtlich der Rechtsnachfolge von Todes wegen der Vorrang des Einzelstatuts vor dem Gesamtstatut. *Beispiel:* Ein deutscher Staatsangehöriger hinterläßt ein Grundstück in London. – Die Rechtsnachfolge in das bewegliche Vermögen untersteht gemäß Art. 25 I EGBGB dem deutschen Recht als Heimatrecht des Erblassers; die Rechtsnachfolge in den Grundbesitz richtet sich gemäß Art. 3 III EGBGB nach der englischen *lex rei sitae* (dazu oben Rdnr. 215).

In den Fällen der Nachlaßspaltung ist jeder durch die Spaltung entstandene Nachlaßteil selbständig. Soweit ein Nachlaßteil dem deutschen Recht unterliegt, wird er so behandelt, als ob er den gesamten Nachlaß bilden würde. Das deutsche Recht entscheidet dann nicht nur über die gesetzliche Erbfolge, sondern auch über Pflichtteilsansprüche (BGHZ 24, 352, 355; BGH NJW 1993,

1920, 1921). In *Fall a* bestimmt sich die gesetzliche Erbfolge hinsichtlich des in Deutschland belegenen Grundstücks nach §§ 1925, 1931 BGB: Die Witwe ist zur Hälfte, die drei Geschwister des Verstorbenen sind zu je einem Sechstel der in Deutschland belegenen Erbschaft als gesetzliche Erben berufen (zur Korrektur durch das Ehegüterrecht unten Rdnr. 584).

2. Rechtswahl, Art. 25 II EGBGB

580 Art. 25 II EGBGB enthält eine einseitige Kollisionsnorm in Gestalt einer Exklusivnorm: Der Erblasser kann für *in Deutschland belegenes* unbewegliches Vermögen deutsches Recht wählen. Nach Art. 4 II EGBGB handelt es sich um eine Sachnormverweisung. Art. 25 II EGBGB wird „eher als Caprice" (*Lüderitz* Rdnr. 408) betrachtet, weil die Norm einen kleinen Anwendungsbereich – nur in Deutschland belegenes Immobiliarvermögen – und geringe praktische Bedeutung hat:

- Wenn der Erblasser *Deutscher* ist, hat die Rechtswahl nur klarstellende – deklaratorische – Funktion, weil Art. 25 I EGBGB ohnehin das deutsche Erbrecht zur Anwendung beruft.
- Ist der Erblasser *Ausländer*, hat eine Rechtswahl ebenfalls nur klarstellende – deklaratorische – Bedeutung, wenn das Heimatrecht des Ausländers hinsichtlich der in Deutschland belegenen Immobilien die Nachlaßspaltung vorsieht: Dann verweist es hinsichtlich der deutschen Immobilien ohnehin auf deutsches Recht zurück; diese Rückverweisung akzeptieren wir (Art. 4 I 2 EGBGB).
- Nur wenn das Heimatrecht des Ausländers dem Prinzip der Nachlaßeinheit folgt, hat eine Rechtswahl rechtsbegründende – konstitutive – Bedeutung: Dann führt das deutsche IPR durch das Zusammenwirken von Art. 25 I und II EGBGB zur Nachlaßspaltung: Das bewegliche und das außerhalb Deutschlands belegene unbewegliche Vermögen des Erblassers wird – vorbehaltlich einer Rückverweisung auf das deutsche Recht – nach dem Heimatrecht des Erblassers vererbt (Art. 25 I EGBGB); das in Deutschland belegene unbewegliche Vermögen des Erblassers wird kraft Rechtswahl nach deutschem Recht vererbt (Art. 25 II EGBGB).

a) Erklärung der Rechtswahl

Die Rechtswahl nach Art. 25 II EGBGB kann mit einer Verfügung von Todes wegen verbunden werden oder isoliert erfolgen. Eine isolierte Rechtswahl kann für eine – früher oder später – anderweitig errichtete Verfügung von Todes wegen oder bezüglich der gesetzlichen Erbfolge getroffen werden. Der Erblasser kann die Rechtswahl ausdrücklich oder stillschweigend erklären; bei einer isolierten Rechtswahl wird es sich im Regelfall um eine *ausdrückliche Erklärung* handeln, die etwa lauten könnte: „Mein gesamtes in Deutschland belegenes unbewegliches Vermögen soll nach deutschem Recht vererbt werden." Wenn ein ausländischer Erblasser in einer Verfügung von Todes wegen die Erbfolge hinsichtlich eines in Deutschland belegenen Grundstücks regelt, ist durch Auslegung zu ermitteln, ob eine *stillschweigende Rechtswahl* zugunsten des deutschen Rechts gewollt ist (dazu näher *Staudinger/Dörner*, Art. 25 EGBGB Rdnr. 501).

b) Gültigkeit der Rechtswahl

581 Nach Art. 25 II EGBGB ist die Rechtswahl „in der Form einer Verfügung von Todes wegen" zu erklären. Die Rechtswahl muß daher den Formerfordernissen genügen, die eines der in Art. 26 I–IV EGBGB genannten Rechte für Verfügungen von Todes wegen aufstellt (dazu unten Rdnrn. 588–590). Hinsichtlich der übrigen Wirksamkeitsvoraussetzungen werden auf eine Rechtswahl nach Art. 25 II EGBGB die Artt. 27 IV, 31 I EGBGB analog angewandt. Es ist also nach dem deutschen Recht als dem vom Erblasser berufenen Erbstatut zu beurteilen, ob beachtliche Willensmängel vorliegen, ob der Erblasser die für die Rechtswahl erforderliche Testierfähigkeit hat und ob sonstige Nichtigkeitsgründe gegeben sind (MünchKomm-*Birk*, Art. 25 EGBGB Rdnr. 32 m.w.N.).

c) Gegenstand der Rechtswahl

582 Art. 25 II EGBGB erlaubt die Rechtswahl „für *im Inland* belegenes unbewegliches Vermögen". Daher spielt es – anders als bei Art. 15 II Nr. 3 EGBGB (dazu oben Rdnr. 525) – für das Ergebnis keine Rolle, ob man den Begriff des unbeweglichen Vermögens nach der *lex rei sitae* oder der *lex fori* qualifiziert. Wie bei Art. 15 II Nr. 3 EGBGB ist auch eine teilweise Rechtswahl möglich: Der Erblasser kann für einzelne Gegenstände seines inländischen unbeweglichen Vermögens – ein Grundstück, eine Eigentumswohnung oder eine Hypothek, deren Gläubiger er ist – das deutsche Recht wählen und es im übrigen beim Erbstatut nach Art. 25 I EGBGB belassen; er kann umgekehrt auch einzelne Gegenstände von einer Rechtswahl ausnehmen (*Palandt/Heldrich*, Art. 25 EGBGB Rdnr. 8). Da der Erblasser die Rechtswahl nur für in Deutschland belegenes Immobiliarvermögen und nur zugunsten des deutschen Rechts treffen kann, kann es leicht vorkommen, daß die Rechtswahl ganz oder teilweise unwirksam ist. Dann ist hinsichtlich der Folgen zu unterscheiden:

(1) Hinterläßt der Erblasser kein inländisches unbewegliches Vermögen, trifft er eine Rechtswahl für ausländisches unbewegliches Vermögen oder wählt er für unbewegliches Vermögen ein ausländisches Recht, ist die Rechtswahl unwirksam. Hat der Erblasser zusammen mit der Rechtswahl eine Verfügung von Todes wegen getroffen, bestimmt das objektiv nach Art. 25 I EGBGB ermittelte Erbstatut, welche Folgen die unwirksame Rechtswahl für die Verfügung von Todes wegen hat (*Soergel/Schurig*, Art. 25 EGBGB Rdnr. 4).

(2) Besteht der im Inland belegene Nachlaß aus beweglichem und unbeweglichem Vermögen, oder ist der Nachlaß im Inland und im Ausland belegen, genügt eine uneingeschränkt erklärte Wahl des deutschen Erbrechts dem Art. 25 II EGBGB nur hinsichtlich der in Deutschland belegenen Immobilien: Hinsichtlich des in Deutschland belegenen Immobiliarvermögens ist die Rechtswahl wirksam, im übrigen ist sie unwirksam. Analog Artt. 27 IV, 31 I EGBGB muß das deutsche Recht die Frage beantworten, welche Folgen die teilweise Unwirksamkeit für die Rechtswahl im übrigen hat. Das bestimmt die h. M. nicht nach § 139 BGB (im Zweifel Unwirksamkeit), sondern nach § 2085 BGB – im Zweifel Wirksamkeit – als erbrechtlicher Spezialvorschrift (*Erman/Hohloch*, Art. 25 EGBGB Rdnr. 19 m. w. N.; str., a. A. *Soergel/Schurig*, Art. 25 EGBGB Rdnr. 8 mit der Begründung, § 2085 BGB be-

rücksichtige nur das Interesse an der materiellen Gültigkeit von Zuwendungen und lasse sich nicht auf die Rechtswahl übertragen).

II. Umfang des Erbstatuts

583 Nach dem Erbstatut sind grundsätzlich alle Fragen zu beurteilen, die mit der Rechtsnachfolge von Todes wegen zusammenhängen. Auch die Erbfähigkeit bestimmt sich nach dem Erbstatut und nicht nach Art. 7 I 1 EGBGB (dazu oben Rdnr. 292). Ausnahmen ergeben sich erstens aus Art. 26 EGBGB: Einige Rechtsfragen der Verfügung von Todes wegen unterliegen besonderen Anknüpfungen (dazu unten III). Zweitens müssen sich dingliche Rechte, die ein ausländisches Erbstatut an in Deutschland belegenen Sachen vorsieht, mit dem deutschen Sachenrecht „vertragen" (vgl. oben Rdnr. 487). Beispielsweise hat ein vom ausländischen Erbrecht vorgesehenes *Vindikationslegat* – ein Vermächtnis mit unmittelbar dinglicher Wirkung – in Deutschland als solches keinen Bestand, sondern ist in einen schuldrechtlichen Anspruch gemäß § 2174 BGB umzusetzen (*Transposition*, BGH NJW 1995, 58 = IPRax 1996, 39 m. Aufs. *Dörner* [26]; zur Abgrenzung von Erbstatut und Sachstatut bei staatlichen Aneignungsrechten an einem erbenlosen Nachlaß – *bona vacantia* – bereits oben Rdnr. 167). Drittens ist das Erbstatut gegenüber dem Ehegüterstatut, dem Adoptionsstatut und dem Gesellschaftsstatut abzugrenzen.

1. Erbrecht – Ehegüterrecht

584 Erbstatut und Ehegüterstatut sind bei gemischtnationalen Ehen oft nicht identisch: Das Erbstatut ist grundsätzlich das Heimatrecht des Erblassers im Zeitpunkt seines Todes (Art. 25 I EGBGB). Das Ehegüterstatut wird in gemischtnationalen Ehen grundsätzlich durch den gemeinsamen gewöhnlichen Aufenthalt zur Zeit der Eheschließung bestimmt (Artt. 15 I, 14 I Nr. 2 EGBGB). Die Divergenz spielt für alle Vorschriften eine Rolle, die die Vermögensauseinandersetzung regeln, wenn die Ehe durch den Tod eines

Ehegatten endet: Da die nationalen Rechtsordnungen an der Schnittstelle von Erbrecht und Ehegüterrecht ganz unterschiedliche Regelungen treffen, wenn eine Ehe durch Tod aufgelöst wird, treten in diesem Bereich besonders häufig Qualifikationsfragen und Normenwidersprüche auf (dazu bereits oben Rdnrn. 168, 264).

Im deutschen Recht stellt sich das Problem der Qualifikation insbesondere bei § 1371 I BGB. Nach dieser Vorschrift wird der Zugewinnausgleich nach dem Tod eines Ehegatten dadurch verwirklicht, daß sich der gesetzliche Erbteil des überlebenden Ehegatten um ein Viertel der Erbschaft erhöht. Die Rechtsprechung qualifiziert § 1371 BGB ehegüterrechtlich. Dafür spricht die Stellung der Vorschrift im Gesetz, die Abhängigkeit von einem bestimmten Ehegüterstand und die Möglichkeit, den Zugewinnausgleich durch Ehevertrag abweichend zu regeln (umfassend *Staudinger/von Bar/Mankowski*, Art. 15 EGBGB Rdnrn. 346–365). Damit kann der überlebende Ehegatte den vollen Ausgleich nach §§ 1371, 1931 BGB nur erhalten, wenn deutsches Recht nicht nur Erbstatut, sondern auch Ehegüterstatut ist (OLG Karlsruhe NJW 1990, 1420, 1421). Die Gegenansicht qualifiziert § 1371 I BGB *auch* erbrechtlich (Doppelqualifikation), so daß der Zugewinnausgleich nur stattfindet, wenn deutsches Recht Ehegüterstatut und Erbstatut ist (so mit Einschränkungen MünchKomm-*Siehr*, Art. 15 EGBGB Rdnrn. 114, 115).

In *Fall a* verweisen Artt. 15 I, 14 I Nr. 1 EGBGB i. V. m. Art. 4 III 2 EGBGB hinsichtlich des ehelichen Güterrechts auf das Recht des US-Staates Texas (Gesamtverweisung, Art. 4 I 1 EGBGB). Das Recht von Texas erklärt auch für die güterrechtlichen Verhältnisse an unbeweglichen Sachen das Recht des Lageortes für maßgeblich; es verweist also auch insoweit hinsichtlich des in Deutschland belegenen Grundstücks auf deutsches Recht zurück (Art. 4 I 2 EGBGB). Hinsichtlich dieser Immobilie gelten folglich die deutschen Sachnormen über den gesetzlichen Güterstand. Nach § 1371 I BGB erhöht sich der gesetzliche Erbteil der Texanerin um ein Viertel, so daß sie zu 3/4, die drei Geschwister des Verstorbenen zu je 1/12 als gesetzliche Erben berufen sind. Die Gegenansicht käme zum selben Ergebnis, da das deutsche Recht hinsichtlich des Grundstücks auch Erbstatut ist (Fall vereinfacht nach OLG Karlsruhe NJW 1990, 1420 = IPRax 1990, 407 m. Aufs. *Schurig* [389] = *Schack*, Rechtsprechung Nr. 30).

2. Erbrecht – Adoptionsrecht

585 Schwierig zu beantworten ist die Frage, welche Rechtsordnung bestimmt, ob durch eine Annahme als Kind – Adoption – ein *Erbrecht* des Kindes entsteht (zu weiteren Konstellationen *Klaus Müller*, NJW 1985, 2056). Das *Adoptionsstatut* (Art. 22 EGBGB) ist nicht allein zur Entscheidung berufen, denn „dem Erbstatut kann das Recht, die Erbberechtigten zu bestimmen, nicht streitig gemacht werden" (*Staudinger/Henrich*, Art. 22 EGBGB Rdnr. 64). Aber auch das *Erbstatut* kann über die Erbfolge nicht allein entscheiden, denn es geht, wenn es der Adoption erbrechtliche Wirkungen beimißt, von bestimmten Adoptionen aus, nämlich Adoptionen nach inländischem Recht. Adoptionen nach ausländischem Recht können aber anders ausgestaltet sein.

Beide Statuten stehen vielmehr nebeneinander (BGH NJW 1989, 2197 = IPRax 1990, 55 m. Aufs. *Beitzke* [36]; *Soergel/Lüderitz*, Art. 22 EGBGB Rdnr. 28; einschränkend KG FamRZ 1988, 434 m. Anm. *Gottwald* = *Schack*, Rechtsprechung Nr. 4): Das *Adoptionsstatut* regelt, ob die Adoption wirksam ist und welche grundsätzlichen Wirkungen sie erzeugt (z. B. Volladoption wie nach §§ 1741 ff. BGB oder Adoption mit beschränkten Wirkungen wie nach §§ 1767 ff. BGB). Dem *Erbstatut* ist zu entnehmen, ob Adoptivkinder erbberechtigt sind und – wenn ja – ob eine ausländische Adoption in ihren Wirkungen mit einer solchen nach den Vorschriften des Erbstatuts vergleichbar ist (Substitution, zum ganzen *Staudinger/Dörner*, Art. 25 EGBGB Rdnrn. 161–183).

In *Fall b* ist das deutsche Recht Adoptionsstatut (Art. 22 Satz 2 i. V. m. Art. 14 I Nr. 2 EGBGB). Nach deutschem Adoptionsrecht ist die Annahme als Kind wirksam (§ 1741 II 3 BGB) und würde der Tochter auch ein Erbrecht verschaffen (§ 1754 I BGB). Ob ein Adoptivkind erbberechtigt ist, bestimmt sich jedoch nach dem Erbstatut. Art. 25 I EGBGB verweist auf ägyptisches Recht, das ebenfalls auf die Staatsangehörigkeit des Erblassers abstellt und damit die Verweisung annimmt (Art. 17 I ägypt. ZGB). Wie die meisten Staaten mit islamischer Rechtstradition kennt auch Ägypten keine Adoption und kein gesetzliches Erbrecht des Adoptivkindes: Der Koran mißbilligt ein solches „künstliches Kindschaftsverhältnis". Die Tochter ist also nicht erbberechtigt (Fall nach *Staudinger/Henrich*, Art. 22 EGBGB Rdnr. 67).

3. Erbrecht – Gesellschaftsrecht

586 Die Rechtsnachfolge von Todes wegen in einen Gesellschaftsanteil kann Abgrenzungsfragen aufwerfen, wenn es sich um einen Anteil an einer Personengesellschaft handelt: Da wegen des personalistischen Charakters der Gesellschaft ein Gesellschafter nicht ohne weiteres durch seinen Erben ersetzt wird, hat die deutsche Rechtsprechung materiell-rechtliche Sonderregeln entwickelt (dazu bereits oben Rdnr. 215). Kollisionsrechtlich entscheidet über die Fragen, ob der Gesellschaftsanteil vererblich ist und wer im Wege der Erbfolge oder auf andere Weise Gesellschafter werden kann, das *Gesellschaftsstatut*. Das *Erbstatut* bestimmt dagegen, inwieweit von den gesellschaftsrechtlichen Möglichkeiten Gebrauch gemacht werden kann und wer Erbe des Gesellschafters ist (*Staudinger/Dörner*, Art. 25 EGBGB Rdnrn. 58–64).

III. Verfügung von Todes wegen

587 Art. 26 EGBGB enthält besondere Anknüpfungsregeln für Verfügungen von Todes wegen. „Verfügung von Todes wegen“ ist der Oberbegriff für *letztwillige Verfügungen* (= Testamente, Art. 26 I–III EGBGB) und *andere Verfügungen von Todes wegen* (Art. 26 IV EGBGB), wozu insbesondere Erbverträge zählen. Anders als die Überschrift nahelegt, normiert Art. 26 EGBGB nicht das gesamte IPR der gewillkürten Erbfolge, sondern nur einige Anknüpfungsgegenstände: Art. 26 I–IV EGBGB regelt, wie die Form einer Verfügung von Todes wegen angeknüpft wird (dazu 3). Art. 26 V 1 EGBGB stellt klar, welches Recht die Frage beantwortet, ob eine Verfügung von Todes wegen gültig und bindend ist (dazu 1). Art. 26 V 2 EGBGB definiert den Zeitpunkt für die Anknüpfung der Testierfähigkeit (dazu 2). Soweit Art. 26 EGBGB keine Spezialregeln aufstellt, unterliegen Verfügungen von Todes wegen dem Erbstatut (Art. 25 EGBGB).

1. Gültigkeit und Bindungswirkung

Ob eine Verfügung von Todes wegen gültig errichtet ist und ob sie Bindungswirkung entfaltet, beurteilt sich gemäß Art. 26 V 1

EGBGB nach dem Recht, das *im Zeitpunkt der Verfügung* auf die Rechtsnachfolge von Todes wegen anzuwenden wäre (hypothetisches Erbstatut, Errichtungsstatut). Diese Regel dient dem Vertrauensschutz: Durch einen Statutenwechsel nach der Verfügung soll die Gültigkeit und die Bindungswirkung nicht beeinträchtigt werden. Die *Gültigkeit* betreffen beispielsweise die Rechtsfragen, ob der Testierwille fehlerfrei gebildet wurde (str., a. A. *Palandt/Heldrich*, Art. 26 EGBGB Rdnr. 8 a. E.: tatsächliches Erbstatut maßgebend), ob eine Stellvertretung möglich ist und ob gemeinschaftliche Testamente und Erbverträge zulässig sind, soweit es sich dabei nicht um Formfragen handelt (dazu sogleich Rdnr. 590). Die *Bindungswirkung* spielt insbesondere bei gemeinschaftlichen Testamenten und Erbverträgen eine Rolle; einseitige Testamente können regelmäßig auch einseitig widerrufen werden (vgl. § 2253 BGB).

2. Testierfähigkeit (Art. 26 V 2 EGBGB)

588 Die Testierfähigkeit ist eine besondere Geschäftsfähigkeit. Sie ist nicht nach Art. 7 I EGBGB anzuknüpfen, sondern unterliegt als Wirksamkeitsvoraussetzung der Verfügung von Todes wegen gem. Art. 26 V 1 EGBGB dem Errichtungsstatut. Das folgt mittelbar aus Art. 26 V 2 EGBGB, der seinem Sinn nach auf Art. 26 V 1 EGBGB Bezug nimmt. Art. 26 V 2 EGBGB regelt die Auswirkungen eines Statutenwechsels auf die Testierfähigkeit. Die Vorschrift ist eine Parallelnorm zu Art. 7 II EGBGB (dazu oben Rdnr. 301); sie schützt die einmal erworbene Testierfähigkeit als eine Art „wohlerworbenes Recht". Es kommt nicht darauf an, ob der Erblasser *vor* oder *nach* dem Statutenwechsel erstmals testiert (*Staudinger/Dörner*, Art. 25 EGBGB Rdnr. 227 m. w. N.). Ebenso wie Art. 7 II EGBGB ist auch Art. 26 V 2 EGBGB zu einer vollkommen allseitigen Kollisionsnorm auszubauen (dazu oben Rdnr. 108).

3. Formstatut (Art. 26 I–IV EGBGB)

589 Das Formstatut der Verfügung von Todes wegen ergibt sich aus Art. 26 I–IV EGBGB; die Vorschrift verdrängt die Anknüpfungsregeln des Art. 11 EGBGB. Art. 26 I–III EGBGB inkorporiert das *Haager Übereinkommen über das auf die Form letztwilliger Verfügungen anzuwendende Recht* (Haager Testamentsformübereinkommen – HTestÜ) vom 5. 10. 1961 (BGBl. 1965 II, 1145, abgedruckt bei *Jayme/Hausmann* Nr. 39). Für das Verhältnis des Art. 26 I–III EGBGB zum HTestÜ gilt das gleiche wie für das Verhältnis des Art. 18 EGBGB zum HUntÜ (dazu oben Rdnr. 541): Wer nur das HTestÜ heranzieht, begeht keinen Fehler; wer stattdessen auf Art. 26 I–III EGBGB zurückgreift, sollte auf die staatsvertragliche Herkunft der Vorschriften des Art. 26 I–III EGBGB hinweisen und muß sie übereinkommenskonform anwenden. Im Einklang mit Art. 4 HTestÜ gilt Art. 26 I–III EGBGB für einseitige und für gemeinschaftliche Testamente.

a) Einseitiges Testament

Art. 26 I Nrn. 1–4 EGBGB entspricht dem Art. 1 I lit. a–e HTestÜ, der alternativ acht Anknüpfungsmöglichkeiten nennt. Nach Art. 26 I EGBGB ist eine letztwillige Verfügung hinsichtlich ihrer Form gültig, wenn sie den Formerfordernissen entspricht:

1. des Rechts des Staates, dem der Erblasser ungeachtet des Art. 5 I EGBGB im Zeitpunkt der letztwilligen Verfügung oder im Zeitpunkt seines Todes angehörte (Möglichkeiten 1 und 2),
2. des Rechts des Ortes, an dem der Erblasser letztwillig verfügt hat (Möglichkeit 3),
3. des Rechts eines Ortes, an dem der Erblasser im Zeitpunkt der Verfügung oder seines Todes seinen Wohnsitz oder gewöhnlichen Aufenthalt hatte (Möglichkeiten 4–7), oder
4. des Rechts des Ortes, an dem sich unbewegliches Vermögen befindet, soweit es um dieses Vermögen geht (Möglichkeit 8).

Der deutsche Gesetzgeber hat in Art. 26 I Nr. 5 EGBGB noch das Recht hinzugefügt, das auf die Rechtsnachfolge von Todes wegen anzuwenden ist (*tatsächliches Erbstatut*), und das Recht, das als *hypothetisches Erbstatut* im Zeitpunkt der Verfügung auf die Rechtsnachfolge von Todes wegen anzuwenden wäre (Möglichkeiten 9 und 10).

Hinsichtlich der Art der Verweisung ist zu unterscheiden: Die Verweisungen des Art. 26 I Nrn. 1–4 EGBGB sind *Sachnormverweisungen.* Das ergibt sich aus Art. 1 I HTestÜ, der ausdrücklich auf das „innerstaatliche Recht" verweist, und entspricht dem Zweck der Alternativanknüpfung (dazu oben Rdnr 197). Bei Art. 26 I Nr. 5 EGBGB, der hinsichtlich der Form das Erbstatut für maßgeblich erklärt, handelt es sich dagegen um eine *Gesamtverweisung.* Rück- oder Weiterverweisungen können daher den Kreis der anwendbaren Rechtsordnungen noch vergrößern (*Soergel/Schurig,* Art. 26 EGBGB Rdnr. 13).

Die Anknüpfungsalternativen sollen verhindern, daß eine letztwillige Verfügung aus Formgründen unwirksam ist (*favor testamenti*): Der letzte Wille soll dem Menschen nicht genommen werden. Im Einklang mit Art. 2 HTestÜ erstreckt Art. 26 II EGBGB die Alternativanknüpfungen auch auf den Widerruf einer letztwilligen Verfügung. Den Umfang des Formstatuts bestimmt Art. 26 III EGBGB/Art. 5 HTestÜ: Auch persönliche Eigenschaften (z. B. das Alter) des Erblassers und derjenigen Zeugen, die für die Formgültigkeit einer letztwilligen Verfügung erforderlich sind, zählen zu den Formvorschriften.

b) Gemeinschaftliches Testament

590 Nach dem Eingangssatz des Art. 26 I EGBGB, der inhaltlich dem Art. 4 HTestÜ entspricht, gelten die Vorschriften des Art. 26 I–III EGBGB auch für letztwillige Verfügungen, die von mehreren Personen in derselben Urkunde errichtet werden. Das deutsche materielle Erbrecht erlaubt gemeinschaftliche Testamente von Ehegatten (§§ 2265–2273 BGB); andere Rechtsordnungen verbieten gemeinschaftliche Testamente. Wie solche Verbote anzuknüpfen sind, hängt davon ab, welche Funktionen das Verbot erfüllt (*funktionale Qualifikation*):

– Dient das Verbot – wie in den Niederlanden oder in Frankreich – spezifischen Formzwecken (Klarstellung des Erblasserwillens, Schutz vor unlauterer Beeinflussung), handelt es sich um eine Formvorschrift, die nach Art. 26 I EGBGB/Art. 1 I HTestÜ anzuknüpfen ist. Niederländer oder Franzosen können daher wirksam ein gemeinschaftliches Testament errichten, wenn das Recht des Errichtungsortes ein solches Testament zuläßt (*Kropholler* § 51 IV 4; Beispiel bei *Staudinger/Dörner*, Art. 25 EGBGB Rdnr. 317).

- Soll das Verbot dagegen den freien Willensentschluß des einen Ehegatten nach dem Tode des anderen sichern, richtet sich das Verbot gegen den Inhalt des gemeinschaftlichen Testaments. Ein solches Verbot ist nach Art. 25 EGBGB anzuknüpfen. Haben die gemeinschaftlich Testierenden nicht dieselbe Staatsangehörigkeit, müssen die Wirksamkeitsvoraussetzungen kumulativ nach beiden Erbstatuten erfüllt sein. Es gilt insoweit also der Grundsatz des ärgeren Rechts (*Firsching/von Hoffmann* § 9 Rdnr. 38).

In *Fall c* hat die Tochter recht, wenn nach dem Tod des Vaters keine testamentarische Erbfolge eingetreten ist. Das Testament ist formgültig nach dem Recht des deutschen Errichtungsortes (§§ 2267, 2247 BGB), das gemäß Art. 26 I Nr. 2 EGBGB anzuwenden ist. Ob die Verfügung des Vaters inhaltlich gültig ist, richtet sich gemäß Artt. 26 V 1, 25 I EGBGB nach italienischem Recht. Das italienische IPR knüpft ebenfalls an die Staatsangehörigkeit an, akzeptiert also die Verweisung (Art. 46 I ital. IPR-Gesetz). Das italienische Erbrecht verbietet gemeinschaftliche Testamente (Art. 589 Codice civile). Diese Vorschrift hat den Zweck, den freien Willensentschluß des Testators zu sichern und eine Bindung der Testierenden zu verhindern; sie ist daher als materielle Gültigkeitsvoraussetzung eines Testaments zu qualifizieren (OLG Frankfurt/Main IPRax 1986, 111, 112 m. Aufs. *Grundmann* [94]). Die testamentarischen Erklärungen des Vaters sind nach Art. 635 Codice civile nichtig; es ist gesetzliche Erbfolge nach italienischem Recht eingetreten.

c) Erbvertrag (Art. 26 IV EGBGB)

591 Ein Erbvertrag ist ein zwei- oder mehrseitiges Rechtsgeschäft, bei dem wenigstens eine Partei als Erblasser letztwillige Verfügungen in vertragsmäßig bindender Weise trifft (*Staudinger/Dörner*, Art. 25 EGBGB Rdnr. 326). Auf die Form von Erbverträgen sind gemäß Art. 26 IV EGBGB die Regeln über die Form von Testamenten entsprechend anzuwenden. Für die Anknüpfung der Rechtsfragen, ob ein Erbvertrag gültig ist und Bindungswirkung entfaltet (Artt. 26 V 1, 25 EGBGB), kommt es darauf an, ob ein oder ob mehrere Vertragspartner Verfügungen von Todes wegen treffen: Trifft in einem Erbvertrag nur ein Vertragspartner eine

Verfügung von Todes wegen (*einseitiger Erbvertrag*), ist nur das hypothetische Erbstatut des Verfügenden heranzuziehen. Bei einem *zweiseitigen Erbvertrag* müssen die hypothetischen Erbstatuten beider Vertragspartner zur Gültigkeit und Bindung führen; es gilt also – wie beim gemeinschaftlichen Testament – das Prinzip des ärgeren Rechts (vgl. OLG Zweibrücken NJW-RR 1992, 587).

IV. Nachlaßverfahren

592 Auf dem Gebiet des Erbrechts sind IPR und internationales Verfahrensrecht eng verzahnt. Die Nachlaßgerichte werden im Verfahren der freiwilligen Gerichtsbarkeit (§§ 72–98 FGG) tätig, wobei es häufig um die Erteilung eines Erbscheins geht. Im Nachlaßverfahren bestehen einige Besonderheiten:

1. Internationale Zuständigkeit

Das FGG enthält in Nachlaßsachen – anders als etwa in Vormundschafts- oder Adoptionssachen (§§ 35b, 43b FGG) – keine ausdrückliche Norm über die internationale Zuständigkeit. Die Rechtsprechung folgt dem sog. *Gleichlaufgrundsatz* (dazu ausführlich *von Bar* II Rdnrn. 385–390): Danach sind die deutschen Nachlaßgerichte grundsätzlich immer dann, aber auch nur dann international zuständig, wenn und soweit deutsches materielles Erbrecht infolge einer Verweisung, einer Rückverweisung oder einer Nachlaßspaltung gemäß Art. 3 III EGBGB anzuwenden ist (umfangreiche Nachw. bei *Staudinger/Dörner*, Art. 25 EGBGB Rdnr. 797). Da sich die deutschen Nachlaßgerichte für zuständig erklären, wenn das deutsche Erbstatut maßgebend ist, spricht man auch von einer „Statutszuständigkeit" (*Kegel* § 21 IV 1).

Die Rechtsprechung begründet den „Gleichlauf" mit dem engen Zusammenhang von materiellem Erbrecht und Verfahrensrecht: Die Anwendung ausländischen Erbrechts im deutschen Nachlaßverfahren könne zu Wertungswidersprüchen führen, weil beispielsweise ein Testamentsvollstreckerzeugnis (vgl. § 2368 BGB) mit den Befugnissen eines ausländischen *executor* nicht in Einklang zu bringen sei (BayObLGZ 1965, 377, 382). Die Literatur lehnt den Gleichlaufgrundsatz überwiegend ab: Es sei nicht einzusehen, warum ausgerechnet im Nachlaßverfahren das anwendbare Recht die internationale Zuständigkeit bestimmen solle, während sie sonst aus der örtlichen Zuständigkeit abgeleitet werde. Das Gleichlaufprinzip könne bei Fremdrechtsnachlässen zur Rechtsverweigerung führen; die praktischen Schwierigkeiten der Fremdrechtsanwendung ließen sich bewältigen. Wie auch sonst seien im Nachlaßverfahren die Regeln über die örtliche Zuständigkeit – Aufenthalts-, Staatsangehörigkeits-, Belegenheits- und Fürsorgebedürfniszuständigkeit gemäß §§ 73, 74 FGG – auf die internationale Zuständigkeit entsprechend anzuwenden (*Soergel/Schurig*, Art. 25 EGBGB Rdnrn. 49, 50 m. w. N.).

Die Rechtsprechung hat sich durch diese Argumente nicht beeindrucken lassen, schwächt das Gleichlaufprinzip aber durch drei Ausnahmen ab: *Erstens* wird nach § 2369 I BGB ein gegenständlich beschränkter Erbschein und nach §§ 2368 III, 2369 I BGB ein gegenständlich beschränktes Testamentsvollstreckerzeugnis erteilt, wenn zwar ausländisches Erbrecht anzuwenden ist, aber Nachlaßgegenstände im Inland belegen sind. *Zweitens* bejahen die deutschen Nachlaßgerichte kraft Gewohnheitsrechts trotz ausländischen Erbstatuts die internationale Zuständigkeit für solche Maßnahmen, die den Nachlaß sichern (z. B. Bestellung eines Nachlaßpflegers, Anlegung von Siegeln oder Aufnahme eines Nachlaßverzeichnisses). *Drittens* nimmt die deutsche Rechtsprechung eine Notzuständigkeit an, wenn die Erben anderenfalls rechtsschutzlos blieben, weil die ausländischen Gerichte sich für unzuständig erklären oder aus anderen Gründen nicht tätig werden (umfassend *Staudinger/Dörner*, Art. 25 EGBGB Rdnrn. 801–809).

2. Erbscheinserteilung

593 Der Erbschein nach §§ 2353ff. BGB soll die Verfügung über den Nachlaß erleichtern und Rechtssicherheit schaffen; sein Inhalt wird als richtig vermutet (§ 2365 BGB). In Fällen mit Auslandsberührung stellt das Nachlaßgericht einen Erbschein in zwei Formen aus:

– Ein *allgemeiner Erbschein* nach § 2353 BGB wird erteilt, wenn deutsches Erbrecht anzuwenden ist („Eigenrechtserbschein"). Er wird ausgestellt, wenn das deutsche Recht kraft Verweisung oder Rückverweisung auf den gesamten Nachlaß anzuwenden ist (Nachlaßeinheit) oder wenn infolge einer Nachlaßspaltung ein Teil des Nachlasses dem deutschen Recht unterliegt (dazu oben Rdnr. 579).

In *Fall a* wird das Nachlaßgericht hinsichtlich des in Deutschland belegenen Grundstücks einen Erbschein erteilen, der die Witwe als gesetzliche Erbin mit einem Erbteil von 3/4 ausweist. Die drei Geschwister des Erblassers erhalten auf Antrag je einen Erbschein mit einer Quote von 1/12, der sich ebenfalls nur auf das Grundstück bezieht.

– Ein *gegenständlich beschränkter Erbschein* nach § 2369 I BGB wird ausgestellt, wenn sich im Inland Gegenstände befinden, die ausländischem Erbrecht unterliegen. Nach dem Gleichlaufprinzip folgt die deutsche internationale Zuständigkeit aus § 2369 I BGB. Da das Nachlaßgericht ausländisches Erbrecht anwendet, wird der Erbschein auch als „Fremdrechtserbschein" bezeichnet.

3. Nachlaßabwicklung

594 Die materiellen Erbrechte weisen einen großen Formenreichtum auf: Beispielsweise geht nach englischem Erbrecht mit dem Tod einer Person der Nachlaß nicht unmittelbar auf den Erben über (keine Universalsukzession), sondern zunächst auf einen vom Erblasser testamentarisch benannten *executor* oder einen vom Nachlaßgericht ernannten *administrator.* Nach österreichischem Recht tritt die Erbfolge erst durch die sog. *Einantwortung* des Nachlasses ein; das ist ein rechtsgestaltender gerichtlicher Akt. Nach dem Gleichlaufprinzip sind die deutschen Nachlaßgerichte nur ausnahmsweise mit fremden Rechtsinstituten konfrontiert. Sie können in diesen Ausnahmefällen ein Tätigwerden ablehnen, wenn ihnen eine „wesensfremde" – das Funktionsvermögen inländischer Gerichte überschreitende – Tätigkeit abverlangt wird. *Beispiel:* Verteilung des Nachlasses nach billigem Ermessen (*Staudinger/Dörner*, Art. 25 EGBGB Rdnrn. 814–819).

Das *Haager Übereinkommen über die internationale Verwaltung von Nachlässen* vom 2. 10. 1973 (abgedruckt in RabelsZ 39 [1975], 104) ist bisher nur in Portugal, in der Slowakischen und der Tschechischen Republik in Kraft. Die Bundesrepublik Deutschland hat das Übereinkommen nicht gezeichnet. Es gilt als inhaltlich mißglückt (Näheres bei *Kegel* § 21 V 3 d; *Kropholler* § 51 V 4).

§ 20. Gesellschafts- und Wirtschaftsrecht

Die Kollisionsnormen für diejenigen Rechtsmaterien, die für die Wirtschaft – genauer: für Unternehmen als selbständige Wirtschaftseinheiten – von besonderem Interesse sind, lassen sich nur schwer systematisieren. Das materielle deutsche Recht folgt der Einteilung in *Handelsrecht*, dessen Kernbereiche im HGB geregelt sind, *Gesellschaftsrecht* (geregelt beispielsweise in §§ 105–237 HGB, im AktG und im GmbHG) und *Wirtschaftsrecht*, das beispielsweise das Kartellrecht des GWB und das Wettbewerbsrecht des UWG, bei weiter Auslegung des Begriffs aber auch das Bank- und Börsenrecht, das Devisenrecht, das Energieversorgungsrecht und weitere Rechtsmaterien umfaßt. **595**

Ein *Internationales Handelsrecht* in dem Sinne eines Sonderkollisionsrechts der Kaufleute gibt es nicht: Die Handelsgeschäfte erscheinen im IPR im Internationalen Vertragsrecht (insbesondere Art. 28 II 2 EGBGB), die Prokura und die Handlungsvollmacht gehören zum IPR der Stellvertretung und das Recht der unselbständigen kaufmännischen Hilfspersonen gehört kollisionsrechtlich zum Internationalen Arbeitsrecht (*von Bar* II Rdnr. 608). Lediglich die Kaufmannseigenschaft stellt nach überwiegender Auffassung einen selbständigen Anknüpfungsgegenstand dar, der unabhängig von dem Wirkungsstatut des jeweiligen Geschäfts an das Recht des Unternehmenssitzes und damit an das Recht der Niederlassung der jeweils betroffenen Person anzuknüpfen ist. Hat eine Person mehrere Niederlassungen, kommt es auf die Niederlassung an, mit der der Sachverhalt am engsten verbunden ist (*von Bar* II Rdnr. 609).

Große Bedeutung hat dagegen das *Internationale Gesellschaftsrecht*, das die Kollisionsregeln nicht nur für die juristischen Personen des Handelsrechts, sondern auch für die handelsrechtlichen Personenvereinigungen (im deutschen Recht: OHG, KG) und für die außerhalb des Wirtschaftslebens stehenden Verbände – im deutschen Recht: Idealverein, BGB-Gesellschaft – umfaßt (dazu I). Das *Internationale Wirtschaftsrecht* handelt von dem „unfertigen Teil des

IPR" (*Savigny*, System 124). Es geht um die Behandlung des wirtschaftsordnenden Eingriffsrechts im IPR (dazu II).

I. Internationales Gesellschaftsrecht

596 **Literatur:** *Großfeld/Erlinghagen*, Internationales Unternehmensrecht und deutsche unternehmerische Mitbestimmung, JZ 1993, 217; *Junker*, Spaltgesellschaften im deutschen Internationalen Enteignungsrecht, in: *Jayme* (Hrsg.), Der Weg zur deutschen Rechtseinheit (1991), S. 191–202; *Sandrock*, Sitztheorie, Überlagerungstheorie und der EWG-Vertrag: Wasser, Öl und Feuer, RIW 1989, 505; *Staudinger/Großfeld*, Internationales Gesellschaftsrecht (13. Aufl. 1993); *Zimmer*, Internationales Gesellschaftsrecht (1996).

Fälle:

a) Die *First Overseas Corporation*, eine nach dem Recht des US-Bundesstaates Delaware gegründete Kapitalgesellschaft, ist weder in Delaware noch an dem von ihr angegebenen Hauptsitz in Washington, D.C. geschäftlich tätig, sondern geht ihren Tätigkeiten ausschließlich von Düsseldorf aus nach. Die Gesellschaftsgläubiger fragen, ob sie den für die Gesellschaft handelnden „Präsidenten" in Deutschland mit Erfolg auf Begleichung ihrer Forderungen in Anspruch nehmen können.

b) Im Handelsregister ist die X GmbH mit Sitz in München eingetragen. Die Alleingesellschafterin beschließt, den Sitz der Gesellschaft nach London zu verlegen. Der Rechtspfleger weist die entsprechende Handelsregistereintragung zurück, weil die Sitzverlegung die Rechtsfähigkeit der GmbH nach deutschem Recht beseitige.

c) Eine Aktiengesellschaft schweizerischen Rechts schließt mit einer natürlichen Person einen Gesellschaftsvertrag zur Gründung einer „AG & Co. KG" deutschen Rechts mit Sitz in Saarbrücken. Eintragungsfähig?

Das Internationale Gesellschaftsrecht beantwortet die Frage, nach welcher Rechtsordnung eine Gesellschaft – eine juristische Person oder eine nichtrechtsfähige Vereinigung – entsteht, lebt und wieder untergeht. Im Vordergrund steht die juristische Person; für die handelsrechtlichen Gesellschaften ohne Rechtsfähigkeit – in Deutschland z.B. die OHG oder die KG – und für den nichtrechtsfähigen Verein gelten die für juristische Personen entwickelten Kollisionsregeln entsprechend (BGH NJW 1967, 36; *Staudinger/Großfeld*, IntGesR Rdnr. 686). Die *natürliche Person* hat regelmäßig eine Staatsangehörigkeit, an die sich im Parteiinteresse – etwa hinsichtlich der Rechtsfähigkeit, der Geschäftsfähigkeit und des Namensrechts – anknüpfen läßt; ist die natürliche Person ausnahmsweise staatenlos, wird an den gewöhnlichen Aufenthalt angeknüpft. Die *juristische Person* hat keine Staatsangehörigkeit (*Kegel* § 17 II 1: „ein Staatsvolk aus juristischen Personen böte ein sonderbares Bild"); die juristische Person hat als rechtliches Kunstprodukt auch keinen gewöhnlichen Aufenthalt.

597 Es gibt für die Anknüpfung der sachrechtlichen Normen, nach denen eine Gesellschaft entsteht, lebt und untergeht, zwei grundsätzliche Möglichkeiten: Man kann die Gründer der juristischen Person das anwendbare Recht dergestalt wählen lassen, daß man die juristische Person stets derjenigen Rechtsordnung unterstellt, nach der sie gegründet worden ist (*Gründungstheorie*); dann wäre es beispielsweise anzuerkennen, daß ein Deutscher auf der Isle of Man eine Limited Company gründet, die ihren Sitz in Deutschland hat und ausschließlich in Deutschland Geschäfte betreibt (vgl. OLG Oldenburg NJW 1990, 1422). Man kann zweitens das Recht des Staates für maßgebend erklären, in dem der Ort liegt, von dem aus die juristische Person tatsächlich gelenkt wird (*Sitztheorie*); diese Anknüpfung dient zwar auch dem Parteiinteresse – der effektive Verwaltungssitz ist wählbar –, vor allem aber dem Verkehrsinteresse der Geschäftspartner der juristischen Person und dem Ordnungsinteresse des hauptbetroffenen Staates (*Palandt/Heldrich*, Anhang zu Art. 12 EGBGB Rdnr. 1).

1. Anknüpfung des Gesellschaftsstatuts

598 In Deutschland gibt es keine geschriebenen Kollisionsnormen, die das Recht bestimmen, das auf die Gesellschaft – auf die juristische Person – anzuwenden ist (Gesellschaftsstatut). Das *Haager Abkommen über die Anerkennung ausländischer Gesellschaften* vom 1. 6. 1956 (abgedruckt in RabelsZ 17 [1952], 270) geht vom Gründungsrecht aus, will es aber auch der Sitztheorie recht machen; es hat nicht die erforderliche Anzahl von Ratifikationen gefunden. Das *EG-Übereinkommen über die gegenseitige Anerkennung von Gesellschaften und juristischen Personen* vom 29. 2. 1968 (BGBl. 1972 II 370, abgedruckt bei *Jayme/Hausmann* Nr. 15) ist ebenfalls gescheitert; es wurde von den Niederlanden nicht ratifiziert und ist deshalb für keinen EG-Staat wirksam geworden (vgl. *Großfeld/König*, RIW 1992, 433, 435–436).

Nach Art. 37 Nr. 2 EGBGB sind „Fragen betreffend das Gesellschaftsrecht, das Vereinsrecht und das Recht der juristischen Personen" vom Anwendungsbereich des Internationalen Schuldvertragsrechts (Artt. 27–36 EGBGB) ausdrücklich ausgenommen; das ist konsequent, da diese Vorschriften auf Austauschverträge zugeschnitten sind (*von Bar* II Rdnr. 617). Es ist daher der Rechtsprechung und der Rechtslehre überlassen, die Rechtsordnung zu bestimmen, die für die Rechtsverhältnisse der juristischen Person – der Gesellschaft – maßgebend ist (Personalstatut der juristischen Person, Gesellschaftsstatut).

a) Sitztheorie – Gründungstheorie

599 Das Internationale Gesellschaftsrecht muß sich zwischen der Alternative entscheiden, ob eine Gesellschaft grundsätzlich nach dem Recht leben kann, nach dem sie gegründet ist (*Gründungstheorie*), oder ob sie in dem Land ihrer Gründung auch den tatsächlichen Sitz ihrer Hauptverwaltung haben muß (*Sitztheorie*). Die Gründungstheorie stellt allein auf das Recht ab, nach dem die juristische Person gegründet worden ist.

Im *Fall a* hat das OLG Düsseldorf (IPRax 1996, 128, 129) auf dem Boden der Sitztheorie die Delaware Corporation nicht anerkannt. Das bedeutet nicht, daß es sich um eine deutsche Gesellschaft handeln würde, denn die Gesellschaft ist nicht nach deutschem Recht gegründet; das OLG Düsseldorf behandelt sie vielmehr als nicht existent – nach deutschem Recht nicht wirksam gegründet – und läßt die Handelnden *analog* §§ 11 II GmbHG, 41 I 2 AktG persönlich haften. Die Sitztheorie wendet also auf die in Delaware gegründete, aber in Düsseldorf ansässige Gesellschaft das deutsche Recht – das Gesellschaftsrecht des Verwaltungssitzes – an und kommt zwangsläufig zu dem Ergebnis, daß eine Delaware Corporation nach deutschem Gesellschaftsrecht nicht wirksam gegründet ist, schon weil das deutsche Recht eine solche Gesellschaftsform nicht kennt.

(1) Die Gründungstheorie und die Sitztheorie kommen zu unterschiedlichen Ergebnissen, wenn die Gesellschaft ihren Sitz nicht in dem Staat hat, nach dessen Recht sie gegründet ist. Die Brisanz dieser Weichenstellung zeigt sich am Beispiel der *Mitbestimmung im*

Unternehmen, die nach dem materiellen deutschen Recht von der Rechtsform des Unternehmens abhängig ist (vgl. § 1 MitbestG): Wenn eine in Großbritannien als Limited Company gegründete Gesellschaft den tatsächlichen Sitz ihrer Hauptverwaltung in Deutschland haben könnte, würde sie – obwohl die Unternehmensleitung in Deutschland ist – nicht der Mitbestimmung der Arbeitnehmer im Aufsichtsrat unterliegen, da das MitbestG die Limited Company nicht erfaßt (*Großfeld/Erlinghagen*, JZ 1993, 217).

600 (2) Die Gründungstheorie wird in den Staaten des Common Law befolgt, aber auch beispielsweise in den Niederlanden und der Schweiz (Art. 154 I schweiz. IPR-Gesetz). Der Sitztheorie folgt die Rechtsprechung und die herrschende Lehre in Deutschland (Nachweise bei *Palandt/Heldrich*, Anhang zu Art. 12 EGBGB Rdnr. 2) und in einer Reihe anderer westeuropäischer Staaten (Nachweise bei *Staudinger/Großfeld*, IntGesR Rdnrn. 141–145). Die Sitztheorie ist mit dem Europäischen Gemeinschaftsrecht, insbesondere mit der Niederlassungsfreiheit von Gesellschaften gemäß Artt. 52, 58 EWGV vereinbar (EuGH Slg. 1988, 5483 = NJW 1989, 2186 – Daily Mail). Anknüpfungspunkt für das Personalstatut der juristischen Person – das Gesellschaftsstatut – ist nach der Sitztheorie der tatsächliche Sitz der Hauptverwaltung (BGHZ 53, 181, 183; BGHZ 78, 318, 334). Maßgebend ist das Recht am effektiven Verwaltungssitz, von dem aus die juristische Person tatsächlich gelenkt wird und wo die grundlegenden Entscheidungen der Unternehmensleitung in laufende Geschäftsführungsakte umgesetzt werden (BGHZ 97, 269, 272; BGH NJW 1995, 1032).

(3) In der Literatur werden – neben der Gründungstheorie – auch vermittelnde Auffassungen vertreten. Die *Überlagerungstheorie* will grundsätzlich das Gründungsrecht anwenden, „überlagert" von dem zwingenden Recht des Sitzstaates (*Sandrock*, RIW 1989, 505); die Anwendung zweier Gesellschaftsrechte nebeneinander hat sich jedoch in der Praxis nicht durchgesetzt. Eine andere vermittelnde Ansicht will die Sitztheorie durch die Vermutung abmildern, daß sich der Sitz der Gesellschaft in dem Staat befindet, nach dessen Recht sie erkennbar organisiert ist (*Soergel/Lüderitz*, Anhang zu Art. 10 EGBGB Rdnr. 9). Diese Übereinstimmungsvermutung

wird von einigen Instanzgerichten praktiziert (OLG München NJW 1986, 2197, 2198; OLG Hamm RIW 1995, 154, 155), aber von den Vertretern der Sitztheorie überwiegend verworfen: „Für eine solche Vermutung besteht kein Grund: Wenn Sitz und Satzung auseinandergehen, ist meist etwas faul. So bei den liechtensteinischen und anderen 'Briefkasten'-Gesellschaften. Hier ist oft umgekehrt zu vermuten, daß der Satzungssitz *nicht* der tatsächliche ist." (*Kegel* § 17 II 1).

b) Anerkennung ausländischer Gesellschaften

601 In Rechtsprechung und Literatur ist häufig von der Anerkennung ausländischer juristischer Personen die Rede. Diese Redeweise bedeutet nicht, daß irgendein förmlicher Akt der „Anerkennung" erforderlich wäre (*Ebenroth/Sura*, RabelsZ 43 [1979], 315). Die „Anerkennung" einer ausländischen juristischen Person heißt nach der Sitztheorie nur, daß die ausländische juristische Person nach dem Recht des Sitzes ihrer Hauptverwaltung rechtsfähig ist (OLG Saarbrücken, IPRax 1990, 324 m. Aufs. *Großfeld/Strotmann* [298]). Die Anerkennung ausländischer Gesellschaften bedeutet also nur: Das deutsche Internationale Gesellschaftsrecht läßt die Rechtsfolgen, die im ausländischen Gesellschaftsstatut vorgesehen sind – beispielsweise die Rechtsfähigkeit der Gesellschaft –, auch in Deutschland eintreten.

c) Grenzüberschreitende Sitzverlegung

602 Nach der Sitztheorie hat die Verlegung des Gesellschaftssitzes in einen anderen Staat einen *Statutenwechsel* zur Folge. Die juristische Person kann unter Wahrung ihrer Identität nur fortbestehen, wenn sowohl das materielle Gesellschaftsrecht des alten Sitzes als auch das materielle Gesellschaftsrecht des neuen Sitzes die identitätswahrende Sitzverlegung zulassen; dann besteht die juristische Person fort, unterliegt aber nach dem Sitzwechsel dem neuen Gesellschaftsrecht, dem sie sich gegebenenfalls angleichen muß (BGHZ 97, 269, 271–272). Das materielle deutsche Gesellschaftsrecht sieht in der Verlegung des tatsächlichen Verwaltungssitzes von Deutschland in das Ausland einen zwingenden Grund zur Auflösung und Abwicklung der Gesellschaft (BayObLG JZ 1993, 372 m. Anm. *Ebenroth/Auer*). In *Fall b* hat der Rechtspfleger die Handelsregistereintragung daher zu Recht zurückgewiesen. Bei einer Sitzverlegung vom Ausland nach Deutschland verlangt das deutsche Gesellschaftsrecht eine Neugründung – in einer der Gesellschaftsformen des deutschen Rechts – und damit einen Neuerwerb der Rechtsfähigkeit in Deutschland, auch wenn das Recht des bisherigen Sitzes die juristische Person als fortbestehend betrachtet (OLG Zweibrücken, IPRax 1991, 406 m. Aufs. *Großfeld/König* [380]).

2. Umfang des Gesellschaftsstatuts

603 Das Gesellschaftsstatut „beherrscht die juristische Person in voller Breite" (*Kegel* § 17 II 2): Es entscheidet beispielsweise über die Errichtung, die Rechts- und Handlungsfähigkeit, die innere Verfassung und die Auflösung sowie die persönliche Haftung der Gesellschafter und der Organe für die Schulden der Gesellschaft (vgl. den Wortlaut des Art. 37 Nr. 2 EGBGB). Zur inneren Verfassung der Gesellschaft, die dem Gesellschaftsstatut unterliegt, gehört auch die Vertretungsmacht der Organe (zu Einschränkungen unter dem Gesichtspunkt des Verkehrsschutzes *Soergel/Lüderitz*, Anhang zu Art. 10 EGBGB Rdnr. 39). Auch die Mitbestimmung im Unternehmen wird dem Gesellschaftsstatut zugeordnet (*Großfeld/Erlinghagen*, JZ 1993, 217, 222). Schließlich bestimmt sich auch die Kaufmannseigenschaft und der Name – die Firma – der juristischen Person nach dem Gesellschaftsstatut (umfassend *von Bar* II Rdnrn. 608–616). In *Fall c* bestehen nach deutschem Gesellschaftsrecht keine Bedenken, daß sich eine Aktiengesellschaft schweizerischen Rechts mit einer natürlichen Person zu einer „AG & Co. KG" deutschen Rechts zusammenschließt (OLG Saarbrücken RIW 1990, 813 m. Aufs. *Kronke* [799]).

3. Rest- und Spaltgesellschaften

604 Eine *Enteignung* unterliegt, auch wenn sie das Vermögen einer Gesellschaft betrifft, dem *Territorialitätsprinzip*: Enteignende Maßnahmen wirken nur im Gebiet des Staates, in dem sie getroffen wurden (positives Territorialitätsprinzip, dazu oben Rdnr. 489). Ein Staat kann also nur diejenigen Vermögensgegenstände enteignen, die in seinem Staatsgebiet belegen sind. Diese einfache Regel bedarf der Verfeinerung, wenn ein Staat eine Gesellschaft enteignet – indem beispielsweise alle Anteile an einer in Ruritanien ansässigen Gesellschaft dem Staat Ruritanien zufallen sollen – und diese Gesellschaft Vermögen außerhalb ihres Sitzstaates hat. Dieses Vermögen kann nach dem Territorialitätsprinzip nicht von der Enteignung erfaßt werden, weil sonst ein Staat – über die Enteignung von Gesellschaftsanteilen – auf ausländisches Vermögen zugreifen könnte. Wenn die ursprüngliche Gesellschaft im Enteignungsstaat aufgelöst wird, entsteht eine *Restgesellschaft* (BGHZ 25, 134); wenn der Heimatstaat nicht die Gesellschaft als solche enteignet und auflöst, sondern stattdessen alle oder fast alle Anteile der Gesellschafter enteignet, entsteht eine *Spaltgesellschaft* hinsichtlich des außerhalb des Enteignungsstaates liegenden Vermögens (BGHZ 32, 256).

II. Internationales Wirtschaftsrecht

605 **Literatur:** *Ebke*, Internationales Devisenrecht (1990); *Grossfeld/Rogers*, A Shared Values Approach to Jurisdictional Conflicts in International Economic Law, 32 Int. Comp. L. Q. 931 (1983); *Junker*, Schadensersatzpflicht bei einem Verstoß gegen ein ausländisches Embargo, JZ 1991, 699; *Kegel*, Die Rolle des öffentlichen Rechts im internationalen Privatrecht, Festschrift Seidl-Hohenveldern (1988), S. 243; *Kreuzer*, Ausländisches Wirtschaftsrecht vor deutschen Gerichten (1986); *Schnyder*, Wirtschaftskollisionsrecht – Sonderanknüpfung und extraterritoriale Anwendung wirtschaftsrechtlicher Normen unter Berücksichtigung von Marktrecht (1990); *Sonnenberger*, Internationales Privatrecht – Internationales Öffentliches Recht, Festschrift Rebmann (1989), S. 917.

Fälle:

a) Ein Hamburger Handelshaus kaufte in der Zeit des „Kalten Krieges" von einem deutschen Chemieunternehmen 100t Borax. Die Käuferin hatte die Ware bereits an eine dänische Firma weiterverkauft, diese wiederum an eine Firma in London; der endgültige Bestimmungsort der Chemikalie sollte Rostock sein. Das deutsche Chemieunternehmen mußte das Borax aus den USA beschaffen. Nach den US-Embargobestimmungen bedurfte es zur Ausfuhr von Rasurit, einem Rohstoff, aus dem Borax gewonnen wird, einer Exportlizenz aus Gründen der nationalen Sicherheit. Da die Hamburger Käuferin keinen Endverbleibsnachweis beibringen konnte, lieferte die Verkäuferin nicht. Die

Käuferin nahm die Verkäuferin auf Schadensersatz wegen Nichterfüllung in Anspruch.

b) Die Firma S in Port Harcourt/Nigeria schloß bei der Allgemeinen Versicherung für einen Seetransport von drei Kisten mit Kunstgegenständen (afrikanische Masken und Figuren) von Port Harcourt nach Hamburg eine Seetransportversicherung entsprechend den Allgemeinen Deutschen Versicherungsbedingungen. Nach dem Abschluß der Reise machte die Firma S gegen den Versicherer einen Anspruch auf Entschädigung geltend, weil sechs Bronzefiguren auf dem Transport abhandengekommen seien. Die Versicherung machte geltend, der Versicherungsvertrag sei unwirksam, weil der versicherte Transport gegen ein nigerianisches Ausfuhrverbot von Kunstgegenständen verstoße.

Die zentrale Frage des Internationalen Wirtschaftsrechts ist die Frage nach der Behandlung von Normen, die „von hoher Hand" in das Schuldverhältnis eingreifen. Sie gehört zu den umstrittensten Fragen des Kollisionsrechts. Der Grundgedanke ist: Solange es in der Welt souveräne Nationalstaaten gibt, können ausländische Staaten nicht einfach in andere Staaten hineinregieren. Ein englisches Gericht hat das auf die berühmte Formel gebracht: „Can the Island of Tobago pass a law to bind the rights of the whole world?" (*Buchanan v. Rucker*, [1808] 9 East 192 [K.B.])

Der deutsche Gesetzgeber hat die Behandlung von Eingriffsnormen nur teilweise geregelt: Der deutsche Richter muß deutsche Eingriffsnormen nach Art. 34 EGBGB beachten, gleichgültig, ob ausländisches oder deutsches Recht Vertragsstatut ist. In der Praxis lassen sich insbesondere zwei Fallgruppen von Eingriffsnormen unterscheiden: Enteignungen, namentlich Forderungsenteignungen, und Leistungsverbote. *Enteignungen* sind dadurch gekennzeichnet, daß die Verpflichtung der einen Partei gegenüber der anderen nachträglich aufgehoben oder verringert wird (dazu oben Rdnrn. 488, 489). Als *Leistungsverbote* werden Normen bezeichnet, die mindestens einer Partei untersagen, die von ihr geschuldete Leistung zu erbringen.

1. Materiellrechtliche Berücksichtigung

606 Die deutsche Rechtsprechung hat Leistungsverbote seit jeher im Rahmen des anwendbaren Sachrechts beachtet. Dabei können die Verbotsnormen von zwei Seiten in das Sachrecht einfließen: Auf der einen Seite werden Verträge, die bewußt auf die Umgehung fremder Verbotsvorschriften zielen, als sittenwidrig angesehen (dazu a). Auf der anderen Seite können fremde Eingriffsnormen und die zu ihrer Durchsetzung ergriffenen Maßnahmen tatsächliche Leistungshindernisse begründen (dazu b).

a) Sittenwidrigkeit (§ 138 I BGB)

607 Der BGH hat den Vorwurf der Sittenwidrigkeit gemäß § 138 I BGB auf Verstöße gegen solche ausländischen Verbotsnormen ausgedehnt, deren Beachtung unmittelbar im deutschen Interesse liegt oder die einem allgemein zu achtenden Interesse der Völker dienen. Als Beispiel für die erste Gruppe (mittelbares Interesse des Forums) sind fremde Exportkontrollen zu nennen, die auf völkerrechtlichen Vereinbarungen beruhen (BGH NJW 1962, 1436, 1437 – Borsäure). Für die zweite Gruppe (allgemeines Interesse der Völker) lassen sich etwa Exportverbote anführen, die den Schutz von Kulturgütern zum Ziel haben (BGHZ 59, 82, 85 – Nigerianische Masken; ähnlich BGHZ 69, 295, 298 – Fluchthilfevertrag).

In *Fall a* verneinte der BGH einen Anspruch auf Schadensersatz wegen Nichterfüllung: Der Vertrag über den Export von 100 t Borax sei wegen Verstoßes gegen die guten Sitten nach § 138 I BGB nichtig, da das Exportverbot im Interesse der westlichen Welt und folglich mittelbar im deutschen Interesse liege (BGHZ 34, 169, 176–178 – Borax).

b) Tatsächliche Leistungshindernisse

608 In einer Reihe von Entscheidungen hat der BGH die Folgen der Existenz ausländischer Verbotsnormen als tatsächliches Leistungshindernis im Rahmen der Unmöglichkeit (insbesondere §§ 275, 281, 307, 323 und 325 BGB) oder des Wegfalls der Geschäftsgrundlage (§ 242 BGB) berücksichtigt. *Beispiele* sind Devisenbestimmungen der früheren DDR (BGH DB 1965, 512, 513) oder ein Importverbot für Alkohol im Gefolge der iranischen Revolution: Durch das zwischen Vertragsschluß und Erfüllung eingetretene Importverbot für Alkohol im Iran sei die Geschäftsgrundlage eines entsprechenden Exportvertrages in den Iran weggefallen; deshalb sei der dem deutschen Recht unterliegende Vertrag nach den Grundsätzen über den Wegfall der Geschäftsgrundlage an die neue, vom iranischen Recht geschaffene Situation anzupassen (BGH NJW 1984, 1746 = IPRax 1986, 154 m. Aufs. *Mülbert* [140]).

2. Sonderanknüpfung von Eingriffsnormen

609 Art. 7 I EVÜ soll diejenigen Kriterien für eine kollisionsrechtliche Berücksichtigung fremder Eingriffsnormen wiedergeben, die dem derzeitigen Stand der Diskussion entsprechen:

- Erstens muß es sich bei einer Eingriffsnorm um intern zwingendes Recht handeln (ius cogens). Es muß – aus der Sicht des Erlaßstaates der Norm – eine innerstaatlich vertragsfeste, nicht dispositive Bestimmung vorliegen. Das ist ein Minimalstandard. Denn ist eine Vorschrift schon nach internem Recht durch Vertrag abdingbar, wird sie erst recht keine Anwendung unabhängig vom Vertragsstatut beanspruchen; sie unterliegt als anknüpfbares Recht den Anknüpfungsregeln für den Vertrag.
- Zweitens muß die Bestimmung ohne Rücksicht darauf anzuwenden sein, welchem Recht das Rechtsverhältnis zwischen den Parteien im übrigen unterliegt. Es muß sich nicht nur um eine rechtswahlfeste Norm handeln, sondern darüber hinaus um eine Bestimmung, die unabhängig vom Vertragsstatut anwendbar ist, gleichgültig ob das Statut durch Rechtswahl oder durch objektive Anknüpfung festgelegt wird (international zwingende Vorschrift).

a) Enge Verbindung

610 Ist der zwingende Charakter der Norm und ihr vom Vertragsstatut losgelöste Anwendungswille festgestellt, muß auf der nächsten Stufe geklärt werden, ob der Sachverhalt eine hinreichend enge Verbindung zum Eingriffsstaat aufweist. Dieses Kriterium, das Art. 7 I EVÜ in Übereinstimmung mit der Lehre von der Sonderanknüpfung aufstellt, weist eine Parallele auf zu dem Erfordernis der Inlandsbeziehung bei der Anwendung des *ordre public* (dazu oben Rdnr. 279). Hier zeigt sich, daß sich die in Art. 7 I EVÜ ansatzweise normierte Sonderanknüpfung von Eingriffsnormen aus der positiven Funktion des ordre public entwickelt hat (dazu oben Rdnr. 273).

b) Abwägung der Interessen

611 Wenn man den Anwendungswillen der Eingriffsnorm und die enge Verbindung des Sachverhalts zum Eingriffsstaat für die Anwendung der Norm im Inland genügen ließe, wären fremde Staaten eingeladen, ihren politischen oder wirtschaftlich motivierten Vorschriften exzessive Geltungsansprüche beizulegen. Das würde im Gegenzug die häufige Anwendung des ordre public erzwingen. Soll die Inhaltskontrolle nicht der ordre public-Klausel (Art. 6 I 1 EGBGB) überlassen bleiben, ist somit ein weiteres, wertendes Kriterium zu entwickeln.

612 Art. 7 I 2 EVÜ formuliert dieses Kriterium nur vage: „Bei der Entscheidung, ob zwingenden Bestimmungen Wirkung zu verleihen ist, sind ihre Natur und ihr Gegenstand sowie die Folgen zu berücksichtigen, die sich aus ihrer Anwendung oder Nichtanwendung ergeben würden."

Art. 19 I des schweizerischen IPR-Gesetzes formuliert diesen Gedanken deutlicher: „Anstelle des Rechts, das durch dieses Gesetz bezeichnet wird, kann die Bestimmung eines anderen Rechts, die zwingend angewandt sein will, berücksichtigt werden, wenn nach schweizerischer Rechtsauffassung schützenswerte und offensichtlich überwiegende Interessen einer Partei es gebieten und der Sachverhalt mit jenem Recht einen engen Zusammenhang aufweist."

613 (1) Die Interessenanalyse läuft letztlich darauf hinaus, daß man vom Zweck der fremden Eingriffsnorm ausgeht und fragt, ob die inländische Wertordnung diesem Zweck „freundlich gegenübersteht" (*Gamillscheg*, RabelsZ 23 [1958], 819, 837). Es kommt für die Anwendung einer fremden, anwendungswilligen Eingriffsnorm darauf an, ob die Vorschrift den inländischen Wertungen entspricht und der ausländische Einfluß auf die Fallentscheidung im Inland akzeptabel erscheint. Dabei besteht eine Wechselwirkung zwischen der Verbindung des Sachverhalts zu dem Eingriffsstaat und der erforderlichen Werteübereinstimmung: Je enger die Verbindung des Sachverhalts zum Eingriffsstaat ist, desto geringere Anforderungen sind an den Wertegleichklang zu stellen; je lockerer die Verbindung des Sachverhalts zum Eingriffsstaat ist, desto größer müssen die Werteübereinstimmungen sein.

614 (2) Hinsichtlich der Rechtsfolge geht es auch bei der Sonderanknüpfung nur um die *zivilrechtlichen Folgen* fremder Eingriffsnormen, nicht um die *hoheitliche Durchsetzung* dieser Normen. Insofern unterscheidet sich die Sonderanknüpfung nicht vom materiellrechtlichen Ansatz. Das bedeutet: Wenn im Wege der Sonderanknüpfung eine fremde Verbotsnorm für anwendbar erklärt wird und die Norm selbst die Nichtigkeit verbotswidriger Geschäfte anordnet, bleibt es dem Forum freigestellt, ob es dieser Anordnung nachgibt: Der im internen Recht geltende Grundsatz, daß der Richter einen Nichtigkeitsgrund von Amts wegen beachtet und die Nichtigkeitssanktion durchsetzen muß, bedarf im internationalen Verhältnis einer besonderen Rechtfertigung (*Vischer*, RabelsZ 53 [1989], 438, 454). Art. 7 I EVÜ drückt dieses Prinzip dahingehend aus, daß fremden Eingriffsnormen „Wirkung zu verleihen" sei (zur rechtspolitischen Kritik oben Rdnr. 115).

In *Fall b* hat der BGH im Jahre 1972 eine materiellrechtliche Lösung gesucht: Dem Versicherungsvertrag fehle das versicherbare Interesse, weil das Ausfuhrverbot den Exportvertrag nach § 138 I BGB sittenwidrig erscheinen lasse. Die Umgehung des nigerianischen Schutzgesetzes sei verwerflich, weil ein allgemein zu achtendes Interesse der Völker bestehe, Kulturgüter im Ursprungsland zu erhalten (BGHZ 59, 82 – nigerianische Masken).

dung des Sachverhalts zum Eingriffsstaat ist, desto größer müssen die Werteübereinstimmungen sein.

614 (2) Hinsichtlich der Rechtsfolge geht es auch bei der Sonderanknüpfung nur um die *zivilrechtlichen Folgen* fremder Eingriffsnormen, nicht um die *hoheitliche Durchsetzung* dieser Normen. Insofern unterscheidet sich die Sonderanknüpfung nicht vom materiellrechtlichen Ansatz. Das bedeutet: Wenn im Wege der Sonderanknüpfung eine fremde Verbotsnorm für anwendbar erklärt wird und die Norm selbst die Nichtigkeit verbotswidriger Geschäfte anordnet, bleibt es dem Forum freigestellt, ob es dieser Anordnung nachgibt. Der im internen Recht geltende Grundsatz, daß der Richter einen Nichtigkeitsgrund von Amts wegen beachtet und die Nichtigkeitssanktion durchsetzen muß, bedarf im internationalen Verhältnis einer besonderen Rechtfertigung (*Ulmer*, RabelsZ 53 [1989], 138, 154). Art. 7 I EVÜ drückt dieses Prinzip dahingehend aus, daß fremden Eingriffsnormen „Wirkung zu verleihen" sei (zur rechtspolitischen Kritik oben Rdnr. 115).

In *Fall 6* hat der BGH im Jahre 1972 eine materiellrechtliche Lösung gesucht: Dem Versicherungsvertrag fehle das versicherbare Interesse, weil das Ausfuhrverbot den Exportvertrag nach § 138 I BGB sittenwidrig erscheinen lasse. Die Umgehung des nigerianischen Schutzgesetzes sei verwerflich, weil ein allgemein zu achtendes Interesse der Völker bestehe, Kulturgüter im Ursprungsland zu erhalten (BGHZ 59, 82 – nigerianische Masken).

Anhang

Referentenentwurf eines Gesetzes zur Ergänzung des Internationalen Privatrechts (außervertragliche Schuldverhältnisse und Sachen)

vom 1. 12. 1993

Zweiter Unterabschnitt
Außervertragliche Schuldverhältnisse

Art 38. Ungerechtfertigte Bereicherung

(1) Bereicherungsansprüche wegen erbrachter Leistung unterliegen dem Recht, das auf das Rechtsverhältnis anzuwenden ist, auf das die Leistung bezogen ist.

(2) Ansprüche wegen Bereicherung durch Eingriff in einen fremden Gegenstand unterliegen dem Recht des Staates, in dem der Eingriff geschehen ist.

(3) In sonstigen Fällen unterliegen Ansprüche aus ungerechtfertigter Bereicherung dem Recht des Staates, in dem die Bereicherung eingetreten ist.

Art 39. Geschäftsführung ohne Auftrag

(1) Gesetzliche Ansprüche aus der Besorgung eines fremden Geschäfts unterliegen dem Recht des Staates, in dem das Geschäft vorgenommen worden ist.

(2) Ansprüche aus der Tilgung einer fremden Verbindlichkeit unterliegen dem Recht, das auf die Verbindlichkeit anzuwenden ist.

Art 40. Unerlaubte Handlung

(1) Ansprüche aus unerlaubter Handlung unterliegen dem Recht des Staates, in dem das der Haftung zugrunde liegende Ereignis eingetreten ist. Der Verletzte kann verlangen, daß anstelle dieses Rechts das Recht des Staates angewandt wird, in dem das geschützte Interesse verletzt worden ist.

(2) Hatten der Ersatzpflichtige und der Verletzte zur Zeit des Haftungsereignisses ihren gewöhnlichen Aufenthalt in demselben Staat, so ist das Recht dieses Staates anzuwenden. Handelt es sich um Gesellschaften, Vereine oder juristische Personen, so steht dem gewöhnlichen Aufenthalt der Ort gleich, an dem die Verwaltung der beteiligten Niederlassung geführt wird.

(3) Der Ersatzpflichtige ist nicht zu Leistungen nach fremden Recht verpflichtet, soweit sie den eingetretenen Schaden wesentlich überschreiten oder

offensichtlich anderen Zwecken als einer angemessenen Entschädigung des Verletzten dienen.

(4) Der Verletzte kann seinen Anspruch unmittelbar gegen einen Versicherer des Ersatzpflichtigen geltend machen, wenn das auf die unerlaubte Handlung anzuwendende Recht oder das Recht, dem der Versicherungsvertrag unterliegt, dies vorsieht.

Art 41. Wesentlich engere Verbindung

(1) Besteht mit dem Recht eines Staates eine wesentlich engere Verbindung als mit dem Recht, das nach den vorstehenden Vorschriften maßgebend wäre, so ist jenes Recht anzuwenden.

(2) Eine wesentlich engere Verbindung kann sich vor allem ergeben:
1. aus einer besonderen rechtlichen oder tatsächlichen Beziehung zwischen den Beteiligten im Zusammenhang mit dem Schuldverhältnis oder
2. in den Fällen des Artikels 38 Abs. 2 und 3 und des Artikels 39 aus gewöhnlichem Aufenthalt der Beteiligten in demselben Staat im Zeitpunkt des rechtserheblichen Geschehens; Artikel 40 Abs. 2 Satz 2 gilt entsprechend.

Art 42. Rechtswahl

Nach Eintritt des Ereignisses, durch das ein außervertragliches Schuldverhältnis entstanden ist, können die Parteien das Recht wählen, dem es unterliegen soll. Rechte Dritter bleiben unberührt.

Sechster Abschnitt. Sachenrecht

Art 43. Rechte an einer Sache

(1) Rechte an einer Sache unterliegen dem Recht des Staates, in dem sich die Sache befindet.

(2) Gelangt eine Sache, an der Rechte begründet sind, in einen anderen Staat, so können diese Rechte nicht im Widerspruch zu der Rechtsordnung dieses Staates ausgeübt werden.

(3) Ist ein Recht an einer Sache, die in das Inland gelangt, nicht schon vorher erworben worden, so sind für einen solchen Erwerb im Inland Vorgänge in einem anderen Staat wie inländische zu berücksichtigen.

(4) Besteht mit dem Recht eines Staates offensichtlich eine wesentlich engere Verbindung als mit dem Recht, das nach diesen Vorschriften maßgebend wäre, so ist jenes Recht anzuwenden.

Art. 44. Grundstücksimmissionen

Für Ansprüche aus beeinträchtigenden Einwirkungen, die von einem Grundstück ausgehen, gilt Artikel 40 Abs. 1 entsprechend.

Art 45. Transportmittel

(1) Rechte an Luft-, Wasser- und Schienenfahrzeugen unterliegen dem Recht des Herkunftsstaats. Das ist

1. bei Luftfahrzeugen der Staat ihrer Staatsangehörigkeit,
2. bei Wasserfahrzeugen der Staat der Registereintragung, sonst des Heimathafens oder des Heimatorts,
3. bei Schienenfahrzeugen der Staat der Zulassung.

(2) Gesetzliche Sicherungsrechte an diesen Fahrzeugen unterliegen dem Recht, das auf die zu sichernde Forderung anzuwenden ist.

Sachregister

Die Zahlen verweisen auf die Randnummern des Buches, die fetten Zahlen beziehen sich auf die Hauptfundstellen.